Ombra e Lutz

LACHÂTRE

Ombra e Lutz

Mauro Camargo

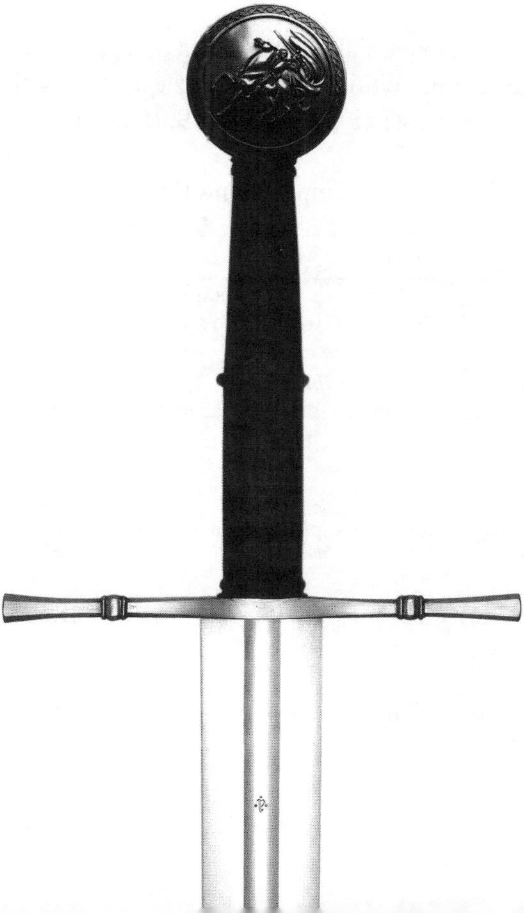

Capa
Gabriel Marques

Revisão textual
Sandra Edith Knoll

Direitos de publicação cedidos ao
Instituto Lachâtre
Caixa postal: 164, Cep.: 12914-970, Bragança Paulista, SP.
Fone/Fax: (11) 4063-5354

Sítio: www.lachatre.org.br
Correio eletrônico: contato@lachatre.org.br

1ª edição – Outubro de 2015
Do 1º ao 3.000º exemplar

Impresso no Brasil
Presita en Brazilo

CIP-Brasil
Catalogação na fonte

Camargo, Mauro Cesar Bruginski, 1962 –
Ombra e lutz / Mauro Camargo – 1ª ed. – Bragança Paulista, SP : Instituto Lachâtre, 2015.

536 p.

1.Espiritismo. 2.Romance espírita. 3.Catarismo. 4.História do cristianismo. 5.Idade Média. I. Título.

CDD 133.93 CDU 133.9

**Ombra e Lutz*, em occitano significa "sombra e luz"

A Hermínio Corrêa de Miranda,
por toda sua obra.

Le Havre
Paris
Orléans
Loire
Nevers
Fontenay
Vila
Cátara
Lyon
Ital
Rhône
Cabrerets
Cahors
Lot
Bordeaux
Saint-Cirq
Aujac
Garonne
Albi
Avignon
Les Baux
Tolosa
Arles
Castelnaudary
Muret
Carcassone
Béziers
Marseille
Minerve
Foix
Montségur
Lombrives
Narbonne
Niaux
Espain

Prefacia

Eu não vim trazer a paz, mas sim a espada.

Mt 10,34

Embora seja importante escrever um resumo sobre os cátaros para que os leitores e leitoras possam se situar melhor historicamente durante a leitura deste romance, considero que sintetizar sua história seja uma tarefa tão árdua quanto escrever o próprio romance. A história dos cátaros não é nada simples, assim como não é simples a história do cristianismo, muito pelo contrário. O motivo de o catarismo ser considerado uma heresia segue o mesmo caminho de complexidade.

'Heresia' vem do grego *'hairesis'*, e tem como significado original escolha, eleição, opção. Heresia é uma ideia, teoria ou crença controversa, especialmente em relação à religião e que, por isso, entra em conflito com o dogma estabelecido ou com determinado contexto social. O cristianismo surgiu como uma heresia diante do judaísmo e do politeísmo romano, até tornar-se dominante. Desde o cristianismo primitivo existiram muitas heresias, porém, somente após o edito de Milão, promulgado por Constantino em 313, que decretava a liberdade de culto no império romano, é que a perseguição às heresias dentro do movimento cristão migrou efetivamente da retórica para a força bruta. Então aqueles que eram perseguidos e mortos nas arenas passaram a perseguir e a matar nas fogueiras.

Durante o controverso período que vai da passagem de Jesus até o decreto de Teodósio I, que considerava a igreja cristã como sendo a oficial do império, em 380, essencialmente o combate às ideias contrárias dentro do cristianismo nascente, com algumas exceções, se dava mais pelo uso da palavra, sem uma perseguição institucionalizada. Durante este período, era grande o número de correntes contrárias à igreja ortodoxa. Para que leitores e leitoras entendam, posso citar algumas: docetismo, marcionismo, donatismo, gnosticismo, arianismo, maniqueísmo, montanismo, nestorianismo, pelagianismo, ebionitas... Existem outras, mas já basta e, com o auxílio dos fáceis veículos de pesquisas virtuais, os mais curiosos poderão entender o que era cada uma destas heresias.

Estas formas de pensamento, estas opções que entravam em conflito com o pensamento da maioria dominante dispunham-se geograficamente por todo o mundo alcançado pela ideia cristã, tanto que o primeiro herege a ser 'oficialmente' condenado e morto pela igreja católica, usando um braço secular (civil), foi Prisciliano de Ávila, atualmente Espanha, no ano de 385. Ele defendia uma religião mais rigorosa em relação à austeridade e à pobreza. A igreja dominante o considerou herege e o condenou à morte, sendo seu corpo posteriormente queimado, já que o fogo purificava o espírito. A ideia do fogo purificador se estendeu à matança de milhares e milhares de outros hereges na história do catolicismo como religião dominante.

Diante disso, o domínio imposto de uma só forma de pensamento a respeito do Cristo levou a inúmeros cismas, mesmo antes da imposição pela força, durante a igreja primitiva, mas principalmente depois de oficializada e com a sustentação do estado. Diversas heresias se espalharam pelo mundo e mantiveram um ciclo de silêncio e voz intermitentes. Em vários locais, ideias e idealismos semelhantes eclodiram de tempos em tempos. O catarismo é uma elevação dessa voz em um período que se compreende principalmente do começo do século 12 até a metade do século 13, na Occitânia, hoje sul da França, mais fortemente no Languedoc. Convém considerar que historicamente a Occitânia, que só depois da era cátara foi incorporada à França, era a terra do sim (*òc*, 'sim'), e onde se falava a *langue d'oc* (a língua do 'sim'), de onde derivou o nome Languedoc. Estas designações foram dadas pelos romanos quando invadiram a região e não encontraram resistência, muito pelo contrário, o que atestava a aceitação de culturas diversas, sem conflitos.

Os hereges do Languedoc não reconheciam a designação de 'cátaros', que a eles foi dada como uma forma de deboche pelos padres romanos, já que *katharos,* em grego, significa 'puros'. Os seguidores dessa ideia preferiam ser chamados de *bons homens* e *boas mulheres*, ou *bons cristãos*, mas o passar do tempo os identificou como cátaros, assim como identificou seus líderes como *perfeitos* e *perfeitas*, outra designação que eles repudiavam.

Enquanto os representantes do clero sugavam as riquezas individuais e coletivas em nome de Cristo, enriquecendo mais e mais a igreja dominante e vivendo de maneira nababesca em grandes catedrais e rodeados de sedas, joias e boas comidas; os bons cristãos pregavam a austeridade e a pobreza, o amor e a humildade, sem nada possuir. Apresentavam-se nas comunidades procurando alguma forma de trabalho para poderem se sustentar e, depois, durante a noite, reuniam as pessoas para falar de Jesus e seus ensinamentos. Acudiam os doentes e consolavam os sofredores. Obviamente, carreavam com eles um número cada vez maior de seguidores, até mesmo do clero católico, e não havia como não incomodar Roma. Além do mais, não diferenciavam as mulheres, que tinham direitos iguais, e não consideravam que a humanidade fora salva com a morte de Jesus na cruz. O Cristo não era Deus, tampouco o Espírito Santo, muito menos os três juntos, mas sim um espírito de elevada grandeza, que veio à Terra para nos dar um exemplo de ética e moralidade. O único sacramento dos cátaros era o *consolamentum*, que era o batismo pelo fogo e dado às pessoas que se submetiam a uma vida austera, celibatária, no qual os jejuns eram constantes e nunca se podia mentir. Por não poder mentir, eram contra os juramentos, a forma mais comum de se efetivar compromissos entre nobres iletrados e seus súditos, ou com a igreja. Também pregavam a existência de um Deus bom, ou "o verdadeiro Deus", que construíra um universo invisível aos olhos da matéria e para onde iriam todos aqueles que não tivessem mais pecados; e um deus mau, ou Satanás, responsável pela matéria e tudo que dela advinha, como os corpos físicos. Por isso eram celibatários, pois consideravam o sexo uma forma de perpetuar a maldade da matéria, mas apenas para aqueles que recebiam o *consolamentum* e tornavam-se *bons homens* e *boas mulheres*. Para os crentes, que optavam por receber o *consolamentum* somente no momento da morte, era dado o direito de se casarem e procriarem, mesmo porque gerariam novos corpos para todos os que não conseguissem purificar seus espíritos e precisassem retornar em uma vida seguinte. Portanto, os cátaros eram reencarnacionistas, assim como o era a igreja católica até o concílio de Constantinopla, em 553. Além do mais, nas reuniões fechadas dos cátaros, era frequente a comunicabilidade com os espíritos através da mediunidade, bem como tratavam os doentes através da imposição das mãos. Como poderiam ser deixados em paz?

Não foram. Devido a eles, o papa Inocêncio III organizou a primeira cruzada que não se destinava à retomada da Terra Santa. Uma hoste com mais de duzentos mil homens tomou o Languedoc. A primeira cidade tomada foi Béziers, em 1209, quando mais de vinte mil pessoas morreram em um dia e uma frase entrou para a história, mesmo que não exista uma confirmação oficial para ela. Diante da repentina e surpreendente invasão da cidade fortificada pelo exército cruzado, logo no começo do cerco, levando a uma confusão generalizada, o legado papal Arnaud-Amaury fora perguntado pelos comandantes cruzados sobre como fariam para diferenciar hereges de católicos, e receberam a inesquecível resposta:

– Matem-nos todos! Deus saberá reconhecer os seus.

O romance *Ombra e lutz*, 'sombra e luz' em occitano, é uma tentativa modesta de trazer um pouco mais de luz à sombra da ignorância que se estendeu sobre a história dos cátaros, principalmente porque as fontes sobre eles, na maioria das vezes, foram buscadas nos escritos da inquisição, criada pelo papa Gregório IX para combatê-los. Obviamente estes escritos eram tomados de parcialidade e tendiam passar às gerações futuras uma ideia equivocada sobre este movimento, que, no dizer de Hermínio Miranda, no seu excelente *Os cátaros e a heresia católica*, poderia ter mudado a história da humanidade. O romance é uma forma mais leve de espalhar um conhecimento, mas não posso deixar de convidar os leitores e leitoras a lerem a obra acima citada. No meu romance me utilizei de uma grande quantidade de publicações, porém, inequivocamente a mais importante delas é *Os cátaros e a heresia católica*, escrita por este novo imortal do conhecimento espírita, Hermínio Miranda, a quem presto aqui minha singela homenagem, em forma de agradecimento, por toda sua obra.

Durante o processo de criação deste romance, tive a oportunidade de 'reencontrar' algumas pessoas do meu passado, quando estive entre os cátaros, como é o caso de Sebah de Chambres, o cativante espírito que se identificou com este nome e passou a ser o narrador do enredo. Também tive a oportunidade de reencontrar outros, que não me queriam tão bem, devido às atitudes equivocadas minhas (sendo bem brando comigo mesmo) neste passado. Devido a estes, acabei por passar por um processo obsessivo que me levou a adoecer e, durante a doença, fui ajudado por um grande número de pessoas. Agradeço a todos por isso. Em especial agradeço a Rose Esquillaro, da Sociedade Espírita Centro de Recuperação Social Renascer em Oração, de Atibaia, São Paulo, e ao seu grupo, que foram fundamentais para minha recuperação. Deixo claro que este processo obsessivo foi justo diante das minhas atitudes passadas e a estes irmãos que de mim não gostavam só posso pedir mais uma vez perdão, como tantas vezes já fiz.

A sincronização histórica dos personagens deste livro com os personagens dos livros *Paris, setembro de 1793* e *O magneto*, de minha autoria, fez com que se fundissem numa trilogia, embora todos possam ser lidos separadamente sem nenhum dano à compreensão dos enredos.

O mergulho da memória nas sombras do passado permitiu que *Ombra e Lutz* trouxesse surpresas e revelações sobre grandes enigmas que os historiadores ainda não decifraram em relação à tomada de Montségur, o último reduto cátaro, e a gigantesca fogueira que ardeu a 16 de marçp de 1244, que, se serviu de marco de extermínio de um povo e de uma civilização, não conseguiu conter o progresso das ideias. A intolerância ainda agiria muitas vezes depois, na vã tentativa de impedir que a mensagem cristalina do Cristo retornasse à terra, como em 1415, em Constança, quando queimou Jan Huss, ou em 1861, em Barcelona, ao queimar cerca de trezentas obras espíritas.

Espero que os leitores tenham uma boa leitura, ao percorrerem nestas páginas os caminhos por que passaram aqueles bons homens, autênticos precursores da ideia espírita.

O autor

Entrometença[1]

Montségur, Natal de 1243.

Um frio assustador devastava a já escassa vegetação rasteira, onde a neve prematura não conseguia se acumular devido ao declive acentuado do terreno. O que restara dela, agora congelada, tornava o caminho ainda mais escorregadio e perigoso. Eu apeara do cavalo e o puxava com cuidado, mergulhado na total escuridão. Cerca de cinquenta metros atrás de mim vinham Mathieu e Bonnet, e seus cavalos carregavam uma pequena fortuna em prata e ouro que seria destinada à comunidade dos *bons cristãos* de Cremona, na Lombardia. O caminho, que quase não existia, era conhecido por poucas pessoas, e mesmo os batedores do exército inimigo que cercava Montségur não o conheciam. A montanha se erguia a mil e duzentos metros do nível do mar e cerca de dez mil cruzados cercavam a grande rocha do seu topo, que constituía os duzentos metros finais da subida, onde ficava o castelo de Montségur, o último refúgio da heresia. O exército era comandado por Hugues d'Arcis, senescal de Carcassonne, e Pierre Amiel, arcebispo de Narbonne. Estes, por sua vez, estavam sob as ordens de Branca de Castela, a ultracatólica rainha regente da França, e de Luís IX, seu filho, futuro rei e futuro santo.

Que chances tínhamos diante de tamanho poder? Eu lhes digo que tínhamos muitas, devido à inacessibilidade do topo da montanha onde se erguia o castelo. Mesmo com a imensa superioridade numérica, há oito meses tentavam sem sucesso nos dominar e a impressão que nós, os defensores, tínhamos, inclusive nosso comandante, Pierre-Roger de Mirepoix, era de

[1] 'Introdução' em occitano.

que nunca conseguiriam. Porém, os *perfeitos e perfeitas* da comunidade, principalmente Guillabert de Castres, o mais conhecidos deles, estavam preocupados com o destino do cerco. Eu, que acompanhava os hereges por quase toda minha vida, me preocupava mais do que o nosso comandante, pois sabia que eles baseavam muitas de suas decisões naquilo que ouviam dos irmãos que já haviam voltado para a espiritualidade. O que eles poderiam ter ouvido destes nas suas reuniões fechadas?

Era provável que esta informação tenha feito com que eles se preocupassem com seus tesouros, que, se conquistados pelos cruzados, seria uma perda não possível de ser medida, segundo as próprias palavras de Guillabert. O principal tesouro dos hereges não era o que levávamos agora, em ouro e prata, que, para eles, tinha pouco valor, mas poderia ser útil para comunidades hereges ainda resistentes. O verdadeiro tesouro seria levado em breve, caso tivéssemos sucesso nesta primeira tentativa.

Perguntei várias vezes a eles o motivo da precaução, mas eles não me falaram e acredito que tinham motivo para isso. A minha preocupação aumentou quando Jöe de Chambres voltou para a vila, passando secretamente pelas defesas, e nos informou que Hugues d'Arcis havia contratado engenheiros especialistas na construção de armas de guerra. Um dos grandes trunfos da nossa defesa era a impossibilidade de o inimigo montar uma *trébuchet*,[2] que nos bombardearia de forma implacável. O ponto mais propício para isso seria através da *roc de la Tour*,[3] uma crista rochosa a cerca de setecentos metros do pog da montanha, na direção nordeste, e mais baixa que este, mas, mesmo assim, protegida por falésias de quase cem metros de altura. No caminho para esta crista, onde sempre tínhamos uma guarnição de vigília, havíamos construído uma barbacã,[4] para aumentar ainda mais a proteção.

---

[2] *Trébuchet* ('trabuco', em português) – arma de cerco medieval, bastante usada nos cercos dos castelos da região dos cátaros. Podia lançar objetos de até cento e quarenta quilos a uma distância de meia milha (cerca de oitocentos metros), com bastante velocidade.

[3] Rocha da Torre, ou rochedo da Torre, acima das gargantas do rio Lasset. Uma crista rochosa de oitocentos e cinquenta metros de altura e a oitocentos metros de distância das primeiras defesas do castelo, que por sua vez, estavam instaladas a mil duzentos e sete metros de altura. Alguns autores a chamam de crista da Torre.

[4] Barbacã – muro de proteção junto ao muro principal de uma fortificação e mais baixo que este, onde os soldados de defesa obtinham apoio, ou muro avançado de proteção, para defender pontos estratégicos.

Antes de partir, devido à informação trazida por Jöe, tivemos uma reunião com Pierre-Roger de Mirepoix e combinamos reforçar a defesa da rocha da Torre, e eu lamentei não poder ficar para proteger aqueles que amava, e eram muitos. Mas a nossa missão era fundamental para o futuro dos cátaros, por isso tomávamos tanto cuidado quando descíamos beirando o precipício. O silêncio tomava conta dos nossos menores gestos. Cada pedra que rolava do caminho era motivo de apreensão. Ficávamos rijos, como se tivéssemos sido paralisados pelo frio, e prendíamos a respiração, com a sensação de que esta podia ser ouvida.

Aquele povo que a história passou a chamar de cátaro lutou e sofreu sobremaneira até este frio dia de natal. Eram os hereges perigosos sobre os quais o papa Inocêncio III lançou a primeira cruzada não destinada à retomada de Jerusalém, em 1209, na defesa da 'verdadeira' fé. Conseguiu formar, na época, com o apoio do rei da França e dos senhores do norte, uma *hoste* de mais de duzentos mil soldados. Foram trinta e quatro anos de devastação e mortes. "Era preciso extirpar a erva daninha da heresia." Eu, que também tanto lutei e sofri por esta gente, posso dizer que estavam conseguindo. Eu, que nunca me tornei um *perfeito*, por não ter coragem de abrir mão das minhas paixões, senti na pele as dores da perseguição, e no coração a revolta por nos terem tirado tudo, até mesmo a esperança. Toda a Occitânia, dos Pirineus ao vale do Dordogne, e da foz do Garone à Provença, estava manchada pela intolerância, que levou os poderosos do mundo a pensarem que, em nome da fé, podia-se matar, roubar, trucidar, humilhar, tripudiar. A cruz erguida tudo justificava para que alguns pudessem usufruir imediatamente as benesses da riqueza e do poder.

O papa Gregório IX, sucessor de Inocêncio III e ilustre criador da santa Inquisição, vendo que a heresia persistia, apesar de todos os esforços do seu santo exército, pediu por uma nova cruzada, como se não bastasse tanta dor! Gregório IX morreu em 1241 e foi sucedido por Celestino IV, que ficou apenas dezessete dias no poder. A cadeira papal ficou quase dois anos vaga, até que Inocêncio IV foi eleito. Porém, no momento em que descíamos pela escarpa rochosa, o novo papa estava com toda a sua atenção voltada para o imperador Frederico II, que tentava tomar Roma. Mesmo assim, a virtuosa regente do trono da França, Branca de Castela, não esqueceu o pedido de Gregório IX. A santa madre igreja quer manter seu plano até que a ultima gota de sangue herege se evapore nas labaredas do fogo redentor, já que é proibido que a igreja derrame sangue humano. Nós, da nossa parte, só podemos aceitar o destino. Porém, o pouco que temos de riqueza material pode ainda servir para outras comunidades resistentes, que teimam em mostrar que Jesus não nos salvou pelo sofrimento na cruz, mas sim por seus ensinamentos de amor e respeito ao próximo; que teimam em amar a Deus sobre todas as coisas e ao próximo como a si mesmos. que têm o descaramento de dizer que o homem não precisa de intermediários para chegar a Deus. Como o santo padre poderia aceitar isso?

Uma pequena cascata congelada foi a primeira a refletir os parcos raios de sol que conseguiram vencer o nevoeiro. Logo à nossa frente uma clareira se abre, separando-nos da mata de pinheiros, nosso principal abrigo para continuar a fuga. A clareira tem cerca de trinta metros de diâmetro e o que vemos do outro lado é o manto esbranquiçado do nevoeiro se infiltrando por entre os troncos e os galhos dos pinheiros. A mata será a nossa proteção, depois do campo aberto, mas também pode abrigar o inimigo, que esperamos esteja dormindo, seguro que ninguém ousaria sair do castelo daquela maneira, com cavalos e carga. Meu coração já está apertado de saudade. No fundo eu queria ter trazido Nathalie e propiciado sua fuga, mas jamais encontrei alma mais teimosa, até mesmo mais teimosa do que a minha. Não houve negociação. Com Júlia foi a mesma coisa, ou seja, jamais deixaria os amigos pensando somente em si mesma.

Segurei meu cavalo até que Mathieu e Bonnet me alcançassem, o que fizeram com a maior cautela e silêncio. Apenas eu, um reles soldado que foi elevado à condição de cavaleiro pelo conde de Tolosa,[5] os guardava. Eu, Sebah, conhecido como *le Roc*, que agora olhava para além da pequena clareira coberta de neve, onde os troncos de pinheiros estavam envoltos pela bruma e nada além se via, assim como o caminho que acabávamos de passar. A neve caíra durante a noite, muito mais cedo que o previsto e, embora em pouca quantidade, foi o suficiente para cobrir o solo com uma fina camada de gelo.

– Temos que arriscar – falei, sabendo que cada minuto perdido significava mais perigo, já que as patrulhas do exército cruzado varriam a região durante o dia e havíamos demorado mais tempo do que o previsto na descida.

– Então vamos – falou Bonnet, já dando o primeiro passo.

– Parece que vejo vultos – comentou Mathieu.

---

[5] Toulouse é o nome francês da cidade, Tolosa é seu nome em occitano e coincidentemente em português. Usarei o nome occitano, como uma homenagem. Todos os nomes eram escritos e falados de maneira diferente da que é hoje, mas a língua occitana, depois do domínio francês, vem aos poucos desaparecendo. Manterei a grafia atual para nomes de locais e cidades, para que o texto não fique confuso.

– O nevoeiro produz seus próprios fantasmas – falei, montando meu cavalo, assim como eles, porque não precisávamos mais puxá-los por caminhos tão estreitos costeando a rocha, que era difícil acreditar que havíamos passado. Adiantei-me pela neve rala e as patas do cavalo começaram a quebrar a fina superfície de gelo sobre ela, fazendo um barulho que nos causava arrepios, como se todo o exército inimigo fosse acordar com aquilo.

Quando estávamos no meio da clareira, os fantasmas do nevoeiro apareceram, um a um, e paramos estarrecidos. Da direita para a esquerda, por entre grossos troncos, cinco cavaleiros surgiram, montados em animais enormes e cobertos com mantos, onde eram desenhados os estandartes de cada casa. Não eram soldados, nem *routiers*[6] e parece que sabiam que iríamos passar por ali, o que me levou novamente a crer que havia traidores entre nós. Seus paramentos e estandartes desenhados nos mantos mostravam que eram da nobreza, embora um deles se destacasse como comandante dos outros.

Nossos cavalos pareciam pôneis diante daqueles portentos que soltavam vapores pelas ventas e estavam irrequietos, como se já pressentissem cheiro de sangue e morte.

Um dos cavaleiros adiantou-se. Estava totalmente paramentado e com o elmo fechado, pronto para matar. O sol, que lentamente vencia as nuvens densas, refletia-se timidamente em suas braçadeiras metálicas. Chegou muito perto de mim e puxou sua espada, lentamente, como se quisesse demonstrar que não havia nele nenhum receio quanto à nossa capacidade de defesa. Era uma longa espada de lâmina muito polida, que o cavaleiro levantou e encostou em meu peito, antes de dizer, com uma voz rouca e soturna:

– Já fez suas orações ao demônio hoje, herege?

– Sim, senhor, e já encomendei a ele sua miserável alma – respondi, com calma e clareza na voz.

Minha atitude de perfeita arrogância chegou a confundir um pouco o cavaleiro, porém, logo em seguida, ele explodiu numa sonora gargalhada, acompanhado pelos quatro outros.

– Não queremos briga, senhor. Não somos afeitos a isso – falou Mathieu. – Se não nos permitirem a passagem, que é um direito que lhes cabe, voltaremos de onde viemos.

– Ah! Então os senhores entendem alguma coisa sobre o direito em uma guerra? Ótimo! Assim fico com a consciência em paz, pois não matarei ignorantes. Mas, o que levam nestas caixas?

[6] *Routiers* eram os mercenários na Idade Média.

– Um tesouro – falei, recuando meu cavalo e me afastando cerca de um metro do gume da espada. – Um grande tesouro, que queremos levar a quem é de direito. Meus amigos vão aceitar facilmente entregar este tesouro aos senhores, assim como suas vidas, pois são *bons cristãos*. Porém, eu não penso como eles quanto a isso. Então lhes peço que se afastem, antes que alguém se machuque.

Novamente o cavaleiro gargalhou, e os outros, seus subalternos, o seguiram no riso. Realmente, eles só poderiam rir diante de tamanho disparate, se medíssemos nossas forças.

– Vejo que não tem a mínima ideia de com quem está falando, por isso estou lhe dando uns minutos a mais de vida. Ou é apenas um louco? – falou novamente com sua voz enrouquecida e estranha.

– Pelo que vejo o senhor também não sabe com quem está falando.

– Insolente! – gritou o cavaleiro.

Com uma agilidade até impressionante, considerando o tamanho de seu cavalo, fez seu imenso animal negro girar para a esquerda, uma volta completa sobre si mesmo, espalhando uma nuvem de neve, ao mesmo tempo em que levantava ainda mais a espada para, no final do giro do cavalo, descê-la inclemente sobre mim. Na primeira vez que tocou a espada em meu peito, o fizera para descobrir se eu tinha uma cota de malha,[7] por isso agora sabia onde melhor atingir. Ou seja, sabia que em qualquer lugar que me acertasse faria um grande dano, ou mesmo me mataria, pois eu não tinha nem a proteção de um gibão de couro.O que ele queria mesmo era minha cabeça.

Creio que não se pode saber ao certo que tipo de conhecimento temos das coisas e como podemos reagir diante das mais difíceis situações de perigo que a vida nos oferece. Eu, Sebah, nesta vida errante seguindo os *bons cristãos* e meus grandes amores, já havia passado por muitos perigos, mas nunca vou saber o que aprendi com cada um deles. Porém, quando um novo perigo chega, descobrimos que o aprendizado aconteceu e agimos, como se não pensássemos, mas com agilidade e perícia.

No mesmo momento em que percebi a intenção do cavaleiro, recuei meu cavalo um passo sem que ele percebesse isso enquanto girava. Não posso dizer que foi uma atitude pensada, mas eu sabia que a espada passaria a poucos centímetros de mim, perdendo-se no vazio e deixando para trás seu alvo, ou seja, meu pescoço. O cavaleiro, do alto de sua arrogância, não imaginou que eu o anteciparia, seguro que estava que veria minha cabeça

[7] Cota de malha é uma camisa de elos entrelaçados de metal, que poderia cobrir os braços e os pescoços, e chegar até a altura dos joelhos.

rolando na neve e a colorindo de vermelho, tamanha era a força com que desceu aquela longa e pesada espada. Realmente, logo a neve ficou vermelha, mas não foi do meu sangue. Tão logo sua espada passou, fazendo seu corpo pender para fora da montaria, cutuquei meu cavalo novamente para frente e para o lado e, durante o mesmo movimento, com a mão direita puxei minha espada que estava no lado esquerdo da cintura. Assim como a puxei, continuei seu percurso, certeiro, preciso, com essa força brutal que Deus me deu, e que nem sempre eu soube usar como deveria.

A cota de malha do meu oponente cobria seu ombro, enquanto suas braçadeiras de ferro deixavam um pequeno espaço entre este e o braço, agora um pouco mais aberto devido ao movimento perdido Foi fatal. Eu mesmo não esperava tanto, pensava em quebrar seu braço, mas, no segundo seguinte ao meu golpe, para assombro dos demais cavaleiros, o braço do seu senhor, ainda segurando a espada, rolava pela neve. Durante o longo cerco um soldado tinha muito tempo para afiar sua lâmina, e a minha, além de afiada, era bem pesada. Um grito desesperado de dor se seguiu e o nosso medo de que o exército cruzado ouvisse aumentou. Não podíamos perder tempo. Aproveitando da estupefação do momento, enquanto o nobre cavaleiro começava a despencar do cavalo, tentando tapar a grande ferida com a mão esquerda, disparamos nossos cavalos na direção da floresta.

Demorou poucos segundos para os demais cavaleiros se recobrarem do susto e partirem em nossa perseguição. Era o que eu queria. Posicionando meu cavalo adequadamente atrás dos troncos maiores, esperei que os três primeiros passassem e, num giro rápido da montaria, derrubei o último, batendo com minha espada em seu peito. O som da lâmina explodindo na cota de malha alertou seus companheiros, que logo viraram na minha direção, mas viram apenas meu vulto sumindo na bruma. Com isso já conseguira livrar meus companheiros da perseguição mais próxima. Eu estava tomado pela luta. Jamais eu teria coragem de sequer ferir uma pessoa no meu estado normal, porém, a batalha faz com que sejamos rapidamente tomados por uma febre de invencibilidade, até nos tornarmos vencíveis. Naquele momento eu não era vencível, e em poucos minutos todos estavam caídos em meio à floresta. Não estavam mortos, mas alguns deles estavam bastante feridos. Meu cavalo era um corcel pequeno e ágil, enquanto que os deles eram gigantescos, mas lentos.

Minha obrigação era seguir atrás de Mathieu e Bonnet, mas eu sabia que a poucos passos dali havia um nobre caído na neve, talvez morto, se não fosse rapidamente socorrido. Era o que estava ferido mais perigosamente.

Cutuquei meu cavalo, que respondia com rapidez, e em poucos segundos eu pulava para a neve, ao lado do cavaleiro. Usando de toda minha força, sempre descomunal, levantei-o, embora estivesse coberto de placas de metal e cota de malha, e levei-o para uma pedra um pouco mais alta. Removi o manto de seu cavalo e o envolvi, depois apanhei grandes punhados de neve, que se acumulava mais nas beiradas da pedra, e cobri a ferida sangrenta, causando ainda mais gemidos de dor. Ele só não morrera de hemorragia porque mantivera a ferida virada para baixo, em contato com o gelo, o que demonstrava sua experiência. Porém, se ficasse ali estendido na neve, morreria congelado, por isso eu o estava ajudando. Não queria carregar minha memória com o peso de mais uma morte. Meus bons amigos Anne Crestan e Pierre de Guilles passaram muitos anos me pregando o amor e a não violência, então, mesmo que eu me justificasse com a ideia de que havia apenas me defendido, sabia que não tinha agido certo segundo os preceitos do Cristo. Mais uma vez não havia conseguido dar a outra face. Como diria o bom abade Amadeu: uma espada nunca poderá fazer totalmente o bem!

Quando eu virei as costas para ir embora, sabendo que os cavaleiros que deixara caídos na floresta logo nos alcançariam, ou mesmo alguma outra patrulha do exército cruzado, o cavaleiro, com um fio de voz, me chamou:

– Sebah...

Sebah! Então ele sabia meu nome? Não demonstrou que me conhecia antes, quando me atacou.

– Sim, meu nome é Sebah. Pensei que não me conhecia.

– Vamos... antes de partir... remova meu elmo...

Obedeci. Agora sua voz rouca estava quase inaudível. Com cuidado soltei as plaquetas metálicas e abri o elmo, depois o retirei. No mesmo instante ele sorriu e pousou sobre mim a luminosidade de seus olhos, profundamente azuis. O choque emocional que senti fez com que minhas pernas se dobrassem e eu caísse de joelhos. Como podia ser ele? Não era possível!

Ele continuou rindo e, ao mesmo tempo, chorando. Eu fiquei imóvel, ajoelhado ao seu lado, até que senti uma espada tocar em minhas costas. Estava tão perplexo que não ouvi os cavalos se aproximando. Dois dos cavaleiros que derrubei haviam se recuperado e, agora, ambos colocavam as espadas longas cutucando minhas costas, enquanto ele ria, cada vez mais alto.

Era meu fim, pensei. Morreríamos juntos, porque no fundo não acreditava que ele poderia sobreviver ao ferimento medonho que provoquei. Eu ainda estava ajoelhado ao lado da pedra e atônito, quando um dos cavaleiros puxou minha espada e a jogou para longe, para, logo em seguida, o outro me empurrar com o pé com muita força, fazendo-me cair. O frio da neve batendo em minha pele parece ter causado um choque nos meus sentidos, mas logo entendi que demorei demais a reagir. Fiquei em pé, mas estava sem a espada e os dois, embora carregassem os sinais da queda na floresta, estavam bem armados. Foi então que me surpreendi ainda mais, mesmo pensando que isso era impossível. O cavaleiro que me derrubou com o chute parecia ser muito forte, e foi ele quem virou para o ferido sobre a rocha e perguntou:

– Poderia existir uma oportunidade maior para o mundo se livrar de um verme como você?

Tao logo falou levantou a espada, e vi que a desceria mortalmente no pescoço do cavaleiro ferido. Desesperado, gritei seu nome, ou alguma coisa parecida com isso, porque o que saiu de mim foi um urro, um grito de dor, que causou uma breve surpresa nos dois inimigos. Quando o cavaleiro que tinha a espada levantada deu-se conta do que acontecia, eu já havia passado por cima do outro, que ainda me atingiu com a espada no peito, e atirava-me sobre ele, fazendo com que rolássemos na neve. Com a mesma força que o derrubei, golpeei sua cabeça com minhas mãos fechadas. Seu elmo logo voou para longe e fiquei assustado com aquele rosto, tão parecido comigo. Parecia a mim, muitos anos mais jovem. Mas eu estava numa luta e não tinha como parar, então continuei batendo, até que ele desfaleceu. O outro soldado saiu correndo, desesperado com o que tinha visto.

Voltei para o ferido, que já estava quase sem vida e coloquei mais um grande punhado de gelo no que sobrou do braço, que sangrava muito. Pensei que estava desmaiado e me surpreendi quando sussurrou:

– Por que me salvou, Sebah?

– Fique quieto, por favor.

– Vamos, fuja... com esse grito que deu até os mortos do exército cruzado virão aqui – falou ele, com o que ainda existia de voz.

– Cale-se! – reclamei, levantando-o novamente em meus braços e começando a caminhar na direção do inimigo.

Eu poderia tentar levá-lo aos hereges, que talvez o salvassem, mas ele não resistiria à subida. Então fui na direção do exército cruzado e logo percebi que ele tinha razão. Dezenas de soldados vinham correndo pela estrada e logo estariam no campo onde eu caminhava.

As últimas palavras que ouvi dele foram:

– Você é um idiota, Sebah... um grande idiota...

PRIMIÈRA PART

FONTENAY

Capitol un

Fougax-et-Barrineuf, Ariège, sul da França, 02 de outubro de 2012.

Fiquei feliz quando vi que Veronique abriu a porta do hotel e recebeu Michel e Jean-Pierre com muita simpatia, embora a hora já fosse um pouco adiantada. Quando ela demorou a atender, pensei que eles poderiam partir e não conseguiríamos nos encontrar onde eu queria. Eu sabia que, depois de um dia trafegando por estradas secundárias estreitas, verdadeiros labirintos subindo ou descendo montanhas, à procura de castelos e cidades de muitos séculos passados, o que os dois mais queriam era apenas um bom quarto para dormir.

Chegaram em Montségur no final da tarde e acharam que o tempo seria curto para uma visita ao último reduto cátaro, o castelo que fica montado sobre um rochedo de duzentos metros de altura, do sopé ao topo. Por isso resolveram procurar um hotel para passar a noite. Os hotéis da pequena vila de Montségur, aos pés do cume da montanha, estavam lotados, por isso resolveram seguir até Fougax-et-Barrineuf, a vila mais próxima. Ainda nas imediações do castelo, na D-117, viram a placa do "Oh Le Beaux Jours", um hotel de campo que se podia ver da estrada, e onde eu os esperava. Na verdade era uma casa muito antiga transformada em hotel, ao lado de um riacho de águas cristalinas, ao qual se chegava logo em seguida de uma ponte, pela estradinha de terra que saía da principal e rodeado de altos pinheiros.

A região toda era belíssima, com suas florestas de pinheiros e seus vales profundos separando montanhas imponentes, além dos pastos e pomares das pequenas fazendas e vilarejos, que faziam dar a impressão de que o resto do mundo era uma ficção futurista. Naquela região minha alma sentia um contínuo misto de saudade e dor.

Eu temi que eles fossem embora, porque o hotel parecia estar fechado. Era uma casa quadrada de dois pisos e paredes feitas de pedras, com apenas uma placa na porta da pequena recepção, que indicava ser mesmo um hotel. A noite já começava quando Michel bateu à porta pela primeira vez e ninguém atendeu. Bateu a segunda, e nada. Jean Pierre já abria a porta do carro quando uma luz foi acesa e, logo em seguida, Veronique apareceu, sorridente:

– *Oh! Monsieur... desolêe! J'était occupée... Est-ce que je peut vous aider?*

– Não há problema, senhora... chegamos sem avisar. Não temos nada reservado, mas precisamos de um quarto...

– Sim, sim... tiveram sorte, o hotel está vazio, três famílias partiram hoje...

O hotel era pequeno e simpático, rústico e acolhedor. Os quartos eram no piso de cima, por onde se chegava através de uma escada de madeira. No piso de baixo havia uma cozinha comum, com uma grande mesa de madeira no meio e uma lareira aconchegante, principalmente pelo frio que estava fazendo, que Veronique se apressou em acender. Como ambos estavam cansados, resolveram não sair para procurar um restaurante na região e aceitaram de bom grado a oferta da hoteleira, que lhes trouxe pão e queijo para uma refeição rápida.

Jean Pierre carregava no porta-malas do carro algumas garrafas de vinho sem rótulo, mas de qualidade excepcional, que um produtor amigo lhe enviara, na intenção de obter uma opinião segura quanto à sua qualidade. A ocasião era ideal para a prova.

Veronique, depois de explicar com detalhes como funcionava a lareira, bem como onde se encontravam taças, talheres e outros utensílios, deixou-os sozinhos para a refeição.

– O que você me diz do que viu até agora? – perguntou Michel a Jean.

– Não sei... é um pouco difícil de explicar. Até alguns dias atrás eu pouco havia ouvido falar sobre os cátaros. Tinha vontade de conhecer os castelos, mas...

– Mas? – perguntou Michel, depois que Jean deixou a frase no ar e demorou a completá-la.

– Não sei... me diga antes a sua opinião. Você é formado em história, seus romances são históricos, conhece os cátaros e o catarismo a fundo...

– Não, não tão a fundo. Sempre fugi desta época da história, e deste episódio mais especificamente – interrompeu Michel.

– Mesmo assim, foi você quem me disse ter a impressão de já ter vivido aqui...

– É quase uma certeza. Na verdade, uma certeza. O assunto sempre me causou arrepios, mas eu fugia de buscar mais informações, e principalmente vir até a região, mesmo sendo tão próxima da Provença. Depois do que descobri sobre meu passado na época da Revolução, entendi o que me afastava do assunto.

– E posso saber o que é?

– Medo.

– Medo?

– Um grande medo. Houve um tempo em que eu me sentia mal em alguns ambientes, chegava até a perder os sentidos e não sabia o motivo. Fui entender o que acontecia quando comecei a descobrir o segredo das vidas passadas e percebi que eu mesmo havia carregado alguns locais de emoções fortes. No presente, quando passava por eles, e devido às características da minha sensibilidade, minha memória tinha uma espécie de curto circuito. Na encarnação de que tive mais informações, das quais escrevi o livro que você conhece, não fui lá muito bem, você sabe. Agora, imagine: se cometi tantos erros no final do século 18, o que posso ter feito de mal no século 13, cinco séculos antes? Por isso tenho medo. Por isso sempre fugi do assunto, porque, no fundo, sabia que ia ter que reencontrar o que fui...mais uma vez...

– Então estou ainda mais curioso para saber sua impressão do que vimos até agora.

– Sobre o que fui aqui, até agora não senti nada. Mas sobre a região dos cátaros em geral...

Michel ficou algum tempo com o olhar perdido no fogo da lareira. O fogo, uma ponte indiscutível para o passado, quando se está na antiga região cátara. O fogo queimou não somente pessoas no tempo dos cátaros, o que foi mais doloroso, certamente. Queimou também um sonho, uma ideia, um projeto de vida que poderia, sem exageros, mudar a história do mundo. O fogo, atiçado pela ignorância e fome de poder, destruiu a esperança de um povo.

Jean Pierre, ao ver que o amigo estava distante no pensamento, embora ele ainda esperasse sua opinião, levantou a mão diante do seu rosto e estalou os dedos. Michel acusou um pequeno tremor, como se voltasse repentinamente ao presente.

– Então... – falou Jean.

– O tempo, Jean... o tempo e as pessoas. As rodas do tempo não param, e as pessoas encontram outras motivações. É assim que a história acontece. Poderíamos estudar a história da humanidade através das suas motivações: um fogo causado por um raio; o frio intenso; um rio que precisa ser drenado para conseguir terras férteis; uma coroa que se julgava na cabeça errada; uma mulher que amava outro homem. Os motivos fazem a história. Os motivos nascem da necessidade. A história dos cátaros virou um comércio, é necessário para a sobrevivência do turismo e das pessoas que vivem do turismo. O catarismo ficou sepultado por muitos séculos por que não havia motivos para desenterrá-lo e, mesmo agora, muitos dos que vêm ver o que foi desenterrado não têm a mínima ideia da riqueza histórica que está à sua frente. Ontem a noite mesmo, em Carcassonne, havia um casal fotografando o *château* Comtal e ouvi quando o marido falou, para tranquilizar a esposa, já bastante impaciente, que só faria a foto e logo iriam embora, porque ali não tinha nada além do castelo para ver. Nada mais para ver? Ela deveria estar aflita para ir a Paris, para a galeria Lafayette...

– Quem sabe se montarem um *shopping* lá dentro? Talvez as pessoas como ela fiquem mais satisfeitas.

– Já montaram! O que tem dentro das muralhas hoje? A exploração da forma do passado e não do seu conteúdo. Eu sei que o Governo gasta para fazer restaurações e manter o passado ainda vivo. Eu sei que é o interesse dissipado das pessoas que faz com que tudo vire comércio... – falou Michel.

– Então lá você não sentiu nada que o ligasse ao passado cátaro?

– Não. Em Carcassonne não, nem em Béziers, ou Terms...

– Por isso não quis ir a Peyrepertuse? Era o castelo que eu mais queria ir. Dizem que é o mais bonito. E teria o castelo de Puilaurens no caminho, que também dizem que é lindo...

– Não... tive a impressão de que deveria vir para cá antes. Era como se houvesse alguém me esperando aqui para um encontro. Mas isso deve ser só uma sensação.

– No nosso caso, meu amigo, as sensações são como um despertador nos lembrando de algum compromisso. Da minha parte, ainda não senti nada, porém, mesmo que eu também tenha facilidade de observar o passado e perceber os espíritos, minha sensibilidade é um pouco diferente da sua, pelo que pude ver até agora.

– Não, creio que não – falou Michel.

– Por que diz isso?

– Podem existir pequenas diferenças, concordo, porém, o que realmente difere a sua sensibilidade da minha é o que os espíritos encontram em seu baú da memória – falou Michel, olhando para Jean e esperando sua reação.

– Baú da memória? – perguntou Jean Pierre.

– Baú é onde guardamos coisas velhas, ou coisas que julgamos não terem muita utilidade prática no presente. Por isso chamo assim nossas memórias antigas, de vidas passadas, e todos os conhecimentos sobre espiritualidade que aprendemos no presente. A vida prática nos leva a ter interesse em conhecimentos mais imediatos. No seu caso, por exemplo, o comércio de vinho; no meu, a história e a literatura. Demorei um pouco a entender que conhecer sobre a espiritualidade facilita a aproximação e interação com os espíritos.

– Você quer dizer, assim como Monique, que eu estudo pouco? – perguntou Jean Pierre, com um sorriso no canto dos lábios.

– Monique é sábia em muitos assuntos. Tenho aprendido muito sobre a espiritualidade quando vou visitá-los. E eu sei que você tem estudado, mas, pelo que percebi até agora, está procurando a lâmpada de Aladim.

– Ah! Os escritores e suas metáforas! O que quer dizer com isso?

– Você gostaria que existisse um livro único, onde todas as suas dúvidas e todos os conhecimentos sobre os espíritos e a vida espiritual estivessem agrupados. E que não tivesse muitas páginas, de preferência.

– Exato! Seria tão mais fácil!

– Eu sei. Muita gente pensa assim e acaba desistindo de ler, estudar, por que julga que nunca vai conseguir aprender tudo. Não conseguem entender que a beleza não está somente no lugar que vamos conhecer quando fazemos uma viagem, está também nos preparativos e na extensão do caminho, até chegar lá...

Jean Pierre esticou-se na cadeira e bebeu um pouco do vinho que estavam provando. Depois ficou girando o líquido na taça e olhando para sua leve transparência, enquanto refletia no que Michel havia acabado de dizer, e concordava.

– Muitas vezes – continuou Michel – lemos vários livros para encontrar uma pequena peça do grande quebra-cabeça que é o conhecimento, mas, quando percebemos que a encontramos, a impressão que temos é que a vida abre mais uma porta para que a conheçamos.

– É verdade. Já senti isso – comentou Jean Pierre.

– ...e mesmo conhecimentos que podem parecer não tão úteis para o momento um dia ainda servirão. Se isso pode ser falado para o conhecimento comum, imagine para o conhecimento sobre a vida dos espíritos, a nossa vida. Imagine como fica mais fácil, para os espíritos que nos influenciam, quando encontram em nós um baú cheio de conhecimentos.

– Tem razão... mas tenho ainda uma pergunta.

– Se eu puder responder – falou Michel.

Antes de Michel responder, eu, que os ouvia e acompanhava, abri a porta da cozinha e entrei, pedindo desculpas por aparecer assim, sem bater. Os dois não conheciam nada sobre o hotel e as pessoas que trabalhavam nele, por isso, depois do susto inicial, apenas me cumprimentaram e ficaram me observando. Viram um homem perto dos seus cinquenta anos e não muito alto, com cerca de 1,70 metros de altura, porém, com ombros ainda largos e braços fortes, que se projetavam de uma camisa de algodão cru e fazia conjunto com uma calça do mesmo tecido, ambas já com aparência de desgaste pelo uso. Nos pés eu usava um tamanco de madeira com tiras de couro, o que, pelo frio de 11 graus que fazia, tornava o quadro um pouco estranho. Eu passei pelo lado da mesa e fui até a lareira, a qual achei realmente muito aconchegante, e nela esfreguei as mãos, colocando-as bem perto do fogo, depois falei:

– Sempre me acharam estranho por gostar tanto do frio. Mesmo no inverno costumava usar o mínimo de roupa possível, mas a idade nos muda. O frio parece ser o primeiro sinal disso. Esta lareira é muito boa, muito boa mesmo! Vocês se hospedaram aqui por causa dela? – perguntei, sem nenhuma cerimônia e fazendo de conta que não os conhecia.

– Ah! Não. Estávamos de passagem e nem tínhamos um quarto reservado. Paramos aqui por acaso – respondeu Jean Pierre, e achou estranha a risada que dei logo que terminou a frase. Depois de um tempo rindo e esfregando as mãos, falei:

– Acaso? Vocês falando em acaso? Logo vocês?

Sem entenderem o que eu queria dizer com aquilo, Michel e Jean se entreolharam rapidamente, antes de Michel perguntar:

– O senhor nos conhece?

– Ah! Desculpem-me, por favor. – falei, virando-me para eles e vindo até a mesa, onde puxei a cadeira da ponta para me sentar, entre os dois.

Agora mais de perto os amigos puderam ver melhor meus traços e ficaram impressionados com o olhar firme e inquisitivo que eu lhes dirigia. Meu rosto era quadrado, de ângulos bem definidos e sombreado por uma basta sobrancelha já encanecida pelo tempo, assim como os cabelos. Depois de alguns segundos, em que deixei claro que me divertia diante da aparente perplexidade de Jean e Michel, voltei a falar:

– Meu nome é Sebah. Sebah, "*le Roc*", como eu era mais conhecido pela minha força. Não posso dizer que eu estava com saudade de vocês, mas, diante das circunstâncias, é bom ver você, Joë – falei, segurando a mão esquerda de Michel que estava sobre a mesa. – Também é bom reencontrar você, Fabres – falei, olhando para Jean Pierre e segurando sua mão direita. Hoje vocês estão muito melhores do que já foram um dia.

A energia que corria pelas minhas mãos logo provocou arrepios nos dois, que, ainda perplexos, se entreolharam novamente, um dando a entender ao outro que começava a compreender o que estava acontecendo.

Percebendo a reação dos dois, ri novamente e completei:

– Desde que nos encontramos aqui, nesta mesma região de Montségur, já se vão muitos séculos, mas ainda posso ouvir o crepitar da imensa fogueira e, infelizmente, sentir o cheiro de carne humana queimada. Montségur! Ah! Quantas lembranças! Júlia, Nathalie, meu querido abade Amadeu! Lembranças boas, porém, muitas ruins, odiosas, amargas. Que bom que vocês voltaram, finalmente... temos muito a conversar.

Capitol dos

Creio que se faz necessário, antes de contar realmente esta história, passar algumas informações relevantes ao leitor ou leitora desta obra. Talvez seja mais fácil chamá-los de leitores sem distinção de sexo, para poupar palavras, já que sou econômico em quase tudo e não seria nisso que deixaria de ser, principalmente porque temos assunto para muitas e muitas páginas, como verão.

Meu nome é Sebah e sou eu quem vai conduzi-los pelo tempo e por estas tantas linhas que temos pela frente. Então é melhor que se acostumem comigo e com meu jeito meio tosco de fazer as coisas. Sim, tosco é a melhor palavra. Não sou dado a delicadezas ou sutilezas, por mais que o tempo passe e mesmo considerando minhas vidas metido com a nobreza, onde nem sempre se colhe algum requinte. Sou Sebah, ou melhor, fui Sebah. Posso dizer melhor ainda que habitei um corpo a que deram o nome de Sebah. Antes daquela vida na matéria, e em muitas outras depois, tive vários nomes, mas creio que Sebah ficou em mim e assim passei a ser conhecido. Como Sebah, nasci na comuna de Marmagne, Borgonha, no dia 27 de julho do ano da graça de 1189, e o caminho para chegar à fogueira que ardeu no sopé da montanha de Montségur, em 1244, numa das mais terríveis matanças ordenadas pela santa madre igreja, foi muito tortuoso. Espero que os leitores tenham a devida paciência, porque hei de contá-lo todo, no tempo certo.

Antes, é preciso falar um pouco destes dois jovens, que na vida presente são chamados de Jean Pierre Clemenceau, o comerciante de vinhos, e Michel de Laroche, o escritor. Falar deles é indispensável porque, para que este romance aconteça como uma obra literária, eu e uma equipe de espíritos dependemos do envolvimento dos dois, que têm tantos compromissos cármicos com estas pessoas que a história passou a chamar de cátaros.

Eles se conheceram quando Jean Pierre, que morava próximo a Avignon, foi orientado a procurar o escritor Michel de Laroche, que morava em Paris, para lhe contar uma história muito interessante sobre o seu passado em meados do século 19. Michel havia escrito um livro, entre tantos outros, sobre uma época um pouco anterior, em meio ao período do Terror na Revolução Francesa. Neste livro, o que a princípio parecia ser mais uma de suas ficções baseadas em fatos históricos, posto que já era um escritor consagrado no estilo, logo se revelou como a mais pura realidade vivida por ele, numa época ainda tenebrosa, quando a Revolução degenerou seus princípios humanitários. No começo desse trabalho, Michel não percebia que quem lhe influenciava era o espírito de uma de suas personagens, chamada Jeanne Dalmain, que com ele compartilhara aquela vida. A partir do momento em que começou a aprender sobre mediunidade, percebeu claramente que era sobre seu passado real que estava escrevendo. Então achou por bem contar o passado e o presente concomitantemente, devido à influência de um sobre o outro e, com isso, deu aos seus leitores uma orientação moderna e precisa sobre as relações de causa e efeito, que norteiam o nosso destino.

Este livro chamou a atenção de Namur, o espírito que através da mediunidade de Jean Pierre o ajudava a também lembrar dos fatos do passado que, por princípios cármicos, influenciavam de forma contundente sua vida presente, causando a ele uma série de aflições. Então Namur, o espírito, sugeriu que Jean procurasse Michel e este, ao saber disso, não achou nada estranho. Ambos têm uma grande facilidade em ver e ouvir os espíritos e, além disso, através da influência destes, regredirem suas memórias até as vidas passadas.

Foi através dessas regressões que Jean Pierre se inteirou de suas aventuras nas proximidades do ano de 1840 e, como as aventuras do presente também eram intensas, Namur promoveu o encontro entre o comerciante e o escritor, para que a história de Jean Pierre também se tornasse um romance, nos mesmos moldes do que Michel escrevera.[8]

Os destinos dos personagens destes dois romances muitas vezes se cruzaram pela eternidade, e o mesmo aconteceu comigo, pois convivi com muitos deles em tantos momentos diferentes, que nem sei mais por qual nome seria melhor chamá-los. Tanto é que esta nova obra que ora inicia-

[8] O romance *Paris, setembro de 1793*, conta a história passada de Michel durante a Revolução Francesa, enquanto que o romance *O magneto*, conta o passado de Jean Pierre por volta do ano de 1840.

mos, pois meu contato com eles tem o propósito final de produzir um novo livro, provavelmente será o fecho das outras duas, mesmo que todas possam ser lidas separadamente, sem sofrer qualquer solução de continuidade.

Para isso, algumas vezes de forma metafórica, teremos que remover pedras que escondem segredos, abrir livros que contam iniquidades e revelar torpezas que muitos prefeririam para sempre esquecidas. Com certeza teremos que remexer em memórias doridas. Mas também vamos falar de amor, ou amores, e paixões, estes temas que tão bem compõem os romances; que tanto brilho rouba das nossas retinas, quando aproximam a verdade dos personagens da nossa realidade ou, melhor ainda, dos nossos sonhos.

Por isso eu peço que me acompanhem, porque temos muito a lembrar e a contar. Vamos mergulhar numa época em que, por interesses iníquos dos homens, muita coisa não foi contada, ou foi mal contada, ou o que foi contado fez-se questão de esquecer, ou o que foi escrito fez-se questão de ser queimado. Vamos falar sobre pessoas que tentaram o certo na época errada (na verdade, era o tempo certo para eles, que deveriam resgatar suas faltas). Vamos falar sobre as pessoas que tentaram, lá pelos séculos 12 e 13 da nossa era, resgatar os ensinamentos mais puros do Cristo, de quando este espírito maravilhoso e responsável pela nossa humanidade esteve materialmente entre nós. Vamos falar, enfim, dos cátaros, que em grego significa 'puros', embora eles mesmos repudiassem esse título, preferindo apenas serem chamados de *bons homens* e *boas mulheres*, ou *bons cristãos*. Daquelas pessoas que, por amor ao Cristo, tentaram viver como ele ensinara e, por isso, foram trucidados pela ignorância vigente, principalmente por parte dos que se julgavam os verdadeiros artífices da fé, os seguidores da "verdadeira religião". Não cabe a mim nenhum julgamento sobre a religião católica ao tempo do papa Inocêncio III, o organizador da cruzada contra os cátaros. Nem mesmo sobre a religião católica aos tempos de Gregório IX, logo em seguida, através do qual teve início um dos episódios mais negros da história da humanidade, por nós conhecido como santa Inquisição. Cabe a mim contar uma história, com algumas interessantes histórias paralelas, sobre os dramas vividos por estes personagens que já descrevi, Michel de Laroche, que naquele tempo dos cátaros ficou conhecido como Joë, e Jean Pierre Clemenceau, na época chamado de Fabres, bem como de muitos de seus companheiros de jornada, a longa jornada evolutiva.

Então vamos voltar para as proximidades das ruínas do castelo de Montségur, na cozinha do hotel onde os encontrei, com sua bela lareira aquecendo aquela noite fria. Vamos voltar ao momento em que nossos dois amigos começaram a realmente entender quais são os elos que os prendem ao distante passado cátaro.

Capitol tres

Fougax-et-Barrineuf, Ariège, sul da França, 02 de outubro de 2012

– Então hoje o senhor é escritor, meu caro Joë? – perguntei.

– Joë? Este nome ainda não me lembra nada do passado, assim como Sebah, ou Fabres, como o senhor chamou Jean Pierre – falou Michel.

– Ah! É claro que não! Não chegou a hora ainda de ativarmos os centros de memória, como fizeram Jeanne Dalmain e Namur com cada um de vocês.

– Se o senhor diz "ativarmos", então será mais de uma pessoa fazendo isso?

– Já deviam estar acostumados. Sempre trabalhamos em equipe. É claro que seria dispendioso, energeticamente falando, mais pessoas fazerem este contato direto com vocês, embora isso possa vir a acontecer, se necessário. Também deveriam saber que não estão aqui, neste momento, por acaso. O projeto a respeito dos cátaros, e que os envolve, já vem sendo preparado há um bom tempo.

– Projeto? – perguntou Jean. – Que projeto?

– Existe uma dívida pesada e ainda não paga aos chamados *bons homens* e *boas mulheres*. Uma dívida histórica. Nos últimos anos, apareceram no mercado alguns livros muito interessantes que começaram a chamar a atenção dos que não conheciam a história e o sofrimento dessas pessoas. Depois de uma chamada de atenção inicial, começou a acontecer, através da pesquisa histórica mais acurada, o reconhecimento de que o movimento não tinha nada de herético, muito pelo contrário, a heresia era a católica, que durante sua existência havia profanado os ensinos fundamentais do Cristo.

– Eu tenho amigos no Brasil que me mandam muitos livros espíritas de lá – falou Jean Pierre. – Pelo que lembro, existe um sobre o assunto, que tem um título muito sugestivo...

– *Os cátaros e a heresia católica* – intercedi, na minha maneira sempre meio tosca de ser – de Hermínio Miranda. Vejam que este autor se baseou em outros ótimos estudos, como o livro de Anne Brenon, *Le vrai visage du catharisme*, ou o de Arthur Guirdham, *The cathars and reincarnation*, ou ainda o de René Nelli, *Les cathares*, entre tantos outros, mesmo alguns por demais acadêmicos. Estes que citei acima, acompanhei a elaboração, pois meu interesse no assunto é muito antigo. Existem até algumas ficções um pouco exageradas, e talvez até de qualidade literária um tanto que duvidosa, mas que estão fazendo sucesso e não deixam de chamar a atenção para o assunto. As filas de turistas aumentaram em Carcassonne e outras cidades da Occitânia[9] depois disso.

– Pelo que estou entendendo, eu e Jean Pierre fazemos parte desse projeto? – perguntou Michel.

– E não apenas pela incrível sensibilidade que têm, mas também, e principalmente, por terem estado lá. Não tenho dúvidas de que vocês têm muito a aproveitar com tudo isso. Se há uma dívida geral e histórica para com os cátaros, não há porque não pagar uma parcela dela usando quem tem dívidas particulares com eles.

– Mais uma vez vamos conhecer nosso passado? – perguntou Jean Pierre.

– Naturalmente. Vocês já estão habituados a isso.

– Um dia Namur me disse que eu sofri tantos acidentes físicos como Adrien, no século 19 e também agora, nesta vida, por experiências que fiz como médico, em encarnações ainda mais antigas, quando não me importava muito com a saúde dos que me procuravam. Acredito que vou começar a entender melhor o motivo de tudo o que me aconteceu.

Conhecendo o passado de Jean Pierre, como eu o conhecia na época em que ele era chamado de Fabres, não poderia fazer nada além de sorrir gentilmente naquele momento. Realmente, havia muito o que ele descobrir no passado.

– Desculpe-me, senhor Sebah...

– Sebah, apenas, caro Michel, prefiro que me chamem assim. Creio que nos veremos bastante por um tempo...

[9] A Occitânia é uma das nações sem Estado da Europa, que compreende as regiões históricas da Provença, o Limousin, o Auvergne, a Gasconha e o Languedoc. Foi anexada ao território francês somente depois da cruzada contra os cátaros, que levou o papa a destituir os principais senhores da região dos seus títulos e terras.

– Sebah, então. Pelo que posso entender, o que vamos saber sobre o passado deverá se transformar também em livro. Essa é a nossa parte no projeto? – perguntou-me Michel.

– Está certo, mas não deixe de considerar o carma de cada um, pesadamente comprometido nesse passado. De certa forma, o livro será uma parte do pagamento desse carma. Na verdade, os outros dois livros já estavam engajados neste projeto, mesmo que os enredos deles sejam independentes. O fato indubitável é a relação dos personagens. Todos estamos envolvidos e todos temos dívidas a serem pagas. Uma prova desse envolvimento é o magneto, aquele artefato curioso que lhe causou tantos dissabores no passado, caro Jean Pierre. Ele estava lá, naquele tempo. Todos os fatos estão intimamente interligados.

– O magneto? O magneto entre os cátaros? É tão antigo assim? Então a minha participação é realmente maior do que eu esperava... E outras pessoas que conheço também estavam por lá?

– Muitas – confirmei, tentando não começar a dizer coisas antes da hora. Como os leitores já devem ter percebido, além de um pouco tosco, às vezes tenho a língua solta. – Mas não vamos nos preocupar em identificá-las. Temos prioridades bem maiores do que essas.

– E quando começamos esse trabalho? – perguntou Michel.

– Já começamos. Vocês foram trazidos até aqui e este é o nosso primeiro encontro – falei. – Teremos outros. Coloquem o pensamento num padrão elevado e não se assustem com alguns fenômenos que começarão a acontecer. Bem, creio que vocês já estão bem acostumados com isso. E mais uma vez preparem-se, há muitas surpresas pelo caminho.

– Vamos descobrir o tesouro dos cátaros?[10] O santo graal? – perguntou Jean Pierre.

[10] Há muita especulação a respeito do tesouro dos cátaros. De fato, nas vésperas da grande fogueira, quando os cátaros refugiados na fortaleza de Montségur se renderam ao cerco, há registros de que quatro bons homens conseguiram fugir levando de lá um carregamento. No entanto, a probabilidade maior é que este tesouro fosse constituído dos textos cátaros, que era o que tinham de maior valor, desde que toda fortuna pessoal dos bons homens e das boas mulheres passavam para a administração do movimento para que o mesmo fosse sustentado. Devido a essa doação, é possível que existisse algum ouro e alguma prata nesse carregamento, porém, não em quantidades significativas. Em relação ao santo graal, no qual José de Arimatéia teria recolhido o sangue de Cristo no Gólgota, o assunto decai ainda mais para a especulação e o sensacionalismo. A ideia iniciou com o alemão Otto Rahn, que residiu na região próximo a 1932 e era obcecado pelo assunto. Ele traçou um paralelo entre a obra medieval Percival, de Wolfram von Eschenbach, com a história dos cátaros e, nas semelhan-

– O santo graal? Ah! Creio que não temos tempo para sensacionalismos. O que aconteceu de verdade já é por demais sensacional para buscarmos esses mitos da imaginação humana. Porém, quanto ao tesouro...

– Quanto ao tesouro? – perguntou Michel, depois de eu deixar a frase incompleta.

– Bem, graças a vocês foi mais difícil escondê-lo, e ainda mais difícil ser seu guardião... por tanto tempo...

Os dois ficaram me olhando com algum espanto e eu não resisti a um sorriso. Por um tempo, neste longo tempo passado, fui famoso como um bom contador de histórias. Não tem como ser um bom contador de histórias sem saber instigar a curiosidade alheia. Os dois estavam fisgados, eu já sabia, por isso perguntei:

– Então? Quando começamos a trabalhar?

– Você quer que eu comece a escrever? – perguntou-me Michel.

– Por que não? A noite está apenas começando. – respondi, enquanto Michel já ligava seu *notebook*.

– E eu, o que faço? Sirvo-lhes o vinho? – perguntou Jean Pierre, com um sorriso um pouco infantil no rosto.

– Não se preocupe, meu amigo. Teremos que contar uma história que acontece em locais e tempos diferentes, e eu nunca tive o dom da bicorporeidade, tampouco onipresença, obviamente. Eu sei boa parte delas, mas, logicamente, não tudo. Então teremos que ativar sua memória, e a de Michel, para que se completem sem soluções de continuidade.

– Por onde quer começar? – perguntou-me Michel, com o computador aberto e os dedos no teclado. Nossos amigos, por mais sensíveis que fossem, não podiam ver a alegria da equipe espiritual presente naquele momento. Um trabalho começava. Um resgate. Uma homenagem a um povo, a um movimento que foi sufocado até a extinção.

– A estrutura do romance ficará por sua conta, afinal, o escritor é você. Melhor do que ninguém saberá distribuir a história de uma maneira que os leitores possam se manter interessados desde a primeira página, misturando um pouco do presente com este passado distante.

– Sugiro colocá-lo como narrador. Gosto da sua maneira de expor os pensamentos.

– Seria uma grande honra, caro escritor.

ças entre os personagens do poema épico com os que viveram naquela época, encontrou motivação para vasculhar boa parte do Languedoc atrás do artefato sagrado.

– Então, vamos lá! Estou sentindo a mente fervilhar e o cansaço foi embora. Já temos muita coisa para contar, para escrever. Vamos, Sebah, você vai me contar ou me induzir, como fazia Jeanne Dalmain?

– Ah! Jeanne! Está uma linda menina e logo o destino a colocará ao lado de Jacques, seu grande amor... – falei, enquanto levantava e me colocava atrás de Michel, pousando minhas mãos nos seus ombros. Logo ele entendeu que seria muito mais fácil induzi-lo a escrever, intuindo seus pensamentos. Em poucos minutos ele teclava em uma velocidade estonteante e, por termos lembrado de Jeanne, eu prestava uma singela homenagem ao anjo que, lá no distante século 13, transformou minha vida.

Capitol quatre

Paris, outubro de 1208

Um grito horripilante se fez ouvir na noite, me projetando imediatamente para a janela do segundo piso da estalagem que me abrigava, mas tudo que vi foi somente uma rua escura e molhada pela chuva incessante da noite de outono. Para melhor situar os leitores, estamos agora em Paris, no ano de 1208, no mês de outubro, embora não me lembre do detalhe do dia.

Nuvens densas faziam o céu quase tocar o chão e era difícil identificar as formas, mesmo as mais próximas, banhadas na total escuridão. Então o grito se repetiu, embora fosse fácil identificar como de uma criança, era assustador, gutural, arrancado das entranhas de tal forma que nem parecia sair pela boca de alguém vivo. Estava muito próximo, mas, por mais que aguçasse meus ouvidos, não conseguia ouvir mais nada. Foi então que uma porta do outro lado da rua se abriu e uma luz projetou-se na calçada, oriunda de uma lanterna que logo apareceu na mão erguida de um homem, coberto desde a cabeça por uma capa negra. Logo atrás dele saíram mais três homens, nas mesmas condições. A única coisa que se podia destacar em cada um deles era a bainha das espadas, que escapavam e soerguiam as capas já encharcadas.

O pequeno ponto de luz da lanterna foi logo tragado pela escuridão e a rua continuou deserta e lúgubre. Os quatro homens não se deram ao trabalho de fechar a porta e, embora eu não pudesse divisá-la perfeitamente na rua escura, ouvia seu rangido com o vento, assim como suas batidas, nas rajadas mais fortes. O que se ouvia agora era somente a chuva, ora mais intensa, ora menos, e a porta, que ainda ninguém viera fechar.

Eu havia vindo a Paris para comprar mercadorias para a abadia de Fontenay,[11] na Borgonha, por ordem do querido abade Amadeu de Clors, meu amigo, meu professor, meu pai, já que meu pai verdadeiro eu nem conheci. A abadia estava carente de tecidos, fios, tintas, entre tantos outros produtos, que eram comprados com alguma facilidade em Paris, sabendo-se pechinchar, vindos principalmente do Havre. O porto de Marselha seria mais próximo da abadia, porém, também havia algumas cartas a serem entregues, por isso Paris e não Marselha. As doações andavam poucas e a igreja de Roma parecia mais interessada nos bons vinhos da França do que na assistência às suas paróquias, quanto mais suas abadias e mosteiros. Por isso precisávamos comprar.

Quando Cécile Chermont, minha mãe, se interessou pelo jovem oficial da guarda de Felipe Augusto, no ano de 1188, numa das visitas que o soberano fez ao duque da Borgonha, não poderia imaginar que destino cruel a esperava, em troca dos sonhos que por tão pouco tempo acalentou. Fora seduzida por Edmond de Chambres, como se chamava, com a promessa de levá-la para Paris como esposa. Tola criatura! Grávida e esperando que Edmond retornasse para buscá-la, tomada de amor por um covarde e à beira da loucura, procurou o bom abade Amadeu, seu confessor, e expôs seus planos de abandonar a casa dos pais e partir atrás do homem que arrasara sua vida. Amadeu conseguiu contê-la, oferecendo-lhe abrigo e proteção até que a criança nascesse, assim como se ofereceu para controlar a conhecida impetuosidade do meu avô, coletor de impostos do duque na região.

Não vem ao caso os detalhes e melindres desta trama, já que temos outra esperando para ser desvendada, logo do outro lado *da rue Mouffetard*, em Paris, numa noite chuvosa do outono de 1208. Em outra oportunidade poderei contar mais detalhes deste passado.

Fiquei muitos minutos indeciso sobre o que fazer. O crime era comum neste tempo e, entrando por aquela porta que ainda batia ao sabor do vento, eu poderia tanto encontrar um traidor do rei, favorável à coroa inglesa, como um pobre homem que deixou de pagar uma conta. Poderia me envolver num jogo de interesses e ter meu nome citado em algum processo, ou simplesmente entender que nada mais podia ser feito. Mas eu era curioso e a curiosidade movimentou minhas pernas escadas abaixo, muito mais do que qualquer sentimento humanitário.

---

[11] A abadia de Fontenay foi fundada por Bernard de Clairvaux em 1118. É a mais antiga abadia preservada do mundo. Foi declarada como patrimônio da Humanidade pela Unesco em 1981. (http://www.abbayedefontenay.com)

Não havia nenhuma luz indicando o caminho, mas, devido ao tempo que estava acordado e mergulhado na escuridão, a visão já se acostumara em identificar as formas, faculdade que eu havia desenvolvido, também, nas longas horas de clausura, nos castigos justos a mim impostos pelo bom abade Amadeu.

Subi por uma escada íngreme e pude divisar um longo corredor de paredes caiadas de branco, com muitas portas na sua extensão. Coloquei o ouvido cuidadosamente uma a uma e, na última delas, pude ouvir o que parecia ser um soluço cansado. Bati delicadamente na porta com os nós dos dedos, tentando não chamar a atenção dos vizinhos de quarto para uma nova atividade, pois era certo que todos deveriam ter ouvido os dois gritos anteriores e a movimentação de homens armados pelo corredor. Mas eu também sabia que, nestes tempos, não era comum se intrometer, como eu estava fazendo por curiosidade, na vida alheia, sempre sobre riscos de alguma torpeza continuar se espalhando, indefinidamente.

A porta não se abriu. O soluço continuou. E eu, Sebah de Chambres, sobrenome que eu repugnava, mas que o abade Amadeu fez questão que eu tivesse, à revelia mesmo de minha mãe, para que tanto ela, como eu, nunca esquecêssemos do reto proceder na vida, ainda não sabia ao certo se a abria, ou saía correndo de volta para o meu quarto, do outro lado da rua.

Minha mãe morreu de desgosto e loucura, quando eu tinha sete anos. Deixou comigo um olhar carinhoso e molhado de lágrimas no leito de morte, embora o abade não tivesse deixado que eu ficasse ao lado dela até o fim. Também deixou uma carta escrita já há bastante tempo, endereçada ao meu pai, caso um dia eu quisesse procurá-lo. Eu não queria, nunca quis, mas, também, nunca a rasguei, e a levava constantemente comigo em algum lugar escondido dentro das roupas. Eu já morava na abadia, sob a proteção do abade Amadeu, pois meu avô, um coração endurecido, se negara a reconhecer-me. Mas aqui estou eu de novo, perdendo-me no caminho do que realmente importa.

Como ninguém atendeu, e eu já esperava por isso, forcei a maçaneta de ferro e logo vi que não estava trancada. Quando abri a porta, o soluço parou e o quarto onde eu estava ficou vazio até do menor som. Percebi que havia uma candeia acesa sobre uma mesa, no meu lado direito, mas que iluminava parcamente o restante do ambiente, que era composto de uma pequena sala e um quarto, separados por uma cortina. Fui até a mesa, apanhei a candeia e a trouxe até a entrada do quarto. No instante que a luz dominou as sombras do seu interior, tive a noção de que não deveria ter feito isso. No chão, entre duas camas, estavam estendidos dois corpos banhados de sangue: um homem e uma mulher, ambos nus e, na parede logo atrás deles, uma menina, ou o espectro de uma, com um vestido branco, ou melhor, vermelho, pois era tanto sangue que o branco já quase nem aparecia. Ela estava extática, com os cabelos desgrenhados e os olhos esbugalhados na minha direção, como se eu fosse o próprio Satã. Não era difícil entender a situação. Os quatro homens que fizeram aquilo eram mesmo piores que o próprio Satã. Aos meus olhos, haviam matado pai e mãe na frente da filha.

Tentei falar com ela, mas estava muda, paralisada. Cheguei mais perto e a segurei pelo braço, gelado e duro como um bastão.

– O que aconteceu aqui, minha querida? – perguntei, tentando imprimir à voz a maior docilidade possível.

– O senhor não tem ideia do que aconteceu aqui? O que faz aqui então?

O susto me fez pular de onde estava. Não fora a menina que respondera, mas sim uma mulher de muita idade postada na porta, apoiada numa bengala com a mão direita, com as costas encurvadas pelo tempo, e segurando na mão esquerda também uma lamparina, que iluminava ainda menos que a do quarto.

– Perdoe-me, senhora. Apenas ouvi os gritos desta menina e não pude deixar de vir acudir...

– Acudir? Acha que ainda é possível? Olha aqui, meu rapaz, se não tem nada a ver com isso, é melhor ir embora. Sou a senhoria desta casa e não gosto de encrencas. Hoje em dia é difícil levar uma vida honesta e até hoje não me prestei a alugar meus quartos para a rapacidade, muito embora, parece que era o que acontecia aqui...

– Não era um casal? – perguntei, olhando para os cadáveres nus e banhados de sangue aos meus pés, começando a olhar a situação de outra forma, embora a menina ali presente, muda e petrificada.

– Um casal? Sim, neste momento sim, ou um pouco antes sim, mas não um casal abençoado por Deus e pela santa madre igreja. Estou vendo que não sabe nada do que aconteceu aqui, meu jovem. Parece mesmo ser apenas um curioso de bom coração, por isso lhe digo para ir embora. Já mandei meu filho chamar a guarda do preboste[12] e não demorarão a chegar. Se estiver aqui, será levado junto.

Ao ouvir o que a velha me disse, fiz menção de sair e ela logo se afastou da porta, mas voltei-me e olhei para a menina, que ainda mirava em mim seu olhar horrorizado, muito embora agora com uma expressão diferente no rosto, como se tivesse tido por mim alguma empatia, talvez movida pelo desespero.

---

[12] Preboste – agente do senhor feudal ou do rei, encarregado de ministrar justiça e gerir a propriedade que lhe era confiada.

– E o que acontecerá com ela? – perguntei.

– E o que importa o que acontecerá com ela? Provavelmente seguirá a vida da mãe, ou será mandada para um convento. A guarda se encarregará de localizar algum parente... vamos, não se demore.

A menina agora me olhava com ansiedade e me pareceu que a palavra convento a deixou ainda mais aflita. Então perguntei:

– Tem mais alguém no mundo por você?

Ela não falou, apenas balançou negativamente a cabeça, rapidamente, como se tivesse pressa para que eu entendesse sua situação. Era fácil entender que tínhamos algo em comum diante da prematura orfandade.

– Eles eram seus pais?

Novamente ela respondeu, balançando a cabeça, que sim e eu não tive mais dúvidas. Com o mesmo impulso que me fez tomar tantas outras decisões impensadas (como é o caso da jovem Júlia, que ainda contarei), voltei até a menina, puxei pela cabeça seu vestido ensanguentado e a envolvi com meu casaco. A velha na porta quis protestar, mas coloquei na mão dela uma moeda de prata e falei:

– Que diferença fará para a senhora? Diga apenas que estavam sozinhos no quarto e, se algum parente que demonstrar ser de confiança vier atrás de informações, diga que poderão encontrá-la na abadia de Fontenay, na Borgonha. Somente suma com este vestido para não ter que dar mais explicações.

Capitol cinc

Paris, outubro de 1208.

Levei a menina para o meu quarto e vi que o dia já começava a clarear. Logo em seguida ouvi o tropel de cavalos alardeando a chegada da guarda pela rua calçada. Não daria tempo para fugir, como eu esperava. Então só podia contar com a sorte de a velha senhora não falar sobre minha passagem por lá. A menina fora obediente e ficou fácil de saber que ela entendera rapidamente o perigo que corria, caso fosse levada.

Já era manhã quando os guardas foram embora e vi que a velha ficou olhando na direção da minha janela, como se soubesse onde eu estava. Algumas pessoas são quase invisíveis, porém, de dentro de sua invisibilidade, sabem de tudo o que acontece no seu pequeno mundo. Tive a certeza de que ela sabia de onde eu tinha vindo. De uma fresta na sua janela, ou um buraco proposital em algum ângulo que desse acesso à rua, devia fiscalizar todas as casas possíveis, e uma pensão é um prato cheio para esses fiscais. Como ela demorou-se olhando, abri um pouco a janela e acenei. Ela não fez nenhum gesto, tampouco sorriu, mas em seus olhos estava escrito: cumpri minha palavra. Como diria o bom abade Amadeu, era, enfim, uma boa alma, só um pouco coberta pela poeira das dores.

– Vou levar você comigo para um lugar seguro, e que o santo abade me perdoe. Como é o seu nome?

– Nathalie... – respondeu-me, com um fiapo de voz.

Cheguei a ficar um pouco surpreso com a resposta, pois esperava que ela se mantivesse em silêncio, porém, continuei arrumando minhas coisas para viajar. Eu havia comprado roupas para algumas crianças, a pedido do abade, por isso não foi difícil encontrar um vestido para Nathalie, mesmo após espalhar algumas roupas de menino pelo quarto. Nós mesmos confeccionávamos roupas para os camponeses na abadia, mas eram roupas simples, de trabalho, e as que eu levava deveriam servir para se apresentarem à missa. Coloquei o vestido sobre a cama, mas ela apenas ficou olhando, sem falar nada.

– É para você – falei.

– Eu posso saber o seu nome? – perguntou-me, por sua vez, com uma voz um pouco mais bem postada e tentando demonstrar tranquilidade.

– Sebah, pode me chamar de Sebah.

– O senhor carrega alguma tesoura, *monsieur* Sebah?

– E porque *mademoiselle* Nathalie precisaria de uma tesoura? – perguntei, tentando não demonstrar surpresa.

– Talvez não seja tão fácil assim me levar para longe.

Parei de arrumar meus pertences e a fitei, um pouco aturdido com seu raciocínio. Sentei na cama à frente dela, que continuava em pé, encostada à parede, e perguntei:

– Pode me explicar por quê?

– Eu preferia não dizer, por enquanto, para não perdermos tempo, mas, se o senhor exigir, conto-lhe tudo que sei – respondeu-me, e havia um brilho de ansiedade em seus olhos e não duvidei que ela tinha pressa em sair dali o mais rapidamente possível.

– E por que a tesoura?

– Vão procurar uma menina... e o senhor tem roupas de menino também...

– Afinal, quanto anos tem, Nathalie?

– Já tenho oito anos, senhor Sebah.

Eu tinha uma tesoura, alias, várias tesouras, e foi rápido nosso trabalho. Nathalie tinha lindos cabelos castanhos-claros, ondulados ou quase cacheados, caindo sobre os ombros, mas que, no momento, ainda estavam relativamente desgrenhados. Esses cabelos emolduravam um rosto fino, de olhos redondos e esverdeados. Uma menina que já se credenciava a ser uma linda mulher e que não tinha nenhuma pena das grandes mechas que iam caindo aos seus pés. Uma das minhas funções na abadia era manter os cabelos dos abades bem aparados, e também o de muitos colonos e seus filhos, e até algumas filhas. Dei a Nathalie um corte típico dos meninos do campo, vestia-a com um calção de algodão e uma grossa camisa de lã, já que o dia estava frio. Ainda consegui um chapéu, que enterrou um pouco em sua cabeça pequena, mas que ajudou ainda mais a disfarçar seu rosto.

Já havíamos andado mais de vinte quilômetros na estrada de Paris à Borgonha, quando parei na beira de um riacho para dar de beber aos cavalos. A carroça estava carregada e eu não tinha animais de reserva, já que os colonos da região da abadia aceleravam a colheita diante da chegada rápida do frio, e não podiam ceder nenhum desses animais tão preciosos.

Nathalie olhava constantemente para trás, por todo o caminho, demonstrando preocupação. Eu sabia que não havia mais nada a fazer, por isso seguia o passo da viagem sem alteração. Enquanto os cavalos bebiam, segurei-a pelos ombros e a coloquei de frente para mim.

– E agora, já pode me contar alguma coisa?

– É uma longa história, senhor Sebah.

– Nosso caminho também é longo...

– Aquela mulher era minha mãe, e se chamava Marie. Eu a conheci há poucos dias...

– Há poucos dias? Se era sua mãe, como pode tê-la conhecido há poucos dias?

– Quando eu nasci me separaram dela e me levaram para um convento, e foi lá que vivi até a semana passada. Fiquei muito feliz quando soube que minha mãe viria me buscar, era meu maior sonho. Ela nunca tinha vindo me visitar. No dia em que ela me levou, fomos para uma casa bonita e me colocaram num quarto grande, com a janela se abrindo para um jardim, mas eu quase não via minha mãe, até que ontem a noite ela me levou até aquele quarto e conversou comigo.

Nathalie ficou em silêncio, como se tentasse reordenar os pensamentos. Era fácil perceber que ela tentava impor naturalidade nas palavras, mas todos os fatos que havia vivido em sua curta vida, eram cheios de tensões e medos. Como percebi que havia um leve tremor em seus dedos, achei melhor fazê-la relaxar.

– O que acha de me contar o restante da história mais tarde? Como eu disse, temos bastante tempo.

Ela olhou para mim e sorriu, um sorriso triste, mas também agradecido, e eu estava cada vez mais enternecido com aquela menina chamada Nathalie, que me renderia um belo sermão do bom abade.

Alguns quilômetros adiante, Nathalie afligiu-se. Longe na estrada, por onde já havíamos passado, apareceu um grupo de cavaleiros. Não demorou a nos alcançarem e rodearem a carroça. Eram cinco cavaleiros, mas não eram policiais do rei, embora estivessem uniformizados, e o comandante ficou olhando atentamente para Nathalie.

– Como é seu nome? – perguntou a ela, grotescamente.

– Oh! Senhor, nos perdoe...– falei, me antecipando –, mas este menino não pode falar. Estamos mesmo voltando de um renomado médico de Paris, a que chamam de Lotário, indicado pelo abade de Cister, a quem sirvo... o senhor deve conhecer esse médico, ele trabalha com as irmãs de caridade no Hôtel-Dieu...[13]

– Deixe-me ver os documentos do menino.

– Ah! Sim, senhor – falei pulando para a carga da carroça e começando a revirar alguns sacos de viagem. Depois do terceiro, e já demonstrando muita preocupação, falei:

– Pelo Santo Padre! Será, Jorge, que eu deixei seus documentos com o médico? Ou você os guardou em algum lugar? Não, você não poderia tê-los guardado, até ontem a febre não o deixava nem ficar em pé...

– Que doença que ele tem, afinal, que não pode nem falar? – perguntou o comandante da tropa.

– Oh! Senhor, não sabemos. Só sabemos que ele e eu somos muito resistentes, ou temos muita sorte. Eu fiquei doente logo em seguida dele, da mesma doença, passei por mal bocados, vi a morte de perto. Fiquei muitas semanas com a garganta embotada, sem falar uma palavra, mas melhorei. Na abadia, muitas das crianças morreram, e até alguns abades que as tratavam. O médico, o famoso doutor Lotário, que o senhor deve conhecer, disse que temos muita sorte, muitos mais poderiam ter morrido.

Quando terminei de falar, o jovem soldado já havia afastado bastante seu cavalo da carroça. Os outros cavaleiros, ainda mais. Demonstrando até alguma afetação, ainda pediu para Nathalie:

– Tire o seu chapéu.

Nathalie, ou Jorge, como uma atriz profissional, ou somente porque estava mesmo com muito medo, levantou as duas mãos trêmulas e tirou o chapéu, mostrando melhor um rosto pálido e um olhar triste. Suas faces delicadas e a tez pálida faziam muito bem a simulação de um menino doente. O maior problema era sua voz, definitivamente feminina, mas estávamos conseguindo disfarçar.

– A garganta dele ainda está bastante inflamada – falei, pulando novamente para o banco da frente da carroça e segurando o rosto de Jorge, fazendo com que abrisse a boca – o senhor mesmo pode ver.

O cavalo do comandante quase empinou, com o puxão que ele deu nas rédeas. Rodopiou um pouco distante e teve que segurar o chapéu.

---

[13] O Hôtel-Dieu é considerado o mais antigo hospital da cidade de Paris. Consta que foi fundado por são Landerico de Paris, entre os séculos 7 e 17. Foi diversas vezes reconstruído, sendo que a arquitetura atual remonta a 1877.

– Não se preocupe – falou –, estamos mesmo procurando uma menina. Não viram uma menina com cerca de dez anos e cabelos claros e longos?

– Não, senhor... mas, posso saber o motivo de a estarem perseguindo?

– Ela é filha do...

Ele não terminou a frase, na verdade estancou-a repentinamente. A mim ficou claro que a ansiedade gerada pela doença de Jorge estava tirando o senso do jovem comandante, que queria logo sair do local. Já começando a tocar seu cavalo adiante, continuou:

– Ela é filha de um nobre, e foi sequestrada pelos assassinos do seu senescal.[14] São perigosos, por isso, é melhor terem cuidado.

Logo em seguida, partiram a galope e eu fiquei olhando por um longo tempo para aqueles cavaleiros, que aos poucos foram deixando apenas uma mancha de poeira pela estrada. Eles sumiram, e eu ainda estava parado, com as rédeas dos cavalos nas mãos, pensando. E estava pensando que mais uma vez havia me metido em encrenca, das grandes, e que, por isso e com justiça, seria duramente repreendido, pelo abade Amadeu, o bom abade Amadeu.

– Quem é esse médico chamado Lotário? – perguntou Nathalie, como se nada de mais houvesse acontecido.

– Não é médico, na verdade. apenas um amigo que sabe preparar umas beberagens.

– Acho que já posso lhe contar o restante da história – falou Nathalie, com uma voz quase angelical.

– Quem é seu pai e quem é sua mãe? – perguntei, tentando saber rapidamente a verdade.

– Você viu minha mãe, infelizmente. Eu a havia conhecido há poucos dias, como já lhe contei...

– Mas aquele não era seu pai?

– Não. Desculpe-me por ter lhe mentido naquele momento, senhor Sebah. Mas o senhor há de convir que não havia tempo para muitas explicações.

A maneira firme e bem articulada que Nathalie falava era a mostra que realmente havia sido educada por freiras, como havia me contado, ou, pelo menos, havia sido educada em uma família nobre. Jamais seria filha de uma prostituta, como a velha senhoria havia me feito crer num primeiro momento.

– Vamos – falei –, sou todo ouvidos.

– Ontem, um pouco antes de minha mãe me levar com ela até aquele quarto, consegui ouvir o que ela falava à outra mulher, na casa para onde me

[14] Mordomo-mor, na Idade Média, com autoridade judicial, e que em muitos casos chegava a ser alto funcionário de Estado ou comandante militar (*Dicionário* Michaelis).

levaram depois do convento. Elas falavam que meu pai queria me conhecer, mas que havia um grande risco de a esposa dele descobrir tudo e, se ela descobrisse, alguém poderia tentar me matar...

– A esposa do seu pai?

– Sim... minha mãe não era casada com ele, pelo que pude entender.

– Como era o nome da sua mãe?

– Marie.

– Marie? Marie de quê?

– Não sei, ela falou muito pouco comigo. Fomos para aquele quarto porque o meu pai iria até lá. A mulher que conversou com minha mãe falou que seria um local que não levantaria suspeitas, porque a mulher do meu pai era muito ciumenta. Mas, quem apareceu não foi meu pai, e sim seu senescal. Acho que meu pai é uma pessoa importante, mas minha mãe ficou indignada e eles discutiram... foi quando aqueles homens apareceram... fizeram eles tirarem as roupas... e depois...

– Como é o nome do seu pai? – perguntei, tentando tirar a memória de Nathalie daquela cena bisonha.

– Luís... só sei o primeiro nome, mas sei o nome todo da esposa dele. Minha mãe falou o nome dela quando discutiu com o senescal.

– E como se chama essa mulher? – perguntei, já com o coração acelerado pela angústia.

– Um nome bonito... Branca de Castela...[15]

Branca de Castela! Instintivamente afrouxei as rédeas e gritei com os cavalos, fazendo com que apurassem o passo. O sol do meio do dia agora nos castigava, mas eu sabia que a noite seria fria, por isso já era bom ir pensando em um lugar bem seguro para passarmos por ela, principalmente porque este jovem e desmiolado Sebah, estava conduzindo ao seu lado a filha bastarda de um príncipe. A filha bastarda de Luís, o leão, futuro rei da França, filho do rei Felipe II.

Há alguns anos passados eu havia voltado para a abadia trazendo Júlia. Ah! Júlia! Não passo um dia sem lembrá-la. Porém, as consequências daquela outra atitude insana ainda repercutiam em meu destino. Em breve contarei aos leitores sobre esta aventura. Agora eu levava outra mulher, ainda menina, mas com o potencial de me causar mais danos que Júlia.

Que belo sermão eu ouviria do abade Amadeu!

[15] Branca de Castela (Palência, 4 de março de 1188 – Paris, 27 de novembro de 1252), princesa castelhana, rainha consorte de Luís VIII de França e depois regente do seu filho são Luís. Era filha de Afonso VIII de Castela e Leonor Plantageneta, e portanto também neta dos monarcas Leonor da Aquitânia e Henrique II da Inglaterra. ("Blanche de Castille", Philippe Delorme, *Histoire des reines de France*, Ed. Pygmalion, 2002)

Capitol sièis

Montségur, 03 de outubro de 2012.

Jean Pierre dormia no sofá em frente à lareira, que quase não tinha mais nenhum calor. As horas correram céleres e a madrugada já ia alta quando me afastei de Michel, que se virou, achando estranha minha atitude. Não foi fácil convencê-lo de que, para o momento, já era o suficiente.

Michel já estava integrado ao projeto de contar uma história sobre os fatos. Seus conhecimentos históricos e, principalmente, seus conhecimentos sobre as interações entre o plano material e o espiritual facilitavam o processo. Com Jean Pierre o procedimento seria um pouco diferente e, por isso, a visita que fariam pela manhã às ruínas do castelo de Montségur ajudaria na liberação dos seus arquivos mentais sobre o passado. A partir disso eu teria bem maior facilidade em induzi-lo a pontos específicos, para que a história que estamos contando possa ser rica o suficiente.

Como os leitores vão perceber, estou, ou estamos, eu e meus amigos, começando a montar um quebra-cabeça da maneira mais coerente possível, não somente para que entendam mais facilmente o enredo, mas também para que se situem adequadamente no ambiente histórico que descrevemos. O que faço, juntando personagens aos poucos e voltando no passado dos mesmos para que conheçam suas motivações, e as minhas, inclusive, é para que possamos compreender melhor o clima da época, o ambiente mental deles, e assim possamos interpretar melhor como viviam estas pessoas que a história passou a chamar de cátaros. O que, na realidade, é o nosso principal objetivo. Da minha parte, o que mais me daria satisfação é ver o leitor embrenhado no enredo, na vida dos personagens, mas, ao mesmo tempo, se alguém perguntar a esse leitor sobre os cátaros, que ele tenha uma resposta bem satisfatória a ser dada.

Vejam vocês que eu poderia estar falando dos grandes nomes da época, como Philippe Auguste, rei da França, ou Raymond Trencavel, visconde de Carcassonne, ou ainda Raymond VI, o poderoso conde de Tolosa e suserano de quase toda a região sul do que hoje é a França. Alguns já foram até citados e o serão novamente, além de outros importantes, é claro, para que os leitores tenham uma melhor dimensão histórica. No entanto, o que mais me interessa é que todos entendam que, enquanto reis, papas, condes e outros tantos senhores se batiam por causas das mais diversas, poucas vezes religiosas, os *bons homens* e *boas mulheres,* assim como os crentes, continuavam vivendo, ou tentando viver, nos moldes dos primeiros cristãos, aqueles que tinham muito próximos de si a sombra confortável dos ensinamentos do Cristo. Continuavam com seu dia-a-dia, suas aflições, restrições, desconfortos e, acima de tudo, esperanças. É nisso que eu quero chegar e espero que tenham um pouco de paciência até que eu possa montar este enredo de forma conveniente, neste pequeno resgate que tentamos fazer da memória cátara.

Pensando assim, deixei que nossos amigos descansassem durante o que ainda restava de noite para que o dia fosse proveitoso, e como uma das minhas características é não perder tempo, convido já os leitores a acompanhá-los nesta aventura, que poderia ser uma simples visita a este lugar maravilhoso, onde temos a nítida sensação física de estarmos mais perto de Deus.

Vamos encontrá-los já descansados e revigorados, após um ótimo café da manhã, no sopé do grande maciço rochoso onde ainda se encontra o velho castelo de Montségur, preparados para enfrentar a longa e exaustiva subida (que tantas e tantas vezes eu fiz!). Logo voltaremos a Nathalie e, além dela, vou apresentá-los a alguns outros, como Fabres, o aprendiz de medicina, e seu mestre. Também vou apresentá-los a Júlia (Ah! Júlia!), a Claire e a Serkan, além de outros, que não posso esquecer.

Precisamente no dia 3 de outubro de 2012 (que data maravilhosa!),[16] encontraremos Jean Pierre e Michel olhando para o alto, para o esqueleto do que foi o último bastião do catarismo. Muitos cátaros sobreviveram, obviamente, e continuaram a viver dentro de sua fé, porém, foi em Montségur que se sepultou uma civilização, naquele funesto 16 de março de 1244, quando uma procissão de mais de duzentos crentes e *bons cristãos* seguiram para a grande fogueira.

[16] A 3 de outubro de 1804, nasceu Hippolyte Léon-Denizard Rivail, Allan Kardec.

– É alto, muito alto – comentou Jean Pierre. – Como conseguiam viver assim, igual a cabritos monteses?

– E lá não tinha água, a não ser a que era captada pela chuva. É impressionante! O castelo ficou muito tempo desabitado. Somente quando os líderes do movimento se viram sem ter para onde fugir, já que toda região estava dominada pelo exército francês, é que pediram a Raymond de Pereille, senhor da região, para que o restaurasse. Dá até a impressão de que eles foram ingênuos a ponto de acreditar que, isolados ali, no cume de uma rocha, não incomodariam ninguém.

– Se você falou que eles pareciam ingênuos, desculpe a minha ingenuidade... como você disse, quero aprender sem ler... bem, como não tenho nenhum livro agora...

– Por que eles incomodavam tanto? – perguntou Michel, facilitando as explicações de Jean Pierre.

– Sim, isso mesmo. Por que a igreja se incomodava tanto, já que o movimento estava quase acabado quando se refugiaram aqui?

– Não estava acabado, muito pelo contrário. Por mais que a igreja romana tentasse, com a guerra e depois com a inquisição, a heresia persistia, e persistiu ainda depois de Montségur, mas não com o mesmo ímpeto. O que incomodava, e que incomoda até hoje, é que os cátaros estavam certos. Ou melhor, estavam mais certos que os católicos, pelo menos os da época, com suas riquezas e luxúrias. Os cátaros seguiam as palavras de Jesus e viviam para ajudar o próximo, enquanto a igreja se preocupava com o poder e com a manutenção do poder, não se importando em queimar na fogueira quem fosse contrário a ela. A inquisição nasceu porque a cruzada contra os cátaros não conseguiu dizimá-los. Mais uma vez, milhares e milhares morreram. Foi isso que Jesus ensinou?

Enquanto Michel falava, começavam a subir pelo caminho, exatamente no ponto onde fora erguida a grande fogueira, que queimou mais de duzentas pessoas em março de 1244. Ambos sentiram a energia ambiente. Ambos perceberam que estavam repetindo os próprios passos no passado. Michel parou de falar e respirou fundo, esperando o que sua sensibilidade poderia lhe mostrar. Jean Pierre fez o mesmo, porém, somente a impressão que já haviam estado ali persistiu. Era possível até acharem que a sensação de falta de ar que sentiam fosse provocada pela subida, no entanto, ela mal começara. Tiveram que parar por alguns minutos e, quando retomaram a caminhada, Michel continuou:

– Os cátaros acreditavam na reencarnação, nas vidas sucessivas, e eram contrários à ideia da ressurreição, proposta pela igreja, que se dizia a dona da verdadeira fé. Só isso já seria o suficiente para abalar profundamente os alicerces do catolicismo.

– Ressurreição! Até hoje se acredita nisso? Como ainda é possível que alguém acredite que todos os mortos vão renascer nos corpos que habitaram um dia?

– Para você, para mim, que estamos acostumados com a espiritualidade que nos cerca e com a evidência da reencarnação, por nós mesmos tão duramente comprovada, essa crença é estranha, porém, é uma crença, e precisamos respeitá-la. O bom é que hoje podemos respeitar, mas também podemos pensar diferente, sem sermos levados para um tribunal, sem chances de defesa e, consequentemente, para a morte.

– Eu li alguma coisa que dizia que os cátaros eram maniqueístas. Isso é verdade?

– Mani[17] era dualista, dividia o mundo entre o bem e o mal. Os cátaros podiam até ter uma linha de pensamento semelhante, mas isso não quer dizer que eram maniqueístas no sentido de serem seus seguidores. Eles queriam ser como os primeiros cristãos e viver em plenitude o ensinamento do Cristo. O dualismo que acreditavam era o da matéria e do espírito. A matéria era o mal; o espírito, o bem. Acreditavam que todo ser humano, alijando-se de todo interesse material e vivendo exclusivamente para fazer o bem, poderia fugir da matéria após a sua morte, não precisando mais reencarnar nela. Por isso ficaram conhecidos como *perfeitos* e *perfeitas*. Embora tenham sido chamados assim, eles preferiam *bons homens* e *boas mulheres*, ou apenas *bons cristãos*. Por isso não juravam, porque sabiam que nunca podiam mentir. Por isso não tinham posses, para não serem tentados pela cobiça. Por isso não tinham prazeres materiais...

– E sexo? – atalhou Jean Pierre, com uma expressão de espanto.

– Faziam votos de castidade, porque consideravam o sexo um desejo da matéria e uma maneira de perpetuar a matéria. Os que recebiam o *consolamentum* e se tornavam verdadeiramente *bons cristãos*, abdicavam também desta forma de prazer. Mas havia os crentes, em maior número, obviamente, que simpatizavam e seguiam a religião, sem terem uma vida assim tão re-

---

[17] Mani (216 d.C. – 276 d.C.) nasceu de pais persas perto de Ctesifon, capital do império Pártia (próximo ao atual Iraque). A doutrina que criou ficou conhecida como maniqueismo. Segundo essa doutrina, a luta fundamental do universo é o duelo entre o Bem e o Mal, representados pelo Pai da Grandeza e pelo Príncipe das Trevas. A alma humana caiu no mundo material e está presa a um ciclo interminável de reencarnação, até que o Pai da Grandeza mande um salvador para resgatar aqueles que estão dormindo nas trevas. O caminho para a salvação é o conhecimento ou a experiência direta da Luz. (http://www.ahistoria.com.br/biografia-mani/)

grada. Para estes o sexo não era proibido e até aceito como uma necessidade, pois era necessário que se gerassem novos corpos para que os que não conseguissem ser verdadeiramente perfeitos pudessem retornar à matéria através da reencarnação para mais uma tentativa.

– Imagino que eu não teria a mínima possibilidade de ser um *perfeito* – falou Jean Pierre, com um sorriso no canto dos lábios.

– Nem eu, meu amigo... nem eu.

À medida que a subida se acentuava, deixaram de conversar. Ambos não eram mais atletas, embora ainda fossem saudáveis e robustos, mas uma subida quase na vertical dos duzentos metros de rocha não se vence com facilidade. Quando eu, Sebah, estava por lá, morando entre os cátaros, subia e descia com facilidade, mesmo por caminhos secretos, bem mais difíceis, mas isso foi há tanto tempo!

Quando chegaram ao topo, os dois amigos ficaram algum tempo na plataforma de madeira que dá acesso ao castelo, recuperando o fôlego e se inebriando com a visão do mundo que se tem lá de cima. Ambos estavam profundamente envolvidos na energia guardada por aquelas rochas milenares. Mesmo que o castelo atual não seja o mesmo do tempo dos cátaros, a energia do ambiente manteve-se. Eram dores e alegrias de uma comunidade cátara que por cerca de quarenta anos se fixou ali, chegando a uma população entre quatrocentas a quinhentas pessoas. Chega a ser impossível imaginar como conseguiram viver em tão pouco espaço no pog da montanha, sem nascente de água, sem terras para cultivo. E isso para mim, que estive lá e fiz parte da comunidade, liderada por grandes nomes do movimento, como Guillabert de Castres e Bertrand Martin, entre tantos outros.

Envolvidos pelo magnetismo desta comunidade, que o tempo não consumiu, entraram no castelo tomados de uma estranha emoção e circularam pelo local como se estivessem perdidos no tempo.

Jean Pierre estava profundamente sensibilizado e sentia imensa falta do seu amigo Namur, o espírito que lhe contara tanto sobre o passado, para dirimir suas dúvidas. Michel caminhou na direção da porta que saía pelo lado oposto de onde entraram, virada para norte, e Jean o seguiu a alguma distância. Encostou na porta e viu o amigo chegar bem perto da beirada do penhasco, já do lado de fora, não mais que dez metros de onde estava. Ao seu lado esquerdo podia ver as ruínas do que fora um dia as casas da vila, ou algo parecido com isso, que os cátaros construíram ao redor do castelo, muito longe de ser um local plano. Haviam aproveitado o máximo os pequenos platôs que se formavam na encosta íngreme para levantarem paredes de pedras para suas habitações. Não cabia toda aquela gente no lado de dentro.

Quando olhou novamente para Michel, na beira do penhasco, teve um calafrio e, imediatamente, teve a sensação de que o mundo rodava. Parecia que o passado, impregnado com tanta intensidade naquele ambiente, queria repentinamente se fundir com o presente. Parecia que toda a energia guardada em cada pedra talhada daquelas paredes, em cada rocha daquele chão, lhe sugava no tempo e o situava em outra realidade. Um estranho sentimento começou a dominar sua emoção. Rancor, mágoa, medo e ódio. Sim, não era difícil interpretar o ódio. Era ódio que estava sentindo naquele momento, mas por quê? Por quem? De onde viera aquele ódio repentino? Então teve a impressão de que seus sentidos se embotaram. Os demais turistas, que iam e vinham pelo local, agora vestiam roupas estranhas, de outra época. Vestidos rotos e sujos, túnicas com as barras esfarrapadas. De repente ele se viu com um joelho no chão e outro dobrado, onde seu cotovelo direito estava apoiado, enquanto as duas mãos cobriam seu rosto. E o sentimento de ódio tomava conta do seu raciocínio. Sem saber ao certo o que estava acontecendo, por mais que estivesse acostumado com o fenômeno, tentou enxergar o presente e não o passado. Num esforço imenso conseguiu imaginar-se tirando as mãos do rosto e olhando para Michel, que há pouco estava bem à sua frente. Não devia ter feito isso, porque, tão logo pôs os olhos em Michel, descobriu que a fonte inesgotável do seu ódio vinha dele e a vontade que tinha era correr para ele e jogá-lo no abismo, logo adiante. Uma vontade imensa, até mesmo incontrolável.

Michel, por sua vez, ainda sem perceber o que acontecia com Jean Pierre, logo que se aproximou da beirada do precipício também teve a impressão de que o mundo começou a rodar. Sabia que não podia desmaiar naquele local, como havia acontecido outras vezes quando o fenômeno se manifestava, porque, fatalmente, rolaria para a morte, por isso tentou se afastar, mas suas pernas pesavam como chumbo. Com muita dificuldade é que conseguiu se virar na direção de Jean Pierre, porém, o que viu não o deixou nem um pouco seguro. Viu um grupo de pessoas ao redor de Jean Pierre, homens e mulheres aparentemente tentando acalmá-lo. Ele estava agachado, com um dos joelhos no chão e as duas mãos cobrindo o rosto, numa atitude de desespero. Atrás do grupo, pelo portão aberto do castelo, Michel podia ver muitas outras pessoas aglomeradas. Era outro tempo. Vestiam outras roupas, túnicas simples, vestidos rotos. Olhou para si e se viu vestindo um hábito grosseiro, marrom bem escuro, e em suas mãos um disco de metal. Um medalhão de bronze bastante polido, com a figura de um cavaleiro montado em seu cavalo e de espada erguida. O tempo passado, por fim, tomou conta do seu pensamento. Sabia o que estava acontecendo, já estava acostumado. Era necessário ter calma até tudo voltar ao normal, por isso respirou profundamente, com os olhos fechados, esperando que, ao abri-los, enxergasse o atual Jean Pierre, com seu jeito meio desligado, sua calça *jeans* e sua camiseta branca. Porém, as vozes que ouvia se exaltaram e se transformaram em gritos, a ponto de fazê-lo abrir os olhos. Nada ainda voltara ao normal e o que viu foi aterrador: Jean Pierre vinha correndo em sua direção, já muito próximo, mesmo porque o espaço de onde estava até a porta do castelo não era mais do que dez metros. Ainda conseguiu ver que o rosto não era o do Jean Pierre do presente, mas, sem dúvida, era ele. Não teve tempo de nenhuma reação. Jean Pierre agarrou-o pelo meio do corpo e o arrastou na direção do precipício. A primeira coisa que sentiu, ou deixou de sentir, foi o chão, que sumia aos seus pés. Então veio o vazio. O céu incrivelmente azul. A primeira batida do corpo sobre as rochas. A segunda batida. A dor de alguma coisa atravessando seu corpo. O silêncio. A escuridão.

Capitol sèt

Marselha, janeiro de 1205.

Confesso que fico um pouco assustado com situações como as que lhes acabo de descrever, caros leitores. Estes dois jovens realmente têm uma incrível capacidade de interagir, se este é o termo mais apropriado, com os vários planos da vida, bem como com as energias sutis que ficaram impressas nestes planos. A imersão que fazem no passado, devido a suas faculdades anímicas e mediúnicas, é impressionante. Chego a ter que me conter para não atrapalhar o bom andamento da trama, adiantando fatos e situações que fariam "perder a graça" o romance, este gênero literário tão encantador.

O que me preocupa um pouco, confesso, é o inusitado desses fenômenos ainda para a maioria das pessoas, que poderiam levar o que lhes relato para o lado do imaginário, do fantástico ou qualquer termo que fuja de uma possibilidade real. Porém, não posso deixar de considerar a boa quantidade de estudos sobre o assunto, descritos em inúmeros livros. Nestes livros os leitores mais curiosos poderão encontrar explicações detalhadas e profundas sobre o assunto, felizmente.[18]

Acontece que eu não posso deixar que minhas impressões e surpresas interfiram no andamento do trabalho, mesmo porque, se eu me perder em impressões e surpresas, deixarei de contar o que realmente interessa. Desta forma creio que,

[18] A mais importante obra para a compreensão dos fenômenos anímicos e mediúnicos é *O livro dos médiuns*, de Allan Kardec. Da vasta bibliografia existente sobre o assunto, sugerimos também a leitura da obra *Diversidade dos carismas*, de Herminio Miranda, e da coleção *Transe e mediunidade*, de L. Palhano Jr, ambas publicadas pelo Instituto Lachâtre. (Nota da Editora)

antes de nos encontrarmos novamente com Jean e Michel e aquilatar as consequências do que acabaram de vivenciar, vamos voltar ao passado e dar andamento ao enredo. Vamos agora para Marselha, este importante porto do mediterrâneo, no mês de janeiro de 1205. O que vou lhes narrar aconteceu cerca de três anos antes da minha aventura de sequestrar Nathalie, a filha de um príncipe, em Paris.

Nesta época a região de Marselha fazia parte do Sacro Império Romano-germânico.[19] Os fatos que vou narrar não tive a oportunidade de presenciar, mesmo porque, como já disse, não tenho o dom da bicorporeidade, porém, como sabemos, no período após a vida física e de posse das faculdades muito mais dilatadas do espírito, tive a oportunidade de conversar com os envolvidos, assim como assistir a projeções mentais dos mesmos. Também recorri à indução da memória de Jean Pierre, personagem desta trama no passado, como já havia lhe prevenido. Por isso, o que este antigo lenhador, carroceiro, moleiro, guerreiro e outras tantas coisas, chamado Sebah, vai lhes contar, está em minha memória como se eu mesmo as tivesse vivenciado.

Então vamos para aquele frio dia de janeiro de 1205, alguns anos antes de eu ter conhecido Nathalie, numa região um pouco a leste do porto de Marselha. Encontraremos um jovem noviço chamado Fabres Mathieu, andando por uma trilha rochosa muito próxima ao mar e usando uma grossa manta de lã marrom-escura, e já molhada pela chuva fina que vinha do oceano. Usava um chapéu de couro com abas largas, enterrado em sua cabeça pequena. Fabres não tinha mais que dezoito anos, e estava apaixonado. Tão apaixonado que as gotas geladas da chuva que escorriam pelas suas costas não lhe incomodavam. Sua amada, Claire Lafoge, estivera doente e, na falta do seu mestre, que estava viajando para Roma, ele fora incumbido de tratá-la. Ela ardera em febre por vários dias, e Fabres, um aprendiz valoroso, soube usar as poções certas para curá-la.

[19] Foi a união de territórios da Europa Central durante a Idade Média, durante toda a Idade Moderna e o início da Idade Contemporânea sob a autoridade do sacro imperador romano. Embora Edmond Magno seja considerado o primeiro sacro imperador romano, coroado em 25 de dezembro de 800, a linha contínua de imperadores começou apenas com Oto, o Grande, em 962. O último imperador foi Francisco II, que abdicou e dissolveu o império em 1806, durante as guerras napoleônicas. A extensão territorial do império variou durante sua história, mas no seu ápice englobou os territórios dos modernos estados da Alemanha, Áustria, Suíça, Liechtenstein, Luxemburgo, República Tcheca, Eslovênia, Bélgica, Países Baixos e grande parte da Polônia, França e Itália. Na maior parte da sua história, o império consistiu de centenas de pequenos reinos, principados, ducados, condados, cidades livres imperiais, e outros domínios. Apesar de seu nome, na maior parte da sua existência, o sacro império romano-germânico não incluiu a cidade de Roma em seus domínios, e recebeu este nome em homenagem às glórias e ao poder que o império romano deteve em quase todo o continente europeu. (George Donaldson, Germany: *A complete history*. Gotham Books, New York 1985).

O pai de Claire não era da nobreza, porém era rico. Tinha dois navios que corriam o mediterrâneo levando cargas lícitas, e mais três que praticavam contrabando. Ninguém nunca soube a verdadeira origem do senhor Lafoge. Dizem até que este nome era do capitão do navio onde ele era o contramestre. Dizem que ele liderou o motim para tomar o poder, porque o capitão Lafoge era um tirano. Dizem que o capitão foi amarrado e jogado ao mar, com muitos quilos de lastro amarrados aos pés. Também dizem que, ao chegarem em Malta, o contratante da carga que levavam, diante de uma tripulação ainda aturdida e sem saber o que fazer, perguntou quem era o capitão Lafoge. O contramestre não teve dúvidas e se apresentou no lugar. Mas dizem tanta coisa, e tanta coisa acontece por estes mares, que como vamos saber o que é fato e o que é invenção? O que importa é que é assim que vamos encontrar o nosso personagem, tão importante para esta história, Fabres Mathieu, nos seus quase dezoito anos, apaixonado pela lindíssima Claire Lafoge, filha de Jerôme Lafoge (e Jerôme talvez seja seu nome verdadeiro), que ninguém sabe se é occitano, castelhano, italiano... mas, por que precisamos mesmo saber disso? Vamos em frente.

A pressa de Fabres era justificada. Depois de colocar sua linda paciente fora de perigo, não haveria motivos para continuar a vê-la, se esta se recuperasse totalmente, principalmente depois de o senhor Lafoge tê-lo remunerado de maneira abastada por seus primeiros serviços. Fabres não quis receber, mas Jerôme Lafoge quase tomou isso como um insulto. Era rico, e gostava de demonstrar isso. Porém, além da riqueza a ser demonstrada, havia algo mais em seu comportamento. Nos muitos dias seguintes em que Fabres se apresentou em sua casa (mais do que para um paciente comum, obviamente), sofreu uma pressão intensa por parte do pai da menina, que saía da cabeceira da filha somente a seu pedido. Porém, mesmo sempre presente, era fácil notar que tratava a filha com certo azedume. A princípio não achou estranho o fato, já que Claire não tinha mãe e muitos homens não sabem demonstrar honestamente seus sentimentos, e embora não fosse filha única, apesar de ser a mais velha, era linda como uma princesa. Porém, numa noite em que passou na casa, em que Claire estava muito mal, quando Fabres saiu à procura de mais água, ouviu uma conversa que lhe deixou estarrecido:

– Então, meu caro Lafoge, o que me diz da situação da menina? Ainda poderemos fazer negócio?

A voz, que soara conhecida aos ouvidos de Fabres, vinha do salão de visitas, onde duas pessoas conversavam em frente à lareira e de costas para ele, sendo esta a única fonte de luz do ambiente. Não demorou para que o pai de Claire, com sua voz bem conhecida por Fabres, respondesse, mas falava escolhendo bem as palavras:

– Veja bem, senhor, este menino que a está tratando vem tendo um sucesso quase maior que seu mestre. Muitas vezes é somente ele o chamado para tratar os enfermos. Foi seu mestre que começou a tratá-la, mas teve que ir a Roma e deixou seu pupilo, muito bem recomendado.

– Mas a menina continua de mal a pior.

– E quem pode dizer que sem ele já não teria morrido? Vamos esperar um pouco mais...

– Mas o senhor já recebeu uma boa soma por ela... e conhece bem o comprador...

– Todo negócio tem algum risco, senhor – respondeu Lafoge, após algum tempo, como se meditasse com cuidado na melhor resposta.

– Não tenha dúvidas de que, caso ela morra, vai ter que devolver o dinheiro.

– O senhor sabe do meu desespero. Já usei o dinheiro para comprar o novo navio, e o comprador me autorizou a isso, pois são as cargas secretas dele que vou transportar.

– Então a faça viver – falou o visitante, ficando em pé e fazendo com que Fabres recuasse para o corredor, antes de ver quem era, por medo de ser apanhado ouvindo às escondidas. Logo ouviu que havia alguém vindo da cozinha, por isso continuou seu caminho.

Que conversa era aquela que acabara de ouvir? Que amor era aquele, de pai ou de comerciante? Vender a filha? Se Fabres já estava aturdido pela beleza da moça, o perigo ainda maior que a doença que ela corria fez com que se apaixonasse ainda mais rapidamente.

Nos dias seguintes não ouviu mais nada, para sua aflição. Quando Claire começou a ter condições de conversar, tentou entrar no assunto:

– A senhora está prometida a alguém em casamento? – perguntou, na maneira bastante formal da época, e como ambos se tratavam.

– Por que o senhor me pergunta isso?

– Que eu saiba a senhora já tem dezesseis anos, está em idade de casar.

– Ah! Meu salvador – que era como Claire o chamava –, quem vai querer uma menina como eu, que quase nem sai de casa, que é feia e magra como uma vareta?

– Mas a senhora é linda! – falou Fabres em protesto, ruborizando logo em seguida e se arrependendo do seu impulso.

– O senhor acha isso, meu salvador? Minhas irmãs e minha tia dizem que sou muito feia.

– Isso é inveja, senhora, somente inveja. Mas não teve mesmo nenhum pretendente? Nenhum amigo do seu pai... nada?

– Saio muito pouco de casa. Nas raras vezes em que saio é porque papai me permite acompanhá-lo ao porto, quando algum navio traz tecidos. Até houve um senhor que ficou muito admirado com minha beleza, o que achei estranho. Ele estava no porto e conversou com meu pai sobre uma carga que queria transportar para a Itália... mas...

– Mas? – perguntou em seguida Fabres, cada vez mais interessado no assunto.

– Bem, acredito que o senhor deve saber que nem todas as cargas que meu pai carrega são legais. Já ouvi muita gente falando isso, nas reuniões que acontecem aqui em casa, então não deve ser novidade. Já ouvi também que meu pai gasta uma fortuna para silenciar algumas pessoas sobre isso...

– Mas quem era esse homem? – interrompeu Fabres, demonstrando que não se interessava pelo contrabando do senhor Lafoge.

– Não o conheço. Na verdade, não conheço quase ninguém, mas ele se vestia como um nobre. Só me lembrei do fato porque achei muito estranho ele comentar sobre minha beleza; não estou acostumada a isso.

Fabres tornou-se um investigador nos dias que se seguiram. A menina já estava fora de perigo, porém, conhecedor do efeito de várias ervas e venenos, graças ao seu mestre, que se demorava em Roma a pedido do papa, passou a ministrar a ela uma poção que a deixava levemente entorpecida, o que justificava sua permanência na casa do senhor Lafoge. Neste tempo investigou, perguntou, fez visitas, e descobriu quem era o interessado em Claire.

Então, para que o leitor entenda estas minhas elucubrações, vamos encontrar Fabres nesta situação, caminhando no frio e na chuva, justamente quando voltava à sua caverna, isso mesmo, sua caverna, pois era numa caverna em que morava com seu mestre, para buscar mais da poção que mantinha Claire entorpecida e com aparência de doente. Entendia que prolongar a situação a ajudaria, já que, pelo que pode entender, seu destino era sinistro. Fabres havia esquecido a poção quando foi para a cidade e se culpou muito por isso. Assim só chegaria na casa da sua princesa já com a noite alta.

A caverna onde moravam era uma fenda na rocha que se elevava à partir de uma calanque,[20] onde seu mestre havia atravessado troncos de madeira

[20] Um *calanque* é uma formação geológica calcária encontrada no mar Mediterrâneo que se apresenta sob a forma de um vale profundo com lados escarpados parcialmente submergido pelo mar. Os mais famosos localizam-se na costa sudeste de Marselha.

e feito uma cobertura com capim. Na parte onde realmente se tornava uma caverna e, por isso, protegida da chuva, havia uma grande prateleira com potes contendo todos os tipos de ervas, muitos bichos mantidos em conservantes, além de outras fórmulas que somente o mestre conhecia bem.

Fabres chegou na casa de Claire já perto das dez horas da noite. Estava combinado que passaria a noite ali, porém, deveria ter chegado bem mais cedo. Para não fazer barulho, entrou pelos fundos da casa, pelo portão dos serviçais, no entanto, ao chegar perto da porta da cozinha, ouviu um barulho no telhado e, logo em seguida, viu que um vulto pulava para o pátio e se precipitava por onde ele havia entrado. Em seguida ele ouviu o barulho das folhas de madeira de uma janela se abrindo e batendo violentamente na parede. Então ouviu os gritos de fúria do senhor Lafoge:

– Ele estava aqui, não é? Ele estava aqui novamente, não é? Vou matá-la! Vou matá-lo! Quem é ele? Quem é esse maldito?

Os gritos pararam. Quando Fabres pensou que deveria entrar, Jerôme Lafoge saiu para o pátio e trombou com ele, jogando-o a alguns metros sobre o piso de pedra.

– Você viu quem era?

– Não sei do que está falando, senhor – respondeu, tentando ficar em pé.

Lafoge foi até o portão, mesmo sabendo que isso era inútil, depois voltou e enfiou-se para dentro da casa, sem falar mais nada. Ainda aturdido, Fabres foi até quarto de Claire, pois tinha passagem livre até ela, e a encontrou chorando, ou mesmo em desespero. Ao vê-lo entrar, tentou a todo custo controlar-se. Havia passado da hora de tomar a poção, por isso ela estava agitada.

– Posso saber o que aconteceu aqui? – perguntou.

– Não conseguiu entender ainda? – respondeu Claire, quase que para si mesma.

Antes que este velho contador de histórias esqueça, Claire tinha os cabelos muito negros, que caíam em cachos para trás de suas costas. Sua tez pálida fazia destacar seus olhos verdes, que mais pareciam duas imensas turmalinas montadas numa placa de alabastro, trazendo mesmo muita luz ao coração do jovem aprendiz.[21] Seu rosto era fino e talvez um pouco alongado, mas harmonioso com seu nariz delicado. Sua boca era vermelha como a das ciganas, porém, sem usar nenhuma tintura para isso. Enfim, o que eu poderia dizer, já que nunca fui poeta, além de afirmar que era realmente muito linda? Mas, continuemos.

---

[21] Para os gregos, a turmalina verde era a pedra que trazia luz à escuridão.

– Não – respondeu Fabres, mesmo que já tivesse começado a entender. Mesmo que seu coração já estivesse apertado, como se longos dedos o estivessem estrangulando. Mesmo que a razão se recusasse a entender o óbvio – Não... e gostaria que me explicasse – por fim, completou.

– O óbvio, meu salvador. O óbvio.

– A senhora tem um amante?

– Não seja tolo! Eu o amo... eu quero ser sua esposa, não sua amante.

– E quem é esse felizardo?

– Não posso dizer, nem para o meu salvador.

– E o que seu pai vai fazer a respeito disso?

– Ele quer matá-lo.

– Creio que não seja só isso – falou Fabres, quase que somente para si mesmo, e logo se arrependeu de ter falado, porque os olhos verdes de Claire cravaram-se nele como setas de uma arbalete.[22]

– O que o senhor sabe?

– O homem que achou a senhora bonita, no porto... tem certeza que não sabe quem é?

– Tenho. Por que deveria saber que é?

– Ele vai comprá-la a seu pai.

– O quê? – gritou Claire, visivelmente exasperada, fazendo com que Fabres se apressasse em lhe ministrar a poção. Porém, Claire, sempre tão dócil para com ele, bateu em sua mão, jogando para longe a colher de prata que Fabres lhe levava à boca.

Sem perder a calma, o que lhe era bastante natural, Fabres apanhou a colher e depois a limpou em uma toalha estendida na cabeceira da cama de Claire. Voltou para o seu lugar e ficou ainda um tempo olhando para a colher, que era linda. Na verdade, uma joia, que demonstrava a riqueza do pai de sua amada. A colher em si era de prata muito bem polida, e o cabo, do meio para trás, era de ouro, com pequenos rubis incrustados na lateral. No final do cabo, que terminava em uma suave curva, havia um rubi maior incrustado, com quase um centímetro de diâmetro. Uma linda joia!

– Só esta colher poderia enriquecê-lo, não é? – perguntou Claire, ao ver o exame de Fabres e tentando se acalmar.

---

[22] Arbalete ou besta. Arma que lançava dardos, ou flechas curtas até cento e cinquenta metros de distância e bastante usadas pelos franceses (besteiros) até o século 16. Embora o besteiro fosse bem mais lento que o arqueiro inglês, uma flecha por minuto daquele contra doze deste, a arma exigia menos tempo de treinamento para aperfeiçoar a pontaria. Era mais usada na proteção de fortalezas do que em batalhas em campo aberto.(http://medieval.mrugala.net/Armes/Arbalete.htm)

– A riqueza do seu pai é admirável, mas para outras pessoas, não para mim. Há riquezas bem maiores no mundo que não são feitas de metal ou pedra – falou, olhando para Claire

– Mesmo essas riquezas podem ser roubadas – continuou Claire, parecendo não registrar a insinuação do aprendiz de medicina. – Essa colher pertencia à minha mãe, juntamente com outras que formavam um jogo. Eram antigas na família de minha mãe. Meu pai as vendeu para comprar mais um navio, ainda enquanto não era tão rico. Assim que descobriu as peças, que minha mãe mantinha escondida dele, as vendeu. Sobrou esta que, por coincidência, minha mãe havia separado para dar de comer a mim, o que era uma tradição na sua família. Essa mesma colher alimentou muitas mulheres, por várias gerações e minha mãe dizia que ela tinha um poder especial por isso. Meu pai não sabe que eu a tenho...

Fabres ficou olhando para Claire sem conseguir esconder sua admiração. Imediatamente, sua imensa sensibilidade percebeu que a carga energética contida naquela colher era enorme. Mas essa sensibilidade era um assunto que mal podia conversar com seu mestre, quanto mais com outras pessoas, por isso apenas respirou fundo e encheu novamente a colher, depois falou:

– Por favor, tenha calma. Estou tentando ajudá-la. Nem deveria tocar naquele assunto, que pode me fazer ir parar no fundo do mar. Se não se acalmar, não vamos a lugar algum.

– Então, por favor, explique o que disse antes, senhor.

Ela bebeu o medicamente desta vez e Fabres, sem nenhuma pressa, voltou para sua cadeira. Queria ganhar algum tempo para que o remédio começasse a fazer efeito, o que evitaria novas crises de raiva da menina. Quando percebeu que ela estava realmente mais calma, contou a conversa que ouvira.

– Meu Deus! Então eu virei uma mercadoria? – falou Claire, em lágrimas, e já sob o efeito do medicamento, que a deixava um pouco dopada.

– Há quanto tempo o senhor Lafoge sabe do seu... amante? – perguntou Fabres.

– Não sei... um mês, talvez... ele ficou sabendo porque minha irmã descobriu. Lili entrou no quarto e o viu beijando meu rosto. Ela gritou... papai ficou sabendo... oh! Meu salvador, por favor, ajude-me. Vejo em seus olhos que me quer bem... saberei recompensá-lo se me salvar – pediu Claire, já quase entregue ao sono, sob o efeito da poção.

Fabres aguardou que ela dormisse, depois levou uma cadeira para perto do fogareiro de ferro que mantinha o calor do quarto. A tia de Claire, a responsável pela manutenção do fogo na casa,[23] entrou e colocou no fogareiro alguns pedaços de madeira, sem dizer uma palavra. O coração de Fabres parecia pequeno, tamanho o aperto que a paixão lhe causava. Sabia que era um amor impossível, quanto mais se o coração da amada já estava ocupado. Quanto mais que havia um poderoso senhor tentando comprar sua beleza. E logo quem: Pierre de Montlaur, arcediago de Aix-en-Provence, provavelmente futuro bispo de Marselha, pelo que ouvira falar do próprio mestre. Filho de Bernardo III de Montlaur, senhor de Vailhauques.[24] Ricos e poderosos.

"Eu saberei lhe recompensar". A frase não saía do seu pensamento.

O que fazer? Pensava Fabres Mathieu. O que fazer?

---

[23] Na idade média havia uma preocupação constante com a manutenção do fogo, já que artefatos para acendimento rápido do mesmo são bem posteriores. Normalmente a mulher era responsável por esta função, que compreendia manter o fogo dos fogões e lareiras, bem como acender velas e lamparinas da casa. (*História da vida privada*, volume 2, Companhia das Letras)

[24] Vailhauques está situado no departamento de Hérault (Languedoc-Roussillon), no sul da França, a quatorze quilômetros de Montpellier, a capital do departamento e cerca de cento e oitenta e seis quilômetros de Marselha.

Capitol uèch

Marselha, janeiro de 1204.

O mestre do nosso Fabres Mathieu era uma pessoa singular. Seu nome? Ninguém mais se preocupava com seu nome em Marselha, pois se uma pessoa era chamada somente de mestre era ele. Creio que, por isso, para que não tenhamos que nos alongar demais em explicações, passaremos a chamá-lo de Mestre, com maiúscula, como nome próprio, sempre que nos referirmos à pessoa e não apenas ao que fazia, como instrutor de Fabres. O Mestre era da abadia cisterciense da Borgonha, a mesma onde eu vivia, sob a tutela do padre Amadeu, do qual tenho tão boas lembranças, e algumas ruins, e doloridas, obviamente, mas eu reconheço que precisava de alguns corretivos. Os dois eram amigos, muito amigos, e lembro-me do dia em que caminhamos alguns quilômetros junto ao Mestre, que naquele tempo ainda não era chamado assim, e nem o padre Amadeu era abade, quando ele decidiu pela vida de pregador mendicante. Andamos uma longa distância sem trocarmos uma palavra sequer e eu, muito jovem ainda, não entendia nada daquele silêncio. Quando chegamos numa encruzilhada, o padre Amadeu segurou o braço do Mestre, pedindo, sem falar, para que parasse. Os dois ficaram olhando para a estrada, que ia para o sul e se perdia numa curva distante. Depois de um longo tempo, pelo menos longo para minha ansiedade, o padre Amadeu falou:

– Não posso ir adiante. Minha vida está ligada a estas almas que me procuram – falou, apontando para mim. – Sei que ainda virão outras... – completou, agora olhando para baixo.

– Você também os ouve, não é? – perguntou o Mestre – foram os mortos que disseram para você ficar...

– Sim, os ouço, e muitas vezes os vejo... mas sabemos que não podemos dividir isso com ninguém.

– É por isso que vou seguir meu caminho sozinho, por não poder dividir o que sustenta minha vida. Gostaria que você viesse comigo, mas sei que sua missão é outra. Quem sabe um dia?

– Deus sabe! E só ele...

Depois disso não falaram mais nada. Apenas sorriram um para o outro e o Mestre continuou seu caminho. Enquanto voltávamos para a abadia, fiz dezenas de perguntas ao padre, mas ele apenas dizia que eu ainda era muito novo para entender. É claro que ele tinha razão, mas, naquela idade, dez ou doze anos, o que eu poderia realmente entender? A única coisa concreta que eu sabia era que o padre Amadeu e o Mestre haviam sido duramente repreendidos pelo então abade, há poucos dias, devido à simpatia que tinham pelos hereges. Também perguntei ao padre o que era um herege e lembro muito bem da sua resposta, um pouco irritada:

– Um herege é um ser dos infernos, mas que sabe seguir muito bem a Cristo, muito melhor do que nós.

É claro que, naquela época, não entendi a resposta, mas isso, mais uma vez, não vem ao caso. O que importa é que o mestre do jovem Fabres era uma figura pitoresca. Depois de peregrinar e mendigar por três anos, encontrou abrigo na caverna a leste do porto de Marselha, a qual já conhecemos e, devido ao elevado número de doentes que começaram a lhe procurar, vindos da zona portuária, por ali foi ficando, e ficando, e ficou.

Num belo dia ele foi chamado para atender a um pescador que estava quase morrendo de tanto vomitar e sofria de cólicas horrorosas. Quando chegou na sua casa, descobriu que este já estava morto, e que sua jovem esposa sofria do mesmo mal. Passou a noite tratando-a como podia, com orações, colocando as mãos sobre sua cabeça, dando-lhe água benzida e algumas poções que havia levado. Não adiantou. Depois de a mulher ter morrido, procurou por algum parente do casal, mas não havia parentes. Os pais do marido haviam morrido já há alguns anos. Algumas pessoas disseram que o casal tinha um filho mais velho, que trabalhava num navio, mas que nunca mais fora visto desde que saíra de casa. A mulher não tinha parentes conhecidos. Quando o Mestre se preparava para partir, depois de encomendar aos vizinhos um velório e um sepultamento, uma mulher que era um pouco mais desinibida, perguntou:

– E a criança? Quem vai cuidar da criança?

– Criança? – perguntou o Mestre.

– Eu a levei para minha casa quando o pai começou a passar mal e a sujar tudo que estava ao redor. Depois a mãe adoeceu também e eu não deixei ele voltar, mas não posso ficar com ele... já tenho muitas bocas para sustentar... – falou a mulher, já com a voz tolhida pelos soluços.

Quando ela terminou de falar, de trás de uma porta de capim trançado, que era a entrada do pequeno casebre onde a mulher morava com o marido, também pescador, e mais seis filhos, apareceu um menino magro e de olhos esbugalhados, com os cabelos loiros tão espetados que parecia que tinha acabado de ser atingido por um raio. Não tinha mais do que dez anos de idade.

Quando subiam em direção à caverna, com o sol já se pondo no sudoeste, o Mestre falou ao menino:

– Meu pequeno desventurado, que vida posso lhe oferecer? Uma vida de privações, mas de muito aprendizado, se quiser seguir meus passos. Ah! Mas como uma criança de dez anos pode saber sobre isso?

Como o sol estava muito próximo de se pôr e o céu avermelhado não apresentava nenhuma nuvem, o Mestre sentou com o menino sobre uma rocha mais alta e mostrou a ele o horizonte, depois falou:

– Quando o sol se esconder, todo o pouco que você viveu até aqui vai embora com ele. Depois que o sol se esconder você passará a ser chamado de Fabres Mathieu, em homenagem a um grande amigo, que partiu ano passado para a outra vida.

Não fica difícil para o leitor entender que o nosso jovem Fabres foi um discípulo muito dedicado e, por sua vez, influenciou muito a decisão do Mestre de ficar em Marselha, já que um menino não teria condições de levar uma vida mendicante. Talvez seja um pouco estranho o fato de o Mestre não tê-lo encaminhado para alguma abadia, ou procurado para ele a proteção de alguma família abastada. Creio eu, agora me intrometendo, como sempre, onde não sou chamado a opinar, que o Mestre, embora tenha optado pela vida solitária, sentia a falta de companhia. Creio eu, apenas.

O certo é que Fabres demonstrou grande capacidade de aprender, assim como inigualável capacidade de curar apenas usando as mãos, como o Mestre o havia ensinado. É claro que seus dons foram reconhecidos e espalhados com a velocidade do mistral, principalmente quando este soprava e as doenças se espalhavam como erva daninha. Muita gente falava mesmo que ele era um abençoado, e que seu poder de curar era maior que o do próprio Mestre. Sabendo do potencial do Mestre, não creio que chegasse a tanto.

Claire Lafoge foi curada pelas mãos magnéticas de Fabres, muito mais do que pelas suas beberagens. Claire Lafoge, a sua primeira grande paixão! Como ele sentia falta do Mestre, que fora chamado a Roma, certamente para ser repreendido por sua ligação com aqueles que eram chamados de hereges, mas que eram pessoas tão simples e interessantes! Ele deveria ouvir um longo sermão do papa. Seus conselhos seriam maravilhosos para o coração atribulado do jovem discípulo, que se via, a cada dia, mais desesperado.

Depois da descoberta do amante de Claire, pois não tinha como chamá-lo de pretendente, diante das circunstâncias, Fabres se viu obrigado a aumentar a dose da poção que a mantinha dopada e com aparência doentia. Precisava ganhar tempo. "Eu saberei lhe recompensar". Que tipo de recompensa ela pensava quando falou aquilo? O que ele poderia fazer para protegê-la, amando-a, e sabendo que ela se dividia entre um destino feliz, mas proibido, e um destino bisonho, vendida como um objeto, mas quase impossível de ser modificado.

Nos dias seguintes ao pedido da amada para que a ajudasse, os fatos se precipitaram. O senhor Lafoge comunicou a Claire que, devido ao seu mau comportamento, havia acertado com o senhor Pierre de Montlaur que ela partiria, assim que estivesse plenamente restabelecida, para Montpellier, para ser dama de companhia da mãe do arcediago de Aix-en-Provence. Porém, tanto Fabres, quanto Claire, sabiam que isso era uma farsa. Pierre, mesmo sendo o segundo homem da igreja da sua região, logo após o bispo, era conhecido por suas aventuras e desventuras amorosas. Claire, quando lúcida, estava enlouquecida.

Fabres descobriu muito mais, revelando-se um ótimo investigador. Descobriu, vejam vocês, leitores, que Adeline, a tia de Claire, irmã de sua falecida mãe, era quem servia como alcoviteira do romance da sobrinha. Descobriu ainda mais, pois ficou sabendo, sem muita dificuldade que, mesmo se passando por amiga e protetora, o que a tia queria era a desgraça da sobrinha. Ah! Como os segredos correm soltos na boca miúda dos criados! A sua preferida era Lili. E sabem por que, meus amigos leitores? Porque Lili apoiava o casamento dela, Adeline, com o pai, viúvo, enquanto que Claire repudiava a ideia. Assim, a senhora Adeline se fez passar por amiga, abrindo o caminho para o amante e, logo em seguida, fazendo com que o senhor Lafoge soubesse de tudo, como se fosse apenas um acaso.

Lili, a irmã mais nova, por sua vez, teria um dote substancial se a irmã mais velha estivesse distante, e assim conseguiria chamar a atenção de pretendentes muito mais interessantes. Quanto ao senhor Lafoge, o aparecimento de um nobre interessado na sua filha precocemente prostituída, pelo menos era assim que ele pensava, unia o útil ao agradável, pois ele, mesmo gostando das filhas, gostava muito mais do seu dinheiro.

Pierre de Montlaur o procurara na intenção de fazer chegar a Marselha mercadorias valiosas, mas sem que nenhuma autoridade soubesse. Para isso, argumentou Lafoge, era preciso um novo navio, já que os seus antigos estavam cada vez mais visados. Quando Pierre de Montlaur viu Claire no porto, a negociação destravou. A proposta foi interessante para as duas partes e também para o intermediário, o homem que conversava com Lafoge diante da lareira, o bispo de Marselha, Raymond Ler.

Tudo corria bem em seu curso de falcatruas, e o jogo de interesses só conhecia vencedores audaciosos, como era o caso em questão. A única coisa que Fabres não conseguiu descobrir foi o nome do amante de Claire, por mais que tivesse tentado. E o Mestre não retornava.

Quando chegou a noite, Fabres não conseguiu dormir. Estava deitado em seu catre improvisado, na parede oposta à cama de Claire, quando ela falou:

– O senhor está me mantendo doente, não é? Eu sei que não está dormindo, por isso pode me responder.

– Estou – falou simplesmente Fabres. – Faço isso para protegê-la, para ganharmos tempo.

– Eu sei, meu salvador, eu sei. Mas de que adiantará ganharmos tempo se meu destino de sofrimento já está traçado.

– Precisamos confiar em Deus.

– Em Deus? O que Deus fez por mim? Quando conheci o amor, a dor chegou ao mesmo tempo. Todos os meus poucos sonhos morreram sem que eu pudesse pelo menos tentar realizá-los. Eu lhe pergunto meu salvador, o que Deus fez por mim?

– Não blasfeme, senhora! Ainda não sabemos o que Deus quer de nós com tudo isso, mas ele sempre tem um plano.

– Fico emocionada quando o senhor fala assim... – falou Claire, segurando as mãos de Fabres, que já estava sentado ao seu lado.

– Assim?

– O senhor disse "nós". Está se incluindo em meus problemas. Isso é bondade.

– Gostaria que fosse apenas por bondade, senhora – falou Fabres, arrependendo-se imediatamente por sua impulsividade.

– Oh! Eu sabia! Eu tinha certeza! Também está enamorado por mim? Assim chego a pensar que sou mesmo uma mulher bonita.

– É linda, senhora. A mulher mais linda que estes meus pobres olhos já viram. – falou Fabres, levando emocionadamente as mãos da amada aos lábios.

– Meu pai confia no senhor, meu protetor. Não deveria fazer isso.

Fabres recuou as mãos, assustado. Poderia ser morto por isso. Deixara-se arrastar pela paixão, que era tanta que acreditou que Claire entenderia. Que Claire também o amaria. A paixão era tanta que chegou a esquecer que o coração da amada já pertencia a outro. Escondeu o rosto nas mãos e pediu perdão, sentindo já as lágrimas vazarem por entre os dedos. Que louco havia sido! Porém, para seu ainda maior espanto, Claire afastou delicadamente suas mãos do rosto e fez com que ele olhasse para aqueles olhos de turmalina, que fulguravam mesmo no escuro. Depois se inclinou na cama, chegando seu rosto muito próximo ao rosto de Fabres. Tão próximo que mal cabia o dedo indicador que colocou entre os seus lábios e os dele, pedindo ainda maior silêncio, já que apenas cochichavam.

– Eu também o amo, meu salvador. Não sei como ainda não percebeu isso. Só lamento não o ter encontrado antes de ter conhecido o...

– Conhecido o...? – sussurrou Fabres, com o coração aos saltos, mas, mesmo assim, curioso para saber quem era o felizardo que tinha o amor de Claire, pelo menos até aquele momento.

– Não lhe interessa. Não vem ao caso – falou a jovem, e retirou o indicador que os separavam.

Foi o primeiro beijo de Fabres. Pensou que enlouqueceria de amor. Não falaram mais nada. Ela voltou a deitar-se e ele ajoelhou-se ao lado da cama, velando seu sono, que logo veio.

Fabres sentou na sua cadeira de madeira dura e achou que poderia passar mil anos vigiando o sono de sua amada, mas a noite estava fria e no meio da madrugada o calor do fogareiro já não conseguia mais aquecer o quarto, então se enrolou em um cobertor que sobrava aos pés da amada e ajeitou-se no chão, ao lado da cama. Ele tinha um quarto onde dormia normalmente, porém, nas noites em que Claire estava realmente doente, muitas vezes dormira encostado na parede, perto do fogareiro. O amor latejante em seu peito fez com que se aproximasse mais da cama de Claire, até que adormeceu e teve sonhos confusos, onde quase sempre o senhor Lafoge aparecia no exato momento em que a filha lhe beijava os lábios. Sonhou que Claire dormia em seus braços e isso o deixava tanto feliz, quanto apreensivo. Então, de repente sua amada se mexeu em seus braços e ele acordou. Acordou mas o sonho continuou, pois ela estava ali, com a cabeça apoiada em seu peito e com as cobertas da cama todas derrubas sobre eles. Como pode ter dormido tão profundamente que não a viu se aconchegando a ele? E se alguém entrasse no quarto, que explicação iria dar antes de ser morto?

Então, com o maior carinho que poderia colocar nos mínimos atos, acordou delicadamente a amada. Ela abriu os olhos e o quarto pareceu iluminar-se com a cor dos seus olhos, depois sorriu para ele.

– Você precisa voltar para a cama... se alguém entrar, eu posso morrer. – falou, num sussurro.

– Morreríamos juntos, então...

– Não pense nisso, senhora. Quem sabe o destino que Deus guarda para nós?

Então ela fechou os olhos e lhe ofereceu os lábios, mais uma vez, e ele a beijou, com o coração batendo tão forte que teve a certeza de que toda a casa estaria naquele quarto no próximo minuto.

Capitol nòu

Marselha, Janeiro de 1205.

Ah! O amor! O amor trançado e costurado pela paixão dos jovens. Tudo se ilumina, tudo fica longe, e perto. Tudo dura pouco, e é eterno. Tudo se funde e se confunde. Este velho amigo que os conduz, este Sebah, guerreiro que chegou a emparelhar o cavalo com Pedro II de Aragão na batalha de Muret,[25] tentando protegê-lo, quando foi morto, mas que também colheu flores do campo tantas vezes para sua amada, foi poucas vezes atacado por esta febre, que tanto nos alucina. Porém, vamos continuar a falar de Fabres, e seu mestre, pois o romance depende muito deles para ter aquela abrangência emocional que cativa a quem lê, o que eu espero realmente conseguir.

O triunfo na batalha foi das forças de Simão de Montfort, embora em bem menor número. Este se converteu, como consequência da vitória, em duque de Narbonne, conde de Toulouse, visconde de Béziers e visconde de Carcassonne.

As tropas aragonesas e occitanas sofreram perdas de quinze a vinte mil homens. Pedro II de Aragão, conhecido como Pedro, "o Católico", faleceu na batalha e o seu filho de cinco anos, o futuro rei Jaime I de Aragão, ficou sob custódia de Simão de Montfort (com cuja filha se arranjara o matrimônio futuro, como uma das tentativas de resolver o conflito). Este per-

[25] Foi a batalha decisiva da chamada cruzada albigense e aconteceu a 13 de setembro de 1213, numa planície da localidade occitana de Muret, cerca de doze quilômetros a sul de Tolosa. A batalha colocou Pedro II de Aragão, com os seus vassalos e aliados, entre os quais se encontravam Raimundo VI de Toulouse, Bernardo V de Cominges e Raimundo Roger I de Foix, contra as tropas cruzadas e as de Filipe II da França, lideradas por Simão IV de Montfort.

maneceu um ano como refém, até Montfort o entregar, por ordem do papa Inocêncio III, aos templários.

A batalha de Muret marcou o começo da dominação dos reis franceses sobre a Occitânia.

Pela manhã, depois da noite maravilhosa e da confissão de amor de Claire, Fabres foi chamado para uma conversa privada com o senhor Lafoge e pensou que o coração iria explodir, mas agora de medo. Poderia ele já saber o que se passara no quarto da filha? O que aconteceria, por ter traído tão alta confiança nele depositada? Se o pai soubesse, morte na certa. Porém, para seu alívio, o assunto era outro e, mesmo sendo severamente cobrado por uma cura completa de Claire, aquilo não era nada diante das outras possibilidades. O que ele não esperava era a notícia que o senhor Lafoge lhe informou:

– Seus serviços nesta casa acabam amanhã pela manhã. Na hora do almoço Claire embarcará em um dos meus navios com destino a Montpellier, onde, graças a Deus, passará a ser dama de companhia da senhora de Montlaur, mãe de Pierre de Montlaur, meu cliente.

Era assim que iam a mente e o coração do nosso jovem discípulo, a caminho da sua caverna. Teria um dia cheio, acorrendo a muitos doentes que lhe requisitavam. Não podia arriscar ter reclamações de descaso quando o Mestre voltasse, mas, ao mesmo tempo, não podia deixar sua amada ser levada embora como uma mercadoria, sem nada fazer para ajudá-la.

Quando Fabres fez a última curva no caminho, antes da caverna, viu que havia um homem sentado à frente da mesma.

– O que quer? – perguntou, parando, temeroso de que fosse algum bandido.

– *Bon dia, amic!* – saldou seu visitante inesperado – *parles català?*

– *Com si hagués nascut a Catalunya* –[26] respondeu Fabres, agradecendo seu mestre, como sempre, por insistir que aprendesse vários idiomas.

– Vamos, aproxime-se, não tenha medo, vim apenas buscar sua ajuda – falou o visitante, agora em latim vulgar, tornando mais fácil a conversa.

Fabres encontrou um jovem bem vestido, usando roupas coloridas que pareciam ser de algum país do oriente. Tinha uma espécie de turbante na cabeça, protegendo um rosto barbeado e de traços finos, embora a tez bronzeada. Seus olhos eram escuros e seu sorriso simpático, parecendo daquelas pessoas cativantes, acostumadas a conquistar pela aparência.

– E em que posso ajudá-lo? – perguntou Fabres, ainda um pouco receoso. Ao aproximar-se mais, pôde perceber que, apesar do colorido dos trajes, não

[26] Como se tivesse nascido na Catalunha.

eram novos, assim como seu visitante não carregava joias de nenhum tipo, o que era comum naquela região portuária, principalmente entre os orientais.

– Permita-me que me apresente. Meu nome é Serkan e sou capitão do Rüzgâr, este caravo[27] que atracou no porto faz uma semana e vem chamando a atenção pelo seu tamanho...

– É bastante jovem para ser um capitão de navio – interrompeu Fabres, ainda um pouco receoso.

– Assim como o senhor é jovem demais para ter conquistado tanta fama como médico – respondeu Serkan, com um largo sorriso.

– Eu não sou médico, apenas ajudo algumas pessoas doentes. Mas disse que é capitão de um caravo, então é do oriente, o que se confirma pelas roupas e pelo nome, mas estava falando comigo em catalão. De onde é, afinal?

– Sou de Barcelona, meu senhor, mas apenas pelo nascimento. Minha família toda é de homens do mar, então nossa pátria é o mar. Meu nome verdadeiro é Biel, mas Samir, o dono do Rüzgâr, não gostava deste nome, por isso passou a me chamar de Serkan. Gostei do nome e hoje ninguém mais me chama de Biel. Atualmente trabalho num navio turco e, como comerciante, tanto posso usar roupas do oriente, como do ocidente, falar catalão, como latim, ou occitano, ou provençal... o que o senhor achar melhor.

– E em que posso ajudá-lo? – perguntou Fabres, aproximando-se, convencido pelas explicações do visitante.

– Confesso que gostaria de procurá-lo por um grande motivo; talvez levá-lo para curar uma princesa, ou um rei... mas o destino hoje me traz aqui por um motivo bem mais insignificante, porém, urgente. Ratos!

– Ratos? O que quer dizer, senhor Serkan?

– Não faz muito tempo que estamos transportando sedas... sedas belíssimas, e caríssimas. Acontece que, antes disso, por um tempo nosso navio transportava muita coisa, principalmente alimentos, em viagens menores...

– ...e a população de ratos do navio, com a falta de comida, passou a atacar as sedas caríssimas do senhor Samir – falou Fabres, interrompendo Serkan.

– Ah! Vejo que me indicaram a pessoa certa. – falou Serkan, sorrindo. – Falaram-me também que seu mestre está viajando, mas que eu não teria dificuldade em conseguir o que preciso com o senhor.

---

[27] Caravo – tipo de navio árabe, usado para pesca e transporte de mercadorias. Com a tomada da península ibérica pelos árabes, os navegadores europeus descobriram as virtudes desta embarcação, principalmente os portugueses, que, baseados nestes navios, construíram suas pescarezas, o que lhes proporcionou as primeiras incursões pelo Atlântico. A primeira referência ao nome caravela surgem 1255. A palavra 'caravela' parece ser o diminutivo de Caravo. (http://caravelas.no.sapo.pt/)

– Veneno para rato?

– Exato.

– Em outros lugares o senhor poderia comprar veneno para rato, senhor Serkan, e bem mais próximos do seu navio. Há boticas[28] interessantes na cidade. O que fez o senhor vir tão longe?

– Ora, senhor, foi tão brilhante na dedução do meu problema, antes que eu terminasse de expô-lo...

Fabres ergueu a mão direita, interrompendo o visitante. Gostava das deduções. Gostava das especulações para se chegar a alguma conclusão. Sentia sua mente ficar mais forte cada vez que fazia isso, o que se tornara um hábito e que tanto ajudava no tratamento dos doentes que lhe procuravam. Bastou o leve desafio de Serkan à sua capacidade dedutiva para que sua mente começasse a vasculhar as possibilidades. Logo encontrou um caminho por onde seguir.

– A seda é um tecido resistente, porém delicado, não é mesmo? – perguntou, e de imediato Serkan abriu seu sorriso cativante, que respondeu:

– Os médicos árabes desenvolveram um tipo de arsênico inodoro e transparente, mas não o encontrei com os boticários daqui. Os venenos que encontrei têm cheiro forte e são corrosivos... e o senhor sabe, qualquer mancha na seda...

– ...mas este arsênico, inodoro e transparente também pode ser facilmente usado para matar uma pessoa, exatamente por essas características – interrompeu mais uma vez Fabres, e julgou ver um leve arquear de sobrancelhas do seu visitante.

– Só quero matar ratos sem estragar minha mercadoria, meu senhor. – falou Serkan, demonstrando alguma indignação com a afirmação de Fabres.

– Oh! Sim... não duvido disso.

– E acaso o senhor, ou o seu mestre, já conseguiram por aqui esse arsênico?

– Talvez tenha sido meu mestre que mandou a receita para os médicos árabes, meu caro – respondeu Fabres, em tom de ironia. – Só não sei se eu o teria em grande quantidade.

– Já tenho experiência com isso, meu senhor. Após o primeiro rato morrer envenenado, como o veneno não tem cheiro, nem sabor, os outros não vão querer comer seda, ou roerem suas caixas, se há prato melhor. Logo se entregam ao canibalismo e a matança se generaliza.

---

[28] A origem das atividades relacionadas à farmácia se deu a partir do século 10 com as boticas ou apotecas, como eram conhecidas na época. Neste período, a medicina e a farmácia eram uma só profissão.Na Espanha e na França, a partir do século 10, foram criadas as primeiras boticas. Esse pioneirismo, mais tarde, originaria o modelo das farmácias atuais.(http://www.crfpi.org)

– Está certo, está certo... – falou Fabres, entrando na caverna e indo para o fundo, onde uma porta com um cadeado impedia a entrada no laboratório do Mestre. Viviam de maneira muito pobre e este era mesmo o propósito: a pregação da palavra de Deus, a mendicância para a sobrevivência e o auxílio irrestrito ao próximo.

Enquanto Fabres procurava, numa longa prateleira, o veneno pedido pelo marinheiro, este puxava da estante, na parede oposta de onde estava Fabres, um pergaminho, como se fosse ao acaso. Fabres percebeu de imediato sua atitude e demonstrou alguma contrariedade, embora nada tenha falado.

– Que linda caligrafia vejo aqui! – falou Serkan – É sua ou do seu mestre?

– É do mestre. Esta arte ainda estou aprendendo...

– ...primeira carta de Paulo aos coríntios... escrita em occitano? É uma maneira rápida de se chegar aos mais humildes, através de um idioma popular. Muito interessante! – falou novamente Serkan, como se não tivesse registrado a resposta de Fabres – O que mais temos aqui? – continuou, puxando mais um pergaminho, após colocar o outro de volta na estante, deixando Fabres evidentemente tenso.

Fabres apanhou um pote de cerâmica e colocou sobre a mesa que ficava no meio do laboratório, enquanto Serkan desenrolava o pergaminho e lia:

– *E o Verbo divino se fez carne, e habitou entre nós, cheio de graça e de verdade; e vimos a sua glória, como a glória do unigênito do Pai...* Lindo! O evangelho de João, em latim, como é mais usual. João e Paulo, muito interessante...

– Vejo que o senhor tem algum conhecimento religioso, o que não é tão comum no seu meio.

– Ah! Meu caro alquimista – falou, olhando para o pote de cerâmica sobre a mesa – sou de uma família católica, que preza muito a verdadeira religião.

– E o que há de interessante, como disse, nos pergaminhos que leu? Afinal, está na casa de um monge – falou Fabres, abrindo as mãos e mostrando a caverna como casa.

– Absolutamente nada, meu amigo. São textos bíblicos, não são? Escolhi estes pergaminhos ao acaso e tenho certeza de que é apenas uma coincidência ter lido João e Paulo, os preferidos dos hereges que se espalharam pelo país. Jamais acusaria o senhor e seu mestre de heresia... quem sou eu, afinal? Apenas um homem do mar.

Fabres manteve um olhar gelado sobre seu visitante, enquanto um arrepio corria todo seu corpo. Jamais esperava que um marujo pudesse causar nele qualquer tensão naquele sentido. Era realmente surpreendente.

– Aqui está seu veneno, senhor. Embora em pouca quantidade, acredito que possa lhe servir. – falou Fabres, como se não tivesse registrado a insinuação de Serkan, mas procurando mudar de assunto.

– Tenho certeza de que sim, mas, por favor, quanto tenho que lhe pagar por isso.

– Nunca cobramos por nada, senhor. As doações são espontâneas e somente as aceitamos daqueles que não sentirão sua falta.

Serkan puxou de dentro de sua túnica um saco de couro e derrubou várias moedas de ouro sobre a mesa, para espanto de Fabres, que quis recusar, mas foi impedido pelo marujo.

– O senhor Samir é um bom homem, embora não seja cristão, o que é uma lástima. Tenho certeza de que ele ficará feliz se este dinheiro for usado para essas pessoas que não podem fazer nenhuma doação.

Serkan fez uma reverência exagerada ao jovem discípulo e desceu a encosta na direção da calenque, até sumir na primeira dobra de pedra. Fabres, que a princípio simpatizara com o marujo, sentiu-se aliviado quando este partiu. Só então se deu conta da hora: já era perto do meio dia e ainda tinha muitos doentes a visitar.

Tão logo o Mestre percebeu nele a indisfarçável habilidade em curar, preocupou-se mais com a pregação da palavra de Deus àquelas almas sofridas da região, deixando seus corpos muito mais aos cuidados do discípulo. Isto levara Fabres ser muito mais chamado que o Mestre, pois, como em todos os lugares, sempre há mais pessoas preocupadas com seus corpos que com suas almas.

Capitol dètz

Marselha, Janeiro de 1205.

O dia de Fabres foi cansativo, mas, no fim dele, não podia dizer que se lembrava das pessoas que tinha visto, ouvido, ajudado. Seu pensamento estava longe. O que fazer para salvar sua amada? É claro que ele tinha um plano, e era audacioso. Como iriam levar Claire embora se ela não acordasse? O que pensariam se ela estivesse sem sentidos, com aparência de quase morta? Era um plano audacioso que, se fosse descoberto, o levaria para a prisão, ou para o fundo do mar.

O Mestre já havia mostrado a ele o efeito de alguns medicamentos que causavam a aparência da morte. Ele havia trabalhado meses produzindo extratos de *gardênia jasminoide,* até conseguir chegar numa poção ideal. Havia bebido a poção e passado quarenta e oito horas desacordado, levando Fabres quase à loucura. Somente não procurou ajuda porque o Mestre o fez jurar que não o faria. No segundo dia, o Mestre abriu os olhos e sorriu.

– Tive sonhos lindos, Fabres... e aqui, sentado ao pé da cama, pude ver o seu desespero. Agradeço por ter confiado em mim e não chamado algum outro médico, ou pior, um padre.

– Mas para que serve um remédio como esse? – perguntou Fabres, tentando esconder o nervosismo que ainda se encontrava.

– Sempre há uma serventia, meu filho. Imagine um ferido de guerra, com os ossos quebrados, as carnes rasgadas. Imagine a dor! Creio que não fica difícil imaginar a bênção que seria dormir enquanto o corpo se recupera.

Haviam aplicado o remédio em um infeliz que se envolvera numa briga com a guarda da cidade, porém, havia apanhado tanto que não acordou. Mas

Fabres sabia que o medicamento por si só não matava. Por isso passou em sua caverna e trocou o líquido do pequeno pote de cerâmica, onde antes levava a poção que apenas deixava sua amada sonolenta. Agora o sono seria muito mais profundo e ele teria, no mínimo, quarenta e oito horas de tempo.

Chegou na casa de Claire quando já anoitecia e estranhou o movimento. Havia uma pequena multidão do lado de fora e ele teve que forçar a passagem para entrar. Quando chegou no salão principal, encontrou o senhor Jerôme Lafoge sentado à cabeceira da grande mesa de refeições, com a senhora Adeline ao seu lado direito e Lili do lado esquerdo, de alguma maneira o consolando. Em um primeiro momento, ninguém deu atenção a ele, já que havia muitas pessoas na sala, porém, foi o bispo da cidade, Raymond Ler, quem olhou para ele em primeiro lugar, e logo demonstrou alguma estupefação. Logo em seguida, movidos pela reação do bispo, que levantara a mão na direção de Fabres, os demais presentes o viram, e também demonstraram espanto. No entanto, quando o senhor Lafoge o viu, pulou da sua cadeira com uma velocidade e força que só poderia ser causada pelo ódio. O coração de Fabres já batia descompassado por intuir que alguma coisa grave poderia ter acontecido com Claire, mas não teve tempo nem de perguntar. Lafoge, um homem imenso e em pleno uso do seu vigor físico, levantou Fabres pela garganta e carregou-o até a parede, gritando:

– Assassino! Como ainda tem coragem de voltar aqui?

Fabres bem que tentou falar, mas não podia. Nem respirar conseguia e já começava a sentir o peito arder, quando outras pessoas conseguiram afastar o senhor Lafoge, embora suas mãos, como se fosse um último espasmo de ódio, quase quebrassem o pescoço do nosso jovem aprendiz. Quando conseguiu encostar os pés novamente no chão, percebeu que as pernas estavam bambas e não sustentavam seu próprio peso. Então caiu desmaiado.

O desmaio, no entanto, foi curto, embora o corpo ainda não respondesse corretamente às ordens da mente, mesmo que esta estivesse lúcida. Tão lúcida que ouviu Jerôme Lafoge falar para a senhora Adeline:

– Chame a guarda, o assassino de Claire está aqui.

Assassino? Como poderiam achar que ele era um assassino? Logo ele! Logo ele que encontrara o amor em Claire? O que estava acontecendo?

O assombro, a dúvida, o medo, reunidos rapidamente na razão de Fabres, fez com reagisse ao estupor do corpo, fazendo com que pulasse de onde estava e corresse, mesmo que atabalhoado, na direção do senhor Jerôme.

– Vocês estão loucos? – gritou – Como pode Claire estar morta... ela estava curada. Estão loucos?

– Você a envenenou, demônio! – respondeu Lafoge, com suas palavras que saíam das grotas mais profundas do seu ódio, agarrando novamente Fabres, agora pelos braços e sacudindo-o, depois o jogando sobre a grande mesa de madeira, como se ele fosse uma pluma. – Eu bem que deveria ter ouvido o senhor bispo – continuou –, quando falou que esse seu mestre tem simpatias com os heréticos. Ah! Como pude deixar entrar em minha casa este filho de Satanás?

A guarda da cidade chegou e as pessoas abriram caminho. Não houve mais palavras. Era como se todos soubessem quem era o criminoso. Em poucos minutos Fabres estava amarrado e caminhava com dificuldade entre as pessoas, que cada vez mais se juntavam para vê-lo de perto. Entre os curiosos ele percebeu olhares aflitos, de pessoas as quais ele já havia ajudado, porém, movidos pela intensidade do momento, o que ele mais percebia era a indignação. Por muitas vezes ouviu a palavra 'herético'.

Quando a comitiva, composta de quatro guardas, saía pela porta da casa, o bispo Raymond Ler aproximou-se do comandante dos guardas e falou:

– Leve-o para a abadia de Saint-Victor. Tranquem-no numa cela, afinal, é um noviço. De lá não conseguirá escapar. Eu mesmo ficarei responsável por ele.

Tudo rodava na cabeça de Fabres. Um safanão do comandante da guarda fez com que caminhasse, mas suas pernas pareciam de chumbo. Quando desceu os últimos degraus da escada, que dava para o grande jardim da casa do senhor Lafoge, um homem abriu caminho no meio do povo. Alto, bem vestido, fazia as pessoas se afastarem com facilidade, quase sem pronunciar uma palavra. Fabres logo o reconheceu, pois era o senhor Pierre de Montlaur, que estava comprando a jovem Claire junto ao senhor Lafoge.

– Este é o assassino? – perguntou ao comandante.

– Este mesmo, senhor, embora não aparente ser capaz disso.

– Quantos criminosos aparentam ser o que são? – perguntou, olhando com desprezo para Fabres. – Para onde estão o levando?

– Para a abadia de Saint-Victor. O próprio bispo se responsabiliza por ele.

– Os senhores não sairão de lá. Ficarão de guarda. Não podemos negligenciar com hereges, que podem usar poderes das trevas para sumirem.

– Não temos ordens para isso, senhor.

– Não se preocupem, vou pedir ao secretário do bispo para que informe ao visconde de Baux[29] que estou pedindo que permaneçam na abadia. Peça

[29] Os senhores de Baux constituíram uma das famílias mais poderosas da Baixa-Provença medieval. Hugh IV des Baux (1173-1240) foi senhor de toda região, inclusive Marselha. (http://fmg.ac/Projects/MedLands/index.htm)

para um dos seus soldados chamá-lo. Não quero entrar na casa antes de resolver este assunto.

Enquanto esperava o guarda que fora chamar o secretário do bispo, Pierre aproximou-se ainda mais de Fabres. Exatamente na sua frente desembainhou sua longa espada, que saiu da bainha cantando um hino à morte. Depois encostou a lâmina no pescoço de Fabres, que sentiu o fio de sua lâmina e a frieza do seu aço.

– Eu deveria matá-lo aqui, sem nenhuma piedade, mas talvez seja isso mesmo que Satanás esteja esperando para ver livre seu pupilo, pois sabe que na abadia ele não poderá se aproximar.

– Eu não sou um assassino, senhor. Se fosse, porque voltaria até a casa da vítima?

– Quem pode dizer o que se passa na cabeça de pessoas vis como você? Não importa; o motivo por que fez isso será descoberto. Já deve ter ouvido falar das habilidades do senhor bispo em extrair a verdade dos condenados.

Pierre de Montlaur falava sem diminuir a pressão da espada sobre a pele de Fabres, e o sangue já escorria pelo pescoço, alcançando o peito. De repente, num movimento rápido, ele recolheu a arma e a embainhou, com uma destreza impressionante. Depois se afastou de Fabres para falar com o secretário do bispo:

– Ah! Senhor Lafite, que bom que me atendeu prontamente.

– Já fui comunicado da sua vontade, senhor. Acha mesmo necessário manter uma guarda para esse pobre coitado?

– Pobre coitado? Um herege assassino nunca pode ser considerado assim, caro Lafite. Eu sei que a cidade está infestada de desqualificados, que desembarcam no porto todo dia, mas pense que temos não apenas a obrigação de vigiar um criminoso, mas também de dar um exemplo definitivo para esses tolos que se afastam da verdadeira fé...

– Sim, quanto a isso não tenho dúvidas, e pode ter certeza de que foi para isso que o senhor bispo recomendou que ele fosse levado para a abadia.

– Ah! Sim... sei que o senhor, embora tão jovem, já desenvolveu técnicas surpreendentes de 'conversão' desses apóstatas. Tenho certeza de que o criminoso estará em boas mãos e será um exemplo que se espalhará pelo povo. Mas não vamos dispensar a guarda. Há entre o populacho uma grande quantidade de idiotas que poderiam pensar em libertá-lo.

– Está bem, senhor. Irei agora mesmo ter com o preboste do visconde.

– Obrigado, senhor Lafite. Agora posso prestar meus sentimentos ao senhor Lafoge.

Durante todo o tempo da conversa, Fabres permanecera preso por dois dos guardas, de costas para o senhor Pierre de Montlaur e Lafite. Havia sido levado para próximo ao muro da casa e, quando Pierre o soltara, após ameaçá-lo com a espada, um dos guardas o colou junto ao muro de pedras. Assim que a conversa terminou e o comandante recebeu a autorização para continuar seu caminho, um dos guardas fez com que Fabres se virasse.

A voz que ele ouvia, do senhor Lafite, vinha lhe causando profundo mal estar, mas julgava ser impossível que ela fosse da mesma pessoa. Porém, assim que se virou e deu de cara com Serkan, que sorria sarcasticamente para ele, vestido com toda a pompa de um secretário de bispo, entendeu que era verdade. Aquela voz era sim de Serkan, ou Lafite, tanto fazia seu verdadeiro nome. Movido por seu admirável senso de investigação, Fabres, num átimo, descobriu todo mistério. Então era ele o amante de Claire! Então preferiu vê-la morta a ser possuída por outro!

– Miserável – balbuciou – assassino...

Mesmo que falasse baixo, Lafite ouviu, ou leu as palavras em seus lábios, por isso se aproximou e colocou uma das mãos no ombro de Fabres, depois falou ao seu ouvido:

– Obrigado, os ratos estão mortos.

Capitol onze

Les Baux, fevereiro de 1205

Enquanto Fabres era jogado numa cela escura e úmida da abadia de Saint-Victor, eu, que não tinha a mínima ideia do que acontecia em Marselha, tampouco podia imaginar que meu destino estava sutilmente ligado a aqueles fatos (e com celas escuras e úmidas), cutucava meu cavalo para que subisse mais rapidamente a íngreme encosta de Les Baux, não muito distante de Marselha. A vila fora construída sobre um maciço rochoso altíssimo, de onde se poderia vigiar toda a região e, principalmente, a chegada de inimigos.

Uma tempestade se formava ao sul, vinda do mar e, se aquele velho cavalo não apressasse o passo, nos colheria antes de chegarmos à cidade. Eu vinha a pedido do abade Amadeu e fora muito bem recomendado por ele sobre a importância do meu trabalho. Era a primeira vez que ia tão distante sozinho, e isso aconteceu cerca de três anos antes de eu conhecer Nathalie, quando a levei de Paris para a abadia. O abade Amadeu falou muito dos perigos da viagem, principalmente aqueles escondidos em tabernas de beira de estrada. Ele só confiava em mim para aquele trabalho, mesmo com minha pouca idade, e por isso preferiu que eu viajasse sozinho.

Era uma viagem longa, mais de quatrocentos quilômetros, e eu estava exausto. Foram sete dias de viagem e passara a noite anterior num estábulo fedorento onde mal dormira e, agora, muito próximo de Les Baux, a tempestade que se aproximava parecia tentar impedir minha chegada e meu descanso. Minha missão era simples: entregar ao bispo Roustaing IV, de

Avignon, que se encontrava em Les Baux, uma carta. Avignon não distava mais de quarenta quilômetros de Les Baux. Em hipótese alguma eu poderia perdê-la, tampouco me sentir tentado a abri-la. Eu não tinha dúvidas de que cumpriria a rigor minha missão, mesmo porque a carta estava muito bem selada e quebrar o lacre denunciaria minha imensa curiosidade. As cartas entre paróquias, abadias, mosteiros, estavam circulando diariamente por toda a região. Os hereges eram o tema principal. O papa Inocêncio III cobrava atitudes enérgicas, tanto dos nobres, quanto dos clérigos. A anuência com a heresia vinha chamando a atenção de Roma há bastante tempo e cada informação trocada entre as ordens religiosas era importante. De alguma maneira, todos estavam se protegendo e, do pouco que eu podia compreender de tudo aquilo, somente os senhores do norte, além de Roma, obviamente, teriam algum interesse numa guerra, como a que se anunciava contra os heréticos.

No exato momento em que apresentei minhas credenciais ao guardião da porta da cidade, a tempestade desabou. Fui obrigado a me proteger ali mesmo, sob a torre, embora o soldado não tenha gostado muito da minha presença. Tudo ficou branco ao redor e não se enxergava além de alguns metros. O frio, que já era intenso, piorou muito e tive até pena do soldado que vigiava a entrada da cidade e tinha que manter um fogo improvisado no canto da sala de guarda, onde um vento constante castigava.

Como a chuva não dava tréguas e o frio corria pelos ossos, amarrei meu cavalo no pequeno espaço onde a chuva não chegava e, mesmo sem ser convidado, entrei na sala, na tentativa de me esquentar um pouco mais. O guarda reagiu de imediato:

– Não pode entrar aí!

– Mas, senhor, está muito frio, e vejo que tem um fogo aceso. Além do mais, creio que o bispo Roustaing, que me aguarda, não ficaria feliz de receber uma correspondência encharcada. Eu teria que me justificar.

Ele afastou-se da porta da sala e pude entrar num ambiente que só era bom comparado ao lado de fora. O guarda andava com alguma dificuldade, coxeando de uma perna, e não era dos mais bem humorados. A fogueira não dava conta de aquecer a sala e o estoque de lenha já estava bem limitado. Ainda assim, agachei-me junto ao fogo e esfreguei as mãos geladas. Sentei-me encostado na parede, ao lado do fogo, e fiquei olhando a procela pelo vão da vigia, onde o guarda se postara novamente. Então notei que no outro canto da sala havia uma escada, que levava para o alto da torre. Não haveria nada de mais naquela escada, se eu não tivesse ouvido claramente o choro de uma mulher descer por aquele vão, fazer um volteio na sala e pousar delicadamente no meu ouvido. O choro de uma mulher causava reações muito estranhas em mim. Mesmo com minha pouca idade, creio que uns dezessete anos naquela época, já tinha tido a oportunidade de descobrir isso e de forma lamentável, que me rendeu muitas noites de reclusão, por ordem do bom abade Amadeu.

Imediatamente olhei para o guarda, que permanecia impassível no seu posto, agora atento a uma carroça que se aproximava, mesmo com o temporal. Assim que ele questionou o carroceiro sobre sua vinda à cidade, levantei discretamente e fui na direção da escada. Uma certeza infalível dizia para minha consciência que eu não deveria subir aqueles degraus, mas nunca me dei bem com os apelos da consciência, por isso subi, pé ante pé, pela escada que fazia uma curva até chegar ao piso de cima, onde outra sala se abria, escura, sem janelas, e fria. Somente as vigias estreitas traziam alguma parca luminosidade ao ambiente, por isso tive que acostumar os olhos por um tempo, sempre ouvindo a conversa do guarda com o carroceiro. Felizmente, este teve que parar também sob a proteção da porta da cidade, devido à chuva, e conversava com o guarda sobre a qualidade do vinho que estava trazendo para o visconde.

Como as longas horas de clausura impostas pelo abade Amadeu aconteciam numa cela escura, rapidamente consegui divisar todo o ambiente e, no canto mais escuro, coberta por grosseiras cobertas de lã, uma mulher chorava baixinho. Quando me aproximei dela, que ainda não havia me notado, pude perceber que era jovem, mas tinha o rosto machucado e com hematomas. Uma marca roxa circundava seu olho esquerdo, mas, mesmo assim, era fácil de perceber que se tratava de uma linda jovem, que não podia ter mais que a minha idade. Toquei levemente seu ombro e ela teve um sobressalto, mas quando me viu, eu já tinha o indicador nos lábios, pedindo silêncio. Uma mulher naquela situação não poderia me considerar mais um agressor, por isso ela me obedeceu.

– Quem é você? – balbuciou, demonstrando que eu não deveria mesmo estar ali.

– Sebah... seu salvador – falei, com um sorriso. O melhor sorriso que eu poderia dar.

– Quem o mandou?

– Eu vim por mim mesmo, *mademoiselle.* Mas, diga-me, o que fizeram com você?

– Você não sabe quem eu sou? Hoje a cidade toda ficou sabendo de tudo...

– Ficou sabendo de tudo? – perguntei, quando ela interrompeu o que ia dizer.

– O que aconteceu com Guillaume?

– Guillaume? Não sei quem é Guillaume. Ainda nem entrei na cidade, por isso não sei nada do que possa ter acontecido por aqui.

– E por que está aqui, falando comigo?

– A chuva me interrompeu. Pedi abrigo ao guarda e ouvi seus soluços. Jamais poderei deixar um soluço de mulher sem resposta.

Ela sorriu, e pude perceber que sorrir doía, pois seu rosto logo se contraiu de dor. Delicadamente virei seu rosto e vi que o lado direito da face estava intumescido. Ela havia apanhado feio.

– Espero que você não tenha merecido nem um pouco disso.

– Nem um pouco, senhor, nem um pouco... ou talvez um pouco, mas bem menos que isso...

Enquanto ela falava, meu coração palpitava aflito. Seus olhos eram azuis, como os meus, mas seus cabelos eram negros e cacheados, espalhados sobre os ombros. Mesmo chorando, era linda, e um perfume de lavanda saía de suas roupas e acariciavam meus sentidos. Eu estava apaixonado! Em poucos segundos, apaixonado. Tão apaixonado que não percebi que o guarda subira cuidadosamente a escada e estava atrás de mim. A jovem o percebeu antes, e isso foi minha salvação, pois pulei no instante exato em que seu pé passava no vazio onde antes estava meu corpo. O golpe inútil fez com que ele perdesse o equilíbrio momentaneamente, mas, mesmo sem ter firmeza em uma das pernas, logo que se recompôs, puxou sua espada e não tive nenhuma dúvida de que me mataria antes de pedir explicações. Ah! Como agradeci as lições exaustivas de combate do abade Amadeu. Sim, os leitores podem achar estranho, mas, naqueles tempos, muitos religiosos haviam participado de batalhas na terra santa, e o bom abade Amadeu, antes de entrar para a igreja, havia lutado junto aos templários, com os quais aprendera muito sobre como se defender e atacar em um combate.

No momento em que o guarda desembainhava a espada, eu ataquei. Era minha única chance. Com o punho direito fechado, acertei exatamente o espaço entre os olhos do guarda, que, aturdido, ainda permaneceu em pé por alguns segundos, antes de cair como um pacote pesado. A minha força já era conhecida na região da abadia, mas aquele pobre coitado não tinha como ter essa informação. Felizmente, ele estava apenas desmaiado, pelo menos era o que eu achava.

– Você sabe a que horas muda o turno? – perguntei para a jovem.

– Somente perto da meia noite, mas os soldados passam por aqui constantemente, em grupos de dois ou três.

– Então tenho que ser rápido. Onde posso encontrar o bispo de Avignon, que está na vila?

– Onde se pode encontrar um bispo, senhor, principalmente no começo da noite?

Eu sorri da sua pitada de sarcasmo e saí correndo da sala na direção da igreja de São Vicente, que, felizmente, ficava próxima da entrada da vila. Com uma boa dose de sorte, cumpriria minha missão antes que o soldado acordasse ou que outros soldados dessem por sua falta. Tinha que torcer, também, para que ninguém chegasse na cidade. Na verdade, tudo naquele momento estava contra mim e meu infinito amor por aquela jovem, que eu nem sabia o nome ainda.

Ficou óbvio, ao menos para meu coração apaixonado, que a sorte estava do meu lado. Tão logo entrei pela porta dos fundos da igreja, fui interpelado pelo próprio bispo:

– Onde pensa que vai, meu jovem, correndo assim, na chuva? Ah! Mas se não é Sebah de Chambres, da abadia de Fontenay!

A todo custo tentei me acalmar para não demonstrar aflição, nem levantar nenhuma suspeita. Fiz uma reverência um pouco exagerada. O bispo havia me visto uma única vez e agora demonstrava excelente memória, pois me reconheceu imediatamente, em que pese as condições em que eu me encontrava, encharcado de chuva e lama, devido a minha correria desde a porta da cidade.

– Trago uma correspondência do...

O bispo rapidamente levou o indicador aos lábios e olhou ao redor, para se certificar se mais alguém poderia ter me ouvido. Aparentemente, estávamos a sós. Então ele se aproximou de mim e me abraçou, depois falou ao meu ouvido:

– Por dentro do meu manto há um bolso bem amplo. Coloque a carta dentro dele.

Tão logo coloquei a carta onde ele me indicara, afastou-se, dizendo:

– Foi bom encontrá-lo, jovem Sebah. Mande lembranças minhas ao abade Amadeu, quando o encontrar. Diga-lhe que um dia ainda terá que retribuir minha visita. Agora vá, que tenho um ofício a celebrar.

Falou e virou as costas, e eu também. Em desabalada correria cruzei a rua principal da vila, vazia devido à chuva que não cedia a intensidade, felizmente. Cheguei na porta antes que outros guardas por lá passassem e encontrei minha vítima ainda caída no canto da sala. Somente aí descobri que a jovem linda pela qual eu estava apaixonado, tinha os pulsos e os tornozelos fortemente amarrados. Quando removi os cobertores que a cobriam, tive um sobressalto, porém, não podia perder tempo. Rapidamente cortei as cordas e a coloquei em pé. Ela era da minha altura, mas isso não era novidade, pois eu não era dos mais altos.

– O que vai acontecer com você se eu a deixar aqui?

– Se Guillaume ainda estiver vivo, tenho alguma chance, se não, provavelmente serei mandada para Marselha e vendida a algum mercador.

Tive um calafrio com aquela ideia. Eu não sabia quem era ela, muito menos que ela estava exagerando nas informações. Não sabia nada do seu passado, mas, por algum louco motivo, entendia que tinha tudo a ver com seu futuro. Feito um herói dos trovadores, apanhei-a no colo (e foi fácil ver que ela se assustou com minha força) e rapidamente desci as escadas, colocando-a na garupa do meu cavalo.

– Como é seu nome? – perguntei.

– Júlia... mas, vamos logo, antes que nos descubram.

Quando descia o caminho íngreme, indo para longe da cidade, com cascatas de enxurrada fazendo barulho ao redor, tive um calafrio. Havia mais um pedido do abade Amadeu que eu havia esquecido:

– Não esqueça, Sebah, ele precisa ler a carta e mandar uma resposta. Não precisa escrever uma resposta, pois apenas uma palavra dele já me basta. Não venha embora sem esta resposta.

Como eu pude esquecer isso? E agora, o que iria dizer ao abade? Não podia arriscar voltar. Não tinha onde deixar minha amada Júlia em segurança. Era uma vida que estava em jogo, ou melhor, agora eram duas vidas, pois se o guarda acordasse em pouco tempo, eu também estaria correndo sério perigo. Não podia voltar.

Ah! Meu bom abade Amadeu... meu bom abade Amadeu...

Capitol dotze

Foix, 05 de outubro de 2012

Preciso voltar novamente ao presente, embora a lembrança deste passado distante o traga tão próximo da minha realidade atual. Parece que me sinto como aquele jovem Sebah, de coração tão voluntarioso quanto inexperiente, cavalgando no meio da chuva com Júlia agarrada em mim, guiando meu cavalo com a ajuda dos raios, que clareavam momentaneamente o caminho. Ela chorava baixinho e eu me desesperava por não poder fazer mais do que já estava fazendo. Porém, como disse, preciso voltar ao presente, antes que minha memória se aprisione nas paixões do passado e eu me atrapalhe, definitivamente.

Neste presente, encontraremos uma cena comovedora, principalmente olhando pela perspectiva do plano espiritual, onde, com algum apuro da sensibilidade, as energias tornam-se visíveis aos olhos e ao coração.

Estamos em um hospital na cidade de Foix, cerca de trinta quilômetros de Montségur, onde estivemos por último com Michel e Jean Pierre. Em um dos quartos vamos encontrar uma mulher linda, com cerca de quarenta e quatro anos, se não me engano, com seus longos cabelos negros encaracolados caindo pelos ombros e seu rosto branco recebendo uma lágrima, vazante de um olhar tomado de carinho. Ela é Catherine Jenoix, também escritora, mulher de Michel de Laroche.

Catherine está sentada ao lado da cama e acaricia suavemente a mão de Michel e, antes mesmo de ele dar um suspiro mais fundo e abrir os olhos, ela já sabe que isso vai acontecer, pois seu coração pareceu dar uma batida a mais entre uma e outra. Um sorriso de felicidade brota da sua alma. Um sorriso só visto por nós, espíritos, ou também por aqueles que verdadeiramente amam. Mas já estou eu tentando escrever sobre o amor! Quem sou eu para dedilhar estas cordas?

Michel abriu os olhos e ficou algum tempo olhando para o teto branco, tentando equilibrar sua respiração, momentaneamente descompassada. O primeiro contato efetivo que teve com a realidade foi o toque delicado da mão de Catherine em seu braço. Sabia que era ela, sentia sua presença, sentia seu perfume. Fechou novamente os olhos e perguntou:

– Há quanto tempo estou aqui?

– Quase dois dias – respondeu Catherine, tentando carregar de carinho as palavras mais simples.

– Jean Pierre está bem? Ele também caiu no penhasco?

– Penhasco? Você quer dizer o penhasco ao lado onde você desmaiou?

Michel levantou a cabeça e olhou surpreso para Catherine. Depois olhou para seu próprio corpo; levantou as mãos, ergueu a coberta, mexeu com as pernas. Estava tudo bem, não havia nenhum ferimento. Então ele se soltou na cama e respirou fundo, finalmente entendendo o que havia acontecido. Já acontecera outras vezes, assim que sua mediunidade começou a se manifestar mais explicitamente: choques emocionais provocados por lembranças de um passado remoto pareciam tirá-lo da tomada e desmaiava.

– Fazia tempo que não acontecia – falou, por fim.

– Fazia... Os médicos perguntaram muito, queriam fazer exames... Foi difícil convencê-los de que estava tudo bem.

– É bom ter você por perto, com sua calma...

– Mas eu me assustei. Vim para cá aflita e só me acalmei depois que falei com Jean Pierre e ele descreveu o que tinha acontecido. Deduzi que você tenha tido a mesma visão que ele, e o mesmo choque.

– Ele tinha ódio de mim, mas não tive tempo de lembrar o motivo deste ódio. Será que ele lembrou?

– Não. Só sabe que o odiava a ponto de se jogar com você do penhasco.

– É mais um passado que vou ter que reequilibrar. Tenho medo...

– Estarei com você, sempre...

– Sempre? Será que você também estava lá?

Catherine não respondeu e apenas sorriu, depois acariciou os cabelos de Michel. Ela não tinha a mesma mediunidade dele, embora fosse muito intuitiva. Seu pai, Maurice Daltiene, era dotado de uma mediunidade espetacular e fora ele quem conduzira Michel a entender alguma coisa sobre vidas passadas e os personagens dos seus livros. Michel pensava que eles eram frutos da sua imaginação, mas Maurice mostrou que eram reais, que eram pessoas que conviveram com ele em outras vidas. Maurice desencarnou num acidente de carro. Um caminhão de combustível invadiu sua pista na autoestrada e explodiu. Michel lembrou disso no mesmo momento que Catherine, pois ambos, atraídos pelos sensíveis fios da telepatia, pensavam com saudade na mesma pessoa. A lembrança de que Maurice morrera nas chamas causou nos dois a mesma sensação e não foi preciso falarem sobre o que sentiram.

– Parece que estivemos todos por aqui – falou Catherine. – Tenho a impressão de que você tem uma visita.

– Sim, parece que ele está por aqui, mas não está facilitando para que eu o veja. Você sabe como os cátaros foram dizimados em Montségur? – perguntou à esposa.

– Uma grande fogueira – respondeu Catherine. – Mas não quero pensar que meu pai estava com um palito de fósforo na mão.

– Fique tranquila, o palito de fósforo só foi inventado em meados do século 19.

Ela sorriu da brincadeira. Michel era professor de história, formado pela Sorbonne, e costumava corrigi-la delicadamente, sempre que podia. Maurice também sorriu da brincadeira. Sim, Maurice Daltiene, meu amigo, que estava ali, ao lado da cama, com o coração aos saltos pela saudade da filha e do amigo. Maurice, que conheci lá no século 13, quando eu era aquele Sebah que me apaixonava por qualquer mulher que diluísse uma lágrima na face, e que fazia parte tão importante de toda esta história.

– Com vai, Sebah? – perguntou, com um sorriso cativante no rosto.

– Honrado por podermos trabalhar juntos.

– A honra é toda minha, meu amigo. Temos muito trabalho pela frente. Soube que você já se apresentou a eles.

– Não muito bem como foi combinado. Você sabe que às vezes confundo um pouco as regras.

Maurice apenas sorriu, mas não teve tempo de falar mais nada, porque Jean Pierre entrou no quarto, acompanhado de Sabine, sua esposa, que viera de Avignon, após se encontrar com Catherine, em Marselha, quando souberam do 'acidente' com Michel.

– Você nos assustou – falou Jean, assim que entrou no quarto e constatou que Michel estava acordado.

– Ora – falou Michel, sorrindo –, até que estou bem, considerando que você me jogou de um penhasco.

Foi fácil perceber a reação de Jean Pierre, mesmo para quem não estivesse no plano espiritual da vida. O comentário de Michel rapidamente ligou seu raciocínio e sua emoção com os filamentos invisíveis da memória, e a memória resgatou no tempo um pouco do que sentiu lá no alto, nas ruínas de Montségur. Ele ficou alguns segundos sem saber o que dizer, mas depois falou:

– O que eu vi e senti lá em cima não foi nada bom, meu amigo, nada bom.

– Você viu uma pessoa que odiava, não é mesmo? Odiava tanto a ponto de jogar-se junto com ela em um penhasco. Ficou claro que não éramos amigos... ficou claro que eu lhe fiz muito mal.

– Passado! Já aprendemos que não fomos bons. Quem pode dizer quem fez mal a quem no passado? – respondeu Jean, mas suas palavras não eram condizentes com o que estava sentindo.

Chegara até ali esquecido daquela sensação. O desmaio de Michel, na beira do precipício, no momento em que ele se via correndo em sua direção com o ímpeto de atirá-lo penhasco abaixo, causou uma ruptura nos mecanismos da memória. Voltou rapidamente à realidade presente, porém, até mesmo pela falta de preparo para tal ato, trouxe consigo a carga emocional do que sentira no passado.[30] Com o passar das horas e a preocupação racional com o estado do amigo, esta sensação diminuiu consideravelmente, porém, o contato com Michel e sua lembrança do que haviam vivido fizeram voltar o sentimento, e o que mais ele queria agora era ir embora dali.

– Tive a impressão de que aquela foi nossa última atuação em Montségur. Acho que, naquela vida, morremos naquele momento. É curioso como nossas memórias regressaram juntas ao mesmo ponto – falou Michel.

– Isso quer dizer que o matei.

– Ora, com certeza por um motivo justo.

– Mesmo assim, não é uma boa lembrança.

– Mas isso não o deixou mais curioso sobre a nossa passagem entre os cátaros?

– Não sei. Não gostei de sentir o que senti. Além do mais, o professor de história e escritor é você, não eu.

– Eu estava com o magneto nas mãos...

---

[30] Muitos autores que estudaram as regressões de memória, chegaram a conclusões semelhantes em relação aos perigos que estas apresentam se não forem bem conduzidas, principalmente diante da possibilidade da pessoa que tem a memória induzida à regressão, retornar ao presente com a mesma trazendo cargas emocionais perturbadoras do passado. Livros como *A memória e o tempo*, *Diversidade dos Carismas* e *Eu sou Camille Desmolins*, de Hermínio C. Miranda, para citar somente um autor dos autores que abordaram a questão, são bastante ricos sobre o assunto.

– O quê? – perguntaram juntos, Jean e Sabine.

– O magneto, tenho certeza. Agora estou resgatando algumas sensações que naquele momento não tive tempo de considerar. Era o seu magneto, e eu estava com ele.

– Mas eu não o atiraria de um penhasco por causa disso – falou Jean Pierre, ainda um pouco aturdido.

– Não sei, mas isso o coloca definitivamente como interessado em toda a história que ainda vamos escrever. Por isso não adianta pensar em fugir e me deixar sozinho com Sebah.

– Sebah? Quem é Sebah? – perguntaram Sabine e Catherine, quase ao mesmo tempo.

– Sebah se apresentou a nós no dia em que chegamos no hotel, próximo a Montségur. Ele nos disse que há um projeto. Uma ideia de resgatarmos memórias e contribuirmos para saudar a dívida que ficou no tempo para com os cátaros. Está fácil de perceber que o resgate é também bastante pessoal.

– Um espírito, então, como Namur? – perguntou Sabine.

– Como Namur, como Jeanne Dalmain, como Maurice... nossos amigos do lado de lá. Tenho até a impressão de que ele está aqui e ri da nossa conversa. Tenho a impressão de que ele não vai ficar contente se você fugir, Jean Pierre.

Jean Pierre sorriu, a contragosto, mas sorriu, pela primeira vez. Michel adivinhara seus planos de partir e deixá-lo sozinho nas investigações do passado cátaro. Mesmo a informação sobre o magneto não aumentou a sua curiosidade a ponto de mudar sua vontade. Não gostara do que havia sentido. Não queria sentir novamente. Mas parecia estar amarrado à situação.

Porém, o destino... Quem pode, leitores, saber o que nos acontecerá no minuto seguinte das nossas vidas. Ah! O destino! Um senhor preciso! Um senhor aparentemente frio, sem emoções. Mesmo eu, Sebah, que ouvia toda a conversa ao lado de Maurice, fiquei surpreso com o rumo que a situação tomou, rapidamente.

O celular de Sabine tocou. Fiquei com a nítida sensação de que todos na sala, os quatro 'vivos' e os dois 'mortos', eu e Maurice, tivemos o mesmo arrepio. Era como se as modulações energéticas de um estado aflitivo se precipitassem à frente da informação que logo viria. Muitas pessoas já relataram esta premonição, relacionada à leitura vibratória de campos energéticos, tão comum em níveis espirituais mais elevados.

No painel do celular apareceu o nome de Monique. Então Sabine atendeu e rapidamente empalideceu. Não cabe aqui descrever palavra por palavra a conversa que se seguiu, mas, quando ela desligou o telefone, já em lágrimas, diante da ansiedade de todos que não haviam conseguido entender o que acontecia, ela falou:

– Ah! Meu Deus! Jean... Jean, levaram Michele...

– Michele? Como assim? Como a levaram? – perguntou Jean Pierre, atropelando as palavras.

– Na saída da escola... ela foi sequestrada... Maheu já mobilizou todo o distrito, mas não tiveram nenhuma pista. Ela foi sequestrada, Jean, nossa menina, nossa filha.

Capitol tretze

Marselha, fevereiro de 1205.

Enquanto eu carregava Júlia em meu cavalo para um destino incerto, fugindo de Les Baux, Fabres estava preso em uma cela pouco ventilada da Abadia de Saint-Victor, em Marselha, já havia mais de uma semana. Nenhuma visita, nenhuma informação. O bispo não viera, tampouco Lafite, ou Serkan. As tão conhecidas técnicas de confissão do bispo atormentavam até os sonhos de Fabres, nas poucas horas em que conseguia dormir, mas eles não apareceram. Toda manhã a portinhola se abria e alguém enfiava uma bandeja com pão e água. Cerca de uma hora depois, a retiravam. Nos dois primeiros dias a bandeja voltou com o pão e a água, mas no terceiro a fome suplantou o orgulho. Sua mente repassava exaustivamente os motivos que levariam o secretário do bispo a ter se disfarçado para conseguir veneno e matar Claire. Curiosamente, nunca havia cruzado com Lafite, embora já tivesse ouvido falar dele, e nada bem. A fama é de que lucrava com sua posição: traficava influências, vendia descaradamente audiências com o bispo, sobretaxava o valor dos ofícios religiosos e, o pior de tudo, era considerado o idealizador das técnicas de torturas que extraiam até verdades que não existiam. Além de tudo, era um brigão. Várias vezes já havia se metido em confusões pelas tabernas do porto, onde se fazia de trovador e conseguira também a fama de galanteador. Seria ele o amante de Claire? Teria ele matado a amante para não vê-la nas mãos de outro homem? Sua amada poderia ter se envolvido com um homem assim? Ela parecia ser ingênua, bem que poderia ter se envolvido com tamanho poltrão. Mas, Deus! Sua ingenuidade fora castigada com a morte. Isso era justo?

Outra semana se passou, e outra, e o tempo se perdeu na percepção de Fabres. Enlouqueceu muitas vezes. Gritou, uivou, gargalhou, chorou. Ninguém veio vê-lo. Sua esperança era a volta do Mestre, que, embora não fosse amigo do bispo, e até mesmo tivessem suas desavenças devido ao rastro de heresia que seguia seus passos, ainda assim poderia interceder ao seu favor. Esta era sua única esperança. Mas outra semana se passou, e outra, e outra.

Sua cela era composta de uma cama de madeira sem nenhum colchão; um grosso cobertor de lã que não aquecia o suficiente diante do frio invernal; uma mesa e uma cadeira, além de um buraco no chão para suas necessidades fisiológicas. Nada mais.

Uma manhã que rompera o dia com uma temperatura um pouco maior, mostrou a Fabres que o inverno já estava acabando. Ele ouviu a bandeja com o pão e a água ser enfiada pela portinhola, na base da porta e nem abriu os olhos, já tinha se acostumado com o ritmo diário e sabia que todo dia, às 7 horas em ponto, aquilo aconteceria. Um dia tentara segurar a mão que empurrava a bandeja. Agarrou com força e tentou impedir que ela voltasse para o outro lado, ao mesmo tempo em que pedia, desesperadamente que aquela pessoa, fosse quem fosse, falasse com ele. Mas a mão recuou, levando a dele, para imediatamente receber o impacto de uma forte pancada, que deixou um vergão no seu dorso por muitos dias. Por isso não se mexeu na cama por mais uma hora. Estava magro, cabelos desgrenhados e crescidos, assim como a barba.

Quando levantou para apanhar seu pão e sua água, viu a primeira coisa diferente desde que fora jogado naquele local: o pão era maior. Um pão preto, um pouco mais fino e alongado do que normalmente recebia, sempre aos pedaços e ressecados. Este estava inteiro e parecia fresco. Motivado pela novidade e carente de alguma sensação diferente, qualquer sensação diferente, deu um salto e apanhou o pão, chegando a ficar exultante. Estava fresco e macio. Apanhou-o com as duas mãos e cravou seus dentes, numa mordida que abocanhou até a metade do pão. Quase quebrou os incisivos. No meio da mordida seus dentes encontraram uma coisa dura que causou uma dor instantânea na musculatura da face. Para sua surpresa e quase chegando à incredulidade, descobriu que havia uma grande chave enfiada no meio do pão e, enrolada no corpo da chave, uma tira de papel, onde estava escrito em latin: *non ante mediam noctem.*[31]

Fabres teve o ímpeto de correr para a porta e testar a chave, mas conteve-se. Por que alguém mandaria aquela chave e aquele recado se aquela não fosse a chave da porta? Depois teve medo. Poderia ser uma armadilha e

[31] Não antes da meia noite.

alguns guardas lhe traspassariam as espadas assim que saísse dali, e depois alegariam que ele tentara fugir. Mas o medo também se dissipou, afinal, já poderiam tê-lo matado há tempos, pois ele fora preso por assassinato. Por que tentariam fazer isso agora?

Em nenhum dia do seu cativeiro a meia-noite demorou tanto a chegar. Chegou e passou. Fabres queria ter certeza de que estaria seguro. Deviam ser duas horas da madrugada quando ele enfiou a chave no buraco da porta e girou a trava com facilidade, sem quase nenhum rangido. Abriu a porta lentamente, muito lentamente, pois percebeu que as dobradiças estavam emperradas pelo pouco uso e poderiam fazer barulho. Levou quase quinze minutos para fazer isso, depois fechou a porta atrás de si e trancou-a com a chave. Do outro lado encontrou somente escuridão, mas lembrava do caminho que havia feito até chegar ali. Lembrava que deveria seguir um corredor pelo seu lado esquerdo até chegar numa escada e, no alto dela, encontraria outra porta, que torcia para não estar trancada, ou para que a chave também servisse nela. Estava trancada, mas a chave serviu, era a mesma para as duas portas. Fabres saiu então para o ar livre e foi impossível conter a força com que seu peito respirou, profundamente. O tempo havia feito com que se acostumasse com o ar pestilento da sua cela e aquele simples gesto pareceu enchê-lo de vida.

Era uma noite escura, sem lua, e não estava frio. Ele estava numa praça calçada que ficava na lateral da abadia e, no fim dela, embora a noite escura, ele viu que havia alguém agachado. Não era uma sentinela, pois tão logo ele apareceu, a pessoa levantou e fez um gesto para que o seguisse, desaparecendo logo em seguida. Não havia outra possibilidade além de segui-la. Caminharam por um longo trecho em direção ao mar, com Fabres seguindo aquele vulto a cerca de vinte metros de distância, até chegarem numa rocha plana que se projetava sobre a água. Estavam próximos ao porto e um barco estava flutuando no mar calmo, logo além da rocha. O vulto que o precedia foi até a beira da água e começou a puxar o barco com uma corda e, tão logo este chegou, embarcou. Fabres havia parado na mesma distância que o vinha seguindo, mas logo entendeu que tinha que fazer o mesmo. Pulou para o barco sentindo a água fria molhar até seus joelhos e não fez perguntas, enquanto o vulto, que ainda era um vulto na noite escura, com um capuz que cobria todo seu rosto, começava a remar. O barco era pequeno, mas adquiriu velocidade com poucas remadas.

Depois de um longo tempo, o vulto ficou em pé e sinalizou que era a vez de Fabres remar. Teve dificuldade no começo com os remos duplos, um de cada lado do barco, mas, aos poucos foi pegando o ritmo. Estava fraco devido à alimentação deficiente que vinha tendo, mas o medo e a esperança de fugir o faziam bem mais forte do que imaginava. Já havia percebido que navegavam próximos à costa e iam no sentido leste, mas já haviam passado pela entrada da calanque onde ele morava com seu mestre. Fabres imaginava que só podia ser o Mestre o responsável pela sua fuga e pensava que seu condutor o levaria para casa, mas estava enganado. Continuaram remando, até o dia começar a clarear. O vulto já havia voltado para os remos quando desviou o rumo do barco e o levou até uma pequena enseada, atracando-o numa praia de pedregulhos. Em seguida pulou do barco e fez sinal para que Fabres o ajudasse a carregá-lo para trás de algumas pedras. Em nenhum momento falou alguma palavra. Em nenhum momento mostrou qualquer parte do rosto. O capuz era grande e caía sobre a fronte, mantendo seu interior envolto em sombra. Fabres notara que havia ainda um lenço cobrindo sua boca, o que deixava bem evidente que não queria ser reconhecido. Usava uma túnica rude, amarrada na cintura por uma corda e o capuz fazia parte desta túnica. Depois de escondido o barco ele sentou e recostou-se numa pedra, então juntou as mãos e pareceu rezar por longos minutos. O dia clareou.

Fabres também sentara a alguns passos e, diante do silêncio prolongado de seu salvador, chegou quase a adormecer, mas, de repente, uma voz muito conhecida sua o fez despertar, assustado, muito assustado. O salvador havia retirado o capuz e sorria para ele, parecendo se divertir com sua estupefação:

– Lindo dia para uma fuga, não acha? – falou Serkan, ou Lafite, o secretário do bispo.

Capitol catòrze

Avignon, 05 de outubro de 2012

A vida é cheia de surpresas. Uma frase comum e tão repetitiva quanto exata. A vida é cheia de surpresas! Na sequência natural deste trabalho que estamos desenvolvendo, eu esperava, neste capítulo, mostrar um pouco mais do meu passado junto ao abade Amadeu e sua infindável paciência para comigo, e para com Júlia, e para com Nathalie, além de mais algumas pessoas do meu convívio. Era essa minha ideia, mas quem poderia esperar uma ligação como aquela para Sabine? Quem poderia esperar que Michele, a filha dela e de Jean Pierre, fosse sequestrada? Então, tudo aquilo que estava programado ganhou novos tons, novas nuances e, evidentemente, não posso privar o leitor deste campo inusitado que envolve os personagens desta trama. Mesmo porque, nesta imensa labuta entre a ação e sua consequente reação, não se pode imaginar que um fato de tamanho peso fique fora do contexto.

A cena que encontrei ao chegar a Avignon era comovente, sem dúvida. Não propriamente em Avignon, mas em Althen-des-Paluds, comunidade rural próxima da cidade, onde fica a casa dos Clemenceau, família de Jean Pierre. Na grande casa de campo ele mora com Sabine, sua filha Michele, de treze anos e Dideron, o caçula, de quase dois anos. O nome Dideron é uma homenagem quase anônima a Namur, pois este era seu verdadeiro nome. Na casa ainda moravam Monique e seu marido Maheu, comissário de polícia de Avignon. Durante a semana. Maheu passava a maior parte do tempo na cidade, em seu apartamento, assim como Sabine e Jean Pierre, no apartamento da família Clemenceau, na cidade. Agora estavam todos reunidos na sala da casa, e o silêncio era constrangedor.

O sequestro de Michele acontecera no final da sexta-feira, 5 de outubro de 2012. A família está toda reunida na noite de sábado e os sequestradores, no primeiro contado, avisaram que voltariam a ligar próximo às 21 horas. No relógio da parede os ponteiros marcavam 21h10.

Maheu havia desmantelado uma quadrilha de tráfico internacional de armas, e um dos principais cabeças desta quadrilha era Henry, amigo de infância de Jean Pierre, apaixonado por Sabine e que, devido a essa paixão, se tornara também seu maior inimigo. Depois de ter fugido muitas vezes, Henry fora preso exatamente na sala onde a família agora se reunia à espera da ligação, no dia em que tentou matar Jean Pierre e acabou ferindo Monique. Esta, por sinal, era a que revelava maior desespero. Seus olhos estavam vermelhos de tanto chorar, pois Michele fora levada bem à sua frente. Um furgão branco se interpôs entre ela e a menina, trancando a rua. Num momento Monique via Michele, que esperava o furgão passar, no outro não a via mais. Demorou alguns segundos a atinar o que realmente havia acontecido. Pensou que Michele havia se distraído com alguma amiga, ou que havia voltado para o interior do colégio, até que outra mãe veio perguntar a ela por que Michele fora embora com o furgão. Mesmo Michele tendo treze anos, Monique, por todas as situações confusas que sempre vivera, era extremada em zelo, fazendo questão que sempre alguém buscasse Michele no colégio. Maheu, sabendo que Henry, mesmo dentro da prisão, poderia arquitetar uma vingança, também concordava com o excesso de cuidados. Mesmo assim, ela fora sequestrada.

Na mesma noite, Jean Pierre e Sabine voltaram. Sabiam que não havia ninguém melhor que Maheu para tomar conta da situação. Por um bom tempo temeram que a quadrilha tentasse alguma represália, já que tinham membros espalhados por todo o mundo. Sabiam que Henry era vingativo. Na verdade, ele era paranoico. Seu psiquismo patológico era de conhecimento geral e, mesmo trancafiado em uma penitenciária, ainda poderia ter quem executasse suas vontades. O tempo fez relaxar os cuidados, e Maheu também não se perdoava por isso. A polícia investigava, mas não havia pistas. Câmeras de segurança haviam filmado o furgão, mas este usava uma placa falsa, e o telefonema da manhã fora rápido demais para ser rastreado. 22 horas. Nada.

– Eles querem mesmo é gerar tensão – falou Maheu, tentando minimizar um pouco que fosse a ansiedade que tomava conta do ambiente. – Quanto mais desesperados estivermos, mas facilmente cederemos ao que pedirem.

– E se não for dinheiro que querem, Maheu? E se for apenas uma vingança? Dinheiro eles têm...

– Jean, não podemos ter certeza de que foram eles. Henry já foi interrogado por pessoas especializadas, que não conseguiram decifrar nele qualquer alteração significativa.

– Todos sabem como ele é dissimulado. Mentir é seu maior talento – falou Jean, andando pela sala. – Caso não sejam eles, a polícia sabe de algum grupo que pratica sequestro na região?

– Se soubéssemos, não estariam livres. – respondeu Maheu, taciturno. – Há tempos não temos nenhum sequestro na cidade.

Às 23 horas, Dideron chorou no quarto de cima e Sabine e Monique levantaram ao mesmo tempo. Monique era como uma avó que se comportava como mãe. Sempre fora assim, atenciosa ao extremo e, por isso mesmo, sofria quase ao desespero. A noite passou e somente Maheu não dormiu. Quando viu que Jean Pierre finalmente cochilara, levou os telefones para a varanda e sentou na cadeira de balanço. A cada quinze minutos ligava para seus subordinados e pedia relatórios. Nada. O furgão e Michele haviam sumido no ar. As polícias das cidades vizinhas estavam trabalhando em conjunto e esquadrinhavam toda a região em busca de algum vestígio. Todo aluguel recente de casa ou apartamento estava sendo investigado. Tudo o que era possível estava sendo feito.

Quando o dia clareava, Maheu adormeceu por alguns minutos, mas logo acordou ao sentir que tinha alguém ao seu lado. Como um bom policial, era sensível a tudo que acontecia no ambiente onde estava. Jean Pierre passou por ele e sentou no degrau da varanda, em silêncio. Os odores maravilhosos do jardim de Monique vieram aos seus sentidos, misturados na bruma que cobria tudo, mas isso somente o fazia sentir-se mais triste.

– O que pode estar acontecendo, Maheu?

– Até agora é um sequestro. Um sequestro é um crime monstruoso, pelo mal que nos causa, mas até agora é apenas um sequestro e estamos esperando que nos liguem e nos informem o que querem de resgate. Você é um homem rico, isso pode acontecer.

– Mesmo eu sendo rico, você acredita que existam mesmo pessoas loucas o suficiente para sequestrarem a neta do comissário de polícia, que é reconhecido pela sua capacidade?

Jean Pierre fez a pergunta sem olhar para Maheu, e este ficou perturbado. Desde o primeiro momento ele já havia pensado nisso. Sequestradores não escolhem aleatoriamente suas vítimas, por isso entendia bem o que o amigo estava dizendo. A possibilidade de uma vingança era bem maior do que um simples sequestro por dinheiro, porém, que diferença isso faria na ação da polícia? A diferença estava sim na esperança de solução para os envolvidos.

– Você já pensou em fazer algumas perguntas aos seus amigos espíritos? – perguntou Maheu, para surpresa de Jean.

– Não sou eu que comando esses contatos, Maheu. Quase todas as vezes que eu pedi para que alguém me dissesse alguma coisa, ninguém apareceu.

– É o tal do carma, não é? Os espíritos não estão aqui para passarem pelo que nós precisamos passar.

– Vejo que Monique tem conversado com você sobre o assunto.

– Ela já me trouxe vários livros... mas nem sempre tenho tempo para ler.

– É claro que já pedi para alguém aparecer e me dizer onde ela está. Já implorei. Fui até o porão onde eu encontrei Namur pela primeira vez e supliquei. Namur não pode mais aparecer, ele me disse, da última vez que o vi, que estava se preparando para reencarnar. Mas não apareceu nenhum outro. Ficou claro que estou sendo provado. Ficou claro que eles não podem interferir, ao menos como gostaríamos... Ah! Deus! Onde está minha menina? – falou Jean, escondendo o rosto entre as mãos e chorando, pela primeira vez, desde que soubera do sequestro.

Eu havia visto. Fui com Jean Pierre ao porão e confesso que fiquei tentado a aparecer, a estimular sua percepção para que me visse, mas o que eu poderia dizer? Nada. Ah! Como os encarnados se enganam quanto a isso! Embora seja fácil entender o desespero de Jean Pierre, afinal, quem não pediria ajuda a nós num caso assim. Quem não pediria o impossível pelos filhos? Mas não podemos fazer nada, na maioria das vezes, além de promover o equilíbrio vibratório, individual e coletivo, o que já não é pouco.

Maheu levantou da cadeira, sentou ao seu lado e o abraçou. Monique, que ouvia a conversa da porta da sala, sentou do outro lado de Jean e abraçou a ambos. O sol já subia por entre os amieiros do terreno e seus raios começavam a dissipar as brumas do jardim, mas não de seus corações. O amanhecer não trazia nenhuma alegria.

Capitol quinze

Abadia de Fontenay, Borgonha, março 1205.

Quando cheguei em Fontenay com Júlia, não fui diretamente para a abadia. Estava com medo. Nos últimos dias havíamos acendido fogueiras embaixo de pontes para nos protegermos do frio intenso do inverno, ou conseguido algum abrigo em estábulos. Eu não ousava procurar estalagens, que já eram poucas, mas onde poderia ter que prestar informações sobre Júlia, que se negava de todas as formas a me falar qualquer coisa sobre o seu passado, por mais que eu insistisse.

A nossa viagem de volta durou mais de vinte dias e o meu coração estava desesperado de paixão. Nos últimos dias havíamos conseguido abrigo com os hereges. Sim, com os hereges. Como eu temia estar levando alguém importante, preferia cortar caminho pelas florestas e encostas, por trilhas mais escondidas e, numa clareira no sopé de uma montanha, ficamos surpresos ao encontrar uma comunidade de crentes e *bons cristãos*, como eram chamados os hereges. Eu já não era mais um menino inocente para ter medo deles, mesmo porque o abade Amadeu tinha suas simpatias com esta gente, tão duramente perseguida. Eu sabia que eram pessoas boas, que amavam o Cristo, porém, à sua maneira e não à maneira dos católicos.

Eu havia deixado de seguir paralelo à estrada para Lyon e seguido a noroeste, contornando Feurs e usando uma velha estrada romana, pouco movimentada. Num trecho onde a estrada se perdia num lodaçal, precisei contornar por um caminho mais distante e acabei topando com a vila. Quando estávamos nos aproximando, Anne Crestan, uma senhora baixa e magra, de cabelos loiros e olhos claros, tão logo nos viu, veio ao nosso encontro com as mãos espalmadas, num gesto de paz. É claro que eles tinham medo, por isso tentavam identificar rapidamente a motivação de qualquer pessoa que passasse pelo local, o que acontecia apenas esporadicamente. Anne era uma *boa cristã*, já havia recebido o *consolamentum*, e aí já aparecia a primeira grande diferença entre hereges e católicos, pois as mulheres eram consideradas iguais aos homens, sem distinção. Não deveria ter mais do que trinta e cinco anos, mas parecia ter a sabedoria de uma anciã. Acolheu-nos com carinho e pude perceber um brilho de tranquilidade em seus olhos quando falei que estava a serviço do abade Amadeu. Não me fez muitas perguntas sobre Júlia, quando expliquei sucintamente sobre ela. Apenas me perguntou se estávamos 'casados', e pude perceber claramente em suas palavras que me perguntava se já havíamos dormido juntos, sem muita preocupação com nossa situação legal. Obviamente eu disse que éramos casados, não poderia perder esta oportunidade. Fiquei ainda mais feliz quando vi o sorriso nos olhos de Júlia ao ouvir minha resposta.

Anne Crestan e Pierre de Gilles eram os líderes da pequena comunidade, de não mais de trinta pessoas, que viviam de suas hortas e suas cabras. Além dos dois, havia mais cinco *bons cristãos*, três homens e duas mulheres. As outras vinte e três pessoas, entre adultos e crianças, eram crentes, ou seja, seguiam a religião, mas sem os rigores a que se impunham os iniciados, como a castidade e o jejum. Em pouco tempo pude perceber que muitos crentes se preparavam para receber o *consolamentum*, o batismo para se tornarem o que a história passou a chamar de cátaros. Destas vinte e três pessoas, cinco eram cavaleiros que protegiam o local. Chegaram algum tempo depois de Anne ter nos acolhido e ficaram um pouco preocupados com minha presença. Estavam fazendo sua ronda de final de dia e ficaram surpresos por não terem nos encontrado antes de chegarmos. É bom dizer aos leitores que, mesmo nos meus dezessete anos da época, minha aparência rude levava às pessoas a crerem que eu tinha mais idade, por isso o olhar de preocupação destes cavaleiros, mas que logo se desvaneceu, ao saberem quem éramos. Mais uma vez o nome do abade Amadeu abriu portas para sorrisos mais tranquilos.

Passamos três dias com eles e, confesso, tive vontade de ficar. O clima de hospitalidade era natural, assim como suas orações e maneira de levar a vida. Falavam baixo, como se o silêncio fosse uma constante maneira de se ligar a Deus. Trabalhavam da primeira à última claridade e sorriam com facilidade. Não me fizeram mais perguntas, nem sobre Júlia. Nestes poucos dias, as únicas rugas de preocupação que pude notar eram quando falavam com os cavaleiros sobre os perigos de assalto de mercenários, ou serem descobertos por padres, o que, para eles, dava quase na mesma coisa.

Anne nos tratava com especial carinho e fizera muitas perguntas sobre minha vida e sobre minha mãe. Cheguei a pensar que ela a conhecia, mas não me confirmou quando foi perguntada. Foi fácil perceber que gostaria de deixar seu próprio passado esquecido. Era uma mulher serena e que me tratava com um carinho maternal que eu nem lembrava mais que existia.

Realmente, eu gostaria de ficar entre eles, mas era preciso voltar e enfrentar o bom abade Amadeu, por mais que eu soubesse o quanto iria ser repreendido. Porém, o amor em meu peito por Júlia, que já quase nem tinha mais sinais das agressões que sofrera, me fazia um herói de mim mesmo. Estava realmente disposto a falar ao abade que apenas voltava à abadia para terminar a missão, mas que estava partindo com ela, e que encontraria uma maneira de conseguir sustento para ambos. Principalmente depois de ter conhecido Anne Crestan e Pierre de Gilles, e suas maneiras de viver, era mais fácil pensar assim. O que mais me levava a retardar a volta, além do prazer de viver ao lado de minha amada, era o fato de não trazer a esperada palavra de resposta do bispo. Eu não sabia como este retardo me prejudicaria. Se soubesse, teria chegado em Fontenay o mais rapidamente possível.

No final de uma tarde ensolarada e fria, eu guiei meu cavalo pelo freio até a entrada da abadia. Caminhava lentamente e, ao meu lado, ia Júlia. Ela não tinha medo. Estava pronta para enfrentar o mundo. Embora tenhamos conversado muito, nunca soube o que havia acontecido com ela naquele dia. Não sabia quem era sua família, muito menos por que fora castigada. Eu só sabia que seu grande sonho era a liberdade e estava disposta a morrer por ela.

Sempre é bom relembrar os leitores que o que narro aconteceu alguns anos antes de eu ter levado Nathalie de Paris para a abadia, o que já lhes contei anteriormente. Não que eu queira confundi-los, mas, como já disse, não poderia deixar de prestar essa singela homenagem a ela, porque quando um anjo entra em nossas vidas, sempre é uma ocasião especial. Então, agora, eu era ainda mais jovem, mais presunçoso e ainda mais descabeçado.

Quando estávamos a cerca de trinta metros da porta dos fundos da abadia, por onde entrávamos com carroças e cavalos, eu vi o abade Amadeu, parado em pé, logo após a porta. Parecia que ele me esperava, e fazia tempo. Não pude notar nenhum ar de azedume nele, mas, ao chegar mais perto, vi que ele estava acompanhado e quem estava com ele era o bispo de Avignon,

Rostaing IV, a quem eu levara a carta do abade e partira sem esperar pela necessária resposta. Realmente eu havia demorado muito a voltar.

Quando parei, a poucos passos do abade e do bispo, não soube o que dizer, por isso foi o abade quem primeiro falou:

– Meu filho... meu filho... Eu precisava que você me trouxesse uma resposta importante para a abadia, mas o bispo Rostaing chegou aqui antes de você e me respondeu o que você nem esperou para ouvir. Só isto já bastaria para eu entender que foi o coração que o traiu mais uma vez. Só que, desta vez, as consequências desta traição poderá ser muito cruel. Eu gostaria de poder protegê-lo, mas o que fez feriu a lei além do que posso ajudar. Você cometeu um erro e, para o seu aprendizado, creio que é justo o que lhe espera.

A princípio eu imaginei que passaria um longo tempo em jejum e oração, numa das celas escuras da abadia, como já havia acontecido outras vezes. Imaginei mesmo que, desta vez, o tempo seria bem maior. Bom seria se fosse só isso. Logo depois que o abade falou, no final da longa parede de arcos que se estendia às suas costas, apareceu um grupo de quatro cavaleiros, galopando em nossa direção. Eles também estavam nos esperando. Em poucos segundos nos cercaram, para desespero ainda maior de Júlia, que já entendia o que aquilo significava. Eu também entendi, rapidamente. Um dos cavaleiros, vestido com extrema riqueza em veludo vermelho com barras em ouro, trazendo uma longa espada com o punho cravejada de pedras reluzentes, pendurada ao seu lado, adiantou-se do grupo e perguntou:

– Seu nome é Sebah de Chambres?

– Sim, sou eu mesmo – falei, com o peito estufado, numa ingênua tentativa de mostrar que não tinha medo. Ah! Como eu deveria ter medo!

Logo que respondi, os quatro cavaleiros apearam dos cavalos e o que falou comigo ficou a apenas dois passos de mim, sem olhar para Júlia que, agora, agarrava-se fortemente em meu braço.

– O senhor está preso.

– E posso saber o motivo? – perguntei, quase gritando, sem mais conseguir esconder meu desespero.

– Por matar o soldado Roger Luvison e por sequestrar a filha de Hugh IV, senhor de Baux e visconde de Marselha.

Confesso que saber da morte do soldado foi muito mais cruel para meu espírito que descobrir quem era Júlia. Eu mesmo fiquei com medo da minha força. Então eu havia matado um homem. Então eu havia me apaixonado pela filha de Hugh IV, o poderoso senhor de Baux! Então eu seria levado para Les Baux e julgado! Então eu poderia ser morto!

Capitol setze

Próximo à Marselha, julho de 1205

Fabres demorou alguns segundos para esboçar alguma reação. Durante todo o tempo que ficou confinado naquela cela, imaginava Serkan como um traidor, que o havia iludido e conseguido escapar ileso da acusação de assassinato, a qual recaíra sobre ele. Cada minuto que passara preso fizera o ódio a Serkan crescer em seu peito, e agora era ele seu salvador. Que brincadeira sem graça era essa?

Ainda tomado pelo ódio que alimentara, e agora somando à humilhação de ser salvo por seu algoz, sentiu que seu pensamento perdia a linha normal de raciocínio. Não era dado à violência, mas, quando se deu conta, já estava do lado de Serkan e seu pé voava na direção da cabeça deste. Foi um grande erro. Com uma agilidade impressionante, seu algoz desviou-se do golpe e, praticamente no mesmo movimento, aproveitando do rápido desequilíbrio de Fabres, puxou sua perna de apoio e o derrubou. No instante seguinte, e ainda rindo, como se não tivesse feito esforço algum, estava montado sobre Fabres, segurando suas duas mãos contra o chão de areia e conchas. Serkan era mais alto e mais forte, dado ao exercício do corpo, enquanto que Fabres só exercitava a mente.

Diante do olhar de espanto de Fabres, parou de rir e o encarou com seriedade, depois, e novamente com agilidade, deu vários tapas no rosto do pobre aprendiz, que ficou ainda mais estupefato, e indignado, claro.

– Isso é para você aprender quem é mais forte, quem é mais ágil, quem é que manda, e para nunca mais ser tão idiota.

– Saia de cima de mim, assassino!

– Assassino? Oh! Que dramático! Deveria me chamar de salvador.

– Você me colocou nesta situação... sabe muito bem que sou inocente.

– Não tão inocente assim, meu caro. É um grave pecado se apaixonar por uma doente que dependia dos seus talentos – falou Serkan, enquanto saía de cima de Fabres.

Serkan ficou em pé e bateu a sujeira da túnica, depois estendeu a mão para ajudar Fabres a levantar, mas, obviamente, este não aceitou a ajuda. Pulou para trás e ficou em pé, porém, entendendo que não devia tentar nada contra um inimigo tão mais forte. Ficaram um longo tempo se encarando, até que Serkan falou:

– Você é tão diferente de mim fisicamente, como pode ser meu irmão?

– O quê? Está louco?

– Vai me dizer que não lembra mesmo do irmão mais velho? Vai me dizer que não lembra de quando eu o carregava no pescoço e corria com você até o mar, nos dias de calor? Ora, Adriel, sua memória não pode ser tão ruim assim!

Adriel! Fabres sabia que era esse seu verdadeiro nome. Lembrava vagamente de uma pessoa que o levava a tomar banho de mar quando era muito pequeno. Tão pequeno que aquela lembrança parecia mais uma ilusão.

– Como é seu verdadeiro nome? – perguntou.

– Eu já havia lhe falado, no dia em que fui à caverna, mas você não registrou, tão preocupado que estava com sua amada. Meu nome é Biel. Nossos pais gostavam dos nomes bíblicos, como pode ver. Mas hoje eu tenho vários nomes, um para cada ocasião. Serkan, Lafite, os quais você já conhece. Mas ainda posso ser chamado de Fernando, na Espanha, de Charles em Paris, de Camilo em Roma. Pode escolher qualquer um. Fugi daquela vida miserável e me juntei a Samir, que na época era apenas o mestre de um barco. Atualmente ele tem vários, como aquele caravo que estava no porto quando o visitei. Como pode ver, não estava mentindo totalmente.

Fabres deixou-se cair novamente nos pedregulhos da praia. Estava atordoado. Havia se desligado totalmente do seu passado, mesmo porque, não havia motivo para prender-se a ele. Junto ao Mestre teria uma vida melhor, sempre soube disso. Jamais pensou que aquela pessoa que passara pela sua infância como um sonho era seu irmão e, ainda mais, que agora era seu mais direto inimigo.

Enquanto Fabres divagava em sua própria estupefação, Serkan foi até o pequeno barco que os havia trazido e de lá tirou um saco de pano, que jogou próximo ao irmão, sentando-se em seguida à sua frente. Depois tirou um pão do saco, igual ao que mandara para Fabres no dia anterior, e o dividiu em dois. Do saco também tirou uma ânfora de cerâmica e ofereceu-a a Fabres, que recusou, para irritação de Serkan.

– Não seja ainda mais idiota, irmãozinho. Não há outra saída para você, terá que ser meu amigo. Nossos destinos estão profundamente interligados desde ontem, quando matei Jerôme Lafoge. Agora nós dois somos fugitivos. Como eu poderia fugir e deixar meu irmão entregue à maldade do bispo, que hoje mesmo iria começar a arrancar de você verdades sobre o seu mestre?

Finalmente Fabres se convenceu de que não estava entendendo absolutamente nada. Então pegou a ânfora das mãos de Serkan e bebeu. Já havia sentido o cheiro do vinho quando seu irmão abrira a ânfora e, mesmo sendo de qualidade duvidosa, precisava beber naquele momento. Depois deixou a ânfora no chão e deitou de costas. Ficou muitos minutos tentando se equilibrar mentalmente. Com o mestre aprendera a disciplinar o pensamento, principalmente para os momentos mais difíceis da vida, quando uma pessoa pode se perder por ansiedade ou precipitação. Até aquele momento, diante de tantas coisas inusitadas, não estava pensando com equilíbrio. Logo percebeu que não adiantava fazer conjecturas. Logo percebeu que a única maneira de entender aquela loucura toda, era serenando a mente e ouvindo o que Serkan sabia. Não havia nenhuma outra saída, por isso ficou novamente sentado. Serkan comia seu pão calmamente, como se soubesse o que estava passando pela sua cabeça, tanto que perguntou:

– Por onde quer começar?

– Por que você matou Jerôme Lafoge?

Serkan sorriu. Ficou satisfeito com a linha de raciocínio de Fabres, da qual já havia se admirado antes. Com a resposta a esta pergunta, os outros assuntos viriam numa sequência mais lógica.

– Ele descobriu que eu havia feito algumas visitas secretas a Claire, como naquela noite que quase caí em cima de você.

– E como ele pode ter descoberto isso?

– Nunca se pode confiar nas mulheres, meu irmão, já vá aprendendo isso. Ainda mais quando uma mulher se diz apaixonada; estas são as mais traiçoeiras. Adeline, a ex-cunhada de Jerôme Lafoge e que havia facilitado as coisas no começo, me entregou. Neste tempo que esteve preso, a cunhada do senhor Lafoge conseguiu seu intento, casando-se com ele, com as bênçãos do bispo, que, mesmo indignado com a morte prematura de Claire e a perda do bom negócio que agenciava, manteve a amizade. Mesmo porque Pierre de Montlaur logo encontrou outra jovem donzela para levar para a casa da mãe, como dama de companhia desta. O bispo tem um olhar cuidadoso e sabe tanto identificar lindas jovens, como bons negócios.

– Mas Lafoge não condenou a senhora Adeline por não ter contado antes?

– As mulheres conseguem sempre o querem com esses imbecis. Basta um pouco de carinho, ou um pouco de distanciamento, em doses bem medidas, para que acreditem em tudo que disserem. Ela o fez acreditar que eu a chantageava, que a ameaçava de morte, bem como a Lili, a irmã mais jovem de Claire. Ontem pela manhã ele foi atrás de mim para tirar satisfações. Invadiu meu escritório, bêbado, e tentou me matar. Não tive outra saída...

– Mas como você fugiu, se matou um rico comerciante?

– Vão demorar a descobrir o corpo. Pessoas bem pagas fazem qualquer serviço, e o velho traidor ficará preso no fundo do mar por um bom tempo. Saí da cidade alegando que ia ao encontro do bispo, que realmente está de retorno, vindo de Avignon. Ele deve chegar hoje e procurar por mim. Vão demorar um bom tempo até ligarem as coisas.

– Então por isso que armou toda esta fuga? Por isso não me libertou, como poderia ter feito sendo secretário do bispo?

– Continua bom nas deduções, meu irmão. Porém, o bispo havia ordenado que ninguém poderia ter contato com você antes dele, quanto mais libertá-lo. Como eu disse, o bispo tentaria, através de você, atingir seu mestre, a quem ele não tem nenhuma simpatia e acusa de ligação com a heresia, no que ele tem toda razão. Mas não se preocupe, eu também sou um simpatizante dos *bons cristãos*, embora os considere uns loucos. E também fique feliz, pois o bispo é conhecido por fazer uma pessoa confessar o que nunca soube. Ele não via a hora de poder se ocupar de você. Só não o fez antes porque esperava sua cabeça se desorganizar mais com o tempo de prisão.

Fabres respirou fundo novamente. Aos poucos o céu de suas aflições começava a ficar menos nebuloso. Agora ele precisava entrar no assunto mais delicado, e que ainda oprimia seu coração:

– E Claire? – por fim, perguntou.

– O que você quer saber sobre ela?

– Quero saber o que realmente aconteceu entre vocês?

– Ela era linda, não era? – perguntou, sorrindo.

Diante do ódio rapidamente expresso nos olhos de Fabres, Serkan parou de rir. Gostava de provocar as pessoas, mas alguma coisa de humanidade às vezes se agitava dentro dele, por isso entendeu que Fabres não teria nenhuma noção de seus limites se o provocasse no campo da paixão. Então tentou acalmá-lo, mudando de assunto.

– Você não quer saber como um marujo de um navio turco pode ter se tornado secretário do bispo de Marselha?

– Você conseguia bons negócios para o bispo, só isso. Ele é negociante e viu em você uma fonte de renda, um braço direito para suas torpezas, só isso...

– Brilhante! Faz jus a ser meu irmão.

– Eu quero saber de Claire. Você a amava? Por que a matou?

– Ora, meu irmão, o amor, como você o entende, ainda pelo estreito prisma da paixão, não faz parte da minha vida. Não me venha falar de amor...

– Então por que a matou? – gritou Fabres, definitivamente perdendo a paciência.

– Eu não a matei, idiota. Claire está viva.

– O quê? – gritou Fabres, ficando novamente em pé.

Serkan chacoalhou negativamente a cabeça e não se alterou. Esperou até que a respiração arfante de Fabres se acalmasse, depois falou:

– Vamos, meu irmão, acalme-se e sente-se. Não temos todo o tempo do mundo para conversarmos. Lembre-se de que somos fugitivos.

– Como ela está viva? O veneno...

– Eu tive tempo suficiente para trocar os venenos, desde que o vi pela trilha até chegar na caverna. – interrompeu Serkan.

– Mas o laboratório era fechado com um cadeado – falou Fabres, buscando pela memória.

– Um cadeado velho que só impedia os animais de entrarem. O que você me vendeu foi o veneno que seu mestre formulou, que podia deixar uma pessoa com aparência de morta por mais de dois dias. Seu mestre mesmo já havia conversado comigo sobre os efeitos. Quando eu ia sair da caverna, vi você chegando ainda muito longe. Não lembra que chegou fora de hora? Não era para você estar ali, por isso fiz aquela atuação. Tive tempo de trocar os potes antes que chegasse e foi fácil induzi-lo a me entregar o que eu realmente queria, embora isso tenha me custado algumas boas moedas.

– E onde está Claire?

– Ora, ela está com seu amor. Eu e ele a desenterramos naquela mesma noite, depois devolvemos o caixão o lugar. Fui bem pago por ele para fazer tudo isso...

– Então não é você o amante de Claire?

– Ah! Querido irmão... acha que eu me perderia por um par de pernas? Claro que não! Tenho coisas muito mais importantes para fazer na vida...

– Quem é ele?

– Não posso contar.

– Como assim?

– Fizemos negócio e sou fiel à minha palavra. Não posso contar a ninguém.

– E para onde eles foram?

– Não tenho a mínima ideia... mas, nosso tempo acabou.

– Acabou?

– Sim. Chegou nosso transporte, veja...

Fabres olhou para o mar e viu que um barco vinha na direção deles, conduzido por duas pessoas. Mais ao longe um navio aparecia.

– Ainda tenho bons amigos no mar, e Samir nunca negaria um pedido meu. Só assim poderemos realmente fugir. Se ficássemos por aqui, logo nos descobririam.

Antes que o barco chegasse, Serkan puxou de dentro de sua túnica uma volumosa carteira de couro e a entregou a Fabres. Este, ao pegá-la, já entendeu o que era, mas ainda assim a abriu e ficou assustado. Nunca tinha visto tantas moedas de ouro e prata.

– Esconda isso por dentro da roupa, seja rápido.

– Ganhou tudo isso do amante de Claire?

– Ah! Não... ele nem tinha tanto dinheiro, mas eu devia alguns favores a ele.

– Então de onde vem tanto dinheiro?

– Bem, eu tinha meus negócios, principalmente junto ao bispo. Mas aí está apenas uma parte. Não é um bom critério ficar tudo comigo, por isso estou dando uma parte para você guardar.

– Você tem mais? Como pode?

Serkan não teve tempo de responder, por isso apenas riu. O barco atracou na areia e eles logo pularam para dentro. Os dois marujos mal cumprimentaram Serkan e já levaram o barco novamente para a água, começando a remar. Quando estavam perto do navio, Serkan segurou o braço de Fabres e falou, baixo, e apenas o suficiente para que ele entendesse de onde vinha boa parte do tesouro que carregava:

– A senhora Adeline, cunhada de Jerôme Lafoge, era ambiciosa. Essas mulheres espertas e esses homens idiotas! Conseguem tudo o que querem! Através de um coração apaixonado, se livrou de Claire, a filha mais velha e, agora, ela e a filha mais nova vão herdar tudo. Como deve ter sido fácil embriagar o senhor Lafoge e mandá-lo para mim, que o esperava em meu escritório!

Capitol dètz-e-sèt

Em poucos dias Fabres, com sua inegável capacidade de percepção e dedução, entendeu que não podia se prender nas informações passadas por Serkan para tirar suas conclusões das coisas. Não sem antes refletir com cuidado, pois seu irmão era dado a gostar de mais confundir do que explicar, tanto que chegava a sentir nele uma peculiar alegria pelo aturdimento que causava com as informações desencontradas que dava sobre quase todos os assuntos. Precisava peneirar com cuidado suas afirmações, e sempre esperar algum complemento, que poderia reverter suas expectativas iniciais, como fora o caso da morte de Jerôme Lafoge. No fundo, tinha dúvidas se ele realmente havia matado o pai de Claire. De concreto, somente o fato de que tinha muito dinheiro guardado e que o havia salvado da prisão. Tudo o mais poderia ser uma realidade inventada, para não dizer apenas mentira, já que seu irmão não gostava de ser chamado de mentiroso.

De Marselha foram para Chipre, uma ilha arrasada pelas constantes conquistas dos exércitos cruzados, pois ficava muito próxima a Jerusalém. Não ficaram por muito tempo, e de lá seguiram para Roma; de Roma a Veneza, e assim foram seguindo, ficando pouco em cada local. Em cada cidade, Serkan se apresentava com um nome, e fazia com que Fabres o imitasse, sempre com o argumento de que eram criminosos e poderiam estar sendo procurados pelo assassinato de uma linda jovem e seu pai.

Apesar do bom dinheiro que carregavam, Serkan era um negociante incondicional e, no momento, o que mais gostava de negociar era a arte médica de Fabres. A capacidade deste de curar somente aplicando as mãos sobre o doente se espalhava rapidamente em cada local que chegavam. Em Veneza, de uma hora para outra, Serkan decidiu alugar uma casa. Não suportava mais as estalagens onde sempre reclamava das condições, além de querer voltar a praticar a atividade que mais lhe dava prazer: a alquimia. Em pouco tempo havia comprado equipamentos suficientes para montar um laboratório e passou a ficar muito tempo trancado fazendo experiências. Fabres descobriu que Serkan e seu mestre trocavam informações sobre venenos e remédios, já havia um bom tempo. Obviamente o Mestre sabia que Serkan era irmão de Fabres, o próprio Serkan confirmou isso, mas também disse que ambos chegaram à conclusão de que ele não seria uma boa influência para o irmão mais novo, que estava se saindo tão bem como aprendiz de medicina.

– Você acha que pode mesmo fabricar ouro? – perguntou Fabres, em uma manhã, depois de Serkan ter passado a noite toda em seu laboratório.

– Acho, ou melhor, tenho certeza, mas não da maneira que você está pensando, não da maneira que os alquimistas tentam. Tenho um caminho bem mais curto.

– Caminho mais curto?

– Há muito tempo tentam isso sem nenhum sucesso. Não tenho tanta paciência, mas sempre se pode encontrar um atalho. Você já ouviu falar da prova do fogo?

– Qual delas? Há tantas...

– Estão usando nos debates entre hereges e católicos. Quando não se chega à conclusão de quem é o vencedor do debate, o texto contendo a opinião de cada parte é escrito em um livro e jogado numa fogueira. O livro que for consumido pela chama é o que contém uma falsidade.

– Que eu saiba sempre os dois livros são consumidos pela chama e a discussão continua.

– Sim, mas se isso não acontecer a um dos livros?

– O que você quer dizer com isso?

– Quero dizer ouro, ou prata, gosto dos dois metais.

– Você está inventando uma substância que impede o livro de ser consumido pelo fogo.

– Brilhante!

– Você é louco!

– Quanto cada parte pagaria a quem possuísse tal fórmula?

– E já conseguiu alguma coisa.

– Estou tentando... já misturei quase tudo que consegui encontrar... quase tudo que imaginei que poderia proteger o papel...

– E se não desse tempo de o papel pegar fogo? – perguntou Fabres, o que fez com que Serkan olhasse para ele com algum espanto, logo entendendo o que o irmão queria dizer com aquilo. Ficou um longo tempo olhando, mas Fabres logo viu que seus olhos estavam nele, mas o pensamento estava distante. Por fim, respondeu:

– Irmãozinho, você é um gênio! Vou trocar mais ideias com você de agora em diante – falou e voltou para o laboratório. Havia passado a noite sem dormir, mas isso não era nada diante de uma ideia que podia dar certo.

Os dias se sucederam. Fabres já estava famoso como médico por toda a região e isso ocupava quase todo o seu tempo, mas, mesmo assim, Claire Lafoge não saía do seu pensamento. Não passava um dia sem pensar na amada, e sofrer. Onde ela poderia estar, e com quem? Por mais que tivesse tentado, nunca conseguira nenhuma informação de Serkan, que se mantinha fiel à promessa de nada revelar.

– Estou pronto! – falou Serkan, em mais uma manhã, depois de passar novamente a noite envolvido em experimentos.

– Pronto?

– Para partir, meu irmão. Temos que ir onde há melhores oportunidades para os negócios. Além do mais, já cansei de Veneza, estamos há mais de um ano na cidade.

– E para onde iremos agora?

– Ora, para onde eu possa vender meu invento. Para onde mais se pede a prova do fogo. Partiremos o mais rapidamente possível para a Occitânia, entrando por Agde, depois iremos para Tolosa, passando por Montreal e Fanjeaux, onde as controvérsias estão incendiando a região. Já ouviu falar em Domingos de Gusmão?

O coração de Fabres sorriu. Já tinha ouvido falar de Domingos de Gusmão, mas nem respondeu a pergunta de Serkan. Não sabia onde poderia estar Claire, mas entendia que somente voltando para perto de Marselha teria alguma chance de descobrir, e Agde, principalmente pelo mar, era bastante próxima de Marselha.

Capitol dètz-e-uèch

Estrada de Paris à Borgonha, novembro de 1208.

Então fui levado para Les Baux, caros leitores, pela escolta particular do grande senhor de toda a Provence, e lá eu bem que poderia ser morto, porque matara um dos seus guardas e sequestrara sua filha. Eu não sabia que Júlia era sua filha, mas, quem acreditaria? Na verdade, acabei sabendo que ela não era sua filha legítima, mas sim uma filha natural, que era a maneira elegante com que os nobres chamavam os filhos bastardos. Ainda na adolescência, Hugh se envolvera secretamente com a dama de companhia da mãe, uma mulher mais velha. Fiquei sabendo que o caso gerou um grande conflito familiar, pois os pais de Hugh tinham um carinho especial pela mulher. O que aconteceu, e nunca vai se saber se por acaso ou intencionalmente, é que a mãe de Júlia morreu ao dar a luz. Quem pode julgar? Afinal, tantas mulheres morrem assim!

Júlia fora criada dentro do *château* como filha natural, com todos os cuidados pela família e Hugh, quando casou com Barralle de Marseille, manteve a filha natural próxima a si. Ela sempre fora tratada como filha, ao menos até se apaixonar por Guillaume.

No dia seguinte em que foi me dada a voz de prisão pelo emissário do pai de Júlia, partimos para Les Baux. A minha ideia de voltar por trilhas secundárias dera resultado, pois aquela patrulha vasculhara todo o caminho sem me encontrar. Infantilmente, eu havia esquecido que entregara ao porteiro de Les Baux um salvo conduto, onde meu nome estava escrito. O que a paixão não faz com nossa memória! O bispo de Avignon precisou revelar seu encontro comigo, justificando que recebera através de mim um convite do abade Amadeu para uma visita. Foi fácil descobrirem quem era o assassino e raptor da filha do senhor de Baux.

Havia uma carruagem para Júlia, enquanto eu fui levado em um cavalo miúdo, com mãos e pés amarrados, cercado pelos quatro cavaleiros. Júlia era filha natural de Hugh IV, somente o senhor de quase toda Provence e visconde de Marseille. No dia fatídico em que a resgatei do sofrimento, Hugh havia descoberto seu romance secreto com o jovem Guillaume Dumais, um dos mais promissores cavaleiros da região e provavelmente o futuro chefe da sua guarda pessoal. Porém, Júlia estava prometida em casamento a Jean, filho do senhor de Chalon-Arlay, e o noivado seria efetivado naquela mesma noite. O bispo estava em Les Baux a convite de Hugh IV, exatamente por este motivo. O noivo desfez o compromisso na mesma tarde e Hugh castigou severamente a filha. Seu amante não foi mais visto. No tempo em que fiquei preso ouvi boatos díspares: uns diziam que fora morto naquela mesma noite; outros diziam que reunira uma comunidade de cavaleiros mercenários em torno de si e planejava assaltar a cidade e roubar a amada.

O senhor Hugh, quando soube do romance da filha, a prendera no quarto, mas ela conseguira fugir, ajudada por uma serviçal e, à custa de entregar um valioso anel ao guarda da porta da cidade, conseguira se esconder ali, pensando em avisar seu amado da fuga, mas o próprio guarda falou que viu Guillaume ser levado amarrado para fora dos muros, e não mais voltara, obviamente.

O abade Amadeu e o bispo de Avignon chegaram a Les Baux cerca de um mês depois de mim. Eu estava preso e incomunicável em uma masmorra fétida. Desde que chegara não tivera nenhum contato, a não ser com o carcereiro, um velho rabugento e sem dentes, que cumpria suas obrigações com profunda má vontade. Ver o bom abade Amadeu parado na frente da grade de ferro foi uma alegria quase tão grande como se quem estivesse ali fosse Júlia. Ah! Júlia... não tive nenhuma notícia dela.

– Você vai ser julgado amanhã – ele falou, e foi fácil perceber seu olhar de comiseração para com meu estado. – Espero que isso tudo tenha servido para alguma coisa.

– Emagreci e a barba cresceu. Que chances eu tenho neste julgamento?

– Poucas. É por isso que eu vim.

– Eu não queria matá-lo. O senhor sabe que eu jamais mataria uma pessoa...

– Mas matou, e vai ter que convencer o próprio Hugh amanhã de que é inocente.

Enquanto o abade falava, o carcereiro abriu a porta de ferro e ele entrou, fazendo-me ajoelhar imediatamente. Colocou sua mão em minha cabeça e rezou, baixinho. Eu sabia o que aquilo significava: eu estava em confissão, então, não podia mentir. Em seguida, ele sentou ao meu lado no banco de pedra e falou:

– Conte-me, tudo.

– Tudo?

– Sem deixar a mais pequena lembrança para trás. Você teve bastante tempo para lembrar.

Eu sabia bem o que ele queria saber e, principalmente, o que o Senhor Hugh queria saber: se eu e Júlia havíamos dormido juntos. Ah! Era óbvio! Por isso comecei dizendo a ele que a respeitara do primeiro ao último minuto e que nada de mais havia acontecido. Depois contei sobre os hereges. O abade ficou sobressaltado com a notícia e fez muitas perguntas sobre Anne e Pierre.

– Eles o conheciam. Por saberem que estava ao seu serviço me trataram melhor – falei.

– Eles o tratariam bem em qualquer situação, Sebah. Mas eu os conheço sim, e de há muito tempo. Não sabia que estavam tão perto de Fontenay. Mas em hipótese alguma comente com alguém que os viu, está bem?

O abade saiu com a expressão aliviada. Tive a certeza de que meu destino estava muito mais amarrado a uma possível noite de amor com Júlia do que com a morte de um soldado.

O julgamento começou um pouco depois do meio-dia, e foi longo. O bispo de Avignon, juntamente com três padres, é que conduzia as atividades. Havia uma grande plateia no salão do castelo de Hugh, que se sentava em sua cadeira, num patamar do piso um pouco mais elevado. Não vi Júlia, a quem procurei muitas vezes, até a ponto de me dispersar do principal motivo de estar ali. Ela não estava, mas me perguntaram muito sobre ela, principalmente os três padres, que pareciam lobos ávidos por devorar um novilho, no caso, eu. Porém, tudo que eu havia contado ao abade no dia anterior, repeti, menos meu encontro com os hereges, obviamente. Depois de várias horas de interrogatório, o bispo foi ao encontro de Hugh e conversaram em particular por um bom tempo. Depois eu fiquei sabendo que o próprio bispo pedira para presidir meu julgamento, pois gostava de mim e gostava ainda mais do abade. Trabalhou como um escudo para me proteger dos padres e conseguiu minha absolvição. Na verdade, logo que Hugh ficou sabendo que eu não havia dormido com Júlia, o julgamento foi somente uma formalidade. Ele pouco se importava com seu guarda, morto com meu soco.

Ficou decidido que cumpriria uma penitência junto ao próprio abade Amadeu, a ser designada por ele, já que eu respeitara a filha do senhor, tanto que nem fiquei sabendo de sua origem. Fiz mesmo com que acreditassem que eu não tinha a mínima ideia de quem era aquela jovem, que somente eu pensara salvar por estar ferida. Ao menos parte disso era verdade, e eu não seria louco de me referir à sua beleza. Também fiz com que acreditassem que apenas me defendi da agressão do soldado, embora com demasiada violência. Mesmo sendo inocentando por isso e apesar da dura penitência imposta pelo abade, sua morte pesa até hoje em meu espírito. E como foi dura a penitência! Porém, embora dura, melhor que a morte que eu temia, obviamente.

O tempo passou, mas Júlia nunca passou. Não a vi mais, porém, sonhava com ela dormindo e acordado. E lá se foram quase quatro anos. Intermináveis para um coração apaixonado. Mas já é hora de começarmos a juntar no tempo a história que estamos contando. Vamos para novembro de 1208. E por que esta data, especificamente? Porque é inevitável em minha memória a comparação, pois neste dia novamente estou voltando para a abadia depois de uma longa viagem e trago comigo uma mulher que não deveria estar trazendo. Embora bem mais jovem que Júlia, ela ocupou também um espaço imenso em meu sentimento.

Os leitores já sabem que estou falando de Nathalie, a filha de Luís, o príncipe herdeiro e uma mulher que ignoro quem seja, e que eu, num impulso humanitário, livrara do mal, como bem cabia a um cristão. Pelo menos era assim que eu pensava em me justificar com o abade Amadeu. Eu pouco conhecia, naquela época, sobre os melindres de uma dinastia real, que levavam a tantos conflitos entre famílias e mesmo nações. A única coisa que eu sabia era que o pai de Nathalie deveria ser ainda muito novo.

Michel de Laroche começou a escrever sobre o passado a partir do meu encontro com Nathalie em Paris, porque achei justo prestar a este anjo uma singela homenagem. Por ela eu desenvolvi um amor puro, que se entrelaçou em minha alma com tantas gavinhas que não foi mais permitido que nossos destinos se separassem. Mas agora é hora de equilibrarmos no tempo os acontecimentos.

Então vamos retornar ao dia em que eu estava a poucos quilômetros da abadia, numa carroça cheia de utensílios comprados em Paris, além de algumas cartas, é claro, a maioria secretas e bem escondidas na carroça. Ao meu lado Nathalie, a falante. A menina disfarçada de menino não sabia que era filha bastarda de um príncipe, e jamais seria eu quem contaria. Branca de Castela, a castelhana, estava ávida por um filho, ou filha. Era casada com Luís, o filho de Felipe Augusto e herdeiro do trono desde os seus doze anos e somente há pouco tempo passara a viver maritalmente com ele. Luís, por sua vez, mantinha-se longe do casamento precoce devido às muitas campanhas do exército do pai, que desde cedo acompanhava. Este fato lhe facultava a possibilidade de amantes e, consequentemente, filhos naturais. Nathalie seria um grande estorvo às pretensões reais, mesmo que fosse só no orgulho ferido de uma mulher, o que já era muito.

E Nathalie, ou Jorge, como eu a chamava durante toda a viagem, falava, e falava. Toda sua inibição inicial se perdera pelo caminho e, quanto mais confiança em mim adquiria, mais falava. Só parava de falar nas estalagens onde dormíamos ou apenas comíamos, ou quando cruzávamos com outros viajantes pela estrada. Porém, não estou reclamando do fato. Sua presença era um encanto para um jornadeiro solitário, de vinte e um anos de idade e ainda perdidamente apaixonado por uma mulher impossível, que fora tomada do seu coração apavorado, sem chances de lutar por seu amor, há quase quatro anos.

Era novamente o final de um dia que fora ensolarado e frio quando cheguei à abadia, levando o menino Jorge comigo. Em todos os lugares que paramos, ele não levantou suspeitas, mesmo porque ainda não podia falar, devido ao estado de sua garganta. Ah! Mas tão logo ficávamos a sós, como ele falava!

Parei a carroça no estábulo da abadia e os irmãos logo vieram descarregá-la. Todos foram gentis comigo, gostavam muito do jovem Sebah, que os ajudava em tudo quanto era possível, e não foram indiscretos sobre Jorge. Logo depois da carga desfeita, o abade Amadeu aproximou-se, avisado que fora da minha chegada. Tirou o chapéu de Jorge e acariciou sua cabeça, depois deu sua mão para ser beijada, o que ele fez com a naturalidade de quem fora criado por freiras num convento. Então o abade me olhou e sorriu, mas no seu sorriso eu não podia antever nenhuma alegria. Achei estranho ele não me perguntar nada, mas eu já devia ter me acostumado com ele, que sempre estava muito à minha frente em informações. Depois de me olhar, abaixou-se na frente de Jorge e falou:

– Nathalie de Saint-Etienne, seja bem vinda, e que Deus a proteja... a você e a esse seu amigo desmiolado.

Capitol dètz-e-nóu

Abadia de Fontenay, novembro de 1208

O que acabo de relatar aconteceu no final do ano de 1208 e toda a região onde vivíamos, desde os Pirineus, ao sul, até a Borgonha, onde ficava a abadia, e desde a foz do Garone, no oeste, até os maciços alpinos, no leste, estava contaminada pela peste da heresia. Uma peste que se instalava em todas as comunidades e entre todas as classes, de nobres a camponeses. Uma peste que se infiltrava mesmo entre o clero católico, roubando de suas fileiras inúmeros padres, e até mesmo bispos, que se tornavam simpatizantes ou até iniciados. Uma peste que pregava amar a Deus sobre todas as coisas e ao próximo como a si mesmo. Que impunha aos seus líderes uma vida de abstinência em quase todos os sentidos, menos no amor aos semelhantes. Que entendia que a vida continua após a morte e que quem não fora suficientemente bom, voltaria a novos corpos para continuar aprendendo, numa nova vida na matéria. Que não aceitava o símbolo da cruz, porque dizia que Jesus não veio nos salvar pela dor, e sim pelo ensinamento. Uma peste devastadora para o pensamento religioso dominante.

O papa Inocêncio III andava enlouquecido contra os hereges e pedia, ou exigia, de reis e nobres uma cruzada. A primeira que não seria dirigida contra os infiéis que tomaram Jerusalém. Seus legados haviam corrido por toda essa região tentando organizar cada diocese a lutar contra a heresia, porém, cada séquito enviado era composto por pompa, ouro e arrogância. Não conseguiram alcançar seus objetivos. As imposições funcionavam enquanto estavam presentes, porém, tão logo se retiravam, tanto o povo quanto boa parte da nobreza continuavam convivendo pacificamente com os hereges. Na verdade, tinham com eles muito mais benefícios do que com os seguidores de Roma, porque os hereges estavam presentes, demonstravam bondade, ensinavam seus filhos, curavam suas doenças e não lhes pediam nada, absolutamente nada, em troca. Enquanto os católicos de Roma, para manterem seu poder, suas riquezas, o luxo a que haviam se acostumado, pediam tudo.

Na primavera de 1208, havia acontecido um acidente que poderia transformar toda a região, isso se um assassinato pudesse ser considerado um acidente. Após Pierre de Castelnau, o legado papal, ter excomungado o poderoso conde de Tolosa, Raymund VI, por este ser conivente com a heresia, além de empregar judeus como seus cônsules capitulares[32] para administrarem a cidade, no dia seguinte foi morto por um cavaleiro, que conseguiu fugir após executar seu intento. Foi a faísca que caiu em capim seco e logo causou um grande incêndio. O conde havia se revoltado contra a excomunhão e ameaçado publicamente o legado, o que o tornou no principal suspeito. Foulques, o bispo de Tolosa, um antigo e medíocre trovador que encontrou no hábito uma maneira mais rápida de obter suas bem-aventuranças ainda na terra, não perdeu tempo e inflamou o clero. O papa viu no fato o argumento que precisava para convencer a nobreza do norte da necessidade da cruzada. Afinal, todos os seus esforços haviam sido em vão, era preciso pegar em armas em nome de Deus.

Temos que considerar que os esforços foram realmente grandes, embora as naturais regalias de quem se sentava na cadeira de são Pedro e de lá não saía, comandando seu exército através de cartas e concílios. O problema da heresia já vinha de bastante tempo. No passado recente, mesmo o grande Bernard de Clairvaux,[33] o principal nome da ordem cisterciense, que pregava a regra beneditina entre seus monges, ou seja, a oração e a paz, veio à região pregar sua fé ante aos hereges. Com eles promoveu debates e alegou que a fé não podia ser imposta, mas sim conquistada. Obviamente, Inocente III não levava este argumento em conta. Porém, Bernard, por ser requisitado por todo o mundo católico europeu da época, não pôde permanecer tempo suficiente na região para que seus esforços de pregação tivessem frutos.

[32] Consules capitulares ou capitouls, eram os magistrados de Tolosa, eleitos pelo povo, que dirigiam a cidade (Dominique Baudis, do livro, Raimundo, o cátaro).

[33] Bernard de Clairvaux – foi um abade de Claraval, santo e doutor da igreja. Nascido em 1090, em Fontaine-lès-Dijon, falecido em 20 de agosto de 1153, na abadia de Claraval (que significa vale claro, vale de luz). (http://www.ccel.org/ccel/bernard)

Quem mais conseguiu resultados, posteriormente, foi Domingos de Gusmão,[34] o monge que caminhava por toda a região, noite e dia, mendicante e de pés descalços, estimulando o povo a seguir a Deus pelo caminho da igreja romana, principalmente no ano de 1207, portanto, um pouco antes do assassinato de Pierre de Castelnau, supostamente ordenado por Raymund VI, conde de Tolosa. Seus exemplos de humildade e pobreza convenceram muita gente. Ele também promoveu debates, que acabaram sendo chamados pelos historiadores de "controvérsias de Montreal", comuna à sudeste de Tolosa, próximo à Carcassonne, onde passou a viver por entender que ali se aglomerava a maior quantidade de hereges. Muitos feitos miraculosos foram atribuídos a Gusmão, principalmente quando era necessário convencer aqueles que não cediam pela pregação, e estes feitos miraculosos não deixaram de acontecer durante os debates de Montreal, obviamente.

Podemos dizer que estes debates, que tiveram sua fase crucial no ano de 1207, fazem parte dos grandes esforços do papa, sentando em sua rica cadeira, para trazer a luz da verdadeira fé ao povo da região. Mas também fazem parte da nossa história, e da história dos nossos personagens, que aos poucos vão se reunindo no tempo e no espaço, como é o caso de Serkan e Fabres, que acabaram por desenvolver uma estranha forma de amizade, imposta pela necessidade, principalmente. Entre tantas outras aventuras, estiveram tão próximos destas controvérsias que acabaram se envolvendo nelas, como ainda veremos.

[34] Domingos de Gusmão – Caleruega, Reino de Castela, 24 de Junho de 1170- Bolonha, 6 de Agosto de 1221. Fundador da Ordem Dominicana.(Wikipédia, com citação de fontes)

Capitol vint

Abadia de Fontenay, abril de 1209

Os leitores devem entender que estou deliberadamente deixando o presente de lado por um tempo. A situação de angústia que tomou conta dos nossos principais personagens após o sequestro de Michele, a filha de Jean Pierre e Sabine, obedece ao inusitado, aos nossos olhos. Não contávamos com essa situação, em absoluto, porém, é importante ressaltar que o inusitado sempre é uma maneira de ver a partir da nossas limitações humanas. Obviamente, o processo cármico que os envolve responde pela situação. É importante que os leitores entendam que nós, espíritos medianos, não temos a percepção acurada daqueles mais evoluídos. Desta forma nossa visão do futuro, em uma situação como esta, não chega a ser tão diferente da que têm os encarnados.

O que posso lhes informar é que o tempo passa sem notícias. Michele desapareceu sem deixar pistas e qualquer pessoa que goste de outra pessoa, terá facilidade em entender o que acontece nesses corações tomados pela dor e pela incerteza. O sequestro tomou proporções internacionais e polícias de vários países estão envolvidas nas buscas, assim como a imprensa se aproveita do inusitado para ganhar audiência, mas nada se descobre de fato.

Por um tempo, somente eu e Michel continuamos trabalhando. Coloco-me próximo a ele e transfiro à sua mente minhas lembranças, as quais ela passa ao papel com a máxima fidelidade possível. Gostei bastante da maneira como ele me colocou como narrador. Foi fácil para sua mediunidade captar minhas características de expressão. Assim me comunico com vocês, caros leitores, com muita originalidade.

Como a situação de Michele não se resolve e diante do estado emocional de Jean Pierre, num dos momentos em que foi possível que ele me percebesse, convidei-o ao trabalho, o que ele aquiesceu, embora com um grande pesar na alma. Porém, após os primeiros contatos, ele mesmo percebeu que o trabalho aliviava esse peso. Desta forma, induzo-o a lembrar seu passado como Fabres para que ele nos ajude, a mim e a Michel, a montar este romance. Ao contrário de Michel que escreve, Jean Pierre grava suas lembranças em um gravador de sons, depois passa as gravações para Michel.

Estabelecido que ficou este método de trabalho, creio ser importante também salientar aos leitores que preciso escolher muito bem a maneira adequada para mostrar algumas situações. Vivíamos uma época truculenta e a mente humana, embora todas as desumanidades do presente, aos poucos vai se alienando de situações comuns para aquele século. Posso lhes assegurar que a morte era muito mais estúpida do que é hoje. A violência moral quase não incomodava e, devido a isso, as leis eram fortes para os fracos, débeis para os fortes. Quem mais possuía tinha sempre a lei a seu favor. Oh! Sei que muitos poderão dizer que isso ainda acontece, porém, salvo exceções pontuais diante da imensa população global, as pessoas estão muito mais protegidas. Ou alguém imagina que um padre possa entrar em sua casa e excomungá-lo por proteger alguém de outra religião, mandando-o para uma peregrinação muito distante e ficando com todos os seus bens? Ou um vizinho mais rico invadir sua casa e tomar posse dela sem implicações legais?

Sim, a violência física e a violência moral andavam de braços e é claro que devo cuidar em como expor alguns fatos, pois nosso trabalho visa à elevação espiritual através do entretenimento de uma boa leitura, e não quero espalhar ao vento "formas pensamentos" que tornarão a vida das pessoas mais difíceis, embora, algumas vezes, eu seja obrigado a descrever cenas pesadas, como vem acontecendo e ainda acontecerá mais vezes. Mas, sem mais delongas, vamos ao passado.

Nathalie foi recebida com carinho pelo abade Amadeu. Antes da minha chegada, ele já havia sido informado de que o príncipe herdeiro buscava secretamente por sua filha, sequestrada em Paris. Imagino que, por mecanismos intuitivos muito peculiares a ele, já imaginava que eu poderia estar envolvido na situação, ou, ao ver-me chegar com ela, logo entendeu tudo. Não procurei saber como ele já estava informado, pois tinha medo das punições que poderiam caber a mim, por isso deixei o assunto ir ficando no tempo.

Após cinco meses da presença da menina entre nós, ele me chamou para conversarmos. Estávamos no mês de abril de 1209 e ele levou-me até uma grande janela na frente da abadia, onde a luz da manhã fazia o mundo parecer sempre um paraíso, e fez-me sentar bem à sua frente, numa das duas cadeiras que havia trazido até ali. Pelo preparo, logo entendi que o assunto era delicado. Antes de começar a falar, pousou em mim a luz amorosa dos seus olhos, profundamente azuis, e sorriu, como quem se prepara para falar com uma criança. O rosto alongado e jovial do abade, com uma barba sempre bem aparada, fazia parecer que ele era muito jovem para aquela função, embora ele já tivesse cerca de quarenta anos. Ele nunca me contou sua idade exata, nem muitos detalhes da sua vida. O que eu sabia era que fora muito cedo para a Terra Santa, acompanhando o exército de Felipe Augusto, naquela que ficou conhecida como cruzada dos reis, pois também contara com a participação do rei Ricardo, da Inglaterra e Frederico Barba Roxa, do Sacro Império Romano-germânico. Lá estando como cavaleiro, acabou por se juntar à ordem dos templários, porém, nunca me contou muitos detalhes desse tempo, que lhe parecia causar algum pesar. Soube apenas que, devido a um grave ferimento, voltou para a França e foi ordenado padre na abadia de Fontenay.

– Sebah... sempre tive cuidados muito diferentes com você... você sabe – começou a falar, escolhendo as palavras. – O máximo que lhe obrigava era ouvir a missa aos domingos ou em dias especiais. Poupei-o das obrigações dos noviços; de estudar a fundo as escrituras... das muitas penitências...

Ele estava falando sem olhar para mim. Havia desviado os olhos para fora da janela e era fácil perceber que pausava as palavras para que o pensamento tivesse um ritmo mais fácil de ser entendido. Até aquele momento não havia falado nada de novo, mas meu espírito estava angustiado e sensações de calafrio percorriam minha pele. Tinha certeza de que alguma coisa ruim estava por vir depois daquelas palavras.

– É claro que lhe impus algumas penitências, mas você sabe o quanto foram necessárias – continuou, com um ricto de sorriso no canto dos lábios.

– Sim, eu sei, e lhe agradeço por elas. O senhor, na verdade, me preparou mais para ser um guerreiro, como já foi um dia.

– Ah! Nem gosto de lembrar-me desse tempo – falou, balançando a mão na frente do rosto como se quisesse espantar algumas ideias.

Todas as vezes que me ensinava sobre guerra, sobre como me defender numa luta ou mesmo atacar um adversário, eu perguntava sobre as batalhas que participara na Terra Santa, mas ele somente me dizia que as lembranças eram por demais amargas. Ele me ensinou a montar, mas não apenas a montar. Quando eu estava sobre um cavalo, eu o dominava como se fôssemos um só corpo e demorei muito tempo para aprender isso. Ele me ensinou a usar a espada, mas com uma incansável insistência que eu a usasse apenas para me defender, ou, em último caso, para defender o bem, se isso fosse possível. Quantas vezes eu o ouvi murmurar para ele mesmo: "jamais uma espada poderá fazer o bem".

– Eu preciso lhe pedir um favor, meu caro Sebah – falou, causando em mim um tremor, pois pude perceber que ele estava pulando tudo o que havia se preparado para me dizer e indo direto ao assunto.

– O senhor não precisará nunca me pedir um favor, porque um favor sempre gera uma dívida e aqui somente eu tenho dívidas.

– Não se precipite. Não tem ideia do que vou lhe pedir.

Mais uma vez ele olhou pela janela e demorou a continuar. Da minha parte, era impossível imaginar que pedido poderia gerar nele um drama interior tão intenso quanto o que eu pressentia.

– Há algumas semanas um padre mendicante pediu abrigo entre nós...

– Ouvi falar dele, mas não cheguei a conhecê-lo... Na verdade...

– Na verdade eu pedi para que você fizesse trabalhos longe da abadia enquanto ele estava por aqui. Não consegui confiar nele... e tinha razão, ele só queria colher informações.

– E o que tem isso a ver com o que quer me pedir?

– Tudo. Tem tudo a ver.

– Então peça, por favor – pedi, pois o abade mais uma vez perdia o olhar para fora da janela.

– Você tem que ir embora – falou, de repente, e não entendi o que ele queria dizer com aquilo, por isso apenas fiquei olhando para ele. Depois de um longo silêncio, que talvez tenha sido apenas alguns segundos, pois estas situações nos deixam perdidos quanto ao tempo, ele olhou para mim e completou: – Você tem que ir embora e levar Nathalie.

– Então o padre descobriu que ela está aqui?

– Creio que sim. O rei forneceu homens e permitiu aos senhores do norte participarem de uma cruzada a pedido do papa. Eles vão se reunir em Lyon. Uma tropa que serve ao rei está acampada a poucos quilômetros daqui, e o comandante já avisou que vem me visitar amanhã.

– Uma cruzada para a Terra Santa? – perguntei, me fazendo de desentendido.

– Não seja tolo, Sebah! Sabemos contra quem se destina essa cruzada.

– Os *bons cristãos*... – falei quase para mim mesmo.

– Não. Os *bons cristãos* e sua heresia é o motivo que o papa e os grandes senhores do norte estão usando. Os homens precisam de motivos, nem sempre louváveis. O papa é contra os hereges, obviamente, mas também é contra o sistema de distribuição de heranças que acontece por toda Occitânia, entre outras coisas. No sul, os nobres distribuem suas heranças de maneira igual para todos os filhos, inclusive para as filhas, enquanto que no norte somente o primogênito tem esse direito...

– E no que isso pode importunar o papa? – perguntei, interrompendo o abade, cada vez mais intrigado com o rumo da conversa.

– Ora, pense um pouco, Sebah. Se a herança de um nobre vai apenas para o filho mais velho, qual o destino dos demais filhos homens, já que as filhas costumam ser moeda de troca em casamentos e alianças?

– A igreja – respondi.

– Sim, a igreja. A imensa maioria torna-se padre, depois abade, depois bispo, arcebispo... Mas não é só isso. O que acontece se o filho mais velho, que recebeu toda herança, morre antes de ter herdeiros?

– Toda a fortuna, todas as terras, vão para o segundo filho, mas este já doou tudo que tem para a igreja... então vai para a igreja – falei, espantado com aquela conclusão.

– Você é esperto, Sebah, quando quer. Sempre foi. Consegue imaginar o quanto a igreja está perdendo somente pelo fato desta lei não vigorar na Occitânia? E tem mais, é claro, mas este é um dos pontos fundamentais.

– E os senhores do norte, por que querem a cruzada?

– Não são todos que querem, mas têm que ser fiéis ao rei, que também não queria a cruzada. O rei da França nunca se preocupou muito com o sul, porque as lutas contra a Inglaterra tomam toda sua atenção. Também nunca quis ser subserviente ao papa, mas agora ele sucumbiu à insistência. Os grandes senhores do norte, como o conde de Nevers e o duque da Borgonha, também não têm interesse no sul, mas há os pequenos que querem ser grandes e estes estão loucos para se apossar das terras e dos títulos dos senhores do sul. Entre estes senhores do sul, os grandes senhores, misturados a eles existem os hereges, e isso foi o que bastou para que todos satisfizessem seus interesses. Mais uma vez levantarão a cruz para matar e roubar.

Ele falava novamente olhando para o jardim da frente da abadia, e agora eu também fiquei um longo tempo olhando para fora, até que perguntei:

– Agora posso saber de verdade por que tenho que ir embora e levar Nathalie?

– Seu pai virá aqui amanhã para ver você.

O que o abade falou era um assunto tão fora da minha realidade que demorei alguns segundos para entender. Meu pai! Como assim, meu pai? Talvez eu tenha pensado isso com tanta intensidade que o abade respondeu:

– Sua fuga de Paris levando Nathalie não foi tão secreta. O dinheiro compra o silêncio. Creio que não foi tão difícil, para uma mulher ciumenta e preocupada com o futuro, descobrir que a menina fora levada da cidade por um jovem desmiolado que fazia compras para a abadia de Fontenay. Branca de Castela ainda é muito jovem, mas é neta de Leonor da Aquitânia, uma das mulheres mais fortes que a nobreza já conheceu. Seu pai, Sebah, hoje é um comandante do exército do rei, mas também trabalha para a princesa Branca de Castela e, a pedido dela, quer levar a menina, e conhecer o filho.

– E porque ele iria querer conhecer o filho, agora, tanto tempo depois?

– Ele sempre soube de você. Na verdade, ele tem feito doações à abadia desde o seu nascimento. Ora, isso é comum, muitas abadias e conventos sobrevivem disso, porque de Roma não vem nada. Foi a pedido dele que não o fiz noviço e o treinei para ser um soldado. Então ele quer ver você, testar você e, se gostar, fazê-lo soldado do rei, sob seu comando.

Fiquei aturdido. Eu havia crescido sem ouvir falar em meu pai e confesso que havia em mim um grande ressentimento por ele nunca ter dado a mim nenhuma atenção. Filhos bastardos, ou elegantemente chamados de filhos naturais, eram comuns na maioria das famílias. Bertrand, um dos comandantes do exército de Raymond VI, conde de Tolosa e grande senhor do Languedoc, é seu filho natural. Guillabette também é filha natural do conde e, por isso, casou-a com Hugues d'Alfaro, seu general de guerra. Por que eu não podia ser lembrado? Por que eu precisava me manter anônimo, como um abrigado de uma abadia?

Não havia em mim nenhum sentimento de rancor em relação ao bom abade Amadeu, um coração generoso que havia feito tudo que pode a meu favor, porém, saber que sua abadia recebia por isso criou em mim uma tristeza que foi crescendo rapidamente. Eu não tinha dúvida de que ele me queria bem como a um filho, mas por que manteve o assunto em segredo por tanto tempo? Por que não me contou que meu pai se preocupava comigo?

– Por que eu conheço seu pai, Sebah – falou o abade, mais uma vez como se lesse meus pensamentos – Foi por isso que nunca falei a verdade. O dinheiro dele sempre fez bem, porque ajudamos muita gente, você sabe. Mas sabe também que, se não houvesse dinheiro algum, nada mudaria. Ele é seu pai, mas não é um bom homem. Se eu não cumprisse suas ordens em relação a você, com certeza o castigo não seria somente parar de receber o dinheiro. Ele não é um bom homem. Então eu não o fiz um noviço, e o treinei e ensinei sobre cavalos e armas, e o fiz forte, duro como uma pedra, mas no fundo eu esperava que seu pai estivesse sempre muito ocupado em Paris, para lembrar do filho. Ele não é um bom homem, Sebah, não é...

– Mas como pode saber assim que ele não é bom?

– A minha família sempre foi muito numerosa, e turbulenta. Éramos duas irmãs e quatro irmãos. As irmãs eram as mais velhas e nosso pai insistiu até ter seu primeiro filho varão. Denis, então, herdaria tudo. Eu fui o segundo filho, e meu pai ainda teve mais dois, antes de morrer. Como não teríamos herança, entrei para a ordem dos templários e parti para a Terra Santa, depois de abrir mão de tudo que era material. Meu irmão mais novo, quase na mesma época, entrou para a igreja e também abriu mão de tudo que era material. Ao outro irmão, que nunca aceitou os rigores da igreja ou qualquer ordem religiosa, sobrou ainda uma boa herança, porque Denis se juntou à cruzada dos reis e morreu no caminho para a Terra Santa...

Mais uma vez o abade entrou em um silêncio reflexivo, como se o passado o estivesse absorvendo e paralisando. Ele não havia respondido minha pergunta, e não estava fácil entender o motivo dele lembrar da família naquele momento, por isso insisti:

– O senhor ainda não me disse como sabe que meu pai não é um homem bom.

– Por que eu uso o sobrenome de Clors em memória à minha mãe, mas o sobrenome do meu pai é de Chambres. Porque seu pai é meu irmão, Sebah. Edmond de Chambres é meu irmão mais novo, e por isso eu sei o quanto ele é mau. Por isso não quero que você siga para a guerra ao seu lado. Ele faria você matar hereges, que são apenas cristãos. E ele mandaria Nathalie escoltada para Paris, onde é impossível ter ideia de qual será seu destino, e ainda ganharia um bom dinheiro com isso. Então, Sebah, meu sobrinho Sebah, hoje ainda você deverá partir e levar Nathalie, mesmo que meu coração sofra tanto com isso.

Capitol vint-a-un

Vila cátara, abril de 1209

Partimos da abadia antes mesmo do amanhecer e cavalgamos o dia todo. Ainda estava frio, mas os prenúncios da primavera começavam a mudar o ânimo das pessoas, mesmo com a sombra de uma guerra rodeando os campos. Passamos a primeira noite na casa de Golbert, um grande amigo do abade, já próximo a Autun, a velha cidade romana. O abade Amadeu pediu que eu fosse para Avignon, onde o bispo, seu amigo, estaria me esperando para nos dar proteção. Ele falaria a Edmond de Chambres que eu havia ido a Paris para levar Nathalie de volta ao convento onde fora criada. Era uma informação falsa, mas que nos daria algum tempo, já que a hoste cruzada estava se reunindo em Lyon e todos se encaminhavam para lá. Avignon estava no caminho da hoste, mas o bispo saberia nos esconder até que meu pai estivesse distante. Depois disso, decidiriam nosso destino. Ele sabia que Branca de Castela não desistiria da menina tão facilmente e não deixava de ser temerário irritá-la.

O que faríamos era bastante perigoso, porque as estradas estavam cheias de mercenários tentando se juntar à hoste. Bandidos, desocupados, soldados sem comando. No dia seguinte, novamente antes do amanhecer, partimos pelo campo e busquei a velha estrada romana, que tantas boas recordações me trazia. Íamos com apenas um cavalo e eu o levava pela rédea quase o tempo todo, com Nathalie montada. Não era um animal muito novo, nem muito forte, por isso eu o pouparia o máximo possível. Pela estrada romana, na direção de Feurs, era impossível eu não pensar numa rápida visita aos amigos Anne Crestan e Pierre de Gilles. Não seria necessário sair muito do caminho e eu poderia relembrar um pouco dos dias mais felizes da minha vida, ao lado de Júlia. No meio do dia eu atravessava a vau do riacho que limitava a pequena vila cátara, nome cada vez mais comum e cada vez mais falado, principalmente depois da morte do legado papal, Pierre de Castelnau, e a ordem para que se levantasse uma cruzada.

Quando subíamos a última elevação do terreno para chegarmos à clareira onde ficava a vila, ouvi um grito de dor e, logo em seguida, um tropel de cavalos. Ainda tive tempo de puxar nosso cavalo e levar Nathalie para trás de um grande arbusto. Um jovem passou correndo exatamente por onde estávamos e dois cavaleiros passaram logo atrás dele, sem apertarem muito o passo dos cavalos. Estavam a menos de dez metros do fugitivo e pareciam se divertir com a situação. Meu cavalo se inquietou, mas, por estarem concentrados no fugitivo, não nos perceberam. Os cavaleiros levavam a cruz pintada no peito. Eram cruzados e vinham da direção da vila. Uma pressão apertou meu peito e tive vontade de correr para a vila, mas sabia que era perigoso. Esperei um pouco até que o galope dos cavalos ficasse distante e achei um abrigo para Nathalie, entre duas pedras grandes, onde iniciava a leve descida para a vila cátara. Havia fumaça, muita fumaça, e isso não era bom.

– Nathalie, você vai ficar aqui e não pode sair em hipótese alguma. Se eu não voltar em uma hora, monte no cavalo e volte para a abadia. Entendeu?

– Sim, senhor Sebah... mas me deixe acreditar que voltará...

– Assim eu espero, minha menina. Mas, se for preciso, você saberá voltar até a casa de Golbert, que é mais fácil?

– Creio que sim, o senhor me ensinou bem sobre a posição do sol e das estrelas.

Desci a colina me escondendo pelos troncos e moitas, e com a espada na mão. O sol estava quase no meio do céu, e isso me tornava mais visível à distância, por isso tive que descer devagar. Quando estava próximo, comecei a ouvir gritos e risadas, além de pessoas falando alto. A clareira onde ficava a vila era um pouco acima do terreno, cercada por uma fortificação natural de pinheiros e pedras, como se fosse um grande degrau da montanha maior que vinha logo a seguir. Corri os últimos vinte metros que me separavam desta fortificação pelo campo aberto e tive a sorte de não ser notado, por que já havia visto alguns cavaleiros circulando nos arredores, como se cuidassem para que ninguém fugisse, como havia acontecido com o jovem que vi correndo.

Logo entendi a fumaça e era o que eu mais temia. As casas haviam sido queimadas e cerca de vinte pessoas estavam aglomeradas no cento da vila, onde um cavaleiro, montado em um imenso cavalo branco, gritava ordens. Arrastei-me por trás de um grande tronco de pinheiro caído e pude chegar a uma distância que conseguia ouvir o que falavam. O cavaleiro, vestido com riqueza, com cota de malha e uma longa espada na mão, só podia ser o comandante. Seu cavalo estava coberto e havia um estandarte verde e dourado que eu não conhecia, mas indicava que era nobre, ou o comandante da guarnição de um nobre. Meu coração apertou-se quando ouvi a voz de Anne:

– Já lhe entregamos tudo o que temos, senhor.

– Mentirosa! Vocês me trouxeram queijos e legumes, querem que eu acredite que não têm nada de valor.

– O nosso alimento tem um grande valor, não temos mais que isso – agora foi a vez de Pierre falar.

– E a carne? Meus homens precisam de carne. Nem isso têm?

– Poucos aqui comem carne, senhor. Nossa alimentação é muito simples. Nossas ovelhas nos fornecem leite e lã, não carne...

– Assim estão confessando que são hereges – falou o cavaleiro.

– Somos apenas cristãos.

– Cristãos? E seguem a santa madre igreja de Roma?

– Não, meu senhor, mas isso não quer dizer...

– Chega! – gritou o cavaleiro, interrompendo Anne, e pude ouvir o barulho de suas botas quando pulou ao chão. Sua voz era forte como um trovão. – Ajoelhe-se – falou. Logo entendi o que ia acontecer, por isso levantei para poder enxergar e o que vi foi estarrecedor.

Anne estava ajoelhada no meio da vila e as pessoas davam passos para trás para que o cavaleiro pudesse rodeá-la, com sua cintilante espada na mão. À distância ele parecia ser alto e forte, tinha os cabelos loiros espalhados pelos ombros e a barba curta, bem aparada. Mesmo de longe eu podia sentir toda a maldade dos seus olhos. Num instante ele me viu, em pé, atrás do tronco, mas não se importou comigo. Continuou rodeando Anne e, com a mão esquerda levantou os cabelos dela, depois passou neles a espada, que cortou como se fosse uma tesoura afiada. Em seguida entregou o tufo de cabelos a Pierre, e falou:

– Uma lembrança.

Quando Pierre pegou o tufo de cabelos, eu já parti de onde estava. Pulei o tronco e com poucos passos eu me atirava insanamente contra o cavaleiro, no exato momento que descia sua espada sobre o pescoço de Anne Crestan. A espada passou no vazio, mas, com uma velocidade impressionante, o cavaleiro ficou em pé, antes de mim. Enquanto eu me levantava, tive que aparar vários golpes com minha espada, que era mais curta que a dele. Pude perceber que o cavaleiro estava impressionado com minha defesa, tanto que se afastou e permitiu que eu ficasse em pé. Logo seus comandados se aproximaram, mas ele ordenou que não interferissem, depois perguntou:

– Com quem aprendeu a lutar, herege?

– Com um santo homem, que luta melhor que o próprio demônio.

Aparei mais um golpe, mas tive que recuar, porque ele não parou de golpear. Além de maior, sua espada era bem mais pesada que a minha, então eu tinha que compensar com a força, mas sem tempo de contragolpear. Dei muitos passos para trás, fazendo as pessoas se afastarem. Percebi que algumas delas se aproveitaram da situação para tentar fugir e gostei disso, porque foram para todos os lados e assim os soldados se espalharam. No momento em que o cavaleiro deu um breve tempo nas estocadas, vi que apenas dois soldados ficaram na proteção.

– Sabe se defender – falou. – Estou começando a ficar com pena de matá-lo, poderia ser um bom soldado.

– Para assassinar pessoas inocentes?

– A maldade está no sangue de vocês. Matar um herege é ganhar as glórias do céu – falou, rindo.

Entendi que estava cansado, por isso ganhava tempo. Não era tão jovem quanto eu havia pensado olhando-o mais de longe, embora tivesse um vigor físico impressionante. Deveria estar perto dos quarenta anos e era mais alto do que eu. Seus olhos eram azuis e brilhavam no fundo das órbitas, como se estivesse feliz com a luta, e aquele brilho me causou um arrepio, como se eu já tivesse visto aquele cintilar antes, mas não tive tempo nem de pensar onde eu vira. Ele respirou fundo e partiu para um novo ataque, só que desta vez eu tive tempo para estudar seu golpe. Estudar? Sei lá! Não consigo imaginar se naquela hora dá mesmo tempo de se estudar um movimento. Creio mesmo que é instintivo. Eu sabia que ele viria com a espada na direção da minha cabeça, mas a desviaria para baixo quando eu levantasse o braço para me defender. Assim sua espada correria pelo longo eixo dos meus dois braços erguidos para segurar a espada e aparar o golpe, chegando facilmente em meu peito, sem proteção. Era para ser assim, mas não foi. Levantei os braços, como ele imaginava, mas com a espada empunhada para baixo. O instante de estupefação que isso lhe causou foi o bastante. Seu corpo pendeu para frente com o peso do golpe em vão e foi o suficiente para eu o atingir de cima para baixo, como se meu pulso fosse um porrete. Que força eu tinha! O cavaleiro estatelou-se no chão e, no momento em que os dois soldados que ficavam de guarda pensaram em reagir, eu já tinha minha espada ao lado do pescoço do seu chefe, e ela também era afiada.

Um rumor correu pela vila. As pessoas estavam assustadas com o que viram. Eu, Sebah, era ainda muito jovem, embora nunca me desse conta disso. Tinha a impressão, sempre, de que já era um velho cavaleiro, que havia participado de muitas batalhas. E isto não era soberba, era a impressão que eu tinha mesmo. Jamais poderia imaginar, naquele momento, naquela vida, que isto era apenas a verdade, olhando-se pelo prisma das reencarnações.

O cavaleiro, caído de bruços e com o rosto enfiado na terra, estava desmaiado, ou morto. E eu para sempre desgraçado. O abade Amadeu já havia me salvado por ter sequestrado a filha do senhor de Baux e matado um de seus soldados, mas o que ele poderia fazer por mim, agora que atacara, e talvez até matara, um nobre, ou o comandante a serviço de um nobre?

– Se ele ainda estiver vivo, por favor, não o mate, meu filho... não o mate – falou Anne Crestan, ainda ajoelhada e com os olhos cheios de lágrimas.

– Ele ia matar você – falei, tomado de indignação.

– E você não lembra o que Cristo falou ao pai no momento supremo de seu suplício?

– Para perdoá-los, porque não sabiam o que faziam? Ah! Minha amiga, tenho certeza de que este sabia o que fazia...

– Não, está enganado. Ele não sabia. Quem faz o mal nunca sabe o que faz, por isso, tenha piedade. Nunca devemos responder a um erro com outro.

Felizmente, ou infelizmente, naquele momento eu não podia saber, o cavaleiro gemeu e tentou se mexer. Soltei meu peso sobre o joelho, que se apoiava nas suas costas, e fiz pressão com a lâmina da espada no lado do seu pescoço. Os outros soldados estavam voltando, mas com menos pessoas do que vi fugir. Era provável que tivessem conseguido. Ao chegarem e constatarem a situação, ficaram chocados e sem saber o que fazer.

– Soltem as espadas – gritei. – Desçam dos cavalos e soltem as espadas, depois se afastem... está difícil conter a vontade de livrar o mundo deste verme... Vamos, obedeçam.

Eles obedeceram e eu sorri. Por alguns instantes consegui sentir o prazer inebriante de uma vitória. Eu já havia me metido em algumas confusões antes e abatido alguns oponentes, mas quase sempre com o bastão, e não com a espada. É claro que isso me causou algumas longas penitências, mas eu já conseguira antever que a vitória numa luta dava prazer. Tinha comprovado isso agora. Alguém reuniria as espadas e os cavalos, depois amarraríamos os soldados um contra o outro e todos num tronco, com as bocas amordaçadas. Então partiríamos todos, com tempo suficiente para irmos bem para longe antes que fossem libertados. Não me passava pela cabeça matar a todos. No calor de uma luta, talvez, mas desta forma, a sangue frio, nunca. Avisaria alguém, já bem distante, e pediria para libertá-los. Os planos estavam feitos na minha cabeça, mas, de repente, no meio dos planos, parece que ouvi o bom abade Amadeu me lembrar de uma coisa:

– Você tem praticado muito com o bastão e a espada, Sebah. Precisa dedicar um pouco mais de tempo ao arco e flecha... ou à besta...

Instintivo, novamente? Não sei. Só sei que ainda ouvi um som parecido com uma madeira batendo em outra, depois o grito agudo de uma criança e um fino assobio e, quase no mesmo instante, um baque no meu peito, jogando todo meu corpo para trás. Antes de perder os sentidos, caído de costas, ainda pude ver a seta de uma besta fincada entre o meu peito e o ombro direito.

O bom abade Amadeu sempre tinha razão.

Capitol vint-a-dos

Vila cátara, abril de 1209

Parecia um sonho. Parecia o alarido de uma festa, com muitas pessoas falando ao mesmo tempo, porém, antes mesmo de sentir dor ou entender o que estava acontecendo, a lembrança chegou. Com ela veio a dor. Uma dor profunda ao lado do meu peito, não deixando a possibilidade de um mínimo movimento. Até mesmo respirar era difícil. Quando abri os olhos descobri que a seta ainda estava fincada, no mesmo lugar. Foi uma visão ruim, mas infinitamente menos ruim do que a visão que tive logo em seguida.

Uma imensa fogueira fora erguida bem no meio do que antes era a vila cátara e, sobre ela, estavam todos amarrados, enquanto um padre gritava ordens, de maneira alucinada. Usaram o que sobrara das casas queimadas e a fogueira era grande. Em seguida ouvi um gemido do meu lado direito e logo descobri que meu destino não seria muito diferente. Ao meu lado estavam sentados dois dos cavaleiros que protegiam a vila e ambos, assim como eu, estavam com uma corda presa nos pescoços, prontos para serem enforcados. Havia ainda um terceiro que eu não conhecera quando estive na vila pela primeira vez, mas não era um bom momento para apresentações, embora eu tivesse estranhado a maneira um tanto desdenhosa que ele me encarava. Estávamos amarrados sob um grande carvalho e as cordas dos nossos pescoços se estendiam passando sobre o seu primeiro galho mais grosso. Os cruzados poderiam nos colocar na fogueira, mas, aparentemente, estavam dando aos soldados um destino mais "honroso".

– O que aconteceu aos outros vigias? – perguntei ao cavaleiro ferido ao meu lado.

– Tiveram mais sorte que nós – respondeu, entre gemidos, e foi fácil de entender o que havia acontecido.

O padre que gritava ordens deve ter ouvido nossas palavras, embora não estivesse tão perto, e logo chamou um soldado, dando a ele alguma ordem. Não demorou para que o cavaleiro que eu havia vencido numa luta limpa aparecesse e viesse em minha direção. Ele não teve nenhum senso de ética. Eu estava com os braços fortemente amarrados ao tórax e as pernas também amarradas, com várias voltas de corda, não me permitindo qualquer reação, mesmo assim ele chegou e deu um chute no meu rosto, e o sangue jorrou sobre as cordas no meu peito, enquanto a dor onde estava cravada a seta parecia me rasgar em dois.

– Então você pensou que me venceu, não é?

Não pude falar nada. Na verdade, ele não merecia uma resposta, mas não foi por isso que não falei. O que me deixou mudo foi a visão estarrecedora de quem estava sendo amarrada no alto da fogueira e que pude ver mesmo caído como estava, com o rosto colado ao chão: minha amiga Anne Crestan e, ao seu lado, Pierre de Guilles. Anne trazia pela mão uma jovem, que mantinha um capuz abaixado sobre o rosto, mas que, mesmo assim, deixava perceber que chorava copiosamente.

O padre, eufórico com o andamento do seu programa de diversão, veio falar com o senhor:

– Estamos prontos, senhor, podemos acender quando der a ordem.

– Ainda não decidi quem vai morrer primeiro, padre Damien – falou, olhando para mim e os outros companheiros de infortúnio.

– Seria um bom ensinamento para estes ignorantes, assistirem os hereges sendo queimados – falou o padre. – Talvez aprendam a não mais proteger quem não é de Deus.

– Tem razão, padre, como sempre. Vamos acender a fogueira, depois cuidaremos destes...

– Você não pode matá-lo – gritou Anne, e sua voz causou um rápido mal estar em mim. Estava à beira da morte e ainda advogava por minha vida.

– E posso saber por que não posso? – falou o senhor, virando de costas e se aproximando da fogueira.

– Por que ele é seu filho.

Aquelas palavras foram mais fortes que a seta que me atingira no peito. Tive a impressão de que caía mais uma vez desacordado. Então aquele era Edmond de Chambres, da guarda do próprio rei, e eu o havia vencido. Orgulho e satisfação rapidamente se misturaram com ódio, rancor e desespero. Mas como Anne Crestan sabia disso? Era conhecida do abade Amadeu. Poderia ter conhecido minha mãe?

Edmond de Chambres ficou quieto, com as duas mãos apoiadas na cintura e as pernas entreabertas, depois virou para mim e ficou me olhando. Só então percebi a semelhança que havia entre nós, e foi óbvio que ele também percebeu, mas, mesmo assim, virou novamente para Anne e perguntou:

– E como pode saber disso, mulher? O que me garante que é verdade o que fala?

O padre estava impaciente e esfregava as mãos, enquanto o assunto não se definia. Para ele nada daquilo interessava; o que queria era queimar logo aqueles filhos de satanás. Olhava para Anne com ansiedade, tanta que se aproximou dela, que estava a mais de um metro do chão sobre um amontoado de troncos secos, e falou:

– Responda, herege, antes que eu perca a paciência e mande acender esse fogo. Vamos, responda...

– Porque eu sou a mãe dele e jamais esqueceria quem é o pai.

Um silêncio pesado tomou conta do ambiente. Se eu já me surpreendera com o fato daquele homem ser meu pai, ouvir Anne Crestan dizer que era minha mãe beirava a insanidade. O silêncio persistiu. Todos olhavam para ela, para o senhor e para mim, estupefatos, principalmente o padre, que quebrou o silêncio e perguntou:

– Então o senhor um dia caiu em pecado?

– Ora, cale a boca, padre, se não quer subir também nessa fogueira. Como é seu nome? – perguntou, chegando ainda mais perto de Anne.

– Hoje me chamo Anne Crestan, mas já fui chamada de Cécile Chermont.

– Mas o abade Amadeu me avisou da sua morte.

– Ele não mentiu. Cécile Chermont morreu de dor e desgosto, mas Anne Crestan renasceu dela para uma nova vida, sem tantos erros.

– Cécile Chermont! – falou Edmond, chegando muito perto de Anne. Com o braço direito cruzado sobre o peito e a mão esquerda segurando o queixo, ficou um longo minuto olhando-a, como se estivesse hipnotizado, depois falou:

– Sim, você é Cécile Chermont, embora esteja quase irreconhecível. Era uma jovem muito bonita! Mas, como vou saber se não está falando isso apenas para proteger este idiota?

– Não é possível que ainda não tenha notado a semelhança. A única diferença entre um e outro é a idade.

– Ele é mais baixo – falou Edmond, como se não estivesse nem um pouco emocionado com o que acabara de ouvir. – Mas, você também é mais baixa... Pode ser... pode ser...

– Tenho uma carta, escrita por ela quando eu ainda era criança. – falei, baixo e olhando para o chão. Um dos guardas havia me levantado e me colocado de joelhos enquanto Edmond e Anne falavam. Naquele momento era odioso confessar-me filho daquele homem, mas eu não podia esquecer que Nathalie ainda deveria estar esperando por mim, escondida entre as pedras. Tinha certeza de que ela esperaria bem mais do que uma hora, embora eu já tivesse perdido a noção do tempo. Sabia apenas que deveria estar próximo do anoitecer.

Acharam a carta num bolso falso dentro da minha camisa de algodão grosseiro e Edmond a leu rapidamente. Já estava convencido, só ganhava tempo para decidir o que faria. Depois que leu, jogou-a no chão à minha frente e postou-se de pernas abertas a um passo de mim. Desembainhou a espada e num só movimento cortou a corda que subia do meu pescoço ao galho do carvalho. Mesmo a espada tendo uma lâmina muito afiada, senti um forte puxão no pescoço e a dor no ombro mais uma vez pareceu rasgar meu corpo.

– Então quem me derrubou não foi um qualquer! Somente alguém do meu próprio sangue poderia fazer isso. Desamarrem-no – gritou a um soldado, depois virou para o padre, que andava de um lado para outro e ordenou: – Pode acender, padre Damien.

– Está louco! – gritei, pulando de onde estava e ficando em pé, livre agora das cordas – É minha mãe... um dia já a abandonou e agora vai matá-la?

– Ela é uma herege – gritou o padre, saltando na minha frente e cuspindo em meu rosto, tamanha a ira que ficou tomado, muito mais pela indefinição da situação.

A dor que senti em meu peito, depois de ter gritado e ficado em pé, foi tão grande que me fez dobrar os joelhos novamente, mas isso um instante antes do padre correr para mim gritando. Assim pareceu que caí devido às palavras do padre, tanto que um burburinho correu entre as pessoas. Dobrei as pernas pela dor e fiquei de joelho à sua frente, embora minha vontade fosse trucidá-lo.

– Você quer salvar hereges e não vê a força de Deus que acaba de se manifestar através de mim, um de seus verdadeiros seguidores? – falou para que todos ouvissem, se aproveitando da situação, ou mesmo acreditando que foram suas palavras que me derrubaram.

Tentei me erguer, mas não consegui e dobrei-me ainda mais. Queria dizer que a dor era da seta ainda fincada em mim e que me deixava cada vez mais fraco, mas as palavras não saíam. Com muito esforço e dor endireitei meu tronco, embora ainda me mantivesse de joelhos, depois olhei para meu pai, misturando ódio e súplica em meus olhos.

– Está bem – falou, fazendo com que o padre imediatamente se virasse para ele, tremendo. – Ela pode vir conosco...

– E quem disse que eu quero ir? – falou Anne. – Quem disse que vou abandonar meus irmãos num momento de dor?

– Vai abandonar mais uma vez o próprio filho? – perguntou Edmond, com escárnio na voz, fazendo com que ela abaixasse o rosto, todo molhado de lágrimas.

– Eu não posso ir e Deus entenderá, mas quero que outra pessoa vá no meu lugar... uma pessoa que ainda tem muita vida pela frente e que não faz parte do nosso grupo...

Senti um estranho sentimento ao ouvi-la. Enquanto ela falava, eu lembrava do carinho com que me tratou quando a conheci, fugindo com Júlia. Ela havia me tratado como mãe. Havia me reconhecido, é claro. Qual mãe não reconheceria? Agora ela falava em outra pessoa. A visão já começava a embaralhar e eu sentia um enjoo revirando meu estômago, provando algumas náuseas.

– Outra pessoa? – perguntou Edmond. – Que outra pessoa?

A mão direita de Anne estava amarrada à mão esquerda da jovem que ficava entre ela e Pierre de Guilles, que se mantinha o tempo todo calado, com os olhos fechados, em evidente estado de oração. Quando Edmond perguntou quem era a outra pessoa, Anne ergueu a mão da jovem juntamente com a sua e tirou seu capuz. Foi como se dezenas de setas cravassem eu meu peito e me jogassem não para trás, mas para outro mundo.

– Ela – falou, Anne.

– E quem é ela?

– O nome dela é Júlia. Os pais morreram e a acolhemos. Ela é jovem e ainda não está ligada à nossa crença.

Júlia estava desfeita em pranto. Imaginei que Anne tudo fez para que ela se revelasse como filha do senhor de Baux, mas era fácil imaginar que Júlia preferiria a morte. Como ela viera parar ali novamente? Fugira mais uma vez? Sim, só poderia ser isso. Meu coração estava disparado e meu pai notou isso. Aproximou-se de mim e perguntou:

– Você a conhece?

– Não.

– Ah! Não a conhece... – falou e gargalhou. Como ele podia gargalhar num momento trágico onde a vida das pessoas estava em jogo? Que ódio eu sentia por ele naquele momento! Então ele continuou: – Se não a conhece, tanto faz que salvemos sua mãe ou ela, não é mesmo?

– Sim – respondi, aturdido diante daquela pergunta. Tentava encontrar algum equilíbrio de raciocínio, mas não conseguia, então fiz uma pergunta também, para ganhar tempo: – Por que precisa matar a todos? O que fizeram de errado, afinal? Nunca conheci gente tão boa...

– Eu não estou entendendo uma coisa – falou, como se ignorasse minha pergunta. – Hoje de manhã o abade Amadeu falou que você tinha partido para Paris levando uma menina de volta para o convento. Como pode estar aqui?

– Eu desobedeci ao abade... por isso estou aqui.

– Mas se diz que nunca conheceu gente tão boa, quer dizer que já os conhecia, não é mesmo?

– Já estive aqui uma vez.

– Mas parece que eu o vi surpreso ao saber que esta mulher é sua mãe. Como pode não tê-la reconhecido antes?

– Eu era muito novo quando ela... morreu...

Edmond de Chambres começou a andar a minha volta, enquanto eu olhava com desespero para Anne e Júlia. Quem sabe aquele coração duro e tomado de fel não poderia ter um momento de lucidez e libertar a todos? Seria tão cruel a ponto de libertar Júlia, como Anne pedira, e deixar a mulher com quem teve um filho ser queimada pelo fogo? E se essa mulher se recusava a deixar os seus, ele não poderia reconsiderar e deixar todos irem embora?

– Por você ser meu filho, vou lhe dar um presente – falou Edmond, mais uma vez parando na minha frente – Vou lhe dar o direito de escolher entre a amante e a mãe... e somente por ser meu filho.

Havia um sorriso sarcástico no seu rosto e seus olhos azuis cintilavam de satisfação. Seus olhos eram iguais ao do irmão, o bom abade Amadeu, mas quanta diferença na alma! Durante nossa luta, foi aos olhos do abade que minha memória foi buscar, sem que eu entendesse.

Ele já havia entendido o que estava acontecendo, mas estava se divertindo com a situação. O padre quis reclamar da ideia de libertar uma herege, mas Edmond o mandou calar a boca mais uma vez. Poucos ousavam fazer isso com um padre. Como eu não falei nada, ele falou:

– Já perdemos muito tempo com isso. Quem você escolhe?

– Eu escolho a todos. Se não pode libertá-los, coloque-me com eles. Prefiro morrer com eles a viver como filho de um covarde.

Eu conseguia me manter com o corpo reto sentindo muita dor. Várias vezes a tontura havia quase me derrubado e minha visão já estava bastante turva. O ferimento da seta doía e o sangue continuava escorrendo pelo corpo, cada vez que eu me mexia. Minhas palavras ficaram suspensas pela clareira, reinando sobre o absoluto silêncio que elas impuseram, até que, num movimento brusco, rápido, meu pai desferiu outro chute no meu rosto e tudo se apagou.

Capitol vint-a-tres

Estrada para Lyon, abril de 1209.

"Despojai os hereges das suas terras. A fé desapareceu, a paz morreu, a peste herética e a cólera guerreira cobraram novo alento. Prometo-vos a remissão dos vossos pecados se puserdes limite a tão grandes perigos. Ponde todo o vosso empenho em destruir a heresia por todos os meios que Deus vos inspirará. Com mais firmeza ainda que com os sarracenos, pois são mais perigosos. Combatei os hereges com mão dura."

Como uma pessoa pode prometer a outra a remissão dos seus pecados? Bem, da mesma maneira que pode se julgar o intermediário único entre Deus e os homens. Esta é parte da mensagem singela enviada pelo papa a todos os arcebispos do Languedoc, e a todos os condes, barões e senhores do reino da França, em 9 de março de 1209, ou seja, cerca de um mês antes do meu encontro com Edmond de Chambres.

Como eram perigosas aquelas pessoas consideradas hereges! Caso seus pensamentos se espalhassem e fossem aceitos, tinham a capacidade de exterminar com o maior império de horror daqueles tempos e por muitos tempos, chamado igreja romana. Realmente, eram muito perigosas e precisavam da mão dura da verdadeira fé, levantando a cruz e descendo violentamente a espada. E foi o que aconteceu. Os boatos de uma guerra ganharam vida nas estradas, aonde multidões de pessoas iam por vontade própria ou obrigadas, para obedecer ordens ou conquistar algum tesouro, atrás da 'hoste', que era o nome do grande exército ungido de beatitude pelo próprio Deus, mas intermediado pelo bendito papa.

Foi o que Nathalie viu ao chegar à primeira estrada que encontrou depois de fugir da vila onde eu fora capturado por meu próprio pai. Pobre menina! Eu imaginava que ela demoraria bem mais de uma hora me esperando, porém, não poderia imaginar que ela me seguiria. Uma menina magricela conseguiu vencer a distância do seu esconderijo até as árvores que cercavam a vila, sem ser vista. Mais de quinhentos metros rastejando por moitas e pedras, e salva por seu manto de lã, cor de mato seco, que serviu de camuflagem, embora os soldados de Edmond de Chambres estivessem mais preocupados com os hereges fugitivos naquele momento. Talvez até a tenham visto, mas não acharam importante capturá-la. Assim ela chegou ao tronco de pinheiro caído, onde eu mesmo me escondera, pouco depois de eu ter partido ao ataque contra meu pai, prestes a matar Anne Crestan, e viu tudo.

Viu tudo até o momento em que uma seta de besta atingiu meu peito e jogou-me para trás. Ela viu o soldado agachado fazendo mira e ainda gritou, mas seu grito se perdeu com o próprio barulho da seta voando e me atingindo. Eu ouvira um grito de criança, mas jamais imaginaria que fosse dela. Vendo-me caído e com uma seta cravada no corpo, desesperada, imaginou que eu estivesse morto. Era a maior possibilidade, principalmente para os olhos de uma criança. Então correu desabaladamente de volta ao seu esconderijo, tropeçando e caindo muitas vezes. De cima da pedra que a protegia, pulou para o cavalo e cavalgou o mais rápido que aquele velho animal conseguia. Nos meses que ficara na abadia, sua principal diversão eram minhas aulas de montaria, e como elas valeram naquele momento! Só que o que ela tinha de talento sobre uma sela, não tinha no senso de direção, mesmo que eu tivesse tentando ensiná-la sobre isso. Ao invés de voltar de onde viemos, do norte, foi para o leste, e a primeira estrada que chegou era uma rota que subia na direção de Lyon, e que estava repleta de todo tipo de gente. Havia cavalgado cerca de vinte quilômetros sem olhar para trás, cortando trilhas e campos, achando que voltava para a casa de Golbert. Teve sorte de conseguir voltar e se enfiar novamente na floresta, antes que *routiers* percebessem que ela estava sozinha. Porém, o dia corria rápido para a noite e a pequena nem sabia como acender uma fogueira.

Encontrou algumas casas de camponeses e pensou em pedir abrigo, mas que explicação daria? Diria que fazia parte de uma caravana e que se perdeu? Diria que era abrigada da abadia e que foram atacados por bandidos quando viajava com um noviço, mas conseguira fugir? Sim, essa ideia poderia servir. Escolheu uma casa com aparência mais acolhedora e foi se aproximando. Havia fumaça saindo pela chaminé e uma carroça estranha na frente, com um toldo de tecido pardo, diferente das que costumava ver chegarem à abadia.

Parou seu cavalo ao lado da carroça e ficou olhando para a casa. Não pretendia desmontar, porque, se fosse mal recebida, dispararia a galope.

– Ô de casa! – gritou, mas ninguém respondeu. As sombras da noite já quase venciam a luz do dia.

Gritou mais uma vez e não obteve resposta. Virou seu cavalo para se afastar, mas neste momento ouviu um som estranho, como se fosse uma corda cortando o ar. E era. Imediatamente um laço desta corda envolveu seu corpo e não teve tempo nem de se virar para ver de onde viera. O laço apertou e, no mesmo movimento, derrubou-a de cima do cavalo, que se assustou e fugiu. Nathalie ainda tentou ficar em pé, mas sentiu-se fortemente puxada e foi arrastada pela frente da carroça, passando quase por baixo desta. Era pequena, franzina, não deu trabalho para seu captor. Quando seu corpinho passou para o outro lado da carroça, a corda afrouxou, mas um garfo de feno chegou muito perto do seu rosto.

– Onde estão os outros? – perguntou quase gritando um homem magro e de rosto moreno, com as órbitas cavadas e queixo saliente.

– Sou apenas eu, senhor... Queria somente proteção por uma noite... – respondeu Nathalie, tentando segurar o choro e ainda tomada das últimas gotas de coragem que lhe restavam, depois de um dia de horrores.

– Mentirosa! Eu sei que os outros estão escondidos... É assim que fazem esses bandos...

– Estou sozinha, senhor. Eu juro!

– E o que faz uma criança sozinha por este mundo? Quer que eu acredite nisto?

– Fomos assaltados... eu consegui fugir...

– Mentirosa!

– Calma, Thierry... calma. Não estamos vendo nenhum movimento por perto. Talvez ela tenha razão – falou um homem que se aproximou por trás de Nathalie. – Vamos, Thierry, solte esse garfo. Ou acha que ela pode desembainhar uma espada invisível e nos matar a todos.

Quando o homem terminou de falar, Thierry relaxou, com um grunhido. Tirou o garfo do rosto de Nathalie, mas ficou atento ao redor, como se esperasse que uma tropa de bandoleiros aparecesse a qualquer momento. O homem que a salvou removeu o laço e a colocou de pé, depois bateu o capim e a poeira de sua roupa e tentou acalmá-la:

– Desculpe por Thierry, *mademoiselle*... ele tem uma cabeça muito imaginativa, tanto que acabamos mesmo pensando que foram *routiers* que a mandaram sondar nossa casa.

– Imaginativa? Minha cabeça? Ora, senhor, já lhe disse que o que vi pelo mundo é muito menos do que cabe aqui dentro. Meus pais morreram assim...

– Seus pais? Mas eles não tinham morrido afogados atravessando o Ródano para escapar da fúria dos sarracenos?

Thierry ficou confuso por alguns momentos, depois esticou os olhos para a floresta novamente e falou, já saindo:

– Eles foram atacados por sarracenos porque tiveram que fugir da casa assaltada por bandidos... Que diferença faz?

O homem riu e voltou-se novamente para Nathalie, balançando a cabeça:

– Posso saber o que uma menina tão linda faz sozinha por aqui? Por acaso brigou com os pais e decidiu fugir de casa?

Quando percebeu que o perigo passara, as forças de Nathalie desabaram e o choro, que apenas molhara seus olhos e fizera alguns riscos na poeira do seu rosto, tomou conta.

– Oh! Meu Deus! – falou outro jovem que Nathalie ainda não tinha visto, vindo de dentro da casa. – Então estes são os bandidos, Thierry? Mas o que está acontecendo aqui? Vamos... vamos levá-la para dentro, deve estar com frio e com fome... e precisa de um banho, está toda suja...

O próprio Thierry, que já havia buscado o cavalo de Nathalie e amarrado na carroça, apressou-se em tomar a frente e, pegando a menina pela mão, levou-a para perto do fogo, dentro da casa, como se quisesse se desculpar de sua truculência. Colocaram-na sentada em uma mesa comprida e próxima de um fogão de pedras. Thierry lhe serviu um cozido de carneiro, que espalhava seu odor por toda a casa e fez Nathalie lembrar o quanto estava com fome. Dos três, Thierry agora parecia ser o mais preocupado com ela. Ele usava uma túnica de tecido refinado e calções com listras coloridas e, aparentemente, era o serviçal dos outros dois. Embora a casa fosse modesta, os outros dois homes vestiam-se ricamente, com túnicas de seda vermelha e sobrevestes de lã bem trabalhadas, sendo que um deles usava uma corrente de ouro e pedras reluzentes no pescoço. Enquanto ela devorava sua comida, não lhe perguntaram nada e parecia até que não se incomodariam mais com ela, pois logo começaram a discutir outros assuntos.

– Então? – falou Thierry a um dos homens. – Hoje será noite de lua cheia e não há nuvens. Tem uma coruja piando do lado da casa e logo os lobos vão começar a uivar... pode haver noite melhor para me ensinarem algum feitiço?

Nathalie percebeu que Thierry a olhava com o canto dos olhos. Seus olhos saltados no rosto macro causavam algum pavor, mas ela era esperta e entendeu que poderia ser uma brincadeira para assustá-la, mesmo assim não deixou de ter algum medo. Crescera num mundo assombrado por demônios perigosos, e bruxas, que tentariam os seres humanos a cometerem todos os pecados, e ainda conhecia muito pouco da vida fora de um convento ou uma abadia.

– Está bem... está bem – falou o homem que a socorreu por primeiro. – Por onde quer começar? Vamos colocar o caldeirão no fogo?

– Ah! Não... vocês pensam que estou brincando somente para assustar nossa visitante? Não, estou falando sério. O que eu mais quero saber é como fizeram para que aquele livro voasse das chamas e fosse bater na viga do teto...

– Thierry, outra vez este assunto? Já lhe dissemos que não foi nenhum feitiço... foi apenas ciência.

– Então me ensinem a ciência... Meu irmão pagaria uma fortuna por esse segredo.

– Qual irmão? O comandante do exército do rei da Inglaterra ou o capitão de navio veneziano?

– Qualquer um deles...

– Vocês são bruxos ou loucos? – perguntou Nathalie, quando teve um instante de silêncio na conversa, o que gerou uma explosão de gargalhadas.

– Ora, ora... duvido que a mocinha ainda não tenha ouvido falar do milagre de Domingos de Gusmão, em Montreal? – perguntou Thierry, quando as risadas diminuíram.

– Creio que ouvi o abade Amadeu comentar com o senhor Sebah sobre uma prova de fogo – respondeu Nathalie, e era verdade, pois dentro da abadia o assunto fora comentado à exaustão.

– Então eu vou lhe contar tudo com detalhes... – falou Thierry, puxando uma cadeira para perto da menina.

– Nada disso – atalhou um dos homens, o que aparentava ser mais velho. Antes vamos nos apresentar e sermos apresentados. Nem ainda sabemos o nome dela, de onde vem, quem são seus pais... se a senhorita não se incomodar...

– Meu nome é Nathalie de Saint-Etienne e sou abrigada da abadia de Fontenay – falou Nathalie, com desenvoltura, como se já estivesse há muito preparada para aquele momento. – Fui criada em um convento em Paris e minha mãe morreu no dia em que eu ia conhecer meu pai. Ela foi assassinada na minha frente. Graças a Deus, o senhor Sebah apareceu e me levou para a abadia, onde o abade Amadeu me recebeu. O abade achava que eu ainda poderia ser encontrada pelos assassinos de minha mãe, por isso eu e o senhor Sebah estávamos indo para Avignon, onde o bispo me protegeria, quando fomos atacados... por... por bandidos...

– Ah! Eu não disse! Estão por toda parte. – atalhou Thierry.

– Silêncio, Thierry. Vamos deixar Nathalie nos contar toda sua história.

– Creio que toda minha história é esta, senhor?

– Eu me chamo Serkan, somente Serkan, e este é meu amigo Fabres Mathieu, que é médico...

– Eles são bruxos – atalhou mais uma vez Thierry – e são bruxos poderosos.

– Somos apenas estudiosos e Thierry tem o grave pecado de se deixar levar demais pela imaginação – falou Fabres, rindo.

– Imaginação... imaginação... Foi imaginação ver aquele livro, que eu mesmo levei ao padre, pular da fogueira?

– Não, não foi sua imaginação, aquilo foi somente a ação do sal de nitrato, do enxofre e do carbono, com os quais recheamos as capas do livro, Thierry. Estes produtos explodem quando entram em contato com o fogo. No oriente são conhecidos como pólvora negra,[35] mas ainda são novidade entre nós; porém, não há nenhuma magia ou feitiço, somente ciência – respondeu Serkan, e parecia, por sua maneira de falar, que já havia respondido a esta pergunta dezenas de vezes.

– Mas o livro não queimou! Eu o vi logo depois e estava apenas chamuscado...

– Ah! Aí sim podemos nos confundir com magia – falou Fabres –, mas também não foi magia. Foi apenas um padre esperto e ágil que, durante a

[35] "A pólvora, ou pólvora negra, a primeira mistura explosiva inventada, foi usada na antiguidade na China, na Arábia e na Índia. Textos chineses antigos referem-se à 'substância química do fogo' ou 'droga do fogo'. Seus ingredientes só foram registrados no início do ano 1000 d.C., e mesmo então as proporções realmente necessárias dos componentes, sal de nitrato, enxofre e carbono, não foram especificadas. A pólvora foi utilizada inicialmente em bombinhas e fogos de artifício, mas, em meados do século XI, já era empregada para lançar objetos em chamas usados como armas, conhecidos como flechas de fogo. Em 1067, os chineses submeteram a produção de enxofre e salitre ao controle do governo. Não se sabe ao certo quando a pólvora chegou à Europa. O monge franciscano Roger Bacon, nascido na Inglaterra e formado na Universidade de Oxford e na Universidade de Paris, escreveu sobre a pólvora por volta de 1260, alguns anos antes de Marco Polo retornar a Veneza com histórias sobre a pólvora na China." (Couter, Penny Le et Burreson, Jay. *Os botões de Napoleão, as 17 moléculas que mudaram a história*. Jorge Zahar Editor.).

confusão instalada, substituiu o livro com as capas queimadas por outro, previamente preparado e que tinha as capas apenas chamuscadas.

– Mesmo assim, a explosão foi feitiço e vocês prometeram que iam me ensinar. – falou Thierry, obviamente aproveitando-se da discussão para contar a história que tanto o fascinava à menina.

– Sim, prometemos, mas não dissemos quando, e você está se aproveitando do assunto para tentar assustar nossa hóspede. Já não basta tudo o que ela passou? Por que não esquenta uma água para ela tomar um banho, já que você foi o principal responsável por ela estar coberta de poeira?

Thierry soltou mais um dos seus grunhidos e foi avivar o fogo, aparentemente se deixando vencer. Fabres e Serkan, nossos velhos conhecidos, ficaram olhando para Nathalie por algum tempo, como se começassem a entender que acabavam de receber em casa um problema. De repente, Fabres percebeu um brilho peculiar e bem conhecido nos olhos de Serkan, depois que ele levantou o rosto para o teto e franziu a testa, como se tentasse lembrar de alguma coisa. Olhando fixamente para Nathalie, ele falou:

– Nathalie de Saint-Etienne! Acabo de me lembrar de você.

Capitol vint-a-quatre

Aujac, junho de 1209.

Por um longo tempo eu me senti envolto pela escuridão. Era como se eu acordasse pela manhã, abrisse os olhos e não conseguisse divisar nada, nenhuma luz, mesmo sabendo que não estava cego. Ao meu redor estava escuro e vazio, então não era necessário eu falar ou me movimentar, por isso apenas ficava quieto. Algumas vezes eu tinha a impressão de que me alimentavam, mas não tinha certeza se aquilo era um sonho ou realidade. Depois abria os olhos e estava escuro, então os fechava e esperava. Aconteceu que, numa destas vezes em que abri os olhos, não estava mais escuro, nem silencioso, muito pelo contrário. Uma luz intensa feriu meus olhos e precisei fechá-los novamente, mas sabia que alguma coisa havia acontecido, pois, além da luz, eu ouvia pessoas falando à distância, e passarinhos cantando. Várias vezes tentei abrir os olhos novamente, mas a luz incomodava. No entanto, aos poucos, de tanto tentar, fui me acostumando; então consegui perceber que estava numa cama e, pela janela aberta à minha frente, os raios do sol entravam e vinham diretamente para o meu rosto. Algum tempo depois, o sol saiu da janela e pude ver melhor onde eu estava. Era um grande quarto, com tapetes e cortinados, e minha cama era imensa. A cama de um rei! Por isso tive certeza de que estava morto. Mais certeza ainda quando Anne Crestan entrou no quarto e sorriu para mim.

– Então o céu é assim? – perguntei.

– Então você acordou! – Ela respondeu. – Não, ainda não estamos no céu.

– Mas... a fogueira...

– Tenha calma, meu filho. Você ficou muito tempo entre a vida e a morte e ainda está muito fraco. Eu pensei que o perderíamos...

– Quanto tempo?

– Hoje completam vinte dias...

Respirei fundo e senti dor no lado direito do peito. Levei a mão ao local e descobri que ali existia uma imensa ferida, que ainda não havia se fechado. A lembrança de tudo que havia acontecido estava comigo desde os momentos em que me sentia na escuridão, por isso mesmo estava me sentindo ainda mais confuso. Lembrava da luta, da seta em meu peito, da fogueira e, principalmente, de Júlia. Toda dor diminuía quando eu lembrava de Júlia. Anne veio até a cama e afagou meu rosto, depois arrumou meu travesseiro e me cobriu melhor. Fez isso com tanto carinho que nem me atrevi a dizer que estava com calor.

– Antes que você faça muitas perguntas, vou chamar o seu médico, depois conversaremos.

Anne saiu do quarto e logo voltou, trazendo com ela um jovem que não poderia ser médico. Mas muita coisa não poderia estar acontecendo, por isso não reclamei. Será mesmo que aquilo não era o céu? Ou será que eu havia enlouquecido? As roupas escuras de Anne, iguais as que usava sempre e comum aos *perfeitos* e *perfeitas*, como estavam sendo chamados os hereges iniciados, os que recebiam o *consolamentum*, eram a única ligação com o mundo que eu vivera até aquele momento.

O médico era magro e tinha a pele clara, quase transparente, mas seus olhos vibravam de energia. Retirou a coberta de cima do meu peito e abriu minha camisa. Tive medo de olhar e fechei os olhos.

– Está muito melhor – falou, esfregando levemente um pano com alguma coisa que fez arder a ferida. – Vai ficar uma cicatriz feia, mas vai sarar.

Depois que ele fechou a camisa e me cobriu, o quarto ficou em silêncio por algum tempo. Abri os olhos, curioso, e o vi com as duas mãos estendidas sobre a ferida e de olhos fechados. Eu só poderia ter morrido! Quando ele fechou as mãos e me sorriu, eu perguntei:

– Posso saber o que está acontecendo?

– Você esteve entre a vida e a morte, caro Sebah, por muitos dias. Fui chamado pela senhora Anne para tentar ajudá-lo com meus poucos conhecimentos e, felizmente, acredito que estamos tendo bons resultados.

– Não seja modesto, Fabres – falou Anne, aparecendo ao lado da cama com um sorriso no rosto – embora tão jovem, já é um grande médico. Sua fama condiz com sua capacidade.

– Obrigado, senhora. Tenho certeza de que suas orações também o ajudaram.

Eu fiquei olhando para os dois, um pouco aturdido. Era como se uma parte da minha vida tivesse se perdido no tempo para mim, mas não para eles. E, na verdade, era isso mesmo. Eu mantive a memória das coisas que haviam acontecido até meu último instante de consciência, quando Edmond de Chambres chutou meu rosto impiedosamente, mas não havia registrado nada do que me acontecera depois disso e só podia esperar que Anne me ajudasse a preencher o vazio onde eu me perdera. Pensar que Júlia poderia também estar por perto era um alento, porém, a mudança brusca de realidade me deixava cada vez mais confuso. Por isso tentei me acalmar. No entanto, quando tive a impressão de que relaxava, um bloco de memória rolou aos meus pés, como se fosse uma parede caindo logo na minha frente.

– Nathalie! – falei alto, assustando o médico e Anne – Onde ela está? Vocês têm notícias dela?

– Quem é Nathalie? – perguntou Anne.

– Oh! Santo Deus! Eu a perdi... Ela estava comigo... Eu deveria tê-la levado ao bispo e a perdi. O que vai dizer o abade?

– Você ainda não me disse quem é Nathalie, Sebah? – insistiu Anne.

– É uma abrigada da abadia de Fontenay, como eu, porém, tem apenas onze anos. Eu pedi que ela voltasse para a abadia se eu não regressasse em uma hora...

– Então ela deve ter voltado, se era obediente – falou Fabres.

– Onde estamos? – perguntei.

– Estamos em Aujac – falou fabres. – A senhora Anne poderá lhe explicar tudo, porque agora preciso partir. Retardei minha estada por aqui somente por sua causa, Sebah. Eu queria vê-lo acordado. Hoje mesmo eu e meu irmão partimos para Marselha. Lamento não poder ajudá-lo em relação a essa menina.

– De nossa parte só podemos lhe agradecer, caro Fabres. Espero que o conde Bernard tenha lhe recompensado adequadamente por tamanho esforço.

– Certamente, senhora, ele foi mais generoso do que mereço. Além do mais, posso lhe assegurar que apenas cumpri com minha obrigação. Espero que ainda possamos nos encontrar no futuro e que eu possa aprender um pouco mais com a senhora.

– Você seria muito útil em nosso meio. Tenha certeza de que a guerra que se anuncia não nos destruirá, então, será sempre bem-vindo. Todos temos a aprender uns com os outros.

Eu estava irritado com aquela conversa. Queria que aquele médico fosse embora logo para poder entender como eu poderia estar numa casa grande e rica, junto com Anne Crestan, a herege, minha mãe, e que estava prestes a ser queimada na fogueira por meu pai e por um padre enlouquecido.

– Estamos no *château* de um velho amigo, o conde Bernard d'Anduze, não muito distante de Aujac. O *château* pertence a um bispo de sua família, mas que nunca vem até aqui, por isso estamos seguros – falou Anne, tão logo voltou para o quarto, antes mesmo que eu perguntasse.

– Aujac? Como viemos parar tão longe? É meio caminho de Les Baux...

– Não podíamos ficar nas proximidades da vila, seríamos perseguidos. Colocamos você em uma carroça e você resistiu bem. Guillaume é amigo do conde Bernard, por isso viemos para cá.

– Mas, se esse conde é parente de um bispo... é confiável?

– O conde é simpatizante da nossa causa e nos protege, por mais que isso lhe possa trazer graves problemas com a igreja.

– E como estamos aqui, vivos?

– Fomos salvos no último momento, Sebah.

– Mas fomos salvos por quem?

– Pelos amigos de Guillaume Dumais.

Ela falou sem olhar para mim e como se eu devesse conhecer Guillaume Dumais. Esperei que ela continuasse, mas ela me pareceu tensa e não falou mais nada.

– Não sei de quem se trata – falei.

– Ele estava para ser enforcado com você naquele dia, com mais dois dos cavaleiros que protegiam nossa vila. Guillaume Dumais havia se incorporado ao nosso grupo fazia algum tempo e trouxera com ele mais dois amigos, que se tornaram crentes. Um deles conseguiu fugir quando fomos cercados por Edmond de Chambres. Fugiu sabendo para onde ia. No dia anterior, havíamos recebido a visita de um grupo de *routiers*, também amigos de Guillaume, chefiados por Benoît Grasson, um veterano de várias guerras. Eles estavam a caminho de Lyon para se juntar à cruzada, mas ficaram indecisos depois que conversamos, por isso acamparam não muito distante da nossa vila, até se decidirem qual lado da guerra defenderiam. Jaume, o amigo de Guillaume, encontrou-os e contou que este estava para ser morto, se já não o tivesse sido. Eram oito cavaleiros experientes e travaram uma batalha furiosa com os comandados de Edmond, que conseguiu fugir, juntamente com o padre Damien.

Anne falava com cuidado, escolhendo as palavras e, não sei exatamente o motivo, alguma coisa começava a se agitar com mais intensidade em meu peito.

– Ainda não sei quem é Guillaume Dumais – arrisquei falar, já temendo pela resposta.

– Ele é um cavaleiro importante. Foi comandante da guarda do senhor Hugh de Baux, por isso conhece tantos *routiers*, mas se desentendeu com o senhor de Baux e foi expulso de lá... Ele é o marido de Júlia.

Capitol vint-a-cinc

Próximo a Aujac, junho de 1209.

Thierry virou-se para Nathalie e colocou o indicador na frente dos lábios, enquanto, com a outra mão, fazia sinal para que ela parasse. Haviam ficado escondidos na beira de uma clareira por quase uma hora e nenhuma lebre aparecera no descampado, como Thierry supunha que iria acontecer. Então ele resolveu mudar de local, mas, logo que se levantou, viu sua presa.

Ficou um longo minuto paralisado, como se fosse uma estátua, depois tirou uma flecha das costas, lentamente, e armou seu arco de freixo.[36] Nos últimos dias, Nathalie passara boa parte do seu tempo ajudando Thierry a procurar hastes longas e retas pela floresta para fazer novas flechas. Acharam muitas, embora seu novo amigo sempre reclamasse que ali não havia hastes como na Inglaterra, muito menos um bom freixo para fazer um arco. Ele dizia que aprendeu a fazer arcos com um cavaleiro inglês que o salvara na Terra Santa, por isso era tão exigente.

Com movimentos muito sutis, Thierry ajustou a flecha na corda do arco e Nathalie torceu para que a lebre percebesse o movimento. Não gostaria de ver o animalzinho morto, embora não se atrevesse a confessar isso, principalmente porque Thierry prometera a Serkan e a Fabres que iriam comer lebre no almoço. A manhã já passava da metade e Nathalie achou que comeriam cozido de legumes, mais uma vez.

---

[36] O arco de freixo ou arco longo inglês (ou galês) era construído para ser tão alto quanto o arqueiro que o levava e disparava a longas distâncias. Foi utilizado pelos exércitos ingleses com uma grande eficácia na guerra dos cem anos.

Thierry esticou a corda e Nathalie pôde ouvir o ringir das fibras do arco, até que a flecha partiu, fazendo um zumbido no ar. Logo em seguida ela ouviu um guincho, um ganido de dor, que não poderia ser de uma lebre. Num instante Thierry disparou outra flecha, e os gritos pararam.

– Bendito arco inglês! – gritou Thierry. – Teremos javali para o almoço!

Ele falou e pulou para a clareira como se fosse uma criança. Havia duas flechas atravessadas no pescoço do javali e uma poça de sangue ao redor. "Felizmente o animal morrera rápido", pensou Nathalie. Thierry removeu as flechas e, parecendo pressentir algum perigo, armou o arco novamente, puxando a menina para perto dele.

– Eles andam em bando e são perigosos. Podemos ser atacados a qualquer momento, por isso, fique muito perto de mim.

Era difícil saber quando Thierry falava a verdade ou viajava na imaginação. Seu mundo era repleto de histórias mirabolantes e grandes perigos. Quando partiram de Veneza, Serkan e Fabres o viram sendo duramente castigado por um vendedor de escravos, no porto onde embarcariam. Já haviam conversado sobre a necessidade de terem um serviçal para as viagens mais longas. A princípio Fabres pensou que Serkan se apiedara do escravo, mas logo percebeu que aquele coração duro apenas vislumbrara a possibilidade de um bom negócio, já que a 'mercadoria' estava em condições deploráveis. De fato, levou algum tempo e muito esforço de Fabres para que Thierry ficasse em condições de trabalhar.

O seu verdadeiro nome era Moric, e havia nascido nas regiões frias do norte, talvez de origem magiare,[37] mas não sabia o local exato, tampouco o ano exato. Provavelmente próximo a 1180. Sua tribo fora atacada pelos turcos e Etelka, sua mãe, feita escrava, depois de matarem seu pai. Stewart Hywelbane, um cruzado inglês do exercido do rei Ricardo Coração de Leão, a libertou em 1190 e, com a permissão do rei, ficou com ela. No caminho de volta para a Inglaterra, Stewart adoeceu e foi obrigado a desembarcar em Marselha, onde acabou ficando depois de recuperado. Com o dinheiro ganho na cruzada comprou terras próximas a Arles e casou com Etelka. Thierry acreditava que Stewart era casado na Inglaterra e encontrou na doença uma maneira de ficar com seu novo amor. Na

[37] Os magiares são um grupo étnico do Leste Europeu, correspondente aos atuais húngaros. A Hungria é um país com mais de 1.100 anos de história. Sua origem, como nação, aconteceu no ano 896 da era cristã, com a chegada das tribos pagãs dos magiares (daí o nome Magyasr, que também identifica o país internacionalmente) que migraram da Ásia para a chamada bacia dos Cárpatos. Esta região já era habitada por outros povos, e os ciganos e magiares se juntaram a eles – o que resultou numa fusão de culturas. (http://budapeste.blogter.hu)

nova terra, Moric foi batizado e feito cristão, passando a ser chamado de Thierry Hywelbane.

Até este ponto parecia haver alguma veracidade na história de Thierry, porque nunca havia variantes cada vez que ele a contava. Porém, daí para a frente ele já contara diversas versões diferentes. Uma delas era que um grupo de sarracenos havia subido o Ródano até Arles e o capturado, quando tinha perto de vinte anos, matando Etelka e Stewart. Fora levado novamente para o oriente e vendido como escravo, indo parar em Veneza, onde Serkan o comprou.

Quando Serkan e Fabres retornaram para casa, já no meio da tarde, de longe se podia sentir o cheiro de carne assada, e Thierry os aguardava ansiosamente, principalmente para contar a aventura de matar um javali com seu arco.

– Ele estava se preparando para nos atacar – falou, piscando para Nathalie. – Estávamos concentrados na tocaia de um animal menor e não tinha como saber que estávamos invadindo seu território... Creio que atrás dele deveria haver mais uns vinte... um bando grande... Eu os vi no último instante, graças a Deus!

– Você não acredita em Deus, Thierry – falou Serkan, de maneira debochada.

– Então graças ao bom Stewart Hywelbane, que me ensinou a fazer um arco e atirar. Stewart era cavaleiro, mas o pai dele fora um arqueiro famoso, que liderava muitos outros. Por isso Stewart sabia fazer um arco e sabia disparar uma flecha tão bem quanto a um arqueiro. Ele nos livrou da morte... Não foi assim, Nathalie?

– Sim, senhor Thierry.

– Nathalie, você foi educada por freiras e tenho a certeza de que a ensinaram a não mentir.

– Mas também me ensinaram a não desobedecer aos mais velhos, senhor Serkan.

– Ah! Entendo...

Serkan e Fabres haviam chegado em casa evidentemente preocupados com alguma coisa, por isso frustraram Thierry ao não se interessarem muito por sua aventura, o que o deixou carrancudo. Murmurando palavras estranhas da sua língua nativa, ele colocou um bom pernil de javali na mesa, mas isso também não causou o efeito desejado. Serkan e Fabres estavam ensimesmados e era possível que tivessem discutido. Comeram em silêncio e não caíram nas provocações naturais de Thierry, que acabou desistindo.

Nathalie já estava há cerca de um mês com eles. Portanto, estávamos no mês de junho de 1209. Quando ela os encontrou, no caminho entre

Feurs e Lyon, estavam morando por algum tempo numa casa cedida por um senhor da região, cujo filho Fabres salvara de uma diarreia que o estava esgotando há dias. O senhor era amigo do conde Bernard d'Anduze, que, por coincidência, estava de passagem, voltando de Lyon e parou para uma visita. A esposa do conde também estava doente, acometida há meses de uma fraqueza que a mantinha quase o tempo todo na cama. Como em todos os lugares por onde passavam, Fabres chamava a atenção rapidamente, enquanto Serkan fazia negócios. Sua compulsão pela alquimia havia diminuído, embora continuasse a fazer seus experimentos.

O conde logo ficou sabendo do médico e os levou, no dia seguinte da chegada de Nathalie, e sem nada perguntar sobre ela, para as proximidades de Alès, onde morava, mais precisamente para sua propriedade em Aujac, onde a esposa preferia ficar enquanto estava doente. Fabres e Serkan, assim, continuavam a rotina de uma vida nômade.

Quando partiram de Veneza, após terem comprado Thierry, desembarcaram em Montpellier, depois subiram até Carcassonne e chegaram finalmente a Montreal. Desde que trabalhara como secretário do bispo de Marselha, Serkan ouvia falar sobre as provas de fogo, quando contendas de qualquer tipo não chegavam ao um consenso. Colocavam a decisão nas mãos de Deus, principalmente as questões religiosas. O assunto lhe instigava, porque sua mente redemoinhava numa tentativa de encontrar um modo de ajudar Deus a tomar a decisão.

Fabres logo descobriu que o irmão era dado a alguns tipos de monoideísmos, e que isso só passava se ele fosse até o final. O final deste assunto aconteceria em Fanjeaux, numa das famosas controvérsias de Domingos de Gusmão contra os hereges. Ah! Que vitória para Serkan! O livro contendo a tese de Gusmão pulou do fogo com a explosão da pólvora enfiada em suas capas com tanta força que bateu e chamuscou uma viga no teto da igreja. Diante da paralisia causada pela estupefação geral, os padres do grupo de Gusmão correram para cercar o livro e um deles, muito rapidamente e protegido pelos outros, ficou em pé sobre ele, com sua longa túnica cobrindo-o. Então soltou outro livro por dentro da túnica, este com as capas apenas chamuscadas e sem vestígios da pólvora, porque alguns daqueles malditos hereges debatedores eram estudiosos ou mesmo cientistas, e talvez pudessem identificar o explosivo, embora este fosse bem pouco conhecido. Depois o padre arrastou o livro queimado com os pés e postou-se, ajoelhado sobre ele, em profunda oração diante da evidência da força divina manifestada ante o milagroso Domingos de Gusmão. Tudo rapidamente e com ares de angelitude.

A bolsa cheia de ouro e prata tinha bem menos valor para Serkan do que a satisfação de ter ajudado a Deus. Porém, o dinheiro também o ajudou a fazer mais negócios e a situação de andarilho começou a incomodá-lo. Carregava uma fortuna no fundo falso da carroça e não era uma época onde se podia confiar nas pessoas. Até hoje, nos dias atuais, esta época ainda não chegou. Em algumas situações contratou *routiers* para protegê-los, mas estes ainda poderiam ser mais perigosos que os bandidos, quando entendiam que dinheiro não era problema para os seus contratantes. Acabou percebendo que se apresentarem como médicos garantia mais segurança do que o uso de soldados mercenários, pois ninguém tinha interesse em matar ou roubar quem poderia lhe curar.

O problema agora era que Serkan queria parar de andar e se estabelecer, por isso rumaram para Lyon, depois de Montreal, onde acreditava poder comprar uma boa casa e viver mais sossegadamente. Sabia que logo faria contato com a nobreza e passaria a frequentar banquetes e festas, que era o que lhe faltava no momento. Era procurado pelo assassinato de Jerôme Lafoge, mas uma barba mais longa e sua natural simpatia já seriam o suficiente para protegê-lo, numa época em que a lei era tão ignorada e as notícias tão demoradas, em tantos casos.

Fabres, por sua vez, queria voltar a Marselha e procurar seu mestre, em primeiro lugar. Devia a ele uma explicação. Acreditava que o Mestre poderia defendê-lo e ajudá-lo a provar que era inocente. Em nenhum momento Serkan sinalizou que contaria quem o contratou para sequestrar Claire, a filha de Lafoge, e fazer com que pensassem que o assassino era ele, por isso precisava do Mestre para ajuda-lo. Palavra dada não podia ser quebrada, alegava Serkan, mesmo se fosse para salvar o irmão. Fabres sabia que isso era mais uma forma de mantê-lo por perto do que uma galhardia. Perguntou e perguntou muitas vezes, até desistir, e por isso queria voltar. Mantinha alguma esperança de descobrir uma pista de Claire. Embora ainda a amasse, sabia que ela tinha optado por outro, não se iludia. Porém, provar que ela ainda vivia seria limpar definitivamente seu nome e poder voltar a morar na cidade. Então pensava em deixar que Lyon e suas festas prendessem o irmão para que ele tivesse a liberdade de partir para Marselha.

Quando Serkan se lembrou da história de Nathalie, a filha bastarda do príncipe herdeiro que havia sido sequestrada em Paris, uma nova motivação o dominou, a ponto de desistir de Lyon e pensar na cidade dos reis: Paris. Imaginou-se entregando a menina diretamente ao pai e a glória na corte que isso lhe acarretaria. Porém, uma viagem diretamente a Paris seria perigosa, partindo-se de onde estavam, além de demorada e cansativa. A presença de um exército tão grande na região havia espalhado mercenários por todas as estradas. Por isso resolveu que voltariam a Marselha, o porto mais próximo, e de lá embarcariam para Paris. O pedido do conde, ao qual a princípio ele estava resistente antes da chegada de Nathalie, agora veio a calhar para seus planos, pois Aujac era na direção de Marselha. Não demorou para que a esposa do conde começasse a apresentar sinais de melhora. No entanto, aconteceu que a carroça que usavam para carga de seus pertences, como os medicamentos de Fabres, seus livros, bem como o laboratório de Serkan, além de uma fortuna em ouro e prata muito bem escondida, quebrou. Isso não seria um problema tão grande numa época comum, mas o era quando toda região efervescia com os prenúncios de uma guerra. Ferreiros e materiais eram requisitados e, onde estavam, nas terras do conde Bernard d'Anduze, não havia nem roda, nem ferro, nem ferreiro. Por isso, acabaram ficando por mais tempo, e o tempo conspirou para que, coincidentemente, Fabres fosse chamado para atender Sebah.

Em qualquer lugar que estivesse, Fabres trabalhava. Havia nele uma ânsia incontida de reparar algum desvio de consciência desde que fora acusado injustamente de matar Claire. Os ensinamentos de seu mestre lhe facultavam rápida notoriedade, além do que, era um experimentador. Quando percebia que a doença era grave, e a morte era comum numa época em que a média de vida beirava os trinta e cinco anos de idade, fazia experiências. Ele mesmo ficava assustado com os resultados. Era como se ouvisse pessoas lhe dizendo quais ervas, ou venenos, misturar. Também sentia uma energia intensa passando por seus braços quando colocava as mãos sobre um doente, como se eles se incendiassem. Como a imposição de mãos era um costume dos cátaros, tão perseguidos, tinha que tomar muito cuidado para não ser mal interpretado e quem sabe até denunciado como herege. Nunca revelava o que sentia e o que ouvia, porque sabia que poderia ser queimado numa fogueira se alguém soubesse.

Desta forma, também em Aujac, em poucos dias obteve curas importantes e sua fama chegou aos ouvidos de Anne Crestan, que estava refugiada no *château* do conde, um profundo simpatizante do catarismo. Atendeu a Sebah sabendo quem era, porém, não se preocupou, pois não havia como descobrirem que Nathalie estava com eles. Chegou mesmo a pensar em contar a Sebah sobre a menina, mas sabia que seu irmão enlouqueceria se fizesse isso, então se calou.

Depois de comerem, Nathalie e Thierry foram cuidar dos cavalos, passatempo preferido da menina. Além do cavalo em que ela viera, ainda havia os dois lindos cavalos de Serkan e Fabres, e também os dois cavalos que puxavam a carroça. Para aquela época, era uma pequena fortuna somente em animais. Com os dois cavalos da carroça, Thierry e Nathalie costumavam passear no final do dia, porém, logo ela percebeu que seu novo amigo estava de mau humor, por isso nem o convidou. Enquanto escovava o seu cavalo, de cima de uma banqueta, ouviu Thierry resmungando, de uma maneira que ela pudesse ouvir:

– Eu devia ouvir meus irmãos e voltar para a Inglaterra... lá tenho casa... ou então, trabalhar em um dos navios...

– Você tem mesmo irmãos na Inglaterra, Thierry? – perguntou Nathalie, tentando mudar o ânimo do amigo.

– Um deles é cavaleiro do exército e o outro comerciante. Tem navios que fazem comércio por todos os portos... são meio irmãos... não são irmãos de sangue, são filhos de Stwart... eu os conheci. Estiveram visitando o pai em Arles e fizeram amizade comigo... eles me chamavam de irmão...

– E porque você está aqui e não com eles?

– Porque a mãe deles queria me matar – respondeu Thierry, jogando a escova no gramado e saindo na direção da mata, sem falar mais nada.

Algumas vezes ele já fizera isso e Nathalie sabia que não devia ir atrás. Sabia que ele chorava e não gostava que vissem, por isso deixou-o ir. Ainda ficou mais algum tempo escovando os cavalos, até que uma brisa fria de final de tarde começou a incomodá-la. Como Thierry demorava, recolheu os cavalos e voltou para casa, em silêncio, com seus passinhos macios. Da porta dos fundos ouviu que Fabres falava mais alto e seu nome apareceu flutuando pela casa.

– Nathalie não é uma mercadoria – falava Fabres. – Você não pode trocá-la como se fosse um colar, ou um cavalo...

– Você ouviu o que o padre Damien falou? Ouviu o que aconteceu com o abade que a escondeu? Se não conseguirmos chegar com ela ao porto de Marselha, é melhor entregá-la agora e ficarmos com a recompensa. Tivemos muita sorte em chegar até aqui sem sermos descobertos, e presos, e enforcados...

– Não precisamos deste dinheiro... temos bastante dinheiro.

– Se nos pegam com ela, esse dinheiro não vai valer de nada. Perderemos tudo o que temos.

– Basta dizermos que não sabíamos quem era ela.

– Toda a região já sabe. Edmond de Chambres espalhou seus homens por todos os cantos. Ele quer a menina e o filho, e nós temos os dois em nossas mãos. Ele quer a cabeça dos cavaleiros que o enfrentaram para salvar os hereges. Você salvou a vida do filho que está junto com os hereges e os cavaleiros procurados. Se descobrirem que sabemos tudo isso e não os entregamos, seremos enforcados. Esse padre Damien parece estar enlouquecido.

– Estão todos em suas mãos, não é? E você não vê a hora de ganhar alguma coisa com isso.

– Não se preocupe, ainda prefiro chegar a Paris com ela. Tenho mais a ganhar entregando-a diretamente ao filho do rei. Não é isso que você quer? Salvá-la? Se a entregarmos aqui, receberemos uma recompensa da parte de Branca de Castela, a mulher do príncipe herdeiro, e então o destino de Nathalie será realmente sombrio. Entregando-a ao pai, há mais esperanças para ela.

– Você quer que eu acredite que está mesmo preocupado com o destino da menina? O que você quer é uma posição de destaque na corte.

– E daí? Não tenho esse direito? Eu não estaria beneficiando tanto a nós, quanto a ela, agindo assim?

– Não me inclua nisso – falou Fabres, baixando a voz. – Eu vou ficar em Marselha.

Nathalie estava lívida, extática, petrificada na porta dos fundos da casa. Obviamente os dois pensavam que ela e Thierry estavam cavalgando, por isso falavam alto e com as portas abertas. Então ela era filha do príncipe da França? Então Branca de Castela, cujo nome ela já havia ouvido, provavelmente seria rainha um dia? O abade Amadeu havia falado que ela era filha de pessoas importantes, mas não uma filha legítima, o que poderia lhe trazer problemas, mas jamais colocaria a importância destas pessoas num ponto tão alto. Ela era filha de um príncipe!

Ao mesmo tempo em que se assustava com o que acabara de ouvir sobre ela, se preocupava com o abade Amadeu. O que poderiam ter feito com ele por ter mentido? Que mal ela estava causando às pessoas, sem saber. E quem seria esse homem que procurava por ela e por um filho perdido? Estava tensa e por um momento teve a impressão de que ouviriam seu coração batendo, pois era o único som que ouvia. Fabres e Serkan haviam parado de conversar e o silêncio dominara a casa. Andou lentamente, pensando em passar pela cozinha e subir para os quartos, mas, quando estava no meio do corredor, ouviu novamente Serkan falar:

– Você vai atrás do Mestre, não é?

– É minha obrigação. Ele precisa saber da verdade... eu devo tudo a ele.

– E você acha que ele se preocupa com a sua verdade?

– Você o conheceu. Como pode imaginar que ele não esteja preocupado comigo? Como pode imaginar que ele não esteja magoado comigo, por tudo que ele pensa erradamente que fiz?

– Ele não está mais em Marselha... não vai achá-lo por lá.

– Como você pode saber disso?

– Ora, Fabres, não me faça perguntas tolas. Eu sei, é o que basta. Você sempre soube que tenho meus informantes. Ele ficou em Marselha por um tempo, mas seu destino era de andarilho e você sabe bem disso.

– E onde ele está agora? – perguntou Fabres, contendo a indignação por Serkan ter escondido isso dele.

– Em algum lugar do Languedoc, mendigando e divulgando a palavra de Deus.

– No Languedoc? Com os hereges? – perguntou novamente Fabres, mas agora bem baixo, quase tão baixo que Nathalie mal pode ouvir.

– Oh! Meu irmão! Se alguém o ouve falando assim, o Mestre vai acabar numa fogueira. Ele já é quase uma lenda, como pode supor que ele seja um herege?

Não ouve resposta. O silêncio voltou e Nathalie teve medo de se movimentar e ser descoberta. Pelo barulho de uma cadeira arrastando, entendeu que um deles havia se levantado e quis andar, mas suas pernas estavam paralisadas, um tanto pelo medo de ser descoberta, outro tanto pela curiosidade. Afinal, o destino daqueles dois, que há tão pouco tempo eram meros desconhecidos, agora estava totalmente ligado ao dela. Então não se mexeu, e viu quando Fabres foi até a janela, ficando de costas para ela. A noite já começava a cair quando este falou, sem se voltar para Serkan.

– Vamos para Tolosa. Se até lá eu não tiver notícias do Mestre, seguiremos pelo Garone até o mar, e de lá iremos a Paris, levar Nathalie.

– O exército cruzado está indo para Béziers... estaremos quase no mesmo caminho.

– Então vamos pelas montanhas até o vale do Lot, depois descemos a Tolosa, assim sairemos do caminho do exército. Se não concordar, parto sozinho amanhã pela manhã – falou Fabres, virando-se e saindo pela porta da frente, sem esperar mais nenhum comentário de Serkan.

Capitol vint-a-sièis

Château d'Aujac, junho de 1209.

O que doía mais em mim: a ferida causada por uma seta de besta ou o coração atravessado pela verdade? O coração, obviamente. Naquele dia eu preferi não ter acordado. Júlia estava casada com Guillaume! Como eu pude ser tão idiota a ponto de imaginar que ela o esqueceria por minha causa? Naquele dia eu achei melhor ter morrido, mas há uma grande verdade que se perpetua pelos séculos e que demoramos muito a aprender, mas aprendemos: não se morre de amor. Por mais que machuque, não se morre de amor. Então eu tive que continuar vivendo, mesmo porque todos estavam esperando que eu me recuperasse totalmente para partirmos. Edmond de Chambres vasculhava a região à nossa procura e estava cada vez mais difícil nos mantermos escondidos, mesmo que o conde nos ajudasse. O exército cruzado já havia se movimentado. A hoste,[38] como se fosse um grande polvo, movimentava seus braços para o sul, mas meu pai deixou uma patrulha na região e, pior, deixou o feroz padre Damien no nosso encalço.

Numa manhã ensolarada, eu acordei tentando construir um muro dentro da minha memória e assim, como se não houvesse nenhuma dor em meu coração, levantei da cama e fui caminhando, com certa dificuldade, por um grande corredor, seguindo o som de conversas animadas. Já fazia uma semana que eu havia despertado, mas ainda me sentia fraco. O *château* do

[38] O exército reunido para a cruzada era considerável para a época: dois mil cavaleiros, entre eles o duque de Borgonha, o conde de Nevers e o conde de Saint-Paul, e duzentos mil vilãos (burgueses, campônios e clérigos). (*in*: Julien, Lucienne. *Os cátaros e o catarismo.*)

conde era enorme e todo de pedras claras de arenito, com madeiras robustas fazendo uma cobertura bastante rústica. Ele e sua esposa estavam na ala leste, próximos à torre, e nos deixaram quase todo o restante, generosamente. O chão por onde eu caminhava era feito de tábuas tão grossas que nem rangiam com meu peso. No meio do corredor encontrei uma escada larga, por onde desci e entrei num bonito salão, mesmo que decorado severamente. As conversas vinham de outro corredor, que começava no fundo deste salão. Este era mais curto e logo cheguei a uma porta de madeira entreaberta, por onde a voz de muitas pessoas chegava até a mim. Abri a porta e causei um medo danado. Algumas mulheres gritaram; alguns homens pularam para suas espadas, encostadas num canto. Uma mulher derrubou uma grande bacia com água, molhando todo o chão e fazendo muito barulho. Fiquei parado, assustado com o susto que causei.

– Ei! Sou eu! – falei com um sorriso, tentando diminuir o estrago que fizera com a aparição súbita. – Estou tão feio assim?

Foi Anne Crestan quem levantou da mesa e veio em minha direção, mas meus olhos não estavam mais nela. Foi como se eu tivesse dado um passo para dentro da grande cozinha e não encontrasse o chão, e sim um fosso sem fundo. Na parede oposta, atrás da mesa onde estava Anne, Júlia amamentava uma criança, e seus olhos pousaram nos meus com tamanha angústia que mais uma vez desejei ter morrido com a seta.

Talvez tenha sido ainda a fraqueza de tantos dias numa cama, mas creio mesmo que foi a emoção da cena. Minhas pernas amoleceram e a cozinha rodou. Não fosse Pierre de Guilles ter me segurado no momento exato, eu cairia. Mas eu era pesado e outros homens logo apareceram para me carregar até o banco em frente à mesa.

– Oh! Meu Deus! Você está muito fraco ainda. Não deveria ter saído do quarto. – falou Anne, trazendo uma caneca com água e colocando-a na minha frente.

– Precisamos partir, não é? – perguntei, entendendo ainda mais o motivo do susto que causei. – Todos correm perigo ficando aqui e não é justo que isso aconteça por minha causa.

– É claro que é justo – falou Pierre, sentando ao meu lado. – Não o deixaríamos em qualquer situação, mas não esqueça que você nos salvou...

– Salvei? Eu fui apanhado e ia morrer.

– Você retardou Edmond de Chambres e ainda o venceu em uma luta. Esta notícia está correndo com o vento e o deixa ainda mais sedento por encontrá-lo. Sem você, meu caro Sebah, nossos amigos não teriam chegado a tempo e muitos aqui ainda não estão preparados para voltar ao mundo espiritual.

– É bom considerar que Edmond de Chambres estava cansado quando você o enfrentou – falou um homem, sentando-se do outro lado da mesa, entre eu e Júlia, a quem eu evitava olhar.

– Como eu ia saber se ele estava ou não cansado? – perguntei, olhando para o homem e descobrindo quem era.

– Sim, o senhor não tinha como saber, mas ele estava debilitado porque lutara comigo.

– Então era por isso que estava naquele estado quando o vi? – perguntei de forma um pouco ingênua, mas sabendo que minha pergunta era repleta de sarcasmo, o que fez Guillaume Dumais, meu interlocutor, levantar e colocar a mão na bainha da espada, vazia naquele momento, porque as espadas estavam todas empilhadas no canto da cozinha. Eu não deveria ter respondido assim, obviamente, porque, apesar de ele aparentar ser arrogante, não deixava de ter alguma razão. Mas um coração dorido nos transforma.

Um mal estar circulou pelo ambiente e foi Anne quem tentou amenizar a situação.

– Todos foram importantes naquele dia para que estivéssemos aqui hoje. Se alguém requisita um mérito maior, eu o daria a Jaume, que consegui fugir a pé e correu não sei quantos quilômetros sem parar, até encontrar o grupo do senhor Grasson, que veio para nos salvar.

As pessoas da cozinha, aqueles que sobreviveram da vila herege e mais algumas que eu não conhecia, mas imagino ser do grupo deste cavaleiro chamado Grasson, olharam todos para o canto onde um jovem apontava a ponta de uma lança. Logo reconheci nele o primeiro jovem que vi correndo, com dois cavaleiros o perseguindo e fazendo chacotas da sua tentativa de fuga. Como ele conseguiu?

– Como conseguiu se livrar daqueles dois cavaleiros que o perseguiam de perto? – perguntei, tentando ainda desanuviar o ambiente.

– O senhor os viu? – perguntou Jaume.

– Vocês passaram ao meu lado, mas cada um tinha o seu motivo para não me ver.

– É verdade. Eu sabia que eles não queriam me matar. A ordem era me levar de volta para que eu queimasse na fogueira. Por isso corri na direção de um charco escondido no meio de um capinzal, onde eu havia deixado algumas lanças como estas preparadas. Os cavaleiros usavam cotas de malha, mas os cavalos estavam vulneráveis e logo atolaram na lama. Sei muito bem onde enfiar uma lança até chegar ao coração deles. Não foi assim tão difícil. Sem os cavalos jamais eles me alcançariam – falou Jaume, sorrindo, como se aquilo fosse muito simples. Simpatizei com ele.

Enquanto Jaume explicava sua aventura, Guillaume Dumais apanhou Júlia pelo braço e a levou para fora da cozinha. Saíram e junto com eles foram mais alguns *routiers*. Porém, antes que Júlia saísse, falei, muito mais para impressioná-la.

– De qualquer forma, precisamos partir e eu não quero ser um peso morto, que somente os atrasaria.

– Você irá conosco para Tolosa. – falou Pierre de Guilles, enquanto Guillaume batia a porta com mais força do que o necessário.

– Tolosa? Por que Tolosa?

– Eu tenho parentes por lá que nos acolherão. A cidade do conde Raymond[39] sempre será amigável à nossa causa. Lá todos são tratados com igualdade e é por isso que ele foi excomungado.

– Eu não posso ir à Tolosa – falei. – Preciso voltar para a abadia e enfrentar o abade Amadeu. Descobrir se Nathalie voltou...

– Se Nathalie conseguiu chegar à abadia, não está mais lá, assim como o abade... – falou Anne Crestan, baixo, e sem olhar para mim.

Havia pesar naquelas palavras e um calafrio correu por minha pele. Fiquei olhando para ela, esperando que me explicasse o que acabara de dizer, mas Anne mantinha os olhos no chão e pude ver que havia lágrimas no seu rosto.

---

[39] Raymond VI, o velho, conde de Toulouse e senhor de grande parte da Occitânia, era simpático ao movimento cátaro, bem como mantinha um grau de liberdade em seus territórios incomum para a época. Em Toulouse, os judeus eram cônsules capitulares e ajudavam a administrar a cidade. A religião era livre, o que facilitou para que a 'heresia cátara' criasse raízes em seus territórios e se infiltrasse na maioria das famílias. Segundo Dominique Baudis, no seu ótimo romance *Raimundo, o cátaro*, o conde não tinha afinidade com a guerra, preferindo sempre negociar inteligentemente as desavenças à pegar em armas. Por suas simpatias com a heresia, foi excomungado pelo legado papal, Pierre Castelnau, depois de uma discussão acalorada, em que este cobrava atitudes do conde quanto às liberdades exageradas em seus territórios. Poucos dias depois, um cavaleiro não identificado matou o legado papal quando este se preparava para atravessar o Ródano, e recaiu no conde a culpa. A morte de Pierre Castelnau foi o estopim para a cruzada contra os cátaros. O conde Raymond ainda se sujeitou a se redimir perante a igreja, sofrendo um ato de flagelação pública na catedral de Saint-Etienne (construída por sua família) e se unindo em seguida ao exército cruzado, comandado pelo legado papal Arnaud Amaury, que substituiu Pierre Castelnau. Como uma das leis da cruzada era que todos os senhores que a ela se juntassem teriam suas terras preservadas de invasões e depredações, o conde pensava que preservaria suas terras e seu povo aliando-se ao exército e ao papa. Mesmo tomando esta atitude, foi excomungado novamente mais tarde, pois em Toulouse, e em todo território occitano, nunca aplicou plenamente as exigências da igreja romana.

– Por favor, senhora Anne, o que aconteceu com o abade? – perguntei.

– O senhor Edmond estava enfurecido por ele ter mentido. Achamos que foi ideia do padre Damien. Ele foi encontrado morto em sua cela, assim como outros padres. Foi de madrugada, depois incendiaram parte da abadia... acusaram os hereges. Por isso estão nos procurando com ainda maior sagacidade.

Foi como uma explosão. Jamais eu poderia imaginar que em tão pouco tempo teria tantas vezes vontade de não ter sobrevivido. O bom abade Amadeu... ah! O bom abade. O próprio irmão permitira que ele morresse. Agora eu o entendia profundamente quando dissera que o irmão não era um homem bom. O irmão, Edmond de Chambres, meu pai, era um monstro.

Capitol vint-a-sét

Próximo a Aujac, junho de 1209.

Fabres não pôde partir como pretendia, já no amanhecer do dia seguinte. Serkan o convenceu de que não poderiam viajar com Nathalie sem correr riscos. Como ele mesmo dissera a Fabres, tiveram sorte em chegar a Aujac sem cruzar com alguma patrulha do exército. Só conseguiram porque estavam bem à frente deste. Mas agora o exército estava mais próximo e havia bandos de mercenários espalhados pelos campos e aldeias. A princípio pensaram em levá-la escondida em algum baú da carroça de viagem, mas logo entenderam que não seria nada seguro. O que eles não sabiam era que ela própria tinha a solução.

– Preciso de roupas de menino – falou, logo pela manhã, quando os encontrou discutindo o assunto. Como ela falou no meio da discussão dos dois, demorou um pouco até darem ouvidos à sua proposta.

– O que você disse? – perguntou Fabres, interrompendo Serkan.

– Eu disse que preciso de roupas de menino, senhor Fabres. O senhor Sebah me trouxe de Paris até a abadia assim. Posso cortar meu cabelo novamente, se os senhores me conseguirem uma tesoura.

– Tenho uma boa tesoura na carroça – falou Serkan, sorridente. E de que nome deveremos chamá-la, minha filha, ou filho?

– Filha! – estranhou Fabres – por que filha... e por que "minha" filha?

– E qual seria o motivo para andarmos com um menino, se ele não for filho de um de nós?

– E por que tem que ser "sua" filha, ou "seu" filho? – perguntou Fabres, ainda irritado.

– Ora, Fabres, tanto faz. Só que eu sou mais velho que você, vai levantar menos suspeitas. Como vai justificar ter uma filha na idade de Nathalie, se você nem tem pouco mais de vinte e dois anos?

– Pode ser meu filho – falou Thierry, que até aquele momento mantivera-se quieto, mas somente por não ter tido uma brecha para falar.

– Pode ser filho de qualquer um de nós – falou Serkan, alterando o tom de voz. – Que seja de Fabres, ou seu, ou de quem Nathalie decidir.

– Eu decido pelo senhor Serkan – falou Nathalie, rapidamente, causando espanto e constrangimento, ao mesmo tempo, nos outros dois. Todos ficaram quietos por alguns segundos depois do que ela decidira, até Serkan perguntar:

– Posso saber por que decidiu por mim com tanta presteza, *mademoiselle*?

– Por que o senhor Fabres é muito novo para ser meu pai e o senhor Thierry é muito diferente de mim na aparência. Já o senhor tem idade e semelhança.

– Bravo! Uma criança é mais racional que dois adultos. – falou Serkan, depois completou: – Vou agora até a cidade comprar roupas de menino e um chapéu para o... ?

– Jorge, senhor Serkan,

– ...para o Jorge – completou Serkan. – Enquanto isso, vocês preparam tudo para a viagem.

A esperteza de Nathalie, pelo menos até aquele momento, era bem maior do que os três imaginavam. Pudera! A vida havia sido rude com ela desde o começo e ela aprendera a se defender com as armas que tinha. Escolher Serkan não fora apenas uma atitude de bom senso, fora também uma tentativa de criar alguma raiz emocional no sentimento dele por ela. Nathalie já sabia que Fabres e Thierry estavam conquistados, tanto que ficaram enciumados por sua escolha, mas Serkan, embora expansivo, era frio. A conversa que ouvira na noite anterior demonstrava bem isso. Para ele, ela não passava de moeda de troca, ainda, pois tinha a esperança de conquistá-lo com o passar do tempo. As agruras da vida já a haviam ensinado a virar páginas, por mais belas e emotivas que fossem. Sebah e o abade Amadeu faziam parte do seu passado, na verdade, dos melhores dias do seu passado, mas Sebah estava morto e entendia ser impossível voltar para a abadia.

Serkan conseguiu postergar a partida de Aujac por mais uma semana, com uma habilidade rara em conseguir desculpas plausíveis a cada dia. Porém, numa madrugada quente que mostrava como seria o verão, partiram para noroeste, para chegarem ao vale do Lot e depois descerem a Tolosa.

Assim pensavam em desviar da hoste e seguirem com mais segurança. Nathalie cortara mais uma vez seu cabelo, que já estava bem crescido, sem nenhum ressentimento, colocara uma roupa um tanto grosseira e calções de menino, além de um largo chapéu de camponês.

Na madrugada anterior à que Jorge e seu grupo de protetores partia de Aujac, Guillaume Dumais, comandando um grupo de cavaleiros que protegiam hereges perigosos e acusados de mandar matar um abade e alguns padres, também partia do *château* do conde Bernard d'Anduze, não muito distante dali e com o mesmo destino: Tolosa. Por coincidência ainda maior, iriam antes até o vale do Lot, onde teriam menores chances de cruzar com o exército cruzado.

O grupo de Guillaume, bem mais numeroso, seguia por trilhas mais difíceis, fugindo sempre das estradas principais, e com batedores espalhados à frente. Como não havia cavalos nem carroças para todos, os *bons cristãos* seguiam a pé, enquanto os crentes se revezavam na caminhada, sempre intensiva. Já Nathalie, como Jorge, no outro grupo, seguia falante com Thierry, que conduzia a carroça, enquanto ela ia montada em seu cavalo, o mesmo que levara quando fugiu da vila herege, deixando para trás Sebah, supostamente morto. Fabres ia também montado em seu belo cavalo, do outro lado da carroça, mas sem conversar, e um tanto irritado com a ordem de Serkan para que Thierry conduzisse a carroça sem pressa, porque tinha medo de que a roda quebrasse novamente e não encontrassem outro ferreiro. Serkan, por sua vez, a maior parte do tempo dormia na carroça, com seu cavalo amarrado atrás da mesma.

No final do terceiro dia, Thierry parou a carroça abruptamente e ficou de pé, em alerta. Logo Serkan e Fabres emparelharam com ele, preocupados com sua reação.

– O que foi, Thierry? Sarracenos ou o exército de Alexandre? – perguntou Serkan.

– Há fumaça entre as árvores.

– Não estou vendo nenhuma fumaça.

– Então sinta o cheiro... Tem fumaça sim.

– Deve ser a casa de algum camponês, já passamos por muitas.

Thierry não respondeu. Agachou-se e tirou de trás do banco da carroça seu longo arco, passando a corda rapidamente. Mas não teve tempo nem de se posicionar em defesa. Do nada, como se fossem fantasmas que se materializavam, cinco cavaleiros saltaram da mata e os cercaram, já com suas espadas desembainhadas. Thierry ainda pensou em disparar uma flecha no cavaleiro mais próximo, mas viu que, logo atrás deste, outro cavaleiro gritava para ele, com uma besta nas mãos, pronto para disparar. Era tarde.

– Vocês estão nos seguindo há algum tempo – falou um dos cavaleiros, dirigindo-se a Serkan. – Podemos saber o que querem?

– Não os estamos seguindo, senhores. Estamos apenas viajando e sequer imaginávamos seguir alguém.

– E para aonde vão? – perguntou novamente o cavaleiro, sem desgrudar o olhar de Thierry, que mantinha seu arco armado.

– Vamos para o vale do Lot, senhor. Somos médicos e o nosso serviçal é somente um pouco assustado, mas não acertaria um cavalo a dez passos de distância com suas flechas – falou Serkan, fazendo com que Thierry soltasse um grunhido estranho, além de algumas palavras incompreensíveis em sua língua natal.

– E o que pensam fazer no vale do Lot? – perguntou agora outro cavaleiro, adiantando-se.

– Como lhes disse, somos médicos, vamos a trabalho. Na verdade, queremos chegar a Tolosa, mas o caminho mais curto está repleto de mercenários que se uniram ao exército cruzado, e eles podem ser perigosos.

– Eu conheço o senhor – falou Fabres, adiantando seu cavalo na direção do cavaleiro que falara por último. – Estava no *château* do conde Bernard quando estive lá tratando... tratando... um... doente – completou, cuidando para escolher o que dizia sem denunciar que conhecia Sebah e escondera de Nathalie que ele estava vivo.

– Fabres! Eu lembro. É mesmo médico, e sabe quem somos – falou Guillaume Dumais, olhando para os demais, depois completou: – Ele esteve tratando aquele bastardo arrogante... Não creio que sejam delatores.

O cavaleiro falou e se aproximou ainda mais da carroça, ignorando Thierry e olhando insistentemente para Jorge, que tinha o rosto quase todo coberto por um largo chapéu de palha. Thierry esticou mais a corda do arco, mas o cavaleiro não registrou seu movimento, ou, se registrou, ignorou, o que deixou o arqueiro ainda mais irritado.

– A noite está chegando e vejo que levam uma criança – falou. – Mesmo com um bravo arqueiro no grupo, não é aconselhável passarem a noite sozinhos e não há muitos camponeses dispostos a dar abrigo por aqui.

– Sabemos disso, senhor, mas estamos acostumados ao perigo – falou Serkan, entendendo onde queria chegar o cavaleiro e sabendo que, se passassem a noite no acampamento deles, certamente Nathalie encontraria Sebah e seus planos poderiam ruir. Na verdade, contava ainda encontrar uma casa onde pudesse usar o estábulo para passarem a noite, como costumavam fazer quando não estavam próximos a uma cidade. Os camponeses sempre ficavam felizes e agradecidos por poderem abrigar médicos.

– Meu nome é Guillaume Dumais e este é Benoît Grasson, meu lugar-tenente. Somos cavaleiros treinados e experientes, senhores, e não há motivo algum para que se arrisquem. Ficaríamos mais tranquilos se viessem conosco e passassem a noite em nosso acampamento, que é bem próximo daqui.

– Com certeza – falou Fabres, se antecipando a Serkan, no momento em que ele ia falar, provavelmente improvisando uma desculpa. – Assim terei a oportunidade de rever meu paciente.

– Isso não será possível, senhor. O bastardo, querendo parecer um herói, partiu hoje pela manhã.

– Partiu? – perguntou Fabres, estranhando que Sebah pudesse viajar tão rapidamente. – Posso saber para onde?

– É melhor perguntar diretamente para a mãe dele, senhor. Os assuntos referentes a essa pessoa não me dizem respeito. Além do mais, se perdermos tempo conversando, a noite cairá e uma estrada não é um lugar seguro para uma criança, mesmo com cavaleiros para protegê-la.

– Ah, sim! Será uma honra para nós – falou Serkan, aliviado com a ausência de Sebah e imaginando que ninguém poderia ligar o menino Jorge com a menina Nathalie.

– Então peça para o seu arqueiro baixar a arma, pois estamos entre amigos.

Capitol vint-a-uéch

Abadia de Fontenay, julho de 1209.

O abade Amadeu estava morto e a maldita seta da besta continuava a se fincar no meu peito, a cada momento. Mesmo muito fraco, no segundo dia depois que deixamos o castelo do conde Bernard d'Anduze, eu e Jaume, de quem fiquei amigo muito rapidamente, partimos para a abadia, na esperança de que tudo fosse uma grande mentira. Não era, e eu sabia desde o princípio que não era, mas também precisava fugir de Júlia e seu marido.

Na abadia, os padres sobreviventes estavam desesperados de tristeza e ódio contra os hereges, que invadiram uma das alas na madrugada, amarraram o abade em sua cama e atearam fogo. Um lado da abadia estava destruído e mais três padres morreram queimados, além do padre Honoré, o secretário do abade, que estava desaparecido e supunham ter sido sequestrado pelos assassinos.

– Foi o que sobrou dele – falou o padre Renné, o mais velho da abadia e o mais provável futuro abade, entregando-me um anel de prata enegrecido, que reconheci de imediato.

O abade Amadeu gostava de tirar este anel do anular e rodá-lo entre os dedos, quando meditava sobre assuntos intrincados. Muitas vezes o vi, sentado à frente da mesma janela onde tivemos a nossa última conversa. Era um anel simples, largo, com uma plataforma quadrada e uma cruz occitana[40] em baixo relevo sobre ela.

[40] ... também chamada de cruz de Forcalquier, cruz de Languedoc ou cruz de Tolosa – é o símbolo da Occitânia. Deriva das armas dos condes de Tolosa, dos marqueses da Provença e, antes disso, provavelmente dos senhores de Forcalquier, nessa região. É utilizada para representar a língua e a cultura

– Creio que ele gostaria que ficasse com você – falou o padre Renné, com lágrimas nos olhos e, depois de alguns segundos, completou: – já que você era seu sobrinho...

Cruz occitana

– O senhor sabia?

Ele apenas abaixou ligeiramente a cabeça, para que eu entendesse que era uma resposta óbvia. Fiquei olhando para o anel e rodando-o nos dedos por algum tempo, como ele fazia, depois descobri que também servia no meu anular. Era uma lembrança do bom abade Amadeu, que ficaria sempre comigo.

– Como sabem que foram os hereges? – perguntei.

– Parece que foi uma vingança, não sabemos ao certo. O padre Damien, que acompanhava o cavaleiro Edmond de Chambres, nos disse que foi o abade que informou a localização da vila dos hereges.

– E porque ele faria isso, se os hereges nunca nos incomodaram?

– Ele prestou um serviço à igreja. É nossa obrigação defender a verdadeira fé. Veja do que são capazes, mataram-no. Os que sobreviveram ao ataque de Edmond de Chambres agiram por vingança.

– E foi o padre Damien quem falou isso?

– Eles deixaram sua marca na porta da abadia – falou o padre Renné, tirando de dentro do manto um medalhão de ferro e me entregando. – Estava pendurado em uma faca cravada na porta...

Era um medalhão um tanto envelhecido e enferrujado. Havia o desenho de um pombo, em relevo, se destacando em um dos lados do medalhão. O símbolo do Espírito Santo; o símbolo dos *bons cristãos*. Era um lindo trabalho, sem dúvida, mas, o que ele realmente provava? Ficou evidente que meus amigos padres estavam sofrendo com as perdas e aceitando o caminho mais fácil para achar um culpado. Ficava evidente que o padre Damien os induzira a acreditar que foram os hereges que praticaram o crime e que ele ainda espalharia essa mentira no vento do ódio que nutria pelos *bons cristãos*. Se muita gente acreditava que os hereges eram devassos e que matavam os filhos quando nasciam, porque não acreditariam naquilo?

O que eu poderia fazer diante desta calúnia? Contestar, falar que estavam errados, que os hereges foram vítimas e não vilões? Contar que eu estava com eles? Não podia. Além do mais, de nada adiantaria. Eu soube

occitanas, sendo geralmente usada como um emblema regional. A cruz de Tolosa é utilizada por certas comunas territoriais que uma vez formaram parte do território correspondente ao da antiga comuna de Tolosa: Midi-Pyrénées,Languedoc-Roussillon e os Altos Alpes. Em heráldica, a cruz occitana é descrita como uma cruz com os 'braços' voltados para fora, 'vazia' (não-preenchida) e dourada. (Ginouillac, Raymond. *La croix occitane : Histoire & actualité*.)

que o padre Damien visitou o abade Amadeu, acompanhando Edmond de Chambres, um dia antes da tragédia. Eu soube que, no mesmo dia da morte do abade, meu pai seguiu com o exército cruzado e deixou o padre Damien na região, com o compromisso de me localizar e a Nathalie. Estava claro quem armara aquela execução e com qual intuito. Ele tinha tal ódio pelos *bons cristãos* que seria capaz de qualquer coisa. E foi. Padre Renné me contou que Damien era nascido em Arles, filho de um rico comerciante e que muito jovem, devido a sua inteligência e vivacidade, tornara-se conhecido de muitas figuras importantes da época, tanto do clero quanto da sociedade. Devido a isso, sempre mantivera contato com a região e com a abadia. Além do mais, suas catarses e fanatismo o levaram a ter uma fama mística dentro do clero. Jamais duvidariam de sua palavra.

Padre Renné estava tão entristecido com os fatos que levantou e me deixou sozinho, sem dizer mais nada. Deixou comigo o medalhão e, como não me disse que não era para ficar com ele, fiquei.

Eu e Jaume passamos a noite na abadia e os padres se preocuparam muito com meu estado. Felizmente o padre Damien não contou nada a meu respeito, provavelmente porque seria injurioso à honra de Edmond de Chambres ter me agredido, sabendo quem eu era. Os padres também queriam saber o que acontecera com Nathalie e contei a eles que fomos atacados por ladrões, que a levaram pensando em pedir algum resgate. Pensaram que eu estava morto e me deixaram para trás. Naquela altura, eu não confiava em mais ninguém, nem mesmo naqueles velhos amigos, que estavam ensandecidos e totalmente esquecidos dos preceitos cristãos. Queriam vingança, somente. Como não pegariam em armas, esperavam que os cruzados pudessem se vingar por eles, extinguindo a heresia.

Na madrugada seguinte, partimos antes mesmo que os padres acordassem para os ofícios. Seguimos calados até que o dia começasse a desmanchar as sombras da noite. Jaume, mesmo tão jovem, se mostrava um amigo especial, daqueles que sabiam fazer silêncio nas horas certas. No caminho da vinda, eu havia contado minha história, embora ele já a soubesse quase toda. Mesmo que não estivesse presente quando foi revelado que eu era filho de Anne e Edmond, o assunto foi muito comentado nos dias seguintes. Então ele entendia a minha dor, e seguia quieto. Obviamente, não falei sobre Júlia e como a conhecia.

No final do dia, conseguimos nos instalar no celeiro de uma família de camponeses, profundamente entristecidos por terem dois filhos compulsoriamente alistados pelo exército cruzado. Gentilmente nos cederam o abrigo, além de nos oferecerem pão e queijo para comermos. Somente depois da refeição, onde mal mastiguei um pedaço de pão, é que falei, já cansado de tanto pensar no passado e tentando encontrar alguma luz para o futuro.

– De onde você vem, Jaume? Como foi que se juntou a essa loucura de defender hereges?

– Eu servia ao senhor de Baux, ou melhor, meu pai servia a Hugh de Baux. Eu era um pouco mais que uma criança quando meu pai morreu.

– Você ainda é uma criança – falei –, embora se comporte melhor que muitos adultos...

– Já tenho dezessete anos, senhor Sebah.

Sorri do seu comentário. Mas ele estava certo, porque, com essa idade, centenas de jovens estavam se juntando ao exército cruzado. Vendo que ele ficara um pouco chateado por tê-lo julgado ainda uma criança, falei:

– Se já tem toda essa idade, não precisa me chamar de senhor. Apenas Sebah, meu amigo, afinal, não sou tão mais velho que você. E agora continue, quero saber mais da sua vida.

– Dizem que minha mãe morreu quando nasci, então fiquei sozinho quando meu pai também morreu – falou Jaume, puxando um camafeu que estava pendurado em seu pescoço e o beijando.

– Lembrança da sua mãe? – perguntei.

– Era dela... falaram que o senhor Hugh daria um destino a mim, mas ele estava muito ocupado com outros problemas para se preocupar com uma criança sozinha no mundo. Então Guillaume me levou com ele... e me ensinou a lutar – falou, guardando o camafeu.

– Ele era seu parente?

– Guillaume era meio-irmão do meu pai, então é meu tio. Ele é um bom homem.

Não gostei da referência ao marido de Júlia. No pouco tempo em que fiquei perto deles, percebi que Guillaume era amado pelos seus, embora fosse arrogante e orgulhoso. Mas eu estava com ciúmes. Eu estava com um ciúme tão grande que parti. É claro que eu queria notícias do abade, mas, muito mais do que isso, eu queria fugir. No fundo do coração, eu já sabia que o abade estava morto. Minha própria mãe me alertara disso.

– Como seu pai morreu? Ele era da guarda do senhor de Baux? Foi em alguma batalha? – perguntei, mais para continuar o assunto e não pensar em Júlia e seu marido, embora já tivesse percebido que Jaume não estava muito à vontade falando do seu passado.

– Ele havia sido ferido na perna em uma batalha, por isso coxeava e estava lento demais para continuar lutando. Então o colocaram para vigiar o portão da cidade. Ele foi morto por um homem que o agrediu e sequestrou a filha do senhor Hugh.

Jaume falou aquilo com calma e simplicidade. Confesso que demorei algum tempo até raciocinar adequadamente sobre o que ele acabara de me dizer e, quando entendi que eu havia matado seu pai, fiquei perplexo.

– Você não sabe quem matou seu pai?

– Um homem que depois foi capturado e julgado. Disseram que era inocente e não duvido. Meu pai não era uma pessoa que se possa lembrar com saudade. Quando o julgamento aconteceu, eu já não estava mais no castelo. Guillaume me levara para o seu acampamento, onde agregara outros cavaleiros. Ele havia se desentendido com o senhor Hugh, que o expulsou da cidade.

– Então você não chegou a conhecer o homem que matou seu pai, mesmo quando ele foi preso? Guillaume não contou a você quem era?

– Não. De certa forma, eu estava feliz com minha liberdade. Depois, quando o senhor Hugh expulsou a filha de casa e Guillaume a trouxe consigo, a vida ficou ainda melhor do que era, por isso não fiz perguntas. Ela era muito gentil comigo, enquanto que Roger Luvison não era uma pessoa muito fácil de conviver.

– Roger Luvison?

– Meu pai...

Eu havia esquecido do nome do homem que matei. Também, fora falado tão poucas vezes naquele julgamento. O que queriam era saber se eu e Júlia havíamos dormido juntos, só isso.

Jaume falava apontando uma lança. Parecia que apontar pedaços de pau era o que mais gostava de fazer. Ele era um pouco mais alto que eu e tinha o rosto redondo e pequeno se comparado aos seus ombros largos. Uma barba pouco cerrada que formava tufos espalhados dava a ele uma jovialidade ainda maior do que já tinha. Seus cabelos eram claros e compridos, amarrados atrás da cabeça, e seu um sorriso era gentil. Ele falava baixo e sem tristeza, como se aquilo que me contava não lhe causasse nenhum transtorno, embora falássemos da morte do seu pai e de abandono. Eu, que já simpatizava com aquele jovem, e que também era ainda muito jovem, estava atônito, e cada vez o valorizando mais.

– Então não sente raiva dele?

– Dele quem? – perguntou, me olhando e parando de cortar a ponta da lança.

– Do homem que matou seu pai.

– Não tive tempo para sentir raiva, senhor Sebah. Além do mais, se o julgaram e o soltaram, quem sou eu para contrariar? Acho que, se o encontrasse, não perderia uma das minhas lanças com ele...

Silêncio. Um longo silêncio. Jaume, filho do homem que matei. Silêncio.

– Você falou que o pai de Júlia a expulsou de casa... Sabe o motivo?

– Foi algum tempo depois de Roger Luvison ter morrido. Ela estava grávida, e solteira. Para o grande senhor Hugh de Baux, isso era uma vergonha.

Pulei de onde eu estava. Foi uma atitude reflexa, impensada, que assustou Jaume. Grávida? Júlia estava grávida pouco tempo depois? Quanto tempo depois?

– Quanto tempo depois?

– O senhor me assustou. Não sei, acho que uns quatro cinco meses depois, ou seis... quando o senhor Guillaume a trouxe, já tinha barriga...

– E o que aconteceu com essa criança?

– Ah! Senhor Sebah, foi triste... e foi por isso que partimos da região em busca da vila da senhora Anne Crestan. Logo que a criança nasceu, o senhor Hugh ficou sabendo que era um menino. O acampamento já estava se tornando uma pequena cidade, porque as pessoas se sentiam seguras perto dos cavaleiros, mas foi todo destruído. Parecia que todo o exército de Les Baux estava lá. Levaram a criança e tivemos que fugir. A senhora Júlia chorou por muitos dias... muitos dias...

– Você conheceu a criança?

– Sim, eu era muito próximo a eles... até a segurei no colo algumas vezes...

– E como era? Como era o menino? Era parecido com Guillaume?

– Crianças são todas iguais, no começo todas têm cara de joelho – respondeu Jaume, rindo.

Eu comecei a me revoltar com o tempo. As horas eram vilãs covardes. A cada hora que passava eu encontrava mais um motivo para preferir que aquela seta de besta tivesse acertado meu coração. A cada hora que passava eu tinha mais uma notícia que me causava desespero. Agora acabara de descobrir que Jaume era filho do homem que matei. Agora eu descobrira que Júlia tivera um filho logo depois de termos dormido juntos, o que escondi tão bem de todos para preservar sua reputação. Agora eu acabara de descobrir que eu tinha um filho, porque ninguém mais do que eu podia ter certeza de que fui o primeiro homem dela.

A noite passou e eu a vi inteira. A primeira claridade do dia me encontrou pensando em Júlia e meu filho. Só podia ser meu filho, porque Hugh de Baux, depois que trouxe a filha de volta para a cidade, não permitiria que esta se encontrasse com Guillaume novamente. Então era por isso que eu sentia em seu olhar uma profunda mágoa. Não era apenas uma antipatia gratuita. Ele sabia. Não podia deixar de admirá-lo por estar com Júlia mesmo assim, e já tinham até mais uma criança.

Quando Jaume acordou, eu já estava com os cavalos preparados. Assustou-se quando me viu montado.

– Vamos, seu preguiçoso, temos um longo caminho pela frente. Poderá comer um pedaço de pão enquanto cavalgamos.

– E por que a pressa? Tolosa não vai mudar de lugar...

– E quem disse que vamos para Tolosa?

– Não? E para onde vamos então?

– Ora, não tem saudade de Les Baux?

– Les Baux? Está louco? O que eu iria fazer lá? Além do mais, eu lutei contra o exército do senhor Hugh e posso ser reconhecido. Mas o que quer em Les Baux?

– Quero saber o que aconteceu ao filho de Júlia. A cidade é movimentada, nem notarão nossa presença.

– E por que quer saber sobre o filho de Júlia?

– Apenas uma retribuição por terem salvado minha vida. Eu sei que é longe de onde estamos, mas será um presente para Júlia e Guillaume. Tenho certeza de que uma mãe nunca se esquece de um filho. Mas estamos perdendo tempo. Antes do anoitecer já quero estar bem perto de Les Baux.

Capitol vint-a-nóu

Nas margens do Lot, julho de 1209.

– Nós somos cristãos, apenas isso, e tentamos viver como os primeiros cristãos – falou Pierre de Guilles a Serkan, sentado ao lado de uma fogueira à margem do rio Lot, na terceira noite em que acompanhavam o grupo de hereges que iam a Tolosa, e houve um momento de silêncio depois de suas palavras. Serkan já havia decidido que seria a última noite, pois Sebah poderia chegar à qualquer momento e estragar seus planos.

Várias pessoas se reuniam ao redor do fogo e já conversavam sobre o assunto desde que escurecera. Quando entardecia, ele e Anne haviam celebrado um culto e explanado sobre a vida de Jesus, convocando os ouvintes a uma vida simples e voltada para o bem. Depois da refeição, eles sentaram para conversar e foi Serkan quem mais fez perguntas, embora ficasse bem evidente que estava apenas testando os conhecimentos dos dois *bons cristãos*, já que parecia saber as prováveis respostas.

Pierre de Guilles era de poucas palavras no dia a dia, porém, mostrava-se um orador entusiasmado durante os cultos, ou quando era inquirido sobre a vida de Jesus. Aquele homem alto e de rosto magro, vestindo seu manto negro de tecido grosseiro, amarrado por um cordão na cintura, trazia na expressão o resumo de uma vida de sacrifícios. Anne sabia do seu passado, pois foi ele que a seduziu pela nova ideia, quando abandonou a identidade de Cécile Chermont e assumiu novo nome e nova religião. Eram apenas crentes neste tempo e chegaram a viver como marido e mulher, porém, abandonaram as aspirações da carne ao serem iniciados como *bons cristãos*, optando pelo celibato.

A luz que batia no rosto delicado de Anne mostrava que ainda era muito bonita, mesmo com a vida de restrições que levavam. Também era fácil perceber que a beleza física não era mais importante para ela, que respondia as perguntas de Serkan com firmeza e simplicidade.

– Mas, que eu saiba, o Cristo não falou, em nenhum momento, sobre um Deus bom e um Deus mal, como vocês pregam. Se são cristãos, não deveriam seguir estritamente a Cristo? – perguntou Serkan. Novamente sua pergunta era cheia de armadilhas.

– Você conviveu com o Cristo, no tempo em que ele esteve na terra e falou com os homens? – perguntou Anne, fazendo com que Serkan apenas sorrisse, já se sentindo desarmado. – Se daqui a um ano algum de nós tentar escrever a conversa que estamos tendo agora, o texto será fiel, palavra por palavra? – perguntou novamente.

– Então foi o Cristo quem disse que há um Deus bom e um Deus mal, e isso passou despercebido pelos evangelistas? – insistiu Serkan, agora abrindo as mãos e fazendo uma expressão de espanto, para depois continuar: – Foi ele quem disse que tudo que é da matéria é mal, então não pode ter sido criado por um Deus bom?

– Cristo disse que devemos amar a Deus sobre todas as coisas e ao próximo como a nós mesmos – respondeu Pierre, com sua habitual serenidade. – Aquele que não age assim é porque pensa mais em si do que no próximo e menos ainda em Deus. Desta forma, por seu egoísmo e por escolhas erradas, que por certo fará, acabará por causar transtornos e dificuldades aos seus irmãos. Esses transtornos e dificuldades, principalmente se forem causados a pessoas que agem num mesmo nível de pensamento, formarão um ciclo de ação e reação onde o erro ou a maldade precisará ser trabalhada, assumida, perdoada, até que se torne novamente bondade. Então, meu caro Serkan, por mais que você tente deturpar nossos conhecimentos, mesmo com o intuito de nos testar, se existe o mal, ele é criado por nossas próprias atitudes. Tudo mais são especulações, que geram discórdia e preconceitos inúteis.

Serkan já tinha a boca aberta para argumentar, mas as últimas palavras de Pierre o silenciaram. Como a pergunta não veio, Pierre continuou:

– O bem e o mal! Quem sabe exatamente o que é um e o que é outro? Deus teria, por exemplo, criado o fogo como um dos elementos primordiais da vida. O fogo aquece as noites geladas, funde os metais, purifica, ilumina, fornece o calor necessário à vida. No entanto, esse mesmo fogo serviu à crueldade para queimar vivos seres humanos tidos como heréticos. Seria este último um fogo diferente, criado por uma entidade diferente? O aço da enxada não é o mesmo do punhal? O alimento suficiente que nutre não é o mesmo que mata pelo excesso? Da flor que embeleza e perfuma não pode ser tirado o veneno que mata? A luz solar que ilumina o bom é diferente e vem de fonte diversa da que ilumina e aquece o mau? Se todos se salvam, ou seja, chegam aos patamares cada vez mais próximos da perfeição, a própria condição de ser mau é passageira, é impermanente, transitória, mero estágio evolutivo. A prática do bem tende, portanto, para a ordem, a harmonia, a estabilidade e a pureza, quando o ser espiritual não precisará mais do renascimento em novo corpo para reaprendizado e resgate corretivo.

Serkan sorriu discretamente da explanação de Pierre de Guilles, satisfeito pelo discurso e por este ter conduzido o assunto a parâmetros mais elevados. Por isso continuou em silêncio, no fundo absorvendo o conhecimento, tão bem aplicado, e deixando de lado seu habitual cinismo. Aproveitando o minuto de silêncio de Serkan, Fabres, entusiasmado com o assunto, perguntou:

– E seu eu quiser me tornar um *bom cristão*? E se eu quiser ser um iniciado, o que devo fazer?

– Amar a Deus sobre todas as coisas e ao próximo como a si mesmo – respondeu Anne, com um sorriso. – A partir deste pensamento, iniciará uma profunda modificação na sua maneira de viver. Precisará aprender as escrituras, estudar, e estudar, e estudar. Precisará abster-se de alimentos impuros para poder passar pela *endura,* através do jejum. Não poderá mais mentir, jamais, nem nunca fazer qualquer tipo de juramento, porque quem não mente não precisa jurar. Deverá se condicionar ao celibato, até ter a condição de receber o *consolamentum*, e, aí sim, tornar-se um *bom cristão*. Como vê, meu amigo, é um longo caminho.

– *Endura e consolamentum*! Meu mestre falou sobre isso, mas confesso que, na época, não dei a devida atenção.

– A *endura* é o período final de purificação, onde o futuro iniciado passará por um jejum de quarenta dias, se preparando para o batismo pelo fogo; o *consolamentum*, que é a sua própria morte em relação ao mundo corrompido dos homens, e renascimento para o mundo puro do espírito, para onde pretendemos ir depois desta vida.

– Ir e não voltar mais? – perguntou Serkan, mas agora sem a malícia das perguntas anteriores.

– Não voltaremos mais somente quando não tivermos mais nenhum erro a reparar, Serkan, e é esse nosso principal propósito – continuou Anne. – Por isso tentamos levar uma vida correta, para encurtar ao máximo este caminho.

– E é por isso que são contra o casamento e a procriação, para que as portas deste mundo de erros sejam definitivamente fechadas? – insistiu Serkan.

– Eu vejo que o amigo faz perguntas oportunas para que todos aprendam, embora já saiba perfeitamente as respostas – falou Pierre. – Ainda vou querer saber onde aprendeu tanto sobre nossas crenças, mas, agora, respondendo ao que perguntou, é melhor lhe dizer que não somos contra o casamento e a procriação, embora nossos adversários da igreja romana usem tanto este assunto para nos denegrir. Eles são mesmo necessários e permitidos aos crentes, aqueles que ainda não foram iniciados, para que existam as tais portas, imprescindíveis aos que ainda não se desprenderam de todo o erro e de todas as impurezas morais, para que possam voltar para uma nova tentativa de acerto, através de um novo corpo físico e de uma nova vida no mundo material. Mesmo nós, os iniciados, podemos ter de voltar e, sendo assim, precisaremos de corpos físicos. Mas o mundo dos espíritos perfeitos deverá ser sempre a meta a alcançar.

– Obrigado, Pierre, pela ótima explicação. Sua capacidade de síntese me surpreende – falou Serkan, com tanta sinceridade que causou algum espanto em seus amigos, que já o conheciam. Thierry, que ouvia tudo com profundo interesse, pois sempre julgou que os hereges eram poderosos mágicos, chegou a fazer um dos seus habituais comentários em uma língua estranha, mostrando surpresa com a colocação.

– Não o considero assim, tão presunçoso, caro Thierry – falou Pierre, com um raro sorriso nos lábios.

– O senhor entende minha língua? – perguntou Thierry, falando no dialeto da tribo onde nasceu.

– Algumas palavras me escapam, porque foi na juventude que viajei para o norte, mas ainda consigo me comunicar. Foi no norte que comecei a aprender o que procuro ensinar hoje – respondeu Pierre, no dialeto do espantado Thierry.

– Oh! Há quanto tempo não ouvia alguém falando assim – falou, abrindo os braços e se agitando, fazendo com que Jorge, ou Nathalie, que dormia com a cabeça recostada em seu ombro, acordasse.

Fabres, como médico, alegara que Jorge sofrera recentemente com uma doença na garganta, por isso não podia falar, mas estava em recuperação. O argumento era o mesmo já usado por Sebah, quando a trouxe de Paris, por isso Nathalie sabia do seu bom resultado. A situação, porém, era um incômodo para Serkan, principalmente e, por isso, não pensava passar mais um dia junto com o grupo. Na manhã seguinte, pretendia partir por outro caminho, alegando algum encontro em cidade próxima, mesmo sabendo ser bem mais perigoso viajarem sozinhos. Até aquele momento fora uma sorte o nome de Sebah não ter sido mencionado, ou, quando foi mencionado, Nathalie não estar presente, pois Serkan a mantinha quase o tempo todo afastada de Anne.

Alguns crentes, bem como alguns cavaleiros, aproveitaram o momento e começaram a se levantar, deixando claro que era hora de se acomodarem para a noite de sono. O acampamento ficava em um platô rochoso à margem do Lot e estavam a norte de Albi, o principal centro herético da região e bastante vigiada pelos membros da igreja romana. As margens do Lot eram entrecortadas por altas pareces de arenito, com muitas cavernas naturais, grandes o suficiente para abrigarem os viajantes, sem que tivessem que armar suas tendas. Todo o vale do rio era belíssimo.

Pouco depois que a reunião acabou, o grupo de Guillaume chegou de sua ronda ao acampamento, e este foi conversar com Pierre e Anne.

– Todos podem dormir com tranquilidade. Não há perigo ao redor e o exército cruzado está muito distante daqui.

– Não há mercenários na região? – perguntou Anne.

– Se existir algum mercenário, será esperto o suficiente para fugir do nosso grupo. Por isso todos podem descansar em paz e é bom que o façam logo, porque amanhã pretendemos começar a descer na direção de Tolosa. Em dois ou três dias deveremos estar lá. Então vocês estarão mais seguros e nosso grupo poderá procurar trabalho junto ao conde Raymond.

– Meu bom amigo, nos perdoe por ainda não o termos comunicado – falou Anne. – Não poderemos ir diretamente à Tolosa. Precisamos alongar um pouco nossa rota e encontrarmos um velho amigo nas proximidades de Saint Cirq.

– Posso saber quem é e qual o motivo desse encontro? Saint Cirq é uma cidade movimentada, além de ser uma das principais rotas comerciais de quem vem do norte em direção a Albi, onde há muitos espiões da igreja.

– É um velho amigo e defensor da nossa causa, embora ainda não tenha se desligado da igreja romana. Mas não é somente por isso que precisamos encontrá-lo. É necessário informá-lo da morte do irmão, fato que, provavelmente, ainda não sabe, pois tem vivido muito isolado em sua caverna, nestas margens rochosas do Lot.

– Irmão? – perguntou Guillaume.

– Sim, irmão. Nós vamos encontrar Jöe de Chambres, irmão do abade Amadeu, supostamente morto por nós, os hereges, na abadia de Fontenay.

Quando ouviu o nome do abade e da abadia, Nathalie, ainda sonolenta, mas já em pé, sobressaltou-se, enquanto Fabres e Serkan se inquietavam.

– Vocês conhecem o abade Amadeu? – perguntou, falando pela primeira vez uma frase inteira, e causando algum espanto, com sua voz evidentemente feminina.

– Sim – falou Anne –, o conhecemos muito bem. É um velho amigo, e protetor.

– E ele está morto? – perguntou novamente Nathalie, já com a voz embargada pelo choro e tirando seu grande chapéu da cabeça, numa atitude impensada e mostrando seus cabelos loiros mal cortados.

– Oh! Mas é uma menina! – falou Anne. – E, se conhece o abade, só pode ser Nathalie, a quem Sebah protegia.

Nathalie ficou perplexa por alguns instantes, por perceber que se revelara e isso irritaria seus amigos, mas agora era tarde. Além do mais, aquelas pessoas tão boas conheciam o abade e conheciam a Sebah, que ela também imaginava morto.

Anne aproximou-se e a abraçou com carinho, enquanto olhava para Serkan e Fabres, esperando uma explicação. Como esta não veio de imediato, e diante das lágrimas da menina, falou:

– Sebah está muito preocupado com seu desaparecimento. Vai ficar muito feliz ao encontrá-la.

– Sebah? – perguntou Nathalie, com ainda maior espanto. – Então ele não morreu naquele dia?

– Ah! Mas é claro! Você o aguardou e ele não voltou, então pensou que estivesse morto.

– Eu fui atrás dele, senhora. Eu vi quando foi atingido... e morreu.

– Oh! Pobre menina! Ele não morreu. Foi por muito pouco, mas está vivo, e ficará feliz por encontrá-la. Não é mesmo, senhor Fabres?

– Estávamos levando-a a Paris, para entregá-la ao...

– Meu caro Fabres, teremos tempo para falar sobre isso em outra oportunidade – atalhou Anne. – Agora precisamos cuidar desta menina, que pensei que se chamava Jorge, embora já estivesse mesmo desconfiada de que não era um menino.

– A ideia foi minha, senhora. Fiz isso porque procuram uma menina e não um menino. Não os queira mal, porque salvaram minha vida e são boas pessoas. Mas onde está Sebah?

– Ele foi para a abadia de Fontenay. Não queria acreditar que nosso amigo Amadeu estava morto. Mas não se preocupe, logo ele estará de volta.

– Mas, como ele vai nos encontrar se não paramos? Ouvi a senhora dizer que vamos encontrar o irmão do abade...

– Sim, vamos encontrar Jöe de Chambres, que ainda não sabe da morte do abade, minha querida, e devemos avisá-lo. O abade Amadeu tinha dois irmãos, sendo que ele era o mais velho dos três. O mais novo é conhecido pelo nome de Jöe, e o do meio se chama Edmond. É este que devemos encontrar. Mas Sebah já sabe do nosso itinerário, então nos encontrará.

– A senhora falou que ele ainda pertence à igreja – falou Guillaume, se aproximando. – Não seria perigoso? Ele não poderia nos denunciar? Afinal, somos procurados como criminosos.

– Não, não... Jöe de Chambres nos admira e nos defende. Ele sabe que é uma grande mentira qualquer crime imputado a nós. Além do mais, só não fez sua iniciação porque o coração o traiu. Coitado, apaixonou-se pela mulher com a qual vive atualmente. Obviamente, tem tanto motivo para se esconder, quanto a nós. Por isso, não se preocupem. Agora vamos todos dormir, e Nathalie dormirá comigo. Acredito que os senhores não se importarão – completou Anne, olhando para Serkan e Fabres.

– Em absoluto, senhora. Ao seu lado estará muito mais protegida do que conosco.

Thierry balbuciou uma frase em seu dialeto, e Pierre de Guilles, sempre de poucas palavras, bateu em seu ombro e falou:

– Tem toda razão.

Capitol trenta

Les Baux, julho de 1209.

Nossa estadia em Les Baux foi bem mais curta do que imaginávamos, e bem menos arriscada. Os prenúncios da guerra e a passagem de um exército tão grande pelas proximidades fez com que todos os senhores aumentassem a vigilância em suas cidades e castelos. Mercenários de todas as índoles circulavam pela região em busca de saques ou qualquer oportunidade de se apoderar do que não lhes pertencia. Desta forma, a segurança na entrada de Les Baux estava reforçada. Meu amigo Jaume sabia que era no final do dia que o movimento de entrada na cidade aumentava, por isso esperávamos que a fiscalização fosse menos rigorosa. Havia uma fila de pessoas e carroças um pouco antes do escurecer, e foi quando tentamos entrar. Porém, e de forma inusitada, a informação que eu procurava veio até nós, antes mesmo de entrarmos na cidade.

Quando estávamos próximos ao portão, um tropel de cavalos se fez ouvir, subindo pelo íngreme caminho e as pessoas tiveram que se apertar para que não fossem jogadas para o penhasco fora da estrada pelos cavaleiros que chegavam. Eram homens do exército do senhor Hugh e cheguei a reconhecer aquele que me prendeu quando eu entrava na abadia, levando Júlia comigo, alguns anos antes.

A passagem dos cavaleiros causou grande burburinho e muitas pessoas protestaram pela truculência dos soldados. Na carroça bem à nossa frente havia uma mulher que já falava muito antes de os soldados passarem e que agora parecia uma máquina de falar, despejando reclamações e impropérios de todos os tipos. Depois do primeiro acesso de fúria e já tentando se acalmar, ainda resmungou umas palavras que me deixou sobressaltado:

– A consciência do senhor de Baux deve estar pesando toneladas e chego a ter pena destes truculentos que sofrem com suas ordens. Imagine o senhor – falou, puxando conversa comigo – que estes homens que quase nos derrubaram para fora da estrada foram e voltaram a Béziers em apenas três dias. Devem estar exaustos e famintos, mas, o que é muito ruim para eles, é que o pequeno Ruy não estava com o grupo.

– Ruy? – perguntei. – Quem é Ruy?

– O senhor deve ser de bem longe para não conhecer o neto do senhor de Baux. Ruy é o filho de Júlia, a filha bastarda do senhor Hugh que foi banida da cidade por tê-lo tido sem estar casada.

A sensação que tive ao ouvir o nome do meu provável filho foi estranha. Até aquele momento eu não tinha nem pensado em saber o seu nome, como se ele não tivesse nenhum passado e seu futuro fosse apenas aquele que eu, presunçoso, poderia oferecer. De repente, a realidade de ele ser neto do senhor de toda Provence, caiu sobre mim como uma rocha. Mesmo que Júlia fosse uma filha bastarda, quem era eu, afinal? O que eu poderia oferecer além de uma vida incerta? Ingenuamente eu pensava que bastaria falar a ele que era meu filho para que se atirasse em meus braços. Possivelmente o fato de eu ter passado uma infância sem pai, e sonhasse com algo assim, me levou a crer que com ele seria a mesma coisa. E se não fosse? Provavelmente não seria.

A mulher continuava a falar sem parar, mas eu nem mais a ouvia. Porém, de repente eu lembrei que ela dissera que o senhor de Baux deveria estar com a consciência pesada por algum motivo, provavelmente relacionado ao seu neto.

– Por que Hugh de Baux estaria com a consciência pesada? O que ele fez ao neto? – perguntei, interrompendo a mulher, que continuava a reclamar de tudo que a cercava.

– Então não sabe que ele o mandou para Béziers e que a cidade está sitiada pelos cruzados? Ora, em que mundo você vive?

– E por que o mandou para lá? – perguntei, sem dar muita atenção aos comentários dela.

– E eu vou saber? Posso saber muita coisa, mas entender a cabeça de um poderoso senhor, quem consegue? Alguns dizem que ele mandou o pequeno Ruy para ser criado e educado por um primo que é padre em Béziers, mas o comentário mais comum é que cada vez que ele via o menino lembrava-se da filha e seu coração sofria. Sabe-se lá! Agora mandou buscá-lo, mas a cidade está cercada. Eu sei tudo isso porque tenho um parente que faz parte da sua guarda pessoal...

– Béziers está cercada?

– É o que o meu parente voltou dizendo. Ele veio ontem com mais alguns companheiros para avisar o senhor de Baux. Estes que chegaram agora devem ter ficado para encontrar uma maneira de entrar na cidade e tirar de lá o pequeno Ruy. Ao que parece, não conseguiram. Dizem que Arnauld Amaury, o legado papal, ordenou que a população da cidade entregasse todos os hereges para assim serem salvos, mas ninguém deu ouvidos. Preferiram fechar os portões e resistirem ao cerco. O senhor sabe como é, tem herege para todo lado, mesmo por aqui eles estão infiltrados, mas, quem pode querê-los mal? Só fazem o bem, vivem do pouco, ajudam os outros como podem, enquanto que os padres, que vivem na abastança, só pensam em tirar nosso dinheiro. Se eu morasse em Béziers, faria a mesma coisa.

– E a senhora tem certeza de que o neto de Hugh não foi retirado da cidade?

– E por acaso você viu alguma criança com os cavaleiros que acabaram de passar? Foram dez cavaleiros para Béziers representando o senhor de Baux. Quatro voltaram ontem, entre eles meu parente. Os outros seis acabaram de chegar, e sem a criança.

Fiquei alarmado com o que acabara de ouvir. Se os demais chefes cruzados se comportassem como meu pai, Edmond de Chambres, ninguém estaria verdadeiramente seguro.

Estávamos muito próximos do portão da entrada da cidade quando montei meu cavalo e me surpreendi ao ver que Jaume já estava montado, como se me aguardasse. Com alguma dificuldade voltamos pelo caminho, abarrotado de pessoas, e tomamos a estrada em direção a Béziers. Não posso dizer que fiquei surpreso por ver a preocupação de Jaume. Desde o momento que ouviu o relato da mulher, pareceu ficar aflito pelo filho de Júlia, e de Guillaume, pelo que ele podia entender. Por isso não questionou nada e parecia até ter mais pressa que eu.

A noite já ia muito avançada quando decidimos parar para descansar e nos proteger. Já havíamos cavalgado mais de quatro horas desde que partimos de Les Baux e eu estava me esforçando muito mais do que minha situação permitia. A ferida no ombro ainda doía bastante e os movimentos do braço estavam limitados. Em nenhum momento estava cumprindo o que prometi a Anne. Jaume conhecia o caminho porque seu pai tinha conhecidos na região. Segundo ele, estávamos um pouco ao norte de Montpellier.

Após uma curva mais acentuada, me apontou um caminho que saía da estrada principal e subia uma colina em meio a um túnel de pinheiros.

– Poderemos passar a noite aqui, é a casa do senhor Ives Vauguin, um velho amigo do meu falecido pai. É um veterano de guerra que soube guardar o dinheiro do soldo e dos saques.

Não posso dizer que fiquei tranquilo por procurar abrigo na casa do amigo do homem que matei, mas sabia que os cavalos precisavam descansar, e eu também. Muitas vezes eu pensei em parar meu cavalo e contar a Jaume a verdade. Cada minuto que passava me fazia sentir mais falso. Porém, no momento havia uma preocupação maior, então eu ia desculpando a mim mesmo com isso.

Quando terminamos a trilha entre os pinheiros, uma lufada de vento nos trouxe um forte cheiro de madeira queimada, e logo vimos fumaça subindo do meio das árvores. A lembrança da vila de Anne Crestan sendo queimada por meu pai logo me fez tremer. Jaume também ficou aflito e quis disparar seu cavalo, mas logo emparelhei com ele e consegui segurá-lo. Não precisei falar nada, apenas apontei uma trilha por trás das árvores de onde vinha a fumaça. A noite estava clara e uma lua prateada flutuava num céu sem nuvens, nos permitindo uma boa visão ao nosso redor.

Subimos um promontório e, aos poucos, começamos a avistar a casa, que já estava quase totalmente queimada, assim como o estábulo. Não havia mais sinais dos que provocaram aquele fogo. Descemos por um estreito caminho de ovelhas e não encontramos ninguém. Jaume pulou do cavalo e correu para o que sobrava da casa, mas logo voltou:

– Não há ninguém... – falou.

– Quantas pessoas moravam aqui?

– Ives e a esposa, os pais dele... a filha mais velha com o marido e um filho, além de Suzanne, a filha mais nova, e o filho mais novo de Ives, o caçula – respondeu Jaume, contanto mentalmente. – Acho que nove pessoas. Onde estão todos?

Apeei do cavalo e segurei Jaume pelo ombro antes de apontar para o tronco de um pinheiro seco e desgalhado, onde havia uma pessoa amarrada.

– Calma – falei, mas não adiantou muito. Ele desvencilhou-se de mim e correu.

Encontramos um homem desfigurado pela dor. Ives Vauguin estava acordado, mas seus olhos estavam vidrados em algum ponto perdido no espaço. Jaume tentou falar com ele, mas não conseguiu que reagisse. Fez muitas perguntas, mas ele parecia não ouvir. Sua expressão de demência era assustadora. Saí dali, incomodado com seu estado, e fui até o que restava do celeiro. Então entendi o porquê de ele estar assim. Entendi que não havia outra saída além de enlouquecer. Voltei até Jaume e o trouxe para o celeiro. Não havia como evitar a dor do meu amigo e não mostrar o que enlouquecera o senhor Ives Vauguin. Eram sete pessoas mortas, transpassadas por espadas, empilhadas como se fossem animais.

O grito de horror de Jaume, meus amigos leitores, até hoje, nos tempos atuais, ainda ecoa na minha memória, sem que eu consiga apagar. Um grito que dói em minha memória, como uma ferida que nunca cicatriza, principalmente quando preciso novamente relatar o fato. Mas é preciso, infelizmente, é preciso.

– Você me disse que viviam em nove pessoas... está faltando uma, então.

Jaume caminhou ao redor dos mortos e percebi que seu corpo tremia todo, como se houvesse uma fúria incontida pressionando em seu peito. Havia mais gritos ali, sufocando, mas ele se segurava.

– O pequeno Ives não está aqui... o caçula.

Procuramos por tudo e não encontramos o pequeno Ives. Creio que felizmente. Tinha uma chance de estar vivo. Voltamos para perto do senhor Ives, que continuava com sua catadura de dor. Trouxe comigo um balde com água e joguei-a sobre ele. O choque da água fria fez com que ele saísse de sua letargia, mas no fundo eu não sabia se era melhor ou não trazê-lo novamente para a realidade.

– Senhor... eu sou Jaume, filho de Roger Luvison, lembra de mim? Por favor, o que aconteceu aqui?

– Disseram que éramos hereges... – ele falou, sem olhar para nós.

– Vocês não eram hereges – falou Jaume.

– Tanto fazia o que éramos... levaram tudo... mataram todos... um a um... porque eu não quis dizer que éramos hereges – falou o pobre homem, de maneira entrecortada, com longas pausas entre frases. – Começaram com os velhos, na minha frente... depois mataram minha mulher, disseram que matariam todos se eu não confessasse que éramos hereges... então eu gritei que éramos hereges... gritaria o que quisessem. O padre ficou satisfeito. Registrou em um livro tudo que estavam levando e me fez assinar uma confissão, depois mandou matar os outros, por serem hereges. E não me mataram... eu pedi para me matarem... mataram um de cada vez, na minha frente... e não me mataram, para que eu aprendesse... e não me desviasse mais do caminho da igreja...

– Quem fez isso? – perguntei.

– Eram muitos, mas um cavaleiro e um padre eram os líderes... mataram todos. O padre queria que queimassem na fogueira, mas o cavaleiro não o ouviu...

– Quem? – perguntei novamente, cortando as cordas que o prendiam.

– Um homem, ou um demônio... chamado Edmond... Edmond, foi o nome que ouvi.

Sem que eu pudesse reagir, Ives puxou a minha faca que estava presa no cinto e que ficava ao alcance da sua mão. Assim como a puxou, num mesmo movimento, cravou-a no peito, com força e precisão. Eu e Jaume ficamos extáticos. Não ouve mais grito, e acho que nem surpresa. A carga de dor que aquele homem carregava, pelo que tinha acabado de passar, nos permitia entender sua atitude, dentro da sua loucura. Tive que reconhecer isso naquele instante e, por mais que o tempo e o conhecimento das leis de causa e efeito tenham me ensinado que o suicídio jamais é a solução para qualquer coisa, não consegui imaginá-lo tomando outra atitude naquele momento. O que ele conhecia das leis de causa e efeito?

Capitol trenta un

Béziers, julho de 1209.

Passamos quase todo o restante da noite enterrando os corpos. Não havia como dormir naquela noite. Jaume não pronunciou mais palavra alguma e, quando no leste as primeiras claridades do dia surgiram, montamos nossos cavalos e partimos. Pelo que pudemos entender, a assinatura de confissão feita por Ives representava a entrega de todos os seus bens, incluindo a terra, para a igreja.

Cavalgamos muito tempo em silêncio até chegarmos ao vau de um estreito rio onde paramos um pouco para descansar e deixar os cavalos beberem. Jaume sentara-se na margem e ainda demonstrava evidente transtorno pelo que havíamos presenciado, e não poderia ser diferente, porém, até ali eu não sabia de toda a extensão da sua dor. Não sabia até ele colocar a cabeça entre os joelhos e gritar, novamente, para meu espanto. Novamente um grito de dor de dilacerar a alma. O grito transformou-se em pranto e eu, por não saber o que fazer, apenas pousei minha mão em seu ombro. Depois de algum tempo, ele puxou o camafeu que ganhara de sua mãe e fechou-o na palma da mão, depois respirou profundamente e falou:

– Suzanne... a filha mais nova do senhor Ives... Suzanne Vauguin...

– O que tem ela? – perguntei, por ele ter parado de falar.

– Eu a amava... e ela a mim... havíamos combinado que íamos nos casar, tão logo eu pudesse voltar. Quando meu pai morreu, queriam que eu ficasse com eles, trabalhasse na terra. Éramos ainda apenas crianças e eu queria lutar, queria ser um cavaleiro. Voltei aqui faz um ano e descobri que o amor da infância apenas aumentou, mas não fiquei... eu fui um estúpido...

– Se não tivesse sido um estúpido, agora estaria enterrado com eles – falei, sentindo em mim a dor que ia em seu peito. – Ao menos tem a possibilidade de viver e vingar a morte deles.

É, meus amigos leitores, vingar a morte deles. Naquele tempo eu não conseguia pensar diferente, diante de tanta dor que nos acompanhava. O tempo me ensinou diferente, mas muito depois. Naquele tempo era o que eu podia sentir, e era o que injetou um novo brilho nos olhos de Jaume, que respirou fundo e falou:

– O senhor Ives falou em Edmond e em um padre. Seria muita coincidência serem outras pessoas. Devem ser os mesmos que atacaram nossa aldeia.

– Creio que sim! Edmond de Chambres e o padre Damien.

– Edmond de Chambres, seu pai.

Olhei para Jaume sem ter nada para falar. O ódio que ele sentia naquele momento por Edmond de Chambres e pelo padre Damien não era tão diferente do meu. Depois de um tempo vendo a água cristalina do riacho correr entre as pedras, refletindo o sol que já ia alto, respondi:

– Não, ele não é meu pai. Ele é o homem que engravidou minha mãe, mas não é meu pai. Se eu tive um pai, este se chamava Amadeu de Clors, que também foi morto por Edmond, mesmo sendo seu irmão. Acho que ambos temos um bom motivo para continuar vivendo.

Tão logo falei, Jaume montou seu cavalo e partiu. Alguns minutos depois eu fui atrás. Precisava de um pouco de solidão, por isso deixei que ele fosse à frente por algum tempo, até que vi que ele estacou seu cavalo e me esperou. Emparelhei com ele na beira de um barranco alto, onde a estrada fazia uma curva forte para a direita e começava a descer a encosta da montanha onde estávamos. Na nossa frente, embora ainda longe, uma grande mancha de fumaça negra se erguia no horizonte. Mesmo à distância, não havia como ter dúvida: Béziers estava sendo queimada.

Descemos pela estrada o mais rápido que nossos cavalos conseguiam cavalgar e, à medida que nos aproximávamos, o cheiro de fumaça e carne queimada não nos deixava ter dúvida de que não eram apenas as casas que queimavam. Quando subimos um promontório, ainda distante da cidade, mas já com uma boa visão sobre o quadro tétrico, vimos que mais abaixo de onde estávamos, pelo lado direito da estrada, algumas pessoas corriam pelo meio do mato. Fiz meu cavalo pular os tufos de vegetação que delimitavam o caminho e desci à galope na direção delas, que se desesperaram quando me viram chegando. Estaquei meu cavalo e gritei que vinha em paz, mas não foi o suficiente. Estavam desesperados, com as roupas rasgadas e agora gritavam como loucos. Pude contar dez pessoas e, entre elas, um casal de idade um pouco mais avançada, que não conseguia fugir como os outros. Sem muita dificuldade cerquei-os e apeei do cavalo, joguei longe minha espada, depois me ajoelhei e abri os braços:

– Não vou lhes fazer mal, quero apenas saber o que está acontecendo.

Jaume logo nos alcançou, mas, ao ver a situação, sempre inteligente, também pulou do cavalo e jogou a espada, ficando de joelhos como eu.

Demorou ainda algum tempo para que o casal parasse de tremer, agarrados um ao outro. Os demais que fugiram, vendo que não causaríamos nenhum dano, começaram a aparecer, saindo do meio das árvores. Estávamos numa floresta de pinheiros altos, com troncos largos e a projeção de sol e sombra formava esconderijos naturais. A floresta era tão densa que os espaços com sombra pareciam dominar e serem mais fortes que as faixas por onde o sol se infiltrava, como se sombra e luz mantivessem ali um duelo eterno. Sombra e luz. *Ombra e lutz*. Mesmo que por um breve momento, não pude deixar de traçar um paralelo com a situação que os hereges viviam.

Dois homens mais jovens apareceram na minha frente, carregando bastões um tanto ameaçadores e, por momentos, me arrependi por ter jogado minha espada tão longe. Então um deles falou:

– Quem são vocês? Por que nos perseguiram?

– Meu nome é Sebah e este é Jaume. Estamos indo para Béziers porque soubemos que o exército cruzado cercou a cidade. Temos amigos lá, queríamos apenas notícias.

– Vocês têm amigos? Não... não têm mais amigos lá... Estão todos mortos. O exército invadiu a cidade e queimaram tudo – falou o homem mais velho, que estava com a mulher.

– Pensávamos que seria um longo cerco. A cidade tem fama de ser muito bem protegida por seus muros... o que aconteceu? – perguntei, tentando aparentar calma.

As outras pessoas do grupo se achegaram, finalmente entendendo que não havia perigo da nossa parte. Eram realmente dez pessoas. Além do casal, dos dois homens, ainda havia duas meninas com cerca de doze anos, dois meninos da mesma idade e mais um homem, que ficou mais longe, com cara de desconfiado.

Levantei lentamente e pedi a um dos homens que apanhasse minha espada para que não perdesse a confiança em mim.

– Se ainda duvidam de nós, apanhem nossas espadas e fiquem com elas, mas em uma distância que possamos usá-las se todos formos atacados de surpresa por estranhos.

– Meu filho viu o que aconteceu – falou o homem que apanhou minha espada, apontando para o menino. – O exército cruzado estava descansando e nossos guardas relaxados, porque sabiam que não haveria ataque. Todos ainda estavam se acomodando e pensando em negociações, embora o legado papal nos tivesse deixado a única opção de entregar os hereges e partirmos sem nada. Isso era ridículo! Porém, tudo se precipitou. Um bando de estúpidos, achando que o exército jamais conseguiria sobrepujar nossas muralhas, começou a zombar de um grupo de mercenários do inimigo que se banhava no Orb. Muitos estavam seminus e com as armas jogadas no chão. Isso deu a eles a falsa impressão de que não havia perigo, tanto que abriram o portão e foram para fora provocar. Que tolice! Meu Deus, que tolice! Estes mercenários eram experientes. Um deles correu seminu para a porta, com sua espada na mão e, gigantesco, assustou os provocadores, que correram para dentro do portão e tentaram fechá-lo, mas foi tarde demais... tarde demais. O gigante se interpôs entre o muro e a porta e, sozinho, conseguiu mantê-la aberta até que os outros chegassem. Quando meu filho viu que a porta cedeu e que o exército inimigo se levantava para atacar, correu para casa e nos avisou. Conhecíamos uma passagem, mas acho que mais ninguém teve tempo de usá-la....

– Meus Deus! – falei, sem saber o que dizer.

– Deus deve estar com os olhos fechados, meu filho. Com certeza ele não quis ver tamanha sandice, tamanha monstruosidade! – falou o homem mais velho, sentando numa pedra e fazendo a mulher também sentar. Ela começara a chorar copiosamente. Depois de acomodá-la, ele continuou: – Muitos se refugiaram na igreja de Santa Madalena, pensando que ali estariam protegidos. Que nada! O exército cristão queimou seu próprio templo, com centenas e centenas de pessoas dentro.

– Mas muitas pessoas devem ter conseguido fugir, como vocês.

– Não sabemos, não sabemos... Não vimos mais ninguém por onde passamos. Durante a noite nos escondemos num estábulo abandonado, porque não conseguíamos ver para onde íamos e a floresta é muito acidentada. Partimos antes de o dia clarear, mas encontramos uma tropa de mercenários pela frente e tivemos que nos esconder até que sumissem. Perdemos tempo, já deveríamos estar mais distantes desse inferno. Não vimos mais ninguém, acho que estão todos mortos.

– Não pode ser – falei. – Quantas pessoas estavam dentro das muralhas?

– Creio que mais de vinte mil... Era o que diziam...

– Algum de vocês ouviu falar do neto do senhor de Baux, que estava na cidade? Um menino chamado Ruy?

– Ele morava com o padre Claudio, primo do senhor de Baux. Creio que o padre estava na igreja de Santa Madalena, onde ele costumava rezar a missa. Não acredito que tenha sobrevivido – respondeu a mulher, que até agora se mantivera calada.

Uma onda de indignação ainda maior embaçou meus olhos e aturdiu meu pensamento. Meu filho deveria estar morto. Meu filho, que nem conheci. Meu filho com Júlia. Morto. As pernas tremeram e, de repente, não conseguiram segurar o peso do corpo. Outra vez caí de joelhos, tonto de dor e tristeza.

Dividimos com eles o pouco que ainda tínhamos de alimentos e os deixamos partir. Queriam continuar para longe, mesmo sem terem para onde ir. Queriam apenas ir, fugir daquela loucura. Deixamos. Depois voltamos para a estrada e fomos nos aproximando da cidade. Não encontramos mais ninguém, enquanto um cheiro nauseabundo tomava conta de tudo. O movimento que começamos a ver foi o do exército, espalhado pelo lado norte, tomando uma longa extensão de campo. Era monstruoso. Já tínhamos ouvido falar que eram mais de duzentos mil soldados. Vários senhores do norte tinham trazido seus exércitos pessoais, além de bandos de mercenários, guerreiros profissionais, que foram se unindo ao mais forte, sedentos por pilhagens.

Quando estávamos muito próximos ao exército, Jaume segurou-me pelo braço e apontou para uma grande tenda, onde um estandarte vermelho com uma cruz dourada se destacava. Era a cruz occitana, com suas doze esferas. Para muitos, já um dos símbolos da heresia. Era o estandarte de Raymond VI, o conde de Tolosa. A notícia de que ele, um famoso protetor dos hereges, tanto que foi excomungado por isso, havia se aliado à hoste causou grande dissabor em Anne Crestan e Pierre de Guilles. Ninguém entendeu seus motivos naquela época. Havia sido excomungado por não cumprir as determinações do papa em relação aos hereges e judeus que moravam em seus domínios. O papa, através do seu legado, os queria identificados, despojados de seus bens e banidos. O conde não cumprira as ordens e, inclusive, mantivera os judeus como seus cônsules capitulares, o que mais irritara o legado papal, Pierre Castelnau. A morte deste em situação suspeita e a rápida acusação ao conde como mandante fez com que fosse excomungado. Agora ele se humilhara em Saint-Guilles. Passara pela terrível cerimônia da humilhação pública, fora aceito de volta ao rebanho e se aliara ao exército cruzado.

Mais tarde a própria história entendeu a atitude do conde, ou pensou entender. Ele tentou, de forma até desesperada, proteger seu imenso território. Havia uma lei da igreja que protegia o território daqueles que se juntavam às cruzadas. Assim os senhores católicos podiam partir para longe, sabendo que suas terras estariam preservadas quando voltassem, se voltassem. Muitos não voltavam e a igreja sempre conseguia grandes fatias do bolo com isso. A ideia do conde de Tolosa era essa, fazer o feitiço virar contra o feiticeiro, já que suas terras eram por demais cobiçadas por alguns senhores do norte e, principalmente, pela insaciável madre igreja.

Subimos a colina que levava até as proximidades da tenda do conde. Queríamos mais informações, mas percebemos que todos ainda estavam aturdidos. Acabamos ouvindo as mesmas coisas que os fugitivos nos contaram, com poucas modificações. De novo, apenas o fato do desespero do legado papal, Arnauld Amaury, por não ter podido organizar o saque após a tomada da cidade, que realmente foi uma surpresa. Todos esperavam um longo cerco e durou poucos dias, não dando tempo de se organizar a possível divisão do espólio. Pior ainda, o legado papal estava indignado com os mercenários, que incendiaram a cidade. O fogo queimou quase todas as riquezas e, assim, o primeiro grande saque, que manteria o ânimo e a fidelidade dos soldados, virou cinza, ou derreteu-se por entre as pedras da cidade.

Os trovadores e cronistas que assistiram ao morticínio, acabaram por deixar para a história a famosa e infame frase de Arnaud Amaury, quando perguntado, em meio à confusão pela súbita invasão da cidade, sobre como diferenciar católicos e hereges: *Tuez-les tous! Dieu reconnaîtra les siens.*[41] Porém, naqueles dias nada ouvimos sobre isso, pelo menos nós que estávamos mais afastados dos que comandavam aquela loucura.

O dia já terminava e eu e Jaume estávamos também aturdidos. Fumaça, pessoas e odores horríveis se misturavam. Havíamos perguntado a dezenas de pessoas sobre Ruy de Baux, mas ninguém tinha qualquer informação. Os últimos raios de sol morriam no horizonte quando um soldado baixo, mais baixo e mais entroncado do que eu, porém com uma barriga muito saliente, parou na nossa frente e perguntou:

– São vocês que procuram informações sobre Ruy de Baux?

– Sim, o que você sabe sobre ele? – falei, com o coração quase saltando pela boca.

– Me acompanhem.

O soldado era de poucas palavras. Na verdade, não disse mais nenhuma. Seguimos seus passos por entre uma confusão de tendas e cavalos, ferragens e soldados com ares pouco amistosos. Depois de termos passado por um

[41] Matem a todos! Deus saberá separar os seus.

estreito corredor entre barracas, repentinamente me vi num amplo espaço aberto, cercado por dezenas de soldados armados. Bem no meio deste espaço havia uma grande cadeira de madeira e, sentada nela, uma criança, na verdade um menino, com cerca de quatro anos de idade. Aquela cena parecia ter sido montada propositadamente para nós, por mais estranho que isso pudesse parecer, porém, ao ver o menino, meu coração quase parou. Mesmo ainda uma criança tão pequena, seu rosto era quase meu rosto. Tinha os ângulos bem definidos, cabelos claros e olhos azuis rutilantes. Um legítimo descendente dos de Chambres, que cada vez eu conhecia mais, infelizmente. Aquela criança não poderia ser outra senão Ruy de Baux, meu filho com Júlia. Então era por isso que Hugh de Baux não podia olhar para ela? A diferença com sua linhagem era muito grande.

– Por que estão atrás deste menino? – perguntou um padre, que apareceu repentinamente, vindo de trás da cadeira. – Quem são vocês? – perguntou novamente.

E agora, o que responder? Dizer que eu era o pai? Pela semelhança, aquele deveria ser o padre Cláudio, o primo do grande senhor de Baux, e, no momento, tutor de Ruy.

– Viemos da parte da mãe de Ruy de Baux? – falou Jaume, para minha surpresa. – Ela soube que o menino estava em Béziers e que a cidade estava cercada, por isso nos mandou.

– A mãe de Ruy morreu quando ele nasceu. Todos aqui sabem disso. Por que estão inventando essa mentira?

– A mãe dele está viva... – insistiu Jaume.

– E podemos saber onde ela está?

A pergunta veio de trás de nós, interrompendo Jaume e, quando nos viramos, não vimos quem a fez, mas eu sabia quem era. Procurei entre as pessoas e não o encontrei. Quando nos viramos novamente na direção do menino, meu pai, Edmond de Chambres, estava em pé, bem na nossa frente.

– O destino é surpreendente, não é mesmo, Sebah de Chambres? Sebah! Que nome seu tio deu a você! Não tinha nenhum outro? Sebah! Que horrível! – falou alto, enquanto nos rodeava. Tinha uma espada brilhante na mão direita e a esquerda apoiava-se na cintura, como eu já o tinha visto fazer antes, no acampamento herege. Aquele circo montado, com o menino bem no meio, deveria ser obra sua, que aparentava gostar de um espetáculo. Quando estava bem nas minhas costas, falou, somente para eu ouvir:

– Parabéns, meu filho, espalhou bem nossa linhagem. Em todo caso, pelo bem dele, acho melhor que não saiba que é seu filho, afinal, que utilidade isso teria? Dificilmente ele seria o senhor de Baux, por ser filho de uma bastarda, mas poderá ser chefe do exército, quem sabe?

Depois de falar isso baixo, quase no meu ouvido, voltou para nossa frente e novamente falou alto, para todos ouvirem:

– Em nome do rei da França, vocês estão presos pela morte de Amadeu de Clors, abade de Fontenay, além de mais três padres. Espero que muito em breve seus corpos sacudam em uma corda para aprenderem a respeitar a Deus e seus servidores.

Parece que todos aqueles soldados carrancudos que encontramos no caminho se reuniram à nossa volta, em um segundo. Uma profusão de espadas nos cercando deixou bem claro que ele não estava brincando.

Capitol trenta dos

Nas margens do Lot, julho de 1209.

O Lot estava mergulhado em neblina naquela manhã. O dia já estava claro há algum tempo, porém, o sol ainda não havia conseguido atravessar as nuvens baixas que cobriam a região. Os cavaleiros de Guillaume iam à frente do grupo, e os de Benoît Grasson, na retaguarda, enquanto seguiam um estreito caminho que cortava uma escarpa, um pouco acima do leito do rio. A região era cheia de grutas e falésias, perfeitas para quem quisesse se esconder do mundo, como era o caso de Jöe de Chambres, o irmão do abade Amadeu, que se afastara da igreja e da heresia por uma mulher.

Anne caminhava na frente do grupo e levava Nathalie muito próxima a ela, para insatisfação de Serkan, que se arrependia por não ter partido antes, levando a menina para Paris. Agora se via obrigado a seguir com o grupo, embora Fabres pudesse perceber que o irmão estava muito tenso.

– O que há? – perguntou a Serkan. – Hoje ainda não falou uma palavra. Por que está tão apreensivo?

– Vamos ter que mudar nossos planos. Anne parece achar que Nathalie é sua filha.

– Bem, ela tem muito mais ligação com a menina do que nós. Eu já havia lhe falado isso, quando atendi Sebah, no *château* do conde Bernard d'Anduze. Você sabe que eu queria entregá-la desde aquela época.

– Já discutimos muito sobre isso...

– E que plano você tem agora? Sequestrá-la?

– Vamos embora sem ela. Por enquanto, não temos como tirá-la de perto de Anne sem causar algum constrangimento. Vamos para Tolosa e os esperamos por lá.

– E por que não podemos ficar com eles? O Mestre me falou muitas vezes sobre esse abade que morreu, eram amigos. Talvez esse irmão do abade, Jöe de Chambres, possa ter alguma informação de onde o Mestre se encontra... Talvez sejam amigos também...

– Eu soube que o Mestre está em Tolosa... – falou Serkan, mas Fabres pôde perceber que não havia muita convicção em sua afirmação.

– Ah! Em Tolosa! Por coincidência, a cidade para onde você quer ir agora. Então é lá que ele está? Posso saber como teve essa informação sem que eu soubesse, se estamos o tempo todo juntos?

– Eu já sabia antes de partirmos de Aujac. Ia fazer uma surpresa... Precisamos chegar em Tolosa antes de Nathalie e Anne, acharmos um local para nos hospedarmos e elaborarmos um plano rápido de fuga...

– Plano de fuga? Que fuga?

– Ora, nosso futuro depende de chegarmos a Paris com Nathalie. Já conversamos muito sobre isso.

– O seu futuro depende disso, o meu não. O que há? Não está vendo que Nathalie está muito mais segura com Anne do que conosco?

– Segura? Você acha mesmo que ela está segura vivendo com um grupo de hereges? Não viu o tamanho do exército que o papa montou para dizimá-los? Levar Nathalie conosco é o maior bem que podemos fazer por ela. Tenho certeza de que o príncipe herdeiro dará a ela uma vida digna, e rica.

Ficou claro que os argumentos de Serkan abalaram momentaneamente as convicções de Fabres. Mesmo depois de tanto tempo ao lado do irmão, ele nunca conseguira entendê-lo perfeitamente. Sua dualidade em relação às coisas, seus ímpetos de bondade, seus arroubos de egoísmo. Serkan era uma incógnita. De que lado estaria agora? Dos seus próprios interesses ou havia desenvolvido algum carinho por Nathalie?

Fabres não teve muito tempo para conjecturar e chegar a uma conclusão. De repente ouviu que alguém vinha correndo por trás do seu cavalo e, logo em seguida, a mão forte de Thierry segurou sua perna e fez com que parasse o animal.

– O que há, Thierry? Está mais maluco do que de costume? Quase me derrubou...

– Vamos ser atacados! Precisamos nos proteger, mas a mim não ouvirão...

– E como pode saber que vamos ser atacados? – perguntou Serkan.

– É uma emboscada... Será possível que vocês não percebem? Eu vi vultos no meio das pedras... Eles estão por toda parte. Precisamos parar e armar uma defesa...

– Você está cada vez mais louco, Thierry. Não vê que estamos protegidos por cavaleiros experientes. Não vê que...

Fabres não conseguiu terminar a frase. Um som fino cortou o ar, como um assobio e, logo em seguida, uma flecha cravou-se no pescoço do seu cavalo, fazendo com que o animal relinchasse e empinasse, jogando-o para longe. Não houve nem tempo para aturdimento. Em seguida uma chuva de flechas caía sobre todo o grupo, como se fossem atiradas por fantasmas que se misturavam com a neblina.

A voz potente de Benoît Grasson logo se fez ouvir, dando ordens, mas a balbúrdia já se instalara no grupo. O cavalo de Fabres fugiu em disparada e foi Thierry quem o levantou, mas, para o seu desespero, novamente ouviu novo assobio fino cortando o ar, e uma flecha fincou-se em sua coxa esquerda, como se fosse um ferro quente perfurando suas carnes. Rolou no chão, tomado de dores, mas logo Thierry o levantou novamente.

– Vamos... precisamos sair daqui.

– Onde está Serkan?

– Não o vejo, mas estava montado. Deve ter conseguido fugir.

As flechas pararam de cantar seu grito de morte em meio à neblina e Fabres ainda viu que havia muitos corpos pelo chão. Os cavaleiros circulavam aturdidos em meio ao grupo, como se procurassem o inimigo, sem saberem onde estava. Logo descobriram. Um tropel de cavalos se fez ouvir e, como que saídos do nada, dezenas de cavaleiros atacaram. Guillaume e Benoît já haviam reunido seus homens em torno do grupo de hereges, mas Fabres e Thierry estavam mais distantes, por isso foram logo alcançados pelo inimigo. Fabres, que era sustentando por Thierry, de repente teve que sustentá-lo. De um momento para o outro ele amolecera ao seu lado, não sendo possível mantê-lo em pé. Caiu aos seus pés, desacordado e, para seu horror, com uma imensa mancha de sangue cobrindo quase todo seu rosto. A sensação da morte abraçou Fabres e logo ele percebeu que um imenso cavalo vinha em sua direção. Só teve tempo de ver um reflexo metálico aumentar de tamanho e atingi-lo. O cavaleiro não o acertou com a espada, mas sim com o escudo. Então ficou tudo escuro.

E a escuridão foi longa. Fabres, em delírio, imaginou estar morto. Diziam os hereges que a vida apenas continuava do outro lado da fronteira da morte, mas ele não sentia nada além de uma dor profunda na perna.

Haveria dor assim depois de morrer? Não, não poderia haver. Então ele ainda estava vivo, mas não via ou ouvia nada. Em dado momento conseguiu abrir os olhos, e percebeu que era noite. Então a dor pareceu diminuir e ele teve a sensação de que ia dormir. Quando acordou, já era dia. Novamente havia neblina, mas o sol conseguia passar por ela. Estava deitado de barriga para baixo e o rosto virado para o lado. Tentou se mexer, virar-se, mas a dor na perna voltou, lancinante. Quis soltar um grito de dor, mas, no mesmo momento, ouviu uma voz e seu instinto o fez calar-se. Ainda poderia ser o inimigo. Silêncio. Depois ouviu a voz novamente. Era uma voz de mulher, mas vinha de longe.

Fabres perdeu mais uma vez os sentidos e, quando o recobrou, ouviu que pessoas conversavam ao seu redor.

– Olhem, este está vivo... Mexeu a cabeça...

Logo Fabres sentiu que alguém tocava seu corpo. Uma ou duas pessoas o viraram, então não conseguiu se controlar e gritou de dor.

– A perna... tem uma flecha fincada... ela quebrou-se quando ele caiu. Precisamos do mestre Jöe aqui. Corra a chamá-lo, Laurent – falou a mesma mulher que ele já ouvira antes.

Fabres tentou abrir os olhos, mas não conseguiu. Estava ciente do que acontecia, mas não conseguia abrir os olhos, por mais que tentasse. E tentar abri-los era, agora, motivo de desespero. Ele conhecia aquela voz. Sim, aquela voz vagou por seus sonhos por todos os últimos anos. Sentiu que a mulher que falava arrumou sua cabeça em alguma coisa macia.

– Vamos, Laurent, procure mestre Jöe e traga-o aqui... ainda podemos salvá-lo.

– Mas ele está cuidando de outros feridos...

– Diga que sua esposa o está chamando e que ele não pode demorar.

Esposa? Foi como se uma nova flecha o atingisse, só que agora no coração. Então Jöe de Chambres era o homem que lhe roubou Claire. Então Jöe de Chambres era o homem que o usou, através de Serkan, para provocar a morte aparente de Claire e sequestrá-la? Esse era o amante de Claire, quando a conhecera? Esse era o homem que Serkan mantivera em segredo? Por quê? Se era irmão do abade morto, poderia ser amigo do Mestre? Por que Claire, que agora estava desesperada por ter encontrado muito próximo à morte, não o reconhecera? Estaria tão diferente assim? Desesperadamente fez força para abrir os olhos e, desta vez, conseguiu. Uma explosão de luz fez com que movesse instintivamente a mão para cobri-los. O sol cada vez mais vencia a bruma.

– Oh! Está acordando. – falou Claire, e sua voz tocou as fibras mais profundas do peito de Fabres. Era ela, sim, Claire estava ali, e não o reconhecera.

Aos poucos seus olhos se acostumaram com a luz e ele tirou as mãos que os protegiam. Aos poucos os contornos do rosto de sua amada foram se desenhando à sua frente, à medida que seu coração disparava, enlouquecidamente. Quando conseguiu vê-la e ter mesmo a certeza de que era ela; quando conseguiu perceber que ela não mudara praticamente nada, falou, com um fio de voz:

– Então não me conhece mais, Claire Lafoge?

Ela não esboçou reação num primeiro momento, mas estranhou ser chamada pelo nome. Depois apanhou um pano molhado e começou a limpar o rosto de Fabres, com muita delicadeza. Somente aí ele entendeu que seu rosto fora machucado pela pancada do escudo e que devia estar coberto por escaras de sangue. Então ela o reconheceu. Soltou o pano molhado e levou as mãos à boca. Estava linda!

– Fabres? Fabres...

Um menino ajoelhou-se ao lado dela e falou:

– Ele veio, senhora. Consegui trazê-lo... Está chegando.

Claire não se moveu, como se estivesse paralisada. Logo em seguida, Fabres ouviu um homem falando, vindo por trás dela:

– Oh! Minha querida, perdoe-me por demorar... O que temos aqui?

Quando Jöe de Chambres terminou de falar, ajoelhou-se bem ao lado da esposa, ainda extática pela surpresa. Foi como se tudo parasse. Foi como se uma pancada muito mais forte que a do escudo atingisse Fabres.

Então aquele era Jöe de Chambres: o homem que quase acabara com sua vida, incriminando-o para ficar com Claire e deixando-o apodrecer numa cela na abadia de Saint-Victor, em Marselha.

Fabres sentiu um aperto muito forte no peito. Não era possível o que estava acontecendo. Naquele momento, mil vezes a morte. Jöe de Chambres e o Mestre eram a mesma pessoa.

Fin de la primièra part

SEGONDA PART

TOLOSA

Capitol trenta tres

Avignon, janeiro de 2012.

O dia amanhecia em Althen-des-Paluds, quando o telefone ao lado da cama de Jean Pierre tocou. Mal terminou o primeiro toque e já estava no seu ouvido:

– Alô!

– Tem uma encomenda no seu portão.

A voz não era conhecida e desligou rapidamente. Três meses haviam se passado desde o sequestro de Michelle, sem que encontrassem nenhuma pista. A vida de Jean Pierre estava estagnada, assim como as de Sabine e Monique. Vida? Não se poderia dizer que viviam. Somente os momentos em que escrevíamos é que sua mente conseguia se desligar da dor.

– Você sabe por que faço isso, não é Sebah? – perguntou-me um dia, depois de termos lembrado de uma boa parte do passado de Fabres.

– Creio que sim – respondi.

– Então sabe que não tenho nenhum mérito neste esforço. Sabe que só estou movido pela ideia de descobrir no passado o motivo de perder Michelle.

– O passado é imenso, meu caro. Como poderemos saber se entre os cátaros encontraremos alguma resposta?

– Não sei, mas entendo o que quer dizer. Quando eu lembrava do passado como Adrien, algumas informações colhidas lá me levaram a encontrar Sabine no presente...

– Eu sei... mas...

– Não me tire esta única esperança, meu amigo.

Ele falava comigo como se estivéssemos no mesmo plano existencial. Mesmo eu, habituado ao fenômeno com outros médiuns, ficava surpreso com tanta facilidade.

Jean Pierre pulou da cama e teve a impressão de que não sentiu o chão até chegar ao portão, porém, ao abri-lo, encontrou Maheu na frente de uma caixa que estava bem no meio da rua. A expressão de surpresa de Jean Pierre foi como uma pergunta: "Como chegou aqui antes de mim?"

Maheu apenas fez um sinal com a mão para que Jean não se aproximasse e deixou que ele chegasse à obvia conclusão. O telefone da casa estava grampeado e uma escuta ficava constantemente ao lado da cama de Maheu. Os dois atenderam ao mesmo tempo o telefone, mas o comissário, que sempre dormia vestido para sair, foi mais rápido.

– Pedi uma equipe técnica – falou. – Devem chegar em breve. Estou aqui apenas para evitar que outra pessoa se aproxime...

– Acha que pode ser uma bomba?

– Não acho nada... Quem vai dizer isso é quem entende.

A equipe chegou rapidamente, mas só abriram a caixa quase uma hora depois, devido às precauções, e o que encontraram foi um aparelho celular, com aparência de ser bastante usado. Maheu instruiu Jean Pierre a ligar o aparelho e, tão logo estava ligado, tocou. Embora a ansiedade natural, antes Maheu anotou o número e passou a um dos policiais, para depois Jean atender. Do outro lado uma voz sintetizada por algum aparelho eletrônico para não ser reconhecida falou:

– Ela está morta, Jean Pierre. Está morta desde o primeiro dia. Pare de procurar, siga sua vida em frente e tente ser feliz.

Desligou. Jean também desligou. Seus joelhos dobraram. O mundo escureceu.

Capitol trenta quatre

Béziers, junho de 1209.

Edmond de Chambres nos fez prisioneiros em Béziers e, já no dia seguinte, fomos levados para um descampado próximo ao acampamento onde, no alto de uma leve colina, havia uma árvore solitária, na qual várias cordas, com seus laços sinistros, estavam penduradas. Logo quando o dia amanhecia, fomos levados amarrados por uma guarnição de quatro soldados muito bem armados e nem um pouco simpáticos e lá ficamos. As cordas balançavam ao vento sobre nossas cabeças, com os soldados espalhados ao redor. O sol já estava no meio do céu quando outra guarnição trouxe mais três prisioneiros, que não tínhamos a mínima ideia de quem eram e qual o motivo de estarem ali. Estavam exauridos, tão fracos que mal conseguiam se manter em pé. Para a nossa surpresa, assim como chegaram foram enforcados. Sem palavras, sem explicações. Os coitados mal se agitaram e pelo resto do dia ficaram ali pendurados. A nossa guarnição foi substituída e o dia passou arrastado e tétrico. Não recebemos água ou comida. Era óbvio o regime de terror que estavam nos submetendo. Quando a luz do dia começou a esmaecer, meu pai chegou, trazendo consigo o famigerado padre Damien.

– Ora, pensei que iria encontrá-los pendurados e ainda estão aqui? Posso saber quem contrariou minhas ordens? – falou para os soldados, que ficaram perplexos com sua pergunta, mas, antes que respondessem qualquer coisa, ele continuou:

– Bem, sempre é tempo... Vamos, tirem estes esqueletos das cordas...

– Por que toda esta encenação? – perguntei, realmente irritado com tudo aquilo. – O que você quer saber? Acredita mesmo que vamos contar onde estão nossos amigos?

– Fico feliz por saber que não coloquei no mundo um imbecil incapaz de raciocinar – falou meu pai, olhando para o sempre irrequieto padre Damien.

– Vamos matá-los logo. Dois hereges a menos nas fileiras de satã – disse o padre.

– Está bem – respondeu Edmond e, para nossa surpresa, mandou os soldados passarem os laços em nossos pescoços e nos suspenderem, no que foi prontamente obedecido.

Em poucos minutos a corda grosseira nos levantava com violência. Eu não tinha nenhuma dúvida da crueldade daqueles dois homens, mas a frieza com que assistiam à cena só me fazia acreditar que realmente iríamos morrer, sem comentários, sem julgamento, sem piedade alguma. Quando o laço começou a me deixar sufocado, já com boa parte do peso do corpo sobre ele, o padre Damien gritou:

– Esperem... soltem um pouco a corda. Eu quero que eles sintam a morte de perto, mas que consigam falar.

Assim que pudemos apoiar os pés no chão, mas não o suficiente para aliviar todo o aperto do laço, o padre se aproximou e me deu um bofetão no rosto, com toda a força, depois falou:

– Seu idiota! Sabemos onde estão seus amigos. Neste momento, todos já voltaram ao inferno. Esta manhã uma tropa do exército cruzado os cercou próximo a Saint Cirq e foram dizimados. Os poucos que sobraram foram feitos prisioneiros, serão julgados e certamente queimados. Por isso – continuou a falar, pedindo para que os soldados puxassem um pouco mais a corda – não tenha nenhuma dúvida de que os mataremos.

– Então o que querem? – perguntei, quase sem conseguir falar, engasgando e sentindo o peito queimar. Naquela situação nem era possível me impressionar com o que acabara de me dizer.

Pude ver que fez sinal para os soldados, e nossos pés tocaram novamente o chão. Jaume não falava nada, sabia que não tinha nada para falar. Quando a respiração voltou um pouco ao normal, Edmond, que parecia se divertir com toda a situação, aproximou-se e, até com alguma delicadeza, colocou as duas mãos nos meus ombros e falou:

– Meu filho, é claro que não quero matá-lo, por mais que você mereça. Ainda tenho esperança em tê-lo ao meu lado nas tantas batalhas que terei pela frente, pois mostrou que tem algum talento para isso. Mas há de convir que, se não colaborar, não poderei ajudá-lo.

– O que você quer?

– Onde está Nathalie? – perguntou, sem rodeios.

Demorei um pouco a entender. Eu perdera Nathalie e não tivera mais nenhuma notícia dela, porém, era bom saber que ela não havia caído nas mãos de Edmond. Quando voltei na abadia, após a morte do abade Amadeu, os padres não tinham nenhuma notícia dela também. Não voltara para lá e imaginei-a presa pelo exército cruzado que infestava a região. Mesmo que tivesse sido presa por bandidos ou *routiers*, a venderiam em troca de recompensa e ela acabaria chegando a Edmond.

– Não sei de Nathalie... A última vez que a vi foi quando o derrotei.

Ele não esboçou nenhuma reação, mas estava muito perto de mim e tive a impressão de que seus olhos azuis, tão parecidos com os do abade Amadeu, faiscaram de raiva diante da minha provocação. Apenas olhou para os soldados postados atrás de nós e fez um leve gesto com a cabeça, o suficiente para que a corda fosse novamente esticada. Porém, antes de me sentir sufocado, eu gritei:

– Eu não sou louco! Por que não haveria de falar? Não sei onde ela está... – a corda afrouxou sem que Edmond pedisse e imaginei que os soldados também sofriam com a situação e esperavam não ter que nos executar. – Quando tentei salvar aquela vila, a deixei com ordens de retornar à abadia se eu demorasse. Eu demorei... Acordei muitos dias depois... Não morri por um milagre... – falei.

– Milagre? – rosnou o padre Damien. – Acha que Deus operaria um milagre para salvar um herege? Se não morreu foi porque o demônio não quis. Não coloque Deus nas suas insanidades... Então não sabe mesmo onde está a menina?

Ele falava com o rosto muito perto do meu, olhando profundamente em meus olhos. Havia um fulgor de demência em seu olhar, como se estivesse constantemente possuído por algum demônio, porque, imagino, anjo algum se arriscaria a chegar perto dele.

– Não sei – respondi, simplesmente.

– E pretende renegar a heresia e confessar-se filho da verdadeira religião?

– Eu não sou herege. Fui criado em uma abadia católica. Como posso ser acusado do que não sou?

– Defendeu aquela gente quase até a morte. Atacou o próprio pai e tentou matá-lo. Isso por si só já seria o suficiente para morrer numa fogueira. Só está vivo porque seu pai é um homem bondoso...

Jaume, que até aquele momento se mantinha em total silêncio, como se aceitasse qualquer destino, soltou um grunhido jocoso. Jaume, que odiava aqueles dois a ponto de matá-los sem nenhum constrangimento e que só não tentava isso por não ter nenhuma possibilidade, não resistiu ao disparate. Foi o que bastou. Rapidamente os soldados o levantaram e vi que seus pés ficaram bem longe do chão.

– Não! – gritei. – Não o matem... Ele não tem nada a ver com isso...

– Então me conte onde está a menina – gritou, por sua vez, Edmond, segurando meu rosto com sua mão protegida por uma luva grosseira de couro. Havia percebido minha rápida aflição e tentava se aproveitar disso. – Vamos, conte-me, ou ele morre.

– Não posso contar o que não sei. Eu não sei onde ela está... Matem a mim. Ele não tem nada a ver com isso.

– Ele matou dois dos meus melhores cavaleiros. Mesmo que eu te poupe, por ser meu filho, jamais o pouparia.

Muitas vezes na vida eu tive reações intempestivas e, na maioria das vezes, me arrependi amargamente por elas, mas não aquela. Eu estava com as mãos amarradas às costas, mas tinham deixado nossas pernas livres para caminharmos, então, dei um salto abrupto e, usando meu pescoço preso à corda como apoio, prendi Edmond, que estava quase encostado em mim, pelo meio do corpo com minhas pernas. Era impensado. Que chance eu tinha? Mas Jaume estava morrendo e era preciso fazer alguma coisa. Para minha surpresa, quando os soldados viram o que fiz, soltaram a corda ao invés de puxá-la. O movimento repentino e insano pegou Edmond também de surpresa, e rolei com ele por um barranco baixo, mas sem soltá-lo, como se minhas fortes pernas fossem uma alicate. Rolamos duas vezes e, aos trambolhões, no último movimento, enquanto seus braços tentavam empurrar minhas pernas, sua cabeça desprotegida bateu com força no chão de arenito, fazendo um barulho oco. No mesmo instante senti seu corpo amolecer. Todos se assustaram, até mesmo os dois soldados que mantinham Jaume suspenso. Soltaram a corda e meu amigo caiu no chão quase como se estivesse desacordado. Num instante eu soltava meu pai e ficava em pé, mesmo com alguma dificuldade. Eu usava botas pesadas e estava a cerca de seis a sete metros do primeiro soldado armado, por isso coloquei um pé ao lado da cabeça de Edmond, que não se mexia, e com o outro ameacei chutar sua cabeça. Era a única maneira que eu tinha de causar algum estrago, mesmo que isso fosse até um pouco vexatório e nada cavalheiresco.

– Se tentarem alguma reação eu estouro a cabeça dele... se já não morreu, por certo morrerá.

Ninguém reagiu. Jaume se contorceu e tossiu. Eu precisava que ele reagisse, era a única esperança naquela situação. Felizmente ele teve um estertor e tossiu novamente, depois puxou o ar com força. Sua cara estava vermelha ainda, mas abriu os olhos e acho que me viu, mesmo sem entender bem o que estava acontecendo.

– Livrem as mãos dele – gritei e, como demoraram a reagir, levantei bem alto minha perna direita. Tenho certeza de que, se a soltasse sobre a cabeça de Edmond, ele não teria nenhuma chance, pois não era apenas nos braços que minha força era descomunal. – Se temos que morrer, Edmond irá comigo – gritei.

Padre Damien tremia dos pés à cabeça por não poder agir. Um dos soldados cortou a corda que prendia as mãos de Jaume, e este, muito mais rapidamente do que eu imaginava que ele fosse capaz naquela situação, puxou a espada da cintura de outro soldado e pulou para o meu lado. Depois que soltou minhas mãos, encostou a espada no pescoço de Edmond, que continuava sem reagir, e eu começava a pensar que havia realmente morrido.

– Pode fazer o restante do serviço – falou. – Se alguém não obedecer, terei muito prazer em matá-lo...

Fiz todos sentarem ao redor da árvore e rapidamente os amarrei com as cordas, tomando o cuidado de deixar um dos laços passado pelo pescoço do padre, bem esticado, para que qualquer movimento dos outros o sufocasse. Finalmente examinei meu pai e acreditei que ainda vivia, mas eu não entendia nada de como saber se uma pessoa está viva ou morta. Apenas percebi que seu corpo ainda estava quente. Então o levantei e o amarrei também junto aos demais.

Antes de partir, apanhei a corda que se estendia até o pescoço do padre Damien e dei um puxão seco, fazendo-o gritar de dor e susto. Não estava nada acostumado a ser humilhado daquela forma e tive a certeza de que ainda me arrependeria por aquilo, mas precisava arrancar dele uma informação. Por isso continuei puxando a corda e o sufocando, como fizera comigo, embora não estivesse pendurado, e sim sentado.

– O que foi feito da criança? – perguntei, segurando o seu rosto com uma das mãos, enquanto a outra mantinha a pressão. Como ele demorou a responder, aumentei a força e ele rosnou.

– Voltou para Les Baux... O avô pagou uma fortuna a Arnaud Amaury por ele...

Se ele respondeu sem que eu dissesse qual era a criança a que me referia, era porque sabia ser meu filho. Então era mesmo meu filho. Os traços dele não me enganaram, mas aquela confirmação era definitiva. Por alguns instantes eu lembrei da figura do avô materno, Hugh de Baux. Lembrei que o avô paterno de Ruy era Edmond de Chambres, e não um qualquer, um comandante do exército do rei Felipe Augusto. Por mais que eu o odiasse, seu nome poderia me servir de alguma coisa. Quem sabe?

Percebi que Jaume estava lutando contra a vontade de matar o padre e Edmond. Era fácil de perceber: sua respiração estava pesada e não era mais devido ao laço da forca, e seus olhos não fugiam dos meus.

– Se você os matar assim, será considerado apenas um assassino. Não é digno se não tiverem alguma chance de defesa – falei, e foi o que bastou. Jaume era digno demais para outra atitude.

Levamos as armas conosco e as que não conseguiríamos usar fomos jogando no mato pelo caminho. A noite já substituíra o dia e, como tínhamos a aparência de soldados, nos misturamos com os demais pelo acampamento, sempre torcendo para não sermos reconhecidos. O exército se preparava para partir. No dia anterior, ouvimos que marchariam para Carcassonne. Vagamos algum tempo por entre os cavalos, até acharmos os nossos. Como todos estavam preocupados em se organizar para a partida, não tivemos problemas em montar e partir, no início a trote lento, como muitos faziam, indo de um lado para o outro. O acampamento era muito maior que a maioria das cidades. Os cronistas contam que a hoste tinha mais de duzentas mil pessoas. Quando ganhamos um pouco de distância, apertamos o passo e fugimos. Precisávamos encontrar nossos amigos e comprovar que a informação do padre Damien era apenas para nos assustar e conseguir arrancar de nós a informação que queriam sobre Nathalie, que, até aquele momento, eu não tinha a mínima ideia de onde se encontrava. Eu também sabia que, neste momento, de nada adiantaria voltar a Les Baux atrás de Ruy, por isso procurei o oeste, pensando em encontrar o caminho Saint Cirq, mesmo já sendo noite. Não sabíamos quanto tempo teríamos antes que descobrissem os prisioneiros. E eu não sabia se tinha ou não matado meu próprio pai. A única certeza que eu tinha era a de ter provocado o próprio demônio.

Capitol trenta cinc

Vale do Lot, junho de 1209.

Fiquei desesperado quando encontrei o que sobrou da emboscada. Não acreditávamos que o padre estivesse falando a verdade, por isso nossa aflição era ainda maior. Enquanto passava com meu cavalo, ia reconhecendo os corpos e meu coração queria saltar pela boca. Chegamos um dia depois da chacina e Jaume corria de um lado para outro chacoalhando corpos já enrijecidos, enquanto os chamava pelo nome. Ele conhecia muito mais os cavaleiros de Guillaume e Benoît Grasson, enquanto que eu conhecia mais os *bons cristãos*.

O Lot estava com as águas turvas pela chuva da madrugada. Turvas como minha vontade. Mais uma vez quis ter morrido. Foram tantas as vezes que quis ter morrido em tão pouco tempo que comecei a alimentar no pensamento uma vaga sensação de que eu jamais morreria. A morte roçava em meu destino seus dedos frios quase todo dia, mas a vida estava arraigada em mim de uma maneira um tanto insana. No platô que se formava entre o rio e a parede rochosa, dezenas de mortos, e eu conhecia quase todos, o que demonstrava que foram poucas as baixas entre os cruzados ordenados por Edmond de Chambres. O padre Damien me prevenira, mas eu preferira pensar que era mentira. Eu preferira pensar que estava blefando para arrancar de mim o paradeiro de Nathalie. Não era mentira. Mais tarde entendi que eles não tinham como saber onde estava a menina, que entre os hereges estava disfarçada de menino, mas, naquele momento, eu não sabia que Nathalie estava entre eles.

Apeei do cavalo e procurei por Anne Crestan, mas quase sem conseguir enxergar, porque as lágrimas embaciavam minha visão. Não era fácil eu chorar, mas a dor daquele momento rompia com facilidade todas as minhas represas emocionais. Ao mesmo tempo em que procurava por Anne, temia encontrá-la. Porém, e mesmo que eu não quisesse admitir isso, temia ainda mais encontrar Júlia. Era como se eu olhasse sem querer ver. Não encontrei Anne, nem Pierre. Não encontrei Júlia e, naquele momento, era impossível precisar se isso era bom ou ruim.

Um gemido misturado com um soluço, ou mesmo um esgar, me fez ir na direção de Jaume, que estava debruçado sobre um corpo. De longe já reconheci quem era. Com o rosto retalhado, além de um longo corte no pescoço, ali estava Guillaume Dumais, o marido de Júlia. A minha consciência nunca teve nenhum temor de relembrar este momento, porque o que senti foi apenas revolta e dor. Eu o admirava por vários motivos e, mesmo que tivesse ciúmes por ele ter ficado com Júlia, queria-o vivo, mas ele estava morto. Por que Júlia não estava ali? Poderiam tê-la levado, por ser jovem e bonita? Poderiam tê-la reconhecido como filha do poderoso senhor de Baux? Ah! É claro. A dor não permitia que meu raciocínio abrangesse tudo. Edmond de Chambres protegia o filho de Júlia, meu filho, a pedido do avô, provavelmente, então, tinha dado ordens para que não a matassem. Era uma presa preciosa para ele e saberia tirar muito proveito da situação.

Com alguma dificuldade consegui levantar Jaume pelos ombros. Compreendia a sua dor, mas não podíamos fazer mais nada com eles, a não ser enterrá-los, embora não tivéssemos nenhuma ferramenta maior conosco. Procurei uma área mais distante do rio, onde a terra era mais macia e, quando voltava para começar a carregar os corpos, vi que um menino me olhava de cima de um rochedo, a cerca de dez metros acima de mim. Não parecia ter medo, ou sabia que eu não teria como alcançá-lo se precisasse fugir. Aparentava ter cerca de doze anos e vestia uma túnica cor de terra, de algodão grosseiro, com uma corda amarrada na cintura e um bastão fino apoiado na mão direita.

– Olá! – falei, levantando a mão amigavelmente, mas ele não respondeu, apenas continuou me olhando. – Não tenha medo, somos de paz... – continuei.

– Eu não tenho medo, senhor.

– Seus pais moram por perto? Precisamos de ferramentas para enterrar estes corpos...

– Meus pais morreram, senhor. Mas trabalho para um homem, e ele tem ferramentas.

– Bem, se quiser ganhar uma moeda, consiga uma pá com esse homem.

– E o que eu faria com uma moeda, Senhor?

Fiquei sem saber o que responder. Ele demonstrava calma e sapiência demais para um menino daquela idade.

– Então, se conseguir uma pá eu lhe direi obrigado. Não tenho nada diferente para dar.

Ele não respondeu, apenas virou as costas e sumiu, como se fosse um fantasma. Achei que não havia se interessado pelo assunto, mas, quando eu e Jaume já havíamos trazido muitos corpos para o terreno mais macio, ele apareceu novamente, sem fazer barulho, a menos de cinco metros de nós.

– Trouxe três pás, senhor, porque teremos muito serviço, mas creio que não escolheu um bom local.

– Não?

– Quando as chuvas vêm, o rio sobe até aquela pedra – falou, apontando uma rocha pontiaguda a alguns passos acima de onde estávamos. – Então eu acredito que teremos mais trabalho...

– Teremos? Você vai nos ajudar tanto em troca de apenas um obrigado?

– Vai ser de coração, senhor?

– Sim, claro que sim... – respondi, um pouco aturdido com sua postura firme e decidida, apesar da pergunta inusitada.

– E o senhor conhece algum pagamento que possa ser maior?

Apenas sorri. Diante de toda dor que ainda transpassava nossos corações e nossos pensamentos, as palavras daquele menino passavam pelas nossas almas esfogueadas como uma brisa fresca de esperança, uma sensação de que o mundo não era apenas mau. O menino era magro e alto, tinha as maçãs do rosto destacadas e a pele um tanto queimada de sol. Seus olhos eram escuros e os cabelos castanhos-claros estavam amarrados na nuca. Aparentemente eram longos e se perdiam para dentro da túnica.

– Ainda não nos apresentamos... Meu nome é Sebah, e meu amigo se chama Jaume...

– Eu me chamo Laurent, senhor. Não era esse meu nome, mas a senhora Claire, a esposa do Mestre, resolveu me chamar assim, porque ela disse que via louros em minha cabeça.[42] Achei estranho, mas gostei do nome, e acrescentei o sobrenome. Então podem me chamar de Laurent Beltran.

– E quantos anos tem, Laurent Beltran? – perguntou Jaume, aparentemente tentando se desvencilhar das teias de tristeza que o envolviam.

– Acho que treze anos, senhor Jaume, ou alguma coisa próxima a isso.

[42] Do latim '*laureatium*', 'coroado de louros'.

Ele terminou de falar e já começou a arrastar o corpo de uma mulher, uma *boa cristã*, ou *perfeita*, que não era muito pesada, barranco acima. Fiquei mais admirado com sua iniciativa do que com sua força, e também porque nos ajudou sem parar, e sem reclamar, até quando terminamos. A noite já começava.

Quando enterramos Benoît Grasson e Guillaume Dumais, este, a pedido de Jaume, por último, estávamos exaustos. Os dois cavaleiros que protegiam os meus amigos estavam um ao lado do outro entre os mortos. No meio da tarde, Laurent havia saído sem dizer palavra, mas depois retornara trazendo pão e água. Ofereceu-nos, também em silêncio, depois voltou a trabalhar. Agora tínhamos terminado o serviço e eu não sabia o que dizer a ele. Minha consciência gritava que dizer 'obrigado' era pouco, não apenas pelo seu trabalho ao nosso lado, mas, e principalmente, porque ele trouxera um pouco de esperança para mim e Jaume, depois de tamanha dor. Quando me aproximei dele pensando em uma maneira de recompensá-lo melhor, ele levantou a mão e me disse.

– Acho que não devemos nos despedir ainda, senhor. É tarde e estamos cansados. O Mestre pediu para que eu os levasse a ele quando terminássemos. Ele oferecerá abrigo e alimento, e amanhã vocês poderão ir atrás dos sobreviventes que conseguiram fugir...

– Sobreviventes? – perguntamos, eu e Jaume ao mesmo tempo. – Como sabe de sobreviventes? Você viu a batalha? Viu o que aconteceu? – completei.

– Eu estava vigiando os cruzados, senhor. Passei a noite na espreita, porque tinha medo de que eles descobrissem a caverna do Mestre. Estávamos viajando quando descobri o exército e decidimos nos esconder. Felizmente achamos um bom local, não muito distante daqui. Não sabia o que o exército queria, por isso, se os soldados fossem na direção da caverna, eu teria tempo de prevenir o Mestre. Mas não tive tempo de ajudar essas pessoas. A névoa atrapalhou...

– Tenho certeza de que você fez o que era possível, Laurent – falei, quando percebi que estava se culpando por não ter feito mais.

– Meus pais eram crentes. Meu pai estava se preparando para receber o *consolamentum*. Ouvi falar que foram denunciados ao bispo por um vizinho que cobiçava nossas terras. Não houve nem julgamento... O fogo os levou... A terra ficou para a igreja e eu consegui fugir...

Embora estivéssemos aflitos por notícias dos sobreviventes, nem eu, nem Jaume nos atrevemos a perguntar mais nada. Ele fez sinal para que o seguíssemos e se enfiou por brechas na pedra por onde era difícil passarmos com nossos cavalos, puxados pelas mãos. Subimos por um corredor estreito entre as rochas e chegamos a outro platô, que se projetava bem mais alto sobre o rio. Depois caminhamos por cerca de meia hora, sempre beirando a pedra com o rio lá embaixo. A noite já havia caído quando encontramos o Mestre, sua esposa e a filha dos dois, uma menina arredia que não chegou perto de nós. Eles nos esperavam ao redor de uma fogueira e o Mestre ficou em pé em minha frente, depois estendeu a mão. Seus olhos azuis cintilaram em minha memória, como se clareassem as lembranças de um tempo que eu já imaginava esquecido. Então lembrei do caminho que fizemos ao lado do então padre Amadeu, quando os dois se despediram e eu não tinha mais do que doze anos.

– Como vai, Sebah de Chambres?

Capitol trenta sièis

Vale do Lot, junho de 1209

Para que os leitores possam manter em mente a proporção da hecatombe que tomou conta da Occitânia, creio que se faz necessário descrever um pouco mais o que acontecia e aconteceria brevemente, a sul de onde estávamos, em companhia de mestre Jöe de Chambres, meu tio, e sua linda esposa, Claire. Ainda havia muita prosperidade e uma grande esperança de que a região pudesse suportar a guerra deflagrada pelo pedido do papa de pôr fim à heresia. A notícia do morticínio de Béziers ainda não havia chegado a todas as regiões e imaginava-se que fortalezas como Carcassonne, Minerve, Foix, Cabaret e muitas outras jamais cairiam.

Depois que fugimos de Edmond de Chambres, as notícias que íamos recebendo não chegavam a ser estarrecedoras, considerando o que vimos em Béziers. Os povoados se entregavam antes mesmo da chegada da hoste, temendo o mesmo destino. Aqueles que seguiam o catarismo, crentes ou iniciados, fugiam como podiam. Os senhores que possuíam castelos fortificados, montados em penhascos de difícil acesso, os recebiam, porque o catarismo não era um foco delimitado de pessoas. Estava em toda parte sem criar divisões, porque era da índole do povo occitano, desde a chegada dos romanos, a boa convivência, sem radicalismos. Vale a pena lembrar que o nome da região, dado pelos romanos, 'Occitânia', quer dizer "terra do sim" ('*oc*', sim; '*tania*', terra), e o idioma falado na região é a 'língua do sim' ('*langue*', língua; '*oc*', sim). Languedoc, ou onde se fala a 'língua do sim', com o tempo passou a designar uma parte da Occitânia, que modernamente é chamada de Languedoc-Roussilion. Todo este território só foi incorporado à coroa francesa depois da cruzada.

Então os cátaros sentavam à mesa para jantar com seus irmãos católicos, dentro de uma mesma família. Não havia rejeição interna ao movimento, porque, na prática, nenhum prejuízo advinha daquela gente que pensava diferente a respeito de Deus e Jesus. Principalmente para os *perfeitos* e *perfeitas*, o bom exemplo vinha na frente. E como eram dotados de bons exemplos aqueles hereges! Humildade, paciência, gentileza, generosidade, faziam parte do seu dia a dia. Exigentes consigo mesmos, complacentes para com o próximo. É claro que existiam alguns idealistas mais exaltados, sempre houve, em todos os movimentos, mas costumavam o ser apenas com as palavras, pois sabiam bem que, se não agissem como pregavam, não convenceriam a ninguém de seus princípios.

O bom exemplo! Pais educados geram filhos educados, e as exceções são raríssimas. Se uma pessoa, mesmo que desconhecida, age com correção ao nosso lado, automaticamente reprime qualquer impulso de incorreção que possamos ainda manter arraigado ao nosso rol de autopiedade para justificar todos os erros. Os cátaros viviam de exemplos!

O exército cruzado chegou a Carcassonne, para onde uma grande quantidade de crentes e iniciados havia se dirigido, à procura da proteção do visconde Raymond-Roger de Trencavel, bem como de sua quase inexpugnável fortaleza. No início do cerco foi oferecido ao visconde a liberdade para ele e sua família, além de um grupo seleto de cavaleiros, que deveriam partir e deixar a cidade à mercê dos cruzados. O visconde tinha apenas vinte e cinco anos e, além de defender os *bons cristãos*, era honrado e voluntarioso, por isso, jamais aceitaria tal proposta. Preferiu a guerra.

Vale lembrar que sua irmã, Beatriz, havia sido esposa do conde Raymond VI de Tolosa, que pediu o rompimento legal do casamento por esta ter se tornado uma *perfeita* e, consequentemente, optado pelo celibato. Quando se separou do marido, Beatriz foi para uma casa de *boas mulheres* viver plenamente sua crença, assim como havia feito Esclarmond de Foix, irmã de Raymond-Roger, conde de Foix. Por sinal, a casa para onde foi Esclarmond, era dirigida por Filipa, a mulher de Raymond-Roger, que também abriu mão do casamento formal em nome da sua crença. O nome Raymond era muito usado, como os leitores podem perceber; portanto, havia o Raymond de Tolosa, de Carcassonne, de Foix, e muitos outros, quase todos muito vinculados à heresia. Por aí se pode aquilatar o quanto o catarismo fazia parte, tanto da população mais humilde, quanto das famílias nobres, donas do poder. Como poderiam querer que a santa madre igreja os deixasse em paz?

Os primeiros combates em Carcassonne foram árduos e com muitas baixas, para os dois lados, o que levava a crer que seria um cerco demorado. Porém, um ardil dos comandantes cruzados, ou mesmo de Arnald Amaury, legado papal e comandante espiritual da guerra (isso mesmo: "comandante espiritual da guerra". Vocês não leram errado, caros leitores), acelerou todo o processo. No décimo quarto dia do cerco, o visconde de Trencavel foi convidado por parentes seus do norte, que faziam parte do exército cruzado, para negociar a paz fora dos muros da cidade, mas, traiçoeiramente, caiu prisioneiro. A proposta inicial do exército cruzado era a de entregar a cidade e os hereges para gentilmente serem queimados em uma fogueira. Com a prisão do visconde, foi dada a toda população a possibilidade de partirem sem nada levar, a não ser a roupa do corpo.

Bondade do legado papal? Comiseração diante do sofrimento daquela gente? Alguns historiadores, principalmente aqueles mantidos pela igreja, assim quiseram fazer passar, mas a verdade é que o exército cruzado precisava de dinheiro e motivação. Quando Béziers foi ensandecidamente queimada antes da hora, sem nenhum plano, quase toda a riqueza da cidade fora queimada junto com ela. Então não existiu o espólio de guerra, que motiva e enriquece os invasores. Um cerco demorado à Carcassonne poderia levar o exército a perder o ímpeto e as baixas seriam inevitáveis. Além do mais, grupos de *routiers* já faziam suas investidas pela região, chegando antes às riquezas que os comandantes da guerra queriam para si.

Permitir que toda população de Carcassonne partisse sem nada levar era um atalho rápido para resolver vários problemas, principalmente porque a guerra continuaria, e os fugitivos certamente seriam alcançados. Desta forma, católicos (porque protegeram os hereges), crentes e iniciados se misturaram numa grande fila,para partirem sem nada levar, num número que os historiadores dizem ser de muitos milhares, e se espalharam pelas cidades vizinhas, subindo a montanha Negra para o norte, ou na direção de Tolosa, a oeste, ou indo para o sul, na direção dos Pirineus. Que grande turbulência a santa madre igreja promovia em nome da verdadeira fé!

O visconde de Trencavel foi preso em agosto e foi envenenado em novembro, nos porões do *château* Comtal. Logo após sua prisão, com a vitória do exército cruzado, o conde de Nevers e o duque da Borgonha, senhores do norte, não quiseram assumir os territórios, o que já teria sido acordado com o rei da França, Felipe Augusto, antes mesmo da guerra. O visconde de Trencavel era vassalo do conde de Tolosa, que era vassalo de Felipe Augusto, dentro dessas estranhas linhas de compromissos que os juramentos traçavam na Idade Média. Então os senhores do norte alegaram que queriam voltar para suas terras tão logo terminasse a quarentena da cruzada,[43] ou mesmo que não gostavam do calor excessivo da Occitânia. Desta forma, Arnald Amaury pôde dar o comando do exército, bem como a posse das novas terras, ao seu preferido, Simon de Montfort, o usurpador, ou centauro, como ficou conhecido. Assim, um nobre menor do norte tornou-se poderoso nas terras que mais tarde viriam a ser anexadas ao reino da França. E o novo comandante, erguendo a cruz em nome da igreja, tornou-se o maior flagelo de toda região. Cercos, emboscadas, escaramuças, grandes e pequenas batalhas, em nome de Deus. As colheitas e o gado foram confiscados. Todas as riquezas foram capturadas daqueles que não se submeteram. E poucos verdadeiramente se submeteram, porque não havia interesse na submissão, embora tenham sido dominados. Riqueza e poder, como sempre, andavam de mãos dadas.

Não devemos nos esquecer também de que a dominação não obedecia apenas ao plano de eliminar hereges. Embora todo o constrangimento que sua crença causasse ao dogmatismo cristão pregado pelo catolicismo da época, não era apenas isso. Sabemos que ideias como reencarnação, abstenção de bens materiais e a não necessidade de juramento poderiam abalar profundamente os alicerces espirituais e temporais da santa madre igreja, na sua ânsia incontida de poder e dinheiro daqueles tempos. Porém, havia mais uma questão, que me foi levantada pelo bom abade Amadeu, a respeito da divisão das heranças que dominava nos territórios occitanos. A riqueza era dividida entre todos os filhos, homens e mulheres, indistintamente, ao contrário do que se fazia nas outras terras dominadas pela igreja romana, onde somente o primogênito tinha direitos legais. As filhas eram moeda de troca em casamentos, e os outros filhos homens, na maioria das vezes, entravam para a igreja. No caso de família abastadas, com muito mais facilidade. Acontece que as doenças e as constantes guerras levavam com alguma naturalidade os primogênitos deste mundo, muitas vezes antes de terem seus próprios herdeiros. Os irmãos já tinham repassado tudo o que tinham para a igreja, pois assim era necessário para fazer parte de suas fileiras, então, não ficava difícil de entender a gana clerical em se mudar os costumes onde hoje é o sul da França.

[43] Os nobres e seus subordinados tinham o compromisso de aliar-se ao exército cruzado por quarenta dias.

Raymond VI, conde de Tolosa, depois do cerco de Carcassonne, voltou para sua cidade e tentou manter como pôde suas terras, mas os ardis de Arnald Amaury e a cobiça de Montfort jamais o deixariam em paz. Tão logo estabelecido no poder, e com as bênçãos da igreja, a quem prometeu boa parte do que fosse arrecadado, Simon de Montfort começou sua verdadeira campanha de conquista. Dominou Montreal e Fanjeaux, depois atacou Foix, mas Raimundo-Roger, o conde ruivo, embora tendo toda a família dominada pela heresia, sabia se dizer católico quando era necessário. Ele soube negociar e conseguiu um acordo de paz temporária. Assim o usurpador voltou-se para o norte e subiu a montanha Negra, onde submeteu Castres, para depois atacar os domínios de Pierre Roger de Cabaret, mas lá encontrou sua primeira derrota. A fortaleza, onde centenas de cátaros se refugiavam, era quase inexpugnável, cravada na rocha altíssima e sem lugar para montar as máquinas de guerra, resistiu facilmente aos primeiros ataques.

Montfort, decepcionado, e sabendo que perderia muito tempo, não insistiu e voltou-se novamente para o sul. Sem hesitar, rompeu o acordo com o conde de Foix e invadiu sua região, tomando Mirepoix, Saverdum e Pamiers. Agindo assim, não apenas conquistou cidades, mas também um inimigo incansável na figura do conde ruivo, que o incomodaria por todo o tempo que permaneceria na região. Depois disso, tomou Albi, novamente ao norte, gentilmente entregue a ele pelo bispo da cidade. Em três meses, Montfort dominava todo o território que lhe foi concedido com a derrota do visconde de Trencavel. Porém, cada região dominada voltava a se insurgir assim que o usurpador virava as costas. Além disso, o rei Pedro II de Aragão, também suserano de toda a região, negava-se a aceitar Montfort como vassalo, mantendo um clima de insegurança constante para o usurpador.

Em toda a campanha, mesclada de ódio e vingança, aconteceram episódios marcados por tamanha violência que gostaria mesmo de poupar meus amigos leitores de formar pensamentos tão desumanos. Então vou restringir-me a um episódio que, embora a brutalidade, apenas acrescenta algumas gotas ao mar de sangue e dor que tomou conta da Occitânia, tamanha a brutalidade de todo o restante.

Após a morte de um tio por cruzados, Guiraud de Pépieux, um influente senhor da região de Béziers, tomado de revolta e desejo de vingança, aprisionou dois nobres cruzados franceses que dominavam o castelo de Puisserguier e lhes infringiu mutilações abomináveis. Vazou-lhes os olhos, arrancou-lhes o nariz e o lábio superior, e ainda fez com que um deles conseguisse chegar a Carcassonne para que Simon de Montfort entendesse o que encontraria pela frente e não permitisse mais que seus soldados cometessem abusos. Cinco meses depois, quando as lutas recomeçam depois do inverno, Montfort cercou a vila de Bram, que, mesmo plana e protegida por um muro baixo, tentou oferecer resistência. Em três dias a cidade caiu e Montfort repetiu as mesmas mutilações em cem pessoas que resistiram ao cerco, deixando ao centésimo a graça de um olho, para que conduzisse os demais, cada um com a mão no ombro do outro, pelas encostas da montanha Negra até os castelos de Cabaret. Foram recebidos pela incredulidade e horror da população e desespero de Guiraud de Pépieux, por ver a multiplicação de sua selvageria.

Já basta, não é, amigos leitores? Prometo que tentarei minimizar nas palavras escritas a formação de imagens tão desumanas. Só citei este exemplo para que todos entendam o grau de crueldade que era comum naqueles dias, entre tantas, e tantas, e tantas. O que importa mais saber é que a guerra se prolongou por todos os anos seguintes, quando cada castelo foi, um a um, sendo submetido. Principalmente depois que, em janeiro de 1211, Pedro de Aragão, manipulado pela igreja e com suas atenções voltadas para a reconquista da península ibérica aos sarracenos, aceitou o usurpador como seu vassalo. Assim, nada mais o conteve.

Ainda antes disso, os episódios de bravura espiritual dos cátaros, com a pressão dos cercos, se multiplicaram. O primeiro "ninho de águia" tomado por Montfort foi Minerve. Ele precisava de uma vitória nestas condições para que os demais castelos chamados inexpugnáveis soubessem de sua capacidade e pertinácia. Minerve levantava-se (e levanta-se até hoje) como uma proa de navio na falésia que domina a confluência dos rios Cesse e Brian, que estavam praticamente secos devido à estiagem. O usurpador montou as máquinas de guerra no barranco oposto da cidade e a castigou impiedosamente, o que, depois de tudo que já lhes relatei, em nada mais impressiona. As pedras destruíram as construções físicas, a sede destruiu a disposição dos moradores. Em cinco semanas capitularam. Como era a primeira vitória sobre um castelo naquelas condições, Arnald Amaury veio de Tolosa, porque muitos *bons homens* e *boas mulheres* se refugiavam em Minerve acreditando que esta era realmente inexpugnável. Para surpresa de todos, o legado papal ofereceu aos hereges a possibilidade de saírem vivos da cidade, desde que prestassem juramento à igreja católica, mesmo a contragosto dos conquistadores. Porém, mais surpreendente ainda foi a resposta dos hereges:

– Nem a morte nem a vida poderá arrancar-nos a fé a que estamos ligados.[44]

[44] *In*: Baudis, Dominique. *Raimundo, o Cátaro*.

A pira foi montada no leito seco da torrente sob a cidade. Homens e mulheres vestidos de negro desceram pela falésia a avançaram sem receio para a fogueira, logo desaparecendo no espesso fumo. Os soldados, prontos para contê-los e não deixar que fugissem, quedaram-se mudos diante do espetáculo de dor e coragem que presenciavam. Cento e quarenta homens e mulheres deixaram de ser problemas para a contabilidade de Arnald Amaury e sua religião.

Enquanto isso, o conde de Tolosa se negava a expulsar os hereges e os judeus dos seus domínios, bem como dispensar os soldados que os protegiam. Sendo assim, Arnald Amaury o cercava constantemente de todas as artimanhas. Assim conseguiu que o conde fosse despojado pelo papa de todos os seus bens e ordenado a cumprir penitência na Terra Santa. O legado papal também conseguiu a ordem para que se desmanchassem os muros e torres de proteção de Tolosa. Caso o conde não aceitasse o que lhe era imposto, mesmo com a proteção do rei da França e de Pedro de Aragão, Simon de Montfort estaria liberado para fazer cumprir à força as ordens do papa. Desta forma, Tolosa foi atacada várias vezes nos anos seguintes.

A aceitação de Montfort como vassalo de Pedro de Aragão também lhe deu o crédito necessário para aumentar sobremaneira seu exército. Vários senhores do norte voltaram para engrossar suas fileiras, a ponto de poder formar dois exércitos, que não parou de guerrear nem com a chegada do inverno. O exército comandado por seu irmão Guy devastou o sul, o outro, comandado pelo usurpador, devastou o norte da Occitânia. Mesmo que na maioria das vezes com muita luta, as fortalezas antes ditas inexpugnáveis foram caindo. Minerve, Terms, Cabaret, Lavaur, sem contar uma grande quantidade de cidades não tão protegidas assim, ao sul na Corbières e no Ariège; ao norte nos vales do Garone, do Tarn e do Lot. Touelles, Saint-Michel, Montlaur, Laguepie, Rabastens, Lavelanet, Moissac, Muret e muitas outras. Em muitas delas a fogueira ardia após a tomada e o sangue herege que a igreja não podia derramar era evaporado pelas chamas.

Em algumas destas batalhas eu participei, como foi o caso de Lavaur, a cerca de quarenta quilômetros de Tolosa, que resistiu por um bom tempo até seu muro ruir, na primavera de 1211. Mais uma vez estive muito perto da morte e somente a esperteza de Jaume nos salvou. Muitos cavaleiros tolosanos haviam se aliado aos resistentes e foram mortos indignamente pelas espadas dos cruzados após a rendição. Logo chegaria a nossa vez, porém, havíamos tirado nossas cotas de malha e elmo, largado as espadas e nos misturado à população angustiada. Mesmo assim, sabíamos que tínhamos poucas chances. Foi quando Jaume apareceu ao meu lado com duas túnicas de membros da Confraria Branca[45] de Tolosa, que, insuflada pelo famigerado bispo Foulques, havia se aliado aos cruzados na tomada de Lavaur. Mesmo pertencendo ao grupo rival, a Confraria Negra, vestimos novamente nossas cotas e elmos, apanhamos as espadas, depois colocamos as túnicas brancas da confraria e nos aproximamos dos demais membros, nossos inimigos. Ninguém nos delatou, mesmo logo nos reconhecendo. Na verdade, embora a dissidência interna na cidade, aqueles tolosanos tinham acabado de ver antigos amigos serem decapitados sem nenhuma dignidade, sob ordens do usurpador. Estavam arrependidos e desejosos de voltar a Tolosa, e fomos com eles. Não sem antes assistirmos a mais uma barbárie. A dama Guiraude, irmã de Aymeri de Montreal, chefe do exército que defendeu Lavaur e que havia acabado de ser decapitado, foi levada para um poço e lá atirada, sendo em seguida coberta com pedras. Ela era a doce protetora dos hereges da cidade, seduzida pelos seus ensinamentos e sua bondade.

Assim como em outras praças tomadas, como Minerve e Terms, uma grande fogueira ardeu em Lavaur e quatrocentos hereges também deixaram de ser problema para a santa madre igreja.

[45] O bispo Foulques, de Tolosa, organizou uma confraria de cavaleiros leais à igreja romana com o intento de diminuir a resistência da cidade à chegada de Simon de Montfort, já que o conde Raymond ainda conseguia manter seus domínios, embora a pressão constante do legado papal. Foi chamada de Confraria Branca, que atacavam hereges e judeus, principalmente. Os judeus eram perseguidos principalmente devido à necessidade de se anular as dívidas da igreja para com eles. Muitos cavaleiros da cidade defendiam os que eram atacados pela Confraria Branca de Foulques e, assim, foi criada a Confraria Negra. Desta forma a cidade se transformava num campo de batalhas durante a noite, com as duas confrarias se envolvendo em lutas sangrentas.

Capitol trenta sèt

Vale do Lot, junho de 1209

Creio que assim, com o que lhes relatei, temos um panorama geral da guerra e da luta dos cátaros pela sobrevivência. Desta forma podemos voltar à nossa história que, como um barco, navega pelo perigoso mar da heresia, num tempo de horrores e morte.

Depois que encontramos o mestre Jöe de Chambres, passamos a noite em sua caverna. O Mestre era irmão do abade Amadeu, irmão de Edmond de Chambres e, consequentemente, meu tio. Quando aqueles dois amigos se despediram nas cercanias de Fontenay, eu jamais imaginaria que eram irmãos, muito menos que eram meus tios. Mas a vida dá muitas voltas, tantas que posso dizer que quase não me surpreendi quando descobri que aquele jovem médico que me socorrera em Aujac estava entre a vida e a morte dentro da caverna, cuidado pelo Mestre e por Claire, sua esposa. Sua linda esposa! Não foi preciso que o Mestre me desse nenhuma explicação para que eu entendesse que era um amor incontrolável por aquela mulher que não o permitia receber o *consolamentum*. Era um amor entre homem e mulher, não condenado pelos *perfeitos* e *perfeitas* aos crentes, mas um amor que deveria ser deixado para trás tendo em vista a libertação do espírito de todos os laços com a matéria, para os iniciados. Bem, considerando o tamanho amor que eu nutria por Júlia, jamais conseguiria alcançar a validade deste preceito naquela época, embora toda minha admiração pela 'heresia'.

Para nossa grande surpresa, o motivo de ainda estarem naquela caverna era Fabres. O mesmo médico que havia salvado minha vida há tão pouco tempo, agora estava sendo cuidado por Jöe de Chambres e sua esposa, e não estava nada bem. Depois da batalha, os dois ajudaram como puderam os feridos, mas somente o jovem médico sobrevivera. Aparentemente, Fabres não corria mais riscos de morrer, mas seu estado era bastante delicado, além de estar com o rosto totalmente desfigurado. Sabendo o quanto ele havia me ajudado, teria me proposto a ficar e cuidar dele até sua recuperação, mas, quando o Mestre nos falou sobre os sobreviventes, naquela mesma noite que chegamos, minha vontade foi de montar meu cavalo e partir antes mesmo do amanhecer.

– Tudo que sei me foi contado por este cabrito montês – falou o Mestre, apontando para Laurent. – Ele assistiu à batalha tão de perto que poderia ser atingido por uma flecha perdida a qualquer momento. Só ele conhece tantos cantos para se enfiar por entre estas rochas que circundam o Lot.

– E o que ele viu? – perguntou Jaume, tão ansioso por notícias quanto eu.

– Ele viu que um *bom cristão* e uma *boa cristã* foram socorridos por um guerreiro e um menino. Este guerreiro não usava cota de malha nem elmo, nem armadura alguma, mas era valente como uma fera acuada, ou louco como uma. Laurent viu que ele ajudou o *bom cristão* a montar em sua garupa, enquanto o menino, sob sua proteção, ajudou a *boa cristã* a fazer o mesmo na garupa de seu cavalo. Segundo nosso cabrito, ambos os salvadores montavam muito bem.

– Menino? – perguntei, mas já com uma imagem se formando em minha memória: o pequeno Jorge, que não tinha ainda deixado o cabelo crescer para voltar a ser Nathalie, quando comecei a lhe dar as primeiras aulas de montaria na abadia de Fontenay. Seria?

– Um menino disfarçado, meu amigo – continuou o Mestre – Na verdade, uma menina. Alguns dias antes do ataque um mensageiro me trouxe uma longa carta de Anne Crestan, sua mãe, me avisando de muitas coisas, por isso estávamos viajando ao encontro do grupo. Uma das coisas escritas na carta era sobre você, Sebah. Ela me contava que tinha reencontrado o filho que deixara para trás um dia, porque sabia que na abadia este teria uma vida mais digna do que com ela na sua nova jornada. Outro assunto era a morte do meu irmão Amadeu, o que me causou muita tristeza. Nesta carta ela contava que nos visitaria em breve, fazendo o grupo que os seguia desviar o caminho com a desculpa de me dar a notícia sobre meu irmão, mas, na verdade, pensando em me convidar mais uma vez a me transformar num *perfeito*, finalmente. Eles me convidaram muitas vezes...

– Nathalie... – balbuciei, quase como se pensasse alto.

– Isso mesmo, Sebah. Nathalie de Saint-Etienne, a filha natural do príncipe Luís e que vem sido procurada por toda a França, a pedido da princesa Branca de Castela. Pelas descrições detalhadas que Laurent me deu, ela, Anne e Pierre de Guilles, além do guerreiro louco que não imagino quem seja, conseguiram fugir para o sul. Acredito que foram para Tolosa pedir abrigo ao conde. Esteves, irmão de Pierre, é comerciante na cidade.

– O que mais você viu, Laurent? Alguém mais se salvou? – perguntei.

– Três mulheres jovens foram feitas prisioneiras. Uma delas estava enlouquecida e foi preciso ser amarrada, mas a levaram também. Uma destas mulheres levava uma criança...

O dia começava a clarear quando montamos nossos cavalos. Seria um dia quente e a neblina novamente se espalhava por todo leito do Lot, logo abaixo de nós. Meu coração estava dividido entre Tolosa e Les Baux, depois do que Laurent nos contara, mas a razão não tinha dúvida nenhuma de para onde deveríamos ir. Estávamos muito perto de Saint-Cirq, onde poderíamos atravessar o rio, mas o Mestre acreditava que na cidade poderia ter algum informante de Edmond, por isso seria melhor evitá-la. Então Laurent nos levou até o vau por onde nossos amigos haviam conseguido atravessar e, do outro lado, ainda nos mostrou os sinais de sua passagem.

– Não sei se conseguirão seguir as marcas por muito tempo... longe do rio o terreno é mais seco.

– Eles foram para Tolosa, não tenho dúvidas disso – falei.

– Eu gostaria de ir também. – falou Laurent, para minha surpresa.

– O quê? – perguntou Jaume em meu lugar e também surpreso.

– Eu gostaria de ir... de me unir a vocês, mas tenho uma obrigação para com o Mestre e sua esposa. Eles salvaram minha vida, apesar de tudo.

– Apesar de tudo? – perguntei, estranhando o que ele falara, mas ele não respondeu. Ficou olhando para o rio por um tempo, depois apenas repetiu, como que para ele mesmo.

– Eu gostaria de ir com vocês.

– Esta guerra não faz bem a ninguém, meu amigo. Você tem um lugar para morar e tem amigos. Pode ter certeza de que é o sonho de muita gente neste momento.

Embora a ansiedade, não pudemos ser rápidos como gostaríamos. Tivemos que nos proteger de vários bandos de mercenários que já infestavam a região, sempre tão rica e cobiçada. Quando chegamos a Tolosa, dois dias depois de termos partido do Lot, encontramos uma cidade angustiada por notícias. O que se sabia era do desastre de Béziers, das cidades que foram caindo em seguida e do início do cerco de Carcassonne, onde se encontrava o conde Raymond VI. Eu levava comigo um salvo conduto assinado pelo abade Amadeu, dos tempos em que viajava em seu nome, e da abadia, assim como a velha carta que me confirmava como filho de Edmond de Chambres, mas achei melhor não apresentar nenhuma delas à guarda do portão da cidade. Mesmo que eu ainda não soubesse da acirrada dissidência interna fomentada pelo bispo Foulques, que criara a Confraria Branca para atacar hereges e judeus, o que fez surgir a Confraria Negra para defendê-los, senti uma estranha alegria quando parei no portão principal da cidade. Talvez a sensação fosse motivada pelas tantas histórias de liberdade que já ouvira falar sobre Tolosa. Mas era fácil, mesmo para mim, perceber que pairava no ar alguma coisa diferente de tudo o que eu já havia encontrado antes, como se ali não fosse necessário fingir ou esconder nada. Por isso, olhei para o guarda que esperava uma resposta e falei:

– Eu sou Sebah de Chambres e este é Jaume Luvison. Fui criado numa abadia e meu amigo era filho de um soldado do senhor de Baux. Somos livres, não temos senhores e passamos recentemente por Béziers, ou o que sobrou dela, mas não a tempo de tentar ajudar a defendê-la. Se o responsável pela cidade quiser, podemos dizer tudo o que sabemos.

Fomos levados a um grupo de cônsules capitulares que, reunidos na sala de comando do chefe da guarda da cidade, nos ouviu com muita atenção e preocupação. Contamos tudo que sabíamos e deixamos bem claro que estávamos à procura de nossos amigos hereges, que fugiram de uma emboscada do exército cruzado. Então fomos tratados com respeito por aqueles senhores e fomos informados com bastante precisão de onde era a casa do irmão de Pierre de Guilles.

Era final de tarde e não foi difícil reconhecer a casa de Esteves de Guilles, irmão de Pierre, um famoso comerciante da cidade, que nos recebeu com muita desconfiança, mas com total ingenuidade, demonstrada na pergunta que fez assim que me apresentei e perguntei por nossos amigos. Ele estava atrás do portão de madeira que se abria na lateral de um muro alto, que rodeava toda a casa, e falava comigo pela fresta deste portão.

– Como eu posso saber se você é mesmo Sebah? – perguntou-me, o que me causou uma descuidada gargalhada, para sua irritação.

– Se eu não fosse Sebah, com essa pergunta você teria acabado de entregar nossos amigos, por mais boa vontade que tenha em protegê-los – respondi, tentando não ser grosseiro. – A primeira coisa a dizer seria: não sei quem é Sebah, nem quem são estes que me perguntou...

– Mas como eu saberia se você é você, se falasse isso?

Chacoalhei a cabeça e nada disse. Pela boa casa que tinha, Esteves deveria ser bom com números e comércio, felizmente. Ainda diante da sua cara de estupefação, percebi que dedos femininos tocaram delicadamente no ombro de Esteves, que demorou ainda alguns segundos para abrir o portão e deixar que eu visse Anne Crestan, minha mãe. O nosso abraço fui uma chuva branda e contínua caindo em terra ressequida. Minha alma sentiu-se rapidamente aliviada pelo seu carinho. Não falamos nada por um longo tempo; depois, ainda segurando minha mão, ela abraçou Jaume carinhosamente, como a um filho, o que o deixou muito embaraçado. Quando a carga emotiva daquele encontro, tamanha que fez Esteves ir saindo dali aos poucos, até sumir casa adentro, diminuiu um pouco, Anne segurou carinhosamente meu rosto e falou, com uma nódoa de preocupação na voz.

– Graças a Deus você chegou, meu filho.

– O que aconteceu? Onde está Nathalie? – perguntei, intuitivamente pensando na menina.

– Desde hoje de manhã ela está desaparecida.

Capitol trenta uèch

Vale do Lot, julho de 1209.

Quando Fabres finalmente abriu os olhos, a primeira lembrança que teve foi de um reflexo metálico explodindo em seu rosto. E dor. Lembrava-se de ter sentido muita dor. Estava escuro ao seu redor e ele demorou a tentar se mexer. Sua memória estava fragmentada e, naquele momento, tentava mais encontrar um fio que unisse os retalhos de tempo que ia se desenhando em sua mente. Um leve movimento do corpo causou dor em sua perna e, no mesmo instante, a imagem de uma flecha nela fincada aflorou no pensamento. A dor aumentou e ele estacou qualquer tentativa de movimento. Fechou novamente os olhos e respirou profundamente. Um cheiro de terra molhada invadiu suas narinas, misturado com o de peixe cozido. Quando abriu novamente os olhos estava mais acostumado à penumbra e pode perceber que havia uma parede e um teto de arenito acinzentado o envolvendo pelo lado direito e, pelo lado esquerdo, uma grossa cortina, aparentemente de lã.

O esforço por tentar reunir as memórias logo o levou à exaustão e uma súbita dor de cabeça o fez querer parar de pensar. Então tentou relaxar, puxando o ar lentamente e soltando-o até que o peito se esvaziasse. O reflexo metálico novamente surgiu, e o movimento involuntário da cabeça tentando desviar de um escudo o fez lembrar da batalha. E da batalha lembrou de Serkan e de Thierry. Depois de Anne, Pierre e Nathalie. Então ele estava vivo. Incrivelmente, estava vivo. Passou a ponta dos dedos pelo rosto e percebeu que ainda havia cicatrizes cobertas de escaras. A sensação que teve é que passava os dedos sobre uma pedra rugosa e teve medo de encontrar um espelho. Onde estava? Quem poderia tê-lo ajudado? Será que Serkan e Thierry haviam sobrevivido ao ataque? Serkan, possivelmente, porque estava bem montado e era ágil com o cavalo; porém, Thierry desfalecera aos seus pés. Nathalie estava com Anne e poderia ter sido feita prisioneira, se tivesse a sorte de ser reconhecida, os outros, porém, deveriam estar mortos, sem dúvida.

Ficou muito tempo parado, sem nenhum movimento, somente tentando organizar a memória sem que a dor de cabeça voltasse. O primeiro som que ouviu foi o de passos se aproximando. Percebeu um tênue jogo de luz e sombras se projetando no teto que o cobria. Os passos pararam e Fabres ouviu o barulho de alguma coisa pesada sendo jogada ao chão. Pelas frestas da cortina a claridade era baça e o dia era quente. Então os passos se aproximaram e ele pôde ver que duas botas se postaram logo depois da cortina, que em seguida se abriu e a claridade o cegou, fazendo com que cobrisse os olhos com as mãos.

– Santo Deus! Você está acordado! – gritou uma voz bem conhecida sua.

– Thierry... Thierry! Por favor, devolva-me à escuridão... – falou Fabres, ainda com as mãos na frente dos olhos, surpreso por saber que Thierry estava vivo.

– Pensei que morreria! Todos pensaram... Ah! Finalmente não vou mais precisar enfiar aquela sopa na tua boca... Você se babava todo... Como alguém pode viver sem comer?

– Vejo que você me manteve alimentado e limpo... Sou grato...

– Mestre Jöe e sua esposa me ensinaram. Sem eles você estaria morto.

– Mestre Jöe? Quem é mestre Jöe? – perguntou Fabres, receoso.

– Como assim? Não os conhece? Eles o chamavam pelo nome...

– Acho que não consigo lembrar de algumas coisas, Thierry. É como se uma sombra cobrisse boa parte da minha vida.

– Mas você lembrou de mim...

– E lembro de Serkan e dos outros... não muito mais que isso...

– Posso lhe contar tudo o que sei da sua vida, se quiser...

– Agora não, Thierry, quero saber do presente. Onde está este o mestre? Onde está sua esposa?

– O Mestre partiu há mais tempo junto com Laurent, que é seu ajudante. A esposa e a filha ficaram para cuidar de você. Quer dizer, a filha é uma criança e não chegava perto, por que você estava muito feio, meu amigo, muito feio. Eles ajudaram alguns feridos também, mas poucos viveram. O Mestre foi atrás de Anne Crestan e Pierre de Guilles.

– Eles estão vivos?

– Ah, sim! Eu os salvei.

– Você os salvou? Como assim, se o vi desfalecer?

Thierry ajudou Fabres a sentar na sua cama de madeira tosca, coberta de pedaços esfarrapados de lã, encostando-o na parede de pedra. Depois trouxe uma tigela com um ensopado de peixe e um grande pedaço de pão, já um pouco velho. Ao sentir o cheiro do alimento, a fome surgiu quase que indomável. Sentia dor naquela posição, tanto no rosto quanto na perna, mas precisava comer e Thierry entendeu isso, não falando nada até ele terminar.

– O Lot tem muitos peixes e eu sei fazer boas armadilhas... De fome não morreremos.

– Onde estamos?

– Muito próximo de onde fomos atacados. Foram cavaleiros daquele homem que já havia atacado os hereges na vila onde moravam. Estavam nos seguindo e bem que eu desconfiava disso, mas ninguém me dava ouvidos.

– É, você tentou nos alertar... mas...

– Quando eu caí ao seu lado foi um truque. Uma flecha me acertou pelas costas e ficou pendurada, mas só furou a pele. Meu gibão era grosso e duro... na verdade eu me assustei e caí, mas logo vi que não era nada. Então vi que um cavaleiro o derrubou, espatifando seu rosto com o escudo e pensei que você estavesse morto. O que eu podia fazer além de fingir que também estava? Quando os cruzados se voltaram para o grupo de hereges, que estavam protegidos pelos cavaleiros de Guillaume e Benoît Grasson, levantei e ataquei um pelas costas...

– Você atacou um cavaleiro cruzado pelas costas? Você, sem cavalo e machucado, atacou um cavaleiro pelas costas?

– É...eu sei que isso não é muito digno, mas consegui pular na sua garupa. Você já me viu fazendo isso. Eu o derrubei. Peguei-o de surpresa e o derrubei, depois o pisoteei com o cavalo e consegui sua espada...

– Thierry... por favor!

– Eu não estou mentindo! Por que nunca acreditam no que falo? Pode perguntar para Anne, ela viu... e Nathalie também...

– Onde está Nathalie?

– Está em Tolosa, assim como Anne e Pierre. Na verdade, só eles sobreviveram.

– Nem os cavaleiros conseguiram escapar?

– Bem... não sei. Enquanto eles lutavam entre si, eu consegui chegar até Anne e Pierre, que estavam encolhidos contra a parede de rocha. Veja a minha surpresa quando Nathalie apareceu montando um cavalo ao meu lado. Você sabe, ela monta melhor do que muitos homens. Encontrou um cavalo que havia perdido seu cavaleiro e montou. Eu levei Pierre e ela levou Anne. Cruzamos um vau, não tão raso assim, logo adiante, e nos enfiamos pela mata. Passamos o dia cavalgando e, quando anoitecia, vimos os muros vermelhos de Tolosa...

– Tolosa? E posso saber como é que está aqui, depois de toda essa aventura?

– Eu tinha que ter certeza de que você estava mesmo morto. Na verdade, vim para lhe dar uma sepultura e o encontrei nesta gruta, cuidado por uma linda mulher e sua filha, que tinha muito medo de você, que estava muito feio.

– Uma linda mulher? Que conto de fadas é este, Thierry?

– Você não lembra, não é? Então vai dizer que estou mentindo, eu sei. Mas foi assim que o encontrei, cuidado por uma linda mulher e seu marido, que ela chamava de mestre. Ela ficou quando ele partiu, para ter certeza de que você viveria. Então ontem ela e sua filha foram embora, quando amanheceu. Sabia que eu ia cuidar de você.

– E como era o nome dessa fada encantada?

– Claire, e a filha, Florence, uma menininha arisca que eu quase nem vi e que vivia trepada nas rochas. Acho que um dos motivos da mãe partir era o medo que a menina tinha de você. Tinha um menino também, chamado Laurent, mas este já havia partido com o Mestre.

– Claire... – repetiu Fabres, fechando os olhos e tendo a impressão de que a mente caía num grande vazio. Ficou alguns segundos em silêncio, depois perguntou:

– Elas tinham asas, Thierry?

Capitol trenta nòu

Vale do Lot, agosto de 1209.

Após alguns dias, Fabres já conseguia andar e fazer pequenos passeios ao redor da caverna. Thierry estava tão adaptado à sua rotina diária, que parecia não se importar em morar naquele lugar para sempre. Buscava madeira para o fogo, revistava suas armadilhas no rio e voltava com muitos peixes, colhia figos, maçãs, ameixas, amoras, e ficava animado com a proximidade da estação das castanhas e nozes, tão fartas na região do Lot. Fazia muitas flechas para o seu ainda inseparável arco, com o qual conseguia lebres e javalis, e também moía o trigo para fazer pães, como aprendera com Claire, mas ficava preocupado porque não demoraria a ter que ir atrás de mais grãos. Sabia que não estava distante de uma rota comercial que passava por Saint-Cirq, o *chemin de hallage*,[46] onde poderia facilmente negociar peixes salgados em troca de outras mercadorias, mas ainda tinha medo de deixar Fabres sozinho. Já não sabia mais se Fabres era seu amigo ou seu senhor, porque era Serkan quem deixava esta situação mais clara, sempre o colocando no seu lugar, mas também percebia que aquele não era mais o mesmo Fabres Mathieu de antes. Obviamente, o acidente o deixara mais taciturno, mas havia um teor de rancor e desprezo nas palavras dele que estavam deixando Thierry assustado.

[46] Genericamente, *chemim de Hallage* é um caminho elevado na beira de um rio por onde podem passar homens e animais, havendo espaço suficiente para que estes possam puxar barcaças carregadas, sendo que os proprietários residentes não podem fechar estas passagens. Especificamente, o *chemin de Hallage* de Saint-Cirq-Lapopie foi escavado na rocha para ter sua forma atual, em 1845, porém, este caminho é usado desde o tempo da expansão romana pela região.

Cerca de um mês depois que o reencontrou, e sem mais um grão de trigo, acreditou que poderia deixar Fabres sozinho por um dia, e assim encheu um saco com peixes que também aprendera a salgar com Claire, montou seu cavalo e partiu logo que amanheceu. Pretendia estar de volta no meio do dia, se tudo corresse bem.

Fabres, que conversava cada vez menos, parado na porta da caverna, não respondeu ao aceno distante de Thierry. Estava irritado e sabia que estava irritado, o que o irritava ainda mais. Não gostaria de estar assim. Na verdade, seu lado racional admirava a fidelidade de Thierry, pois poderia ser definitivamente livre se não voltasse, mas voltou, e cuidava dele com extremo zelo. Mas o que realmente o estava perturbando era a falta de memória. Era como se andasse em uma sala fechada e só pudesse ver as coisas que existiam dentro daquela sala, e as coisas que aconteciam e aconteceram dentro daquela sala, onde estavam Thierry, Serkan e os cátaros que conhecera. Pouca coisa mais. Tinha algumas inserções repentinas de memória, mas eram fugidias, a ponto de não saber se aquilo que lembrara rapidamente ele tinha vivido ou alguém um dia lhe havia contado.

Às vezes lembrava-se de Veneza, mas não sabia onde era Veneza. Lembrava de outra caverna de onde podia ver o mar, mas não tinha a mínima ideia de onde era. Por isso estava irritado, e a cada dia mais irritado, mas sabia que não era apenas isso. Havia algum tipo de sentimento o oprimindo, que poderia ser ódio, mas qual o motivo de sentir ódio se não se lembrava de quase nada do passado? Vez ou outra uma sombra parecia passar às costas do seu pensamento, rápida, fugidia. Uma sombra de mulher, mas, quando isso acontecia, a sensação de ódio apertava-lhe mais o peito. Nestas horas, experimentava sensações que não conhecia e um desejo de morte lhe deixava com medo de si mesmo.

Passou quase toda a manhã sentado sobre uma pedra que se projetava para o rio, muitos metros abaixo na vertical da escarpa, onde podia se recostar no tronco de um pinheiro que havia tombado com o vento, mas não morrera, e lhe dava sombra com os galhos que insistiam em continuar vivos. Ele também tinha a impressão de que insistia em continuar vivo. Algumas vezes, exausto por tentar lembrar, adormecia e depois acordava com a sensação de que não tinha descansado, e voltava ao mesmo ciclo de tentar juntar as tantas pontas do seu novelo de memórias.

Thierry havia tentando ajudar, contando a ele o que sabia de sua história. Mas ele ouvia tudo aquilo como se estivesse ouvindo passagens vividas por outro personagem que não ele. Thierry contou desde os dias em que ele e Serkan o salvaram em Veneza, até a batalha onde quase morrera. Em poucos momentos sua mente encontrava conexão com a realidade. Thierry lhe contou que ouvira muitas fezes falar sobre um mestre que morava em Marselha, com quem ele havia aprendido a arte de curar. Nada, muitas áreas de sua mente continuavam em branco.

Quando o sol estava quase no meio do céu e a sombra do galho do pinheiro não conseguia mais aplacar o calor, voltou para a caverna. Estava com fome, por isso apanhou um pedaço de pão e encheu uma tigela de barro com o caldo de peixe que Thierry havia deixado um pouco longe do fogo. O fogo já havia apagado fazia tempo, mas o caldo ainda estava morno. Mesmo assim sabia que Thierry ficaria irritado se o fogo apagasse por completo, por isso apanhou alguns gravetos e soprou as cinzas até encontrar brasas, pequenas, mas ainda capazes de vivificarem. Os gravetos acenderam e ele colocou lenha mais grossa, depois abanou com o chapéu para a lenha queimar. Numa das vezes que abanou mais forte, a aba do chapéu bateu na colher que estava mergulhada no pote com o caldo. A colher fez uma pirueta no ar e caiu justamente no meio do fogo. O ímpeto de Fabre foi o de quebrar tudo. Levantou imediatamente disposto a chutar o fogo e demolir o interior da caverna. O estado de possessão por qual foi tomado foi tanto, que o fez parar, mais uma vez assustado com ele mesmo. Pelo simples fato de uma colher ter caído no fogo ele entrou em fúria e se sentiu capaz de matar? O que era aquilo? Quem era aquela pessoa que passara a conviver com ele? Era como se um invasor se aproveitasse do espaço que sobrou na sua memória e se instalasse, perversamente.

Foi para fora da caverna e respirou fundo. A sombra que a parede de pedra projetava já tornava o ar mais fresco, e isso pareceu acalmar um pouco o coração disparado e enfurecido de Fabres. Depois de alguns minutos, voltou e viu que seria inútil tentar resgatar a colher de dentro das labaredas que já estavam altas, então começou a procurar por outra. Sabia que talvez nem encontrasse, mas havia algumas prateleiras esparsas pelas paredes de pedra e resolveu olhar mais de cima. Puxou um banco tosco que Thierry havia feito, amarrando cordas de cascas resistentes de árvores em pedaços de madeira, e ficou mais alto do que as prateleiras. Na última delas, para sua surpresa, havia uma colher. Teve que descer do banco e colocá-lo em nova posição para alcançá-la e, quando ficou na sua altura, viu que ela estava colocada sobre uma pequena e fina tábua de madeira. Apanhou-a e levantou a tabuinha, onde, para sua estupefação, estava escrito:

Para Fabres
Meu eterno amor
Claire

Fabres ficou um longo tempo olhando aquelas palavras, tentando alcançar um mínimo de compreensão que as decifrasse. Sua mente fervia e ele tinha a impressão de que aquela sala fechada onde ele estava com as memórias que conseguia guardar agora tinha muitas e muitas portas, para as quais ele corria de uma em uma, e as abria, vertiginosamente, enlouquecidamente, sem nada encontrar. Novamente a exaustão tomou conta de sua mente e ele largou a tábua e fechou os olhos, encostando a testa na beira da prateleira. Ficou um longo minuto assim, até que teve a impressão de que a colher, em sua mão direita, pareceu esquentar. Que loucura era aquela?

Só então ele olhou para a colher. Era uma colher linda, com a parte da concha em prata muito bem polida, enquanto o cabo, do meio para trás, era de ouro, com pequenos rubis incrustados na lateral. No final do cabo, que terminava em uma suave curva, havia um rubi maior incrustado, com quase um centímetro de diâmetro. Uma linda joia! Uma linda joia, ele voltou a pensar.

"Esta mesma colher alimentou muitas mulheres, por várias gerações"

Então ele abriu uma porta. Uma porta que parecia ter estado ali todo o tempo, mas que ele ainda não havia visto, portanto, não havia aberto. Então lá estava ele, todo o seu passado, que entrou vertiginosamente pela sala do presente e a encheu, a sufocou.

Então a memória desabou sobre Fabres, como se pesasse toneladas. E o mundo rodopiou. E a caverna começou a rodar. E o fogo, a colher, a cama começaram a girar. Então, entre as coisas que giravam, ele viu os olhos cintilantes de Claire. Então, entre as coisas que giravam, ele viu o Mestre. E então, tomado por uma onda de ódio que jamais poderia imaginar ser capaz de conter, ele desmaiou.

Capitol quaranta

Tolosa, julho de 1209.

Não a encontramos. Vasculhamos toda a cidade e ninguém tinha nenhuma informação. Nathalie havia se despedido de Thierry no pátio interno da casa de Esteves e o acompanhado até o portão, enquanto Anne e Pierre voltaram para seus quartos e pensaram que ela havia feito o mesmo, por isso só se deram conta do seu sumiço no meio da manhã. Toda a minha alegria em saber que ela estava salva rapidamente se escoava e eu voltava a sentir uma sutil, embora profunda, revolta contra o destino.

Durante a noite decidimos que o melhor a fazer era irmos atrás de Thierry. Era improvável que tivesse levado Nathalie, mas fora a última pessoa a ter contato com a menina. Então, embora o cansaço de tanto tempo sobre um cavalo e considerando que eu nem havia ainda me recuperado totalmente da ferida no ombro, que voltou a doer depois do esforço por enterrar tantos corpos, decidimos partir com o clarear do dia. A despedida dos nossos amigos foi breve e, ao abrirmos o portão, um cheiro forte e pútrido quase nos jogou para trás. Na hora passava uma carroça carregando barris de excremento retiradas da latrina da casa de algum senhor. Apuramos nossos cavalos para fugir do cheiro, mas, quando já estávamos perto do portão principal da cidade, puxei as rédeas abruptamente, para surpresa de Jaume, meu sempre fiel companheiro.

– Qual o problema? – perguntou.

– O carroceiro... Ele deve fazer isso todo dia, não é?

– Provavelmente. Em Les Baux havia várias carroças que trabalhavam todo dia. A produção sempre foi grande – respondeu ironicamente meu amigo.

Eu sempre achara aquele um trabalho de muita coragem, ou, no mínimo, de muito estômago. Tentando conter a respiração, sem conseguir o suficiente, é obvio, me aproximei do carroceiro, com Jaume ficando a uma distância segura para suas narinas.

– O que há? O que quer comigo? – perguntou um assustado e mirrado carroceiro, quase que enfiado entre seus dois pobres cavalos e levantando uma lança na minha direção. O clima andava azedo na cidade, com as batalhas entre as confrarias branca e negra. Haviam me contado que era comum encontrarem corpos nas ruas pelo amanhecer.

– Tenha calma, amigo, e abaixe a lança, sou de paz... Só quero lhe fazer uma pergunta?

– Quer saber para onde vou levar isso? Por acaso é pago pelos cônsules? Sempre joguei no rio... agora vocês me aparecem com essas ideias de fosso...

O homenzinho era tão franzino quanto irritado e mal me deixava tempo para falar, o que eu queria fazer o mais rápido possível e fugir daquele cheiro. Por isso fui direto ao assunto:

– Você viu o portão de onde saímos há pouco? Ontem, na mesma hora, um cavaleiro partiu...

– ...e uma menina foi andando atrás dele até a metade da rua.

– Você a viu? O que aconteceu com ela? – perguntei, ansioso tanto por uma resposta, quanto por sair dali o mais rápido possível. Mas o homenzinho ficou me olhando por um tempo muito longo para a situação, depois perguntou:

– E por que eu deveria lhe contar?

Juro que a minha primeira reação foi lhe oferecer uma toulza,[47] mas creio que eu estava irritado demais com aquele cheiro. Em situação normal eu não faria aquilo, mas, quando vi, minha espada já estava levantando o queixo enrugado do carroceiro, que nem ousou mover sua lança:

– Você deve me contar para continuar vivo, só isso. Quer mais algum motivo?

– Ela foi até o meio da rua e ficou parada – respondeu o homenzinho, agora trêmulo e apressado. – Eu estava vindo do começo da rua quando vi que outro cavaleiro apareceu de uma rua lateral, puxando seu cavalo... agora tire sua espada daí se quer que eu continue... Bem... assim é melhor... Bem, eles conversaram um pouco, depois ela montou na sua garupa e partiram por onde ele havia vindo... E não sei mais nada, e mesmo que corte meu pescoço.

[47] Libra toulza – unidade monetária utilizada na época no condado de Tolosa.

Quando eu já estava a uma distância razoável, joguei para ele uma toulza e gritei um obrigado. A conclusão era óbvia e já havíamos discutido a possibilidade. Eu não conhecia aquele Serkan, sobre o qual tanto me falara Anne, mas não poderia ser mais claro: ele conseguira o que queria e, a estas horas, deveria estar levando a menina para o seu pai e a consequente recompensa. Se fosse uma pessoa desconhecida que abordara Nathalie, ela teria oferecido alguma resistência.

Acordei Anne e Pierre para dar a notícia, e juntos chegamos à mesma conclusão. Serkan tinha dois dias de vantagem e um cavalo rápido, tendo muitas opções de caminhos a seguir. Naquela situação, só podíamos pedir a Deus para que protegesse nossa menina.

Quando Thierry voltou, algumas semanas depois, ficou ainda mais desesperado. Havia ficado surpreso por descobrir Fabres vivo, mas o perdera. No dia em que fora trocar peixe salgado por trigo, ao voltar, ele não estava mais na caverna. Havia juntado algumas coisas num saco e sumira, pelo que pôde entender o pobre Thierry, com quem simpatizei desde o primeiro momento. Era mais um órfão do mundo, como eu e Jaume.

Ao ficar sabendo que Serkan levara Nathalie, seus olhos se encheram de lágrimas.

– Eu pensei que tinha uma família – falou. – Agora todos partiram... todos partiram. Quantas famílias ainda vou perder na vida?

Anne Crestan, com seu coração sempre amoroso, abraçou-o ternamente e beijou sua testa. Thierry desabou no choro. Estava envergonhado por estar chorando na nossa frente, um homem feito. Mesmo que na época eu não soubesse a pesada bagagem de tristezas que trazia do passado, não o recriminei nem em pensamento, e era fácil perceber que Jaume pensava como eu. Quantas vezes quis fazer o mesmo que ele estava fazendo?

– Se nos aceitar, podemos ser sua família, Thierry. Se estiver disposto a trabalhar pelo pão, sempre haverá um lugar ao nosso lado.

É claro que ele não conseguiu parar de chorar diante de tamanha bondade e humildade. Ele ainda 'pertencia' a Serkan, que o comprara como escravo e, embora não o tratasse como tal, nunca o libertou oficialmente. E Anne recebia um 'escravo' para fazer parte da sua família como se aquilo fosse uma dádiva divina. Desde que ouvira as pregações de Pierre de Guilles, Thierry já havia entendido que os cátaros não tinham nada de bruxos, como sempre ouvira falar. A atitude de Anne derrubava totalmente qualquer misticismo que ele ainda poderia alimentar. E continuava chorando. E eu e Jaume, antes que começássemos a chorar também, fomos cada um para um lado.

Esteves era um bom comerciante e um bom crente, porém, além de crente, uma alma bondosa. Sua casa era bonita, mas não tão grande, mesmo assim transformou o depósito que ficava ligado ao pátio em um bom quarto. Em troca da sua hospedagem, oferecemos a ele a nossa proteção. Éramos soldados sem um senhor, livres e bons guerreiros. Jaume eu já sabia das habilidades, mas fiquei surpreso ao ver a força de Thierry, como sua habilidade com o bastão e o arco inglês. Ele era magro e tinha a pele curtida de sol, com os ossos do rosto salientes e um olhar vivo, curioso. Mesmo com minha força, ele conseguia esticar aquela corda muito mais que eu. Formamos um trio de respeito para proteger a casa, o que foi um grande alívio para Esteves, pois esta ficava na divisa entre o burgo, mais protegido pelos cavaleiros da Confraria Negra, que defendiam os hereges, e a cidade, repleta de cavaleiros da Confraria Branca, que atacavam os hereges, sempre fustigados pelo bispo Foulques.

A ideia do bispo era simples e eficiente: dividir as forças da cidade. Quanto mais dividida, mais fácil de ser tomada, tirando do poder o conde Raymond VI, o protetor dos hereges. Esse era seu grande sonho, cada vez mais perto de ser realizado, com a força sempre crescente de Simon de Montfort. Então, como uma erva daninha, ele infiltrava as raízes do seu pensamento malicioso por entre as frestas deixadas pelo medo de perder privilégios que algumas influentes famílias tolosanas tinham. Plantava divisão com mentiras e calúnias, mas também com verdades, pois, naquela época, nem uma verdade era maior do que o perigo por proteger hereges, diante de um clero romano tão sedento por dinheiro e poder.

O trabalho de divisão do bispo havia sido facilitado pela situação econômica perturbadora de muitas famílias de nobres da região, e mesmo de clérigos, ou mesmo principalmente destes. Por muito tempo a cidade já vinha sendo comandada pelos cônsules capitulares, pertencentes às famílias tradicionais e que eram eleitos pelo povo, porém, nas últimas décadas, os mercadores, ou novos ricos, haviam conseguido o direito de serem eleitos e, na atualidade, a maioria dos cônsules eram novos ricos. Acontece que estes novos ricos praticavam a usura, tão combatida pela igreja romana. Ou seja, eles emprestavam dinheiro a juros e pegavam como garantia do empréstimo as propriedades do devedor. Como era prática comum entre as famílias nobres emprestar e não pagar, estes devedores ficavam desesperados quando os cônsules, defendidos e mantidos pelos novos ricos (que também eram cônsules) os obrigavam a cumprir suas obrigações. Parte da elite da região estava naturalmente disposta a mudar a situação. Desta forma, apoiados pela igreja que sentenciava pesadamente contra a usura, notários começaram a convocar credores a perdoar as dívidas dos devedores. Quando os credores não aceitavam, o que era o mais comum, tinham suas casas e propriedades invadidas por cavaleiros da Confraria Branca, tão habilmente organizada pelo bispo Foulques. É claro que, dentro do contexto geral, ligar novos ricos usurários e hereges foi apenas um estalar de dedos, tão fácil como dizer que os praticantes do catarismo se entregavam a orgias, matavam suas crianças nascituras, roubavam, cometiam homicídio e tantas outras barbaridades que a igreja romana espalhou.

Diante de tudo isso, eu, Jaume e Thierry fomos aceitos pela Confraria Negra com facilidade e passamos a usar a túnica escura com o desenho da flor-de-lis, para diferenciar da túnica branca com a cruz vermelha dos cruzados, usadas pela Confraria Branca. Acabei ficando surpreso ao descobrir que eu não era assim tão anônimo. Muita gente sabia que eu havia batido, numa luta limpa, um dos campeões do rei da França, Edmond de Chambres, tão famoso pela sua habilidade e força numa luta, e que nunca havia sido derrotado. Edmond havia ficado famoso por ter participado de torneios por muitos anos sem nunca ter sido batido. Embora Jaume sempre tenha negado, creio que estas notícias provavelmente chegaram na cidade através dele. Mas ele negava! Além do mais, Thierry, que nunca continha sua língua e sabia bem da história, era quase um pregador sobre o tema. Então, nos meses seguintes da nossa chegada em Tolosa, acabamos por participar de várias batalhas durante as noites, defendendo não apenas a casa de Esteves, um novo rico, onde sempre um de nós passava a noite, como também a de várias outras famílias de hereges ou simpatizantes, assim como judeus ou qualquer pessoa marginalizada pela ordem social dominante.

Na primavera de 1210, o conde Raimond VI voltou de uma viagem a Roma. O que sabíamos era que obtivera um sucesso parcial na sua audiência com Lotario Conti, o papa Inocêncio III, que aceitara levantar a excomunhão que pairava sobre ele, a cidade e seus cônsules. Os sinos de Saint-Étienne, de Saint-Sernin e de todas as igrejas da região poderiam tocar para celebrar a páscoa que se aproximava. Porém, o papa não o absolvera da morte de Pierre de Castelnau, seu antigo legado. Postergou a decisão para um concílio a ser convocado por Arnald Amaury em Saint-Guilles, sem data determinada. Caso o concílio não o perdoasse, também não poderia condená-lo, e a decisão voltaria para o papa.

Com a chegada do conde, que defendia tanto cônsules quanto hereges, a esperança era que a Confraria Branca diminuísse seus ataques, mas não foi o que vimos. Eu e Jaume passamos a primeira noite da sua chegada vigiando a margem do Garone, nas imediações do burgo e em frente á igreja Saint-Pierre des Cuisines. Nas proximidades da igreja moravam muitas famílias que abrigavam crentes, mas havia uma família em especial, na qual seu chefe havia sido chamado por um notário, na presença do bispo, para que perdoasse uma grande dívida. Não perdoou, e sabíamos as consequências.

Sempre ficávamos postados em pontos estratégicos, onde era mais difícil uma emboscada, e sabíamos que outra dupla da confraria negra viria em socorro caso fôssemos atacados. De certa forma, os ataques diretos haviam recrudescido, devido às baixas que se faziam sentir dos dois lados. Estávamos no meio da madrugada de uma noite um tanto fria, com uma chuva fina deixando as pedras das ruas calçadas ainda mais escorregadias, quando ouvimos um tropel de cavalos vindos pela lateral da igreja. Não demorou para que um cavaleiro com a túnica negra aparecesse e, logo atrás dele, três cavaleiros de túnica branca. O cavaleiro negro tinha um cavalo rápido, mas, ao tentar fazê-lo contornar a quina da praça, seus cascos deslizaram na pedra lisa e os dois foram ao chão, sendo imediatamente cercados pelos cavaleiros brancos. Um destes logo apeou e uma rápida luta de espadas percutiu pela noite. No primeiro momento, Jaume já quis partir em defesa, mas eu o segurei. Sabíamos que algumas situações como aquelas estavam sendo propositalmente armadas para que nossa guarda fosse ludibriada, porém, a desigualdade daquela luta logo me mostrou que não era o caso. O cavaleiro negro aparentava ter pouca experiência com a espada, além de ser muito menor que seu oponente. Morreria em poucos golpes.

Nossos cavalos voaram do canto escuro onde estávamos. Jaume se projetou para o meio dos dois cavaleiros montados e eu derrubei o agressor com meu cavalo, para logo em seguida também apear e desembainhar a espada. Jaume fez o mesmo e eu gritei aos que ainda estavam montados:

– Venham para o chão para termos uma luta honesta. Agora também somos três.

Na verdade, éramos dois, pois o cavaleiro que fora atacado estava sentado no chão, com um ferimento no ombro. Eu não podia saber quem era porque usava elmo, o que não era tão comum na nossa confraria. Então eles apearam e atacaram, e se surpreenderam. Eram três gigantes, e foi fácil entender que nos subestimaram, porque não aparentávamos ser assim tão fortes quanto eles. Foram muitas as vezes que tirei proveito de situações semelhantes. Assim posso dizer que não foi um duelo difícil. Em poucos segundos os três gigantes estavam no chão e sem suas espadas. Também foi fácil perceber que ficaram surpresos quando os mandamos partir (sem suas espadas, obviamente). Com a chegada de mais dois cavaleiros da Confraria Negra, que vieram em socorro, os três não perderam tempo e sumiram.

Os dois cavaleiros que chegaram também estavam surpresos, pois fiquei sabendo mais tarde que aqueles três eram comandantes da Confraria Branca. Os nossos não queriam crer que eu e Jaume os havíamos derrotado tão rapidamente. Porém, uma surpresa ainda maior nos esperava. Colocamos o cavaleiro ferido encostado ao tronco de um grande plátano e eu mesmo removi seu Elmo. Encontrei um jovem, ou melhor, uma criança, que não tinha mais do que treze anos de idade. Logo que tirei seu elmo, os dois cavaleiros que vieram em socorro murmuraram algumas palavras, enquanto davam passos para trás.

– Santo Deus! – falei, assustado. – O que você faz aqui? Onde está o demente irresponsável do seu pai que não o prendeu em casa?

Diante do silêncio um pouco constrangido do menino, e de seus olhos que resistiam em não verter lágrimas, preferi não pressioná-lo mais. Fiquei em pé e virei-me para os companheiros, pronto para pedir para que me ajudassem a levá-lo a um *perfeito* ou uma *perfeita*, para que tratassem o ferimento. O que encontrei foram homens assustados, inclusive Jaume.

– O que há? – perguntei, confuso, e foi Jaume quem respondeu:

– O pai deste menino, a quem você acabou de chamar de demente irresponsável, chama-se Raymond VI de Saint-Guilles... O conde de Tolosa.

Capitol quaranta un

Tolosa, junho de 2011.

(...) O conde e seus vassalos devem, para agradar a Deus, viver em paz, dispensar os soldados que os protegem, devolver aos frades os seus direitos, darlhes de coração aberto todo o domínio, todo o bem que desejem possuir, parar de proteger a porca ralé judia, e os maus crentes. Estes, até ao último, deverão ser entregues ao clero católico, cuja lei prevalecerá sobre qualquer outra (...)

(...) Muralhas, torreões, castelos serão desmantelados. É proibido aos cavaleiros permanecerem nas cidades. Habitarão nas aldeias, como camponeses humildes. Acabam-se os direitos de postagem: ao conde e seus vassalos é interdito de arrecadar o dinheiro do viajante. Em compensação, todos os anos os nobres pagarão quatro deniers toulzas aos clérigos juízes de paz designados pela igreja. E ainda: acabam-se os usurários, todo juro recebido será devolvido (...)

O que vocês acabam de ler, amigos leitores, são partes da carta de Arnaud Amaury, lida na presença do conde de Tolosa e do rei Pedro de Aragão, em Montpellier, em março de 2011. Assim como está escrito, com estas palavras. Isso aconteceu quase um ano depois do próprio conde ter sagrado a mim e a Jaume cavaleiros e nos colocado a serviço de Hugues d'Alfaro, chefe do seu exército, casado com Guillemete, sua filha natural. Creio que não chegou aos ouvidos do conde que eu o havia chamado de demente irresponsável, ou, se chegou, soube reconhecer que havíamos salvado a vida do seu filho. Pelas palavras que ouvi, o filho adolescente havia dito ao pai que enfrentamos um batalhão de gigantes enfurecidos. Também ouvimos muitas coisas nos dias seguintes, pelo fato de termos batido, com relativa facilidade, cavaleiros com alguma reputação. Não foi nada. Um ato de coragem e agilidade na luta, mas não um ato heroico, como correu pela cidade. Na minha opinião, muito mais heroico foi o conde Raymond ouvir a leitura da carta pelo legado papal sem reagir enfurecidamente e piorar ainda mais a situação.

(...) Se Montfort e os seus acharem por bem ocupar qualquer feudo toulousano, têm esse direito, desde que não cometam nenhum excesso (...)

Era revoltante, e foi assim, com revolta, que os cônsules capitulares e a população de Tolosa reagiu. Pouco tempo depois de ter conseguido que Pedro de Aragão aceitasse Montfort como seu vassalo, Arnald Amaury agora o apunhalava traiçoeiramente, dando direito ao usurpador de tripudiar sobre o território onde Pedro era o primeiro suserano. Não havia mais saída senão a guerra de Tolosa contra o exército cruzado.

No tempo em que tivemos algo parecido com paz em Tolosa, Anne e Pierre mantinham sua fé e atendiam as pessoas na clandestinidade. Muitos crentes e mesmo outros *bons cristãos* e *boas cristãs* vinham procurá-los, mas sempre conseguimos que isso não despertasse a curiosidade, tampouco a ira dos prelados da igreja e da população conservadora. O próprio conde os chamou algumas vezes ao castelo Narbonnais, no meio da noite, para ouvir sobre a fé cátara, da qual era admirador. Porém, com os prenúncios da guerra batendo nos portões da cidade, não era possível mais mantê-los onde estavam. Num primeiro momento, pensamos nos castelos de Cabaret, ou mesmo em Lavour, mas foi o próprio Hugues d'Alfaro que nos desaconselhou estes locais, por estarem na mira imediata do usurpador.

Eu e Jaume não podíamos sair da cidade naquele momento, a não ser por ordem de Hugues, desde o momento em que nos tornamos cavaleiros e ficamos sob seu comando, mas Thierry, que nunca deu nenhum sinal de insatisfação por não ter recebido esta distinção, estava livre para acompanhar nossos amigos até Montségur, a vila cátara construída no alto de uma rocha íngreme de duzentos metros de altura, ao sul de Tolosa e aos pés dos Pirineus, nas montanhas do Ariège. A vila no pog[48] havia sido reconstruída por Raymond de Péreille, a pedido de Guillabert de Castres, um dos *perfeitos* mais proeminentes do movimento cátaro, e que lá se refugiara. Muitos *bons cristãos* estavam procurando a aparente segurança de mais um ninho de

[48] 'Pog', em francês, o cume da montanha

águia, e foi para lá que nossos amigos partiram no meio de uma noite iluminada por uma linda lua cheia, que formava um largo rastro de luz no Garone. Meu coração ficou apertado de medo e saudade por muitos dias. Por um breve período de tempo, eu tivera uma mãe, e toda sua atenção e carinho.

– Eu o espero lá, meu filho. Logo estaremos juntos – falou Anne, depois de um longo abraço na cabeceira da ponte.

Thierry mais uma vez chorava muito. Ele não disse nada, mas era fácil entender que mais uma vez ele via uma família se dividindo.

– Logo estaremos juntos em Montségur, nem que seja para morrermos juntos – falei, quando nos despedimos. – Por enquanto, mantenha-se vivo, e cuide muito bem deles.

– Obrigado pela confiança. Darei minha vida por eles, se for preciso – falou Thierry, tentando se controlar, porque sempre sentia vergonha quando chorava.

Depois que eles partiram, fomos chamados para a tentativa inglória de defender Lavour, mesmo que já soubéssemos que a chance de vitória era mínima. Como já lhes narrei antes, caros leitores, voltamos para Tolosa misturados aos cavaleiros da Confraria Branca, profundamente abatidos pelo que viram acontecer com todos os prisioneiros de guerra. Todos estavam tristes. Todos tinham amigos e parentes espalhados pela região e não apenas nas proximidades. Desde a destruição de Béziers, muitas famílias choravam a perda de parentes para a guerra. Porém, mesmo com a tristeza, não podíamos parar.

Nos meses seguintes, trabalhamos incansavelmente para aumentar as defesas da cidade e armazenar suprimentos. Enquanto isso, o exército cruzado, aumentado sobremaneira com a chegada de mais senhores do norte que mais uma vez atendiam ao papa, não parava de devastar as terras da Occitânia, deixando apenas dor e cinzas depois de passarem. Toda a população sofria, mas a propaganda era sempre favorável aos invasores, pois eles tinham a seu favor a estrutura do clero. Então, quando um cruzado caía pela lâmina de um 'rebelde' as crônicas dos frades levavam o morto à categoria de santo, e o vivo à condição de cruel e sanguinário defensor da heresia. A propaganda sempre foi fundamental para se escrever a história da maneira como os poderosos a querem que seja vista. O grande poder estava nas mãos da igreja romana, nos tempos em que lutei por aquelas terras, e a propaganda era toda a seu favor.

O exército cruzado, comandado pelo usurpador, chegou e foi repelido, depois de muitos dias de cerco. Tolosa era protegida pelo rio, por onde provisões vindas de oeste, menos atacado, chegavam incessantemente, ao contrário do que acontecia com o exército cruzado, que deixara atrás de si um rastro de destruição e agora vivia a penúria da falta de provisões. Além disso, embora o conde Raymond pedisse prudência e fosse contra a maioria dos ataques, Hugues d'Alfaro e o conde de Foix, o conde ruivo, sempre o desobedecendo, não deram tréguas ao inimigo e conseguiram sortidas fantásticas, desestruturando o grande exército comandando por Simon de Montfort, que, diante de tantas baixas, se viu obrigado a voltar para Carcassonne, para a alegria dos tolosanos, e minha, que havia muito tempo não tinha nenhum descanso. Eu consegui alguns feitos nestas batalhas, nada de mais, como sempre disse, mas, mesmo assim, minha fama ia aumentando. O que aumentava também era o peso da minha consciência, pois meus atos não tinham muito a ver com bondade, resignação e paciência, o que sempre me ensinou o bom abade Amadeu.

A última sortida contra o acampamento cruzado foi estrondosa. Contrariando mais uma vez as ordens do conde, Hugues d'Alfaro e o conde ruivo comandaram uma tropa de cerca de quatrocentos cavaleiros, eu e Jaume entre eles, no meio do dia, num horário totalmente inesperado. Diante do calor, o inimigo estava sem paramentos de combate, abrigado nas tendas ou em sombras e, quando se deram conta, nossos cavaleiros já queimavam suas tendas e matavam seus senhores. Antes que pudessem se organizar, os tolosanos voltavam gloriosos para a proteção dos muros da cidade. No dia seguinte, 27 de junho de 1211, o usurpador voltou para Carcassonne.

Tolosa era uma cidade difícil de ser conquistada não apenas pela bravura de seus guerreiros, mas também por sua situação estratégica, protegida pelo caudaloso Garone e seus muitos canais, que não eram apenas um obstáculo, mas também uma via por onde suprimentos chegavam com facilidade. Montfort já havia entendido isso e, com as baixas de tantas figuras importantes, resolveu recuar, mas todos sabiam que isso era apenas temporário.

Alguns dias depois da partida do usurpador, Jaume me encontrou sentado no muro da beira do Garone. Era o final de uma tarde quente, e a brisa fresca que soprava pelo rio atraía muitos outros além de mim, que tentavam desfrutar um pouco de paz, embora a cidade ainda chorasse os muitos mortos nas batalhas. O silêncio daquele momento me fazia recordar uma das piores situações vividas durante o cerco, que era quando os gritos dos que ficaram feridos pelo campo, depois das batalhas, iam recrudescendo até o silêncio, e a morte. Jaume parecia entender a minha tristeza, por isso, só depois de um longo tempo sentado ao meu lado, brincando com seu camafeu entre os dedos, perguntou:

– Não está pensando em ir sozinho, não é?

Olhei para ele um pouco incrédulo. Não havia contado para ninguém o que estava pensando, então, como ele poderia adivinhar?

– Ir para onde?

– Ora... para Les Baux... onde mais você poderia ter vontade de ir?

– E como sabe que quero ir para Les Baux?

Ele não respondeu. Ficou calado um bom tempo, olhando os grandes peixes que apareciam na superfície do rio naquele horário. Depois de alguns minutos, ele falou:

– Podemos partir amanhã. Hugues nos deu uma semana de folga.

– Não conseguiremos ir e voltar a Les Baux em uma semana.

– Talvez não precisemos voltar. Não sabemos o que vai acontecer no caminho.

– Seria uma traição se desertássemos. Não podemos fazer isso.

– Não? O que fizemos para estarmos metidos nesta guerra? Salvamos o filho do conde, que quis brincar de cavaleiro e fugiu do castelo sem o pai saber. Isso nos elevou à condição de cavaleiros, mas em algum momento você fez algum juramento? Fomos convidados a fazer parte da guarda de Hugues d'Alfaro, o que é uma grande honra, mas não pediram para jurarmos fidelidade ao conde, então...

– Então? – perguntei, como se não entendesse o que já tinha entendido.

– Então somos livres... e eu gostaria de encontrar Júlia, e seu filho... e, quem sabe, encontrar aquele homem que diz ser seu pai, e matá-lo...

– Não sabemos se ainda está vivo. Nunca mais tivemos notícias.

– Está vivo... muito vivo.

– Como você pode saber disso?

– Na nossa última sortida ao acampamento de Montfort eu o vi. Aparentemente estava comandando os homens do conde de Chalons, que veio autorizado pelo rei da França. Por muito pouco não consegui matá-lo. Quando toquei meu cavalo na sua direção, seus homens o protegeram e conseguiu fugir.

– Ele viu você.

– Creio que não... ou viu, mas não deve ter me reconhecido, mesmo que eu estivesse sem elmo. Mas o que importa é saber que ele está vivo...

– E porque você quer encontrar Júlia e seu filho? – perguntei, tentando fazer de conta que somente ele estava pensando nisso.

– Porque ela é minha parente, porque casou com meu primo. Na verdade, a única pessoa com quem ainda tenho algum parentesco. E também porque acredito que Edmond de Chambres voltará a Paris pela Borgonha, e ficará algum tempo em Les Baux para se restabelecer das batalhas. Desde que eu era apenas uma criança ele já visitava a cidade. Algumas pessoas falavam que sua principal amante é dama de companhia da senhora Barrale, a esposa de Hugh de Baux...

– Principal amante? Quantas ele tem?

– Deve ter muitas, e muitos bastardos espalhados. Você deve ter dezenas de irmãos. Dizem que Anaïs é a mulher mais linda que já existiu – falou Jaume, beijando seu camafeu.

– Anaïs?

– A amante... Eu nunca a vi, mas, se é tão linda, ele voltará por Les Baux.

– Isso é suposição sua, apenas.

– Pode ser, mas também é um motivo. Você pode ter Anne, ou Nathalie, a quem nem cheguei a conhecer. Estas pessoas são um motivo para você acordar de manhã e pensar em viver. Eu tenho vocês também, porque são meus amigos, mas preciso de mais motivos para não pular nestas águas e me deixar levar...

Jaume falava olhando para o camafeu em seus dedos. Com o tempo descobri que aquele objeto era como um talismã e uma ligação com o passado, com uma possibilidade diferente de vida, que acabou não acontecendo com a morte de sua mãe. Parecia ser uma joia bonita, com uma placa de ouro e um relevo em marfim, que provavelmente fora dado a sua mãe por alguma dama rica, já que a origem de Jaume era modesta. Nunca perguntei nada sobre isso, para não ser indiscreto. Silenciosas lágrimas corriam pelo rosto pequeno do meu amigo. É claro que não passava um dia sem que eu pensasse em Júlia e meu filho. Nunca soube se Jaume havia descoberto, ou entendido, que o filho de Júlia era meu filho. Nunca tive coragem de tocar no assunto, embora eu esperasse que a qualquer momento ele perguntasse e, com a minha resposta, chegasse à obvia conclusão que conheci Júlia quando matei seu pai, e assim ele saberia que eu matei seu pai. Mas ele nunca perguntou, e eu nunca deixei de pensar em Júlia, nem um dia. Às vezes tinha a sensação que nem uma hora sequer.

Capitol quaranta dos

Tolosa, julho de 1211.

Alguns dias depois partimos para o norte, com a devida permissão do nosso comandante, além dos mais sinceros agradecimentos pelo nosso trabalho por todo tempo em que estivemos sob seu comando, o que nos rendeu um soldo que não esperávamos de modo algum, mas que fazia com que tivéssemos até medo do assalto de *routiers* pelo caminho. Não fui capaz de negar a Hugues que não sabíamos quando voltaríamos, mas ele aceitou isso naturalmente:

– Fiz de vocês meus cavaleiros e lutaram bravamente sem nunca terem feito nenhum juramento. Então, se dizem que um dia podem voltar, acredito que esta não será a última vez que nos veremos. Soldados como vocês serão sempre bem-vindos. Além do mais, Tolosa sempre foi e sempre será a cidade da liberdade.

Sabíamos que não podíamos partir direto na direção de Les Baux, o que já seria uma longa jornada. Em linha reta para leste e depois nordeste, estaríamos cortando a região infestada pelo exército cruzado. Então teríamos que antes ir para o norte, depois seguir para leste até o Ródano e descer para sul pelo seu vale até Avignon, para depois chegarmos ao nosso destino. Uma longa viagem, mas, ao mesmo tempo, uma motivação para Jaume, que estava mais elétrico do que o normal. Para mim, então, o que poderia dizer sobre a possibilidade de encontrar Júlia, mesmo que nem tivesse a certeza de que estava mesmo viva?

Fizemos praticamente o mesmo caminho de quando chegamos a Tolosa, seguindo na direção do vale do Lot, para podemos ter a proteção das suas gargantas e falésias na região que considerávamos ser a mais perigosa. Depois que passássemos por Saint-Cirq, acreditávamos que teríamos um pouco mais de segurança. Neste trecho não arriscávamos cavalgar de dia, por isso partimos um pouco antes do anoitecer e só chegamos a Saint-Cirq três dias depois, quando amanhecia. Em uma estalagem modesta nas proximidades do *chemin de Hallage*, conseguimos um bom prato de comida, sem muitas perguntas sobre quem éramos e qual nosso destino. Todos tinham medo de todos naquela época tão truculenta, quando humildes padres poderiam levá-lo a arder numa fogueira.

Depois que comemos, Jaume encostou-se à parede e dormiu rapidamente. Cada um dormia por uma ou duas horas, enquanto o outro vigiava. Para me entreter, já que o dono da estalagem não se incomodara com meu amigo dormindo, abri minha mochila de couro, onde ia quase tudo o que eu tinha, e tirei de lá o anel do abade Amadeu. Fazia tempo que não o usava, porque fazia tempo que não tinha dias calmos. Também tirei o medalhão que havia ficado comigo desde quando parti da abadia, e que lá fora deixado supostamente como uma mensagem dos tenebrosos cátaros que mataram o bom abade. Era um medalhão de ferro, um tanto tosco, com as bordas um pouco irregulares e com algumas áreas já corroídas. No meio de uma das faces a pomba da paz, o símbolo do Espírito Santo, um dos símbolos da heresia. Deixei o medalhão sobre a mesa e fiquei olhando para o anel do abade, com sua cruz occitana em relevo, outro símbolo perigoso para a época, com o qual, se eu fosse apanhado, arderia numa fogueira.

Estes pensamentos fizeram meu susto ser bem maior quando um braço passou ao meu lado e apanhou o medalhão, como se um fantasma tivesse se materializado ao meu lado. No mesmo instante pulei de lado e coloquei a mão no punho da espada, fazendo com que Jaume também acordasse e fizesse o mesmo. Nossas duas espadas quase ao mesmo tempo encostaram no peito de um homem, todo vestido de preto, no mesmo instante em que ele falou:

– Ora, Sebah... Jaume... vão querer me matar?

– Mestre Jöe! – falei, bem mais alto do que deveria, fazendo com que o estalajadeiro viesse correndo para ver o que acontecia. Mas logo ele viu que o Mestre apenas sorria e fazia sinal que estava tudo bem.

Embainhamos nossas espadas com o coração ainda querendo sair pela boca, enquanto o Mestre sentava na nossa mesa e falava:

– Esse medalhão poderá levá-lo rapidamente para a fogueira, meu caro sobrinho.

– Como o senhor apareceu assim, sem que eu o visse entrar?

– Nosso amigo Guilbert é um crente e nos acolhe quando passamos por aqui. Nesta hora poucas pessoas aparecem, então arriscamos comer aqui no salão. Antes de reconhecê-los, eu ia esperar que saíssem, mas seu amigo resolveu dormir...

Quando terminou de falar, uma porta impossível de ser percebida, no canto atrás de mim, se abriu e Claire apareceu. De imediato identifiquei uma mudança em seu olhar e a ausência do seu sorriso, que tanto nos cativara quando a conhecemos, na caverna onde cuidavam de Fabres. Um pouco depois dela apareceu Laurent, e seus olhos brilharam quando nos viu.

Antes de servir a comida, Guilbert, o dono da estalagem, fechou a porta e passou a tranca, depois veio sentar conosco, mas sem dizer palavra alguma. Os três comeram em silêncio e respeitamos aquele momento. Uma mulher miúda apareceu e levou os pratos. Quando ela fechou a porta, Guilbert perguntou:

– Vocês já ouviram falar do *monstre du rivière*?

Claire colocou as mãos na frente do rosto e suspirou profundamente, sendo que o Mestre colocou a mão no seu ombro e apertou suavemente seus dedos.

– Monstro do rio? – perguntou Jaume, diante do meu silêncio.

– Um assassino. Algumas pessoas andaram sumindo e seus corpos foram encontrados vazios boiando no rio. A filha de Claire também sumiu. Meu tio Guilmor, que estava muito doente, desapareceu...

A maneira tosca como Guilbert falava fez com que Claire se levantasse e saísse pela mesma porta de onde havia vindo. Laurent ficou na dúvida se a acompanhava, mas o Mestre fez sinal para que ficasse.

– Quando aconteceu isso? – perguntei a mestre Jöe.

– Florence sumiu há quase dois anos. Não acredito que vamos encontrá-la, infelizmente. Mas ela sumiu distante daqui; não acredito que tenha relação com estas mortes, que só começaram há pouco.

– Velhos muitos doentes, quem não tem como se defender... O monstro não ataca pessoas fortes – falou o carrancudo Guilbert.

– Explique melhor o que está acontecendo – pediu Jaume.

– As pessoas vão para o campo porque precisam trabalhar, os velhos e as crianças ficam em casa. Um velho que conseguiu se defender falou que foi atacado por um monge... um monge!

– Mas ninguém tem nenhuma suspeita? Esse velho não conseguiu ver quem era? Há quanto tempo está acontecendo isso? – perguntei.

– O velho disse que não conhecia o monge e isso começou há três meses. Primeiro apareceu o corpo de um desconhecido boiando no rio, sem roupa e todo retalhado. Depois foi meu tio Guilmor, que estava doente e não saía muito de casa. Sua esposa saiu por menos de uma hora e, quando voltou, não o encontrou mais. Depois disso, mais dois velhos sumiram na região, em situações semelhantes.

– E seus corpos foram encontrados?

– Meu tio apareceu alguns dias depois, os outros ainda não, mas estamos esperando que apareçam a qualquer momento – respondeu Guilbert, agora um tanto taciturno.

– Como podem ver, meus amigos, há um pouco de exagero nas palavras do nosso imaginativo estalajadeiro. Nada é conclusivo até agora... – falou mestre Jöe.

– Ouvi rumores que isso aconteceu em outras vilas. O que querem? Que mais mortes aconteçam? Temos que procurar esse monstro. Temos que montar um grupo e ir atrás...

Alguém bateu à porta e todos nos assustamos. Mestre Jöe e Laurent voltaram por onde tinham entrado, enquanto Guilbert abria a porta. Era apenas o vendedor de legumes, para alívio de todos. Poderia ser um padre! Depois de dispensar o vendedor, Guilbert nos fez passar pela pequena porta secreta, e fomos encontrar mestre Jöe num pequeno jardim interno da casa.

– É fácil ver a tristeza nos olhos de Claire – falei ao Mestre, até por não ter outro assunto para falar.

– Temos muitas dúvidas sobre o desaparecimento de Florence. Ela era uma boa menina, mas um tanto aventureira. Imagine que ela gostava de andar se pendurando pelas falésias do Lot. Pode ter caído no rio, é difícil saber. Sempre havia doentes para tratar e Laurent às vezes se descuidava dela.

– E esse assassino? Alguma chance de ser a mesma pessoa?

– Tudo é possível, mas eu duvido. Ela sumiu quando estávamos na região de Saujac, distante daqui rio acima. Pode também ter sido algum mercador sem princípios. Sabemos que ainda há muito tráfico humano e não estamos tão distantes de Bordeaux, onde há tanto comércio. Tudo é possível... Fizemos de tudo. Procuramos por tudo e cheguei a ir até Bordeaux em busca de alguma informação. Claire nunca mais foi a mesma.

– O que aconteceu com Fabres? – perguntei, mudando de assunto, porque senti o constrangimento do Mestre.

– Não tivemos mais notícias desde que se recuperou. Na verdade, tivemos que partir um pouco antes de ele recuperar a consciência e o deixamos aos cuidados de Thierry, que vim a descobrir ser o guerreiro louco que conseguiu salvar Nathalie, Anne e Pierre. Assim soube que meus amigos estavam bem na casa de Esteves, em Tolosa. Eu estava medicando Fabres com uma fórmula de gardênia jasminoide que o deixava sonolento, para que seu corpo tivesse paz para se recuperar. Parti alguns dias antes de Claire, Laurent e Florence, porque tinha outros compromissos na região, mas ela manteve esta fórmula até um dia antes de também partir e me encontrar aqui, na estalagem de Guilbert. Tenho certeza de que no dia seguinte ele acordou recuperado, mas não tivemos mais notícias dele.

– Ele também sumiu – falei. – Thierry o deixou por um dia para comprar trigo e, quando voltou, havia partido. Thierry o procurou por vários dias, mas ele não tinha deixado pistas, então voltou para Tolosa, onde trabalhamos juntos para o conde. Espero que Fabres não tenha sido vítima desse assassino, pois estava bastante debilitado.

– Acho que estamos valorizando demais este assunto. Teríamos que investigar com mais cuidado para chegarmos a alguma conclusão mais lógica. Eu sempre gostei da lógica dedutiva. Ensinei isso a Fabres, que era muito habilidoso nas suas deduções.

– Ensinou a Fabres?

– Ele foi meu discípulo em Marselha. Foi uma grande surpresa encontrá-lo ferido depois daquela batalha. Eu o acolhi quando seus pais morreram e o fiz meu discípulo, mas teve problemas com a justiça...

– Justiça? O que aquele bom médico poderia ter feito de errado? – perguntei.

– Eu estava em Roma quando tudo aconteceu. Andou se apaixonando pela filha de um rico comerciante enquanto a tratava. Quando a menina morreu, o comerciante acusou o pobre Fabres de tê-la matado. Ficou preso alguns meses na abadia de Saint-Victor, porque era um noviço, mas foi salvo pelo seu irmão, Serkan... uma pessoa muito estranha, talvez você já tenha ouvido falar.

Não respondi nada e pedi com o olhar para que Jaume também não falasse o que sabia. Por algum motivo eu não conseguia confiar naquele homem, mesmo sendo meu tio e mesmo sendo tão amigo, e irmão, do falecido abade. Eu sabia que minha antipatia não tinha nada a ver com o fato de ele ser um padre que se fazia passar por *bom cristão* e ter fama de mestre. Abandonara a igreja romana por causa de uma mulher, mas não creio que tenha informado isso aos seus superiores. Então vivia duplamente na clandestinidade: por sua falta para com o celibato dentro da igreja católica e por suas inegáveis simpatias com o catarismo. Creio que o motivo principal da minha precaução quanto a ele vinha do fato de ser muito parecido fisicamente com Edmond de Chambres. Mas, também, quando falava, sempre parecia que media cada palavra e, depois de cada palavra, media cada reação que esta causava, e eu não gostava disso.

– Sim, ouvi falar desse Serkan. Estava com Fabres quando o grupo de Anne e Pierre foi atacado, mas parece que conseguiu fugir. Seu corpo não estava entre os que enterramos.

– Ah! Eu tive a oportunidade de conhecê-lo em Marselha. Não é o tipo de pessoa que se deixa apanhar tão facilmente. Ele me visitou enquanto Fabres estava desacordado e antes de Thierry chegar. Estava eufórico, porque levaram sua carroça depois do ataque, mas não descobriram a fortuna que havia no seu fundo falso. Ele conseguiu recuperá-la comprando a carroça por um preço irrisório e, sempre que fazia um bom negócio, ficava eufórico. Aquele fora um grande negócio, porque recuperara sua grande fortuna, bem pouco dela ganho muito licitamente. Pode acreditar, Serkan fez comércio com bispos e demônios, o que o tornou muito esperto.

– E porque ele o procurou? Por causa de Fabres?

– Sim, parece que sim. Ele nunca foi muito claro. Disse que voltaria para encontrar Fabres depois que cumprisse uma missão importante, mas não me falou qual missão era essa.

– Se Fabres sumiu... – falei, pensando alto.

– ...talvez Serkan tenha voltado e o levado... – continuou Jöe.

– Mas porque deixariam Thierry?

– Ele havia comprado Thierry. Deixá-lo para trás seria uma forma de lhe dar liberdade. Não que eu concorde com qualquer escravidão, mas, como eu disse, é difícil de entender o que se passa naquela cabeça. Ele me falou que planejava se instalar em Paris e viver com um pouco mais de luxo com toda riqueza que tinha. Acredito que talvez tenha seduzido o pobre Fabres com esta proposta.

– E vocês? Para onde vão para se proteger? A região está tomada de cruzados e padres.

– Estamos a caminho de Montségur. O norte da Occitânia não é mais nada seguro para nós. Estávamos no vale do Dordogne e achamos que lá não correríamos perigo, mas muitos foram mortos por cavaleiros cruzados na nossa região. Sou responsável por Claire e Laurent...

– Anne e Pierre foram com Thierry para Montségur, antes do ataque de Montfort a Tolosa – falou Jaume, interrompendo o Mestre. – Parece ser um lugar seguro.

– Ah! Que boa notícia! Soubemos que muitos estão indo para lá.

– E o que Guilbert quer que façamos em relação a este monge que ele diz ser assassino? – perguntei, tentando não falar muito sobre nossos assuntos com o Mestre. Poderia ser implicância minha, mas ele parecia que sabia de tudo e todos antes mesmo de contarmos alguma novidade. Tive vontade de perguntar sobre Nathalie, mas, se ele soubesse alguma coisa dela, já teria comentado. Ou não.

– Ele quer reunir um grupo e vasculhar a região. Quer encontrar esse monge e matá-lo, por que está com medo, mas não acho que seja um problema para se envolverem. Conheço Guilbert há muito tempo e ele sempre foi exagerado. Sempre gostou de aumentar uma história. Um corpo retalhado boiando no rio, nesta época de guerra, não deveria causar muita surpresa, e estes velhos que sumiram... bem, ao menos uma das famílias estava com problemas financeiros e, se o patriarca morresse, tudo se resolveria. Então...

– De qualquer maneira, não temos tempo para ajudar – falei.

– Ainda não me falaram para onde estão indo. Posso saber? – perguntou o Mestre.

– Jaume perdeu quase toda a família nesta guerra. Ele tem um tio em Avignon, vamos até lá, procurar abrigo para ele.

– E para você também? Não vai procurar Anne?

– Depois que deixá-lo protegido, voltarei.

Pude sentir no peso do olhar de Jaume que ele não gostou de passar por uma pessoa que precisava da proteção de um tio, mas creio que ele entendeu que eu não queria dizer para onde íamos. Ainda não havia encontrado motivos para gostar daquele homem, mesmo sendo meu tio, ou exatamente por isso, afinal, eu ainda não havia conseguido sentir se ele era mais parecido com o Amadeu ou com o Edmond.

Capitol quaranta tres

Les Baux, agosto de 1211.

Suborno! Sim, foi assim que conseguimos entrar em Les Baux. Desde antes de partirmos de Tolosa já não aparávamos nenhum pelo do rosto, nem os cabelos, então estávamos mais parecidos com os leões dos estandartes do que com pessoas. Porém, mesmo assim, sabíamos que não bastaria não nos reconhecerem, o que sempre era um risco. Sabíamos que não nos deixariam entrar na cidade sem um motivo, principalmente com a guerra incendiando a terra tão perto dali. Mercenários e bandidos de todo tipo estavam espalhados pelo território, foi por isso que subornamos Janot, um carroceiro, para que levássemos sua mercadoria até a praça onde seria a feira naquela manhã, na frente da igreja de Saint Vincent. Ele não era o feirante, mas sim seu irmão, que receberia a mercadoria. Então citamos o nome do carroceiro e dissemos que éramos seus empregados, e citamos o nome do irmão e dissemos que as mercadorias iriam para ele, depois pagamos a taxa de entrada e estávamos dentro de Les Baux, com a permissão de ficarmos um dia. Um dia! Era todo o tempo que tínhamos para desempenhar nossa quase impossível missão: sequestrar Júlia e seu filho e levá-la para muito longe dali. Um dia, e sem armas, pois nenhum estranho podia entrar armado na cidade.

– Empregados daquele sovina? – perguntou o coletor que cobrava a taxa de entrada. – Com o que Janot os está pagando? Ovos podres?

Sim, a maior parte da nossa carga era de ovos e galinhas mortas e já limpas. Também levávamos alguns pedaços de porcos, além de um saco de cevada e um barril de cerveja. Uma carga eclética, mas valiosa, pelo tanto que pagamos de taxa do nosso próprio dinheiro, como havíamos combinado com o sovina do Janot.

Valentin, o irmão de Janot, sabia do esquema, pois combinamos tudo na presença dele na noite anterior e levara uma boa parte do suborno. E estava feliz quando nos viu, principalmente porque o ajudamos a descarregar a carroça e montar sua mesa. Falador como era, como um bom comerciante, logo fizemos amizade. O espaço para a feira era pequeno e logo estaria apinhado de pessoas, então poderíamos nos misturar mais facilmente. Por enquanto tentávamos nos manter na sombra, não muito expostos. Estávamos na frente da igreja onde eu havia encontrado o bispo Roustaing, no dia em que conheci Júlia. Havia pensado em procurar o bispo em Avignon, um inegável aliado, mas éramos rebeldes procurados pela justiça desde que Edmond nos condenou pela morte do abade Amadeu. Então poderíamos comprometer o bom bispo, que de muito já era visado pela cúria romana por supostas simpatias com a heresia.

Quando as pessoas começaram a aparecer por entre as mesas da feira, Jaume cutucou meu braço e apontou para alguém. Senti um calafrio e fiquei assustado por descobrir que tinha medo de alguém, muito medo. Quem estava passando, indo na direção da igreja, era o famigerado padre Damien, e sua expressão era assustadora. Caminhava olhando para todos os lados, como se a qualquer momento pudesse ser atacado por uma multidão de hereges sanguinários. Será que era a consciência cobrando as faltas? Não, claro que não.

– Eu sabia que ele estaria aqui – falou Jaume.

– Ele? O padre?

– Não... Edmond...

– Como pode saber se o padre não está sozinho? – perguntei, sabendo que ele estava certo.

– Eu sei... é o que basta... Sinto seu cheiro no ar.

Jaume odiava profundamente Edmond de Chambres. Talvez a paixão interrompida por Suzanne Vauguin, vítima da maldade sem conta de Edmond, tenha ficado nele sem solução. Uma represa sem ter por onde drenar suas águas, que não se renovavam e que iam apodrecendo mais, dia a dia, e gerando mais dor é ódio. O sentimento de Jaume por Suzanne era igual até hoje, como o fora quando ela estava viva, ou mesmo aumentou pela sua ausência, assim como o meu sentimento por Júlia; porém, sua amada estava morta e ele sem nenhuma esperança. Eu, ao contrário, por mais insana que fosse essa esperança, ainda acreditava em alguma felicidade futura. Tinha pena do meu amigo quando pensava assim. Ele era gentil e honrado, mas dentro de si carregava uma pira gigantesca, pronta a queimar duas pessoas vivas: Edmond e o padre Damien.

– Vocês conhecem o padre sedutor? – perguntou Valentin, com um sorriso debochado.

– Este que passou com cara de assustado? – perguntei, fazendo de conta que não conhecia o padre Damien. – A última coisa que tem é cara de sedutor...

– Esse mesmo. Viram como está com medo? Os boatos já correm soltos de que ele se apaixonou por uma protegida do senhor de Baux. Dizem que é caso antigo, que até tiveram um filho que foi levado para longe depois que nasceu. Não é à toa que caminha com medo...

Padre Damien apaixonado por uma mulher! Era difícil de acreditar. Olhei para Jaume e ele deu de ombros. A única coisa que poderia interessar ao meu amigo era a vingança, e eu temia por ele. O desejo de vingança nunca foi um bom conselheiro. Nunca.

O badalar dos sinos da igreja de Saint Vincent fez com que pulássemos assustados, para diversão de Valentin:

– Assim vão pensar que são hereges do demônio! – falou entre risadas, mas parou de rir quando viu que não respondemos à brincadeira. Talvez, pela primeira vez, ele tenha pensado que poderíamos ser hereges.

Não tivemos tempo para qualquer justificativa. Desde que tocara o sino ouvíamos uma sineta e gritos vindos pela rua principal que terminava na praça. Logo um guarda apareceu na praça com uma sineta na mão e gritando para abrir espaço.

– La vem o senhor de Baux – falou Valentin. – Hoje é dia de ele assistir à missa com a família.

Meu coração disparou. Família? Na verdade, a 'minha' família, se Júlia e Ruy estivessem juntos. Jaume me puxou pelo braço para um canto, onde um pilar saliente na quina da parede nos protegeria melhor, porque a comitiva passaria bem a nossa frente. Não demorou para que víssemos o senhor de Baux e, ao seu lado, caminhando com algum ar de solenidade, como se sempre estivesse numa atuação premeditada, estava Edmond. Pude sentir a respiração de Jaume ficar mais pesada e temi que ele fizesse uma loucura. Edmond não levaria armas para a missa, mas havia um pelotão de soldados ao redor que não entrariam na igreja. Porém, não tive tempo de acalmá-lo. Logo atrás dos dois vinham duas mulheres e era fácil saber quem era a esposa de Hugh, madame Barrale, altiva e serena ao mesmo tempo, trazendo ao seu lado o jovem Barral, futuro senhor de Les-Baux-de-Provence. Depois delas estava Júlia, levando Ruy pela mão, embora ele tentasse a todo custo desvencilhar-se da prisão materna. Júlia! A filha natural de Hugh. Mesmo com tudo o que fez, ainda era protegida pela casa, mesmo que viesse quase que junto com as criadas.

– Se a mãe o soltar ele pode matar alguém! É bom que o segure – falou Valentin, apontando para os dois e se aproximando, porque não poderia falar isso em tom muito alto. – Dizem que foi concebido pelo demônio, já que não é nada parecido com o pai.

– Guillaume Dumais? Quem diz que Guillaume não é o pai? – perguntou Jaume.

– Todos! Um dia ela foi sequestrada por um jovem aventureiro... Dizem que era um demônio disfarçado que a seduziu. Eu não acredito nessas coisas, mas...

Jaume não me olhou, nem falou mais nada. Sem se preocupar em estar aparecendo, soltou-se de costas na parede, bem de frente para o grupo e parece que percebi em seu rosto um breve e irônico sorriso. Saí do meu parco esconderijo e tentei puxar o braço de Jaume, mas, neste momento, Ruy conseguiu soltar-se da mão de Júlia e disparou exatamente na minha direção. Eu estava bloqueando a passagem de uma rua estreita, perpendicular à rua por onde o séquito vinha e, como todas as ruas eram estreitas, meu corpo atarracado bloqueava boa parte do caminho. Então o pequeno Ruy, com seis ou sete anos nesta época, trombou comigo espalhafatosamente e caiu. Fui muito rápido em tentar levantá-lo, mas o que se seguiu foi um festival vertiginoso de impropérios, tapas e pontapés. Parecia uma pequena e destruidora tempestade. Júlia chegou rapidamente, mas também não conseguiu contê-lo, sendo preciso que dois guardas da comitiva o segurassem.

– Oh! Senhor, perdoe-nos – falou Júlia, e a sua voz delicada tocou minha alma tão fundo que logo senti um nó subindo pela garganta, e lágrimas tentando fugir dos meus olhos. Eu, Sebah, o tosco! – Ele odeia vir à igreja...

Júlia parou de falar repentinamente. A primeira frase ela falara olhando para o filho, mas, agora, seus olhos haviam tocado nos meus, e sei que nós dois, ao mesmo tempo, tivemos a impressão de que o tempo parou. Um segundo, dois, não sei, não mais que cinco segundos. Um nada diante de todo o tempo. Um nada, mas naquele nada havia uma descoberta. Júlia me amava. Como eu poderia ter alguma dúvida diante daquele cintilar apaixonado e desesperado com a minha segurança?

Hugh de Baux havia parado na escada da igreja para ver o que estava acontecendo. É claro que ele não se lembraria de mim, mas Edmond também olhava, por isso fiquei de costas e fingi abrir espaço para ela e os guardas que prendiam Ruy passarem.

Eles entraram para a missa quando os sinos voltaram a tocar. Sabíamos que o movimento maior da feira seria após a missa, por isso puxei Jaume para longe da mesa de Valentin. Não imaginava encontrar todas as pessoas que queríamos ver assim, num só momento. Les Baux continuava sendo cheia de rápidas surpresas. Não tínhamos nenhum plano definido, mas, com a quantidade de guardas que vimos rodeando a família, seria difícil pensar em algum plano eficiente.

– O que faremos? – perguntei, depois de nos afastarmos. Eu estava de costas para o local de onde viemos e Jaume havia cruzado os braços e ficado de frente para mim. Sem esboçar nenhuma reação facial perceptível com o que estava vendo e eu não, falou:

– Temos duas opções: lutamos sem armas e morremos, ou nos rendemos. O que você prefere?

– O quê?

Não tive tempo para mais perguntas. Um grupo de soldados nos cercou e, embora não estivessem com as espadas desembainhadas, nos pediram para que os seguíssemos. Estávamos desarmados e eles, além das espadas na cintura, também traziam lanças em uma das mãos. Rapidamente pensei na possibilidade de tentar desarmar ao menos um deles e usar sua lança como bastão, mas Jaume segurou meu braço e disse, com mais calma do que eu esperava:

– Não, não pense nisso... Vamos com eles.

Levaram-nos por uma rua estreita e entramos pelos fundos do *château* do senhor de Baux. Pensei que seriamos levados para a mesma prisão onde eu ficara tanto tempo esperando o julgamento pela morte do pai de Jaume, que até hoje não sabia se sabia ou não de tudo isso. Porém, não fomos para a prisão. Subimos por uma escada lateral e entramos num pequeno jardim interno, nos fundos do *château*. Não nos amarraram. Na verdade, não nos deram voz de prisão e foram embora sem dizer nada.

– O que está havendo? Você se entregou assim, sem luta? – perguntei.

– Quem nos trouxe até aqui foi a guarda pessoal de Júlia. O comandante, o senhor mais velho, era amigo do meu pai, se é que dava para dizer que meu pai tinha amigos. O nome dele é Vincent Dontan e cuidou da proteção de Júlia desde que ela nasceu. Acho que logo ela virá nos ver.

– E ele é de confiança? – perguntei.

– Ninguém que conseguiu ser amigo de Roger Luvison pode ser totalmente de confiança, mas não temos outra opção senão confiar e esperar por Júlia.

– Assim? Tão fácil? Estou mais pronto a acreditar numa armadilha.

– Bem, que outra opção teríamos senão segui-los? Sei que poderíamos ter tentado desarmá-los, mas logo um batalhão de guardas estaria no nosso encalço. Então agora temos um plano...

– Plano?

– Esperar... esperar e ver quem virá. É o melhor plano que temos para o momento.

E esperamos, e eu estava cada vez mais surpreso com a calma de Jaume. Uma hora depois, uma criada apareceu, para mais um susto nosso, com uma farta bandeja de comida. Comemos e esperamos novamente, mas fiquei um pouco mais relaxado, afinal, se fosse uma armadilha, por que nos mandariam boa comida? Quando já passava do meio dia, o comandante da guarda que nos trouxe voltou e fez sinal para que o seguíssemos novamente. Então subimos por um corredor estreito e parcamente iluminado até chegarmos em uma sala ampla de uma das torres de vigia do castelo. Vincent Dontan esperou que entrássemos, depois fechou a porta e ouvimos quando a chaveou. Eu estava nervoso, mas Jaume mantinha-se calmo.

-Você tem certeza de que não estamos presos? – perguntei, mas não foi Jaume quem respondeu.

– Só estão presos pelo tempo que posso ficar aqui sem levantar suspeitas – falou Júlia, saindo do canto mais escuro da sala, envolta em um manto negro que lhe cobria até a cabeça.

Minha vontade foi correr e abraçá-la, mas ela fez um delicado gesto de mão, como se previsse minha atitude. Então me contive e a vi abraçar demoradamente Jaume, até que virou para mim novamente e apenas perguntou, mantendo uma distância segura:

– Como vai, Sebah? Fico feliz por saber que se recuperou totalmente do ferimento que quase o matou, mas, diga-me, por favor... Anne e Pierre?

– Estão vivos, *madame*. Foram salvos daquela batalha por Thierry e por Nathalie, e foram levados para Tolosa, onde passamos juntos os dois últimos anos.

– Oh! Que alegria! Sempre pensei que estivessem mortos depois daquela emboscada, porem, em algum lugar do meu coração vivia sempre uma esperança. Que alegria! Mas agora me digam: o que fazem aqui? Estão loucos em voltar e exatamente nos dias em que Edmond de Chambres está aqui?

Não respondi. Ela falava olhando para mim, então deixei que lesse em meus olhos todo amor e paixão que deles se derramavam naquele momento. E sei que ela leu, e entendeu.

– Viemos buscá-la, e a Ruy – falou Jaume, interrompendo o diálogo mudo de nossos corações.

– Estão loucos? Acreditam que podemos apenas sair pelo portão e ir embora?

– Nós temos uma carroça com um grande fundo falso, pelo qual já passou muita mercadoria sem pagar impostos pelo coletor. Não tem como descobrirem que estarão lá.

– É impossível estarmos lá, meu amigo. Não dou um passo sem que o senhor Hugh saiba aonde vou e com quem vou. Só estou aqui agora porque comprei o silêncio de algumas pessoas...

– E não poderá comprar novamente? – perguntei, e vi que ela negava a possibilidade, mas, ao mesmo tempo, avaliava toda a situação.

– Uma coisa é sumir por dez minutos, outra é sumir da cidade. Quanto tempo acreditam que demorariam a dar pela minha falta e a de Ruy? Quantas pessoas se arriscariam por mim sabendo que poderiam ser mortas? Esqueçam, meus amigos. Fico feliz por tentarem, embora tenha muito medo pela vida de vocês, mas é impossível.

Minha vontade era de levantá-la em meus braços e fugir, como fiz quando a conheci, mas as circunstâncias eram opostas. Um pouco mais de seis anos havia passado, mas parecia toda uma vida. Era fácil perceber o quanto Júlia tinha amadurecido, que não era mais uma menina. Estava decepcionado, mas, ao mesmo tempo, mais apaixonado, se isso era possível.

– Além do mais, vocês escolheram o pior dia para isso. Amanhã, Ruy vai partir e jamais eu poderia não estar presente.

– Partir? – perguntamos, eu e Jaume, no mesmo momento.

– Vocês viram como ele é... Tenho pouco acesso a ele, infelizmente. É educado por criadas e pelo avô, que o tempo todo tira a minha autoridade. Sofro muito com a situação. Se não bastasse isso, meu pai conseguiu uma maneira de me ferir ainda mais: confiou a educação dele a Edmond de Chambres. É por isso que ele está aqui e amanhã mesmo partem para Paris.

– O quê? Edmundo não se responsabilizou pela educação do próprio filho, como vai se responsabilizar pelo... pelo...

– Por dinheiro, Sebah – interrompeu Júlia, antes que eu falasse besteira, chamando Ruy de neto de Edmond. – Por dinheiro ele levará Ruy e o devolverá um homem pronto para ser o chefe do exército do senhor de Baux, como tem dito. Oh! O que será de mim?

– Senhora... – falei, tentando acalmá-la, porque ela não conseguira controlar a tristeza e desabara no choro. – Senhora, não podemos impedir que isso aconteça. Não apenas em dois, e não acredito que consigamos mais gente para isso, mas o que fará aqui, depois que ele partir? Sei que não podemos proporcionar um destino seguro, mas, mesmo assim, será melhor do que viver aqui como uma prisioneira.

Quando terminei de falar, o sino da igreja alertou para o meio dia. Júlia estava apoiada no braço de Jaume e evitava me olhar. Nos breves momentos em que nossos olhos se encontravam eu tinha a impressão de que a sala escura se iluminava.

– Meu tempo acabou, senhores. Se eu não for agora, todos seremos descobertos. Obrigado por terem vindo, por pensarem em mim (falou isso com os olhos iluminando meu destino), mas não podem ficar mais. Tomem muito cuidado, a cidade está cheia de soldados de Edmond de Chambres também.

Quando terminou de falar, ouvimos a chave da porta se movimentar e abriu-se uma fresta, por onde ela passou como uma sombra, deixando eu e Jaume sem palavras. Logo Vincent Dontan apareceu e fez sinal para que o seguíssemos, e tenho a impressão de que não me lembro de nada do que aconteceu nas horas seguintes.

Capitol quaranta quatre

Les Baux, agosto de 1211.

Eu quis partir na mesma noite. Não foi difícil convencer Jaume de que era impossível tentar qualquer tipo de vingança contra Edmond e o padre Damien. Depois que saímos do *château*, ao voltarmos para a feira, vimos que havia uma dupla de soldados de Edmond em cada esquina, e todos com autorização para estarem bem armados. Na minha cabeça algumas ideias sinalizavam meu alto grau de desespero. Atacar o grupo de Edmond e roubar Ruy era uma delas. Voltar a Les Baux depois e roubar Júlia para que ficasse comigo e com nosso filho era outra. Jaume cavalgava em silêncio ao meu lado, triste, mas, ao mesmo tempo, atento a qualquer barulho da noite, porque durante o dia poderíamos ser parados por senhores cruzados, mas a noite poderíamos ser mortos por bandidos.

Uma lua quase cheia deixava seu rastro no Ródano enquanto o margeávamos na direção de Avignon, onde pretendíamos atravessá-lo pela grande ponte de Saint Bénézet, por onde já havíamos vindo há apenas três dias. A ideia era atravessar a ponte enquanto era noite, porque durante o dia era uma perigosa rota de exércitos e seus senhores, para termos tempo de procurar um abrigo e passar o dia em segurança.

Passamos pela ponte devagar, porque as ferraduras faziam barulho quando o cavalo trotava ou cavalgava nos chãos de pedras, e cavalos correndo à noite sempre chamam a atenção de guardas, quanto mais em uma ponte, onde qualquer barulho ecoa pelo vale do rio. Quando estávamos quase na metade da ponte, percebemos que o barulho dos cascos dos nossos cavalos se duplicavam. No mesmo instante eu e Jaume nos olhamos, e juntos olhamos para trás e vimos que um grupo de cavaleiros acabara de entrar pela longa ponte, sem trotar ou galopar, como se também não quisessem levantar suspeitas.

E agora? Era um grupo de seis a oito cavaleiros, pelo que podíamos ver da distância em que estávamos, mas a lua agora entrava e saía de nuvens rápidas, o que dificultava nossa visão, mas também poderia ajudar caso precisássemos nos esconder. Se fossem guardas da cidade nos seguindo, viriam mais ligeiro. Se fossem ladrões ou mesmo soldados, esperariam passar a ponte para nos atacar. Fiz meu cavalo apertar o passo, mas sem entrar em trote, no que fui seguido por Jaume, mas a ponte era longa, com seus vinte e dois arcos e quase um quilômetro de comprimento, que pareceram dez.

O som leve dos cascos no gramado macio e orvalhado foi um alívio, logo que saímos da ponte e da estrada. Descemos pelo barranco quando a nuvem sumiu atrás de uma nuvem e disparamos nossos cavalos por um gramado que nos separava da mata, torcendo para que a lua não voltasse. Mas voltou. Voltou um pouco antes de entrarmos na mata, e ficamos sem saber se fomos vistos ou não. Um emaranhado de moitas de zimbros e urzes nos deu proteção momentânea e esperamos para ver o que o grupo de cavaleiros faria quando saíssem da ponte. Então eles saíram, um a um, e pararam logo em seguida, e, se pararam, era porque estavam atrás de nós. Eram sete cavaleiros. Olhei para Jaume e já estava puxando a rédea do meu cavalo para fugirmos, quando meu amigo segurou meu braço e apontou para a estrada. Um dos cavaleiros se distanciara do grupo e, ao ver que a lua voltava, levantou o braço direito com a mão aberta, depois desceu o barranco na nossa direção, sozinho. Usava um manto negro com capuz cobrindo a cabeça, mas quando se aproximou, tirou o capuz e vimos que era Vincent Dontan.

– Viemos em paz – falou, tão logo parou o cavalo.

– E por que vieram? – perguntei, enquanto saíamos de trás dos arbustos.

– Por que queremos nos unir a vocês. Com a guerra, os *bons cristãos* foram perseguidos e nós, os crentes, perdemos nossos mestres. Sei que vocês lutam pelos hereges. Sei que lutaram junto ao conde de Tolosa defendendo a cidade. Sei quem é você, Sebah, e sei há muito tempo. Seu pai espalha seus feitos com orgulho, embora o busque para prender e levá-lo à forca.

– Ele não é meu pai – falei. – Edmond de Chambres é um assassino e não quero pensar que sou filho de um assassino.

– Conheço muito Edmond de Chambres. Meu irmão o seguia como um cão, mas agora Edmond quer matá-lo...

– E o que seu irmão fez de errado, ou de certo?

– A amante mais prestigiada de Edmond é Anaïs, que desde muito jovem é dama de companhia da senhora Barrale. Acontece que no passado meu irmão foi apaixonado por Anaïs e, recentemente, enquanto Edmond lutava com o exército cruzado, teve uma recaída. Parece que Edmond descobriu. Na verdade, não sei ao certo dos detalhes, e não me interesso em saber. Só sei que meu irmão me procurou no começo da noite e estava desesperado, porque Edmond, que sempre foi seu amigo, queria matá-lo. Estava desesperado...

– E vai matá-lo, não tenho duvidas quanto a isso – falei.

– Então tenho mais um motivo para ir embora de Les Baux. Iremos com vocês e assim terão a proteção de cinco cavaleiros e um padre.

– Padre? Um padre?

– Sim, meu irmão é padre. Eu sou um crente, um seguidor dos cátaros, embora não esteja preparado para receber o *consolamentum*, mas meu irmão é padre. Padre Damien Dontan.

Instintivamente eu puxei as rédeas do meu cavalo, que, assustado, quase empinou. Padre Damien? O único homem do qual eu tinha medo? Padre Damien fugindo de Edmond de Chambres? Mesmo que eu me lembrasse da maneira assustada que o padre havia passado na minha frente na manhã anterior, era difícil acreditar que aquilo era verdade. Porém, não podia chamar Vincent de mentiroso.

– Você está louco? – perguntei. – Não me importa se é seu irmão, mas este padre também é um assassino.

– Ele estava enlouquecido por uma fé degenerada, mas Anaïs, embora a situação em que viva, que não é de sua vontade, é uma crente também, que só não se tornou uma *boa cristã* devido ao jugo de Edmond e do senhor de Baux, de quem é subordinada. Em poucos dias ela conseguiu com Damien o que venho tentando há anos.

– Mas como ela pode se apaixonar por um padre, se quer ser uma *boa cristã*?

– Isso começou há muito tempo, quando era apenas uma jovem que perdera os pais. Agora, quando meu irmão teve uma recaída. Ela não lhe deu nenhuma esperança, tenho certeza disso. Nos dois meses em que ele permaneceu na cidade a paixão o enlouqueceu, se apaixonou, perdidamente. Tão perdidamente que fez juras de amor, muitas vezes. Ficou tão desvairado que esqueceu que as paredes dos castelos, por mais grossas que sejam, têm ouvidos. Alguém ouviu e o entregou a Edmond... Muitas pessoas não gostam do meu irmão, com justa razão.

O cavalo de Vincent era irrequieto, e aquele assunto estava também me deixando irrequieto. Somente agora eu percebia as semelhanças físicas entre Damien e ele, embora Vincent fosse mais alto e robusto. Tinha o cabelo cortado muito rente à cabeça e uma barba negra e emaranhada circundava seu rosto, mas, seus olhos negros eram argutos e invasivos, assim como os do padre. Estava na cara que aquilo era uma farsa do padre e de Edmond. Não era possível que aquele fanático tivesse se convertido e eu não estava nem um pouco interessado em aceita-lo ao meu lado. Olhei para Jaume e vi nele aquele conhecido sorriso cínico de canto de boca, que dizia que ele estava fazendo planos, e nada bons.

– O que acha? – perguntei a ele.

– Isso tudo é mentira. É uma grande mentira, mas acho que deveríamos permitir que eles venham – respondeu, muito baixo, para que somente eu ouvisse.

– Apesar de tudo, ele diz que quer ser outro homem – falou Vincent. – E todos são filhos de Deus... e todos merecem uma nova chance. Não é assim que os hereges nos ensinam?

– O senhor falou em cinco cavaleiros e um padre, mas, além do senhor que está aqui, vejo mais seis pessoas na estrada – falou Jaume.

– Sim... há uma mulher no grupo.

– A amante... Anaïs? Para que todo o exército da França venha atrás de nós? – perguntei, exaltado e tentando encontrar qualquer argumento que me livrasse daquele padre.

– Não... não será o exército da França que pode vir atrás de nós, mas outro exército, que não é tão grande, mas também é leal ao seu senhor, e se ficarmos aqui nos demorando, logo nos alcançarão. Vejam, o dia já está clareando.

Enquanto Vincent falava, um dos cavaleiros desceu pelo barranco e foi se aproximando. Não foi preciso que chegasse mais perto para que eu soubesse quem estava vindo. Era como se eu deixasse de ser parte e me tornasse inteiro, à medida que ela chegava mais perto. Era como se eu estivesse dormindo, e sonhando, porque só poderia ser um sonho ver o cintilar apaixonado dos olhos de Júlia cada vez mais perto de mim. Então não tive mais medo. Então poderia vir junto um padre, um papa, ou o demônio, e eu estaria feliz.

Capitol quaranta cinc

Tolosa, setembro de 1211.

Os dias seguintes foram de uma felicidade estranha. Tudo o que não conhecemos inicialmente parece estranho, e eu não conhecia aquele tipo de felicidade. Quando roubei Júlia pela primeira vez, a paixão fora instantânea e a alegria por estarmos juntos também, porém, era tudo novidade. Não havia um passado de esperas, tristezas e saudade embasando aqueles olhares fugidios que permitíamos um ao outro agora. Não havia tanta espera, nem a lembrança dela que me acompanhou a cada dia da vida. Então, agora estar perto de Júlia, mesmo que ela tenha convencionado com suas atitudes que não deveríamos nem ficarmos muito próximos, era a mais pura felicidade que este pobre coração podia conhecer. Fui feliz com Anne, obviamente, e a amava incondicionalmente, mas o amor maternal é para nos transmitir segurança, enquanto que o amor oriundo da paixão nos traz uma maravilhosa insegurança, fazendo que tudo fique certo e incerto ao mesmo tempo. Eu estava feliz, e não sabia nem como despistar isso. O mundo começava a adquirir cores diferentes e quase tudo em minha mente passava a ser possível. Viver com Júlia, resgatar Ruy, estar próximo a Anne, encontrar Nathalie, juntar Thierry e Jaume para formarmos uma grande família. Tudo era possível. Até a sobrevivência dos cátaros e sua religião era possível. Mas não era.

Levamos quase dois meses para chegarmos novamente a Tolosa. Depois da derrota nas portas da cidade, o usurpador derramou toda sua frustração pelo território dominado. Do Garone, ao norte, às fronteiras das terras de Pedro de Aragão, ao sul, Montfort espalhou devastação. Uma vingança interessante, que também satisfez sua cobiça e encheu seus cofres, e os da igreja, evidentemente. Então tivemos que ir mais lentamente, para minha total felicidade, pois agora pouco importava onde eu estava. Porém, sabia que poderíamos ser perseguidos, tanto por Edmond, atrás do padre traidor, quanto pelo senhor de Baux, atrás da filha natural, por quem ele havia desenvolvido um sentimento totalmente passional. Como pelotões do exército cruzado estavam por toda parte, passamos dias e dias enfiados em cavernas nas margens escarpadas do Lot. Algumas vezes cheguei a pensar que não conseguiríamos chegar a Tolosa.

Mais uma vez próximos a Saint Cirq, quando comprávamos mantimentos de um comerciante, ouvimos falar do *monstre du rivière*, que ganhava fama, muito provavelmente devido à verve incendiada de medo de Guilbert, o estalajadeiro. Pessoas idosas sumiam sem deixarem pistas. Um mistério que até eu gostaria de desvendar, porque nunca gostei de ver pessoas com medo. E o medo faz as coisas crescerem, aumentarem. É como o fantasma da noite, que, quando amanhece, percebemos ser apenas um galho de árvore balançando na janela. Tinha certeza de que, se tivesse tempo para investigar, encontraria um gato e não um leão. Mas não tinha tempo.

O padre Damien não trocava uma palavra conosco. Às vezes, e poucas vezes, conversava com o irmão. Passava o dia rezando, de joelhos, e algumas vezes Jaume o apanhou usando o suplício. Tudo levava a crer que estava arrependido de alguma coisa, mas era impossível saber se o arrependimento era decorrente do que fizera com os hereges ou com a igreja romana, afinal, havia cometido um pecado grave, uma dupla traição. Da minha parte, não gostava de tê-lo por perto, e Jaume, muito menos. Muitas vezes tive medo que meu amigo o matasse. Era fácil perceber o quanto de ódio ainda transpirava dele, por isso eu tinha a sensação de que a qualquer momento poderia levantar a espada e matar o padre. Cheguei a falar para ele que compraríamos uma briga feia com seu irmão se fizesse isso, mas ele apenas me olhou e sorriu com o canto do lábio. Isso me deixou ainda com mais medo. Jaume era um grande guerreiro e foi humilde o suficiente para aprender ainda mais comigo, e aprender com Thierry também, e com todos que poderiam lhe ensinar alguma coisa sobre lutas e guerras. Aquele sorriso não deixava de ser uma demonstração de soberba, como se pensasse ser imbatível. Ninguém é imbatível.

Júlia conversava comigo como uma amiga, ou como uma protegida, dependendo de quem estivesse por perto. Nas poucas vezes que conseguíamos conversar a sós, ela me pedia paciência e isso fazia meu peito inflar tanto que eu tinha a impressão de que ia me sufocar de paixão. Paciência! Se era para ter paciência, é porque ainda ficaríamos juntos, porque ela ainda seria minha mulher. Jaume também estava feliz perto dela, afinal, era um pedaço da família que fora buscar.

Chegamos em Tolosa no começo de setembro de 1211 e encontramos uma cidade em polvorosa. A devastação promovida pelo usurpador produzia milhares e milhares de refugiados que se espalhavam por toda a região em busca de algum abrigo seguro, e Tolosa era um dos locais mais procurados. A cidade estava invadida, mas o nosso quarto na casa de Esteves ainda nos esperava, assim como ele nos esperava, pois sentia a falta da nossa proteção. Desta forma não foi difícil conseguir um lugar para Júlia na casa, que aceitou de bom grado ajudar nos trabalhos domésticos. A filha, mesmo que natural, do senhor de Baux não tinha nenhum preconceito quanto a isso, o que me deixava orgulhoso. Éramos iguais em quase tudo, até na orfandade.

Vincent Dontan tinha um amigo em Tolosa que lhe conseguiu abrigo e aos seus, inclusive ao padre, que não se apresentava mais como padre e que ainda não falava quase nada. A heresia estava mais forte do que nunca na cidade, pois crentes, *bons homens* e *boas mulheres,* perseguidos pelos franceses, buscavam na cidade sua famosa proteção. Os conflitos das confrarias haviam recrudescido desde Lavaur e o bispo Foulques havia sido expulso da cidade pelo conde Raymond VI, o que fizera diminuir as provocações, bem como a ação dos notários contra os usurários. O que se via na cidade era um clima de exaltação com as notícias que vinham sobre o exército de Montfort. Mesmo que atacasse diversas províncias, os senhores do norte, após a derrota em Tolosa, retornaram para seus domínios, o que o enfraquecera consideravelmente. O conde de Foix e Hugues d'Alfaro queriam aproveitar o momento e lançar uma ofensiva devastadora. A última vitória, eles diziam. A quantidade de refugiados na cidade produzira um contingente humano significativo e estimulado para a guerra.

– Temos perto de dez mil homens desejosos de vingança e liberdade – gritou o conde ruivo na sala de reunião do castelo Narbonnais, diante das dúvidas do conde de Tolosa, conhecido por sua falta de iniciativa guerreira.

Eu e Jaume estávamos presentes na reunião, juntamente com mais alguns cavaleiros. Na verdade, estava ali a elite dos cavaleiros comandados por Hugues d'Alfaro, que era casado com Guillemette, filha natural de Raymond, e chefe do seu exército, numa tentativa de impressionar o sogro indeciso. Mesmo que eu não quisesse, estava orgulhoso por estar ali. Desde que chegamos, Hugues nos mantinha sempre por perto e os rumores sobre nossos feitos em batalha já tomavam proporções de mentiras recontadas, embora a maioria fosse verdade. Eu e Jaume éramos saudados por onde quer que passássemos.

Depois de muita discussão, o conde de Tolosa aceitou mobilizar o exército, unindo vários senhores numa só vontade: restituir a liberdade na Occitânia. Marchariam contra Carcassonne, protegida agora por um exército enfraquecido, e a reconquistariam, dizimando as forças de Simon de Montfort.

Foi assim que, numa madrugada quente do mês de setembro, quase mil cavaleiros e dez mil soldados de infantaria partiram de Tolosa. Por ordens de Hugues, eu e Jaume viramos comandantes de dois pequenos pelotões. Meu amigo não cabia em si diante do fato de comandar cavaleiros numa batalha, mas eu não gostava da ideia. Sabia lutar, mas não sabia como poderia me sair como comandante. Por isso coloquei ao meu lado Vincent Dontan, um veterano, para que me secundasse, o que o deixou profundamente agradecido. Eu acabara descobrindo que a maior fraqueza do irmão do padre Damien era a noite, e as tabernas, e a bebida. Acabou se envolvendo em algumas confusões por causa disso; porém, sempre que era chamado para suas responsabilidades militares, respondia com disciplina.

O que o exército tolosano não contava é com a reação do usurpador. Logo que soube da movimentação do nosso exército, saiu de Carcassonne e veio ao nosso encontro, com uma quantidade de cavaleiros e soldados muito menor que a nossa. Ele sabia que, se ficasse na cidade, sofreria o que fez Trencavel sofrer no passado, e a derrota seria certa, por isso era melhor arriscar a sorte em campo aberto. Então os exércitos se encontraram em Castelnaudary, cerca de trinta e cinco quilômetros de Carcassonne. Imediatamente Raymond VI mandou construir defesas numa colina, com valas e pranchas, a contragosto de Hugues e do conde de Foix, que queriam atacar imediatamente, devido à discrepância das forças. Mas o conde de Tolosa sempre foi defensivo ao extremo. Ajudei a construir a defesa com os sentimentos confusos. Sabia que a batalha me levaria mais uma vez a erguer a espada contra um semelhante e lembrava das palavras do abade Amadeu: "uma espada nunca trará a paz". No entanto, não podia deixar de concordar com meu comandante de que a defesa, no momento, era a pior estratégia.

No meio da primeira noite no acampamento, Hugues d'Alfaro sentou ao meu lado. Eu estava sentado no gramado, encostado em uma castanheira e olhando as luzes das fogueiras do exército inimigo. Como o sono não vinha, preferia sonhar acordado com Júlia, que nunca saía do meu pensamento.

– Um grupo de soldados está escoltando uma caravana de mantimentos que vem de Lavaur para o exército de Montfort – falou, e não deu mais explicações.

– E o que o conde diz disso? – perguntei, entendendo o que ele queria dizer.

– Ele diz que precisamos reforçar nossas defesas antes de atacar.

– E o que o senhor diz disso?

– Digo que estou reunindo meus melhores homens para atacá-los quando o dia estiver clareando. Eles estarão chegando, e isso atrairá o exército de Montfort, que virá em defesa dos seus e do mantimento...

– ... e cairá numa armadilha, pois atacaremos pela retaguarda quando se espalharem.

Hugues apenas sorriu. Ficou evidente que gostou da minha percepção, como se fosse uma confirmação de que estava certo. É claro que estava certo, e o conde de Foix também pensava assim. Por isso, um pouco antes de clarear, formávamos uma fila compacta de mais de duzentos cavaleiros, protegidos por uma elevação do terreno. Hugues e o conde ruivo comandariam o primeiro ataque, e os demais nobres da região, todos reunidos no que era para ser a derradeira vitória contra o usurpador, formariam o cerco com seus cavaleiros e infantaria, quando este se movimentasse. E foi o que aconteceu.

Não vou contar tudo o que fiz. A simples lembrança me causa profunda tristeza, mas posso dizer que esta batalha contribuiu em muito para que as histórias sobre Sebah de Chambres começassem a virar lenda, infelizmente. Montfort veio com seus aliados, como havíamos previsto, quando atacamos a caravana de mantimentos e seus soldados, que ofereceram uma resistência digna de ótimos guerreiros. Vincent Dontan, sempre ao meu lado, também era um feroz combatente e fiquei surpreso com sua habilidade com a espada em uma das mãos e a acha d'armas na outra. Poucas pessoas conseguiam usar as duas ao mesmo tempo e ele parecia uma máquina de destruição. Cercamos o exército exaurido de Montfort e a batalha caminhava para uma rápida definição, mas quem pode saber dos desvarios do destino?

Quando a batalha parecia estar definida a nosso favor, tendo só um grupo de cavaleiros que protegiam Montfort para derrotar, muitos dos nossos soldados, vendo as carroças do inimigo repletas de presuntos e outros mantimentos abandonadas, não resistiram à tentação de aumentar o seu soldo de guerra. Outros soldados, ao verem que os primeiros tirariam mais vantagens da situação, partiram no encalço dos primeiros. Assim a batalha chegou a um equilíbrio e o experiente Simon de Montfort não iria perder esta oportunidade. Sua voz possante gritando ordens poderia ser ouvida pelos dois exércitos, mas isso não atraiu de volta nossos soldados, que saíam das carroças com um presunto embaixo de cada braço. Poderia ser um detalhe tolo, mas foi o que decretou o destino da batalha, e porque não dizer da própria guerra entre a Occitânia e o exército cruzado.

Tendo o desespero como a única maneira de evitar a morte, os comandados do usurpador se multiplicaram em força e fomos superados. Três valentes homens de Vincent morreram e o salvei colocando-o na minha garupa para fugirmos. Os gananciosos que deixaram seus cavalos em troca de presuntos foram trucidados. Os homens de Raymond preferiram seguir seu líder e não se movimentaram de trás das defesas que construímos no dia anterior. Como a maioria deles não era de soldados profissionais, fiquei com a impressão de que estavam ali mais para saquear os cadáveres do inimigo após a batalha, do que para lutar.

– Onde está Hugues? – perguntou-me Jaume, emparelhando o cavalo comigo.

Nem respondi. Voltei em disparada para o meio do combate e encontrei Hugues cercado por dois cavaleiros franceses, que sabiam quem ele era e o queriam como prisioneiro, certamente, para conseguirem o resgate. Joguei meu cavalo sobre o primeiro com tanto fúria que derrubei tanto cavalo quanto cavaleiro. Depois saltei para o chão e gritei para que Hugues pegasse meu cavalo e fugisse, mas não vi o que ele fez. Assim que o outro cavaleiro francês virou seu cavalo de lado me arrojei sobre as patas do animal e cortei seus tendões. Uma pena, era um lindo animal. Prefiro não lhes contar o que fiz com o cavaleiro. Porém, dois soldados inimigos vieram em socorro e também prefiro não dizer o que aconteceu com eles. Quando me dei conta, Hugues d'Alfaro estava parado, me olhando. Não havia fugido como mandei, esquecendo que quem era o comandante era ele. Foi como se ele ignorasse a batalha, apesar de quase não haver mais batalha, mas sim um enxame de inimigos para todo lado. Mesmo assim ele apenas me olhava.

Foi Jaume quem quebrou aquele aparente encantamento de que estava tomado, aparecendo de repente e o puxando para sua garupa. Não era fácil montar assim, na garupa, paramentado com cota de malha e elmo, mas Hugues era um grande guerreiro e logo os vi em disparada.

Muito se falou sobre Sebah e sua loucura, mas eu não queria ouvir sobre isso. Havíamos sofrido uma derrota infamante. Havíamos perdido a chance de devolver a liberdade à região, pelo menos a liberdade roubada pelo usurpador, até que outro usurpador viesse. Perdemos por causa de presuntos e a vergonha tomou conta do nosso exército. A vitória dos franceses, por sua vez, atrairia uma nova legião de senhores do norte, que formariam uma nova hoste devastadora, certamente.

Quem pode saber do destino? Na época, sem entender as relações de causa e efeito, eu apenas me revoltava. Tudo parecia uma grande, uma gigantesca injustiça contra aquele povo libertário e trabalhador. Uma grande injustiça contra os cátaros, que só queriam amar a Jesus da maneira que achavam a mais certa, e a cada dia perdiam mais e mais lugares para viver, e protetores para conviver.

Os senhores da Occitânia, quase sem falarem entre si, voltaram para seus domínios. Nós voltamos para Tolosa. Creio que Júlia me viu tão triste que resolveu tomar uma atitude. Pediu para que a acompanhasse até seu quarto e, quando ficamos a sós, deu-me um abraço que quase me levou às lágrimas, já que nem nos tocávamos, depois falou:

– Meu querido, amanhã conversarei com Jaume. Acho que já é hora de assumirmos nosso amor.

Eu quase desmaiei. Assumirmos nosso amor! Ouvir isso dito por ela era uma recompensa que eu não imaginava. Nada poderia suplantar a decepção da derrota da liberdade para a opressão, mas o atenuante do amor banhou minha alma com uma água límpida e fresca.

– O que você vai dizer a Jaume? – perguntei, receoso.

– Nada que possa comprometê-lo com o passado. Apenas direi que não quero ficar sozinha, já que Guillaume morreu e meu filho foi levado de mim. Como você é filho de Anne, que considero como mãe, ele entenderá.

– E sua filha? O que aconteceu com ela? Nunca perguntei para não entristecê-la...

– A menina que eu amamentava? Não era minha filha, Sebah. Quando fomos atacados por seu pai na vila cátara, os pais daquela menina foram mortos e eu a amamentava como podia. Meus seios sempre foram generosos em leite, mas não era minha filha. O pai era um cavaleiro muito próximo a Guillaume. Por sinal, Guillaume e eu estávamos juntos, mas...

– Mas? – perguntei, ansioso.

– Não estávamos juntos como marido e mulher. Ele ainda não havia me perdoado por ter tido um filho com outra pessoa... e eu nem esperava que me perdoasse. Era um bom homem, que desperdiçou sua vida por minha causa...

– Uma grande causa, minha amada. Por você eu daria muitas vidas. Saiba que, apesar de tudo, tenho uma grande admiração por ele. Mas o que aconteceu com a menina? – perguntei e me arrependi, pois havia lágrimas nos olhos de Júlia.

– Foi levada com outras mulheres para Marselha... e vendida...

Não soube o que falar. Era um mercado rendoso e Marselha era famosa por isso. No fundo era melhor do que terem sido queimadas. Abracei Júlia mais uma vez com o coração aos saltos, mas ela evitou que a beijasse, pois dividia aquele quarto com outras mulheres e poderia chegar alguém. Mas também senti que não era só por isso que não queria me beijar. Depois de tudo o que havia passado e amadurecido, me beijar era como uma traição a Guillaume e só se permitiria isso quando conversasse com Jaume. Ela não me falou, mas era fácil de entender. Quando eu estava saindo do seu quarto, ela perguntou:

– Já soube do padre Damien?

– O que há com ele?

– Desapareceu há vários dias. Visitou Esteves antes de partir e nunca o vi tão simpático. Conversou muito com todos os criados e eu cheguei a pensar que realmente estava mudado, mas depois sumiu. O soldado da guarda do portão disse que ele partiu num dia, muito cedo, sem dizer para onde iria.

Capitol quaranta sièis

Tolosa, setembro de 1211

A vitória de Montfort fora imensa, em todos os sentidos. Quando o inverno chegou, eles não pararam. Os senhores do norte, que já haviam descoberto as riquezas da nossa terra (é claro que já era minha terra), vinham cada vez mais sedentos, e vinham em muitos. Um grande e imbatível exército tomou conta de todas as regiões e nós ficamos acuados em Tolosa. Com meu soldo, consegui uma casa para viver com Júlia, e Jaume preferiu ficar na casa de Esteves. Ele não fez comentários sobre estarmos juntos, nem contra, nem a favor. Quando Júlia lhe contou o que aconteceria, ele apenas sorriu e a abraçou, e não falou nada, nem uma palavra. Ficou claro que preferiu ficar na casa de Esteves para que tivéssemos mais privacidade. Então passei por um período indescritível de felicidade e, se é indescritível, nem vou tentar descrever, mas creio que todos aqueles que amam profundamente podem me entender. Além do mais, o que um tosco como eu poderia falar do amor? O que poderia falar que ainda não foi dito por quem realmente sabe falar sobre o amor? Deixemos assim.

As cidades da região mais rezavam pela sorte do que tentavam se unir contra o invasor. A derrota em Castelnaudary parecia ter sepultado qualquer esperança e todos sabiam que Montfort só não havia voltado para atacar Tolosa porque antes estava atacando todos os que poderiam vir em sua defesa. Assim minava a estrutura de sustentação do conde de Tolosa, que não tinha mais apoio de nenhum lado. João Sem Terra da Inglaterra e Felipe da França estavam preocupados demais em guerrearem entre si para se ocuparem com seu vassalo. Pedro de Aragão lutava suas decisivas batalhas contra os invasores sarracenos da península Ibérica. Então Montfort tomou tudo o que pôde e, além disso, ditou novas leis. Terríveis leis. Os habitantes da Occitânia passaram a ser chamados de indígenas (isso mesmo), e não podiam mais portar armas; não poderia mais haver casamentos entre os filhos da terra e apenas os franceses poderiam deixar suas sementes nas nossas mulheres; todos eram obrigados a ir à missa dos domingos, sob a pena de multas caso não fossem; todos deveriam pagar uma contribuição anual à santa madre igreja; todas as prostitutas foram banidas das cidades.

Muitas outras leis injuriosas foram decretadas, mas a mudança mais significativa era o que o bom abade Amadeu já havia me prevenido: mudavam-se as leis de divisão de heranças e apenas o filho mais velho tinha direitos, como no restante da Europa. Em termos de riquezas futuras, este foi o maior golpe desferido pela igreja romana contra nosso povo.

Raymond VI, que não era bom guerreiro, mas era bom político, entendendo que estava sozinho e sem saídas, mexeu inteligentemente as poucas peças que ainda detinha no grande jogo de sobrevivência de suas terras. Assim que Pedro venceu os sarracenos e tornou-se o favorito do papa, chamou-o a Tolosa. As irmãs de Pedro, Eleonora e Sancha, eram casadas com o conde e seu filho, respectivamente, e foi na frente delas, numa emocionada cerimônia, que Raymond VI passou o título de conde ao filho, sagrando-o Raimundo VII, seu sucessor. Ambos, ajoelhados, juraram vassalagem ao rei de Aragão. Raimundo, o jovem, como era chamado, não tinha sido excomungado e não pairava sobre ele nem um processo, nem uma acusação.

Os laços de família e a extensão de terras que um dia poderiam vir a formar um grande reino, incluindo Aragão e Occitânia, fizeram com que Pedro, agora o favorito invencível do papa, escrevesse a este reclamando da voracidade de Montfort. Alegou que com ele como suserano e com Raymond, o jovem, sendo o novo conde, não existiria mais heresia, que os valores da igreja romana seriam restituídos em todo o território e a paz voltaria, sendo dispensável a ação de Montfort, que de muito agia somente por cobiça e sede de poder. Foi totalmente acatado.

O papa aceitou as recomendações de Pedro e reverteu muitas das determinações do usurpador e, em janeiro de 1213, decretou o fim da cruzada. Tolosa viveu novos momentos de esperança. Porém, o poder de Montfort já era grande demais para que o monstro que ele criara pudesse ser sufocado com apenas um golpe. Não reagiu diretamente contra as determinações do papa, apenas lhe mandou um carregamento de riquezas, mostrando o quanto enriquecera a santa madre igreja com o poder que tinha nas terras conquistadas. Arnald Amaury, o legado papal, usurpou o posto de bispo de Narbonne, que sempre pertenceu à família do conde de Tolosa, e, juntamente com Foulques, o bispo expulso de Tolosa, insuflava todo o clero da região a pressionar o papa para voltar atrás nas suas determinações. Creio que, diante da riqueza e do poder que poderia lhe escorregar das mãos, não foi difícil revogar suas ordens. Não apenas revogou-as como escreveu uma carta pesada a Pedro, acusando-o de ter mentido sobre os hereges e sobre os excessos de Simon de Monfort. Acusou Pedro de ser piedoso com os protegidos de Raymond, o velho, e impiedoso com os verdadeiros cristãos. A heresia ainda existia em toda sua força e as cidades estavam quase que perdidamente contaminadas por hereges, simpatizantes e protetores. Ainda alertou ao rei que, se não seguisse humildemente suas determinações, não poderia protegê-lo no futuro. Em janeiro, o papa havia extinto a cruzada; em abril lançava uma nova, e que Pedro se submetesse às suas determinações.

Acontece que o rei estava confiante demais em suas próprias qualidades como líder e como defensor da verdade. A vitória na batalha de Navas, fundamental na reconquista da península Ibérica aos sarracenos, o fizera invencível, mesmo contra as ordens do papa. Além do mais, a consciência do rei ainda pesava por não ter evitado a morte de Trencavel, quando Carcassonne fora tomada. Tivera a possibilidade de ajudá-lo, mas nada fez. Então Pedro ignorou as ordens do papa e fez pesar mais forte na balança a lealdade às nossas promessas de vassalagem. Sua esposa, Maria de Montpellier, havia morrido há pouco e estava sozinho, e sedento de conquistas, não apenas nos campos de batalha. As pretendentes eram muitas em Barcelona, mas todas se submetiam facilmente a ele, o que não gerava nenhuma dificuldade. Porém, nas nossas terras, Alazaïs de Bosseizon o aguardava para salvá-la das garras da igreja, sem nunca ter se submetido a ele. Então sabíamos que ele viria. Sabíamos que ele cruzaria os Pirineus com um exército imbatível e, depois de tantas incríveis derrotas, teríamos sobre o exército francês a vitória definitiva. Sabíamos.

Capitol quaranta sèt

Muret, 12 de setembro de 1213.

Meu cavalo estava irrequieto e eu tinha alguma dificuldade em mantê-lo em linha com os demais. Não era meu cavalo, se o fosse estaria controlado. Em meio a soldados, o cavalo de um cavaleiro famoso era quase tão famoso quanto seu dono, por isso me recomendaram usar outro, para que não reconhecessem mais facilmente a Sebah, *le Roc*. Então eu usava um cavalo de guerra cedido pelo rei Pedro II de Aragão, que estava a poucos metros de mim, ansioso pela batalha. Fui designado para fazer parte do grupo de cavaleiros que defenderiam o falso rei durante a luta, e este também estava perto. Eu e Jaume ficaríamos entre os dois, prontos para defender o que corresse perigo mais imediato. Diante do que já havíamos feito em outras batalhas, foi o próprio Hugues d'Alfaro quem nos colocou naquele posto, juntamente com mais alguns ótimos cavaleiros.

Os comandantes do exército de Pedro e de Raymond VI, agora ex-conde de Tolosa, já que passara o título ao filho, tiveram muita dificuldade em convencê-lo a usar as cores de outro nobre e não suas próprias roupas de batalha, na tentativa de enganar o inimigo. Todos sabiam que Simon de Montfort apostava toda sua sorte na morte de Pedro de Aragão, porque estava em enorme desvantagem numérica novamente, quase dez para um. Mais uma vez éramos imensamente superiores e esperávamos que não existissem carroças de presuntos nas redondezas, como acontecera há dois anos.

Raymond VI, que de tudo havia feito para evitar a invasão e dilapidação dos seus territórios, inclusive passando pelo suplício da humilhação em

Saint Guilles, estava inquieto. A lembrança da batalha de Castelnaudary e seus presuntos ainda arranhava sua alma, fazendo com que temesse, muito mais do que os demais nobres, pela derrota, que seria o fim inevitável de todas as suas esperanças. Ele havia aconselhado Pedro de Aragão a esperar o ataque de Montfort protegido atrás das fortificações e fossos, que mandara construir no leve aclive que delimitava a planície, mas os orgulhosos comandantes aragoneses, assim como o próprio rei, acharam que isso seria uma covardia.

Pedro II de Aragão, o católico, viera em nosso socorro, contrariando todas as determinações papais, como esperávamos que acontecesse. Ele era vaidoso e orgulhoso demais para apenas recolher-se depois de ser admoestado. Fora um fiel aliado da santa madre igreja, retomando para ela territórios conquistados na península pelos infiéis, mas agora viera em socorro ao conde de Tolosa, depois de ser atiçado por trovadores que em seus versos tanto o elogiavam, quanto teciam suspeitas em relação ao seu receio de enfrentar o exército de Montfort. Também o espicaçavam em relação à dama Alazaïs, que envelhecia de tanto esperar que ele viesse em seu socorro. Então ele veio, cheio de vitalidade, confiança e luxúria. Corria à boca miúda que Pedro havia passado à noite em claro, sob os carinhos de sua amada e, ao olhar para ele, eu acreditava que isso era mesmo possível, porque era nítido seu cansaço. Cruzara os Pirineus numa longa viagem e não tivera um momento de descanso. Na missa, pouco antes, mal conseguira ficar em pé para a celebração.

Sim, toda batalha planejada era precedida por uma missa, e esta fora celebrada pelos bispos aragoneses que acompanhavam o exército. Quase na mesma hora em que a missa acontecia no acampamento do nosso exército, os sinos da cidadela de Muret anunciavam a missa do exército de Montfort, provavelmente celebrada pelo bispo Foulques, de Tolosa, inimigo confesso de Raymond VI, e grande responsável pelas suas duas excomunhões. Era curioso pensar que dos dois lados a igreja estava envolvida e, desta forma, venceria em qualquer situação. Como seria o encontro dos bispos aragoneses e occitanos em algum futuro concílio da igreja católica? Como se comportariam vencedores e perdedores?

Da queda de Carcassonne, quando Simon de Montfort assumiu o comando militar de todo exército cruzado, até aquela manhã na planície de Muret, a roda do tempo marcou quatro anos. Há um pouco mais de tempo do que isso eu partia da abadia de Fontenay levando Nathalie (que Deus a cuide onde estiver!), e me envolvia definitivamente com o destino dos cátaros. Foi um tempo de muitas tristezas e, principalmente graças a Júlia, recentemente, a alegria do amor, mas sempre andando muito próximo deste abismo ideológico chamado heresia cátara. Tão linda heresia! E hoje, eu e Jaume, meu inseparável amigo, nos apresentamos aqui, na planície de Muret, prontos para a batalha que pode definir, definitivamente, o destino de toda Occitânia.

Eu gostaria de lhes contar, caros leitores, um pouco mais sobre as belezas das planícies desta terra, cortadas pelo Garone. Contar sobre as montanhas do Ariège e as fortalezas incrustradas em rochas altíssimas, beirando abismos. Queria falar sobre as cavernas e grutas do Quercy, onde serpenteiam o Dordogne e o Lot, com suas águas límpidas e tão cheias de peixes. Queria contar sobre as nozes e castanhas que colhemos à vontade no fim do verão. Porém, pela porta principal da cidadela de Muret o exército de Montfort se projetou para o campo e nosso exército ficou agitado. Um murmúrio se espalhou por todo o acampamento. O rei de Aragão gritou ordens, tentando sair do seu estado de visível sonolência. Ele atacará no segundo pelotão de cavaleiros, para que possa ter contato tanto com a vanguarda, quanto com a retaguarda, embora sua vontade seja a de ser o primeiro cavaleiro a irromper loucamente pelo campo. Todos têm certeza da vitória. Todos têm certeza de que será um massacre final do exército de Simon de Montfort. Todos menos Raymond VI, que se colocou junto ao filho, de dezesseis anos, o novo conde, em um terreno mais elevado a oeste, onde poderá assistir aos movimentos da batalha, já que todos sabiam que era um péssimo guerreiro.

O exército de Montfort se reuniu ordenadamente, porém, ao contrário do que todos esperavam, virou-nos as costas e se distanciou a trote. Abandonaram a batalha. Será que, sabendo da imensa superioridade do oponente, Simon decidira partir para Carcassonne, sua sede, e se organizar para uma futura batalha, onde teria alguma chance de vitória? Foi o que pensou o rei, que, aos gritos, clamou por seus cavaleiros para que atacassem o covarde, no que foi prontamente atendido, mas sem a ordem de um ataque bem planejado. Nossos cavaleiros partiram em desordem, sem formarem um bloco compacto, e eu e Jaume não tivemos tempo para nada, já que o cavaleiro que se vestia de rei para despistar o inimigo, partiu em desabalada carreira, seguido de perto pelo rei verdadeiro. Tudo às pressas, tudo fora de ordem, com os dois blocos de cavaleiros se misturando na tentativa de alcançar o inimigo covarde e rapidamente trucidá-lo.

Ah! Quem pode conceber os desígnios de Deus? Que grande injustiça para aquela gente que já se via exaurida de humilhações por tanto tempo!

As mãos de Deus deveriam conduzir os justos para a esmagadora vitória, como diziam os bispos, só que estes dizem isso dos dois lados do campo de batalha. Como entender estes caminhos sem conhecer as leis de ação e reação? Como entender as aparentes injustiças sem alongar a compreensão para outro tempo, outra vida, outras barbáries?

Rapidamente os batalhões de cavaleiros franceses de Montfort mudaram de curso. Em segundos seus cavalos estavam virados em nossa direção e se precipitavam pelo campo fazendo a terra tremer. As duas frentes se entrechocaram em velocidade e organização díspares. Eles agrupados, fechados, e agora velozes. Nós, lentos devido à surpresa, desmembrados, desorganizados. O choque de metal com metal foi uma hecatombe desproporcional. Os bravos cavaleiros aragoneses, famosos pela glória em tantas batalhas, mal conseguiam se defender das estocadas do inimigo, enquanto que eu e Jaume, como loucos, tentávamos proteger o falso rei. Ficou evidente que Montfort ordenara aquela estratégia com o único propósito de desorganizar nosso exército e, assim, ter mais chance de matar Pedro de Aragão, decepar a cabeça do exército, para que o corpo estertorasse sobre as patas dos seus cavalos.

Dezenas de cavaleiros franceses cercaram o pretenso rei e muitos dos nossos, a quem cabia protegê-lo, para que o inimigo realmente pensasse que era o rei verdadeiro, já estavam mortos. Eu e Jaume resistíamos, e mais algumas mortes iam se somando, tristemente, ao meu inventário de dívidas para com o destino. Quando o falso rei caiu, Pedro de Aragão, numa atitude que demonstrava tanto seu heroísmo, quanto sua loucura e prepotência, retirou o elmo que o protegia e, de cabeça exposta, partiu para cima dos cavaleiros franceses gritando: *El rei, heus-el aqui!*[49]

Os cavaleiros franceses de Montfort logo partiram ao seu encontro e eu e Jaume tentamos protegê-lo. Ainda consegui alcançar o cavaleiro francês que estava mais perto de Pedro e derrubá-lo da sela, jogando meu cavalo diretamente sobre ele, mas, no choque, também fui ao chão. Corri para montar novamente, mas o mundo escureceu de repente e, por segundos, perdi os sentidos. Jaume me contou, depois, que um francês acertou-me com uma massa, de raspão, felizmente, mas o suficiente para que eu perdesse os sentidos por alguns instantes. Quando as imagens embaciadas começaram a ficar nítidas, enquanto eu recobrava a consciência, o que vi foi desesperador. O grande Pedro II de Aragão, todo cheio de sangue, caía do cavalo, com uma lança transpassada em seu peito. Mesmo diante do terror da batalha, uma

[49] Eis aqui o rei!

onda de lucidez invadiu meu pensamento. Num instante eu vi sepultado o destino da nação occitana e, com ele, o nosso destino, dos cátaros, dos hereges que naquela terra tinham ainda algum direito respeitado. Tentei ficar em pé, mas meu corpo não reagia, somente consegui sentar e vi que Jaume estava em pé na minha frente, protegendo-me como um louco. Seus gritos eram tantos, sua espada era tão veloz e derrubou tantos franceses, que resolveram nos deixar em paz. Amigos próximos do rei circundaram seu corpo, enquanto o exército de Montfort partia de volta a Muret, porque a infantaria de Tolosa havia circundado o campo de batalha, certos que estavam mais uma vez da vitória e, pensando em saquear a abandonada cidadela antes dos cavaleiros, não seguiram as ordens de esperar para atacar, caso fosse necessário. Esta infantaria estava sendo paga pelos senhores ricos de Tolosa, os cônsules capitulares, que, visando restaurar um pouco dos imensos gastos com a campanha, se deixaram levar pela cobiça. Foram trucidados. O exército do rei Pedro de Aragão agora era um monstro sem cabeça, debatendo-se diante de sua própria desgraça. No total, o grande exército occitano perdeu entre dez a quinze mil homens em apenas uma batalha.

Quando tentei me levantar, minhas pernas vacilaram e tive que sentar novamente. Tentei mais uma vez e consegui, embora cambaleante, porém, Jaume, ainda enlouquecido, bateu sua espada em meu peito, fazendo a lâmina explodir num estampido metálico contra a cota de malha, me jogando para trás. Logo em seguida, apoiou seu pé em meu peito e encostou o gume afiado da espada em meu queixo. Sua expressão era de loucura absoluta. Todo ele era uma grande mancha de sangue, dos pés à cabeça. Achei que realmente estava louco e ia me matar, até que falou:

– Que boa hora para vingar a morte do meu pai, não é, senhor Sebah de Chambres?

– Então você sabe? – consegui perguntar, com a mente ainda um pouco anuviada.

– Eu sempre soube... desde o dia em que nos conhecemos, desde antes, eu sempre soube... Eu só não sabia que o pai de Ruy era você, e agora sei...

– E por que não me matou antes? Por que me defendeu tantas vezes? Por que me defendeu agora? Era só deixar que me matassem...

Jaume parou de rir. Ficou um tempo, que me pareceu longo, com os olhos parados, vidrados, como se estivesse viajando pelos confins da memória. Depois recolheu a espada lentamente. Os gritos de dor e desespero dos feridos se espalhavam pelo campo, quando ele me estendeu a mão e me levantou, e depois me abraçou, e depois chorou no meu ombro. Chorou copiosamente. A loucura da batalha, aos poucos, ia abandonando meu amigo. Quando seu pranto diminuiu, eu perguntei, mas sem separá-lo de mim:

– Por que não me matou?

– Porque você é meu maior amigo e me livrou de um verme chamado Roger Luvison, para quem eu fui dado quando nasci... Ele não era meu pai, era um monstro... – respondeu, ainda com o peito arfante.

Não era seu pai! O homem que matei não era seu pai! Fiquei atônito. Até pensei em perguntar quem era seu pai, então, mas aquele definitivamente não era o momento. Então, diante da desgraça iminente que vivíamos, descobri que podia ter perdido um rei, uma batalha ou mesmo uma guerra, mas ganhara um irmão para a eternidade.

Capitol quaranta uèche

Rio Lot, setembro de 1213.

O remo curto e largo batia na água com ritmo bem medido e fazia a estreita e comprida canoa deslizar rapidamente sobre as águas rasas e calmas do Célé. Há pouco saíra do Lot e agora subia o rio estreito mergulhado na escuridão de uma noite sem lua. O corpo adormecido de um velho jazia esticado no centro da canoa, coberto por uma esteira de palha. Se alguém olhasse da margem, mesmo o rio sendo estreito, diria que era apenas um pescador voltando para casa depois de ter revistado suas armadilhas. O pescador em questão usava uma túnica marrom com um capuz que cobria sua cabeça e parecia ter olhos de coruja, pois levava seu barco com perícia, mesmo na profunda escuridão da noite.

Um pouco antes de chegar na vila de Cabrerets, a canoa abriu uma curva até quase o barranco do rio para o lado direito, depois virou abruptamente para a esquerda e, ganhando velocidade, enfiou-se pelo barranco do outro lado, subindo por uma rampa de pedregulhos até quase o suposto pescador poder sair da sua posição sem molhar os pés. Assim que parou, uma menina saltou de uma árvore baixa e veio para o lado do barco, puxando uma carreta leve de apenas uma roda e sem paredes laterais. Não tinha mais que dez anos, mas era alta para sua idade e forte. Era preciso aproximar-se dela para perceber seus traços delicados. De longe parecia um menino, porque tinha os cabelos raspados e, talvez por isso, mantinha um capuz sobre a cabeça quase o tempo todo. Com a ajuda da menina, que nada falava, o pescador, que na verdade era um monge, também de cabeça raspada, levantou o velho do fundo da canoa e o colocou na carreta. Ainda em total silêncio, a menina e o monge enfiaram a canoa por um buraco entre as moitas logo acima do barranco até que ele desaparecesse por completo, depois levaram a carreta por um caminho estreito subindo por uma colina não tão leve. O velho era miúdo e magro, por isso o monge e a menina, mesmo com a subida, não encontravam tanta dificuldade em conduzi-lo.

Cerca de um quilômetro colina acima, a menina correu na frente da carreta e puxou para o lado uma grande moita seca de azevinho, por onde a carreta passou rapidamente, para logo em seguida descer por uma rampa e entrar numa estreita fenda de rocha. A escuridão do interior da caverna era ainda maior, mas tanto o monge quanto a menina agiam com se estivessem no claro. Transportaram o velho, que até parecia estar morto, para uma maca mais leve e sem rodas, e desceram por um caminho estreito beirando um buraco profundo. Qualquer pessoa que não conhecesse cada detalhe daquela caverna rolaria pela encosta de pedras até o fundo do buraco. Cerca de cem metros adiante começaram a perceber uma leve luminosidade e, ao dobrarem uma quina de rocha que estreitava ainda mais o caminho, encontraram um salão arredondado onde uma lamparina jogava reflexos de luz para as águas cristalinas de um rio subterrâneo.

O monge apanhou uma tocha banhada em óleo e a acendeu na lamparina, fazendo com que o salão se iluminasse, mostrando que do outro lado do rio raso havia outra abertura na rocha, por onde levaram a maca com o velho. Mesmo que o velho fosse leve, a menina, embora não reclamasse, já começava a tropeçar nas próprias pernas pelo excesso de esforço. O monge, por sua vez, embora também magro e miúdo, parecia ter uma força inesgotável. Desceram por um caminho mais largo, com algumas rampas mais íngremes, até chegarem em uma nova sala, onde havia uma porta impedindo a passagem. O monge, entendendo o cansaço da menina, esperou que ela descansasse um pouco, encostada na porta, depois levantou a tranca e abriu-se à sua frente um salão maior, na verdade, imenso, com um rio de águas verdes no centro, e muitos platôs de rocha em diferentes níveis, iluminados por muitas lamparinas espalhadas. Por todos os lados havia colunas formadas pelo gotejar milenar da água que caía no riacho e se perdia no meio da terra. Pinturas de animais feitas pelos povos antigos decoravam a parede.

Os dois levaram a maca com o velho até um grande platô que ficava logo acima do rio, onde havia um fogão de pedras e algumas camas espalhadas. Colocaram o velho em uma das camas e, sem precisar dizer nada, o monge foi até outra cama e esperou que a menina se aproximasse.

– Preciso descansar um pouco... Não sei se consigo subir tudo de novo agora... – ela falou.

– Não podemos esperar mais, está entrando em decomposição – respondeu o monge, já puxando o corpo de outro velho para cima da maca. Este, realmente morto.

Quase uma hora depois eles voltavam e a menina jogou-se em sua cama de troncos e palha, quase desfalecendo de cansaço. O monge, por sua vez, abriu um pote de argila onde havia uma pasta escura e malcheirosa e, depois de tirar toda a roupa do velho que trouxeram, esfregou-a por todo seu corpo. Depois desceu até a lagoa que o rio formava abaixo do platô e lavou demoradamente as mãos. Já era quase manhã e ele não dormia. A caverna fizera com que não tivesse a noção exata de noite ou dia, então seu corpo seguia um ritmo próprio. A pasta demorou a sair de suas mãos, mas, quando estavam totalmente limpas, voltou para o lado da menina, que já dormia profundamente. Estava frio, como sempre era frio no interior da caverna, mas, na exaustão, ela nem se cobrira, por isso puxou um cobertor de lã grosseira sobre ela, que despertou assustada.

– Calma... não acorde... Você trabalhou muito e trabalhou bem, merece descansar. Eu fiz uma promessa e vou cumprir. Este vai ser o último. Depois vamos partir para o sul, onde talvez tenhamos alguma notícia dos seus pais. Muitos estão indo para o sul por causa da guerra...

Capitol quaranta nòu

Tolosa, outubro de 1213.

Depois da batalha de Muret, nossas esperanças, que já eram pequenas, se desvaneceram, como a bruma se desfazia sobre o Garonne nas manhãs de verão. Porém, o Garonne nos reservava lindas paisagens após a bruma. A paisagem que víamos agora era lamentável e ia muito além dos milhares de corpos mutilados que ficaram pelos campos. Quanto tempo a terra levaria para sugar tanta dor e desespero? Víamos mais uma vez famílias esfaceladas, sem pais, sem filhos, sem bens e sem liberdade. A vitória do usurpador fora tão estrondosa que ele não se preocupou em tomar a cidade de imediato, deixando aos prelados da igreja e representantes do rei a função de negociar o destino da cidade com os cônsules capitulares, já que o conde Raymond, sem outra opção, partira para a Inglaterra, na esperança de encontrar no rei João alguma proteção.

O conde de Foix e o de Cominges voltaram para seus feudos, assim como o fizeram outros senhores. Aquela não fora apenas uma batalha. Naquele momento fora "a batalha". A derrota estava incrustada com garras profundas até a alma de cada um.

– Precisamos partir – falei a Jaume, alguns dias depois da derrota.

– Podemos ficar, temos um trabalho aqui, e temos onde morar... – respondeu, demonstrando alguma surpresa com a minha proposta. Encontrei-o apontando uma lança sob a nogueira que ficava no meio do pátio da casa de Esteves e nos oferecia sempre uma boa sombra.

– Quando Montfort assumir a cidade, ou mesmo seus aliados, não teremos nada. Seremos perseguidos e nossos poucos bens serão saqueados. Não teremos mais direitos, meu amigo, nem liberdade, se ficarmos aqui. O bispo Foulques sabe o nome e o endereço exato de cada membro da Fraternidade Negra. Além do mais, por tudo que fizemos, somos muito conhecidos.

– E para onde iremos? Toda a região está dominada pelo exército cruzado.

– Montségur... é onde ainda temos alguém para proteger.

– ... que também cairá... É apenas uma questão de tempo, e você sabe disso.

– Sim, eu sei, assim como sei que eu, que você e todas as pessoas que conhecemos morrerão um dia. Então, se todos morreremos, vamos para um lugar onde ainda poderemos ser úteis. Se ficarmos aqui...

– Tenho que convencer Jamile a partir – falou Jaume, me interrompendo e soltando a faca no chão com algum desânimo.

– Jamile?

– Ela perdeu o pai e o irmão na batalha... Teremos que levar a mãe também...

– Jamile? – insisti, percebendo que Jaume estava embaralhado com o assunto. Ele levantou do banco tosco em que estava sentado e ficou de costas para mim, deixando a lança que apontava no chão.

– É a filha de Alan, o coureiro, que faz negócios com Esteves... ou melhor, era filha. Alan morreu na batalha. Morreu porque pensou que venceríamos e precipitou-se tentando saquear a fortificação. Ele e o filho mais velho morreram.

Jaume terminara de falar virando-se e ficando de frente para mim. Fiquei olhando para ele e o interrogando com o olhar, embora já tivesse entendido o que estava acontecendo. Desde que perdera Suzanne Vauguin, ele fechara seu coração. Portanto, aquela notícia era boa, embora o momento triste que vivíamos. Agora, sabendo da existência de Jamile, eu começava a entender por que ele andava arisco e mais alegre nos últimos dias, apesar da derrota na batalha. Eu não havia perguntado quem era seu pai, e nunca perguntaria, porque seria uma indiscrição. Se ele quisesse, e quando quisesse, me contaria, mas isso em nada mudaria nossa amizade, obviamente. Além do mais, depois que eu soube que Roger Luvison não era seu pai, minha consciência andava assoviando cantigas alegres.

– Jamile! Que belo nome! – falei, e vi o sorriso nos olhos de Jaume. Ele era apenas um pouco mais novo que eu, porém, senti que precisava da minha aprovação, como se eu tivesse alguma ascendência sobre suas escolhas e atitudes. Jaume não falou mais nada, apenas montou seu cavalo e partiu a galope do pátio da casa de Esteves, deixando o portão aberto atrás de si.

Três dias depois, partíamos para o sul, durante a madrugada, e sem que ninguém além de Esteves ficasse sabendo de nossa partida. Fizemos nossos preparativos com extrema cautela e mesmo o indiscreto Esteves conseguiu manter sigilo. Ele ficou desolado com nossa partida, mas entendeu. Além de entender, nos pagou uma quantia maior do que merecíamos por nosso trabalho, alegando que certamente não conseguiria proteger sua riqueza da voracidade dos cruzados, então era melhor dividir uma parte com os amigos. Com o dinheiro conseguimos comprar não apenas suprimentos, mas também mais uma montaria, para Jamile, já que sua mãe, Geneveve, ficara com o cavalo que pertenceu ao marido.

No portão da cidade, ainda desorganizada depois da derrota, não havia mais vigia, o que facilitou nossa partida discreta. Jamile era ainda uma menina de dezesseis anos, frágil e linda, parecendo ser feita de porcelana. Era loira, mas tinha os olhos escuros e profundos, emoldurados por uma pele de alabastro em um rosto afilado, com lábios desenhados a mão e pintados de vermelho vivo por um artista de grande talento. Olhar para Geneveve, por sua vez, era ver Jamile num futuro não muito distante. Provavelmente teve a filha ainda muito nova e a semelhança entre ambas era incrível.

Não sei bem se fiquei feliz ou preocupado ao saber que a mãe de Jamile era uma crente amiga de Anne Crestan, que admirava profundamente o catarismo e se preparava para receber o *consolamentum*. Afinal, o rastro da heresia continuaria nos perseguindo. Porém, iríamos para Montségur, onde os principais líderes deste novo (ou antigo?) cristianismo haviam se refugiado. A heresia fazia tanta parte das nossas vidas que, mesmo eu não podendo nem me considerar um crente, já era de há muito um herético. Então restou saber que foi muito fácil convencer Geneveve a partir para Montségur, onde encontraria sua amiga Anne e poderia completar sua conversão. Cheguei a sentir que, embora sofresse a dura perda do filho, não se ressentia da falta do marido, um homem conhecido por sua intempestividade e avareza, o que, provavelmente, motivou sua morte quando correu para saquear a cidadela de Muret antes de terminar a batalha.

O cheiro de sangue e de carniça ainda estava espalhado pela madrugada brumosa quando cruzamos os campos, passando não muito distante da malfadada Muret. Eu havia vasculhado como pude o campo da batalha, tentando encontrar pessoas que merecessem uma sepultura digna. Na verdade, todos mereciam, mas eu daria conta somente daqueles mais chegados. Eu e Jaume cavamos e sepultamos grandes homens, mesmo que não tivessem título algum, e ficamos muito tristes quando encontramos Vincent Dontan. Não o vimos durante a luta porque estava distante de nós, mas sabíamos que havia lutado com bravura, porque era do seu caráter. No tempo em que passamos juntos, tornara-se nosso amigo. Havia ficado profundamente magoado com o irmão, que sumira sem avisar nem mesmo a ele. Vincent fora um grande soldado no passado, mas a idade o levara a relaxar com a disciplina. Em um combate conheci poucas pessoas melhores para ter ao meu lado, mas, fora dele, acabara por se envolver com os encantos das tabernas de fama não muito respeitável e todas as consequências que estes lugares carregam. Nestes locais acabou fazendo uma grande quantidade de amigos, quase nenhum deles recomendáveis, o que lhe trazia uma complicação após a outra na vida diária. Assim mesmo, ele tentava ser um crente, muito mais quando estava sóbrio, e sonhava em um dia receber o *consolamentum*. Morrera sem conseguir realizar este sonho, e nós somamos mais uma tristeza à nossa história.

Mesmo a noite não tendo lua, podíamos divisar o fino traço escuro das montanhas do Ariège ao sul, nosso destino. Júlia cavalgava ao meu lado levando na alma a dignidade da filha de um grande senhor, e a humildade da crente que era, desde que conhecera minha mãe, da primeira vez que nos refugiamos na vila cátara a caminho da abadia de Fontenay. Eu ainda não era velho, tinha apenas vinte e quatro anos, e Júlia era um pouco mais nova que eu, mesmo assim já acumulávamos um passado cheio de aflições e perdas. A cada passo do caminho, eu parecia sentir sua alma se contorcendo, porque a ideia de resgatar nosso filho das mãos de Edmond de Chambres perdia mais e mais sua força. Cada minuto era mais um minuto que se somava no tempo que perdíamos para Edmond e sua capacidade de transformar nosso filho em mais um bandido. Que exemplos ele poderia dar? Cada quilômetro era mais um quilômetro que nos distanciava dele, e do sonho de agruparmos nossa família. Nunca fora uma esperança real tê-lo de volta, mas eu sabia que ela se apegava fortemente a uma possibilidade remota de ter seu filho novamente. Eu também.

Nós partimos no começo da madrugada e, logo pela manhã, um jovem noviço bateu à porta do nosso amigo Esteves e perguntou por mim. Esteves, por sua vez, e no uso pleno de toda sua discrição, antes de dizer que não me conhecia, perguntou o que o jovem queria comigo. Sentindo-se preso na armadilha que criara com as próprias palavras, acabou por confessar que havíamos partido da cidade.

– E para onde foram? – perguntou o jovem noviço, que Esteves entendeu ser de alguma ordem religiosa pela tonsura e o hábito de tecido rude e gasto. Seu rosto era alegre e falava baixo, tentando transmitir o máximo de confiança nas palavras.

– Não sei para onde foram. Tem coisas que é melhor a gente não saber nos dias de hoje. Mas você não me respondeu o que quer com Sebah, nem me disse como é seu nome.

– Meu nome é Serge, senhor. Sou noviço na abadia de Cluny e, na verdade, procuro pelo senhor Thierry Hywelbane, que, soubemos, trabalha para Sebah de Chambres.

– Acho que não estão muito bem informados. Thierry conheceu Sebah, aqui, em minha casa, e ficaram amigos, mas ambos trabalhavam para mim – respondeu Esteves, logo entendendo que havia falado demais novamente.

– Então eles partiram juntos?

– Ah, não! Thierry já partiu há tempos, levando... por que você faz tantas perguntas? – perguntou o atrapalhado Esteves, sempre tropeçando nas próprias palavras.

– Por que preciso encontrar Thierry para lhe entregar uma carta obrigatoriamente em mãos.

– Uma carta? E quem poderia mandar uma carta para Thierry?

– Quem mandou se chama Serkan, apenas Serkan, não sei se tem outro nome. Mas o senhor, por certo, não me perguntará sobre o conteúdo dela, não é? Está lacrada. O que faço é apenas servir de mensageiro.

Esteves não fez mais perguntas. Somente confirmou que depois da batalha resolvemos partir. Ouvira falar de Serkan, obviamente, por ele ter sequestrado Nathalie, e pelas histórias que Thierry contava, mas preferiu o silêncio e deixou o noviço partir sem perguntar mais nada. Porém, ficou em dúvida se deveria ou não contar para onde íamos, pois estávamos seguindo na direção de Thierry. Afinal aquela carta poderia conter informações sobre a menina. Ficar em dúvida não era agradável ao nosso amigo, que sempre preferia tomar decisões a se omitir sobre qualquer assunto, por isso chamou um serviçal e pediu:

– Vá atrás daquele noviço que esteve aqui. Não deve estar longe. Vá e diga que Sebah partiu para Montségur, mas não conte que Thierry está em Montségur, com Anne, quer dizer, diga que não sei onde está Thierry, mas Sebah deve saber. Conte ao noviço que, se ele for rápido, poderá alcançar Sebah na casa de Guillon, e explique a ele onde é a casa de Guillon. Sabe onde é, não é mesmo? Já foi comigo lá. Conte a ele, mas conte também que, se alguma coisa de ruim acontecer aos nossos amigos, eu o encontrarei e quebrarei seu santo pescoço.

Os leitores devem entender que eu não tinha a mínima ideia de que estava sendo procurado por um noviço com uma carta de Serkan para Thierry.

Somente a abrangência da visão espiritual e o resgate dos fatos propiciados por ela é que me permitem descrever tal situação. Naquela manhã já íamos longe de Tolosa. Mais uma vez escolhemos caminhos secundários, porque havia *routiers* espalhados por todos os lados, sedentos de saques e também de mulheres jovens, e tínhamos três lindas mulheres conosco. Jamile e Geneveve eram duas beldades que colocavam nossa expedição num nível de perigo ainda maior. Então íamos com cuidado redobrado. Eu estava feliz por estar com Júlia, e sabia que seria feliz até no inferno com ela. Jaume estava apaixonado, e era muito bom vê-lo apaixonado, se comportando ora como um senhor, ora como uma criança. O rosto redondo do meu amigo, agora sem barba, com seus olhos miúdos e ligeiros, o deixava ainda mais menino do que realmente era. Um menino que já estivera em batalhas e matara muitos homens com uma habilidade e valentia impressionantes.

Na terceira noite da nossa jornada, Júlia alegou sentir muitas dores pelo corpo e fiquei preocupado. Eu havia percebido que ela andava um tanto estranha nos últimos dias, mas imaginei que era por causa dos preparativos para partirmos. No fim da madrugada eu acordei com seus gemidos e descobri que ela ardia em febre, além de sentir muitas cólicas, que faziam seu corpo retorcer-se. A vivência numa abadia me ensinou alguns procedimentos perante doentes, mas eu sabia que eram rudimentares, principalmente para serem aplicados em uma pessoa a quem amamos.

Estávamos alojados no estábulo de uma casa escondida por uma colina. Não havia um caminho nítido para a casa saindo da estrada principal que ia para Foix, de onde estávamos próximos, e isso garantia algum isolamento e segurança. Apenas uma trilha mal conservada e encoberta por galhos era o que nos ligava a ela, e só a encontramos porque o dono era um camponês que costumava vender sua lã a Esteves, de quem ficara amigo. Recebera-nos com doçura e sua esposa, além de nos ter trazido um caldeirão de carneiro cozido, arrumara um amplo espaço limpo no balcão interior do estábulo, distante dos animais. Mesmo percebendo que a casa ainda dormia, não tive dúvidas em acordar o senhorio e pedir ajuda para Júlia.

– Mas o que podemos fazer? – falou Guillon, não demonstrando nenhuma consternação por tê-los acordado.

– Pensei que a senhora Benette poderia ter algum chá calmante... Júlia tem cólicas...

– Podemos levá-la ao monge da gruta – falou a senhora Benette.

– A esta hora não conseguiremos nem achar a gruta, ainda está escuro – respondeu o marido.

– Que gruta? Que monge? – perguntei, aflito.

– Há um rio que corre por baixo da terra próximo daqui e há muitas grutas que se ligam a ele. Numa dessas habita um monge que faz milagres. Mas é temeroso levá-la a ele sem claridade, o caminho é muito difícil e cheio de armadilhas naturais – respondeu Guillon.

– Eu a levo! É só me apontar o caminho e a distância – falei, aflito, porque ouvia os gemidos de Júlia ficarem cada vez mais intensos.

Jaume quis ir comigo, mas era preciso alguém para proteger Jamile e Geneveve, então, relutante, concordou em ficar, enquanto eu já partia com Júlia agarrando-se como podia em meu corpo, montada na garupa do meu cavalo.

Desci por uma encosta margeando um riacho acidentado que despencava morro abaixo, formando várias pequenas cascatas. Não era o melhor caminho, mas, segundo Guillon, era a maneira mais segura de encontrar a gruta do monge, ou o monge da gruta, como era chamado, porque o riacho se alargaria na planície formando um pequeno lago, depois se reduziria novamente para mergulhar na terra e se unir ao rio subterrâneo de Labouiche.

Quando margeávamos o pequeno lago, numa região menos acidentada, porém com muitos pinheiros e moitas formando labirintos difíceis de serem contornados, percebi que a ansiedade por ajudar Júlia me fizera imprudente, e percebi muito tarde. Quando pulei um tronco atravessado no que eu julgava ser um caminho, nos encontramos repentinamente no meio de um acampamento de *routiers*. O dia começava a espantar as sombras da noite, mas eu vira algumas sombras ao meu redor, aproximando-se rapidamente, como fantasmas. Obviamente eles já haviam ouvido meu cavalo chegando e apagaram a fogueira, por isso não os tinha percebido. Um *routier* experiente sabe muito bem quantos cavalos estão vindo depois de uma curva da uma estrada, na espreita de um ataque surpresa. Então eles sabiam que eu vinha sozinho e poderiam até saber que o cavalo levava, ou duas pessoas, ou uma pessoa muito pesada. A única chance que eu tinha era não parar, mas o acampamento aparentava só ter o caminho de entrada, por onde eu acabara de chegar. O restante era uma parede de moitas que pareciam tão sólidas quanto um muro. Então ainda consegui virar meu cavalo, mas logo que o cutuquei para que galopasse, uma longa vara de madeira cruzou o meu caminho, jogando eu e Júlia ao chão. O grito de dor de Júlia doeu profundamente em minha alma.

Com toda a velocidade que o medo e o perigo nos dão, saltei do chão já com a espada desembainhada, enquanto via que um dos oponentes partia atrás do meu cavalo que continuara em disparada. Estavam seguros, eram muitos e eu apenas um homem com uma espada. Cercaram-me com lanças e espadas apontadas, mas não atacaram. Eram oito soldados, mais um, que fora atrás do meu cavalo.

– Ela está doente. Estamos procurando o monge da gruta... se não levá-la poderá morrer... – falei, ainda com a espada erguida.

– Se não baixar a espada nem poderemos saber quem são, e talvez tenhamos que matá-los para descobrirmos o que leva dentro da bolsa – falou um soldado mais velho, que usava um elmo aberto na frente e uma túnica verde escura muito manchada. O dia vinha rápido e eu já conseguia ver seus rostos. Rostos duros e marcados de cicatrizes.

– Meu nome é Sebah de Chambres e está é minha esposa Júlia – falei, enquanto Júlia, sentada no chão, enrodilhava-se nas minhas pernas, gemendo de dor e tremendo de febre.

– Eu conheço um cavaleiro do rei que se chama de Chambres. Um filho do demônio... e até que você é parecido com ele... e já ouvi falar de um cavaleiro chamado Sebah, mas dizem que é um gigante...

– Não tenho ideia de quem sejam. Fui criado numa abadia e hoje trabalho para os senhores que me pagarem melhor. Não sei quem é este de Chambres e duvido que ele saiba quem eu sou.

– E o que carrega nesta bolsa, tão próxima ao corpo?

A minha bolsa de couro ficava sempre comigo. Nela não havia dinheiro, que ficara com Jaume, mas havia a carta que provava que eu era filho de Edmond de Chambres, o medalhão deixado na abadia pelos assassinos do abade Amadeu, seu anel, além de outras lembranças que só tinham algum significado para mim. Se entre eles algum soubesse ler, descobririam que eu valia alguma coisa e poderiam pensar que meu pai pagaria algum resgate. *Routiers* não costumavam pedir resgate, porque agiam em bandos um tanto desordenados, saqueando, roubando e matando. Porém, se tivessem algum contato com algum senhor inimigo do meu pai, e ele deveria ter muitos, nos venderiam por um punhado de moedas.

Tudo isso passava muito rápido pela minha cabeça, assim como avaliava se eu tinha alguma possibilidade de surpreendê-los. Cinco soldados estavam em pé à minha volta, e mais três estavam montados, logo atrás deles. Se eu cortasse a garganta do mais velho, bem na minha frente, com um golpe repentino, abriria uma brecha até o primeiro homem montado. Cortaria os tendões do seu cavalo, causando ainda maior confusão e tentaria derrubar seu parceiro, roubando seu cavalo. Sobrariam ainda cinco soldados, até que o que fora atrás do meu cavalo voltasse, mas eles poderiam estar confusos com minha ousadia. Na verdade, era nossa única chance. Eu não tinha nenhuma dúvida de que pensavam muito mais em nos matar do que pedir um resgate, o que também seria terrível. Já tinham conseguido um ótimo cavalo, que custava muito dinheiro e, certamente, imaginavam que minha bolsa estava recheada. Então eu levantei Júlia, como se tentasse protegê-la e a abracei. Ela ficou em pé com muita dificuldade, mas também estava com medo, e o medo lhe deu uma força ainda maior.

– Fique pronta para montar na minha garupa – falei, muito baixo em seu ouvido.

– O quê? – ela perguntou, obviamente sem entender a loucura que eu tinha na cabeça. Perguntou um segundo antes de eu agir.

Posso lhes dizer, amigos leitores, que saiu tudo como eu imaginava, até eu conseguir montar num dos cavalos dos inimigos. Porém, quando virei este cavalo para apanhar Júlia, a vi nas mãos do soldado mais velho, que caíra com meu golpe, mas não se ferira a ponto de não poder levantar novamente. Seu pescoço e sua túnica estavam encharcados de sangue, mas estava vivo. Colocara-se atrás de Júlia e tinha uma espada curta encostada em seu pescoço. Foi o que bastou. Um segundo de hesitação. Uma espada pesada bateu na minha jogando-a longe, e dois soldados puxaram minha perna com tanta força que pensei que iam arrancá-la. Voltei para o chão como um fardo pesado e, ainda quando caía, ouvi o soldado que prendia Júlia, o chefe do bando, gritar:

– Matem o desgraçado e arranquem sua bolsa... Se for preciso, tirem o braço junto.

Eu estava com um pé apertando meu pescoço e uma espada fina bem na frente dos meus olhos, enquanto o chefe do bando continuava a desfiar todo o seu vocabulário de imprecações contra mim, que o havia ferido no pescoço. Na verdade, sobrevivera por muita sorte. Um soldado muito jovem, quase uma criança, mas com olhos negros e sobrancelhas grossas que davam a ele a aparência de um falcão, cortou a alça da minha bolsa e a puxou, com um sorriso de satisfação. Logo em seguida outro soldado levantou um machado acima da cabeça e ia baixá-lo com toda sua força em meu peito, quando o chefe gritou:

– Não! Não o matem ainda. Quero ter a mulher dele na sua frente. Quero que ele veja o que vou fazer com esta cadela bem na frente dos seus olhos. Depois o mataremos, mas muito lentamente. Este bastardo me feriu e teremos que matar um dos nossos melhores cavalos por causa dele. Então ele morrerá muito lentamente.

Mais uma vez, como em muitas outras vezes, preferi que a morte tivesse me encontrado. Preferi que o machado tivesse se cravado em meu peito. Em instantes eu tive a certeza de que enlouqueceria se visse o que o bandido propunha. E veria, obviamente. E morreria logo em seguida, obviamente, embora lentamente. Mas eu já deveria ter aprendido que a vida estava agarrada em mim por algum motivo que na época eu ainda não podia compreender, e que não permitiria que a morte me levasse assim, tão facilmente.

O velho chefe já havia rasgado o vestido de Júlia, para meu horror, quando todos ouvimos um tropel de cavalos. Foi rápido. Como anjos descidos do céu, dois cavaleiros vestindo longas túnicas brancas saltaram as moitas que cercavam o acampamento com seus cavalos alados e espadas flamejantes, causando um alvoroço desordenado nos bandidos, que demoraram muito a reagir, diante do inusitado. O inusitado ganhou contornos ainda mais fantásticos quando um terceiro cavaleiro saltou, segundos atrás dos primeiros. Montava um cavalo branco de pernas longas e ágil, muito diferente dos grandes cavalos de batalha, que eram largos e lentos. Usava também uma túnica branca, com um capuz grande que cobria toda sua cabeça. Porém, ao invés de uma espada flamejante, levava nas mãos um longo bastão de madeira, que usava com uma perícia assustadora. O soldado que pesava seu pé no meu pescoço voou para longe quando o bastão atingiu fortemente seu peito. Mesmo no calor da luta, não consegui deixar de pensar que ele teve muita sorte, porque o golpe não foi em sua cabeça. Nenhum elmo conteria a vida num corpo se um bastão fosse bem usado contra ele.

Os inimigos podiam ficar confusos, e eu também estava, porém, diante da oportunidade que mais uma vez a vida me dava, eu não podia parar para entender quem eram aqueles anjos de cavalos alados e espadas flamejantes. É claro que seus cavalos não tinham asas, nem suas espadas eram de fogo, mas usei estes elementos para os leitores entenderem como é fácil uma história virar lenda, e um homem virar santo, e um fato virar milagre, quando a imaginação quer que assim aconteça. Talvez tenha sido assim que Sebah se transformou em um gigante! Qualquer imagem que fugisse ao convencional, num tempo de tantas incertezas, mitos e superstições, era o bastante para ganhar cores espetaculares e miraculosas. Os primeiros raios de sol avermelhado batendo naquelas espadas muito polidas a faziam reluzir como fogo; as túnicas dos cavaleiros eram imaculadamente brancas, em um tempo em que as roupas não eram um exemplo de limpeza. Os cavalos árabes que eles montavam, recentemente descobertos pelos europeus depois das cruzadas contra os sarracenos, que os usavam, eram ótimos saltadores, como se tivessem asas nas patas. A segunda vez que esta história fosse contada, já seria muitas vezes mais espetacular do que a verdade, que, por sinal, era bastante dura.

A minha espada estocou contra o peito do soldado que levava o pesado machado de guerra, jogando-o para trás, porém, quando me virei para alcançar Júlia, num relance vi que o chefe do bando despejava toda sua força para o braço que segurava a espada, e esta vinha lateralmente na direção do meu pescoço. Ainda consegui me abaixar o suficiente para que a espada não atingisse o alvo desejado, mas bateu com força no meu elmo, jogando-o para longe e deslocando abruptamente minha cabeça, me fazendo perder o equilíbrio. Senti uma dor forte atrás do pescoço e tive a impressão que o mundo se inclinara muito, ficando na transversal. As imagens perderam o foco e a luz começou a diminuir nos meus olhos, como se a noite caísse rapidamente. Mas era o dia que começava, não a noite. Eu sabia que estava perdendo os sentidos. Depois de tantas batalhas e ouvindo tantos relatos de companheiros, era difícil não saber qualquer coisa que poderia nos acontecer numa luta. Eu queria me manter lutando e consciente, principalmente por que não conseguia ver Júlia, mas o mundo ia rapidamente se apagando.

Ainda com um pouco de visão, percebi que o vulto do chefe levantava a espada para me matar, agora que eu estava indefeso. Mas vi também que por trás dele o cavaleiro da túnica branca e capuz, se aproximava com o bastão atravessado por cima da cabeça do cavalo. O *routier*, na ânsia de me matar, não o vira. No exato momento em que o bastão cortou o ar com uma velocidade espantosa, eu desmaiei, sem ter certeza se estava mesmo desmaiando, ou morrendo.

Capitol cinquanta

Labouiche, outubro de 1213

Uma luz difusa e esbranquiçada feriu meus olhos, quando os abri abruptamente, ansioso por saber o que acontecera com Júlia, me obrigando a fechá-los, intempestivamente. Parecia que apenas um minuto havia passado desde que eu perdera os sentidos. Apenas parecera. Tentei abrir os olhos novamente, mas não consegui, porque a luz os feriu como antes. Tentei relaxar e entender o que estava acontecendo. Todo meu corpo doía, principalmente a cabeça. Respirei fundo e senti calor. Senti que estava deitado sob o sol e sem roupas. Ao meu lado direito ouvia o barulho de água corrente e talvez de uma cascata. Movimentei levemente as mãos, depois os pés. Virei o rosto para que meus olhos fugissem do encontro direto com o sol e consegui abri-los, embora ainda com dificuldade diante da claridade do dia. Vi que existiam moitas de urzes ao meu lado, separando-me de um rio rápido e cristalino, então ouvi passos se aproximando. Minha reação natural seria pular e entrar em guarda, mesmo estando totalmente nu, mas fiquei quieto. Apenas voltei meu rosto para a posição inicial e senti que me cobriram com um pano, que rapidamente aliviou a sensação de calor causado pelo sol. Um pano macio e perfumado, que antes cobria meu rosto, mas escorregou para o pescoço descobrindo meus olhos. Em seguida me senti suspenso e entendi que estava numa maca. O calor diminuiu rapidamente quando entramos numa caverna e agora eu estava de olhos abertos, mas só via o capuz branco de um dos anjos que me salvara, levando-me com a maca para algum lugar. A caverna era longa e cheia de lanternas espalhadas pela parede.

Deixaram-me numa sala ampla, sobre um platô de pedra, e vi os dois anjos se afastarem, sem dizer palavras. A única aflição que eu tinha era por Júlia, por isso falei, antes que sumissem:

– Júlia... como está Júlia?

Um dos anjos virou-se para mim e descobriu a cabeça. Era jovem, bem mais jovem do que eu, magro, de rosto alongado, cabelos pretos e sorriso gentil. Parecia tão frágil naquele momento que cheguei a duvidar que era o mesmo que lutara como um guerreiro contra os *routiers*.

– Ela está bem, senhor Sebah, não precisa se preocupar. Logo estarão juntos.

Senhor Sebah! Como ele sabe meu nome? Pensei, mas não falei mais nada, porque, logo que eles saíram, o terceiro anjo entrou com o grande capuz cobrindo totalmente sua cabeça. Fez sinal com a mão para que eu sentasse e depois sentou ao meu lado no banco natural de pedra do salão onde estávamos. Eu ainda não conseguia ver seu rosto, porque havia sentado de lado, a cerca de dois metros de mim. Ele trazia consigo minha sacola de couro, com a alça agora cortada. Abriu-a sem falar comigo. Eu também não falava. Por algum motivo, e não por medo, jamais por medo, entendia que era preciso ficar quieto. Então o anjo pegou o anel do abade Amadeu e colocou-o na palma da mão esquerda e ficou admirando-o por algum tempo, depois o pegou novamente, rodando-o nos dedos, exatamente como o abade fazia, causando-me um arrepio. Finalmente o fechou na palma da mão esquerda e suspirou, para então falar:

– Nunca pensei que veria este anel novamente.

Suas palavras agitaram minha alma como se um vendaval a arrastasse, como se um tufão surgisse repentinamente, levantando-me no ar. O anjo então tirou o capuz e virou para mim seus olhos profundamente azuis, sorriu, o sorriso mais lindo que eu conhecia (além do sorriso de Júlia, é claro), e novamente falou:

– Eu estava com saudade de você, meu filho...

– Abade Amadeu? Mas... como pode? Abade Amadeu... O senhor está vivo! – gritei, jogando-me em seus braços como uma criança, e caindo no choro. Chorei como eu nem sabia que era capaz de chorar.

– Calma, meu filho... calma... eu entendo... eu entendo... Pode chorar... mas vista a roupa que Lucas lhe trouxe... Eu fiz com que Lucas e Matheus lhe dessem um banho enquanto se recuperava. Eu havia lhe dado uma poção para dormir mais... Por Deus! Você fedia, meu filho... Os médicos dizem que tomar banho enfraquece a pele, mas isso é mentira. A limpeza traz saúde...

O anjo que me falara de Júlia havia entrado e deixado minha roupa e minha cota de malha ao meu lado, além da minha espada. A roupa estava limpa e a cota brilhava como eu nunca tinha visto antes. Ouvir a voz do bom abade Amadeu não me permitia raciocinar direito. Minha sensação era de estar ainda sonhando. Ele levantou e falou baixo com o anjo, enquanto eu vestia a roupa, e parecia estar preocupado. Naquele momento eu me sentia aturdido, mas mesmo assim ainda consegui ouvir algumas palavras sussurradas, e uma frase se destacou bem aos meus ouvidos, quando o abade falou: "precisamos partir". No entanto, realidade e fantasia se misturavam em meu raciocínio, eu acreditava e não acreditava que quem estava naquele salão de uma caverna era mesmo ele. Eu poderia estar sonhando e acordar a qualquer momento, caído no chão da floresta onde os *routiers* nos atacaram. Ou poderia estar morto. Santo Deus! É claro! Eu estava morto! Os hereges ensinavam que a vida continuava após a morte, e eu estava com o abade Amadeu, que já havia morrido, e mais dois anjos. Mesmo me sentindo tão vivo, desabei sobre outro banco natural de pedra, enquanto as lágrimas voltavam a rolar por meu rosto.

Então ele voltou para o meu lado e apoiou a mão em meu ombro, depois falou:

– Você não está morto, Sebah, se é isso mesmo que está pensando. Nem eu estou morto, e é simples de explicar. Pobre irmão Honoré, meu secretário, a quem eu tinha dado o anel como lembrança na véspera da minha fuga! Ouvi falar que deram ele por desaparecido, mas morreu com meu anel no dedo e, como era parecido fisicamente comigo, entenderam que aquele corpo era o meu, afinal, um corpo carbonizado é difícil de reconhecer. Ele dormiria em minha cela aquela noite, para o caso de alguém me procurar e dar por minha falta. Então, se batessem em minha porta, ele responderia que estava em oração, abafando a voz. Sua cela não foi atingida pelas chamas, foi fácil se confundirem e, embora ele tenha morrido, ajudou a me esconder de verdade. Escondi-me atrás do manto da morte. Apenas queríamos um tempo para que eu ganhasse distância, porque montaria um bom cavalo, caso algum padre de fora da abadia ou algum cavaleiro do rei me procurassem. Pobre irmão Honoré!

– E por que fugiu? – perguntei, com um fiapo de voz.

– Por que eu havia mentido para um padre de fora da abadia e para um cavaleiro do rei, e esta mentira me aproximava dos hereges. Este padre era um fanático enlouquecido e o cavaleiro um homem mau, muito mal. A prova disso foi o destino que pensam ter me dado. Fugi do meu destino, querendo acreditar que estava agindo certo. Na verdade, as vozes diziam que era para eu fugir...

– Vozes?

– Sim, Sebah, vozes. Sempre as ouvi. Sempre me contaram coisas, me deram avisos... como saber que você estava pensando que morreu há pouco, ou saber que duas pessoas estavam para ser atacadas durante a madrugada, não muito distantes daqui. As vozes nunca deixaram de falar comigo, mas para pouquíssimas pessoas posso falar sobre elas sem correr o risco de morrer numa fogueira. Então as vozes me disseram para fugir, porque eu ainda tinha muitas coisas importantes para fazer nesta vida. Então eu fugi, mas sempre estive o mais perto possível das pessoas que amava, por isso sei de quase tudo que vem acontecendo com estas pessoas. Tenho ensinado algumas coisas a discípulos bem escolhidos, como você pode observar...

– Ensinou a montar e a usar o bastão, e a espada.

– Também, mas, e principalmente, tenho ensinado a amar a Deus sobre todas as coisas e ao próximo como a si mesmo.

– Então é um *perfeito*? Então é um herege?

– Não, meu filho... não. O *consolamentum* é um prêmio para pessoas muito melhores do que eu. Sou um crente e me esforço para ser bom, apenas isso.

– E Júlia? Como está Júlia? – perguntei, aflito, de repente tendo a impressão de que a realidade domava a fantasia.

Ele não respondeu. Apenas pousou em mim seus olhos tristes e meu coração disparou. Ele viu minha aflição, mas antes olhou para o chão, para depois falar:

– Ela perdeu a criança...

– A criança? Sim, eu sei. Perdemos a criança. Perdemos nosso filho. Edmond o levou. Se as vozes sempre falam com o senhor, deve saber que eu menti quando estava preso em Le Baux. Eu havia dormido com Júlia e gerado um filho nela, mas não é sobre isso que perguntei...

– Eu sempre soube, Sebah – interrompeu o abade, pousando novamente a mão em meu ombro, para depois continuar: – Não é desta criança que estou falando. Estou falando da criança que Júlia perdeu esta manhã, tão logo chegou aqui. Não pudemos fazer nada, a não ser ampará-la neste momento difícil.

Eu fiquei atônito. Júlia estava grávida! Eu iria ser pai novamente. Por que ela não me falou?

– Ela queria fazer uma surpresa, meu filho, quando estivessem em lugar seguro, ou o mais seguro possível – respondeu o abade, mesmo que eu não tivesse perguntado, apenas pensado, depois continuou: – Imaginou que, se lhe contasse antes da batalha de Muret, a tensão seria ainda maior. E agora, durante a viagem, se você soubesse iria querer carregar ela e o cavalo no colo. Ela foi sábia, Sebah.

– E como ela está?

– Abatida, é claro, mas feliz por saber que você está bem. Venha, vamos vê-la. Tenho mais uma surpresa para você.

– Mais uma surpresa? Já não basta encontrar vivo o meu bom abade?

Ele apenas sorriu e depois me levou por um caminho iluminado por lanternas com velas de sebo, através de paredes estreitas e um teto baixo, até entrarmos em outro salão, menor do que estávamos. Júlia estava deitada numa cama com lençóis muito brancos, o que contrastava com as pedras amarelas e vermelhas das paredes de rocha. Uma menina de cabelos muito longos puxou seu capuz quando nos viu chegando e foi para os pés da cama, enquanto eu sentava ao lado de Júlia e acariciava seu rosto. Ela tentou falar, mas eu coloquei meus dedos em seus lábios, depois falei:

– Sisssh... não faça nenhum esforço... nenhum. Basta seu olhar e seu sorriso... Nunca vou merecer mais do que isso. Amo você, minha querida. Amo loucamente e cada vez mais, a cada minuto que passa.

Os olhos dela se encheram de lágrimas. Os meus também. Encostou sua face na palma de minha mão e suspirou. Eu também. O abade colocou a mão em meus ombros e senti uma energia correndo por meu corpo até ela, como se a paz ainda tivesse lugar em nossas vidas.

– Quanto tempo ela precisa, meu bom abade, até poder cavalgar?

– Dois ou três dias. Perdeu muito sangue e precisa descansar e se alimentar bem. Felizmente temos uma excelente cozinheira, e alimentos nunca nos faltaram, porque ainda existem muitas pessoas bondosas. Ajudamos um, nos pagam por dez. Acho que você gostaria de conhecer nossa cozinheira.

– Por que eu gostaria de conhecer uma cozinheira? – perguntei, sem dar muito ouvidos a ele, pois meus olhos não conseguiam sair dos olhos de Júlia, que agora sorria. Como ninguém me respondeu, e o sorriso de Júlia aumentou de uma maneira que sugeria cumplicidade, entendi que alguma coisa estranha estava acontecendo. Então fiquei em pé, de frente para o abade, e repeti a pergunta:

– Por que eu gostaria de conhecer esta cozinheira?

– Por que ela está quase desesperada de vontade de abraçá-lo, meu filho.

Silêncio. Eu não entendia. Porém, a menina que estava aos pés da cama caminhou suavemente até minha frente, como se não tocasse no chão e de cabeça baixa. Depois levantou as mãos pálidas e puxou para trás o capuz, igualmente branco e que todos ali usavam. Meu coração estava novamente disparado e tive a impressão de que iria parar, de repente, quando Nathalie levantou a cabeça e colocou em mim seus olhos meigos e tomados de lágrimas. Confesso que minhas pernas bambearam e foi seu abraço, apertado e leve, que me fez ficar em pé. Nathalie, a jovem Nathalie, não mais a menina, e estava linda, cada vez mais linda. Juntas, na mesma sala, Júlia e Nathalie, além do abade, e meu coração parecia querer fugir dali, correr pelas frestas e pular no rio.

Enquanto a abraçava e sentia o amor por ela transbordar em meu peito, o amor mais puro que eu já conhecera, olhei para o abade, mas não precisei perguntar, nem ele responder. Era como se suas vozes falassem aos meus ouvidos. Então o cavaleiro que a sequestrara não fora Serkan, e sim ele. Como ele disse, sempre estivera por perto. Então foi por isso que Nathalie montou em seu cavalo com tanta facilidade e partiu. Afinal, com quem ela estaria em maior segurança?

Três grandes e inimagináveis surpresas quase na mesma hora. Eu perdera mais um filho, mas a vida me trouxera de volta o abade e Nathalie. A sensação que eu tinha naquele momento era de que mais nada poderia me surpreender na vida. Como sempre, quanto a isso, eu estava errado!

Capitol cinquanta un

Labouiche, outubro de 1213.

Em meu pensamento é difícil imaginar que alguém possa considerar as mulheres como inferiores aos homens. Diferentes, obviamente, em alguns aspectos, mas nunca inferiores. Creio que sempre pensei assim, desde encarnações anteriores à do tempo do catarismo. Mas sei que até hoje existem homens que pensam de uma maneira grotesca, por mais incrível que isso pareça e até mesmo tentam se impor pela força. Imaginem, então, caros leitores (e lembrem que "leitores" em meu texto é feminino e masculino, sem prioridade), como era a opinião dos homens a respeito das mulheres no século XIII da nossa história. A maneira igualitária que o movimento cátaro tratava as mulheres causava verdadeiro furor na sociedade e na igreja. *Perfeitos* e *perfeitas* tinham a mesma respeitabilidade. Partindo-se do princípio defendido pelos hereges de que a principal função da mulher não era a maternidade, como apregoava a igreja dominante, e sim a busca pela perfeição, podemos entender porque os valores eram iguais para todos. Para os homens, de maneira geral, e mesmo para muitos clérigos, a mulher era apenas fonte de prazer. As mulheres eram uma moeda de troca em casamentos, que funcionavam como um contrato de expansão de poder ou equilíbrio de forças, sendo que o fato de o homem buscar outras inúmeras amantes e povoar o mundo com filhos e filhas "naturais", como eram chamados os bastardos naquele tempo, não era nenhum crime, muito pelo contrário. O homem que assim não procedia era visto como um fraco.

Mas os leitores devem estar se perguntando por que entrei neste assunto. É melhor eu responder deixando a história do passado ir em frente e chegarão às suas próprias conclusões. Então, continuemos.

Quando o serviçal de Esteves correu atrás do noviço, o sorriso de satisfação denunciava uma felicidade que não era condizente com a missão que lhe fora atribuída. Depois de ter contado a Serge sobre o destino de Sebah, cortou caminho por ruas estreitas correndo como um louco, até chegar à catedral de Saint-Étienne, contornando-a pelos fundos. Encontrou uma porta estreita de madeira e, sem mesmo recuperar o fôlego, bateu com o punho fechado na porta, duas batidas, depois uma, depois três. Não foi atendido. Quando, ainda muito ansioso, ia repetir as batidas, a porta se abriu e ele foi puxado para dentro pela gola da camisa, e a porta fechou-se logo em seguida.

– Precisa bater com tanta força? É para eu escutar e não o papa, em Roma – falou um padre que se vestia de negro, em meio à quase completa escuridão. O serviçal não conseguia vê-lo, mas reconhecia sua voz. Então falou, ainda ofegante:

– Eles foram para Montségur, senhor. Acabei de descobrir... foram para Montségur...

– E como descobriu isso, se não conseguiu nenhuma informação antes de partirem e deixou que fossem embora antes que pudéssemos prendê-los?

– Um noviço, senhor, chamado Serge, procurou por Sebah com uma carta para Thierry, que é amigo dele. Uma carta deste Serkan que dizem ter sequestrado a menina.

– Uma carta de Serkan? Que curioso! – falou o padre, com um sorriso sarcástico nos lábios. – O que mais soube?

– Soube isso, senhor, que Sebah partiu para Montségur... e Júlia, e Jaume só podem ter ido com ele, e soube também que eles vão parar na casa do senhor Guillon, próximo a Foix. Para saber onde é a casa tem que dizer para o dono da Taberna dos Trovadores que o senhor Esteves pediu para ensinar o caminho. Soube também que, quando Thierry partiu levando Anne Crestan e Pierre de Guilles, foram também para Montségur...

– Está bem... está bem... – falou o padre, já na dúvida se o serviçal realmente teria ouvido tudo aquilo. Colocou uma moeda de prata nas mãos dele, que não passava de um menino de quinze anos e mais temia o padre do que fazia aquilo pelo dinheiro. Apesar de jovem, sabia o que era ser acusado de heresia. A promessa que ouvira para realizar o trabalho era de proteção para ele e sua família.

Depois de dar a moeda, o padre abriu rapidamente a porta e empurrou o serviçal por ela, fechando-a logo em seguida. Encostou-se à porta, então, e sorriu, depois falou:

– Então Serkan, apesar de tudo, conseguiu mandar uma carta! Que danado! Serge... ah! Serge... me enganei com você, achei que jamais me trairia.

– Isso apenas mostra que seus amigos padres não são de confiança – falou um vulto que se recostou numa cadeira, em meio à escuridão, enquanto levantava as pernas e as cruzava sobre a mesa do padre.

– E quem é realmente de confiança? – perguntou o padre. – Quantas vezes já lhe disse que não se pode confiar em ninguém? Apenas o medo e o dinheiro podem gerar alguma confiança, e acabou de assistir à demonstração disso. Eu tramei para que tudo isso acontecesse, incentivei a traição, só não sabia quem iria me trair. Foi um amigo que sugeriu a Serkan escrever a carta. Eu só não sabia quem o ajudaria depois disso, e estou começando a descobrir. Ah! Serge... você chegou muito tarde! Esta carta era para ter chegado enquanto não podíamos prender Sebah por estar protegido pelos muros de Tolosa...

– Mesmo assim ele nos foi útil, pois descobrimos para onde Sebah e os outros foram, já que você não foi capaz de impedir que partissem sorrateiramente – falou Edmond de Chambres, tirando os pés da mesa e ficando em pé.

– Tenho mais coisas para fazer além de cuidar dos seus interesses. Se os queria, porque não os mandou prender logo depois da batalha?

– Ganhará tanto quanto eu se encontrarmos Nathalie e a levarmos para Paris. Então, os meus interesses são os seus. Acredita que a menina está em Montségur?

– Como posso saber com certeza? Esconderam-na tanto que mais parece um fantasma. Mas é nossa única esperança. Se Serkan estivesse com ela, como todos achavam, ele teria contado. Ninguém resiste ao que ele passou sem soltar a língua. Vamos encontrar Sebah, mas seguindo Serge. Quero saber se tem mais alguma coisa escrita naquela carta e descobrir quem mais me traiu. Ter vivido entre estes cretinos não pode ter sido tão em vão. Chego a pensar que eles acreditavam mesmo que Serkan sequestrou a menina.

* * *

O dia amanhecia no sopé de uma montanha do Ariège, onde Jaume já estava em pé e alimentava seu cavalo, sempre com os olhos atentos, tanto para a chegada de mercenários, quanto para a minha volta e de Júlia. Há três dias havíamos partidos em busca do monge da gruta e ele decidiu que iria atrás de nós ainda pela manhã. Enfrentava o dilema de deixar Jamile e Geneveve sozinhas, embora tentasse acreditar nas palavras do senhor Guillon, que dizia nunca ter sido incomodado, mesmo com tantas tropas de franceses varrendo o território. A casa ficava numa vertente entre duas colinas e voltada para outra colina, por onde não passava nenhuma estrada, o que a defendia naturalmente. Mesmo a fumaça de sua chaminé se perdia em meio à floresta de altos pinheiros, não sendo uma referência.

Assim, no meio da manhã e depois de orientar Jamile e a mãe para que se escondessem entre os montes de feno que ele já deixara previamente arrumados caso ouvissem qualquer som de cascos ou vozes, montou seu cavalo e saiu do estábulo, mas parou imediatamente. Havia um jovem noviço parado bem no meio do pátio de entrada, montado em uma égua velha e miúda. Se não fosse o atraso provocado por Júlia, ele jamais nos alcançaria. O noviço usava tonsura e sorriu tão logo Jaume apareceu.

– *Bonjour, monsieur!*

– O que quer? – perguntou Jaume, desconfiado e não gostando do fato de ele falar em francês e não em occitano.

– Procuro pelo senhor Sebah de Chambres – respondeu o noviço, agora na língua de Jaume.

– Não conheço nenhum Sebah. Aqui mora o senhor Guillon e sua esposa, Benette...

O senhor Guillon, que acabara de voltar para casa depois de levar suas ovelhas para uma pastagem mais distante, ouvindo a conversa, veio ver do que se tratava. Era um homem bom e um tanto ingênuo, pois sempre estivera alheio ao que acontecia na Occitânia. Na verdade, a comunicação neste tempo era obviamente precária. Não tenho dúvidas de que muitos colonos de regiões próximas, pouco ou nada haviam ouvido falar de guerra, por maior que ela fosse. Era o caso de Guillon que, quando ouvia, achava melhor considerar um exagero, e isso não o fazia quase nada prudente. Achava bom o fato de sua casa ser protegida, mas em relação a bandidos eventuais e não a mercenários trazidos por uma cruzada. Por isso aparecera sem nenhum medo no pátio e, quando viu que era um noviço quem estava ali, achou que não havia motivos para Jaume estar tão desconfiado.

– Ah! Deve ser o senhor Guillon – falou o noviço, com seu melhor sorriso.

– Sim, eu sou Guillon, e você, meu jovem, como se chama e como conseguiu encontrar minha casa? – perguntou, cativado pelo sorriso franco.

– Meu nome é Serge, senhor. Sou noviço na abadia de Cluny e procuro pelo senhor Sebah de Chambres, que é amigo do senhor Thierry Hywelbane, a quem devo entregar uma carta. Encontrei o caminho porque o senhor Esteves autorizou ao taberneiro que me contasse.

– Oh! Esteves autorizou a você também? Então desfaça essa cara azeda que não corremos perigo – falou Guillon, olhando para Jaume, que começava a se irritar com o sorriso constante de Serge.

– Então está procurando Sebah? Mas ele não se encontra... – falou o ingênuo senhor Guillon, fazendo com que o noviço olhasse com estranheza para Jaume, admoestando-o com o olhar por sua mentira.

– E posso saber onde encontrá-lo, senhor?

– De quem é essa carta? – perguntou Jaume, aproximando seu cavalo de Serge.

– Por gentileza, meu amigo, ajude-me a desmontar para que eu possa pegar a carta no alforje que está atrás de mim. Há de entender que estou há dias montado neste velho animal e nunca fui propriamente treinado para isso. Apenas estou tentando cumprir o que meus superiores pediram.

Jaume ainda relutou por alguns momentos, não por medo do noviço, obviamente, mas por pura desconfiança quanto às informações que pedia. Ele também achava padres, e mesmo futuros padres, muito mais perigosos que soldados. Porém, também estava curioso em relação à carta, por isso desmontou e ajudou Serge a fazer o mesmo. O noviço demorou ainda um tempo gemendo e esticando os músculos das pernas, até que tirou do alforje um papiro enrolado, com uma grande mancha de cera como lacre.

– Ela foi enviada ao senhor Thierry, por um homem chamado Serkan...

– Serkan! – falou Jaume, tomado pela surpresa.

– O amigo o conhece?

– Não – respondeu rapidamente Jaume, entendendo que se entregara.

– Ah! Compreendo... bem, gostaria de me desvencilhar deste compromisso que tem deixado meu corpo tão dolorido por tantos dias, mas só posso entregar a carta diretamente nas mãos do senhor Thierry Hywelbane. Por acaso poderiam dizer como chego até ele, já que o senhor Sebah não se encontra?

– Ah! Meu jovem, eu não conheço nenhum Thierry. A não ser se Jaume o conheça... – falou Guillon, tentando ajudar.

– Conheço, sim, mas não tenho a mínima ideia de onde possa estar. – respondeu Jaume, sabendo que o noviço já o pegara em mentira antes. Meu amigo já aprendera que não era conveniente cair em mentira na frente de um padre, ou futuro padre.

– O senhor Sebah demora a voltar? – perguntou o monge.

– Não sabemos, meu jovem. A mulher dele estava doente, então foram ao monge da gruta tentar curá-la...

– Monge da gruta? – perguntou o surpreso monge. – Então ele existe mesmo? Muitos afirmam que é apenas uma lenda.

– Uma lenda muito viva... – continuou Guillon. – Mas acredito que Sebah deve retornar em breve. Por que o jovem não o espera?

– Por que prefiro que me contem onde fica esta gruta.

Jaume estava olhando para o noviço, mas não fora ele quem acabara de falar. A voz que ouvira vinha de suas costas. Uma voz conhecida e áspera para sua alma. Virou seu cavalo num movimento rápido e ficou estarrecido com o que via. Saídos como fantasmas do meio da floresta, três cavaleiros apontavam as espadas em sua direção e o mais adiantado deles era Edmond de Chambres, montado em seu enorme garanhão, com uma das mãos na cintura e a outra segurando uma espada fina e longa, que brilhava ao sol que já ia bem alto. Atrás dos três havia um padre, mas Jaume só podia ver o brilho maligno dos seus olhos escondidos dentro do capuz negro. Como eles conseguiram se aproximar sem que ele percebesse?

– Oh! Perdoe-me, senhor, por não me apresentar – falou Edmond, com um galanteio, sorrindo para Guillon, mas sem baixar sua espada. – Meu nome é Edmond de Chambres e sou o pai de Sebah.

– O pai? Não estou entendendo nada – respondeu Guillon, ao ver o noviço também ficar perplexo com a chegada do grupo. – Como acharam minha casa? Não quero acreditar que foi Esteves quem contou...

– Sou o pai de Sebah e também preciso encontrá-lo, assim como Serge, a quem seguimos para chegarmos aqui. Sebah tem sido muito rebelde, por isso seguimos o noviço para tentar encontrá-lo sem que se assustasse.

Enquanto Edmond falava, da fila de trás dos cavaleiros, o padre adiantou-se e veio parear com ele, trazendo um sorriso zombeteiro nos lábios e olhando desdenhosamente para Jaume, agora com o capuz jogado para trás.

– Você sabia onde nos encontrar – falou Jaume para Edmond. – O seu cão que se veste de padre deve ter lhe informado do nosso endereço, pois esteve entre nós como um foragido, nos enganando com suas mentiras. Deve ter lhe contado tudo o que ouviu. Por que não nos procurou em Tolosa?

– Ah, sim! Com certeza eu sabia – respondeu Edmond. – Porém, a pedido do rei da França e do conde Simon de Montfort, fui designado para manter a ordem em Tolosa após a fragorosa derrota do grande e pífio exército occitano em Muret, e isto tomava muito tempo. Mas eu também sabia que

Nathalie não se encontrava com vocês e todo meu interesse é por ela, para que possamos devolvê-la ao pai, que tanto a espera. Então, se me contarem onde encontro a menina, pouparemos tempo e dissabores, e talvez eu nem precise ir atrás do meu filho.

Que mentira! Obviamente Edmond tinha sua própria cruzada para encontrar Nathalie, para entregá-la a Branca de Castela, e só Deus sabe o que ganharia com isso. Porém, encontrar-me e dobrar minha vontade era uma questão de honra. Por duas vezes eu o havia vencido, e humilhado. Posteriormente fiquei sabendo que os guardas que estavam presentes na tétrica situação do nosso enforcamento foram mortos para que não divulgassem o que aconteceu. Ele ficou desmaiado por um longo tempo.

Guillon, que não estava entendendo mais nada, apenas abriu os braços depois que Edmond falou, como se pedisse uma explicação. Jaume, por sua vez, avaliava a possibilidade de matar Edmond, o que desejava fazer desde que ele matara Suzanne Vauguin, sua primeira paixão. Estava a menos de cinco metros dele, que usava apenas uma espada. Não usava cota de malha, nem armadura, assim como os outros dois, pois os franceses andavam confiantes pela região, depois de tantas vitórias. Jaume calculou que poderia jogar seu cavalo sobre o cavalo de Edmond e bater com a acha d'armas em seu joelho, enquanto sua espada alcançava o cavaleiro mais próximo que estava logo atrás. O terceiro, aturdido com sua velocidade, receberia a acha em qualquer lugar do corpo, pois esta viria com muita força depois de atingir Edmond. Estava tudo calculado e Jaume tinha razão em pensar que conseguiria, por que tinha se tornado um grande guerreiro, mas logo entendeu que nem todas as batalhas são ganhas com armas ou táticas. Um grito desesperado de mulher desmanchou rapidamente todos os seus planos. Não demorou para que um soldado, alto e forte como um gigante, que havia entrado pelos fundos do celeiro, aparecesse com Jamile e Geneveve, cada uma em um braço. O soldado sorria do seu trunfo, e também porque Geneveve já vinha com o vestido todo aberto na frente, cortado pela sua faca afiada.

Edmond rapidamente se transformou. Saltou do seu cavalo como se tivesse asas nas pernas e, como um raio, sem que Jaume pudesse reagir, segurou Jamile pelos cabelos e colocou a espada reluzente em seu pescoço.

– Eu quero saber da menina e não quero perder mais tempo. Vamos – gritou para Jaume, ainda aturdido – deponha as armas e desça do cavalo.

– Nathalie foi levada por Serkan e não tivemos mais notícias dela.

– Ora... ora... chega disso – falou o padre Damien, pulando também do seu cavalo. – Chega desta resposta decorada. Nathalie não está com Serkan.

Já o sangramos até quase a morte para sabermos onde ela está. Então, se ele soubesse, teria nos falado para salvar a própria língua. Por isso, não nos faça perder tempo.

– É tudo o que eu sei, senhores – falou Jaume, tentando demonstrar algum respeito em troca de comiseração, pois Geneveve chorava de indignação, por não poder fechar seu vestido, e por medo pela vida da filha, enquanto que Jamile chorava de dor e medo, e Jaume já podia ver um fino fio de sangue escorrendo por baixo da espada de Edmond. Lembrando das atrocidades que este já havia cometido, não tinha nenhuma dúvida de que seria capaz de matá-la como quem mata um animal qualquer. Por isso, continuou, escolhendo as palavras: – Sempre acreditamos que Serkan a havia levado, pensando em receber uma recompensa do pai de Nathalie. Se não está com ele, como poderei saber com quem está?

– Por acaso acredita que não sou capaz de fazer o que estou ameaçando, seu estúpido? – perguntou Edmond, com frieza.

– Tenho certeza de que é capaz, senhor, mas, por favor, não o faça. Juro que estou falando a verdade. Por que eu defenderia uma menina que nem cheguei a conhecer em troca da vida de uma pessoa a quem amo? Nunca faria isso.

A declaração de amor de Jaume fez surgir no rosto de Edmond um sorriso maligno, que perdurou um longo minuto enquanto ele raciocinava. A senhora Benette ajoelhava-se sob a janela do seu quarto e pedia proteção a Deus, pois pressentia uma tragédia, enquanto Edmond ordenava aos seus cavaleiros que amarrassem Jaume, que não resistiu. Serge havia se ajoelhado também e, com as mãos cruzadas sobre o peito, rezava. Então meu famigerado pai aliviou a pressão da espada, mas logo em seguida a baixou, rasgando o vestido de Jamile de cima abaixo, expondo seu corpo branco de menina.

– Acho que esta menina ainda é virgem – falou, logo depois do grito de horror de Geneveve, que já antevia o que iria acontecer. – Virgem e linda... vai ser bom... vai ser muito bom... A não ser que você pare com essa idiotice e me conte onde está Nathalie. Tem menos de um minuto para isso – completou, já começando a tirar sua roupa.

– Seu monstro! – gritou Guillon, indo na direção de Edmond com uma faca de tosar que trazia na cintura e agora empunhava na mão direita levantada.

Coitado! Depois de tudo que já narrei, creio que os leitores me dispensarão de mais detalhes sórdidos. Posso lhes contar que a senhora Benette gritou e imediatamente um soldado entrou na casa. Não demorou para que os gritos dela também parassem, enquanto o padre Damien abria os braços e orava a Deus, com um fervor fanático e doentio, agradecendo em voz alta pela graça de ser um instrumento de sua justiça.

Edmond já havia se convencido de que Jaume não sabia de Nathalie. Entendia que não haveria um motivo relevante para que Jaume tentasse proteger a menina e isso estava claro em seu olhar de desespero ao ver o que acontecia, pois Edmond fez questão de ficar de frente para ele enquanto executava seu plano. Sorria cinicamente, e também não vou dar mais detalhes, totalmente desnecessários. Os outros cavaleiros também tiveram sua barbárie satisfeita com as duas mulheres, enquanto que Jaume tinha absoluta certeza de que tinha enlouquecido.

Tão logo terminaram, o soldado gigante que trouxera as duas se posicionou atrás de Jaume com sua acha levantada, e este ficou feliz porque sentiu que ia parar de sofrer. Apenas fechou os olhos, mas o golpe não veio. Quando abriu novamente, viu que o padre Damien estava com as mãos levantadas e pedia para que o sodado não o matasse.

– Ninguém mais morrerá – gritou, como se estivesse em transe –, porque temos que mostrar a misericórdia divina. Deus permitirá que vivam, mesmo que não tenham colaborado com sua obra, porque Deus é todo amor e perdão. Através de mim, Deus permitirá que vivam.

Quando terminou de falar, Edmond já estava montado e esporeava seu cavalo, assim como os outros. Haviam obrigado Serge a montar sua égua para que os acompanhasse em busca de Sebah. O padre ainda ficou algum tempo na frente de Jaume, que estava ajoelhado na porta do estábulo, enquanto que Jamile e Geneveve perdiam-se no meio do monte de feno que ainda não tinha sido recolhido. De repente o padre estremeceu, o corpo todo, e chegou a cambalear, mas não caiu. Com as mãos na cabeça foi na direção do seu cavalo e logo sumia pelas moitas e pinheiros que escondiam a casa do senhor Guillon.

Jaume, Jamile e Geneveve estavam vivos, mas tenho a certeza de que preferiam não estar, assim como acredito que os leitores tenham entendido o motivo de eu ter falado sobre como os homens viam as mulheres naqueles tempos.

Capitol cinquanta dos

Montségur, outubro de 2014.

Caros leitores, diante das emoções que até os dias de hoje abalam tanto meu coração, vejo-me na obrigação de fazer uma pausa nos acontecimentos do passado para atualizá-los sobre o presente e a situação de Michel e Jean Pierre. Este tem sido passivo à minha influência e nos ajudado muito no transcrever dos fatos do passado, embora a aflição pelo desaparecimento de Michele, sua filha sequestrada. Depois do sinistro telefonema, quando alguém informou que ela estava morta, não houve mais notícias. Obviamente, como qualquer pai, ele nutria esperanças de que aquilo era mentira, que Michele vivia, embora o tempo passasse, dia a dia, hora a hora, minuto a minuto. Quem ama jamais abandona uma esperança e nós, os espíritos, seguindo as orientações do bom senso que sempre leva a ter uma compreensão melhor das leis de causa e efeito, tínhamos de nos manter calados e ajudar a ele, bem como a Celine e Monique, apenas com nossas orações. Eu sabia que ele continuava a me ajudar porque dera sua palavra, mas também porque pensava poder encontrar um alento, ou mesmo uma pista, que lhe revelasse qualquer coisa sobre a filha, mesmo que fosse a certeza de sua morte.

Michel, por sua vez, à medida que a história passada ia sendo revelada, e sabedor que era de sua identidade como Jöe de Chambres, cada vez mais se dedicava ao cumprimento de nosso projeto. Então escrevia com afinco, tanto quando eu o induzia diretamente, o que ficava dia a dia mais fácil, quanto quando ouvia o que Jean Pierre lhe relatava ao ser induzido por mim. Sua dedicação e suas pesquisas históricas eram tantas que resolvera voltar a Montségur. Sabia que era para lá que a história caminhava, obviamente, pois o destino dos cátaros era de conhecimento geral, quanto mais de um historiador. Jean Pierre preferiu não ir com ele, e era compreensível, por isso, numa tarde chuvosa de domingo, no começo de outubro de 2014, dois anos depois de termos começado nosso trabalho, ele e Catherine, sua linda esposa, chegaram a Montségur. A ideia era passear pela vila no sopé da montanha, que nos tempos dos cátaros ainda nem existia, depois refazer todo caminho por onde fosse possível caminhar até o castelo, ou o que sobrou dele, no alto daquela imensa rocha, de duzentos metros de altura. Esperava, com isso, uma ambientação ainda maior para o romance que se desenvolvia através da sua escrita, agora quase de maneira frenética.

Como a tarde era chuvosa, ele e Catherine resolveram ficar no hotel e descansar, para fazer a subida no dia seguinte. Eu, de minha parte, sabendo que à noite poderíamos voltar a escrever, após seu descanso, resolvi sair e voltar mais tarde. É claro que sempre temos muitas atividades nos esperando na vida espiritual, mas, naquele momento, todas as minhas obrigações estavam ligadas ao projeto de tentar recuperar o que fosse possível da memória cátara e a tamanha perseguição a que foram submetidos, por amarem a Deus. Mesmo assim, não havia motivo para esperar no mesmo ambiente de um casal, num momento de relaxamento íntimo. Vendo Catherine com a cabeça carinhosamente encostada no ombro de Michel, eu sabia que meu lugar não era ali. Muitas pessoas pensam que temos liberdade irrestrita de ir e vir a qualquer momento, em qualquer lugar, mas não pensam que a ética se faz necessária em todas as situações, no mundo espiritual ou material. Um casal equilibrado costuma ser respeitado o máximo possível na sua intimidade. Porém, quando eu já estava de saída, Maurice, pai de Catherine em sua última existência e tutor do conhecimento espírita de Michel enquanto vivia na matéria, entrou no quarto e me pediu para que eu ficasse mais alguns momentos.

Sentamo-nos em cadeiras que circundavam uma pequena mesa redonda e fiquei quieto, já que Maurice não dera mais explicações. Não demorou para que eu entendesse o que estava acontecendo, porque Maurice se colocara em oração e eu o acompanhei por alguns minutos, de olhos fechados e, quando os abri, uma nova realidade se descortinou. Michel e Catherine não estavam sozinhos. Para meu espanto, havia um soldado vestido como eu nos tempos de Sebah, *le Roc*, parado em pé ao lado da cama, portando uma longa lança em uma das mãos e olhando fixamente para Michel. Um soldado! Vestia uma túnica cinza e sem brasões, e uma cota de malha que cobria sua cabeça sem elmo. Sua palidez se destacava, sua barba era grisalha e o rosto marcado por cicatrizes. Olhou para mim para deixar claro que não se importava com minha presença e, quando seus olhos encontraram os meus, a memória dos tempos do cerco de Montségur me revelaram quem era. Sim, eu o conhecia. Quem estava ali era Renan Briand, um dos soldados da guarnição que protegia a vila cátara do alto da montanha, sob as ordens de Pierre-Roger de Mirepoix. Não era meu amigo; na verdade, tínhamos algumas dificuldades de convivência. Ele morrera quando a rocha da Torre fora tomada por alpinistas de forma muito estranha, pois jamais imagináramos que nossa guarda poderia perder aquele local. Depois de me olhar demoradamente, voltou a olhar para Michel, e havia ódio e frieza em seu olhar, como era fácil de perceber.

Foi então que notei que Renan Briand não estava só. Do outro lado da cama um vulto enegrecido se projetava por sobre o casal, que dormia agora um sono intranquilo, porém profundo. Apurei minha visão e vi que este vulto era um irmão ainda distante da luz da bondade, muito distante e que, aparentemente, não pertencia ao passado cátaro. Ele havia acabado de instalar no corpo espiritual de Michel uma espécie de anel, exatamente nos cordões de energia que ligam os chacras superiores com o genésico e o sacro, causando uma espécie de estrangulamento energético. Rapidamente pudemos perceber que o fluxo de retorno desta energia estava quase totalmente obstruído, causando uma dispersão energética que certamente desequilibraria seu corpo físico. Maurice me chamou para que nos aproximássemos e me ajudou a entender o efeito do anel. Todo o sistema urinário de Michel começava a perder vitalidade, e espécimes de germes espirituais se espalhavam pela região, principalmente envolvendo a próstata. Um efeito tão rápido quanto assustador, mesmo para quem estava acostumado a trabalhar com processos obsessivos, que era o que estava acontecendo.

A minha vontade foi de interferir e remover o anel, depois envolver energeticamente aqueles dois irmãos para que fossem transportados dali para um local de recuperação. Porém, imediatamente Maurice pousou a mão em meu braço e me fez refletir. Não foi preciso usar palavra alguma, porque era óbvio. Não tínhamos autoridade, naquele momento, para interromper um evidente processo de recuperação cármica. Mesmo aflito, eu nada podia fazer.

– Você fará, meu amigo – falou Maurice, entendendo minha ansiedade. – No devido tempo, poderá explicar aos seus leitores o que está acontecendo para que melhor entendam os melindres da influência espiritual, bem como a ação dos mecanismos de regeneração cármica pelos quais nossos amigos estão passando. Pode explicar que o abuso das energias sexuais, no passado, gerou condições para que esta região fosse a mais fácil de ser usada pelos obsessores aqui presentes. Pode reforçar a ideia de ação e reação que rege nossos destinos, mas tudo ao seu tempo. Tenho a certeza de que você vai tirar da situação o melhor possível.

Cerca de uma hora depois, Michel acordou, e acordou Catherine, que se assustou ao vê-lo tremer e suspirar. Renan e o outro espírito ainda estavam ali, mantendo a mesma postura. Michel acordara com calafrios e ardia em febre. Isso mesmo, caros leitores, Michel de Laroche, o antigo Jöe de Chambres, ardia em febre em Montségur, o último reduto cátaro, onde mais de duzentos hereges arderam em uma grande fogueira. Diante de tudo que já lhes revelei, creio que pouca coisa poderia ser mais significativa.

Capitol cinquanta tres

A caminho de Montségur, outubro de 1213.

Quando Edmond de Chambres encontrou a gruta do monge, ela estava vazia. Não foi difícil reunir os poucos pertences do abade e seu grupo. O bem realmente valioso que possuíam eram seus cavalos, doados pelo conde Raymond Roger de Foix a pedido da sua esposa, Filipa de Montcada, e de sua irmã, Esclarmond de Foix, ambas boas cristãs. A proximidade da gruta e a fama do seu monge chamou a atenção das duas, que, fiquei sabendo, vinham com alguma frequência visitar o abade. A qualidade do presente demonstrava que o conde ruivo, tão bravo guerreiro e defensor do território livre onde vivia, era mesmo um admirador dos hereges, como a maioria dos nobres da região. A esposa do conde havia pedido ao menos um cavalo para que o monge pudesse visitar os doentes que não podiam ir até ele, e recebeu quatro belos animais de montaria e mais um de carga. Então o antigo cruzado, Amadeu de Clors, para transmitir disciplina aos seus discípulos, Nathalie inclusive, ensinou a eles tudo o que havia ensinado a mim, tanto no domínio dos animais, quanto na arte da defesa com o bastão. É bom lembrar aos leitores que meu bom abade tinha, nesta época, mais de quarenta anos de idade, o que, para os padrões daquele tempo, já o colocavam na faixa dos velhos. Mas que velho forte era aquele! Magro, alto, com um sorriso gentil sempre desenhado naquele rosto decorado com uma barba sempre bem aparada e precocemente grisalha. Tudo nele mostrava a brandura de uma alma boa, porém, com a energia acumulada de tantas encarnações 'vigorosas' o mantendo eternamente jovem.

Eu achei estranho quando ele me falou que precisávamos partir e a sensação de culpa foi grande quando ele me confirmou que o motivo era minha presença. Suas 'vozes' já haviam lhe alertado sobre as mudanças e, de certa forma, parecia que estava apenas esperando minha chegada. E eu sempre chegando de longe com algum grande problema para ele resolver.

– E para onde vocês vão? – perguntei, enquanto arrumavam seus pertences.

– Para onde você for, Sebah. Afinal, sua vinda aqui é que nos tirou do sossego.

– Ah! Desculpe-me... eu...

– Não, não... não se desculpe. Quem disse que eu estou reclamando? Sossego não faz ninguém evoluir. Mas agora seu grupo aumentou, consideravelmente.

– Então iremos todos para Montségur. É o nosso destino.

– Sim... Montségur é o nosso destino – comentou o abade, com alguma ironia que não pude entender. – É para lá que vamos e, no caminho, teremos a oportunidade de visitar Jöe, seu tio.

– No caminho? Pensei que Jöe estaria em Montségur – falei, não gostando da ideia de encontrar meu tio.

– Meu irmão nunca teve muita afinidade com aglomerações. Preferiu ficar na região, com Claire e Laurent, aos quais soube que você já conheceu. Eles também moram numa gruta, chamada Lombrives, e fazem um trabalho parecido com o que fazíamos aqui.

Quando o dia começava a clarear, nós partimos e, no meio do dia, meu pai chegou. Soube que ficou enfurecido e mandou seus soldados vasculharem a região atrás de pistas, mas nós havíamos seguido um longo trecho por dentro do rio e, quando saímos da água, foi para terrenos pedregosos, por onde um animal passava sem deixar sinais. Foi uma decisão acertada para fugirmos sem deixar pistas, mas nos fez perder bastante tempo. Se tivéssemos seguido diretamente para a casa de Guillon, talvez tivéssemos chegado a tempo de salvá-lo e à esposa, e salvar Jamile e Geneveve, e Jaume.

Quem nos contou o que aconteceu foi Geneveve. Jaume estava mudo e, para nossa surpresa, depois que soubemos o que havia acontecido, preparado para partir. Já havia enterrado Guillon e a esposa, e partiria imediatamente se não chegássemos, mesmo porque achava que não voltaríamos mais. Não me condenou a demora, mas também não emitiu uma palavra. Geneveve, por sua vez, lutava para reconstruir sua alma e conversou, ao lado de Jamile e Júlia, por quase uma hora com o abade, antes de partirmos. Ninguém estava em condições de seguir viagem, mas sabíamos que Edmond voltaria e tínhamos pouco tempo. Por isso descemos pela colina até encontrar o riacho que formava o vale onde Guillon levava suas ovelhas e contornamos pelo norte a colina. Não tínhamos como saber qual roteiro Edmond usaria, mas sabíamos que ele acabaria chegando a Montségur, por que o gentil e indiscreto Esteves nos denunciara, na boa intenção de nos ajudar.

Eu queria saber mais sobre o monge e sua carta para Thierry mandada por Serkan, mas não me atrevia perguntar. Com o que eu sabia até aquele momento, entendia que o monge com uma carta para Thierry era apenas mais uma armação do famigerado padre Damien, que havia nos enganado e enganado seu irmão, Vincent Dontan.

Estávamos no final de setembro de 1213 e o verão fora intenso e seco. Ainda fazia calor quando escolhemos um local para descansarmos no começo da noite, sob uma grande saliência de rocha na encosta de uma montanha, sem nem pensarmos em acender uma fogueira. Se partíssemos da casa de Guillon, um pouco a norte de Foix, diretamente a Montségur, iríamos a sudeste e a distância seria um pouco mais de vinte quilômetros. Porém, para fugirmos de Edmond, seguimos em direção oposta, inicialmente indo para noroeste e depois descendo para sul. Isso tanto nos tiraria do seu caminho, quanto retardaria nossa chegada ao castelo, pois era muito provável que os homens de Edmond estivessem vigiando os principais caminhos.

Nathalie não saía do meu lado. Cinco anos haviam se dissolvido rapidamente, entre tantos infortúnios, desde que eu a encontrara em Paris, e ela havia se transformado em uma jovem linda nos seus treze ou quatorze anos, como já era fácil imaginar que aconteceria. Naquela época, uma jovem desta idade já era uma mulher e, muitas vezes, casada. Percebi que havia uma sutil desavença entre ela e Júlia, ou uma leve rivalidade, como se houvesse um fiapo de ciúme nos ligando, principalmente porque Nathalie não tentava, de forma alguma, esconder seu profundo amor por mim e eu tão pouco fazia o contrário. Ela estava começando a se sentir mulher e isso sempre fez parte da natureza. Embora existisse uma diferença de oito anos entre elas, pois Júlia estava com vinte e um anos, e eu era somente um pouco mais velho que isso, não era difícil de entender a situação e, confesso, estava sendo muito bom ser o alvo daquele ciúme, por mais que o amor por Nathalie fosse uma manifestação exclusivamente da alma.

Formávamos um grupo de oito pessoas e conversávamos apenas o suficiente. Eu não tentava conversar com Jaume, em respeito, porém, seu silêncio denunciava apenas ódio. Sentindo isso, o abade nos reuniu para uma oração, antes de dormirmos, na tentativa de mitigar um pouco todo aquele sofrimento. A ideia era dormirmos algumas horas e continuarmos nossa jornada durante a noite, como sempre tínhamos que fazer, para evitarmos guarnições de cavaleiros cruzados. O primeiro turno de vigia seria de Lucas, por ordem do abade, e revezaríamos com ele nas próximas paradas, mas Jaume pediu para começar por ele. Eu também não conseguiria dormir. Menos de três horas depois partimos, com Jaume indo à frente e eu na retaguarda.

A noite era escura e um vento frio havia começado a soprar do oeste, fazendo a mata se tornar muito mais sonora. Pinheiros imensos tanto nos protegiam quanto poderiam ocultar o inimigo, no caso, Edmond, que sabíamos estar obstinado em me encontrar. Se ele imaginasse então que Nathalie estava comigo, iria antes ao inferno pedir ajuda ao diabo, se ainda não tivesse feito isso. Estávamos subindo uma colina um tanto íngreme, quase que pela sua crista, e mesmo com o vento e as canções dos pinheiros, em dado momento eu tive a impressão de que ouvi um barulho de casco de cavalo batendo na rocha. Era difícil de distinguir, pois em nosso grupo havia nove cavalos, mas estavam à frente, e o som que ouvi vinha de onde já havíamos passado. Um assobio quase imperceptível fez com que Jaume parasse e viesse na minha direção. Pedimos que todos parassem e tentassem não fazer barulho. Então pudemos ouvir um curto relinchar, e não estava distante.

– Cerca da cem metros – falei.

– Muito perto para tentarmos correr – respondeu Jaume.

– Eu sei que você quer matá-lo, mas estamos apenas em dois...

– ... mas temos a surpresa. Quem seria louco o suficiente para atacar de surpresa um grupo de soldados do rei? – falou e já desviou seu cavalo, descendo entre touceiras baixas, se enfiando por baixo dos pinheiros e sumindo rapidamente na escuridão, colina abaixo. Não precisou dar explicações para que eu soubesse que deveria fazer o mesmo por cima do caminho.

Ouvi outro assobio discreto, e logo vi que o abade mandou Lucas seguir Jaume, enquanto Matheus vinha comigo. Eu havia demorado um pouco a perceber que eram gêmeos, pois, no começo, achava que estava vendo somente um deles. Eles eram anjos e, mesmo que treinados pelo bom abade Amadeu, eu não podia imaginá-los como guerreiros, apesar de tê-los visto em ação. O abade ficaria protegendo as mulheres. Na verdade, formávamos um grupo capaz de enfrentar muitos homens e, se fosse Edmond que estava nos seguindo, e se não tivesse trazido mais soldados, teriam uma grande surpresa.

Outro assobio me chamou a atenção para uma clareira por onde havíamos passado há alguns minutos. Era uma rocha grande e achatada, com rachaduras e valetas, que se levantava do chão cerca de meio metro, e tinha perto de dez metros de largura por trinta de comprimento. Bem no meio desta rocha havia um cavalo, aparentemente encilhado. A escuridão da noite sem lua dificultava a distinção.

– Uma cilada – falou Matheus.

– Pode ser... Vamos esperar.

Ficamos cerca de cinco minutos parados e nada aconteceu, então assobiei novamente, agora para que Jaume se reunisse a nós. O cavalo estava preso no tronco seco de uma árvore baixa e retorcida, que havia tentado sobreviver numa das valetas do platô de rocha, um tronco seco de não mais de um metro e meio de altura com um palmo de largura, que o tempo já começava a corroer. Rodeamos o animal, atentos e com as espadas desembainhadas. Matheus e Lucas não usavam espadas, mas sim o bastão e, mesmo naquele momento de tensão, lembrei da voz do abade dizendo: "uma espada nunca poderá trazer a paz".

Tão logo rodeamos o animal, que estava encilhado apenas com uma sela simples e um freio, sem mais aparatos, ouvimos um som assustador que sabíamos bem o que era e, logo em seguida, uma longa flecha cravou-se no tronco seco, com um estampido. Estávamos em campo aberto e, mesmo com a escuridão, éramos alvos fáceis. Cutucamos ao mesmo tempo nossos cavalos, que saltaram na direção oposta de onde viera a flecha, e nos enfiamos no meio dos pinheiros que contornavam a grande rocha sobressalente, cada um se enfiando atrás de um tronco. Contra um arco bem disparado, não havia outra atitude a tomar e agradeci a Deus por termos chegado aos pinheiros sem nenhum de nós ter sido atingido.

Então vimos um vulto sair da mata do lado oposto de onde estávamos. Era possível percebermos, apesar da escuridão, que vinha com um grande arco retesado e uma flecha colocada na corda. Provavelmente uma isca, para que nós, em quatro, pensássemos que estava sozinho e atacássemos. Quantos deles estariam escondidos?

Mesmo guerreiros experientes como eu e Jaume, pelo menos assim nos considerávamos, têm o raciocínio obliterado quando estão pressionados pela incerteza, e a noite escura sempre foi uma geradora natural de incertezas. Depois, relembrando, entendi que meu raciocínio estava errado. Se quisessem nos atingir, ou nos cercar, já teriam feito quando estávamos sobre a rocha. Mas só depois pensei assim, pois agora eu via o arqueiro chegar ao lado do cavalo, desarmar o arco e começar a rir. Sim, ele estava rindo, e rindo alto, chegando a dobrar o corpo de tanto gargalhar. Eu e Jaume embainhamos nossas espadas e vimos que Matheus e Lucas estavam aturdidos quando apeamos dos cavalos e saímos da proteção dos pinheiros.

– Santo Deus! Precisavam assobiar tanto? E como assobiam mal! – falou o arqueiro. – E deixam tantas pegadas que até o papa os acharia! Como é que ainda não foram mortos?

– Thierry! Se eu não estivesse tão feliz por encontrá-lo, passaria minha espada no seu pescoço e picaria esse maldito arco inglês em mil pedaços – falei, abrindo os braços para nosso amigo.

* * *

– O que ele tem? – perguntou Thierry, apontando para Jaume.

– Ele quer matar algumas pessoas, somente... e tem motivos para isso. Melhor deixá-lo quieto por um tempo – respondi.

Não tivemos muito tempo para conversarmos adequadamente desde que Thierry se juntou ao grupo, porque não poderíamos nos dar ao luxo de parar. Ele ganhou um abraço de Nathalie, mas logo percebi que já haviam se encontrado outras vezes, porque Thierry conhecia bem o abade, ou o monge da gruta.

– Não lhe disse que ele estava para chegar? – falou o abade, depois de ter abraçado Thierry.

– Um dia vai me ensinar como se consegue isso, não é? Eu ficaria famoso.

– Você já é famoso com os dotes que tem, meu amigo, e não são poucos.

Então trocamos mais alguns comentários rápidos e fomos em frente. Estávamos fugindo e cada um tinha por obrigação ter a atenção redobrada, por isso Thierry veio falar comigo somente quando o dia amanhecia, já nas proximidades de Lombrives, onde encontraríamos Jöe de Chambres. Thierry era o que melhor sabia o caminho, pois várias vezes já havia visitado o Mestre, que ainda era chamado assim por muitos. Nosso amigo tinha virado um mensageiro dos *perfeitos* e *perfeitas* de Montségur, bem como vigia, soldado, comerciante, moleiro, pedreiro, cozinheiro, e tantas outras coisas que, pelo que dizia, se tornara indispensável na comunidade.

Tudo isso fiquei sabendo em poucos minutos de conversa, enquanto nos arrumávamos para uma breve alimentação, quando o dia amanhecia. Estávamos perto da gruta onde o Mestre morava, mas não poderíamos chegar de repente, porque Edmond poderia estar vigiando. Fizemos uma oração antes da refeição e comemos em silêncio, pão e algumas frutas secas. Bebemos da água cristalina do riacho onde paramos para descansar e depois o abade nos reuniu em círculo, para que todos soubessem do que estava sendo falado. Homens e mulheres num mesmo grau de importância. Eu sorri.

– Se você seguiu nossa pista, é porque sabia que iria nos encontrar. Quem lhe contou que Sebah e Jaume estavam por aqui? – perguntou o abade e eu fiquei surpreso por não ter pensado nisso ainda.

– Ah! Sim... quem me contou foi um noviço, que trouxe uma carta de Serkan...

– E este noviço estava sozinho? Como foi que o encontrou? – perguntei, intrigado e cada vez mais certo de que o tal noviço era mais uma armação do padre Damien.

– Ele foi feito prisioneiro pelo padre Damien e por Edmond de Chambres, mas conseguiu fugir. Eles haviam acabado de acampar no sopé da montanha em Montségur, mas não se atreveram a tentar subir, sabendo que temos um bom grupo de homens de armas para defender a vila.

– Fugir? Como um frangote daqueles conseguiria fugir de soldados bem armados? – perguntou Jaume, nos deixando surpreso, pois estava cada vez mais difícil ouvir sua voz.

– Ele me disse que os homens beberam e ele fugiu. Apresentou-se à guarda e pediu proteção. Como falava meu nome e todos gostam de mim, deixaram-no passar – respondeu Thierry, cheio de orgulho.

– E do que tratava a carta? – perguntou Júlia, que ainda estava com uma aparência de fragilidade que me fazia feliz cada vez que a olhava.

– Ah! Posso lê-la para vocês – falou nosso amigo, todo animado por ter nos encontrado, logo tirando o pergaminho de dentro da camisa e desenrolando para começar a ler:

Amigo Thierry, preciso de sua ajuda com urgência. Através de um amigo fiquei sabendo que trabalha hoje para Sebah de Chambres, este guerreiro que já está virando uma lenda...

– Thierry, por favor... – interrompi. – A carta...

– Não acredita? Está aqui, é só ler...

– Não quis dizer isso, meu amigo. Só queria dizer que a carta está de cabeça para baixo. Eu ficaria muito feliz em saber que já havia aprendido a ler com os hereges, mas...

– Tem certeza? – perguntou, virando a carta para a posição certa.

– Quem a leu para você, meu filho? – perguntou o abade.

– O monge... Fiz ele ler muitas vezes, para eu não esquecer do que estava escrito. Como vocês podem saber qual o lado certo? – perguntou Thierry, com o cenho franzido e ar de decepcionado.

– Posso ler? – perguntei.

– Ele me disse que está escrita em latim. Você vai saber?

– Fui criado numa abadia que tinha um abade rigoroso – respondi com um sorriso. – Sei ler e escrever em latim, a língua d'oïl,[50] occitano, inglês, provençal... e só Deus sabe o quanto meus joelhos sofreram para que eu aprendesse.

Amigo Thierry, preciso de sua ajuda com urgência. Através de um amigo fiquei sabendo que trabalha hoje para Sebah de Chambres, este guerreiro que já está virando uma lenda. Tenho ligações distantes com Sebah, embora ele não saiba disso, mas tenho certeza de que, se pedir a ele, poderão formar um grupo e vir em meu socorro. Fui preso por ordem do padre Damien, que se infiltrou em Tolosa por ter enganado Sebah e lá ficou sabendo que todos acreditam que fui eu que sequestrei Nathalie. Não fui eu e não tenho a mínima ideia de quem possa ter feito isso. Fui torturado e não sei se o que sobra de mim é o suficiente para formar novamente um homem, mas gostaria de tentar. Estou preso na pbadia de Cluny, mas soube que vão me levar para Carcassonne nos próximos dias. Não sei como farão para me salvar, mas posso dizer apenas que serão muito bem recompensados. Não posso contar com mais ninguém.

– Você tinha decorado tudo isso? – perguntou Nathalie, com um sorriso radiante nos lábios.

– Palavra por palavra... – respondeu Thierry.

– Eu o ensino a ler, se quiser. Com essa memória, aprenderá muito fácil.

O sorriso e o brilho nos olhos de Thierry diziam um 'sim' explícito à proposta. Obviamente ela aprendera muitas coisas no tempo em que passou com o abade e, além do mais, passara boa parte da infância num convento. Talvez soubesse ler e escrever melhor do que eu.

– Este lacre de cera estava íntegro quando recebeu esta carta? – perguntou o abade, e logo entendi porque ele fazia aquela pergunta.

---

[50] Língua d'oïl é a designação linguística e histórica das línguas galo-românicas originadas nos territórios setentrionais da Gália romana, agora ocupados pela França setentrional, parte da Bélgica e as ilhas do Canal.

– Não, claro que não. O padre do diabo já havia aberto e lido... e eu sei o que estão pensando. Eles se fizeram de bêbados e deixaram o noviço fugir para que ele me encontrasse e eu fosse atrás vocês. Então eles me seguiriam e, agora, a qualquer momento, um bando de soldados romperia a mata densa e nos atacaria. Confesso que eles tiveram uma boa ideia, mas não sabiam que teriam que seguir a mim. Coitados! O seu pai chegou ao sopé de Montsegur com mais de cinquenta soldados e mandou-os vigiar os principais caminhos. Mas quem disse que eu sairia de lá pelos caminhos principais? Há tantos caminhos secretos! Ainda devem estar lá esperando que eu desça a montanha...

– Tem certeza de que não o seguiram? – perguntou Jaume, com alguma aflição.

– Só conseguem me seguir se eu quiser ser seguido – respondeu Thierry, cheio de autoconfiança, e até mesmo alguma arrogância. – Não se preocupem, não deixei pistas, ao contrário de alguns cavaleiros que conheço.

– Então temos que esperar para que Edmond vá embora – falou o abade. – Cinquenta homens custam muito dinheiro e não acredito que Branca de Castela consiga-o sem que o rei saiba.

– E por que Branca de Castela tem tanto interesse em Nathalie, se ela não é filha legítima do rei? – perguntei, e vi que os olhos de Thierry brilharam, afinal, do grupo, além do abade, somente eu sabia que a menina era uma princesa, mesmo que não legítima. As outras mulheres também olharam para ela, e pude ver uma leve ruga no rosto de Júlia, como se falasse a si mesma: minha concorrente é uma princesa? Ou isso foi apenas um devaneio de um homem apaixonado, caro leitores? Não sei, mas estava gostando.

– Sim, Thierry, nossa menina é uma princesa. Ela é filha do príncipe Luís, neta do rei Felipe II, o Augusto, e sabe disso.

O abade falou baixo e olhando para o chão, quase como se falasse para ele mesmo e demonstrando que não havia nada de bom no que dizia. Falou mais porque percebeu a curiosidade de todos, embora Jaume tenha continuado impassível. Mas a informação do abade também era uma surpresa para mim, pois não imaginava que Nathalie já havia descoberto de quem era filha.

– Branca de Castela tem medo de que ela um dia venha a requerer seus direitos, Sebah – continuou o abade. – A mãe de Nathalie não era uma qualquer. Era de família nobre para a qual uma aliança real não seria estranho e, além do mais, era um desafeto de Branca, exatamente pelo motivo de ser uma concorrente. Nathalie foi escondida em um convento desde o nascimento para ser usada no momento certo. Na verdade, creio que sua mãe se antecipou, errou este momento e, por coincidência, um jovem aprendiz da abadia de Fontenay estava por perto quando um crime foi cometido. Além do mais, filhas bastardas de nobres comuns raramente têm algum direito a requerer, porque acima dos pais sempre haverá um suserano pronto a ficar com títulos e propriedades, mas reis não costumam ter suseranos que se disponham a isso, e disso advém uma sequência infindável de crimes que quase sempre degeneram para guerras, com a justificativa de que a coroa sempre deveria estar em outra cabeça. Nathalie só não foi morta naquela noite distante em Paris porque algum sentimento de piedade foi mais forte do que a frieza dos homens que mataram sua mãe, afinal, para eles, era apenas uma criança.

– Então ela tem direitos e pode requerer esses direitos? – perguntei.

– Se a família da mãe dela souber que está viva, a sucessão do trono da França passará por conflitos ainda maiores, e é bom lembrar que a mãe dela foi assassinada. A união entre Branca e Luís faz parte de um acordo de paz entre Felipe II da França e João I da Inglaterra. Os dois reinos brigam por direitos há muito tempo. Branca é sobrinha de João e neta de Leonor da Aquitânia, que já foi regente da Inglaterra enquanto seu filho, Ricardo, o coração de Leão, participava da cruzada dos Reis, na terra santa. Isso foi há cerca de vinte anos. Ricardo, como acredito que saibam, era irmão de João, o atual rei, que o sucedeu. Bem, acontece que a mãe de Nathalie também é neta de Leonor da Aquitânia, talvez a mulher mais poderosa que a nobreza tenha conhecido. Uma aliança entre ela e Luís também era viável para a manutenção da paz, mas Leonor já havia decidido que seria Branca a escolhida, por esta ter um temperamento condizente com uma futura rainha da França. Leonor era uma mulher forte, que morreu há nove anos, e deixou muitos, muitos descendentes, quase todos eles com sede de poder. Quando o delfim da França gerou Nathalie, embora muito jovem, já estava comprometido em casamento com Branca de Castela.

– Coitada da nossa menina! – falei, sentindo alguma coisa estranha em relação à Nathalie e segurando sua mão. Até aquele momento eu sabia que ela era filha bastarda de um príncipe, mas era difícil imaginar que aquela menina que eu amava tanto, e ela amava a mim na mesma intensidade, era tão importante. Somente agora eu tinha a dimensão da minha atitude, quando a sequestrei de Paris.

– Então seu pai não vai desistir dela – falou Jaume, e senti que ele gostava da ideia de Edmond não desistir.

– A não ser que ela morra! – falou o abade, com uma exaltação estranha na voz, ficando logo em pé. – Acho que é uma ótima ideia... – continuou.

– Não costumo vê-lo brincando – falei, também ficando em pé. – O que tem em mente?

– Vamos matar Nathalie – respondeu, com um sorriso meigo nos lábios, olhando para ela, enquanto apoiava as mãos no seu longo bastão. – O dia já está amanhecendo e vocês ficarão aqui enquanto vou até a gruta. Se Edmond estiver vigiando, prenderá somente a mim. E prepare-se, minha menina... prepare-se para morrer.

O sorriso em seu rosto contrastava com as palavras. Era óbvio que estava usando uma metáfora, embora não tenhamos entendido o sentido dela. Pediu para Matheus acompanhá-lo e desceu pelo lado do riacho de encontro a uma trilha. Da nossa parte, só restava esperar. Além de todas as informações que acabáramos de ouvir do abade, eu fiquei com uma pergunta sem ser feita. Na carta de Serkan, ele dizia que havia uma ligação entre ele e eu. O que ele poderia querer dizer com isso?

Capitol cinquanta quatre

Niaux, outubro de 1213.

O final do mês de outubro do ano de 1213 estava frio, muito frio. Há cerca de um mês um monge peregrino se instalara numa das cavernas próximas a Niaux, a sudoeste de Montségur, não muito distante da gruta de Lombrives, onde morava o Mestre. O peregrino era magro e usava um manto grosseiro, amarrado na cintura por uma corda. Era jovem, embora fosse preciso olhar muito bem nos seus traços para perceber a juventude. Seu olhar era taciturno e seu semblante carregava uma amargura não dissimulada. Uma menina com cerca de nove ou dez anos o acompanhava e era responsável por organizar dezenas de potes em uma prateleira improvisada na parede de rocha, bem como preparar o alimento. Ela jamais tirava o capuz que cobria sua cabeça e, quando o vento batia ou algum movimento brusco o removia, ela mostrava uma cabeça raspada, sem cabelos, o que não conseguia, de maneira nenhuma, esconder sua prematura beleza. O peregrino oferecia-se para curar as pessoas em troca de comida e, numa época em que a doença quase sempre vencia, suas curas garantiram o sustento com facilidade. Quando perguntavam por seu nome, pedia para que fosse chamado apenas de peregrino e jamais aceitava dinheiro. Recebia algumas roupas para a menina, mas proibia enfeites ou coisas do gênero.

– Era apenas uma tiara – falou a menina, no dia em que ganhara um presente de uma mãe agradecida.

– Para que uma tiara se você não tem cabelos?

– Eu quero ter cabelos. Que mal pode existir em ter cabelos?

– O mal da vaidade – respondeu o monge. – As mulheres se perdem pela vaidade...

– Como posso me perder vivendo com o senhor? Como pode o mal dos meus cabelos ser maior que todas as suas virtudes?

– Como pode saber o que é ou não é mal? – perguntou o peregrino, assustado com a primeira reação de protesto dela, depois de muito tempo.

– Não consegue acreditar em mim? Acha que não aprendi nada até agora? Agradeço todos os dias por ter salvado minha vida, mas sinto a falta dos meus pais... sinto a falta de muitas coisas. Por que não posso ter nada?

– Que culpa eu tenho por nunca termos encontrado seus pais? Perguntamos por eles em cada lugar, mas...

– Posso ao menos voltar a usar meu nome?

– Somente quando os encontrarmos, se isso um dia acontecer. Até lá nem eu, nem você, teremos nomes, assim como não teremos bens que nos façam perder – falou o peregrino, levantando-se do lado da fogueira e saindo para o dia. A gruta tinha uma abertura larga, depois afilava bastante para o interior até uma passagem estreita para um salão maior, onde uma vertente formava um pequeno riacho de água esverdeada. Num platô mais alto deste salão existiam quatro camas feitas de madeira e palha, onde duas crianças dormiam.

A menina viu que elas estavam bem e não haviam se mexido, depois voltou para a porta da gruta, onde o peregrino já conversava com um casal, sob uma aveleira. O sol começava a espantar um pouco do frio e ela encostou-se à rocha para absorver um pouco do seu calor. Olhou para o alto e viu que havia muitas ranhuras na pedra, por onde poderia subir com facilidade, e sentiu vontade de escalar, mas sabia que não podia. Sabia que era proibido e das vezes que o peregrino descobriu que ela havia subido pelas rochas das escarpas do Lot, onde moravam, passou um dia inteiro ajoelhada, até os joelhos sangrarem.

Quando era mais nova, seus pais a proibiram muitas vezes de subir pelas rochas na beira do rio, mas ela não obedecia. Sentia-se livre. Seus pais saíam para ajudar pessoas e muitas vezes ela ficava sozinha por longas horas. Havia um menino que era criado como seu irmão que tinha a obrigação de cuidar dela, mas ele quase nunca ficava. Logo que os pais partiam, ele também desaparecia por muitas horas. Gostava então de subir pela pedra, encontrar pequenas trilhas, reentrâncias e cavernas. Havia descoberto desenhos em paredes feitos pelos homens antigos, como lhe dissera seu pai. Havia descoberto ossos de seres humanos, com restos de roupas e joias.

Era uma aventura irresistível, até que um dia ela caiu. Um dia antes seus pais haviam lhe dito que, se continuasse a desobedecer, seria severamente castigada. E ela caiu. A saliência da rocha parecia ao alcance do seu pé, mas, quando esticou a perna, sentiu uma vertigem e pisou em falso. Nunca havia tido vertigens, mas teve. Ainda tentou se agarrar na pedra, mas não conseguiu e sentiu seu corpo cair no vazio. Bateu forte no chão e não viu mais nada. Viveu um tempo, que nunca soube precisar o quanto, de escuridão e, quando acordou, estava numa caverna também escura.

– Onde estou? – perguntou, e viu que alguém levantou uma cortina e trouxe para o lado dela uma lamparina. Um jovem de cabeça raspada apareceu aos seus olhos. – Quem é você? Onde estão meus pais?

– Quem são seus pais? – perguntou o jovem.

– O que aconteceu comigo? Onde estão meus pais?

– Eu a encontrei muito machucada na beira do Lot. Pensei que alguém a havia jogado de cima da escarpa, parecia que estava morta. Eu me preparava para enterrá-la quando suspirou. Na verdade, não acreditava que ia viver. Há muitos dias estava assim...

– Temos que encontrar meus pais... – falou a menina, ainda aturdida, sem entender direito o que aquele estranho falava.

– Quem são seus pais? – perguntou novamente o jovem, percebendo que a menina começava a se acalmar.

Depois que a menina melhorou, procuraram pela região, mas ela nunca conseguiu encontrar o caminho para a caverna onde morava com os pais. Era como se estivessem em outro lugar, onde ela não conhecia nada. Tinha apenas seis anos e não conseguia se orientar. Chorava muito no começo e o jovem parecia querer mesmo encontrar sua família. Aparentemente não queria a responsabilidade de uma criança em sua vida, o que era natural. Nunca os encontraram, e nem pessoas que os conhecessem. O tempo passou e ela sentiu a dor e a tristeza aumentar dia a dia, até que, por não ter outra saída, continuou vivendo. O jovem que a salvou era um monge que praticava a medicina, como seu pai. Ele falou algumas vezes em levá-la para algum abrigo, alguma igreja ou convento, mas não havia nenhum lugar adequado na região. E o tempo passou. Sentia muito a falta da mãe. O jovem monge não era mau, mas era austero e ela precisava se adaptar ao seu modelo de vida. Ouvira a mãe dizer que um dia já havia sido muito rica, numa cidade distante, mas resolvera abandonar tudo por amor ao marido, e isso fez com ela que se acostumasse a uma vida simples desde que nascera, mas que agora estava ainda mais simples.

Uma saudade pungente não a abandonava nunca. Saudade dos olhos meigos da mãe e até mesmo do pai, embora este sempre fora muito distante e costumava ficar longos períodos sem aparecer. A cada dia que passava uma ansiedade crescia dentro dela, por que não conseguia mais se lembrar do rosto da mãe. Lembrava-se dos olhos, cor de turquesa, e sofria... e sofria, e chorava de saudade sempre que o monge peregrino não estava por perto.

Depois que o casal que conversava com o monge sob a aveleira partiu, ele a chamou e falou:

– Teremos mais duas crianças muito doentes para cuidar. Vou buscá-las agora e você cuida das outras.

– Por que não mais tratamos os velhos?

– Por que agora preciso aprender com as crianças. Os velhos já me ensinaram tudo o que eu precisava.

– Elas também vão morrer, como os velhos?

– Eles estavam no final da vida e eu lhes dei um pouco mais de tempo e aprendi com eles. Era uma troca justa. Além do mais, é preciso o sacrifício de alguns para que muitos sejam ajudados – respondeu o peregrino enquanto descia por uma trilha.

Um pouco depois que o peregrino saiu, ela ouviu o som de cascos e correu para fora. Havia sempre uma esperança de que fossem seus pais, mas encontrou três cavaleiros montados em belos animais e teve medo. Já ouvira falar muito sobre as guerras que devastavam a região e, mesmo ela sendo uma criança, nunca se sabia que tipo de gente poderia aparecer.

– O que querem? – perguntou, tentando aparentar tranquilidade, e puxando rapidamente o capuz sobre a cabeça.

– Ora, a voz é de uma menina. Pensei que era um menino – falou um dos cavaleiros, para desgosto dela, que ficava irritada quando as pessoas a confundiam. – Quando estive aqui da última vez esta gruta estava vazia – continuou o cavaleiro, que era magro como o peregrino, mas tinha a pele mais escura e carregava flechas numa sacola pendurada nas costas. – Dizem que a água desta gruta deixa a gente mais jovem...

– Os senhores podem entrar e apanhar a água – falou a menina, saindo de lado para que eles se sentissem à vontade e, assim, demonstrasse que não tinha medo. Mas tinha!

– Quem são estas crianças? – perguntou o outro cavaleiro que era mais forte e atarracado, apontando para as camas onde as crianças dormiam, depois de ter apanhado a água no interior da gruta e bebido.

– Não sei quem são, senhor. Só sei que estão doentes e as estamos tratando...

– Estamos? Você trabalha com um médico? Como é o nome dele?

– O chamam de monge peregrino, senhor. Ele já deve estar chegando, se quiserem esperar.

– Um monge! É por isso que seus cabelos são raspados?

– Creio que sim, senhor, mas, se esperarem, ele poderá responder melhor.

– Não podemos. Temos uma longa jornada pela frente – respondeu o primeiro cavaleiro. Os dois que conversaram com ela eram gentis, e o terceiro, sempre quieto, embora não falasse, era muito bonito, pensou a menina.

– Como é seu nome? – perguntou o cavaleiro mais forte.

– Meu nome... bem...

– Você não tem nome? – perguntou o mais magro e sorridente.

– Meu nome é Florence, senhor.

– Ah! Que belo nome! Meu nome é Thierry. Estes são Sebah e Jaume, *senyoreta*... e se um dia precisarem de alguma ajuda, podem nos encontrar em Montségur.

Thierry falou com os três já montados. Alguns habitantes da região falavam que aquela fonte tinha poderes e ele acreditava, obviamente. Deixaram para a menina seus sorrisos gentis e partiram na direção de Carcassonne, onde pretendiam encontrar Serkan, se este ainda estivesse vivo. Estavam mais uma vez contornando o caminho principal, o que fazia a jornada ser bem mais longa, mas os homens de Edmond e o exército de Simon de Montfort ainda poderiam estar pela região.

Florence os viu sumindo no caminho que descia para o fundo do vale. O peregrino havia lhe pedido para não usar mais seu nome. Era preciso não ter nada para ser verdadeiramente bom, nem um nome. Nomes levavam à divisão. Mas, naquela situação, ela não poderia dizer apenas menina, seria deselegante, e também não poderia mentir, inventando outro nome qualquer. Enquanto ela voltava para dentro do segundo salão da gruta, Sebah já ia distante, mas em seu pensamento martelava uma indagação, lembrando-se dos traços de seu rosto:

– Florence! Será?

Capitol cinquanta cinc

Gruta de Lombrives, outubro de 1213.

Os três homens haviam deixado o restante do grupo na gruta do Mestre, aos cuidados do abade e seus dois anjos. Sebah ainda não conseguia simpatizar com seu tio, embora não tivesse nenhuma justificativa evidente para isso. Jöe de Chambres, o irmão mais novo dos três, havia garantido que Edmond não sabia da sua localização, por isso estavam seguros. A decisão tomada pelo abade acelerava os acontecimentos: Nathalie, para sua proteção, iria morrer.

Então o grupo se aprofundou pelos longuíssimos túneis da gruta de Lombrives[51] até acharem um esconderijo seguro, um lugar onde pudessem esperar por alguns dias, até que o perigo passasse. Não foi difícil encontrar e para lá levaram comida, apenas, pois água havia em abundância. Enquanto isso, Thierry voltava secretamente para Montségur e fazia uma notícia altamente secreta chegar nos ouvidos de Edmond de Chambres: Nathalie estava com Jöe de Chambres.

Ele não tinha dúvidas de que havia um espião infiltrado na vila de Montségur. Por isso, na primeira noite depois que voltou, reuniu os amigos, en-

---

[51] A gruta de Lombrives é uma grande caverna na região de Ornclac-Ussat-les-Bains, sudoeste da França. É considerada a maior caverna da Europa, com cerca de trinta e nove quilômetros de extensão e sete níveis. Seu tamanho e beleza levou à criação de inúmeros mitos e lendas. Foi habitação de homens pré-históricos e, na idade média, principalmente depois da queda das principais fortalezas, uma grande comunidade cátara se alojou nela, sendo perseguidos e mortos pela inquisição. Uma das lendas refere-se a um perfeito que fugiu de Montségur na véspera da rendição e refugiou-se na gruta, levando com ele o tesouro cátaro.

tre eles Anne e Pierre, e contou que não encontrou Sebah e seu grupo, mas teve uma grande surpresa ao descobrir que a menina estava com o mestre Jöe. Anne e Pierre, que sabiam da trama, fingiram imensa surpresa e falaram que precisavam visitar o Mestre o mais breve possível, pois tinham muita saudade da menina que os salvara, juntamente com Thierry, da morte na emboscada dos cruzados.

Muitas pessoas ouviram a conversa. Talvez entre eles não estivesse o espião, mas todo bom espião faz perguntas, e acaba descobrindo o que tem que ser descoberto. Então Thierry não tinha dúvidas de que Edmond iria para Lombrives. Laurent, que havia seguido com Thierry, e já era conhecido na vila, ficou no meio do caminho de volta para sondar a movimentação de Edmond, o que aconteceu dois dias depois. Laurent acompanhou o grupo sem ser visto, no que era tão bom quanto Thierry, até ter a certeza de que iam mesmo à procura do Mestre. Mesmo à distância, ouvia a voz de trovão de Edmond, que demonstrava uma grande ansiedade.

Estava tão ansioso que o tempo quase foi pouco. No final do mesmo dia, eles acampavam próximo à gruta do Mestre, enquanto Laurent já havia chegado horas antes e avisado que estavam vindo.

Na manhã do dia seguinte, acompanhado do fiel padre Damien e mais dez cavaleiros armados, o grupo chegou próximo da entrada da gruta. Edmond, sempre desconfiado, tinha medo de que pudesse ser uma emboscada, por isso estava cauteloso. Ficaram alguns minutos esperando e ninguém apareceu, embora tivessem feito bastante barulho ao chegar. Então todos apearam e, antes desembainharam as espadas, para depois se aproximarem cautelosamente da caverna, mas não viram ninguém. Havia um caminho estreito marcado na lateral da parede de entrada que ia para o interior, contornando a parte mais baixa e irregular.

– Estou achando isso muito estranho – falou, Edmond. Mas o padre segurou seu braço e pediu silêncio, colocando o indicador na frente dos lábios. Logo em seguida todos puderam ouvir um soluço, e depois outro.

Ainda com as espadas desembainhadas, todos foram em frente até contornarem uma quina de pedra, de onde começaram a ver sinais de claridade que projetava reflexos na água acumulada no chão, não muito distante. Andando cautelosamente e um atrás do outro, devido ao caminho estreito, chegaram a uma sala ampla e de piso relativamente plano, parcamente iluminada por lamparinas espalhadas pelos cantos, onde uma mulher chorava, tentando controlar os soluços, encostada à parede e indiferente à presença deles. Um monge orava na frente de uma pedra mais elevada, onde outra mulher, esta vestida de branco, estava estendida, com as mãos pálidas cruzadas sobre o peito e um fino véu cobrindo o rosto. O sopro frio da morte percorreu todos os recém-chegados, que recuaram um passo ao se darem conta do que estava acontecendo. O padre Damien, ao contrário dos demais, adiantou-se e levantou o véu, encontrando um rosto de alabastro, quase transparente e já com a tonalidade azulada da morte.

– O que significa isso? – perguntou Edmond, angustiado, colocando-se ao lado do padre e fazendo o monge, que parecia estar totalmente ausente no seu profundo estado de oração, voltar à realidade.

– Edmond? – falou ao levantar-se. – O que faz aqui?

– Com certeza não vim visitá-lo, irmão. Posso saber quem é ela?

– Ela é minha protegida. Foi-me pedido para cuidá-la e educá-la. Há dois dias teve febres, depois alucinações... morreu hoje pela manhã... É uma tragédia!

– Eu perguntei o nome dela, Jöe. Quem é ela? – perguntou novamente Edmond, tentando conter a vontade de usar a espada contra o irmão, de quem nunca fora simpático.

– Nathalie de Saint-Etienne. Você sabe quem é ela, Edmond, já que a tem procurado por toda a região. Da minha parte sempre achei que ela deveria ser entregue a você e era o que eu pretendia fazer, mas não tive tempo.

Edmond sentiu uma onda de ódio tomar-lhe o corpo, mas antes olhou para o padre, como se perguntasse se aquilo era mesmo verdade. Damien colocou a mão no pescoço da morta e não conseguiu sentir nenhuma pulsação, além de o corpo estar frio. Olhou para Edmond e confirmou com a cabeça. Padre Damien a conhecia, ele não. O padre visitara a abadia de Fontenay alguns dias antes da chegada de Edmond, pouco tempo antes do abade me pedir para partirmos. Já procuravam pela menina desaparecida de Paris e o abade, conhecendo muito bem o padre e sua fama, achou melhor que eu partisse da abadia com ela. Padre Damien era velho conhecido do abade e havia pedido abrigo por uns dias, apenas, mas foi o suficiente. Por isso, agora, tinha a certeza de que aquela era Nathalie.

Para os interesses de Branca de Castela, a morte da menina era uma solução muito mais simples, mas a recompensa de Edmond estava irremediavelmente perdida. Branca queria Nathalie, mas proibira-o veementemente de qualquer tipo de violência física contra ela, pois a futura rainha regente e mãe de um santo era uma católica fervorosa e tinha pavor de pecar. Quem somos nós para julgar o critério de pecado de cada um? Então Edmond girou sua espada com força contra uma quina de pedra, fazendo um barulho de aço ecoar pelas galerias e espalhando pedregulhos pelo chão, para depois sair a passos largos da gruta, montar seu belo garanhão e partir a galope, enquanto o restante do grupo corria para poder alcançá-lo. O padre ainda ficou mais um tempo olhando para a menina, para Jöe e para a mulher que chorava, encostada à parede.

– Quem é ela? – perguntou ao Mestre, apontando Claire.

– Ela me ajuda com os doentes.

– É sua mulher, não é? O concílio de Latrão[52] não tem significado para você, 'irmão'? – perguntou Damien, com um sorriso cínico nos lábios.

– Não blasfeme, Damien! Estou distante da cúria por opção, mas não abandonei meus votos. Por falar nisso, como está Anaïs? Onde a esta escondendo agora?

O padre não mudou de expressão, mas um observador atento, e Jöe de Chambres o era, poderia facilmente perceber a consternação contida em seus gestos. Uma raiva súbita cintilou em seus olhos, não apenas pela citação do nome, Anaïs, mas, e principalmente, por aquele monge insurreto saber da sua existência. O simples fato de Jöe saber de um fato guardado nos mais profundos labirintos do segredo já demonstrava que ele tinha algum poder e não poderia ser afrontado sem cuidado. Nos poucos segundos em que os dois se olhavam, havia um desafio pairando no ar e Jöe havia tocado no assunto exatamente com essa intenção. Como Damien era suficientemente esperto para não ameaçar alguém sem saber exatamente que armas o oponente escondia, preferiu apenas mudar de assunto.

– E quem trouxe Nathalie para você? – perguntou, sem nenhum respeito.

– Que diferença faz saber quem a trouxe?

– Quem trouxe? – insistiu Damien, ignorando ao pergunta do Mestre.

– Sebah a trouxe.

– Sebah, o herege. Então você tem ligações com eles? Tem muita gente morrendo na fogueira por muito menos, caro 'Mestre' – falou, destacando intencionalmente a palavra, depois saiu, sem tirar os olhos de Claire.

Jöe de Chambres o seguiu por um bom tempo a pé, sem que ele percebesse, antes de voltar para a gruta. Quando voltou, Claire estava com suas

---

52 Em 1073, Gregório VII impôs o celibato. Definiu-se que o matrimônio dos sacerdotes era herético, porque os distraía do serviço ao Senhor e contrariava o exemplo de Cristo. Dezenas de historiadores supõem que a decisão de impor o celibato foi também um meio para evitar que os bens dos bispos e sacerdotes casados fossem herdados por seus filhos e viúvas em vez de beneficiar a igreja. Em 1123 o concílio de Latrão decretou a invalidade do matrimônio dos clérigos e, dezesseis anos mais tarde, o segundo concílio de Latrão confirmou as decisões do anterior.

mãos sobre as de Nathalie e havia uma ruga de preocupação entre seus olhos. Entendendo isso, Jöe falou:

– Assim como você, ela também acordará.

– Eu sei. Não é isso que me preocupa.

– Então, o que é?

– Este padre... Creio que não teremos mais paz. Ele voltará...

– Há muito nosso destino já está traçado, minha querida. Evitei o que pude, enquanto pude, mas agora não temos outra saída além de nos unirmos ao meu irmão e partirmos para Montségur. É para lá que iremos.

Capitol cinquanta sièis

Arles, final do século XII.

A família Dontan era dona de uma frota de barcos que transportava sal como seu produto principal em Arles, no final do século XII. A cidade portuária crescia e enriquecia rapidamente devido à importância do Ródano, que tanto era uma porta de entrada de produtos de consumo vindos pelo mar, com um corredor de saída de peregrinos e exércitos para a Terra Santa. A grande quantidade de peregrinos que vinham à cidade para embarcar para Jerusalém chamou a atenção do chefe da família, que tratou logo de ampliar seu mercado com mais dois navios com esta finalidade.

O senhor Dontan enriquecera assustadoramente e seus dois filhos viviam de maneira leviana. Vincent e Damien Dontan chegavam a trabalhar nos navios transportando cargas, porém, tudo o que ganhavam não chegava aos cofres do pai, tamanha a dissipação dos filhos. Vincent, o mais velho, tinha dezenove anos, enquanto Damien tinha dezesseis, mas acompanhava o irmão em todas as suas aventuras, se não fosse um aventureiro ainda maior.

Diante dos prejuízos que os dois causavam, o senhor Raymond Dontan achou melhor deixá-los de lado. Em casa, aos cuidados da mãe, causariam menos danos. Porém, é claro que a senhora Dontan não tinha a devida força para contê-los e, como dinheiro realmente não era problema, a vida profana dos dois era assunto corriqueiro na cidade. Assim, em uma das suas noites ensandecidas de devassidão, Damien acabou por se envolver em uma briga, e Vincent, tentando proteger o irmão mais novo, feriu gravemente seu oponente. Acontece que o oponente também era um jovem dissipador de outra família influente na região. O caso iria a julgamento e a chance de condenação era iminente. Sendo assim, e por estarem encurralados, Raymond Dontan embarcou seus filhos no navio que partia naquela mesma manhã com peregrinos para a Terra Santa. Ao comandante do navio deu ordens para tratá-los com a maior severidade possível e, quando a guarda da cidade chegou ao porto, o navio já havia partido. O senhor Dontan fez com que acreditassem que ele não sabia de nada e que os filhos partiram a trabalho. Chegou a ficar consternado e jurou que ele próprio os levaria ao senescal para serem julgados quando retornassem. Então os dois irmãos levianos fizeram uma longa, muito longa viagem.

Diante das ordens para que o comandante fosse rigoroso, e como ser rigoroso era natural para este comandante, repentinamente os dois irmãos aventureiros tiveram que viver sob outros preceitos e, para desespero de ambos, trabalhar. A situação ficou muito pior quando o jovem ferido por Vincent morreu em Arles. Os dois poderiam ser presos quando colocassem os pés no porto da cidade. Obviamente, não puseram. Vincent conseguiu se proteger unindo-se ao exército do rei Felipe Augusto, que lutava contra Saladino. A carência de homens para a luta era tanta que jovens sem o mínimo preparo eram elevados à categoria de cavaleiros, e Vincent foi um deles. Porém, a vida rígida do exército e o medo da prisão temperaram rapidamente o caráter do jovem, fazendo-o repensar seu comportamento.

Damien, por sua vez, avesso à vida militar, uniu-se à igreja. Em uma das viagens, ainda sob os cuidados austeros do comandante rigoroso, entre os peregrinos conheceu um padre que viajava realmente por motivos da fé, e com ele fez amizade. Este padre, depois de sua frustrada peregrinação, porque Saladino estava causando um verdadeiro êxodo cristão em todo o Oriente Médio, introduziu Damien na abadia cisterciense de Ulmet, muito próxima a Arles, mas onde teria a segurança da ordem monástica para protegê-lo. Porém, Damien não tinha o temperamento apropriado para enclausurar-se em uma abadia, por mais segurança que esta lhe trouxesse. Interessado, predisposto a tudo, sempre se aliou a pessoas que lhe eram interessantes e saiu pelo mundo. Acompanhando bispos, arcebispos e nobres, ficara famoso por seus arroubos de fé, seu raciocínio rápido e avidez em defender os preceitos da verdadeira religião. Para ele, era a melhor forma de tornar divertida aquela vida que não esperava. Foi ordenado padre em Paris no ano de 1192. Os dois nunca mais voltaram a Arles.

Estava em Les Baux quando seu irmão chegou à cidade acompanhando um jovem cavaleiro do rei Felipe Augusto, chamado Edmond de Chambres, que já tinha fama, embora muito jovem, de ser um grande vencedor de torneios. Damien tramou rapidamente com o também jovem senhor de Baux para que Vincent ficasse em sua guarda pessoal, pois a experiência de um cavaleiro cruzado seria importante numa época de tantos exércitos passando constantemente pela região. O senhor de Baux encantou-se com a ideia e Vincent Dontan passou a fazer parte de sua escolta pessoal. Para conseguir este feito, Damien precisou se aproximar e agradar Edmond de Chambres, o que não foi tão difícil. Porém, para sua surpresa, a aproximação com o jovem Edmond também o aproximou de Anaïs.

Anaïs Lanaux era apenas uma criança quando sua família foi dizimada por uma sortida de sarracenos ao chegarem no castelo cruzado de Ibelin, praça forte estratégica na defesa de Jerusalém. A guarda do castelo conseguiu salvá-la, mas não a seus pais e irmãos. Sua mãe era parente de Balian d'Ibelin, o senhor do castelo, e pertencia à nobreza provençal, mas seu pai havia perdido todo o dinheiro da família em negociatas estúpidas. O convite para viverem no castelo, onde a mãe seria dama de companhia da senhora de Ibelin, e o pai poderia trabalhar como conselheiro, era uma solução para a ruína. Porém, só sobrou Anaïs, uma menina de nove anos de idade, no ano de 1186.

No ano seguinte, depois da derrota para Saladino na batalha de Hattin, quando quase todo exército cristão fora dizimado, Maria, a esposa de Balian d'Ibelin, enquanto seu marido reunia forças para defender Jerusalém, conseguiu fugir para Trípoli, levando com ela Anaïs. Foi em Trípoli, no ano de 1192, que Edmond de Chambres, o jovem galante, e já petulante, cavaleiro do rei Felipe Augusto, conheceu Anaïs Lanaux. A própria Maria de Ibelin pediu a ele que protegesse sua linda dama de companhia e a levasse de volta para a Provença, onde poderia ter um destino melhor do que correndo o risco de ser capturada pelos sarracenos. A paixão foi inevitável.

Então, no ano de 1193, Edmond de Chambres deixou Anaïs, com quinze anos de idade, aos cuidados do senhor de Baux para ser também dama de companhia da sua esposa, a senhora Barrale, e voltou para a Paris, pensando em logo retornar, movido pela paixão. Porém, os serviços junto ao rei, motivados pela interminável rivalidade com a Inglaterra, além dos inúmeros torneios em que participava, não permitiram que Edmond voltasse tão rápido quanto gostaria. Assim, o jovem padre Damien, constantemente enfadado pela vida sob uma batina, encontrara um novo alento: ser amigo e confidente da linda Anaïs Lanaux. A menina, que crescera em ambientes constantemente tempestuosos, ansiava por paz, e encontrou no padre um amigo e conselheiro. Apaixonara-se pelo galante Edmond, mas seu coração ingênuo encontrava abrigo no carinho do olhar de Damien, que também estava apaixonado. Da paixão veio a loucura, e Anaïs ficou grávida. Da loucura nasceu o desespero e Damien, sabendo que Edmond o mataria, partiu para Paris na perspectiva de encontrá-lo e retardá-lo o máximo possível. A senhora de Baux, sabendo que a tragédia poderia invadir sua casa, encarregou-se de esconder a gravidez de Anaïs e encontrar a família ideal, garantida por uma boa quantidade de ouro, para ficar com a criança que nasceria. Foi Vincent, irmão de Damien, quem a ajudou a encontrar essa família.

Damien conseguiu seu intento. Edmond afeiçoou-se aos rompantes delirantes daquele padre divertido, que logo passou a ser seu amigo e conselheiro para todos os assuntos de seu interesse, de mulheres a batalhas, maneiras de ganhar dinheiro a táticas de lutas em torneios. Um grande amigo! Numa noite fria do mês de março do ano de 1193, Anaïs trazia ao mundo um menino, que ficou apenas alguns minutos em seus braços. Sua vida dependia da separação. Porém, quando a senhora de Baux pegou a criança nos braços para entrega-la a Vincent Dontan, Anaïs, em desespero, pediu:

– Deixe isso com ele...

– O que é isso? – perguntou a senhora Barrale, estendendo a mão e sentindo que Anaïs colocava um pequeno objeto na sua palma.

– Uma lembrança, apenas. Uma lembrança da mãe que ele nunca vai conhecer...

Capitol cinquanta sèt

Carcassonne, novembro de 1213.

Mesmo após quatro anos da tomada de Carcassonne, ainda havia um rastro de destruição ao redor da cidade fortificada. A vila, que ficava do outro lado do rio, estava em ruínas e não era mais habitada. Era como se a hoste tivesse partido há poucos dias. Os occitanos haviam abandonado as redondezas, pois tudo o que produzissem seria sugado pela guarnição cruzada que habitava a cidade. Poucos fazendeiros insistiam em permanecer em suas terras, exigindo que Simon de Montfort trouxesse, com bastante frequência, carregamentos de longe de quase tudo o que precisavam. Mesmo sendo agora senhor de toda a região, tendo conquistado na força e na truculência o viscondado de Carcassonne e o condado de Tolosa, além de outros títulos, seus vassalos eram sempre resistentes em cumprir com as obrigações.

A cidade cercada era habitada por soldados, clérigos e poucos comerciantes vindos do norte, porque os nativos haviam se espalhado pelo Languedoc. Como era uma cidade fortaleza, sabíamos que não seria fácil nossa entrada, se não tivéssemos nenhum salvo conduto. Então recorremos à mesma ideia simples que usamos em Le Baux. Encontramos um fazendeiro teimoso, que amava mais a terra do que o dinheiro, e o convencemos da ideia de que poderíamos levar um carregamento de aveia para ser vendido em Carcassonne.

– Em Castelnaudary pago taxas menores... – reclamou ele, mas sabia que não era um argumento válido, porque estávamos pagando para levar sua carga.

– Se é vassalo de Montfort, por que não levar a aveia para Carcassonne? – perguntei. Cheguei a pensar na hipótese de ter que usar a espada como argumento, mas foi Thierry quem conseguiu dobrá-lo de uma maneira surpreendente de tão simples: a sinceridade.

– Precisamos entrar em Carcassonne para resgatar um amigo que está sendo torturado por um padre para dizer a verdade. O problema é que ele não sabe a verdade.

– Ah! Então vocês não são católicos? Vocês são hereges?

– Somos hereges, meu senhor, e dependemos de sua boa vontade para fazer o trabalho do bem – respondeu Thierry com humildade, ajoelhando-se na frente do fazendeiro. Tive medo de sua franqueza, pois não sabíamos da crença do homem, mas o povo occitano já estava muito contaminado com a heresia.

– Então não paguem um centavo a mais para aqueles larápios do portão, e tragam minha carroça e meus bois de volta o mais rapidamente possível.

A carroça tinha lugar para apenas duas pessoas sentadas, e meu cavalo despertaria a atenção da guarda, por isso consegui com o fazendeiro uma égua velha e manca, na qual fui montado. Como o compartimento de carga da carroça era grande e levávamos sacos pesados, ficava justificada a presença de três pessoas para descarregá-la. Desta forma havíamos encontrado uma maneira de entrar na cidade fortificada. Sair? Pensaríamos nisso depois de encontrarmos Serkan. Escondemos nossas armas sob uma tábua solta da lateral da carroça, onde o fazendeiro conseguia fazer passar ovos e manteiga sem pagar impostos. Cada um de nós estava ali por algum motivo especial e somente Thierry era movido pela amizade. Eu não conhecia Serkan, mas estava curioso por ele ter dito que tínhamos uma ligação distante. Havia perguntado ao abade que ligação seria esta, mas ele apenas sorriu e me olhou com doçura, como sempre fazia quando sabia uma resposta, mas achava melhor não responder. É claro que isso só atiçou minha curiosidade. Jaume, por sua vez, estava ali para tentar descobrir algum ponto fraco de Edmond. Ele sabia que meu pai não deveria demorar a chegar à cidade, depois de descobrir que Nathalie estava morta. Como ele continuava quase sem falar, eu tinha medo do que realmente ia em sua cabeça. Edmond já o havia ferido muitas vezes, a começar por Suzanne Vauguin, seu primeiro amor, então ele tinha muitos motivos para odiá-lo.

Contornamos as muralhas da cidade, mas, antes de chegarmos ao portão principal, descemos até o rio Aude para que os bois e minha égua pudessem matar a sede, enquanto avaliávamos o que iríamos encontrar pela frente, caso tivéssemos que fugir às pressas. Para voltarmos na direção da fazenda, não precisávamos cruzar o rio, mas precisávamos prever mudanças de planos. Thierry entendeu logo minha ideia e, tão logo soltamos os animais para beberem, ele entrou no rio, que naquele ponto tinha cerca de quarenta metros de largura, e foi caminhando com a água na altura dos joelhos.

– Aqui é fácil passar – falou, quase do meio do rio. Depois deu mais um passo, e quase desapareceu. Subitamente o rio afundava e Thierry afundou até a altura do peito.

– Não tão fácil assim... mas dizem que bois nadam muito bem – brinquei com ele, que não estava feliz por ter se molhado todo. Como era teimoso, vagueou pelo rio até encontrar um vau onde seria possível passar com a carroça, e voltou orgulhoso, mas molhado, e o dia, embora ensolarado, estava frio.

Tivemos que responder muitas perguntas para a guarda do portão e foi mais fácil contarmos que éramos parentes que havíamos chegado há pouco nas terras do fazendeiro, que era conhecido na cidade. A migração de pessoas em toda a região era comum devido à guerra e também era fácil perceber que o rigor estava menor depois das últimas vitórias de Simon de Montfort. Além do mais, que hipótese haveria de três hereges loucos e desarmados atacarem Carcassonne, o centro de toda defesa do exército cruzado? Por isso não demorou para que pudéssemos levar a carroça com grandes sacos de aveia para o comerciante indicado pelo fazendeiro, que não fez muitas perguntas, embora tenha mantido sobre nós um olhar desconfiado o tempo todo. Depois de termos descarregado os sacos de aveia, deixamos a carroça em seu pátio minúsculo com a desculpa de que iríamos rezar na igreja de Saint-Nazaire, o que não deixava de se verdade. Era lá que esperávamos obter alguma informação sobre Serkan.

– Oh! Sim, o alquimista! – falou um padre muito jovem, para quem Thierry se apresentou como sendo irmão de Serkan. – O padre Damien avisou que viriam buscá-lo em breve. Estávamos esperando.

Nós três nos olhamos estupefatos. A sensação de que caíramos em uma armadilha nos causou rápido mal-estar. Desde a história do noviço eu já desconfiava de alguma coisa e, lembrando das artimanhas passadas do padre, como pedir abrigo em Fontenay para descobrir Nathalie, ou fingir que fugia de Edmond para se infiltrar em Tolosa, minhas dúvidas viraram certezas.

O jovem padre nos levou para trás da sacristia da grande igreja e nos introduziu numa sala pequena, iluminada por velas de sebo que davam um odor azedo para o ambiente. O que vimos era estarrecedor. Havia alguma coisa parecida com um ser humano estendido em uma cama de madeira.

Alguma coisa muito magra, que parecia não receber comida há um tempo bem maior do que um corpo podia suportar. Alguma coisa que abriu um dos olhos, pois o outro estava vazado, e sorriu ao ver a cara dissolvida em lágrimas de Thierry debruçado sobre ele.

– Eu sabia que você viria – falou, com um sussurro quase inaudível.

– O que fizeram com você? – perguntou Thierry, muito mais para si mesmo.

– Foi acusado de muitas coisas, senhor, mas as principais acusações são de bruxaria e heresia – respondeu o jovem padre. – Mas o bondoso padre Damien interviu junto ao legado e conseguiu sua absolvição. Afinal, ele já abjurou suas antigas crenças e prometeu uma vida correta de agora em diante.

A inquisição ainda não havia sido criada. Só seria efetivada pelo papa Gregório IX, quando este entendesse que a cruzada que devastara toda a região do que hoje em dia é o sul da França não conseguia vencer a heresia, apenas mudava de um lado para outro seus principais líderes. A ideia de criar tribunais para fiscalizar a fé pode ter começado com este princípio, mas, no decorrer do tempo, nela se encontrou uma fonte de rendas tão grande quanto cheia de iniquidades. Mas quem sou eu para estar julgando, mais uma vez? A história que o faça, como tem feito. Porém, mesmo que a tortura tenha sido a principal arma do 'santo ofício' somente a partir de 1231, já era praticada, embora ainda não de maneira 'institucionalizada'. Obviamente, as técnicas de tortura foram ficando mais eficientes com o tempo, mas já eram conhecidas de há muito, e Serkan teve a oportunidade de conhecer algumas.

Estávamos todos aturdidos enquanto levávamos Serkan de volta para nossa carroça. Não era nada do que havíamos pensado que aconteceria. Na verdade, não tínhamos nenhum plano estabelecido e sabíamos ser quase impossível fugir com um prisioneiro da cidade fortificada, mas aquilo ia além de qualquer expectativa que pudéssemos ter. A minha principal dúvida era entender o que se passava pela cabeça do padre Damien para armar todo este circo. Não demorei a descobrir.

Serkan andava com muita dificuldade e não conseguia colocar o pé direito no chão, ou o que havia sobrado do pé direito. O que víamos era apenas um pedaço de pano sujo enrolado, com manchas escuras espalhadas. Thierry o carregava, e não conseguia falar, tomado pelo desespero por ter encontrado o amigo nesta condição. Conseguimos um pouco de feno para forrar a carroça e o colocamos sobre ela. Serkan não conseguia comer, nem beber adequadamente. Havia evidentes sinais de estrangulamento ao redor do seu pescoço e não pude deixar de lembrar a tentativa do meu pai de enforcar a mim e Jaume. O pescoço do meu amigo ainda tinha cicatrizes.

– O que fizeram com você? – eram as única palavras que ouvíamos de Thierry, muitas vezes.

Passamos pela porta de Narbonne depois de apresentarmos o salvo conduto deixado pelo padre Damien para o prisioneiro. Estava tudo bem preparado e logo que descemos na direção do Aude, onde havíamos dado de beber aos animais, começamos a entender a trama. Havia um cavaleiro nos esperando na margem. Estava parado em meio a um gramado largo que descia até a água. Embora não necessitássemos atravessar o rio para chegar à fazenda e devolver a carroça, pelo caminho que descíamos, passaríamos muito perto dele e aquilo estava estranho, mas sabíamos que tudo estava estranho.

Mesmo à distância era fácil de ver que estava montado em um imenso cavalo, coberto com um manto branco com franjas douradas, do tipo que se usava em torneios. Também era fácil perceber que era um homem pequeno e magro, o que eliminava a possibilidade de ser meu pai. Porém, mesmo sendo miúdo, estava vestido para lutar. Usava um elmo com as placas metálicas fechadas e uma armadura reluzente, bem como uma lança de torneio e escudo. Ele virou seu cavalo e saiu do gramado, parando no meio da estrada por onde deveríamos passar. Olhei ao redor, mas ele aparentava estar sozinho, embora houvesse algumas casas em ruínas nas redondezas, onde outros cavaleiros poderiam estar escondidos.

– Estou sentindo o cheiro do teu pai – disse Jaume.

– É... tem um cheiro podre no ar... – falei, enquanto Jaume deslocava a tábua da lateral da carroça e puxava nossas espadas. O arco de Thierry era muito grande e não cabia escondido na carroça, mas nosso amigo havia aprendido muito com a espada lutando e com cavaleiros experientes em Montségur.

Apanhei minha espada e prendi a bainha na cintura, depois fui para frente da carroça com minha égua manca e velha. O cavaleiro tinha uma lança e, aparentemente, estava nos desafiando, porém, não estávamos preparados para aquele tipo de combate. Não vestíamos cota de malha, tampouco armadura, e nem tínhamos escudos ou lanças. Então pensei em conversar, pelo menos para saber o que estava acontecendo. Porém, mesmo com meu oponente estando a cerca de cem metros, tão logo minha égua se afastou da carroça ele partiu em minha direção, inicialmente trotando, mas logo galopando seu cavalo com velocidade. Trazia a lança erguida e, à medida que se aproximava, eu podia ver que era uma pessoa muito pequena para estar lutando. Mesmo assim eu corria sério risco de ser atravessado pela lança, pois não tinha nenhuma proteção e seu cavalo era muito mais rápido e forte que minha pobre égua manca.

Eu só tinha uma saída, por isso cutuquei a égua para que apressasse o passo e fiquei surpreso quando ela galopou até com alguma desenvoltura, embora pouca velocidade. O cavaleiro estava bem perto e já abaixava a lança mirando meu peito, por isso guiei levemente a rédea para a direita e soltei meu corpo todo também para a direita da égua, no momento certo, escondendo-me atrás do seu pescoço. A lança passou no vazio e o cavaleiro teve alguma dificuldade em frear seu grande cavalo, porém, quando conseguiu parar e virá-lo em minha direção, eu já havia saltado da égua e estava em seu encalço. Não era digno para uma luta combinada, mas o que havia de combinado naquilo? Por isso usei minha espada como se fosse uma lança e golpeei o peitoral da armadura, jogando-o para trás e fazendo com que caísse do cavalo, o que aconteceu com mais facilidade do que eu previra. Tão logo ele caiu, saltei sobre ele, mas percebi que estava inerte. Havia caído de uma altura considerável e usando armadura. A ponta da minha espada já havia procurado a parte de baixo do elmo, na altura do pescoço, mas, quando vi que não reagia, tirei a pressão do meu joelho sobre o peito da armadura e abaixei a espada. Caído como estava, eu apenas via um tufo de cabelos loiros pelas frestas do elmo, por isso abri as plaquetas laterais para ver quem era. E o que vi me desesperou.

– Então este é Sebah, *le Roc*... – ouvi alguém falar atrás de mim, enquanto eu não conseguia tirar os olhos de Ruy, meu filho, caído embaixo de mim, aparentemente desmaiado. Sem dar atençao para quem falou, pois já tinha reconhecido a voz de Edmond de Chambres, soltei todo o elmo da cabeça de Ruy e chacoalhei seu rosto, depois bati em sua face, até que ele abriu os olhos assustado e tentou, imediatamente, se levantar.

– Calma – falei, libertando-o e ficando em pé. – Calma, está tudo bem...

– Sebah de Chambres! Que desonra! Um filho meu aceitando o desafio de uma criança! Tentando matar o próprio filho! Isso é humilhante, Sebah! O que vão falar de você quando souberem? – falou Edmond, para o riso de muitas pessoas.

Enquanto Edmond falava, e eu ainda não tinha olhado para ele, Ruy ficava em pé com dificuldade, pois a armadura era maior do que ele. Não tinha mais do que nove anos, e eu sabia bem sua idade, pois todo dia a calculava, para não perder a conta. Assim que ficou em pé, partiu para cima de mim tentando me atingir com socos e pontapés, embora a armadura não facilitasse seus movimentos. Estava furioso e tive dificuldade em me defender sem usar de muita força, o que causou gargalhadas atrás de mim. Eu ainda não tinha me virado, mas percebi que alguns cavaleiros começavam a nos rodear. Por fim, sem que Ruy perdesse o ímpeto, fui obrigado a prendê-lo com os braços e fazer alguma força, fazendo com que gritasse com ainda mais ódio.

– Ora, Ruy, não é assim que estou lhe ensinando a lutar – falou Edmond, e agora eu havia me virado de frente para ele. Estava montado em seu garanhão inquieto e ao seu lado estava o famigerado padre Damien. Logo atrás, a carroça dos meus amigos estava cercada, mas Jaume e Thierry estavam em pé e empunhando suas espadas, o que era muito ruim. Edmond estava com uma força de dez cavaleiros, todos bem armados, e eu sabia que meus amigos eram impetuosos.

– Solte-me, seu covarde – falou Ruy, debatendo-se ainda, mesmo que eu o apertasse em meu abraço. Quantas vezes sonhei em abraçar um filho! Abraçar de verdade, e agora Edmond criava aquela situação. Uma pontada de dor atravessou meu peito quando ele me chamou de covarde.

– Seu pai não vai machucar você, não tenha medo – continuou Edmond.

– Ele não é meu pai, ele é um covarde! Não estou com medo. Deixe-me pegar a espada e lute comigo.

Edmond pulou do seu cavalo com habilidade e deu ordem para dois cavaleiros, que vieram até a mim e levaram Ruy, que ainda esperneava. Porém, Edmond gritou com ele e o fez parar de agitar-se:

– Você deve obediência a mim. Esqueceu? Teve sua chance e perdeu. Foi derrotado por este homem que diz ser teu pai. Por isso aquiete-se e tente aprender alguma coisa.

Foi fácil ver o furor contido nos olhos de Ruy quando me olhou novamente. Se a intenção de Edmond era fazê-lo me odiar ainda mais, havia conseguido. Seus olhos cintilavam de ódio. Meu filho me odiava! Certamente havia sido envenenado por todo este tempo e, agora, com a situação criada por Edmond, multiplicara este ódio. Era apenas uma criança, e meu pai um monstro, como sempre.

Dos portões da cidade uma pequena multidão descia ao nosso encontro, quando Edmond, numa de suas poses espalhafatosas, falou:

– Existem alguns boatos circulando, Sebah. Alguns boatos maldosos, outros mentirosos. Alguns boatos contam que você me derrotou duas vezes. Ora, como as mentes fracas são inventivas! Como gostam de criar fantasias! Não sabem o que aconteceu de verdade. Outros boatos o descrevem como um guerreiro invencível numa batalha. Sebah, *le Roc*, é o que falam. Sebah, o gigante! Dizem que matou mais de vinte soldados que o cercaram em Castelnaudary. Como são criativos! Estes boatos poderiam até me envaidecer, pois você é meu filho, querendo ou não. Mas eles me irritam, porque são mentiras que se espalham como plumas no vento.

Enquanto ele falava, as pessoas da cidade nos cercavam formando um grande círculo e tive a impressão de que tudo aquilo estava planejado. Ele queria lutar. Ele queria me desafiar porque os boatos eram verdadeiros, infelizmente, e isso o incomodava. Ele queria me humilhar, na frente de Ruy. Ele havia sido derrotado duas vezes por mim, e Edmond de Chambres, o grande campeão de torneios, não sabia conviver com isso. Ele queria lutar na frente de muita gente, e me derrotar, e destruir minha reputação. Eu pouco me importava com minha reputação.

– O que você quer? – perguntei.

– Achei que já tinha entendido, meu filho – respondeu com ironia, rodando o corpo e apontando as pessoas que nos cercavam – Eu prometi uma luta a eles e não costumo deixar de cumprir minhas promessas. Eles querem ver um campeão de torneios em ação. Além do mais, serão minhas testemunhas, para que não existam mais boatos.

– Eu luto com você, mas quero que meus amigos possam partir.

– Acaso pensa que pode impor alguma condição?

– Então que vantagem eu tenho em lutar? Se perder ou ganhar, seremos feitos prisioneiros, ou mortos.

– Estamos em guerra, Sebah, e vocês acabam de invadir uma fortaleza inimiga para resgatar um herege. Isso já bastaria para serem mortos. Além do mais, você foi condenado pela morte de um abade. Esperava mesmo conseguir escapar?

– Eu luto com você – gritou Jaume, pulando da carroça e correndo para o meu lado. – Eu quero lutar.

– Ah! Você? Um fedelho que não consegue nem defender a própria mulher quer lutar comigo?

Não consegui segurar Jaume. Ele estava com a espada na mão e muito ódio no pensamento. Ódio por Jamile, por Suzanne e por todos os outros a quem não pôde proteger da maldade de meu pai. Sem pensar partiu para cima de Edmond. Um jovem guerreiro. Um excelente guerreiro, mas armado com uma espada apenas, sem cota de malha, sem escudo e contra um lutador de torneios vestido para matar. Edmond estava vestido com a túnica dos cruzados, mas embaixo dela uma cota de malha que brilhava onde o sol a alcançava. Seus serviçais deveriam ter passado a noite esfregando sua cota com vinagre e areia, e ele estava impecável. A barba estava bem aparada e emoldurava um rosto quadrado como o meu, com traços bem definidos e um sorriso eternamente sarcástico nos lábios. Jaume o atacou com um louco, movido pela raiva, e Edmond não teve tempo nem de cobrir a cabeça com a cota que caía atrás do pescoço. Apesar da provocação, não acreditava que Jaume pudesse fazer isso, mas a loucura do meu amigo não era útil naquela situação. Conseguiu uma boa estocada inicial, mas Edmond se desviou do golpe com habilidade.

– Ela era virgem! Você não conseguiu proteger uma donzela e agora quer me desafiar?

A segunda estocada de Jaume foi mais desastrosa. Eu sabia que se aquela luta fosse em outras condições, meu amigo poderia causar algum dano em Edmond, por tudo o que eu já tinha visto ele fazer, mas naquelas condições se comportou como um idiota. A espada de Edmond passou raspando sua garganta e causou um corte profundo ao lado do pescoço. A roupa de Jaume logo se encharcou de sangue, mas ele tentou mais uma vez. Talvez o susto do ferimento fez com que usasse um pouco do que sabia, porque sua espada entrou de ponta pela guarda de Edmond, para sua surpresa. Não fosse a cota de malha, estaria morto. Talvez tenha subestimando Jaume, mas, ao invés de continuar lutando, fez sinal para seus soldados e um gigante que usava um pesado machado desceu sua arma sobre a espada do meu amigo, desarmando-o, enquanto os outros o prendiam. Meu pai não queria gastar energias em outra luta, o que o desgastaria para me enfrentar. Jaume se debatia e o chamava de covarde, mas ele apenas o ignorou.

Já haviam desarmado Thierry, que espertamente não reagiu, e então o amarraram a Jaume e os trouxeram para a beira do círculo formado pelos soldados e cavaleiros. Edmond queria que todos vissem minha humilhação. Para aumentar sua glória, chamou um serviçal e ordenou que este o ajudasse a tirar sua cota de malha. Seu nível de confiança era maior que sua maldade. Ruy estava parado em pé, com as pernas um pouco abertas e os braço cruzados, na posição preferida de Edmond, o que me causou profundo desgosto. Assim que meu pai se viu livre da cota, apanhou sua espada e veio em minha direção.

– Eu ia trocar sua vida pela verdade sobre Nathalie. Nunca acreditei que você não sabia onde ela estava, afinal, foi quem a tirou de Fontenay, porém, isso não tem mais importância. Mas ainda posso lhe propor uma troca. Ajoelhe-se agora, renegue sua fé e jure fidelidade a mim, e não o matarei.

– E se eu me recusar? E se eu preferir lutar e vencê-lo? – perguntei, e ouvi novamente as gargalhadas dos homens de Edmond.

– Se me vencer, prometo que você e seus amigos terão uma morte rápida – respondeu, e pude ver que agora estava falando a verdade. Não havia nenhum traço de sarcasmo em seu rosto.

– Não é justo! – falou alguém atrás de Edmond, com uma voz que parecia um trovão rasgando o céu. – Não é justo! – repetiu, enquanto as pessoas abriam caminho para que um cavaleiro viesse em nossa direção. Montava também um garanhão negro imenso e vestia-se com luxo, trazendo uma grande capa vermelha com franjas douradas cobrindo quase todo seu cavalo. Sua barba era negra e cerrada, com as maçãs do rosto salientes, e seus olhos rápidos. Eu sabia quem era. Nunca o havia visto de perto, mas sabia quem era, e todos os cavaleiros montados abaixaram suas cabeças, enquanto os que estavam desmontados se dobraram sobre um dos joelhos, inclusive meu pai.

– Você prometeu a todos uma luta, Edmond de Chambres – continuou, agora se interpondo entre nós. – Uma luta deve ser honrada e um cavaleiro do rei deveria saber bem disso, do contrário, seria apenas mais uma matança. Por isso é justo que o seu opositor lute por um bom motivo. Poderia ser o amor de uma dama, uma parte de terra ou um título. Poderia ser por uma bolsa de ouro ou pela vida. Acho justo que este rapaz tenha um motivo para lutar.

– Ele é um herege, senhor... e é um inimigo que matou muito dos seus homens.

– Já ouvi falar dele, Edmond, e o que ouvi falar me dá mais motivos para tratá-lo com respeito e um mínimo de justiça. Na verdade, já o vi lutando, em Castelnaudary. Por isso, espero que ofereça a ele um motivo melhor para lutar, para que saibamos se realmente é melhor do que ele, como apregoa.

Tive a impressão de que o peito de Edmond iria explodir. Por instantes pensei que ele partiria para cima de mim e tentaria me matar não com sua espada, mas com seu ódio apenas. Fora desafiado e, embora tivesse a certeza de que me derrotaria, ou mesmo me mataria, seu orgulho estava profundamente ferido, por que alguém supôs que ele poderia não ser melhor guerreiro que eu. E este alguém era Simon de Montfort, o usurpador, o centauro, e agora senhor de quase toda Occitânia, embora a igreja romana ainda não tivesse oficializado seus títulos de visconde de Carcassonne e conde de Tolosa, além de vários outros que pleiteava.[53]

– Se ele me vencer, poderá partir – falou meu pai, novamente com um sarcástico sorriso de autoconfiança no rosto, mostrando que já recuperara o controle.

[53] Em novembro de 1215, o concílio de Latrão reconhece-o como conde de Toulouse e dá testemunho do condado ao rei da França em maio de 1216.

– E levarei meus amigos – falei. – Não partirei daqui sem eles.

Os cavaleiros agora não riram da minha ousadia. Todos olharam para Simon de Montfort, inclusive Edmond, esperando que ele decidisse. Era o senhor da guerra, o usurpador que se aproveitara do conflito para crescer, mas tinha fama de ser leal aos seus companheiros, além de um grande guerreiro. Por todas as batalhas que ganhara, quem poderia duvidar disso? Quem poderia não respeitar suas decisões? Nem mesmo um campeão de torneios e cavaleiro do rei da França faria isso. Mas Simon ficou relutante com minha proposta. Olhou demoradamente para mim, depois para meus amigos. Um silêncio pesado se impôs e parecia que ninguém se atrevia nem a respirar.

– Se conseguir partir, vai continuar lutando contra mim? – perguntou.

– Vou continuar lutando para defender as pessoas que me fazem bem. Vou continuar lutando pelos meus amigos – respondi, sem titubear, mesmo sabendo que aquela resposta poderia ser a nossa sentença de morte. Porém, eu sabia que não poderia mentir diante daquele homem.

– Para aonde vão, se vencer?

– Para Montségur, senhor – respondi, novamente sem hesitar.

Naquela época Montségur era apenas mais um ninho de águia e as atenções ainda estavam voltadas para as muitas cidades que se revoltavam quando as guarnições cruzadas enfraqueciam. Manter o território conquistado era um desafio grandioso e Montségur não era, na época, um refúgio de nobres derrotados ou guerreiros de boa reputação, como viria a ser no futuro.

– Se você vencer Edmond de Chambres poderá partir e levar seus amigos, e não serão seguidos. Dou a minha palavra – falou e virou seu grande cavalo negro, trotando na direção do povo, que abriu caminho para que passasse.

Edmond ficou um longo minuto olhando para o chão e só então ergueu seus brilhantes olhos azuis para mim e sorriu, depois levantou a espada. Iríamos lutar.

Capitol cinquanta uèch

Montségur, setembro de 1217.

O verão havia sido bruto, como todos os verões no Ariège. As chuvas foram poucas e as cisternas secaram, fazendo com que guerreiros largassem as armas e descessem pelas encostas de pedras ao rio na base da montanha, carregando baldes. Fazíamos isso pela manhã, quando o sol ainda não castigava. Ainda tenho a impressão de que sinto o cheiro do orvalho subindo pelas copas dos pinheiros enquanto descíamos. Levávamos vários baldes e trazíamos dois cada um. Os outros deixávamos no caminho para que os peregrinos os carregassem enquanto subiam durante o dia. Era uma maneira de poupar um pouco das nossas energias, já que muitas pessoas subiam a rocha atrás dos *perfeitos e perfeitas*. O movimento era maior quando Guillabert de Castres estava na comunidade. Era o mais famoso *bom cristão* da nossa época e atraía centenas de peregrinos para ouvir os seus sermões. Este cronista teve a grata oportunidade de conviver com ele nos melhores anos daquela vida, quando tinha ao meu lado Júlia e Nathalie, meus dois grandes amores, minha adorável mãe, Anne Crestan, assim como meu pai de coração, Amadeu de Clors, além dos grandes amigos, Thierry e Jaume. Foram anos maravilhosos.

Sim, caros leitores, mais uma vez sobrevivemos a Edmond de Chambres. Mais uma vez manchei minha espada com sangue contra a minha vontade e tive, naquela época, que contar tantas vezes esta história que prefiro um subterfúgio literário para não precisar contá-la novamente, pelas minhas próprias palavras. Logo entenderão, assim como saberão o que aconteceu.

Nathalie costumava descer comigo pela encosta de pedra carregando seus baldes e Júlia, vez ou outra, também o fazia. Havíamos ficado muito amigos de Claire, a esposa do meu tio, Jöe de Chambres, que continuava a ser uma figura enigmática, ficando longos períodos longe de Montségur, sem que soubéssemos ao certo para onde ia. Claire tampouco nos elucidava sobre o assunto e era fácil perceber que não se sentia confortável quando perguntávamos. Tão logo pude, parti com Thierry na direção de Niaux, porque queria esclarecer quem era aquela Florence que nos recebera na gruta, mas não a encontramos, nem tivemos notícias de para onde poderiam ter ido, ela e o médico com quem trabalhava. As pessoas da região apenas sabiam que haviam desaparecido repentinamente. Cheguei a falar com a mãe de uma criança que o médico tentou ajudar, mas que não resistiu, mas ela não sabia de nada. Não havíamos contado a Claire da nossa desconfiança e assim foi melhor, para não alimentar falsas expectativas, já que, sabíamos, ela ainda sofria muito por ter perdido a filha.

Quem também se tornou um grande amigo e era um exímio carregador de baldes foi Laurent Beltran. Ele era uma cabra da montanha. Havia descoberto trilhas escondidas que sempre poderiam ser úteis em caso de cerco, o que sabíamos ser um perigo constante e suscetível de acontecer mais dia, menos dia. Laurent descobriu cavernas pelas encostas que também seriam necessárias no caso de precisarmos esconder pessoas. Caminhar na beira do abismo era parte da sua natureza. Eu, ele e Thierry, formávamos uma equipe de subsistência considerável para aquelas condições de vida, porque não apenas trazíamos água, mas também caçávamos e pescávamos. Os *bons cristãos* comiam pouco e não comiam carne, embora se permitissem poucas porções de peixe. Então partíamos antes do sol na direção de Foix, até encontrarmos o pequeno riacho, que era rico em trutas, e estes eram dias maravilhosos.

A nossa região não era uma rota comum de cruzados e Simon de Montfort continuava bem mais ocupado com a manutenção do seu território do que em condições de fazer novos ataques. Além do mais, Montségur não tinha nenhuma relevância econômica para ele. Talvez tivesse para as autoridades da igreja romana, realmente preocupadas com a sobrevivência da heresia, já que a guerra não conseguia extirpar nem as folhas desta maldita erva daninha, quanto mais suas raízes. Sabíamos, através dos peregrinos que vinham atrás dos nossos *perfeitos e perfeitas*, que o papa estava preocupado conosco, assim como boa parte do alto clero. Porém, estavam tão atolados em disputas políticas e econômicas que acabávamos sendo um problema secundário.

A vila ao redor do castelo aos poucos ia aumentando, à medida em que a guerra seguia alijando não apenas os bens dos occitanos, mas também suas esperanças. As casas eram construídas com incrível coragem por nossos pedreiros e carpinteiros, na beira do precipício. O pog da montanha, ou a sua parte mais alta, era um promontório de rocha irregular, onde se instalava uma fortificação que fora restaurada por Raymond de Peirelles, embora todo aquele território pertencesse agora a Guy de Levis, o marechal de Fé de Simon de Montfort. A região era parte do condado de Foix e fora dada a Guy pelo papa, a pedido de Montfort, depois da batalha de Muret. Como Raymond-Roger, o conde de Foix, mais conhecido por nós como conde ruivo, mesmo derrotado em Muret, ainda era um opositor a ser respeitado pela sua bravura, ou mesmo loucura, Guy de Levis não tinha pressa em se apresentar como senhor da região.

Então a vila crescia, com as casas sendo construídas ao redor da fortificação, que tinha a forma aproximada de um pentágono alongado, com cerca de oitenta metros de comprimento na parte mais longa, e vinte e cinco metros na parte mais larga. O formato irregular do castelo era o formato irregular do pog, com seu lado maior e mais alto virado para um penhasco de cerca de duzentos metros de altura, onde ficava o caminho principal para se chegar até ele. Mas não se deve confundir aquele castelo com as ruínas do castelo que lá existe na atualidade. Os historiadores estão certos ao dividir Montségur em I, II e III. Montségur I existiu antes da presença cátara; Montségur II foi a nossa época e Montségur III é o que temos hoje, que foi o castelo restaurado por Guy de Levis, depois da tomada e da destruição de tudo o que havíamos construído. Este castelo atual foi construído sobre os muros que cercavam o antigo, ou a casa principal, destinada ao comandante da guarnição, que mais adiante viria a ser Pierre-Roger de Mirepoix.

Ao redor deste muro íamos construindo casas, ou os pedreiros iam construindo, eu era mero ajudante. Era inacreditável o que aqueles homens faziam, pendurados no abismo, e eu entre eles. O promontório todo, caso fosse uma superfície regular, não teria mais de cem metros para cada lado, mas não era nada regular, e as casas iam surgindo com as pedras e troncos que fazíamos chegar ao alto da montanha através de um esforço quase inumano. Estávamos construindo um muro de pedras no sopé da rocha, circundando boa parte da montanha, para ajudar a conter uma força de ataque, bem como uma barbacã[54] no caminho que levava à rocha da Torre, que ficava a cerca de setecentos a oitocentos metros em declive para nordeste. Na rocha

[54] "Obra avançada de fortificação destinada a proteger pontos estratégicos." (Michaelis)

da Torre, protegida por uma escarpa de cerca de cem metros de altura, havia um ponto de vigia constante, pois, caso fosse dominada por um ataque inimigo, era o único ponto de onde uma máquina de guerra poderia lançar projéteis sobre a vila e o castelo.

Eu, como mero ajudante, carregava pedras e madeira. Amadeu de Clors orientava com precisão os construtores, entre eles Jaume, que se revelou excelente carpinteiro. Trabalhava os troncos de madeira fazendo encaixes surpreendentes e continuava a apontar suas lanças. Meu grande amigo, que agora trazia uma cicatriz feia no pescoço, demorou muito tempo para sorrir novamente, assim como Jamile, sua esposa, depois da violência que sofreram. A força de Geneveve, mãe de Jamile, que havia se tornado uma *boa cristã*, depois de receber o *consolamentum* numa cerimônia dirigida pelo próprio Guillabert de Castres, foi o que conseguiu fazê-los superar a dor e voltarem a viver. O que era o corpo para uma *boa cristã* senão o seu instrumento de redenção? Eu percebia que Jaume, embora ainda um guerreiro, cada vez mais absorvia os ensinamentos cátaros e vivia o dilema entre o amor de Jamile e a religião. Caso seguisse o caminho para se tornar um *bom cristão*, recebendo o *consolamentum*, deveria abdicar do casamento. Nunca falávamos sobre o assunto, mas eu sabia o que se passava com ele, e sabia que ainda preferia ser um crente, e que ainda preferia ser um soldado a um carpinteiro, mas que estava feliz ao lado de Jamile, embora ainda remoesse no coração um soturno desejo de vingança contra Edmond de Chambres e contra o padre Damien.

– Eu sei coisas sobre o padre que nem ele mesmo sabe – falou-me um dia, de repente, enquanto trabalhávamos um tronco. Ele ficava em silêncio remoendo rancores, por isso eu gostava da sua aproximação com os malditos hereges, que tanta bondade tinham para distribuir e nos fazer pensar diferente. Havia passado a infância em Les Baux, onde o padre ia com muita frequência, então poderia mesmo saber de coisas sobre Damien, mas nunca me contou o que era, nem eu perguntei. Quanto mais tempo ficasse sem ouvir aquele nome, melhor.

A única rusga a ser lamentada neste período tinha a ver com um soldado mantido em Montségur por ondem de Raymond de Peirelle, chamado Renan Briand. Desde o começo havia se desentendido com Jaume, por ser autoritário e pouco colaborativo, e, consequentemente, se desentendido comigo e Thierry. Os desentendimentos pioraram muito quando Renan agrediu Laurent, talvez mesmo para provocar, sabendo que era do nosso círculo mais próximo. Laurent recebia treinamento militar comigo e Jaume, já que sonhava em um dia ser cavaleiro. Mesmo que nossos treinos fossem duros, ele resistia e se tornava, a cada dia, um soldado mais forte e ágil. Em um dia que eu estava fora da vila e Jaume muito ocupado com as construções, Renan convidou Laurent para treinar junto com seus soldados. O resultado foi desastroso. Quando retornei no final do dia, encontrei-o muito machucado, aos cuidados de Claire e Jöe. Somente a força moral de Guillabert, que felizmente estava em Montségur, impediu que eu e Jaume forçássemos um acerto de contas. Lembro-me de ter ficado com medo de mim naquele dia, pois tive vontade de ferir, ou mesmo de matar. Quase sempre eu lutava para me defender e, mesmo assim, alcançara uma fama que ia além dos meus próprios talentos. O que aconteceria em uma luta motivada pela vingança? Felizmente, Guillabert, e Amadeu de Clors, e Anne, e Julia, e Claire, estavam lá. Nathalie não participou da campanha para que eu não reagisse, e foi a primeira vez que percebi em seus olhos uma dor que ia além do comum. Foi a primeira vez que vi percebi em seus olhos as fagulhas da paixão, que iluminavam um pouco da escuridão causada pela agressão de Renan. Nathalie, a agora linda mulher Nathalie de Saint-Etienne, nos seus quase dezessete anos, estava apaixonada por Laurent Beltran, que tinha perto dos vinte, e era uma excelente pessoa. E eu fiquei com ciúmes. Acreditem! Jamais um ciúme opressor movido por qualquer motivação carnal ou sensual. Um ciúme de pai, ou de irmão. Um ciúme que me deixou feliz por acontecer. Por falar em idade, eu estava com vinte e oito anos.

A relação com Renan Briand ficou ainda mais azeda e preferimos apenas manter distância. Nas atitudes dele havia alguma coisa de desafio contra o famoso guerreiro Sebah de Chambres, mas eu já havia me acostumado a isso com muitos outros guerreiros, era o peso da fama. Uma fama, por sinal, que nunca quis ter. Porém, Renan vivia muito próximo, e a comunidade era moldada pela paz. Então era minha obrigação manter o equilíbrio.

A notícia chegou num dia em que começávamos a subir a encosta, carregados de baldes. Eu ia logo atrás de Nathalie, que ia logo atrás de Laurent, já recuperado, e havia um crepitar de incêndio no ar quando os dois estavam próximos. Eram as labaredas do amor. Atrás de mim vinha Thierry, que todos os dias falava que tinha dúvidas se deveria ficar em Montségur ou partir atrás de Serkan, que permanecera conosco por alguns meses, até ter alguma condição de cavalgar, depois partiu atrás de Fabres. Queria que Thierry o acompanhasse, mas este ficara na dúvida, e a dúvida ainda persistia.

Foi um jovem soldado quem gritou meu nome. Estávamos começando a parte mais íngreme da subida, que ziguezagueava até o topo, e eu já os havia visto, mas pensei que eram da comitiva de algum senhor, ou alguma dama, que vinham com frequência atrás dos *bons cristãos* e boas cristãs.

– Sebah de Chambres? O senhor é Sebah de Chambres?

– Sim, ele é Sebah – respondeu Thierry, largando seus baldes e indo na direção dos soldados, como se fosse meu guarda pessoal. – O que querem com ele?

– Tenho uma mensagem do senhor Hugues d'Alfaro.

Ao ouvir o nome, larguei meus baldes e fui ao encontro do grupo. Eram quatro jovens soldados que não portavam nenhum brasão que pudesse identificá-los.

– Pode me entregar a mensagem – pedi.

– Como posso saber que o senhor é mesmo Sebah de Chambres?

– Quer que ele o levante junto com o cavalo? – perguntou Thierry, como sempre me exaltando, o que causou algum constrangimento no soldado.

– Quem é você? – perguntei.

– Johan d'Alfaro. Sou filho de Hugues... sou filho natural de Hugues – completou, ao perceber que o encarava com alguma incredulidade. – Não trago nenhuma mensagem escrita, senhor. Venho para lhe avisar que o conde Raymond voltou de Barcelona e tomou Tolosa. Estamos reforçando a defesa e precisamos de soldados, urgentemente, porque logo Montfort virá.

Capitol cinquanta nòu

Tolosa, 25 de junho de 1218 – O grande cerco de Tolosa.

Jamile estava exausta. Trabalhar com uma *trébuchet* era serviço masculino, mas ela e mais algumas mulheres haviam insistido comigo para que as ensinasse a lançar pedras na pequena máquina de guerra que algum engenheiro virtuoso havia construído para o conde de Tolosa. Aquela *trébuchet* era fácil de ser montada em um espaço pequeno e também fácil de ser acionada, por isso sua argumentação fora suficiente para que concordássemos com a ideia estranha de termos mulheres na frente de batalha.

– Ficaremos protegidas pelo muro e toda ajuda é necessária – ela falou para Hugues d'Alfaro, que ainda hesitou alguns segundos antes de sorrir diante do olhar firme e decidido daquela mulher que parecia ter sido feita de alabastro, de tão delicado que era seu rosto.

– Sim... toda ajuda é bem-vinda. Sebah vai ensiná-las.

Eu e Jaume as ensinamos. Eu sabia que era por ele que seu espírito se debatia diante do perigo da luta. Seu amor por Jaume não tinha como ser medido, muito menos explicado. Eu só podia entendê-lo quando pensava em meu amor por Júlia. O que eu não faria por ela? O que ela não faria por mim? Então Jamile, Júlia e Nathalie, além de mais duas mulheres que eu não conhecia, mas que tinham seus homens na frente de batalha, se encarregaram de uma pequena *trébuchet* e eu as ajudei a separar as pedras adequadas a serem lançadas. Eram pedras pequenas, não mais que quatro quilos, mas pesadas o suficiente para matar um homem.

Aquele dia 25 de junho de 1218 havia amanhecido com chuva. Uma tempestade se abatera sobre Tolosa durante a noite e temíamos que parte dos muros, que constantemente restaurávamos, tivesse ruído. O Garone ameaçava invadir a cidade e parte do acampamento cruzado, que depois de nove meses de cerco tornara-se uma nova cidade, onde Simon de Montfort estava enlouquecido. Há menos de um ano havia sofrido sua primeira derrota significativa, quando o jovem Raymond VII, o mesmo menino que um dia eu salvei da morte diante dos cavaleiros da Fraternidade Branca, tomou Belcaire, nas margens do Ródano. Após a derrota e sem dinheiro para pagar seu exército, que ameaçava debandar, resolveu voltar a Tolosa para refazer seus fundos. Porém, aproveitando-se da sua ausência, Raymond, o jovem, conseguiu libertar diversas outras cidades na Provença.

As diversas batalhas para manter seu imenso território faziam o usurpador mais vulnerável. A inimizade com Arnald Amaury, antigo legado papal e agora bispo de Narbonne, o enfraquecia politicamente. Aproveitando-se disso, Raymond VI, o velho, tramou para atravessar os Pirineus vindo de Barcelona, onde estava exilado, e reuniu seus antigos vassalos para retomar Tolosa. Desde a derrota em Muret, em 1213, Raymond tentara de diversas maneiras políticas recuperar o que havia perdido, inclusive pedindo para ser julgado durante o concílio de Latrão,[55] que acontecera pouco antes da morte de Inocêncio III, em novembro de 1215. De pouco adiantou a defesa acalorada de Raymond Roger de Foix, o conde ruivo, que se fez seu advogado diante do concílio, quando denunciou as atrocidades de Montfort e suplicou a clemência do papa, que estava fragilizado pela certeza da morte próxima, bem como pela perda do seu rei preferido, Pedro de Aragão. O conde de Foix discutiu com o próprio Foulques e, na frente do papa, aparentou uma vitória das palavras, mas o bispo e seus comparsas tinham as sombras dos ambientes privados da basílica de Saint-Sulpice, onde acontecia o concílio, e lá tramavam com liberdade, conseguindo com que o papa mantivesse a maioria das sanções já impostas ao conde e seus vassalos e, por fim, determinasse que Simon de Montfort era o senhor de todos os títulos e terras que havia arrancado dos nossos senhores.

Enquanto acontecia o concílio e o conde tramava politicamente, com o jovem Raymond ainda sob a guarda do tio, o rei da Inglaterra, o usurpador apresentou-se para tomar definitivamente Tolosa, em 1215, dois anos depois da batalha de Muret. Trouxe consigo o príncipe Luís, o pai de Nathalie e filho de Felipe Augusto, rei da França, além dos mais importantes

[55] Em 1215 aconteceu o IV Concílio de Latrão e o principal assunto discutido foi a heresia cátara.

senhores do reino. A união entre o conde de Tolosa e Pedro de Aragão, bem como a proteção do rei da Inglaterra a Raymond, o jovem, fez com que o rei da França tratasse a região conquistada com severidade. Foulques chegou a sugerir que a cidade fosse dizimada, assim com acontecera com Béziers, porque, se a deixassem sobreviver, um dia se rebelaria. Devemos convir que nisso ele tinha razão. Porém, Montfort não queria abrir mão da cidade mais rica da Occitânia. Sua resposta a Foulques, diante do príncipe, deixou a clara demonstração de sua ganância:

– Não vamos destruir a cidade, mas vamos desarmá-la e despi-la. Não massacraremos os tolosanos, mas vamos sangrá-los.[56]

E assim foi feito. Uma pesada multa foi imposta às famílias e todos os que estavam em condições de trabalhar foram chamados para destruir as seculares proteções. Torres, muralhas, caminhos de ronda, seteiras, tudo deveria ser destruído. Logo os ladrões podiam se infiltrar livremente pelas ruas e os homens tinham que passar a noite em ronda, afugentando animais ferozes, tão desprotegida ficou Tolosa. Só foi preservado o castelo Narbonnais, erguendo-se na entrada da cidade acima dos telhados, como centro de comando do novo senhor.

O que Simon não contava era com a adesão em massa dos senhores da provença à causa dos condes de Tolosa, pai e filho. De Marselha a Avignon, depois do concílio, Raymond velho e Raymond jovem foram recebidos com promessas de luta para que seus territórios e títulos fossem restaurados, apesar das determinações papais. O apoio foi tamanho e tanta força reuniu-se, que Raymond, o jovem, tomou Beucaire, um dos bastiões de resistência de Montfort, nas margens do Ródano e próximo a Avignon. Isso fez com que o usurpador tivesse que mobilizar suas forças e deixar Tolosa sob o comando do irmão, Guy de Montfort. Em Belcaire, depois de várias batalhas sangrentas, foi derrotado pelo jovem conde, e isso lhe mostrou que não era invencível, fazendo com que uma nova onda de esperanças se espalhasse pelos territórios tomados.

Simon de Montfort sabia que a maior parte da ajuda financeira ao jovem conde tinha vindo de Tolosa, de seus mercadores e cônsules capitulares, sempre ricos. Seus informantes levavam a ele diariamente estas notícias. Sabia que havia uma liderança revolucionária em torno de Aymeri de Castelnau dentro da cidade, que tramava pela volta de Raymond, o velho. Então, depois de derrotado em Belcaire e com a ferida do orgulho, ainda sangrando, retornou às portas de Tolosa com os estandartes levantados, dando a

[56] *In*: Baudis, Dominique, *Raimundo, o cátaro*.

entender que iria saqueá-la, o que fez com que os moradores se fechassem e se armassem em defensiva. O próprio Guy, estupefato, tentou intervir a favor da cidade, mas não dobrou a ferocidade do irmão. Comitivas foram mandadas a Montfort para acalmar seus ânimos, pois agora a cidade lhe pertencia e não era lógico saquear o que era seu. Mas, além do orgulho ferido e do desejo de vingança pela ajuda que veio da cidade ao conde em Belcaire, o usurpador estava sem dinheiro para pagar seu exército, que ameaçava debandar.

O bispo Foulques se fez de pacificador e prometeu aos moradores que, se entregassem a Montfort as riquezas que pedia, a cidade seria preservada. Porém, tão logo os cônsules e mercadores se apresentaram, foram feitos prisioneiros e a cidade saqueada. O próprio Foulques entregou a Montfort a lista dos prováveis traidores que mandaram riquezas a Belcaire. Soldados animalescos romperam portas e se locupletaram. Centenas de homens íntegros foram feitos prisioneiros e mandados para castelos das redondezas. Felizmente Aymeri de Castelnau, com alguns de seus cavaleiros, conseguiu fugir e se uniu ao velho conde em Barcelona, onde tramaram o retorno. A febre por riquezas do usurpador facilitou o processo. Então, quando partiu para tomar regiões que o clero em Latrão lhe houvera negado, deixou Tolosa exposta.

Em setembro de 1216, guiado por Aymeri e trazendo consigo meu comandante, Hugues d'Alfaro, além do conde ruivo e outros nobres *faidits*,[57] Raymond, o velho, infiltrou-se na cidade durante a noite e, depois de estarem dentro dos muros, abriram seus estandartes, para delírio da população, que vivia sufocada pela tirania dos asseclas de Montfort. O rancor que cada tolosano acumulava por toda humilhação sofrida fez com que homens, e até mulheres, munidos de facas e paus, expulsassem os soldados franceses, que se refugiaram atrás das portas do castelo Narbonnais. A partir disso, a luta para manter o domínio da cidade era diária, e este fora o maior desafio: restaurar os muros de defesa. Diante das circunstâncias, havíamos feito um bom trabalho.

Desde que eu e meus amigos chegamos, há nove meses, o cerco era cansativo. Todos os dias o exército de Montfort tentava uma investida. Todo dia havia uma batalha. Depois do inverno, com a chegada da primavera, o que vimos foi assustador. No horizontes surgiram bandeiras e estandartes. Um novo exército cruzado, tão poderoso quanto o que tomou Bézier e Carcassonne, havia se formado novamente, por ordens do papa. Os bispos católicos mais uma vez espalharam a ideia de que os soldados do Cristo comba-

[57] Faidits eram os senhores despossuídos de seus bens e títulos.

tiam uma legião de demônios naquela cidade enfeitiçada chamada Tolosa. E eles vieram do norte, aos milhares. Porém, ficariam apenas por quarenta dias, tempo mínimo obrigatório para se juntar a uma cruzada e, por isso, Montfort tinha pressa. Da nossa parte, havíamos recebido ajuda de muitos senhores. Quase todo o exército derrotado em Muret estava reunido dentro dos muros precariamente restaurados da cidade. Mesmo assim a vantagem numérica do inimigo era esmagadora.

A chuva havia cedido quando o dia amanheceu e estávamos todos de vigília sobre o acampamento do exército de Montfort, que trazia cada vez mais para perto a sua gata, a única maneira que imaginou ser possível romper nossas linhas de defesa, já que todas as outras tentativas haviam sido rechaçadas. A gata era uma artimanha de guerra que consistia em construir um grande carro coberto, colocando-se sobre as tábuas do seu telhado couro encharcado em água, para que não pudesse ser incendiada. Assim o inimigo conseguia chegar a um muro ou um portão, com poucas baixas, o que facilitaria a invasão. Sob ela iriam os melhores soldados, verdadeiras máquinas de morte com uma espada, acha d'armas ou machado nas mãos. A gata de Montfort era um monumento de dois andares, onde centenas dos seus melhores soldados se abrigavam. Então Montfort tentava fazer sua gigantesca gata se aproximar do portão de entrada leste da cidade, mas a chuva era nossa aliada, porque deixava uma camada de lama que empastava o caminho, bem como formava valetas com a enxurrada, onde as rodas da grande tenda entalavam.

Eu havia assumido novamente o comando de um grupo de soldados, por ordem de Hugues d'Alfaro, e sob meu comando estavam Thierry, Jaume e Laurent. Este não conseguia conter a exaltação diante das batalhas que havia participado nos últimos meses. E foram muitas naquele período, porque as sortidas dos cruzados eram constantes, na tentativa de impedir que restaurássemos nossas defesas, ou tentando mesmo se infiltrar por entre elas e reconquistar a cidade. Laurent parecia ter a alma de um poeta gentil, mas seu corpo era modelado para a guerra. Forte, ágil, inteligente, havia se destacado na defesa da cidade, e Nathalie, embora com medo, estava orgulhosa. E eu também, pois o havia treinado.

Johan, filho de Hugues, também havia ficado sob meu comando, o que demonstrava a confiança que o chefe do exército de Raymond depositava em mim. Quando cheguei ao muro, mal o dia amanhecia, vi que Thierry estava se deliciando contando a ele a sua nova história favorita:

– Eles desceram duelando até entrarem no rio – falava, Thierry – e Edmond parecia estar enlouquecido para encerrar rapidamente o combate.

Nunca ninguém viu uma troca de ataques e defesas tão longa, nem mesmo em um torneio. Parecia que iriam fazer aquilo pelo resto da vida.

– Dizem que ele poderia ter matado Sebah...

– Poderia, a qualquer momento, é claro! Mas também poderia ser morto a qualquer momento. O que as pessoas pensam que foi um acaso, na verdade foi uma artimanha de Sebah. Quando entraram na água, meu amigo sabia que ali o rio ficava mais fundo por minha causa...

– Por sua causa? – perguntou Johan.

– Sim... sim... Antes de entrarmos na cidade, eu havia caminhado por uma longa extensão do rio, para sabermos onde seria mais fácil passar, no caso de uma fuga às pressas – respondeu Thierry, como quem tenta mostrar que aquilo não era nada demais, depois continuou. – Sebah fingiu perder o equilíbrio e afundou. Foi um risco, foi temerário, por que Edmond desceu sua espada com violência e certeza de que acabaria ali o combate, mas Sebah havia previsto o ataque e deixara sua espada paralela à superfície da água, somente um pouco abaixo. A água do rio estava turva porque havia chovido e isso escondeu a espada de Sebah. A lâmina de Edmond bateu com violência e nós, que víamos à distância, pensamos que era o fim. Não era. O golpe violento encontrou uma resistência inesperada e isso fez com que Edmond perdesse o equilíbrio. O passo seguinte era bem mais fundo e Sebah sabia disso, tanto que o levou para aquele ponto intencionalmente. Enquanto Edmond caía, Sebah subia debaixo da água como se fosse um peixe saltando e, girando o corpo no ar, enfiava sua espada no peito de Edmond. Você já ouviu o som de uma espada rasgando carne, raspando osso?

– Já... – respondeu Johan, mas era fácil perceber que não era verdade. Ele ainda era muito jovem e estava extasiado com as palavras de Thierry, que sabia fantasiar muito bem quando contava qualquer história. Aquela história não precisava ser fantasiada, infelizmente.

– Então sabe do que estou falando – continuou Thierry, feliz por estar impressionando. – Então Edmond gritou. Foi um grito gutural, que se espalhou pelos campos ao redor de Carcassonne e foi ouvido muito longe. A população, reunida para assistir à luta, emudeceu e tremeu. Sebah estava ferido, com muitos cortes, porque seu pai era um grande guerreiro. Dizem que era o maior vencedor de torneios do reino...

– Mas ouvi falar que ele não morreu...

– Não. A frieza de Sebah é impressionante. Mesmo durante a luta e estando correndo o perigo de ser morto a qualquer instante, e mesmo durante um salto dentro da água, sabia onde ferir e não matar. Por mais que fosse um monstro, era seu pai. Sua espada atravessou o ombro direito de Edmond. O abade Amadeu, quando ainda era abade em Fontenay, havia ensinado a Sebah todos os pontos mortais de um adversário, assim como os que apenas poderiam ferir. Você consegue imaginar tamanha frieza e precisão? Não, ninguém consegue, por isso acham que foi o acaso. Na verdade, ninguém conseguiria sair vivo de um combate com Edmond de Chambres, mas ele viveu, e nos fez viver. Montfort cumpriu sua palavra e pudemos partir, mas Edmond não cumpriu. No segundo dia da nossa fuga fomos alcançados por um grupo de soldados leais a ele. O padre Damien estava com eles...

– Mas esta é outra história, Thierry – falei, me enfiando entre eles e os assustando com minha presença. – Espero que tenha a oportunidade de contá-la – continuei, apontando um grande grupo de cavaleiros inimigos que se posicionava para mais um ataque, enquanto outro grupo se enfiava embaixo da gata para recomeçar a tentativa de trazê-la até nosso portão.

Corri pela extensão do muro dando o alerta e logo os sinos tocaram, fazendo com que viesse uma enxurrada de soldados e pessoas do povo. Estavam armados com espadas, lanças, machados, enxadas e foices, e coragem, muita coragem. Aquele povo não defendia apenas a vida, mas uma ideia de liberdade que vinha há anos sendo dilapidada, usurpada. Defender Tolosa era defender um símbolo, e isso fazia aquele povo dosar coragem com loucura.

O primeiro grupo de cavaleiros de Montfort atacou com ferocidade, e foi recebido com ferocidade. A função dos grupos de ataque era desviar nossa atenção do avanço da gata, que traria centenas de soldados bem armados para dentro dos muros. Um soldado preparado para a guerra diante de um cidadão comum, mesmo que cheio de coragem, era uma disparidade que poderia nos levar à derrota, pois tínhamos mais gente do povo na defesa do que soldados verdadeiros.

Algumas partes do muro de defesa estavam rompidas desde a última sortida do inimigo e a tempestade da noite não nos permitiu arrumá-las. Foi o que fez Montfort apressar o ataque. Eu havia me postado com mais alguns soldados numa dessas passagens. Jaume e Laurent estavam ao meu lado e a nossa amizade parecia formar um escudo ao nosso redor, mas sabíamos que este escudo não resistiria a um ataque maciço por muito tempo. Thierry ficava no alto de uma torre, não muito distante de nós, e de lá lançava suas flechas certeiras. Um grande arco inglês era um trunfo numa situação como aquela, e, no longo período em que ficara em Montségur, tivera tempo para preparar uma imensa quantidade de flechas.

As pedras e troncos que havíamos enfiado na estreita passagem que defendíamos fazia com que os soldados inimigos perdessem a velocidade, além do fato de não poderem passar mais do que dois de cada vez. Um deles conseguiu que seu cavalo tivesse impulso suficiente para superar nossa barreira, depois de ter saltado o último tronco atravessado, derrubando Laurent e o deixando vulnerável. Eu e Jaume estávamos lutando com soldados que vinham correndo, e eram vários agora, com os detrás empurrando os primeiros, o que os fazia mais perder o equilíbrio do que ganhar velocidade. Assim nossas espadas cantavam seu grito de morte, infelizmente, e, por isso, não havia como ajudarmos o jovem amigo. Quando o cavaleiro voltou seu grande cavalo para cima de Laurent, que, ainda atordoado tentava se levantar, ouvi um som inconfundível assobiando no ar e uma longa flecha atravessou o corpo do cavaleiro, furando sua cota de malha e o jogando para longe do cavalo. O som do impacto fora tão forte que todos pararam por instantes. Olhei para Thierry e vi que ele já estava com sua arma apontada na direção do inimigo, como se aquilo que havia acabado de fazer fosse só mais um disparo. Não era. Estava a cerca de cem metros de distância.

O grande cavalo, agora sem comando e assustado, disparou para fora do muro e derrubou os inimigos que nos atacavam, causando grande confusão. Foi quando vários soldados de Hugues d'Alfaro, além do próprio, vieram em nossa ajuda, porque já estávamos exaustos. Mesmo assim não podíamos parar, por isso saltei sobre a murada e corri na direção de Thierry, deixando Jaume e Laurent na retaguarda de onde estávamos, para poderem descansar um pouco. O local de Thierry era privilegiado, no alto de uma torre de vigia reconstruída, mas o chão ao seu redor estava cheio de setas de besta, o que mostrava o perigo que corria constantemente. Lá de cima eu teria uma visão melhor de onde nosso grupo poderia ajudar, porém, quando cheguei ao seu lado ele segurou meu braço e falou, apontando para o campo de batalha:

– Veja quem está lá...

Ele estava apontando para um cavaleiro que usava uma túnica negra sobre a cota de malha. Sabíamos quem era exatamente por isso. Era Guy de Montfort, irmão do usurpador. Vários outros arqueiros e besteiros da nossa defesa tentavam atingir os bois e os homens que puxavam a gata, e isso fazia muitos inimigos morrerem, então era preciso uma palavra forte de comando, e Guy a tinha.

– Ele está a quase duzentos metros – falei, mas Thierry nem reagiu ao meu comentário. Apenas levantou seu arco e quase que em um movimento só, disparou. Eu vi aquela flecha subir por um bom tempo, como se estivesse lenta, sem força, e depois começar a descer, e descer, e cravar-se na coxa direita de Guy, fazendo com que caísse do animal.

Thierry olhou para mim e sorriu. No mesmo instante, ouvi um assobio cortando o ar. Um assobio que tantas lembranças de dor ainda me trazia. Não tive tempo de dizer nada. Thierry, eufórico com o feito, havia ficado desprotegido mais tempo do que devia, e uma seta de besta entrou por seu braço esquerdo, fazendo-o rodopiar sobre o próprio corpo antes de cair, banhado de sangue.

– Por Deus! – gritei, e meu grito foi tão forte que Jaume ouviu, e Laurent ouviu. Em segundos estavam ao meu lado.

– Não foi nada – falou Thierry, tentando estancar o sangue que jorrava do seu braço. Era incrível a sua resistência. – Foi só um arranhão, mas acho que não vou poder atirar por um tempo.

Laurent rasgou um longo pedaço de túnica e começou a tentar estancar o sangue, enquanto muitas setas estouravam nas paredes logo acima de nós. Era estranho focarem toda aquela artilharia num só ponto, mesmo que fosse para tentarem matar o arqueiro que havia atingido Guy, por isso desci por trás da torre e deixei Thierry aos cuidados de Jaume e Laurent, que havia aprendido alguma coisa sobre isso com Jöe e Claire. Um pouco mais abaixo, encontrei uma seteira de onde podia enxergar o campo inimigo e vi o que levava os besteiros a dispararem incessantemente contra a torre. É bom lembrar que um besteiro não é tão rápido quanto um arqueiro, que consegue disparar muitas flechas por minuto, porque a besta demora a ser rearmada, o que significava que muitos besteiros estavam reunidos disparando contra aquele "arqueiro herege do inferno que disparava uma flecha como o próprio demônio". Era essa a fama de Thierry entre os soldados inimigos, e ele se divertia com isso. Mas o que os besteiros estavam tentando defender era a loucura de Montfort, que, ao ver o irmão ferido, assumira a liderança no seu lugar e agora tentava fazer a gata andar mais rápido, gritando como um louco, com sua voz possante.

Eles não sabiam que tinham atingido Thierry, por isso tentavam deixá-lo sem ação, disparando uma seta atrás da outra, para proteger Montfort. Mas meu amigo precisava ser removido dali para ser cuidado por algum médico. Cheguei a pensar em montar um cavalo, sair pelo muro e me arrojar contra o grupo de besteiros, mas foi aí que vi Jamile ajoelhada e com as duas mãos sobre uma pedra que acabara de colocar na funda da *trébuchet*. Foi rápido, mas ela parecia estar fazendo uma oração. Assim que afastou suas mãos da funda, Julia e Nathalie, uma ajudando a outra, bateram com um grande martelo na trava que segurava o contrapeso. Confesso que fiquei olhando para elas pelo medo que senti de serem atingidas por setas, porque era impossível atirarem sem um pouco de exposição. Uma *trébuchet* pode ser uma arma devastadora, mas nunca pode se esperar dela a precisão, porém, instantes depois da batida seca do contrapeso, o tempo parou. Repentinamente o silêncio se espalhou por onde há pouco havia gritos de dor, luta e loucura. As setas pararam de castigar a torre. A gata parou de se mover. Olhei para o campo de batalha logo abaixo dos muros e o que vi era estarrecedor. Centenas de guerreiros parados, perplexos, com suas espadas abaixadas. Ainda olhei para Jamile, que viera para a beira do muro, saindo do seu esconderijo, como se soubesse o que iria ver. Ela olhou para mim por alguns instantes, depois voltou a olhar para o inimigo. Então o silêncio foi quebrado por um grito que partiu dos nossos muros. Um grito selvagem, mas de alegria. E outros gritos vieram. E outros. E logo os sinos das igrejas começaram a repicar, mesmo que fosse por uma alegria tão funesta.

Era o dia 25 de junho de 1218. A pedra de Jamile havia voado diretamente para a cabeça de Simon de Montfort. O usurpador estava morto.

E a pedra caiu a direito onde devia cair. Em cheio no elmo de aço do conde acertou. E os olhos, miolos, dentes, fronte e queixada, tudo num ápice saltou. Caiu por terra. Morto. Lívido. Ensanguentado.

(Poema da Aquitânia, canção da cruzada)

Capitol seissanta

Tolosa, junho de 1218.

Não foi apenas um arranhão. Em meio à festa que tomou conta da cidade com a morte de Montfort, vimos Thierry ir piorando a cada hora. Um médico o tratou como pôde, mas o ferimento era grande e ele havia perdido bastante sangue. No campo inimigo, o abatimento era completo. Chegamos a pensar que teríamos apenas uma trégua, mas o que víamos era uma partida definitiva. O exército de Montfort, assim como acontecera com o exército de Pedro de Aragão, em Muret, perdera sua cabeça e, para não perder o corpo, reunia-se para partir. Estavam sem dois dos seus principais comandantes, um morto e outro gravemente ferido. Isso aumentava a alegria na cidade, mas Thierry estava piorando.

– Eu já posso morrer – falou Thierry, com o rosto pálido e suado. – Eu fiz alguma coisa importante e vou ficar famoso. Eu atraí o centauro para a morte e Jamile o matou. Para quem já foi escravo, é um grande feito, não é?

– E vai ser cantado pelos trovadores, meu amigo. Mas você vai poder ouvi-los – falei, tentando não deixar que seu ânimo diminuísse. – Ainda é cedo para morrer... Temos muitos baldes de água para levar para a montanha. Já estamos arrumando nossas coisas. Vamos procurar o mestre Jöe, ele poderá tratá-lo...

– Jöe de Chambres? Sim, ele pode me tratar, mas, se soubéssemos o paradeiro de Fabres, ele faria eu voltar a usar o arco em pouco tempo.

– Foi o Mestre quem ensinou tudo a Fabres – falei.

– Há grandes homens no mundo, Sebah. Grandes soldados como você, grandes arqueiros, e eu até posso ser um deles, graças a Deus! Também há grandes médicos, que têm um talento que vai além do que aprenderam com os outros. Assim como você sabe mais sobre lutar do que aprendeu com Amadeu de Clors, e eu sei mais sobre arco do que aprendi com meu padrasto, Stewart Hywelbane. Que Deus o tenha! Na verdade, ele nem teve muito tempo para me ensinar. Então, Sebah... eu preferia ser tratado por Fabres...

– Você também não confia em Jöe de Chambres, não é?

– Alguma coisa nele me incomoda. Aqueles olhos parecem penetrar na nossa mente...

– Concordo, mas acredito que ele é a nossa melhor opção. Não podemos esquecer do nosso abade e seus dois discípulos. Já os vi fazendo coisas milagrosas.

– Acho que é o de que vou precisar... um milagre – falou Thierry, engasgando-se no meio do riso e se contorcendo de dor em cada tosse.

Saí do quarto onde estávamos e encontrei Esteves, que ainda mantinha sua casa, embora estivesse falido financeiramente. O comando vingativo do bispo Foulques na cidade, que não cuidava apenas dos assuntos eclesiásticos, muito pelo contrário, havia dilapidado quase todas as famílias. Muita gente havia partido, mas muita gente não tinha para onde partir, então se submetia. Esteves era um deles, a não ser que fosse para Montségur atrás do irmão e *bom cristão*, Pierre de Guilles, e se sujeitasse a uma vida de ainda maiores privações.

A madrugada já começava a mostrar as primeiras claridades do dia e ainda havia muita gente pelas ruas, comemorando a vitória. A ruina financeira não fora o suficiente para que os estoques de cerveja ou vinho acabassem. Hugues d'Alfaro mantinha a guarnição a postos nos muros, porque temia um ataque surpresa, já que o exército francês estava tão próximo, mas havia me autorizado a partir. Ele mesmo apareceu na casa de Esteves, quando saíamos pelo portão, trazendo Thierry deitado em uma carroça forrada com cobertores de lã. Para nossa surpresa, Raymond, o velho, ex-conde de Tolosa, estava com ele. Todos ficamos alvoroçados com sua presença, mas ele pediu que relaxássemos:

– Trago um presente para Thierry e para estas corajosas mulheres – falou Raymond, apeando do cavalo e se dirigindo à carroça, onde já sabia que encontraria nosso amigo, que tentou se levantar, mesmo gemendo de dor. Estranhamos que o conde não o impediu, apesar de perceber seu sofrimento. Somente falou:

– Apenas ajoelhe-se. Não precisa ficar em pé.

Então subiu na carroça e, em pé diante do ajoelhado Thierry, que trazia no rosto suado os traços da dor, sagrou-o cavaleiro. Depois disso, colocou no peito do nosso amigo uma medalha de honra, com o símbolo dos condes de Tolosa, e ainda o presenteou com uma cota de malha. Um lindo e valoroso presente para um soldado. Poucas pessoas recebiam aquela medalha, e eu e Jaume já a tínhamos. A emoção por que fomos tomados fez nossos olhos transbordarem de lágrimas. Éramos bravos guerreiros, duros, fortes, e nossas mulheres participaram conosco de várias batalhas para defender Tolosa, então também estavam endurecidas, mas todos, sem exceção, choramos. Ou melhor, Thierry não chorou. Estava emocionado, mas com certeza entendera que aquele não era o momento apropriado para chorar, afinal, estava recebendo o maior presente de sua vida por um ato de bravura, e bravura para ele não condizia com lágrimas.

Depois disso, o conde se dirigiu a Jamile, Júlia e Nathalie e ajoelhou-se à frente delas, o que as deixou bastante atrapalhadas. Logo em seguida, seus homens trouxeram seus presentes. Eram lindos cortes de seda, de elevado valor. Uma gentileza do conde que nos deixou ainda mais emocionados.

– Eu e meu filho agradecemos a vocês, corajosas mulheres, que foram tão importantes na defesa da nossa cidade. Tolosa será eternamente grata a todos vocês – falou, virando-se para nós. Abraçou-nos um a um, assim como agradeceu um a um. A Laurent deu um anel de prata com o seu símbolo, o que o deixou profundamente emocionado. A Jaume e a mim falou palavras que iam além, bem além do nosso merecimento, por isso prefiro não repeti-las.

Antes de Raymond partir, Hugues ainda pagou-nos por nosso trabalho na defesa da cidade, embora nenhum de nós quisesse receber. Mas ele sabia da nossa importância em todos aqueles meses que passáramos ali, e esta importância ia muito além da flecha de Thierry e da pedra de Jamile. Foram nove meses de luta diária para que o maior símbolo da liberdade do nosso tempo pudesse respirar, ao menos por algum tempo. Aos olhos do conde e dos comandantes, era justa a nossa recompensa. Antes de partir, Hugues abraçou a todos e se dirigiu a mim em particular:

– Tolosa sempre terá as portas abertas para todos. Espero que possamos nos encontrar um dia novamente, Sebah, mas em outra situação que não seja a guerra. Mais uma vez, obrigado.

– Eu gostaria de lhe pedir um favor, meu comandante.

– Todos que eu puder fazer.

– Seu filho, Johan, ele e seus amigos são velozes com seus cavalos...

– Eles já foram, Sebah... – falou Hugues, me interrompendo. – Trarão Jöe de Chambres até vocês o mais rapidamente possível. Apenas sigam pela estrada de Pamiers e Foix que eles os encontrarão.

Ele estava certo. Nossa comitiva era lenta, porque uma carroça com um ferido não podia ir depressa, mas já havíamos percorrido cerca de quarenta quilômetros quando vimos um grupo de cavaleiros ainda distantes na estrada. A estrada inicialmente acompanhava o Garone, depois seguia margeando o Ariège, seu afluente, e estávamos dando de beber aos cavalos quando Jaume, que sempre ficava na vigília, os viu. Felizmente o Mestre era um bom cavaleiro e Hugues havia mandado um ótimo cavalo para ele. Estávamos no final da tarde, e Thierry, segurando a medalha junto ao peito, dormia um sono pesado. Depois que saímos da cidade, ele havia puxado uma coberta sobre o rosto e havia chorado. Todos vimos, e ninguém viu.

Jöe de Chambres não perdeu tempo com cumprimentos e logo subiu na carroça, ajoelhando-se ao lado de Thierry, que dormia, ou mesmo estava desmaiado. Seu rosto estava molhado e sua expressão era de dor, mesmo que não registrasse mais o que se passava ao seu redor. Eu havia me aproximado da carroça e Jöe, depois de erguer a coberta que cobria o braço ferido do meu amigo, pediu que eu o ajudasse. O braço esquerdo de Thierry estava amarrado com um pano todo enegrecido com sangue coagulado, que Laurent o havia tratado. Jöe fez com que Thierry bebesse um pouco de um líquido negro e viscoso, e fiquei feliz por ver que ainda havia vida nos olhos dele, que ainda conseguiu sorrir ao me ver ao seu lado. Sua mão direita tateou pelo peito até encontrar a medalha que reluzia, depois me falou:

– Eu queria que meus irmãos soubessem... – falou, num sussurro.

– Você ainda vai contar para eles, meu amigo.

– Mas... se eu não conseguir... eu quero que eles saibam...

– Silêncio! – falou o Mestre. – Economize energia, está muito fraco. O remédio logo vai fazê-lo descansar.

E foi o que aconteceu. O Mestre usou com Thierry o mesmo remédio que havia usado com Nathalie para enganar o irmão, meu pai, Edmond de Chambres. Eu não vi os efeitos nela, porque estava a caminho de Carcassonne, mas sabia do resultado.

– Vai parecer que está morto, Sebah, mas não está. Em dois dias recobrará a consciência... ao menos assim eu espero...

– Espera? Quer dizer que ele pode não acordar? – perguntei.

– Vou usar um remédio na ferida, mas veja, está muito feia – falou, depois de cortar o pano do braço de Thierry. Realmente, a aparência era assustadora.

Júlia havia trazido água límpida de uma fonte próxima, e o Mestre lavou com cuidado o ferimento; depois, passou uma pasta feita de gordura de cabra e cinzas, ao menos foi o que me falou, sobre todo o braço.

– É preciso passar esta pasta duas vezes ao dia – falou para Julia –, mas antes deve limpar a antiga e lavar a ferida. Duas vezes ao dia, entendeu?

– O senhor não vai ficar conosco? – perguntei.

– Não, Sebah. Não há nada mais que eu possa fazer por ele, por enquanto. Júlia pode fazer o tratamento. Tenho assuntos para resolver em Tolosa.

Quando o Mestre falou que não ficaria conosco, Laurent saiu abruptamente da borda da carroça e foi para longe. Foi quase uma reação natural, tanto que ninguém percebeu a estranheza de sua atitude.

– Eu preciso de alguma coisa de metal – falou o Mestre, tirando minha atenção de Laurent.

– Que coisa? – perguntou Júlia.

– Um prato, ou algo assim... Espere. Sebah, você ainda tem aquele medalhão?

– Medalhão? – perguntei, um pouco distraído, sem entender o que ele queria dizer.

– Quando nos encontramos na estalagem de Guilbert, nas margens do Lot, você tinha um medalhão...

– Sim, ainda o tenho, mas...

– Não vai precisar se desfazer dele, apenas empreste-me um pouco.

Não entendi o que ele queria, mas fui até meu alforje ao lado da sela do cavalo e apanhei o medalhão de ferro, que tinha a pomba da paz em um dos seus lados e o entreguei ao Mestre. Assim que o apanhou, ele chamou Júlia e Nathalie, depois foram para uma sombra na beira do rio. Fiquei curioso, ou com medo de perder meu medalhão, e fui com eles. O Mestre havia colocado o medalhão sobre uma pedra plana e feito as duas se ajoelharem ao redor, o que ele também fez, depois falou:

– Eu sei que vocês confiam em Deus, e sei também que lembram bem como Thierry era quando estava saudável. Então quero que vocês coloquem as mãos sobre o medalhão e peçam a Deus que Thierry volte a ser como era. Rezem por ele e, enquanto rezam, tenham em mente a imagem do nosso amigo saudável e feliz.

Não entendi o que significava aquilo, mas ele era o Mestre, e era famoso por poder curar doenças e aliviar dores. Eu já havia visto Fabres aliviar minha dor, quando salvou minha vida, e Fabres aprendera com ele. Então não fiz questão de entender o que era aquilo, desde que ajudasse mesmo a Thierry. Eles ficaram cerca de um quarto de hora naquela posição, com as mãos intercaladas sobre o medalhão, depois o Mestre pediu a Júlia que repetisse aquilo todos os dias pela manhã, e deixasse o medalhão sobre o ferimento o maior tempo possível. Então partiu.

Obedecemos ao mestre Jöe e, mais tarde, quando já havíamos feito uma fogueira e montado um acampamento, sentei ao lado de Laurent e perguntei:

– O que o Mestre vai fazer em Tolosa?

Ele ficou surpreso com minha pergunta e demorou a responder. Ficou olhando para o fogo com uma expressão confusa no rosto, como se estivesse enfrentando um súbito dilema. Depois de algum tempo, respondeu:

– Não sei.

Jaume estava conversando com Jamile e brincavam de tirar as pétalas de algumas flores que havia colhido para ela. Meu amigo era de um carinho imenso com sua amada e pareciam mais duas crianças do que marido e mulher; Nathalie e Júlia conversavam sentadas na tampa traseira da carroça; então eu e Laurent não podíamos ser ouvidos.

– Não sabe? Por que eu tenho essa impressão de que você tem coisas que não pode falar sobre o Mestre?

– Devo minha vida a ele...

– Não deve.

– O quê?

– Não deve nada a ele. O que ele fez para você é uma obrigação para quem vive em Cristo, como ele diz que vive. Se um de nós, guerreiros pecadores, tivéssemos feito isso, você deveria, para ele, não. Então, conte-me, o que Jöe foi fazer em Tolosa?

– Não sei se ele foi a Tolosa – começou a falar, depois parou e olhou para as estrelas e vi que estava procurando as palavras para falar. Depois de um longo minuto, respirou fundo e continuou: – Meu pai me encontrou no jardim aquela noite, onde mamãe plantava rosas e madressilvas. Estava frio, muito frio, mas eu estava do lado de fora. Ele me abraçou e ficou assustado, porque eu tremia. Então ele ouviu um riso demorado vindo de dentro da casa. Meu pai havia voltado de Saint-Cirq um dia mais cedo. Ele havia levado lã e salsichas para o mercado, mas voltaria somente no dia seguinte...

Laurent parou mais uma vez e olhou para as estrelas. Sua respiração estava entrecortada e comecei a me arrepender por tê-lo pressionado, por isso segurei seu braço, mas antes que eu pedisse para que parasse, ele se antecipou:

– Eu quero falar... preciso falar...

– Então não se apresse, temos a noite toda.

– Meu pai havia me coberto com seu casaco e me colocado sob o beiral da casa, na parede onde ficava o fogão, para que eu me esquentasse. Meu pai era um homem bom, era um crente, que costumava ouvir os *perfeitos* sempre que podia e pensava um dia receber o *consolamentum*, mas ele perdeu a cabeça. Escutei gritos. Vi que um homem foi empurrado de dentro da casa e caiu no jardim, e depois ouvi minha mãe chorando, muito. Um longo tempo depois ele veio e me levou para a cama. Não vi minha mãe aquela noite. Só a vi no final do outro dia e estava com muitas feridas. Meu pai sumiu por uns dias, não lembro bem quanto tempo. No mesmo dia que voltou, apareceu um padre e mais alguns homens, e meu pai discutiu com eles. Eles fizeram ameaças e meu pai quase enlouqueceu, ficou furioso. Alguns dias depois, ele teve que levar mais mercadorias para a cidade, então minha mãe me colocou sobre um cavalo e me levou até a beira do Lot. Era noite e havia um homem sob uma árvore, então eu só via seu vulto. Eles conversaram um bom tempo, comigo sobre o cavalo, envolto em cobertores de lã. Depois minha mãe me tirou do cavalo e me abraçou por um longo tempo e chorava muito quando mc falou:

"– Você precisa passar uns dias com este homem. Ele vai cuidar de você até eu e seu pai estarmos bem.

"Era o mesmo homem. Eu não o via entrar na casa e nem sair, por que ele fazia isso pelos fundos e eu ficava na frente, no jardim, deitado em um banco de pedra que ela forrava com mantas de lã de carneiro. Já havia acontecido outras vezes, muitas vezes. Mas eu o havia visto sair. Quando foi empurrado para fora por meu pai, ele caiu não muito longe de mim e, mesmo na noite escura, vi seus olhos azuis brilhando quando me viram, encostado na parede. Foram aqueles olhos azuis que eu vi na sombra da árvore, quando minha mãe me empurrou em sua direção.

"Eu não era de falar muito e era apenas uma criança. Não estava entendendo o que acontecia e parece que não quis registrar muito bem tudo aquilo. Sei que Claire me abraçou com carinho e me cuidou como se fosse minha mãe, mas não sei quanto tempo depois fiquei sabendo o que havia acontecido com meus pais. Eles haviam sido condenados como hereges e os poucos bens que meu pai tinha e sua terra, o bem mais precioso, fora requisitada pelo padre."

Laurent ficou quieto. Estava com a cabeça entre as mãos e os cotovelos apoiados nos joelhos, então eu não podia ver seu rosto. Eu havia perguntado sobre o que Jöe de Chambres havia ido fazer em Tolosa, e ele me contara outra história. Por isso deixei que o silêncio o acalmasse, pois ainda estava com a respiração entrecortada.

– Já entendeu o que ele foi fazer em Tolosa? – perguntou, me deixando confuso.

– Não... quer dizer...

– Jöe de Chambres me cuidou como um filho, e não posso reclamar disso, por que nunca tive outra opção. Jöe de Chambres sempre teve muitas mulheres, Sebah, e minha mãe era uma delas. Por isso ele foi a Tolosa, mas talvez nem vá realmente até lá. Por isso ele sai tanto de Montségur em suas missões... e por isso Claire sofre.

– Mas, seus pais morreram na fogueira acusados de heresia... Você acha que...

– Não posso ter certeza, Sebah. Só sei que eles nunca haviam sido acusados. De repente, depois que meu pai os encontrou, apareceu a acusação. Acho que foi uma vingança dele.

– Mas tua mãe também morreu...

– Só mais uma... só mais uma... para quem tinha muitas. Ele se vingou, ou apena apagou uma prova da sua vergonha. No fundo, eu o odeio, Sebah, eu o odeio profundamente, mas que outra coisa eu poderia fazer senão aprender a conviver com o ódio?

Então começava a se revelar o motivo de eu não me sentir seguro perto do meu tio, Jöe de Chambres. Quem era eu para julgar? Que méritos morais eu tinha para me colocar acima dele, depois de tanto sangue que derramei, mesmo que motivado pela defesa do que imaginava ser o mais certo? O que eu poderia dizer para Laurent?

Não disse. Apenas apoiei a mão no seu ombro e a deixei ali, enquanto ele sofria, novamente com as mãos cobrindo o rosto. Esperava que ele pudesse entender que neste gesto havia uma declaração de amizade e de proteção.

O Mestre havia recomendado que não viajássemos até que Thierry acordasse, pois o movimento poderia trazê-lo de volta e não daria tempo para o corpo reagir aos ferimentos. Então esperamos. Qualquer pessoa que conhecesse um pouco sobre e vida e morte diria que nosso amigo precisava ser enterrado. Sua pele estava fria e não respirava. Foi assim até o amanhecer do terceiro dia. Então ouvimos um gemido, quase um grito, e corremos para o lado da carroça, onde encontramos Thierry contorcendo-se em dores.

Capitol seissanta un

Roquefixade, junho de 1218.

Existiam vários grupos de *routiers* entre os soldados do exército cruzado; grupos independentes que seguiam um líder, que era líder pela força e pela necessidade da existência de um, embora nenhum *routier* se submetesse completamente a alguém. Mas os grupos existiam e se espalharam depois da morte de Simon de Montfort, quando o exército cruzado perdeu o comando. Amaury de Montfort, filho do usurpador e ainda muito jovem, não tinha o carisma do pai, e o irmão, Guy de Montfort, ainda se recuperava da flecha atirada por Thierry, que o impedia de tentar exercer alguma liderança.

Então um grupo de *routiers*, sem conseguir receber seu soldo após a última batalha, partiu para o sul, na esperança de alguma pilhagem, enquanto não existissem guarnições dos senhores occitanos protegendo a região. Como rapineiros, tomavam tudo que viam e cometiam crueldades sem conta.

Estávamos perto do anoitecer quando Laurent, que ia na frente como batedor, apareceu a galope e com ares preocupados.

– Eu ouvi gritos e há fumaça entre as árvores a uma milha daqui.

Estávamos com pressa. Thierry havia acordado sem acordar. Delirava e suava o tempo todo e várias vezes havia desfalecido, parecendo ter morrido. Então levávamos a carroça o mais rapidamente possível, e eu havia decidido cortarmos caminho para chegarmos a Montségur.

Lamentei ter mandado Johan e seus dois soldados acompanhando Jöe. Ele havia se oferecido para nos acompanhar até Montségur. Na verdade, ele queria ficar perto do nosso grupo, com quem havia lutado em Tolosa. Mas eu sabia que seu pai estava tentando restaurar a cidade e toda ajuda era bem-vinda. Porém, estávamos em apenas três cavaleiros, embora bem armados e bons guerreiros. O problema real era deixamos as mulheres sozinhas.

– Eu e Jaume vamos; você cuida delas – ordenei, para o desconsolo de Laurent. Mas ele entendeu que não havia outra atitude a tomar. – Não queremos confronto. Se pudermos, passaremos sem sermos vistos.

– Mas havia uma mulher gritando! – reclamou Laurent.

– Não somos heróis, meu caro. Nossa obrigação agora é salvar nosso soldado.

A estrada formava uma longa curva, que ia aos poucos mudando o curso na direção do castelo de Roquefixade, mais um ninho de águia montado na rocha e aparentemente inexpugnável, onde alguns cátaros também haviam se refugiado, como em Montségur, embora em bem menor quantidade. A região era de grotas e paredões de pedra, mesclados de capões de pinheiros que faziam tudo ficar escuro embaixo, mesmo em dias de sol.

Quando chegamos perto de um capão de floresta densa, já começamos a sentir o cheiro de lenha queimada. A pequena vila abaixo do castelo de Roquefixade ainda ficava longe para que sentíssemos qualquer cheiro que viesse dela. Podíamos ouvir vozes vindas de uma grota não muito distante da estrada, mergulhada na parede de pinheiros, por isso apeamos de nossos cavalos e viemos em silêncio. Se pudéssemos passar sem sermos vistos, seria melhor, mas não sabíamos se as pessoas que deveriam estar acampadas abaixo tinham ou não boa visão da estrada. Era provável que não, por que, se fossem bandoleiros, deveriam ficar escondidos e manter um vigia no caminho. Estávamos próximos dos pinheiros, andando na beira da estrada onde o capim abafava os nossos passos e dos cavalos, quando ouvimos os gritos de uma mulher. Sentimos o mesmo que Laurent: vontade de desembainhar nossas espadas e correr em socorro, mas não sabíamos o que enfrentaríamos, embora o horror que chegava aos nossos ouvidos através daqueles gritos.

Jaume estava aflito. O que sofrera por ter presenciado a atrocidade de Edmond contra Jamile o fizera ainda mais sensível à situação, obviamente, e tive que segurar a rédea do seu cavalo antes que disparasse em socorro, quando vi que ele havia montado novamente e tinha esta intenção.

– Calma, amigo... sabe lá em quantos são...

Então ele apeou outra vez e desceu pela encosta por cima da grota, uns trinta metros abaixo da estrada, e entrou pelos pinheiros. Lá embaixo passava um rio que formaria, quilômetros à frente, lindas cascatas, e que ali já começava a descer por gargantas profundas, cercadas por paredes de arenito e florestas. Escondido atrás de um pinheiro, ele fez sinal para que eu me aproximasse. Levei os cavalos até às primeiras árvores e os amarrei, depois encostei no mesmo pinheiro de Jaume, largo o suficiente para nos esconder e muito próximo à beira da grota. Logo abaixo de nós, havia uma escarpa de pedra com cerca de quinze metros de altura que fazia uma curva larga por onde o riacho passava e se fechava quase como uma ferradura. Lá embaixo, o riacho descia rente à escarpa e, do outro lado, um platô de pedregulhos abrigava um acampamento de soldados. Não tinham brasão nas roupas, nem cores de um só senhor. Era um grupo de dez soldados e, deitada nua sobre um tronco, havia uma mulher. Meu coração apertou-se tão logo a vi e quase não consegui respirar. Não era uma mulher. Era apenas uma menina, não mais do que quatorze anos, e tinha os cabelos raspados. Olhei para Jaume e entendi que ele tinha tido a mesma impressão que eu.

De onde estávamos eu não podia ver seu rosto, mas meu coração dizia que era ela. Florence, a filha desaparecida de Clair e Jöe, minha sobrinha, que eu tinha visto muito rapidamente quando ainda era uma menina, quando fui levado por Laurent à caverna deles, na beira do Lot. A mesma menina que talvez tenhamos encontrado em Niaux, e que depois sumiu. Só podia ser ela. Soldados bebados e quase sem roupas brincavam ao redor, como se estivessem decidindo quem seria o próximo. Faziam algum tipo de jogo com as mãos e davam altas gargalhadas.

– Vá chamar Laurent.

Não precisei dar explicações. Jaume era tão esperto quanto eu para planejar ações e já deveria ter entendido meu pensamento. Rapidamente expliquei minha ideia a Laurent, que logo contornou a beira da grota pela estrada, indo com seu cavalo até a parte baixa, a uns cem metros, depois virou à esquerda, cruzou o riacho raso e entrou pela clareira como se estivesse distraído.

– Ei! – gritou um dos soldados, quando o viu, e Laurent pareceu acordar de um sonho, assustado. Ficou alguns segundos extáticos, depois virou seu cavalo de maneira bastante desajeitada e tentou imitar um galope. Mesmo tenso como estava, não pude deixar de admirar a atuação dele, pois logo os *routiers* gritaram e correram para seus cavalos, apanhando espadas no caminho e sem se vestirem adequadamente. Cinco soldados conseguiram montar, não no mesmo tempo, e partiram atrás do aparente desajeitado viajante distraído que mal sabia montar. O que eles jamais poderiam imaginar era que o cavalo de Laurent era muito, mas muito rápido e, bêbados como estavam, não veriam nem sua poeira. Porém, tínhamos pouco tempo.

Tão logo os bandidos chegaram à estrada, contornamos a grota pelo lado contrário, onde não havia um caminho delimitado, mas estávamos tomados de uma bravura que não permitia vermos qualquer dificuldade. Cruzamos moitas de espinheiros como se fosse o jardim de uma casa e saltamos para a clareira em nossos cavalos alados. Não tive como não lembrar de quando fui salvo pelo abade Amadeu, quando eu mesmo tive a impressão de que os cavalos de Lucas e Matheus tinham asas. A surpresa foi decisiva, principalmente porque os soldados que ficaram não tinham se dado ao trabalho de pegarem as espadas. Um deles se preparava para maltratar mais uma vez a menina e foi o primeiro que ataquei. Não queria matá-lo, mas não sei o que aconteceu com ele. Minha espada bateu em seu peito com força mas não de ponta, porém, na velocidade em que eu vinha, joguei-o para muito longe e ele foi cair emborcado no riacho, onde não se mexeu mais.

Jaume partiu para cima do único soldado montado e o derrubou logo. Não tive tempo para ajudá-lo. Virou seu cavalo e bateu com sua acha no elmo de um *routier* que corria na direção dos cavalos. O elmo voou e o soldado caiu banhando em sangue. Eu havia pedido para tentar evitar mortes, se fosse possível, mas tinha dado um mal exemplo para começar. Felizmente os outros dois nem tentaram reagir. Ajoelharam-se e pediram por misericórdia. Estavam bêbados e deveriam estar vendo anjos, ou demônios, brandindo espadas de fogo. Tirei a capa de um deles e, mesmo estando com fedor de cerveja, cobri a menina, que chorava, e tinha os o rosto virado para o lado e um olhar parado, como se não registrasse minha presença. Reconheci a mesma menina que havíamos encontrado em Niaux, embora tenham passado cinco ou seis anos. Tive vontade de voltar até os bandidos ajoelhados e matá-los. Cheguei a dar alguns passos levantando a espada, mas Jaume entendeu o que eu pretendia e gritou:

– Sebah!

Foi o bastante. Abaixei a espada e voltei para a menina, que se agarrava à capa e ainda não conseguia focar o mundo real. Para quê? Melhor ficar assim por um tempo. Levantei-a em meus braços e preparava-me para montar quando Jaume me chamou:

– Não é só ela... tem um homem amarrado aqui.

Fiquei preocupado, porque os outros bandidos poderiam voltar a qualquer momento, ou se espalharem e encontrarem nossas mulheres. Mas fui até Jaume, que havia atravessado o riacho e estava ao lado de um homem amarrado com cordas e jogado no chão, onde a escarpa se voltava para dentro dela mesma e formava uma caverna, que não podia ser vista da estrada.

– Está vivo? – perguntei.

– Está quente... – respondeu Jaume, virando o homem de frente para mim, que já havia atravessado o riacho e estava ao seu lado.

Vejam, caros leitores, que situação interessante eu e Michel de Laroche, que anota minhas memórias, criamos. Vocês já sabem, neste momento, que quem estava ali amarrado era Fabres, o monge peregrino que supostamente encontrara Florence quase morta na beira do Lot, e a salvara, mantendo-a por perto, mesmo que o mais comum fosse entregá-la a alguma família, ou qualquer lugar que pudesse cuidá-la melhor. Os leitores sabem, ou imaginam, mas eu, naquele momento, não tinha a mínima ideia disso. Fabres e Florence haviam sumido, mas jamais eu imaginaria que estariam juntos, por isso apenas fiquei surpreso, e assustado, porque Fabres, que um dia havia salvado minha vida, estava muito machucado.

– Santo Deus! – falei, e Jaume apanhou Fabres nos braços como se fosse um saco de palha, jogou-o na frente da sela, montando em seguida. Corri para meu cavalo também, ainda com Florence nos braços, quando ouvimos o tropel dos cavalos se aproximando. Teríamos tempo de fugir, não fosse o que vimos. Um dos cavaleiros trazia Laurent amarrado em uma corda, correndo atrás do cavalo, outro puxava dois cavalos e um terceiro vinha atrás, sozinho, porém era o único que parecia estar sóbrio, e usava cota de malha, peitoral de metal e elmo. Provavelmente o líder do bando que, ao nos ver, disparou na frente dos outros. Havíamos ficado perplexos por alguns segundos e foi o que bastou para que não pudéssemos mais fugir.

Jaume saltou para o lado do cavalo enquanto eu colocava Florence no chão da maneira mais delicada que podia e desembainhava novamente a espada. Os dois bandidos que estavam ajoelhados e haviam acabado de falar em piedade gritaram de prazer. O líder do bando estacou o cavalo e o cavaleiro que trazia Laurent fez com que ele corresse na frente até a corda esticar, quando o puxou para trás e o derrubou como a um fardo pesado. Havia lutado, tinha sangue no rosto e no corpo, e sua espada estava na mão esquerda do líder. Tolo! Sua bravura foi imprudente a ponto de imaginar que *routiers* bêbados podem ser vencidos com facilidade. Eles vivem muito mais tempo bêbados do que sóbrios, e aprendem a lutar assim. Talvez da bebedeira venha a sua coragem. Haviam partido em cinco e três voltaram, então imaginei que Laurent os havia matado antes de ser vencido.

– Em quantos vocês estão? – perguntou o líder, tão logo os dois que estavam ajoelhados apanharam suas espadas e se posicionaram atrás de nós, fazendo com que jogássemos as nossas.

– Somos três, apenas. – respondi.

– Não são – respondeu o líder com um sorriso sarcástico rasgando a cara maldosa. Ele não tinha um dos olhos e sua pele parecia uma pedra enrugada.

Uma mancha roxa tomava quase todo seu rosto e descia pelo pescoço, e seu nariz um dia foi quebrado e estava torto, além de ter poucos dentes na boca. Era o que eu podia ver, embora usasse um elmo. Era medonho. – Não são só vocês, porque você respondeu muito rápido. Onde está o resto do grupo?

Como eu não respondi, ele apeou do cavalo e foi até Laurent, que tentava se levantar, e deu um chute em suas costas, jogando-o de volta para os pedregulhos. Depois chegou ao seu lado e colocou uma espada em cada lado do seu pescoço, e sorriu para mim.

– Nossas mulheres estão escondidas perto daqui, na estrada, para norte – falei, para espanto de Jaume. Eu sabia que ele mataria Laurent se eu demorasse mais um segundo para responder e, além disso, era melhor que elas estivessem próximas do que serem encontradas por eles depois de termos mentido. Talvez nenhum de nós sobrasse para protegê-las.

– Temos algum valor, você pode pedir resgate – falei, quando mandou dois soldados atrás das mulheres.

– E a quem poderei pedir o resgate? – perguntou o líder, sem tirar as espadas do lado do pescoço de Laurent, enquanto eu torcia para o meu estúpido amigo não tentar mais nada de tolo.

– Qual é o seu nome? – perguntei.

– Jerome, *le fils du diable*... é como me chamam, mas quero saber a quem devo pedir resgate.

– Você pode escolher entre Raymond de Peirrelle, ou Raymond Roger de Foix, ou o conde Raymond de Toulouse... – respondi, pensando em impressioná-lo, para que não tentasse impor respeito matando Laurent.

– Ah! Bravo! Então finalmente encontrei minha mina de ouro! – falou, levantando as duas espadas e cruzando-as atrás da nuca, para depois vir em minha direção. – E quem temos nas mãos? Príncipes estúpidos? Princesas virgens? A minha sorte foi tão grande assim?

– É o que parece – falei.

– E se eu não quiser dinheiro? E seu eu preferir a vingança ao dinheiro? – perguntou de repente, olhando para mim como se tivesse visto o próprio demônio.

– Vingança? – perguntei, um pouco aturdido, pensando que ele poderia estar falando dos seus homens mortos no nosso ataque.

– Sim, Sebah, *le Roc*! E se eu quiser me vingar do homem que vazou meu olho e matou meus dois irmãos sem dar a menor chance para eles reagirem?

Capitol seissanta dos

Roquefixade, junho de 1218.

Eu vi ódio em seu olhar. Ódio concentrado em um olho só. Percebi que não enxergava bem, porque me reconheceu somente quando chegou perto. Foi como das outras vezes que agi sem raciocinar. Eu vi que as fibras musculares dos dois braços levantados, que seguravam as espadas cruzadas atrás da nunca, haviam se contraído e no mesmo instante meus joelhos se dobraram. Tenho certeza que não pensei em fazer isso, mas tão logo me abaixei, as duas espadas passaram no vazio, na altura do meu pescoço. O ódio que deveria sentir por mim era imenso, pois abrira mão de pedir o resgate para me matar, e não existe valor maior para um *routier* do que o dinheiro. Para este, existia.

Quase que no mesmo movimento de me abaixar, minhas pernas me empurraram para cima, como se fossem uma mola, e eu agarrei Jerome ainda com os braços cruzados devido seu movimento ter encontrado o vazio. Ele era grande, bem mais alto do que eu e tinha um tronco bem mais desenvolvido do que as pernas, mesmo assim o joguei para longe e rolamos pelos pedregulhos. A espada de Laurent caiu de sua mão quando rolamos e eu a apanhei, ficando de pé antes dele, mas não o ataquei. Os outros bandidos já vinham na minha direção quando ele gritou:

– Ele é meu! É meu! Ninguém vai matá-lo em meu lugar.

Ele ficou em pé e agradeceu meu cavalheirismo abaixando o tronco espalhafatosamente, depois falou:

– Deveria ter agido como um bandido e me matado. Talvez tivesse alguma chance de sair daqui vivo.

– Acho que ainda podemos negociar. Nosso valor é alto.

– O valor de um herege sem títulos? Você pode ser famoso, Sebah, mas nenhum senhor vai pagar qualquer coisa que preste por sua miserável vida, ao menos não mais do que o soldo que deve carregar – falou, baixo e girando sua longa espada na mão esquerda. Falava para ganhar tempo e me avaliar melhor, já que eu havia me antecipado quando tentou me surpreender. Falava para ganhar coragem para me enfrentar agora armado, porque sabia que quem estava na sua frente era um guerreiro famoso, que havia vencido Edmond de Chambres, o campeão do rei. Havia perdido a chance de matar quando eu estava desarmado, então agora precisava tomar mais cuidado. Talvez avaliasse até a possibilidade de não lutar e reunir o grupo para me vencer.

– Então você não terá saída a não ser morrer – falei com arrogância, levantando a espada e dando um passo à frente. Ele reagiu bem ao meu desafio e atacou. Era rápido e usava suas pernas, bem mais finas que o tronco, com agilidade. Era como se tivesse uma espada e dois bastões. Entendi rapidamente que era um adversário perigoso e que poderia me matar, por isso, achei melhor resolver rapidamente a situação. Quando recuava depois de um ataque dele, cruzei o pé direito como esquerdo e perdi o equilíbrio, abrindo um pouco os braços. Ele percebeu a abertura na guarda e tentou ser rápido, impulsionando a ponta da espada na direção da minha garganta. Seu longo braço e sua longa espada o deixava longe de mim, mas estava todo esticado e foi preciso somente um movimento rápido para o lado para que ele se desiquilibrasse ao não encontrar o alvo novamente. Então minha espada girou no ar e desceu com força sobre o seu antebraço esticado e protegido pela cota de malha. Ouvi o estalido de osso quebrado, fazendo com que ele gritasse de dor, e surpresa. A espada caiu da mão, imediatamente sem força, e o braço pendeu como um galho verde quebrado, mas não arrancado da árvore. Ele caiu de joelho e ouvi que os bandidos que estavam atrás de mim correram para me matar, e foram mortos por Jaume.

Laurent, que havia ficado em pé, aproveitando-se da surpresa do cavaleiro que o prendia, desvencilhou os braços da corda e a puxou com violência, derrubando o bandido do cavalo, logo montando no seu lugar. Ele era rápido e os bandidos estavam surpresos. Usou a própria corda dobrada em sua mão para girá-la no ar e atingir o último cavaleiro, também o jogando ao chão.

– Não vou matar você, Jerome – falei, colocando a ponta da minha espada na sua garganta. – Não vou porque não tenho nenhum gosto em matar, embora eu seja um guerreiro, mas só por necessidade. Se vazei seu olho e matei seus irmãos, embora eu não lembre disso, foi porque não tinha outra opção. Mas vocês cometeram crimes e não podem fugir da lei. Há uma guarnição em Roquefixade que se submete ao conde de Foix. Vamos entregá-los a eles, que decidirão seus destinos.

Enquanto eu falava, Laurent e Jaume amarravam os dois cavaleiros, que haviam sobrevivido, a Jerome. Havia uma pressa contida no que faziam, mas eu os tranquilizei:

– Não vamos atrás dos bandidos que foram buscar as mulheres. Deixem que voltem para nós. Eles não sabem o que aconteceu aqui e só vão saber quando chegarem. Se formos atrás, teremos que matá-los e não quero mais mortes na minha história.

Em poucos minutos eles chegaram, e se entregaram. Eu já havia soltado Fabres das cordas e logo as mulheres se encarregaram de Florence. Estava um dia quente, muito quente e a água do riacho a despertou do transe que estava. Também coloquei Fabres na água e o segurei até que começasse a gemer.

– Fabres... acorde, meu amigo. Thierry precisa de você. Ele está morrendo.

– Thierry... – ele falou, num sussurro, depois abriu os olhos, assustado, e ficou olhando para mim por um longo tempo. Eu percebi que ele tentava se encontrar, por isso não falei mais nada. De repente ele tremeu e tentou levantar, mas não conseguiu, porque tinha apanhado bastante. Então falou:

– Onde ela está? O que fizeram com ela?

– Ela está bem, Fabres, na medida do possível. Está viva...

– Sebah? Você é Sebah... O que faz aqui?

Não respondi. Não quis criar mais confusão porque não podíamos perder tempo. Ajudei-o a levantar e trouxe para ele uma roupa seca, que Nathalie apanhou dentro da caverna, que deveria ser o seu refúgio com Florence. Quando Nathalie se aproximou, soltou um breve grito e deixou cair a túnica de algodão que trazia.

– Fabres! Meu Deus! É você?

Ele ficou olhando por um tempo para ela, com expressão de confusão. Era muita coisa ao mesmo tempo. Diante da sua cara de espanto, ela voltou a perguntar:

– Não se lembra de mim, meu amigo? Você me defendeu um dia...

– Nathalie? Nathalie! É você mesma? Não é mais uma menina... Ouvi falar que você estava morta.

– Ela está viva, Fabres, mas Thierry foi ferido e precisa da sua ajuda. Não podemos perder tempo – interrompi, fazendo com que ele recuperasse mais rápido a lucidez. Eu e Nathalie ficamos de costas para que ele trocasse a túnica e depois fomos para a carroça, onde encontramos um quadro assustador. O braço ferido de Thierry estava quase todo negro e nosso amigo, desfalecido.

Fabres ainda olhou para Florence, que chorava muito à medida que voltava a si do seu estado de loucura, depois foi para dentro da sua pequena caverna e logo voltou com um balde de madeira na mão. Ao se ajoelhar ao lado do doente, ele viu o medalhão no fundo de madeira e o apanhou, para o soltar logo em seguida.

– O que é isso?

– Um medalhão – respondi, de maneira ingênua.

– Eu sei que é um medalhão, mas o que fizeram com ele? Ele queima...

Expliquei a vinda de Jöe para socorrer Thierry e o que havia feito com o medalhão, e ele sorriu, depois o apanhou novamente, segurou entre as palmas das mãos e fechou os olhos. Por fim teve um tremor, que agitou seu corpo todo e soltou abruptamente o medalhão.

– É uma boa ideia – falou. – Vamos continuar usando depois.

– Não sei se foi de algum valor – comentei.

– Sem ele talvez Thierry estivesse morto. O que mais o Mestre fez com Thierry?

– Ele achou que o fazendo dormir por dois dias poderia ser melhor.

– Ele fez Thierry morrer?

– Sim... e fez Nathalie morrer também, para podermos enganar Edmond de Chambres.

Fabres ficou algum tempo olhando para mim, mas vi que ele não me via, mas sim raciocinava. Depois de algum tempo, ele soltou o balde e voltou para a caverna, trazendo de lá uma garrafa de barro. Fez com que Thierry bebesse, ou se afogasse com o líquido que derramou na sua boa. Quando boa parte do líquido começou a escorrer pela boca sem vida de Thierry, ela a tapou com uma das mãos e encostou sua cabeça na de Thierry e ficou em silêncio, como se rezasse. Nosso amigo logo se contorceu e pareceu se afogar, mas, aparentemente, engoliu o que Fabres queria. Então ele pediu para que eu levasse Thierry para o rio e o deitasse no leito pedregoso e raso, onde as águas límpidas logo cobriram seu corpo. Fiquei segurando sua cabeça enquanto Fabres, com a mão em concha, despejava água em seu rosto. Depois, com uma faca, abriu a ferida enegrecida do braço de Thierry, e tive uma contração no estômago que quase me fez vomitar, quando um líquido negro escorreu do ferimento. Novamente Fabres lavou bastante o ferimento com a água corrente, até que parasse de drenar, depois raspou as escaras ao redor e pediu um pano para Nathalie, que não saía de perto de nós. Encheu aquele pano com uma pasta branca e enrolou no ferimento, depois olhou para mim e falou:

– Você sabe rezar, Sebah?

– Quando preciso, peço para Anne Crestan rezar por mim. Por quê?

– Então chame Anne, por que vamos precisar de muitas orações.

Capitol seissanta tres

Montségur, julho de 1218.

– Lá está a montanha – falou Thierry, sentado ao meu lado no fundo da carroça. Foi a primeira vez que a vimos depois de uma curva abrupta do caminho. Era um dia de sol forte e as nuvens escuras começavam a se juntar atrás de nós, para trazer chuva no final da tarde.

– Estou feliz por vê-la – falei, ainda um pouco sonolento, pois estava dormindo ao seu lado. – Muitas vezes pensei que não voltaríamos.

– Vou poder mostrar minha medalha e minha cota de malha – falou Thierry, colocando a mão direita sobre o peito e apalpando seu troféu. A mão esquerda estava atada ao corpo e imóvel. Fabres ainda não sabia se ele iria perder o braço ou não. Chegamos a nos preparar para amputá-lo, mas o médico resolveu esperar mais um dia e, no dia seguinte, a cor do braço melhorou, e ele resolveu esperar um pouco mais. Ficamos três semanas acampados na frente da caverna de Fabres, até todos os feridos estarem melhor.

– Ficaria feliz se nunca mais precisássemos usá-las, nem nossas espadas – comentei, mesmo sabendo que isso seria quase impossível – Onde está Laurent? – perguntei, dando por sua falta.

– Jaume o mandou na frente para avisar que estamos chegando.

Ele estava certo. A periferia de vilas e castelos era o local predileto de bandidos e eu estava saturado deles. Laurent traria alguns soldados para nos proteger no final do caminho e isto era bom. As estradas continuariam cheias de grupos de mercenários desgarrados ainda por um longo tempo, perdidos depois da desarticulação do exército cruzado. Sabíamos que não partiriam para longe, porque logo o papa iria implorar por uma nova cruzada, já que a heresia, embora todas as fogueiras e mortes, ainda pulsava viva por toda nossa região. A igreja não perderia tudo o que foi conquistado por Montfort sem fazer nada. Poderia demorar, mas estes mercenários viviam de guerra, e a guerra ainda era mais provável na Occitânia, então ficariam pela região. Como Montségur começava a ganhar fama de reduto herético, havia bons motivos para virem para perto de nós.

Além do mais, Laurent estava aflito por contar a Claire que havíamos encontrado Florence. Sentia-se responsável pelo sumiço da menina, pois, quando ela desaparecera, o responsável por cuidá-la era ele. Quando descobriu quem era ela, ficou atônito. Não fosse a grande besteira que cometera tentando enfrentar os cavaleiros sozinho, talvez não tivesse me obedecido e partido em disparada para Montségur logo no primeiro dia, para avisar Claire, de quem gostava como mãe.

Jaume levava a carroça e a cabeça de Jamile repousava em seu ombro, enquanto que Júlia e Florence dormiam logo atrás deles. A menina falava pouco e resolvemos não contar a ela que encontraria a mãe. Já sofrera demais na vida para ter mais alguma decepção, e, na época em que vivíamos, o dia seguinte sempre era mais uma possibilidade do que um fato. Por isso apenas a cuidávamos com carinho, mas como fosse uma estranha a quem ajudávamos. Aparentemente ela não reconheceu Laurent, por que ainda não estava totalmente reintegrada à realidade.

Durante as últimas noites, ninguém dormira direito, por que preferimos não acender fogueiras, que poderiam chamar a atenção para nós. Nathalie aproveitava o fato de eu estar descansando para cavalgar meu cavalo e fazer alguns malabarismos com ele ao redor da estrada. Eu ficava com medo da sua ousadia, mas ela cavalgava muito bem.

Quando chegamos no alto de uma pequena colina, tivemos uma visão melhor da vila de Montségur, que crescia cada vez mais ao redor da praça forte, no pog da grande rocha. Também víamos um trecho maior de estrada e, bem ao longe, um grupo de cavaleiros vinha na nossa direção. Laurent trazendo proteção, esperávamos.

– Eu acho que deveria ter ficado com Fabres. Acho que era meu dever ficar com ele – falou Thierry, quase que para si mesmo.

– Seria um fardo para ele agora. Até estar curado, melhor ficar conosco. Quem sabe não pode procurá-lo depois?

– E achar onde, Sebah? Este mundo é tão grande! Talvez nunca mais o veja. Não sei por que ele não quis vir conosco.

Fabres nos contou que resolveu ter uma vida de monge peregrino, por isso partiu tão logo Thierry foi atrás de trigo, quando estavam ainda perto de Saint-Cirq. Disse que sabia que Thierry não o deixaria sozinho, por isso partiu antes que ele voltasse. Na época estava sofrendo muito com a perda de parte da memória e pensava buscar a paz estando sozinho. Algum tempo depois, encontrou uma menina caída num barranco próximo ao Lot. Ela ficou muitos dias entre a vida e a morte e, quando acordou, procuraram por sua família, mas nunca a encontraram. Ele logo entendeu que Florence era filha das pessoas que o trataram depois da emboscada contra o grupo de Anne e Pierre. Thierry havia lhe falado muito do casal, bem como falara que a menina jamais se aproximava dele, porque estava muito feio, deformado com a ferida no rosto, que, por sinal, tinha deixado nele uma cicatriz que se estendia por todo lado direito da sua face. Acreditava que, por isso, ela não o reconhecera, mas também não quis se identificar a ela, porque buscava uma vida nova. Fabres também falara que estas pessoas o conheciam e o chamavam pelo nome, mas ele não conseguia lembrar quem eram. Perdera boa parte de suas memórias depois da pancada do escudo em seu rosto, e nunca mais recuperara. O que mais poderíamos fazer senão acreditar no que nos falava? Contamos a ele que o Mestre e a esposa viviam em Montségur e que ficariam felizes por saber que ele tinha salvado Florence, numa destas quase inacreditáveis coincidências da vida. Pensamos mesmo que ele viria conosco e ficamos surpresos quando falou:

– Optei por uma vida de monge solitário e não pretendo mudar isso agora. Agradeço por terem nos salvado dos bandidos, mas prefiro continuar sozinho pelo mundo. Já me acostumei a não lembrar de boa parte da minha vida, que, creio, não foi muito feliz.

– Apenas retribuí o que fez por mim um dia – falei.

– Fiz apenas a minha obrigação.

– Mestre Jöe e Claire, além de Anne Crestan, ficariam felizes em vê-lo – insisti.

– Quem sabe um dia? Quem sabe um dia eu mude o caminho e vá na direção de Montségur?

O grupo já estava bastante próximo e Laurent vinha bem na frente, com seu rápido cavalo negro. Logo atrás vinham Lucas e Matheus e, um pouco mais longe, havia um cavaleiro estranho, com mais dois cavaleiros ao seu lado. Vestia um traje um tanto espalhafatoso de cor azul, a cor que encantava as pessoas ricas da nossa época, com barras amarelas e tinha um chapéu negro largo, com longas plumas espalhadas. Os botões dourados do seu traje reluziam mesmo à distância. Assim que se aproximou mais, vimos que um dos olhos era protegido por um tapa-olho. Quando Thierry o viu, falou:

– Eu não acredito!

Nossos amigos chegaram sorridentes, e o estranho cavaleiro um pouco depois. Parou ao lado da carroça e fez uma demorada saudação, depois falou:

– Para aqueles que me salvaram dos demônios da igreja, minha eterna gratidão.

– Serkan! Você voltou? Eu perco um, ganho outro? – falou Thierry, tentando ficar em pé, o que não deixei.

– Cheguei há poucos dias. Passei por Tolosa e me falaram que tinham vindo para Montségur. Já havíamos mandado várias patrulhas pelos caminhos mais comuns...

– Tivemos problemas – falei –, mas agora está tudo bem. Mas vejo que está ainda melhor do que nós.

– Ah! Estou! Só vejo com um dos olhos e nunca mais andarei como antes, nem minhas mãos serão as mesmas, mas estou bem. Aqueles filhos de Satanás pensaram que tinham me tirado tudo, mas era óbvio que eu não guardaria minha fortuna em um só lugar. Agora está tudo bem, e voltei para reunir minha família. Vejo que quase cheguei tarde.

– Foi só um arranhão – falou Thierry, com um sorriso. – Mas valeu a pena.

– Segundo Hugues d'Alfaro, foi sua flecha que decidiu a guerra, porque trouxe o centauro para ser morto pela pedra de Jamile.

– Ele falou isso? – perguntou Thierry, mais uma vez tentando levantar.

– Todos falam isso em Tolosa. Você é um herói, meu amigo. Laurent me contou que encontraram Fabres pelo caminho e quero ir atrás dele. Em quanto tempo poderá cavalgar?

– Hoje mesmo...

– Só se for para cavalgar para a morte. Ficará pelo menos um mês quieto em Montségur antes de pensar em ir embora – falei, imediatamente pensando que deveria ter falado dois meses, porque não gostava da ideia de vê-lo partir.

Fin de la segonda part

TRESENA PART

MONTSÉGUR

Capitol seissanta quatre

Montségur, maio de 1243.

Uma vida. Naquela época, vinte e cinco anos era uma vida. Desde aquela tarde em que retornamos para Montségur, vinte e cinco anos se passaram. Uma vida passou e tinha me tornado um velho de cinquenta e quatro anos. Para a época, um velho. Porém, muito mais velho do que eu estava o bom abade Amadeu, obviamente, a quem nunca conseguimos deixar de chamar de abade, embora ele não gostasse muito desta lembrança. Ele estava com impressionantes setenta e cinco anos, uma eternidade para a época em que vivíamos, e há muito havia recebido o *consolamentum*, tornando-se um dos *perfeitos* mais respeitados. Embora não tivesse uma fama tão espalhada quanto Guillabert de Castres e Bertrand Martin, estes mesmos o procuravam quando precisavam discutir assuntos mais delicados. Lucas e Matheus tinham partido em peregrinação depois de receberem o *consolamentum*, mas vinham nos visitar de tempos em tempos. Anne Crestan, que estava com cerca de sessenta e oito anos, me cuidava sempre como a uma criança, principalmente depois da morte de Pierre de Guilles, que era mais velho do que ela e fora vencido pela idade, ou pela sua teimosia em trabalhar insistentemente na construção da vila, com frio, calor, neve ou chuva. Teve uma morte repentina e o abade falou que seu coração era fraco e não resistiu ao esforço exagerado que fizera durante o dia. Ficamos muito tristes, e Anne ainda mais próxima a mim.

Julia era uma linda senhora de cinquenta e um anos. Linda! Incrivelmente linda, e eu sempre a vi assim, em cada minuto da minha vida desde que a conheci, e assim continuaria, creio que pela eternidade. Nosso amor era infinito, e a prova disso foi ela não ter se tornado uma *perfeita*. Ela sabia que eu não conseguiria viver como um iniciado, então encostou seu destino ao meu com carinho e viveu comigo em perfeita harmonia, todo este tempo, um amor eterno todos os dias. Não tivemos filhos, infelizmente. O abade Amadeu me disse que, quando quase morreu ao perder o filho, ou filha, que havíamos gerado, causou ferimentos no corpo que a impediu de ser mãe novamente. Uma pena!

Neste tempo tivemos pouquíssimas notícias de Ruy e de meu pai. Soubemos que ele se encontrava em Paris, mas Edmond, depois do nosso duelo, não pôde mais exercer seu ofício de soldado. Já foi um feito ter conseguido se recuperar depois do nosso duelo. Ele era apenas dois anos mais novo que o abade, então, se ainda estivesse vivo, teria cerca de setenta e três anos. Eu estive em Paris no ano de 1239 procurando por Ruy. Cheguei a pensar que a influência de Edmond sobre ele poderia não ser tão nociva e o ódio que demonstrou por mim em Carcassonne pudesse ter se dissipado com a maturidade. Fiquei dois meses na cidade, por que o soldo pago por Hugues d'Alfaro me permitia bem mais que isso, mas o que vi não me deu nenhuma esperança. Não encontrei Edmond, mas soube que vivia recluso no castelo Poissy, distante trinta quilômetros de Paris, e agora trabalhava como conselheiro de guerra, enquanto esperava a morte. Mesmo tanto tempo depois, ainda se falava, sempre de uma maneira um tanto distorcida, do duelo dele contra o filho herege.

Encontrei Ruy, e não era difícil encontrá-lo. Tornara-se o substituto do tio, um campeão de torneios, embora não tão temido. Era um cavaleiro renomado, porém, muito mais pela sua vida dissoluta do que por sua bravura. Era fácil segui-lo por tabernas durante a noite, na periferia de Paris e muitas vezes o vi ser levado embora carregado pelos amigos. Cheguei a me aproximar de um dos seus amigos e consegui conversar, mas o que ouvi não me deu nenhuma esperança. O único assunto proibido para ele era sobre pai e mãe. Dizia que fora gerado pelo diabo e que não teve pai nem mãe, vindo para a terra diretamente dos braços de Satanás. Mas frequentava a missa com regularidade, embora isso não fosse propriamente contra o que dizia da sua origem, depois de tudo que vimos na Occitânia. Não tentei um contato e fiquei vários meses muito abatido depois que voltei. Somente o amor desmesurado por Júlia me fez sorrir novamente.

Nathalie se casara com Laurent Beltran e eram felizes. A princesa escondida em nossas linhas teve duas filhas e um filho, mas este, infelizmente, não resistiu a um parto difícil. Ela estava com quarenta e um anos. A nossa menina era também uma linda senhora, e Laurent, um marido apaixonado. Uma das filhas, Beatriz, tornou-se *perfeita*, a mais jovem *perfeita* da comunidade, e a outra, Martina, casou com o único filho de Jaume e Jamile, chamado Gener. Martina e Gener formavam o casal mais alegre da comunidade e não havia um dia que não viessem abraçar o avô Sebah. Jaume e Jamile também tiveram uma filha, que casou com um dos cavaleiros que veio com Pierre-Roger de Mirepoix. Assim como eu e Júlia, o amor e a cumplicidade também não permitiu que se preparassem para o *consolamentum*, embora por muitas vezes tenham estado a um passo de seguir este caminho. Mas meu amigo ainda não aceitava o mundo como era e havia dentro dele uma constante vontade de lutar com as próprias mãos para transformá-lo, e isso não o permitia seguir o caminho da iniciação. Para os *perfeitos*, este mundo não mudaria, porque era um estágio necessário para que chegássemos a um mundo melhor, na espiritualidade. Desta forma, a luta deveria ser totalmente interior e não exterior, para alcançar a perfeição e se desligar de todos os interesses materiais. Assim, sem interesses ou necessidades materiais, não precisaríamos mais voltar a um corpo material. Convivendo com eles, os *perfeitos* e *perfeitas*, eu tinha a certeza de que eles se esforçavam muito para isso.

Claire ficara vários dias em uma espécie de entorpecimento emocional quando Florence retornou e pensamos que ela não voltaria mais à razão. As duas ficaram abraçadas por muito tempo, sem trocarem uma palavra, como se não acreditassem que aquilo estava acontecendo. Ter a filha de volta e, ao mesmo tempo, saber da atrocidade de que fora vítima causou um abalo profundo em nossa amiga. O abade Amadeu ficou perto delas quase o tempo todo, conversando muito, e rezando muito. Mesmo assim ela demorou a dar sinais de equilíbrio. Esperamos que ela falasse alguma coisa sobre a situação de a filha ter vivido tanto tempo com Fabres, a quem ela e o marido salvaram, e que fora discípulo deste em Marselha, mas ela não falou nada. Somente perguntou se era verdade que Fabres havia perdido mesmo a memória. Depois disso, o assunto ficou oculto sobre um pesado manto de silêncio. A reação do Mestre quando reencontrou a filha foi ainda mais estranha. Elas estavam conosco quando ele chegou e ficou um longo tempo olhando para Florence, para depois apanhar Claire pelo braço e sumir com ela e a filha, sem nenhuma demonstração de espanto, muito menos de carinho. Ele ficou poucos dias e, depois disso, rareou ainda mais sua presença em Montségur.

Creio que cerca de cinco anos depois da volta de Florence, Claire nos avisou que havia recebido uma carta do marido, que as chamava novamente para a gruta de Lombrives, onde moravam antes de chegarem a Montségur, alegando que a perseguição da igreja tinha arrefecido. Eu e Laurent as levamos, porém, Jöe de Chambres não se encontrava lá, e eu achava cada vez mais estranha a personalidade do meu tio. Claire não quis voltar conosco e também não aceitou que Laurent ficasse para protegê-las:

– A minha vida toda eu soube me defender, porque Jöe sempre teve seus compromissos. Conheço como ninguém estas cavernas e tenho certeza de que poderemos esperar por ele o tempo que for necessário. Além do mais, se me pediu para vir, é porque não deve estar longe.

Eu e Laurent ficamos mais dois dias, mas percebi que Claire estava até ficando irritada com nossa presença, por isso decidimos partir. Deixamos com ela uma boa quantidade de mantimentos e fomos. Como ficamos muito preocupados, um mês depois retornamos a Lombrives, mas não encontramos mais ninguém. Assim não vimos mais Claire nem Florence. Alguns meses depois de elas partirem, o Mestre chegou no meio da noite e encontrou apenas Laurent, que agora morava com Nathalie na pequena casa que era dele e de Claire. Laurent me contou que achou estranha sua reação. Perguntou como todos estavam vivendo, disse que apenas descansaria umas poucas horas e partiria antes do amanhecer. Então Laurent perguntou:

– Como estão Claire e Florence?

O Mestre demorou alguns segundos para responder e ficou olhando para ele, na casa parcamente iluminada por uma lamparina, como se estivesse procurando alguma resposta plausível, mesmo que fosse uma pergunta tão simples.

– Quando as deixei, estavam muito bem, e espero que ainda estejam – respondeu, de maneira enigmática.

Quando Laurent acordou, algumas horas depois, para sua ronda pelos muros, ele já havia partido. Chegou e partiu sem conversar com mais ninguém.

Somente muitos anos depois tivemos notícias verdadeiras, quando o Mestre chegou com Claire, que trazia no rosto sinais claros de tristeza, e silêncio, muito silêncio. Era o ano de 1241, há dois anos, portanto. Soubemos que Florence havia casado e morava agora na região do vale do Gardon e estava feliz, e nada mais. Mestre Jöe mais uma vez ficou poucos dias e deixou Claire conosco, mas entendemos que ela não gostaria de falar do tempo em que esteve distante. Então, respeitamos sua vontade e fizemos de tudo para reintegrá-la à nossa comunidade.

Thierry também nunca mais voltou, nem tivemos mais nenhuma informação sobre ele, Fabres ou Serkan, e eu ficava triste por isso. Ainda havia em mim uma forte dose de egoísmo, e assim achava que ele havia sido ingrato, e ficava triste cada vez que lembrava daquele amigo desmiolado, e valente. O inverno tinha sido rigoroso, a primavera estava farta em trutas, e eu sentia ainda mais sua falta, mesmo passados vinte e cinco anos. Uma vida!

O mês de maio, além dos primeiros dias de calor, também nos trouxe um grande exército para o sopé da montanha. Eu estava sentado em uma rocha larga na crista da montanha e os vi chegando e se espalhando pelo campo. Contam os historiadores que vieram cerca de dez mil cruzados, novamente requisitados pelo papa e pela rainha Branca de Castela. Vinham para definitivamente banir da terra a ameaça da heresia, da qual Montségur havia se tornado o principal centro.

O primeiro cerco a Montségur fora em 1212, comandado por Guy de Montfort, que nada conseguiu. Depois o próprio usurpador tentou, em 1213, igualmente sem sucesso. Porém, com o tratado de Meaux-Paris,[58]

[58] O papa Honório II excomungou o conde tolosano Raymond VII no concílio de Bourges (29 de novembro de1225). Isto, ligado à renúncia do filho de Simon de Montfort, Amaury VI de Montfort, dos seus direitos sobre o condado e a vitória militar, em 1226, dos exércitos franceses sob comando do filho de Louis VIII, sobre os occitanos, favoreceu o clima para que, em 1229, o legado papal (cardeal de Saint-Ange) concebesse um acordo de paz que seria finalmente redigido pelo conde de Champagne e o abade de Grandselve, e assinado em março desse ano em Meaux. O tratado foi assinado a 12 de abril de 1229 pelos representantes do reino da França (então regido por Branca de Castela, mãe do futuro Luís IX) e a igreja católica por um lado, e, pelo outro, o conde de Tolosa Raimundo VII. As condições do tratado foram particularmente duras para o condado de Tolosa, incluindo uma penitencia pública do conde Raimundo, que, antes de assiná-lo, teve que peregrinar até Paris, onde foi flagelado sobre os degraus de Notre-Dame. O acordo compreendia vinte e duas cláusulas que comprometiam ao cessar das hostilidades entre o conde de Tolosa e a nobreza feudal francesa, em troca de que o primeiro prestasse a sua fidelidade à igreja romana e ao rei da França, abandonando o seu apoio à causa dos seus vassalos cátaros. Raimundo VII devia entregar a metade dos seus territórios, começando pelos pertencentes aos viscondes de Trencavel e os senescais de Beaucaire e Carcassonne, que passaram ao reino da França. O conde comprometia-se a retirar as suas pretensões sobre os territórios do vale do Ródano (passando o marquesado de Provença às mãos da igreja com o nome de condado Venaissin), desmantelar as defesas de várias vilas (entre elas Toulouse), fundar e custear durante dez anos uma universidade em Tolosa e participar diretamente nas cruzadas de Oriente. Contudo, as cláusulas que se revelariam de maior importância para a história medieval foram a 12ª e 13ª, que estipulava, por um lado, o matrimônio entre a filha do conde e um dos filhos do rei Luís e, por outro, a transmissão à coroa real francesa das posses remanescentes do conde, no caso de falecimento sem descendência. A aplicação do artigo 12º teve, não obstante, de aguardar até 1237, ao matrimônio entre Joana de Tolosa e Alfonso de Poitiers. Raimundo faleceu em 1249 e as suas posses passaram a Alfonso, não sem antes forçar um novo confronto direto com este, o seu genro, e a coroa, ao dar o seu apoio às pretensões inglesas na Aquitânia. Alfonso faleceu sem descendência em 1271 e as suas posses tolosanas vincularam-se definitivamente ao reino da França, que anularia a sua autonomia, ao tempo que afastava sobre elas as pretensões de outras potências, como a coroa de Aragão. (Roquebert, Michel. *L'épopée cathare*. 4 tomos, 1970-1994, Edit. Privat, Re-editado 2001)

sabíamos que agora o perigo era maior. O tratado, além de decretar que Montségur era a capital do catarismo, também decretou a perda definitiva de direitos de muitos nobres, o que transformou Pierre-Roger de Mirepoix em um *faidit*, trazendo-o definitivamente para Montségur no ano de 1234. A inquisição, oficialmente instituída no ano de 1233, acabou por esfolar completamente o que ainda havia de riqueza e dignidade na maioria dos senhores occitanos. Os dominicanos e franciscanos espalharam-se pela região como moscas farejando o que diziam ser a podridão da fé e, alegando a retificação da verdade sobre o Cristo, dizimaram famílias e coletaram riquezas. Toda a população tinha medo deles, e os odiava.

Pierre-Roger de Mirepoix, primo de Raymond de Peirelle, foi um deles, e pediu abrigo na nossa comunidade. Não só conseguiu a permissão do primo para morar no castelo, como casou com sua filha, Phillipa, e tornou-se seu comandante.

Entre os cercos recentes, o mais curioso foi o de 1241, quando o próprio conde Raymond, o jovem, cercou Montségur para nos destruir, e chegou a passar vários dias em nossa companhia, recebendo as bênçãos dos *perfeitos e perfeitas*, e relembrando os atos heroicos da retomada de Tolosa, bem como a morte de Montfort.

– Você chamou meu pai de imbecil quando me salvou dos cavaleiros da Confraria Branca, Sebah – falou-me sorrindo, à beira da fogueira.

– O senhor era um menino...

– Mas ele era um bom homem e, à sua maneira, lutou pelo nosso povo. Já morreu há quase vinte anos, mas sinto muito sua falta.

– Era um grande homem, e me sagrou cavaleiro.

– E você e seus amigos honraram nossa luta. Fico feliz por tê-los ao nosso lado. Não quer voltar, Sebah? Hugues d'Alfaro lamenta sua falta quase todos os dias.

– Hoje sou um velho, senhor. Meu tempo passou.

– Não é o que me dizem, mas, entendo que queira ficar. Já cumpriu seu dever.

Ele partiu logo, mas seu exército ficou alguns meses no sopé da montanha e nunca houve interdição de nenhum lado, os caminhos estavam sempre abertos, até que também partiu e sentimos a falta do seu cerco para reconquistar Montségur das mãos dos malditos hereges. Esperávamos que o papa aceitasse seu imenso sacrifício, mesmo que não tivesse conseguido a vitória, afinal, o que o conde queria era recuperar o prestígio com ele e, através disso, reconquistar o que a igreja havia lhe roubado.

Agora, porém, o cerco seria diferente. Havia uma motivação mais clara, desde maio de 1242, um ano antes, quando os inquisidores de Avignonet foram mortos por uma guarnição que partiu de Montségur. Alguns dias antes, Pierre-Roger de Mirepoix recebeu uma carta que dava detalhes sobre a permanência de dez padres, sendo dois deles inquisidores, na vila que ficava a cerca de oitenta quilômetros. A Occitânica odiava os inquisidores. Os grandes senhores, mesmo os do norte que tomavam a região, eram contra eles, que se infiltravam nas cidades acabando com a ordem e, assim, acabavam por afetar o comércio. A principal arma de um inquisidor era estimular a denúncia. Denunciar um herege era um ato de fé que protegia quem tomava a atitude. O denunciado, por mais inocente que fosse, perdia tudo e seu destino era a peregrinação para a Terra Santa ou a morte, sendo que as duas situações significavam quase a mesma coisa. O denunciante, por sua vez, garantia um certo direito à imunidade e passava a ser protegido pelo clero, e isso era muito. Então começou a existir uma guerra velada entre as pessoas, e o medo destes padres investidos de um poder sobre-humano fazia com que se denunciasse sem provas e se cometessem injustiças ainda maiores do que as que aconteceram durante a guerra. O que as cruzadas não conseguiram, a 'inteligência' inquisitorial conseguiu, nefastamente.

O comandante da nossa guarnição, como tantos que ali se encontravam sob o seu comando, odiava os inquisidores e entre aqueles dez estavam os homens que haviam dilapidado sua fortuna e rasgado sua alma. Fui convocado para compor uma tropa de sessenta homens que partiria de Montségur ao encontro furtivo destes inquisidores, mas me recusei e, pelo respeito que consegui angariar pelos meus anos de luta, aceitaram minha recusa, bem como dos meus amigos, Jaume e Laurent. Eu fazia de tudo para não ter mais mortes na minha história. Já bastavam as tantas e tantas que acumulei.

Dois inquisidores e oito padres foram mortos violentamente. Em Montségur, nada foi falado sobre o episódio. Pierre-Roger voltou em silêncio, assim como os seus comandados. Não tivemos notícias do que aconteceu, ao menos dos seus detalhes, nem nunca perguntamos nada. Os detalhes com que os historiadores relataram o acontecido foram reforçados por um ódio bilateral, comum ao período da inquisição, quando todos se odiavam, mas um lado só tinha medo. Ao que se sabe, existiu uma vingança, mas era só o que sabíamos. Porém, por tanto ódio deflagrado, o concílio de Béziers de 1243 decidiu que o episódio deveria ser vingado. Uma vingança gerando outra. Então foi decidido que Montségur deveria ser tomada, e foi designado como comandante do novo exército o senescal de Carcassonne,

Hugues d'Arcis, e, como comandante espiritual, o arcebispo de Narbona, Pierre Amiel, todos obedecendo as ordens da rainha regente, Branca de Castela, mãe de Luís IX, o futuro santo.

Em uma fria noite de inverno, diante de um céu estrelado, eu perguntei ao abade Amadeu:

– Acredita que Pierre-Roger mataria os inquisidores apenas por vingança?

Ele ficou olhando para os campos e montanhas abaixo de Montségur por um longo tempo, depois sorriu discretamente e falou:

– Gosto da maneira como você veste sua esperteza com a fantasia da ingenuidade, Sebah. Você está certo, muitas vezes a ignorância é uma benção e saber-se fazer de ignorante é uma virtude.

– Obrigado, mas, mesmo assim, gostaria que respondesse minha pergunta.

– Pierre Roger, assim como todos os *faidits*, nunca se conformou com a invasão dos senhores do norte, com o suplício causado pelo Vaticano aos cátaros e muito menos com a perda de seus títulos e propriedades. Alguns senhores poderosos também não gostaram de tudo isso, principalmente aqueles que não são amigos dos reis da França. Desta forma, já faz algum tempo que o novo rei de Aragão e o rei da Inglaterra vêm tramando para devolver a Occitânia aos seus verdadeiros donos. Não apenas pelas vantagens econômicas que teriam, com a volta da fomentação do comércio entre estas regiões, mas também pelo enfraquecimento do rei da França. Uma conspiração seria movida pelo jovem conde de Tolosa, pelo visconde despossuído de Carcassonne, pelo conde de Foix e vários outros senhores da nossa região. Muitas ações foram planejadas, porém, a única que foi executada foi a matança dos inquisidores em Avignonet.

– Então eles foram traídos pelos demais?

– Traídos ou voluntariosos demais, tomando a decisão de atacar sem descobrir se os outros conspiradores estavam mesmo agindo. O que importa é que a conspiração falhou, mas os inquisidores foram mortos, e isso gerou um desejo de vingança insaciável da parte do clero romano, que não nos deixará nunca em paz. Só eles têm a autoridade de Deus para matar, só eles. Creio que não passaremos um verão tranquilo. Creio que na primavera já teremos companhia por aqui.

E esta companhia veio. Era o exército de Hugues d'Arcis que eu via se aproximando, como se fosse uma grande manada, e se espalhando pelos campos e florestas. Aquela terra que já vira tanta guerra continuaria seu martírio. Da nossa parte, que já havíamos resistido tanto e sabendo de tudo o que havíamos feito para a segurança de Montségur nos últimos anos, acreditávamos que mais uma vez resistiríamos, por que a montanha era inexpugnável. Acreditávamos, e assim seria, por mais que sofrêssemos, se não fôssemos traídos.

O pog da montanha estava totalmente ocupado. Até a última muralha que cercava a vila uma cidade fora construída, com habitações individuais e grandes habitações coletivas. Cerca de quinhentas pessoas moravam na comunidade, entre senhores, cavaleiros, soldados, crentes, *perfeitos e perfeitas*. O pelotão de defesa da vila contava com cerca de duzentos homens, bem armados e bem treinados. Com o cerco, a comida, que já era pouca, ainda ficaria mais escassa, e as nossas cisternas dependiam da chuva para se manterem abastecidas. Porém, sabíamos que estávamos bem protegidos. Havia um muro na base da rocha que formava o cume da montanha. Era baixo, mas, considerando o aclive, um obstáculo que retardaria qualquer ataque. Também havia um muro cercando a vila, no pog, que servia de parede para muitas casas e, além destes, construímos uma barbacã no caminho para a rocha da Torre, que ficava a cerca de setecentos metros da vila, por um caminho inclinado e perigoso. A rocha da Torre era o ponto mais vulnerável da montanha, embora fosse cercada por uma escarpa de pedra com cerca de oitenta a cem metros de altura. Precisávamos manter aquela posição a qualquer custo, porque era o único ponto onde um inimigo poderia montar uma *trébuchet* e nos atingir. Mantínhamos lá um posto avançado de guarda mesmo em períodos de paz. Lá passei muitos dias e noites em vigília.

– Será que eles trouxeram asas, Sebah? – gritou alguém atrás de mim. Virei-me e vi que era nosso comandante, Pierre-Roger, rodeado de mais alguns cavaleiros, que riam de suas palavras. Eles estavam num vão livre do muro que cercava a vila, alguns metros acima de mim.

– Tenho menos medo das asas do que da persistência, senhor. Esta pode ser bem mais perigosa.

– Se tiverem persistência, teremos paciência. Não conseguirão nos vencer.

– Tenho certeza disso, senhor, e há muita madeira para a nossa forja, embora nos falte água.

– Mas nossas espadas estão afiadas, muito afiadas – falou Guillaume de Lahille, cavaleiro muito próximo a Pierre-Roger e com quem eu não simpatizava, por sua arrogância. Eu não tinha dúvidas de que a recíproca era verdadeira.

De repente, Laurent apareceu. Ele surgiu de baixo de mim, vindo por algum caminho em que poucos se atreveriam, onde precisava se aventurar a cair de centenas de metros de altura. Ele parecia estar no jardim de sua casa.

– O abade Amadeu precisa lhe falar.

– Estive com ele há pouco – respondi, com alguma estranheza.

– Eu sei. Mas um mensageiro trouxe uma carta, e ele pediu para eu vir atrás de você.

Muitas pessoas se precipitavam pelo caminho principal que descia a montanha. Muitas pessoas vinham todos os dias ouvir os *perfeitos* e *perfeitas*. Também vinham doentes, porque muitos destes conheciam de medicina, inclusive o abade, e sempre existiam doentes. Mas um exército aparecera ao longe e era hora de todos partirem.

Laurent sumiu novamente por seus atalhos na rocha e, assim que sentei à frente do abade, ele tirou um rolo de papel de dentro da túnica e me entregou. Não disse nada, e eu senti um arrepio.

– Não seria melhor me dizer o que está escrito aqui? – perguntei.

– Está me acusando de violar correspondência?

Ele estava certo. O lacre de cera não estava rompido.

Sebah

No primeiro dia depois de o exército ter se instalado ao redor de Montségur, eu o espero no campo logo abaixo. Dou-lhe o direito de escolher as armas.

Ruy de Baux

Uma tristeza profunda abateu-se sobre mim. Era como se uma garra gigante se cravasse em meu peito e apertasse. Os olhos azuis do abade me diziam que suas vozes, que nunca o abandonaram, já o haviam alertado.

– Então ele está vindo?

– A carta diz que sim.

– E quer duelar comigo.

– É mentira, Sebah.

– O que é mentira?

– Esta carta não foi escrita por ele, que, por sinal, não sabe escrever. Nunca foi adepto aos livros, como você sabe. Esta carta foi escrita por Damien Dontan, que está acompanhando Pierre Amiel, o arcebispo.

– Como pode saber? Suas vozes?

– Conheço sua caligrafia, por mais que tenha tentado disfarçá-la. Recebia cartas escritas por ele enquanto era abade e você era protegido em Fontenay. Ruy está em Paris, não veio com o exército.

– Ah! Agora foram suas vozes que lhe contaram.

– Não dependo só das vozes para saber das coisas, meu filho. Há alguns dias recebi uma carta de Jöe. Ele me alerta para a chegada do exército e me avisa que o padre Damien leva uma ordem de Edmond para atrair você para fora dos muros e matá-lo.

– Como Jöe pode saber disso?

– Ele tem suas maneiras, Sebah, embora eu não concorde com elas. Tem seus espiões espalhados em várias igrejas e cidades. Acredite, não é apenas por suas mulheres que passa tanto tempo longe.

Era a primeira vez que o abade falava claramente sobre o assunto, e isso me causou algum espanto. Não falávamos sobre isso na sua presença, ou de Claire e Florence, embora entendêssemos que todos já sabiam.

– O que mais o mantém distante? – perguntei, com algum receio de estar entrando em assuntos que não eram da minha conta.

– O poder, meu filho. O poder é inebriante. Não o poder coroado de fama, como acontece com reis e grandes senhores, mas um poder muito mais perigoso e destruidor de sistemas. Eu acredito que ele defende a nossa crença, mas tem livre trânsito nos dois lados e assim aconselha reis, generais, bispos e *perfeitos*... Que eu saiba, até o papa tem algum medo dele.

– E o que ganha em troca? Dinheiro? Vive na pobreza...

– Ele desdenha dinheiro. O que ele recebe é superior a isso, pela sua visão. Ele recebe dependência e proteção. Uma troca que mantém seu vício de poder satisfeito. Ele está sempre na sombra, Sebah, e quem está na sombra enxerga melhor quem está na luz, sem ser visto. A sombra e a luz, no nosso mundo, sempre estão duelando.

– Acho que não consigo entender muito bem isso.

– Já lhe disse que gosto de sua fantasia de ingenuidade. Prefiro mesmo que faça de conta que não entende – falou, com o mesmo sorriso de sempre. Ele havia envelhecido, mas era forte, mas de uma força que só transmitia paz.

– Então meu pai ainda quer me matar? Ainda não diminuiu seu ódio?

– Creio que não é só isso, meu filho.

– Não?

– Sebah de Chambres, *le Roc*! Um herói! Que efeito teria sobre o exército cruzado capturá-lo? Eles querem você como um prêmio, Sebah, e seu pai, hoje um estrategista, sabe muito bem o quanto isso tem valor no começo de um cerco que pode ser muito demorado, além da baixa que causaria do nosso lado.

– Como Jöe pode ter certeza de que Ruy não veio com o exército? – perguntei, mudando de assunto, porque nunca gostei da exaltação pelas coisas que fiz. Nunca me senti capaz de ter feito nenhuma delas, embora tenham acontecido.

– Ele tem – respondeu secamente o abade.

– Como?

– Por que ele viu.

– O que ele viu?

Eu fiquei feliz por saber que aquela carta não era de Ruy e sim do padre Damien, mas agora havia um peso estranho nas palavras do abade e eu fique rapidamente com medo de saber a verdade.

– Ele viu Ruy participar de um duelo, e se ferir – falou, sem me olhar. – Ele viu Ruy ser levado por seus amigos...

– O que mais, meu amigo?

– Ele viu Ruy de Chambres morrer, poucas horas depois. Está tudo na sua carta.

Um silêncio me dominou. Um silêncio pesado e amargo. Ruy era um filho que, na verdade, nunca havia realmente nascido em minha vida, e agora morria. Eu o vira poucas vezes e, na única que falou comigo, deixou bem claro que me odiava. Levantei em silêncio e fui na direção da rocha da Torre para render algum dos vigias. Não era minha hora, mas eles ficariam felizes por poderem sair daquele lugar, tão frio quanto perigoso. Era um bom lugar para filtrar minha dor.

Dispensei um jovem soldado que dormia e não deveria estar dormindo, enrolado em um manto, encostado em um canto de pedra onde o vento não castigava tanto. Ele me olhou apavorado, achando que seria repreendido, mas eu apenas fiz sinal para que partisse e sentei em seu lugar, quase na beira do penhasco. A beira de um abismo era representativo para o que eu estava sentindo.

Muitas e muitas vezes, tive vontade de sequestrar Ruy, quando ainda era uma criança. Sabia que em Paris ele teria menos proteção do que em Le Baux, apesar da tutela de Edmond. Em minha mente o mundo era grande e eu poderia escondê-lo. Teria raiva de mim no começo, mas o tempo o faria entender que o que me movia era um sentimento de pai. Sabia que não podia oferecer as riquezas a que estava acostumado, mas ofereceria uma vida correta e, em minha mente ingênua, isso acabaria por conquistar-lhe. Como saber? Como saber agora que não era mais possível ser feito nada. Morreu com trinta e oito anos. Quantas vezes me culpei por omissão? Qualquer pessoa o teria esquecido, simplesmente, dado o abismo que fora criado entre nós, mas ele era meu filho e de Júlia, e eu e ela estávamos ligados por um amor incondicional e indestrutível. Como eu poderia aceitar que um filho nosso vivesse longe desta harmonia? O quanto de culpa eu tinha em sua morte? Ele não nasceu em minha vida ou eu impedi que nascesse?

Capitol seissanta cinc

Montségur, dezembro de 1243.

Sofríamos há quase oito meses com o cerco, e o verão fora rigoroso. A sede e a fome transformou a aparência das pessoas, embora *perfeitos e perfeitas* sofressem pouco com isso. Por sua vez, cada vez mais cavaleiros e simples soldados tornavam-se crentes, mesmo aqueles que nunca se interessaram nos assuntos de Deus, e crentes recebiam o *consolamentum*. O convívio com tantos exemplos, diários, constantes, era significativo na vida de todos, ao mesmo tempo em aumentava o ânimo de defender uma ideia, até mais que as pessoas, e tornava nosso grupo ainda mais resistente.

Sabíamos que o ânimo do exército inimigo estava em baixa. Fizeram sortidas de todos os tipos, tentaram a subida em vários e vários pontos, e sempre foram rechaçados. Tentaram nos sufocar dentro da vila, onde pensavam que nada chegava, mas sempre tínhamos um novo caminho secreto por onde passar o mínimo de bens necessários para a sobrevivência. Quanto mais eles tentavam fechar o cerco, mais Laurent se divertia. Algumas vezes chegamos a descer escarpas pendurados em cordas para buscarmos alimentos, cartas, esperanças, que sempre conseguiam passar pelo exército cruzado, por que os moradores da região eram simpáticos a nós e, por muitos anos, viveram amparados física e moralmente por nossa comunidade. E a bondade se perpetua, assim como os bons exemplos.

Na primeira manhã do cerco, um cavaleiro coberto por uma armadura reluzente apareceu no gramado na base do morro e lá ficou por mais de uma hora. Chovia, e cheguei a ter pena daquele farsante, que fiquei até curioso para saber quem era, embora ainda estivesse tão triste pela morte de Ruy, o filho que morreu sem nascer. Posteriormente espiões nos contaram que havia um pelotão de soldados prontos para interferir no duelo e me prender.

Reconstituição do castelo de Montségur

Eu demorei alguns dias para contar a Júlia, mas não pude evitar, porque ela sabia que alguma coisa havia acontecido. Todos sabiam. Nunca fui bom em disfarçar o que sentia. Ela chorou em meu peito por uma hora, depois beijou meu rosto, enxugou as lágrimas e rezou, em silêncio. E eu a deixei sozinha. Nunca mais falamos sobre o assunto.

Há poucos dias Matheus e Lucas haviam voltado, para nossa alegria e, principalmente, para a alegria do abade. Trouxeram muitas notícias, mas a principal delas, era que dificilmente teríamos alguma ajuda do conde de Tolosa, Raymond VII. O abade já havia falado a Pierre-Roger que não acreditava que o conde viria em nosso socorro, pois, embora fosse simpático aos hereges, simpatizava muito mais com sua própria causa, que era a recuperação de seus títulos e terras. Afrontar as ordens do papa e da rainha regente, agora, era um suicídio político. Então estávamos por nossa própria conta, e nos cuidávamos muito bem. Em todos estes meses, nenhuma baixa, a não ser algumas mortes naturais. Mas tínhamos reuniões diárias com a guarnição de defesa, para as quais eu era sempre chamado. Também tínhamos reuniões com os *perfeitos* e *perfeitas*, que cada vez mais se preocupavam com nosso destino. Havia uma evidente manifestação de clarividência entre eles, que tinham contatos naturais com a espiritualidade. Segundo *perfeitos* e *perfeitas*, a mediunidade era um dos atributos que se adquiria com o *consolamentum*, e eu, que havia me habituado com as vozes do bom abade Amadeu, não achava isso estranho. Estes contatos, embora nós, os crentes, não víssemos, deveriam estar alertando-os para algum perigo. Não temiam a morte, nem a dor, nem qualquer tipo de suplício, porque acreditavam que tudo isso apenas ajudaria na libertação de cada um dos laços pesados da matéria. Porém, o medo que tinham era em relação à preservação de suas ideias e ideais. Guillabert de Castres e Bertrand Martin, nos primeiros dias de dezembro, pediram uma reunião com o comandante da guarnição e, novamente, fui chamado para ela.

– Estamos vencendo esta guerra, não há porque se preocupar – falou Pierre-Roger.

– O que está em jogo tem um valor que não pode ser calculado, senhor. Não é prudente arriscarmos.

– Mas o frio está castigando como nunca o exército cruzado. A madeira para fogueiras está rareando para eles, além da comida. E estamos no começo de dezembro, o inverno está apenas começando. Acredito que vão levantar o cerco a qualquer momento.

– Seria uma derrota humilhante para um exército tão grande. Branca de Castela não admite a derrota – falou Guillabert.

– Morrerão se ficarem. Nossa vitória está garantida – falou Guillaume de Lahille, o arrogante.

– Assim como estava garantida em Castelnaudary, e muito mais garantida em Muret. Em ambas estávamos em imensa maioria, com tudo a nosso favor, e perdemos – falei, e logo Lahille fez uma cara de desdém. Eu sabia que ele não gostava de mim, mas não se atreveria a me desafiar, porém, seu lacaio inseparável era Renan Briand, o soldado que um dia ferira gravemente Laurent, quando este era apenas um aprendiz. Eu sabia que ele não se conformava com a minha fama, já que queria ser reconhecido como o guerreiro mais poderoso da guarnição. Ele era mais jovem do que eu, não deveria ter mais do que quarenta e três anos e era muito forte. Na verdade, era um gigante, que metia medo só pelo tamanho, e isso também o irritava, porque eu nunca demonstrei medo, porque sabia que tudo aquilo não passava de arrogância e inexperiência. Era valente entre bêbados e nunca havia participado de uma batalha de verdade. Não esteve em Castelnaudary, tampouco Muret. Vi que ele ficou vermelho com minha resposta, e não se conteve:

– Talvez não tivéssemos soldados à altura – falou Renan, e senti claramente minha mão formigar, juntamente com um desejo incontido de levá-la ao punho da espada, mesmo que estivéssemos sem espadas para a reunião. Fiquei tão surpreso com a reação que sorri, o que foi julgado como uma provocação por Renan Briant, que deu um soco na mesa e gritou:

– Quer me desafiar, Sebah? Quer sentir o frio da minha espada?

– Não – falei, com simplicidade.

– Não? Então é um covarde!

– Também não, senhor Renan Briand. Sua fúria e suas palavras ofensivas não conseguem impulso suficiente para se aproximar da minha honra e, além do mais, somos poucos diante do inimigo, tão poucos que até um beberrão arrogante como você pode ser útil.

Ele tentou pular por cima da mesa, mas foi contido por outros cavaleiros, enquanto eu me mantinha impassível, como se ele não representasse nenhuma ameaça séria. Pierre-Roger, que gostava dele, mas também gostava de mim, ficou um longo tempo me olhando, enquanto os ânimos se acalmavam. Depois, sem olhar para Renan, falou:

– Você tem razão, Sebah. Estive em Castelnaudary, Muret, e muitas outras. Lutamos juntos, e perdemos, mesmo com toda nossa vantagem e valentia. Como podemos ajudá-los, caro Guillabert? – completou, olhando para o *perfeito*, que se mantinha com os olhos fechados, diante das nossas atrocidades.

– Sabemos que estamos muito bem protegidos, senhor comandante, e não temos nenhuma dúvida da bravura da nossa guarda, porém, numa guerra, o destino sempre é incerto. Temos resistido às tentativas de aniquilamento por parte da igreja de Roma há muito tempo, principalmente depois da carnificina de Béziers e a primeira cruzada organizada contra nós. A fogueira tem levado muitos dos nossos líderes e simpatizantes, e mesmo assim resistimos, porém, agora corremos um risco maior, porque, além de líderes, temos aqui em Montségur o nosso futuro como religião, por isso temos que tomar cuidado.

– Poderia ser mais claro, meu amigo? – perguntou Pierre-Roger.

– Temos conosco um tesouro inestimável que, se for levado pela igreja católica, será uma perda irrecuperável. O futuro da nossa religião depende deste tesouro, porque nossos líderes hoje são poucos, e estão quase todos aqui. Se não preservarmos nosso tesouro para as gerações futuras, a era do cristianismo puro que pregamos poderá acabar em Montségur.

– Um tesouro? Ouro, prata? – perguntou Lahille, com alguma cobiça escorrendo pelas palavras.

– Temos um pouco de ouro e prata, além de alguns outros bens fúteis que, embora fúteis, poderão servir para os *bons cristãos* da Lombardia, onde ainda formam uma comunidade significativa. Mas temos um tesouro ainda maior, muito maior, que sei que não interessa a ninguém que tenha cobiça por bens materiais. Ambos poderiam sair secretamente de Montségur, enquanto há tempo.

– Creio que está sendo muito pessimista, caro Guillabert. Realmente não acredito que possamos ser derrotados. É apenas uma questão de tempo. Vamos fazer um acordo, então: vamos esperar mais duas ou três semanas e aí então decidiremos o que fazer com esses tesouros. Até porque, mesmo que tenhamos alguma liberdade de ir e vir, furando o cerco, qualquer tipo de tesouro torna a ação um empreendimento muito mais perigoso. Então vamos dar tempo ao tempo.

Guillabert de Castres apenas concordou com uma inclinação leve da cabeça, e eu, que sabia que eles consultavam os espíritos para tomarem suas decisões, fiquei bastante preocupado quanto ao nosso destino. Nos últimos meses mais vigiara do que lutara, e não havia corrido nenhum perigo, mesmo quando cruzava as linhas inimigas por cavernas e grotas secretas atrás de suprimentos. Nossas batalhas eram muito mais a preparação de armadilhas nas encostas, que tanto diminuíam o ânimo do inimigo cada vez que tinham suas expectativas de ataque frustradas. O que mais usávamos eram as longas cordas amarradas em pesos, que eram troncos ou grandes pedras, e presas em algum pivô central na encosta, que faziam as cordas trabalharem como se fossem pêndulos devastadores. Os pivôs haviam sido fincados na rocha inclinada, quase na vertical, bem antes da chegada do inimigo e, agora, posicionávamos os pesos há uma distância de mais ou menos cinquenta metros de cada lado do pivô. Quando algum grupo inimigo tentava escalar a encosta, soltávamos os pesos que, presos às cordas, desciam com violência quase em queda livre. Quando as cordas esticavam, presas pelos pivôs centrais, ambos os pesos, um de cada lado, faziam as cordas varrerem um raio largo, de forma devastadora. Quanto mais inimigos, mais vítimas, e mais desânimo entre eles. O desânimo entre eles era tanto que muitas vezes conseguíamos descer pela encosta e cortar a corda próximo ao peso, e logo remontar a armadilha, para evitar uma nova ousadia.

A cada dia que passava, o frio aumentava. Ainda não havia nevado, mas os ventos cortantes eram quase insuportáveis. Nossa alimentação, nesta época, se limitava praticamente a pão e aveia, e pouca água. Esperávamos que a neve não tardasse, porque com ela teríamos água, mas, por enquanto, tínhamos que economizar, e isso significava mesmo passar sede. Estava mais difícil chegar à nossa comunidade outros alimentos, não tanto pela vigília do exército cruzado, mas sim por que os produtores da região viam seus produtos serem consumidos por este exército, na maioria das vezes sem compensá-los devidamente, quando não eram simplesmente confiscados. Então não chegava mais a nós o queijo, o leite, os legumes, além da carne que, embora *perfeitos e perfeitas* não comessem, a maioria dos demais sentia a falta, principalmente a guarnição de defesa.

O nosso grupo morava agora em uma casa pequena na beira do precipício. Um quarto um pouco maior abrigava a mim e Júlia, o querido abade,

Nathalie e Laurent, Jaume, Jamile e Geneveve. Isso quando algum dos meus 'netos', filhos deles, não vinham passar a noite. Na verdade, eu, Jaume e Laurent poucas noites dormíamos com eles, passando a maior parte do tempo vigiando nossas posições de defesa. Anne Crestan morava em uma casa maior juntamente com outras *perfeitas*, mas era uma presença constante entre nós.

Renan Briand me cercava o quanto era possível com suas provocações, mas eu o ignorava completamente, o que o deixava ainda mais irritado. Muitas vezes perdeu a linha e me procurou para uma desforra, mas nunca me encontrava, porque eu realmente acreditava que ele poderia ser útil numa batalha. Todos poderiam ser úteis. Além do mais, de há muito já havia me proposto não manchar mais meu destino com mortes. Eu já o havia visto lutando muitas vezes nos treinamentos, quando sempre fazia questão de humilhar seu oponente, então sabia que uma luta com ele seria extremamente rápida.

Dois dias antes do natal, o abade me chamou para conversarmos. Encontrei-me com ele, Bertrand Martin e Guillabert de Castres, além de Anne, bem como dois diáconos da igreja cátara, Mathieu e Bonnet, que haviam se infiltrado na vila há poucos dias.

– Sebah, precisamos de você – falou Guillabert, sem perder tempo.

– E o que esperam de mim?

– Precisamos fazer sair daqui um tesouro que não tem muita importância para nós, mas que poderá ser útil para outras comunidades. Guardamos algum ouro e prata conosco porque sempre havia a possibilidade de termos que comprar a liberdade de algum dos nossos, ou mesmo garantir o sustento dos nossos defensores, como vinha acontecendo.

– Desculpe, meu amigo, mas não vejo a lógica de mandar riquezas para fora daqui – contestei.

– Sebah é um falso ingênuo, caro Guillabert. Vai precisar explicar um pouco mais seu plano – falou o abade, com seu velho sorriso.

– A ideia é dividirmos a nossa riqueza material, mas você tem razão em não entender. Principalmente se eu não explicar. Fomos avisados que é possível que não consigamos sair de Montségur.

– As vozes?

– Os espíritos, meu amigo. Não é novidade para você que conversamos com aqueles que já se encontram em um mundo melhor. Eles nos preveniram. Então, resolvemos que precisamos salvaguardar a nossa maior riqueza.

– Acredito que essa riqueza não tenha nada a ver com ouro e prata.

– Não, mas, se possível, gostaríamos de não precisar explicar qual é ela.

– Então vamos ao plano. Estou aqui para ajudar.

– Queremos fazer uma tentativa de tentar passar um tesouro em ouro e prata pelo exército inimigo. Caso tenhamos sucesso, poderemos fazer o mesmo com o tesouro verdadeiro.

– E querem que eu atravesse as defesas inimigas com esse tesouro?

– Você, Mathieu e Bonnet. Depois que saírem, os dois se encarregarão de levar essas riquezas para as pessoas que poderão fazê-las chegar à Lombardia.

– E quando querem que façamos isso?

– Na noite de Natal. Acreditamos que os soldados inimigos relaxarão a vigilância, até porque é provável que estejam bêbados, ou dormindo depois da bebedeira.

– E até onde devo levá-los?

– Teremos uma escolta esperando a partir de Limoux. Poderá retornar depois disso.

– E o outro tesouro, quando tentaremos levá-lo?

– Este é um assunto delicado, Sebah. Melhor conversarmos sobre ele depois de saber do resultado desta primeira tentativa, mesmo porque uma ação depende do sucesso da outra.

Estávamos todos reunidos na noite anterior ao Natal. A minha missão era perigosa e ninguém conseguia disfarçar a tensão. Muitas e muitas vezes eu cruzara as linhas inimigas, mas sempre sozinho e não com cavalos, como agora faríamos. Houve ocasiões em que eu e Laurent descemos falésias pendurados por cordas, mas como fazer isso com cavalos carregados?

Quando nos preparávamos para dormir, Laurent, que estava de guarda em alguma parte do muro, apareceu trazendo Mestre Jöe, para surpresa de todos, pois estava cada vez mais rara sua presença entre nós. Vinha de Tolosa e trazia informações relevantes. Encontrara um engenheiro de armas que havia sido contratado por Hugues d'Arcis para construir uma *trébuchet* leve e fácil de ser carregada montanha acima. Ele não conseguiu descobrir qual era o plano do comandante inimigo, mas era óbvio que tinham um plano e nós sabíamos que o local propício para executá-lo seria a *roc de la Tour,* embora a mantivéssemos fortemente vigiada e fosse rodeada por paredes de rocha verticais de quase cem metros de altura.

Imediatamente pedimos para conversar com Pierre-Roger e contamos a notícia da *trébuchet* leve.

– Estão desesperados – falou o comandante, envolto em grossas peles de cordeiro, porque o frio da noite estava quase insuportável, e com o humor azedo por termos o acordado. – Vão fazer uma última tentativa, mas terão a mesma recepção de sempre. Pode partir sem se preocupar, Sebah. Vai nos encontrar tomando cerveja de Tolosa quando voltar. Duvido que resistam a mais uma semana. Creio mesmo que o que vão fazer é inútil. Em pouco tempo poderão abrir os baús e contar ouro e prata no pé da montanha.

Não me senti bem com tamanha autoconfiança, mas o comandante era ele, e um bom comandante. Então eu me despedi de Anne, Nathalie e Júlia durante a noite, depois fui para uma rocha que se projetava ao lado do muro da vila e, mesmo com o frio intenso e a neve que começava a cair mais cedo do que se imaginava, rezei. Por mais que eu vivesse muito próximo destes quase santos chamados hereges, a oração não era um hábito comum, mas não rezei por mim. Rezei por todos que ficariam, e rezei por Thierry, onde quer que estivesse, e rezei por Ruy, por sua alma, e pedi a ele perdão, perdão, perdão, muitas vezes. A oração partiu de mim e logo tive uma intensa e inesperada resposta. O vento cortante pareceu parar e o frio sumiu, a ponto de ter que tirar a grossa manta de lã que me cobria. Uma emoção diferente tomou conta de mim e era como se não existisse em meu peito nenhuma mágoa, nenhuma tristeza, nenhuma dor, muito menos medo.

Lá embaixo as fogueiras do inimigo, algumas luminosas, outras se extinguindo, por que agora a chuva e a neve que começara a cair se misturavam, formavam um céu estrelado no chão, e meu coração estava leve. Tão leve que rezei por meu pai. Rezei também por Edmond de Chambres e, em dado momento, tive a nítida sensação de que ele estava lá embaixo, sentado ao lado de alguma fogueira, olhando para o alto, na minha direção. A imensa mágoa que tinha dele, e que eu nem imaginava ser tão grande, escorreu de mim como se fosse água se derramando pela encosta de pedra.

Estava tão imerso nesta sensação maravilhosa do perdão, e me questionando do motivo de não rezar mais vezes, que não ouvi que Laurent se aproximou e colocou a mão no meu ombro, para susto meu e dele:

– Onde está sua cota de malha, senhor?

– Não vestirei a cota, Laurent. Lembre que estarei montado em um cavalo pequeno, levando uma carga pesada, passando por caminhos tão estreitos que mal poderei me virar para ver meus companheiros.

– Mas, senhor...

– Somente Sebah, Laurent. Há quanto tempo lhe peço para não me chamar mais de senhor?

– Pode não usar a cota, mas vou buscar seu gibão de couro... é o mínimo. Enquanto isso, procure por Mathieu e Bonnet, que o esperam na saída nordeste.

Quando estávamos prontos para começar a descida, o abade Amadeu segurou meu braço e falou, com os olhos vidrados mirando um pouco acima da minha cabeça:

– O medalhão, Sebah...

– O que tem o medalhão? – respondi, entendendo que ele estava ouvindo suas vozes.

– Importa-se em deixá-lo comigo?

– Deixei-o com Júlia. Poderá pedir a ela, mas...

– É uma ideia, meu filho... uma ideia que pode ajudar a esconder o nosso verdadeiro tesouro. Ele é de ferro, não é?

– Sim... e voltarei para cá curioso por saber qual ideia é essa.

– Mais uma coisa, Sebah...

– Sim... o que disseram suas vozes?

– Que nem sempre é preciso morrer para renascer.

– E o que quer dizer isso?

– Nem sempre sei o significado de tudo o que me falam. Esperava que você soubesse.

Mathieu e Bonnet já estavam impacientes, por isso não pude fazer mais perguntas ao abade. Mesmo que fossem bons cavaleiros, ficava cada vez mais claro que nosso grupo tinha mais medo da descida por aquele caminho descoberto e mantido por Laurent, do que enfrentar o cerco dos cruzados. Então partimos. Laurent foi junto por um tempo e, de repente, não o vi mais. O cheiro de lenha queimada das fogueiras do inimigo, mesmo do outro lado da montanha, chegava a nós com as rajadas de vento e neve que dançavam nas paredes de pedra, vindas dos desfiladeiros muito abaixo de nós.

Capitol seissanta sièis

Montségur, Natal de 1243.

Amigos leitores que me acompanharam até aqui, peço que lembrem que Michel de Laroche usou um artifício literário interessante para instigar a atenção de todos e, assim, a minha descida acompanhando Mathieu e Bonnet já está relatada na introdução desta obra. Não fui eu que pedi isso, mas achei interessante, porque o escritor é ele. Apenas relato as minhas memórias e estimulo sua mente a resgatar suas próprias, como Jöe de Chambres, ou a de Jean Pierre, como Fabres. Então chegamos ao momento de resgatar o tempo e fechar este nó aberto. Para isso, vamos relembrar um pouco do que já foi escrito:

Quando eu virei as costas para ir embora, sabendo que os cavaleiros que deixara caídos na floresta logo nos alcançariam, ou mesmo alguma outra patrulha do exército cruzado, o cavaleiro, com um fio de voz, me chamou:

– Sebah...

Sebah! Então ele sabia meu nome? Não demonstrou que me conhecia antes, quando me atacou.

– Sim, meu nome é Sebah. Pensei que não me conhecia.

– Vamos... Antes de partir... remova meu elmo...

Obedeci. Agora sua voz estava quase inaudível. Com cuidado soltei as plaquetas metálicas e abri o elmo, depois o retirei. No mesmo instante ele sorriu e pousou sobre mim a luminosidade de seus olhos, profundamente azuis. O cho-

que emocional que senti fez com que minhas pernas se dobrassem e eu caísse de joelhos. Como podia ser ele? Não era possível!

Ele continuou rindo e, ao mesmo tempo, chorando. Eu fiquei imóvel, ajoelhado ao seu lado, até que senti uma espada tocar em minhas costas. Estava tão perplexo que não ouvi os cavalos se aproximando. Dois dos cavaleiros que derrubei haviam se recuperado e, agora, ambos colocavam as espadas longas cutucando minhas costas, enquanto ele ria, cada vez mais alto.

Era meu fim, pensei. Morreríamos juntos, porque no fundo não acreditava que ele poderia sobreviver ao ferimento medonho que provoquei. Eu ainda estava ajoelhado ao lado da pedra e atônito, quando um dos cavaleiros puxou minha espada e a jogou para longe, para, logo em seguida, o outro me empurrar com o pé com muita força, fazendo-me cair. O frio da neve batendo em minha pele parece ter causado um choque nos meus sentidos, mas logo entendi que demorei demais a reagir. Fiquei em pé, mas estava sem a espada e os dois, embora carregassem os sinais da queda na floresta, estavam bem armados. Foi então que me surpreendi ainda mais, mesmo pensando que isso era impossível. O cavaleiro que me derrubou com o chute parecia ser muito forte, e foi ele quem virou para o ferido sobre a rocha e falou:

– Poderia existir uma oportunidade maior para o mundo se livrar de um verme como você?

Tao logo falou, levantou a espada e vi que a desceria mortalmente no pescoço do cavaleiro ferido. Desesperado, gritei seu nome, ou alguma coisa parecida com isso, porque o que saiu de mim foi um urro, um grito de dor que causou uma breve surpresa nos dois inimigos. Quando o cavaleiro que tinha a espada levantada deu-se conta do que acontecia, eu já havia passado por cima do outro, que ainda me atingiu com a espada no peito, e atirava-me sobre ele, fazendo com que rolássemos na neve. Com a mesma força que o derrubei, golpeei sua cabeça com minhas mãos fechadas. O elmo logo voou para longe e fiquei assustado com aquele rosto, tão parecido comigo. Parecia a mim, muitos anos mais jovem. Mas eu estava numa luta e não tinha como parar, então continuei batendo, até que ele desfaleceu. O outro soldado saiu correndo, desesperado com o que tinha visto.

Voltei para o ferido, que já estava quase sem vida, e coloquei mais um grande punhado de gelo no que sobrou do braço, que sangrava muito. Pensei que estava desmaiado e me surpreendi quando sussurrou:

– Por que me salvou, Sebah?

– Fique quieto, por favor.

– Vamos, fuja... Com esse grito que deu até os mortos do exército cruzado virão até aqui – falou ele, com o que ainda existia de voz.

– Cale-se! – reclamei, levantando-o novamente em meus braços e começando a caminhar na direção do inimigo.

Eu poderia tentar levá-lo aos hereges, que talvez o salvassem, mas ele não resistiria à subida. Então fui na direção do exército cruzado e logo percebi que ele tinha razão. Dezenas de soldados vinham correndo pela estrada e logo estariam no campo onde eu caminhava.

As últimas palavras que ouvi dele foram:

– Você é um idiota, Sebah... um grande idiota...

* * *

A luz do sol do meio dia era intensa por se multiplicar na neve espalhada, mas eu sentia muito frio, deitado no chão, com as mãos e pés amarrados e esticados por cordas, e sem nenhuma roupa. Porém, o frio na pele era muito menor do que o frio que invadira minha alma, meu coração e minha memória. Eu o havia ferido, novamente. Eu havia decepado seu braço e agora não sabia se estava vivo ou morto. A impressão da morte que mais uma vez se aproximava, e agora parecia ser realmente inevitável, não me trazia nenhum medo, muito pelo contrário, tamanha a dor que me corria na alma.

Eu o ferira. Eu mutilara aquele que nunca havia nascido verdadeiramente em minha vida. "Nem sempre é preciso morrer para renascer", falaram as vozes do abade Amadeu. Quando removi o elmo e seus olhos azuis pousaram nos meus era como se sua espada tivesse me acertado no pescoço, como tentara. A dor do resultado da minha ação misturava-se ao ódio que movera a ação dele. Ódio tão grande que o fizera capaz de, no domínio de toda sua maturidade e consciência, tentar matar o próprio pai.

Sim, leitores, aqueles olhos azuis eram de Ruy. A informação que Jöe passou ao abade não era verdadeira. Estava vivo. Havia uma grande cicatriz ao lado direito do seu pescoço, que se estendia até o rosto de forma até assustadora, que me levou a pensar que realmente fora ferido em um duelo, mas não chegou a morrer. Como eu, talvez ele tivesse o sopro de muitas vidas para gastar, embora eu esperasse que já tivesse usado todos.

O calor do meu corpo, mesmo nu, já fizera a camada de gelo derreter e eu sentia o capim grosseiro que ficava sob a neve, embora a pouca sensibilidade da pele amortecida pelo gelo. Eu ouvia gritos, conversas e relinchos, não muito distantes, mas não sabia exatamente em que ponto do exército cruzado estava, porque havia sido trazido até ali tomado por uma perplexidade que me cegava para o restante.

Ouvi quando alguém começou a se aproximar mais uma vez. Ouvi o gelo fino, cristalizado pelo vento, ir se quebrando com o peso de botas. Talvez mais um soldado, ou mesmo algum nobre, que vinha ver Sebah, *le Roc*, capturado. Meu nome fora usado como uma forma de propaganda, que visava assustar o inimigo e motivar os companheiros de luta. Assim, muitos pensavam que Sebah era um monstro de duas cabeças, um ser dos infernos, um ser não humano. Como poderiam entender o quanto desumano mesmo eu estava me sentindo?

Alguém chutou minha cabeça, não com força, embora doesse, para ver se eu ainda estava vivo. Depois que me tiraram a roupa, muitos soldados descarregaram em mim toda a frustração por tantas derrotas, e só não me mataram porque algum superior impediu, embora tivesse me mandado prender da forma que estava.

– Eu sei que não está morto, seu patife. Você não morre, por mais que tentemos, você não morre...

– O demônio o protege – falou outra voz, e agora eu já sabia quem eram e abri os olhos, pois não tinha dúvidas de que meu pai logo me daria um chute bem mais forte na cabeça.

– Como as coisas mudam, não é Sebah. Contaram-me que um dia você ameaçou me matar com um chute na cabeça, quando eu estava desacordado e não podia reagir. Mas veja o que Deus fez para que você aprendesse um pouco sobre dignidade!

– Edmond de Chambres falando em Deus e dignidade! O ferimento que provoquei parece que serviu de alguma coisa...

Ele apenas sorriu. Estava velho e apoiava-se numa muleta. Usava uma manta negra e grossa cobrindo a túnica que ainda mostrava seu brasão, mesmo que desbotado. Seu rosto perdia-se no meio de uma barba mal cuidada e branca, mas seus olhos azuis, símbolo peculiar dos de Chambres,[59] ainda assim se destacavam. Eu esperava que ele reagisse. Eu queria encurtar o tempo, pois nao imaginava outro destino que não fosse a morte, mas ele apenas sorrira. O tempo o temperara para tornar-se ainda mais execrável, pois seu sorriso era apenas cinismo. Eu o havia perdoado por todas as suas

---

[59] Cabe aqui, amigos leitores, uma explicação. Na época, século XIII, não tínhamos a mínima possibilidade de entender as condições genéticas que faziam predominar os olhos azuis entre nós. Era muito mais fácil atribuir a Deus estas situações. Porém, colocando-se uma dose mínima de conhecimento atual, é fácil de entender. O pai e a mãe do abade Amadeu, Edmond e Jöe de Chambres, ambos, tinham os olhos azuis, o que facilitou que os filhos também tivessem, assim como os filhos destes, já que Anne Crestan, que me gerou, também tinha olhos claros, e também Júlia, com quem gerei Ruy. Assim, as severas leis genéticas de dominância e recessividade ficavam mais fáceis de serem aplicadas. (Nota de Sebah)

maldades quando rezara, mas, agora, vendo-o agir daquela forma, entendi que o processo de perdão ainda não estava completo.

Em oito meses de cerco não havíamos perdido ninguém em batalha, e agora eles tinham a mim, que não era um senhor, mas um cavaleiro famoso, ou mesmo uma lenda inventada por aqueles que sempre precisam aumentar nossos feitos. O que isso significava para ele? Que proveito poderia tirar desta situação, tanto para sua vingança pessoal, inextinguível, quanto para o exército cruzado, desmoralizado depois de tantas tentativas frustradas de nos dominar?

O padre Damien, por sua vez, parecia não ter envelhecido e, mesmo naquela situação, tive a certeza de que o protegido pelo demônio era ele. Apenas os cabelos estavam um pouco grisalhos, mas sua aparência ainda causava um pouco de medo, mesmo em quem não tinha mais medo de nada.

– Você morrerá, Sebah, finalmente – falou Damien. – Esta noite será julgado e amanhã acenderemos uma fogueira onde todos os hereges do pog possam vê-lo queimar, e assim saibam do destino que os aguarda.

– Onde está Ruy? O que aconteceu com ele? – perguntei, indiferente ao meu destino.

– Ah! Tenta matar o próprio filho e depois se diz preocupado! O demônio realmente o domina! Pensa que poderá atenuar as acusações com isso? – perguntou o agora enfurecido padre, num de seus repentinos transes, colocando-se com as pernas abertas sobre mim, com o dedo em riste, quase na minha cara.

– Só quero saber o que aconteceu com ele?

– Está sendo tratado por um médico que voltou à verdadeira fé. Um herege que reconheceu seu erro e reencontrou a luz, mas, mesmo ele, ungido agora pela graça divina, talvez não possa salvar a vida de um guerreiro de Cristo que foi atacado pela demência satânica de um herege.

– Chega, Damien! – falou Edmond, colocando sua muleta no peito do padre e o afastando. – Foi o tempo em que eu me impressionava com seus arroubos. Então, chega!

O padre estava um tanto encurvado sobre mim e com o olhar fixo na neve em algum ponto além da minha cabeça. Era como se realmente estivesse possuído por algum espírito, por isso demorou a se movimentar, o que fez lentamente, como se estivesse recobrando a consciência. Quando saiu, Edmond apoiou a muleta em meu peito e soltou seu peso sobre ela, depois falou:

– Fabres Mathieu está tentando salvar Ruy, mas já disse que será ainda mais difícil desta vez. Não faz muito tempo que o salvou de um ferimento grave. Fabres Mathieu foi discípulo de Jöe, meu irmão, aquele desvairado. Jöe, que me enganou, me fazendo pensar que Nathalie de Saint-Ettiene estava morta, e não estava. Continua viva, embora não tenha mais nenhum valor agora; na época eu poderia ter ganhado uma fortuna. Ela vive entre vocês, morrerá entre vocês, enquanto poderia ter sido uma princesa na corte. Tenho que admitir que Jöe foi esperto, mas estúpido.

– Eu conheço Fabres Mathieu. Foi ele quem me salvou do ferimento da seta de besta, quando o venci pela primeira vez – falei, tentando mais uma vez provocá-lo.

– Vence realmente quem vence por último, e quem vai vencer por último não será você, seu idiota! Poderia ter se unido a mim, lutado ao meu lado, enriquecido... Como eu fui gerar um filho tão imbecil? – falou, apertando ainda mais a muleta em meu peito, que já estava bastante machucado. – Eu sei que Fabres o salvou, por que ele me contou muita coisa. Eu o salvei da fogueira em Saint-Cirq, onde era acusado de matar velhos e crianças. Era chamado de Monstro do Rio. Damien o fez abjurar a heresia e provou que era o demônio que o levava a cometer os crimes, como todos os hereges cometem. Tornou-se fiel a nós.

– Por que está me contando isso?

– Por que ainda podemos salvá-lo, Sebah. Amanha, diante da fogueira acesa, o padre Damien irá lhe propor que retorne à verdadeira fé e levante a bandeira do Cristo. Então salvaremos sua vida, e você lutará ao nosso lado contra os hereges.

Eu não queria acreditar no que ele estava me propondo. Em minha mente aquilo era ridículo, porém, aquela era a maneira de pensar dele, e deveria até achar óbvio que eu aceitaria. Eu estava enojado, mas, mesmo naquela condição deplorável em que me encontrava, provoquei:

– É uma ideia tentadora, meu pai. Então eu vestiria a túnica branca com a cruz vermelha no peito e em uma das mãos levantaria a espada, na outra a cruz. Então os hereges veriam que eu mudei de lado, e seu exército se encheria de fé, e os soldados subiriam aquela montanha como se fossem anjos alados, levando as partes de uma *trébuchet* até um ponto onde pudessem bombardear aqueles filhos de satanás, sem piedade. É realmente uma ideia tentadora...

Edmond não reagiu. Senti que seu olhar, cravado no meu, se perturbara quando falei da *trébuchet* e teve vontade de me perguntar como eu sabia daquilo, mas conteve-se. A idade o tornara mais precavido, menos explosivo. Sem dizer mais nada, tirou a muleta do meu peito e afastou-se, levando com ele o padre, que agora caíra em um mutismo extasiado. Quando estava já distante, falou:

– Se não aceitar, Ruy morrerá. Fabres obedece a todas as minhas ordens. A escolha é sua.

Capitol seissanta sèt

Saint-Cirq, março de 1222.

Peço licença aos leitores para um retorno no tempo, para que toda a história possa se tornar mais compreensível. Vamos juntos voltar cerca de vinte anos e encontrar novamente Fabres, algum tempo depois de ele ter nos deixado, ao optar por uma vida de peregrino solitário, na região do Lot, próximo a Saint-Cirq.

Era uma noite fria de março e o vento fazia as gotas da chuva fina parecerem pequenas agulhas no rosto de Fabres. Seu manto estava encharcado e não lhe dava mais nenhum calor, porém ainda estava muito longe de sua gruta próxima ao rio Célé, no mesmo local onde morara com Florence. Desde que decidira continuar vivendo sozinho, peregrinara por muitas regiões, mas em todas elas sentia-se exposto e corria perigo, por não ser de nenhuma ordem religiosa. Algumas vezes se fez passar por cisterciense, mas sabia que não poderia ser confrontado por um padre, que seus argumentos se perderiam, e os padres andavam cada vez mais arredios depois de todos os anos de luta para exterminar a heresia cátara da região. Por isso procurara a mesma gruta, próxima a Cabrerets, onde podia se isolar, já que só ele sabia como chegar nela.

Passara o dia tentando salvar a vida de um fazendeiro que sofria de cólicas horríveis, mas não conseguiu vencer a luta contra a morte e estava abatido. Há muito deixara de se emocionar com a morte ou com qualquer tipo de sentimentalismo, porém, ver sua ciência perder para a morte o abalava. Cada vez que conseguia roubar alguém dela, sentia poder. Dominava o conhecimento sobre uma quantidade imensa de medicamentos que ele mesmo criara, extraindo óleos e essências de folhas, cascas, raízes e até mesmo de animais e peixes. Tudo o que aprendera com o Mestre na juventude se multiplicara, e a eficiência dos seus tratamentos permitia que conseguisse excelentes resultados, fazendo com que sua fama se espalhasse rapidamente. O que aprendera com Serkan de alquimia também o ajudara. Porém, os doentes não eram propriamente seres humanos necessitados aos seus olhos, mas sim suas cobaias, onde podia experimentar o efeito de suas descobertas. Então ele testava, avaliava reações, levava doentes quase à morte intencionalmente, depois revertia o quadro. Perdera alguns nestes experimentos, e o fazendeiro que morrera era um caso desses. Como conseguia inúmeras curas e a morte de um enfermo era mais comum que a vida nas mãos da maioria dos médicos, nunca era considerado culpado, ainda mais porque era fácil perceber sua consternação quando não conseguia um resultado positivo. Sua fama de bom médico ia junto com a fama de obstinação pela cura, mesmo que as pessoas não pudessem entender o que se passava em sua mente.

Encontrou o barco no mesmo lugar que deixara pela manhã e o deixou descer pela correnteza com velocidade, pois a chuva durante o dia havia sido intensa e o Lot estava cheio. Era uma canoa estreita e longa, que ele manejava com habilidade. Entrou pelo Célé e agora teve que remar com força para vencer a correnteza contrária, até chegar ao ponto onde o rio alargava e ele fazia um largo contorno pela margem oposta, para conseguir velocidade e assim subir mais alto na rampa de pedregulhos onde escondia o barco. O rio mais cheio facilitou a aproximação do ponto onde escondia a canoa, que logo sumiu no meio dos ramos de azevinho. O frio e a chuva não o incomodavam tanto quanto ter perdido sua cobaia. Iria usar no fazendeiro um remédio novo que causava entorpecimento e acalmava a dor, mas antes a fez ficar mais intensa e errou na medida. Num espasmo violento a respiração do doente parou, e não respirou mais.

– Era a vontade de Deus! – falou a viúva.

Era a vontade de Deus! Quando ele conseguiria dominar a vontade de Deus? Quando a sua vontade seria superior à vontade de Deus? Quando teria o controle sobre a saúde e a doença, sobre a vida e a morte? Estava perto, sentia, mas não conseguia imaginar o quanto ainda faltava. Em sua memória uma lista de sintomas e efeitos se repetia constantemente. Comparava e registrava mentalmente tudo. Não tinha nada escrito, pois sabia que sua memória era seu caderno de anotações. E que fenômeno era sua memória!

O que mais o irritava era que sua nova técnica não havia funcionado. Nunca conseguira explicar seu próprio poder de melhorar a recuperação dos doentes ou mesmo curá-los aplicando apenas a energia das mãos. Aprendera isso com o Mestre ainda muito jovem, e este ficava admirado com sua capacidade, mas de onde vinha esta energia? Que remédio invisível corria por seu corpo e se aplicava nos doentes, causando bem estar? Nunca conseguira entender, mas resolvera fazer experiências. Ele sabia que determinado óleo ou essência, ou mesmo a mistura delas, ajudava a cicatrizar ferimentos se aplicadas sobre a lesão. A energia que corria por suas mãos, e a sentia com facilidade, também causava efeitos parecidos. Então ele começou a tomar pequenas quantidades destes remédios antes de aplicar a energia das mãos sobre uma ferida que precisava fazer cicatrizar. Muitas vezes passou mal, mas foi dosando as quantidades até conseguir ter resultados. Em seu pensamento ele estava justificando a origem da energia que curava dentro do seu próprio corpo e já tinha conseguido resultados surpreendentes.

Já fizera experimentos para tipos de males variados, e não apenas feridas. Então havia tomado essência concentrada de *citronnelle*[60] e depois aplicara as mãos sobre a barriga do doente, que gemia de dores. Em minutos a dor diminuíra. Então ele fez o doente tomar extrato de sementes de *cédre blanc*[61] e logo viu que as dores voltavam, e eram mais fortes, mas ele conseguia reduzir novamente. Porém, em dado momento, o remédio que deu para aumentar a dor fez com que o doente tivesse um espasmo e parasse de respirar. Ele não havia conseguido controlar a vontade de Deus.

O frio da noite era tanto que mesmo o frio natural e constante do interior da caverna foi reconfortante. Havia brasas ainda no fogão de pedras e foi fácil fazer as chamas arderem, provocando um rápido bem-estar. Tirou as roupas molhadas e as colocou numa bacia natural de pedra que a água do rio subterrâneo havia formado, para que a correnteza mansa a limpasse, depois se envolveu numa coberta mais grossa de lã. Não dormia há mais de dois dias, mas a agitação de sua mente ainda não permitiria que pudesse descansar, então sentou novamente na beira do fogo e mais uma vez rememorou a sequência de remédios e reações do doente para tentar entender onde havia errado. Estava perdido em seu mundo mental quando uma voz o fez estremecer:

– Já pensou em ferver um ser humano até que ele vire uma essência, Fabres Mathieu?

Num sobressalto, Fabres ficou em pé. Ninguém sabia como entrar naquela câmara da gruta.

– Como entrou aqui?

---

[60] '*Citronnelle*': erva cidreira.

[61] '*Cédre blanc*': cedro branco.

– Ora, acho que você está ficando velho; esqueceu a porta aberta e eu entrei. Ainda não esqueci do caminho, apesar de ter passado tanto tempo – falou Jöe de Chambres, que estava encostado em uma dobra de pedra da parede onde a luz parca do ambiente não chegava. Depois que falou, saiu da sombra e veio para perto do fogão e estendeu as mãos sobre ele. Usava uma túnica negra e uma corda amarrada na cintura, com um capuz cobrindo a cabeça, como a maioria dos *bons cristãos* usava, mas como também padres e monges de ordens religiosas. Por dentro da túnica havia uma corrente de ouro com um crucifixo ricamente adornado, que poderia rapidamente deixar à vista em caso de necessidade.

– E o que quer comigo? – perguntou Fabres, voltando a sentar-se na frente do fogão de pedras.

– Rápido assim, meu discípulo? Não vai fazer outras perguntas? Não quer saber de Claire, ou de Florence?

– Não seja ridículo! Eu cumpri o que combinamos.

– Mas ela está de volta e não foi isso que combinamos – falou o Mestre, com alguma indignação.

– O que eu podia fazer? Queria que eu contasse a verdade? Toda a verdade? Queria que eu contasse tudo o que fez para ter Claire? Queria que eu fosse a Montségur e contasse tudo? – falou Fabres, irritado, mais uma vez ficando em pé.

– Ora, Fabres, não vamos discutir sobre essas mesquinharias novamente. Afinal, elas estão juntas e fico pouco tempo em Montségur. Não é por isso que estou aqui...

– Então diga logo o que quer e vá embora.

– É coisa corriqueira que eu mesmo resolveria se pudesse ficar aqui, mas tenho que partir para Tolosa amanhã e não quero que um problema pequeno possa crescer e virar uma catástrofe.

– É difícil imaginar o que é um problema pequeno e uma catástrofe para você.

– Um problema pequeno é uma mulher grávida. Uma catástrofe é o marido não ser o pai. A catástrofe ainda é maior quando se trata de um senhor importante. Temos bastante experiência em assuntos como este, não é, meu discípulo?

– Mas se uma mulher casada está grávida, o marido vai pensar que é o pai. Qual o problema?

– O problema é que essa mulher é uma herege que se preparava para receber o *consolamentum*, mas não resistiu aos chamados do mundo inferior que todos carregamos nas entranhas mais profundas do nosso ser. Já faz bastante tempo que afastou o marido de sua cama, mas adoeceu há alguns meses. Como sou um velho conhecido, fui chamado para atendê-la...

– ... e, apesar de curá-la, a fez perder-se...

– ... apenas mostrei que não estava pronta para uma vida de sacrifícios. O marido não se interessa mais por ela e já tem várias substitutas, mas sempre haverá o orgulho ferido, que pode ser mais cruel do que um carrasco. Temo pelo que possa fazer com ela se descobrir.

– Com ela? Não teme o que ele possa fazer com você?

– Sei coisas dele que não permitiriam nem que pensasse em me fazer qualquer mal. O problema não é o que pode fazer comigo, acredite, afeiçoei-me a ela, apesar de tudo, e não quero que sofra mais. Então avisei que estou de partida e amanhã chegará um discípulo meu muito aplicado, chamado Fabres Mathieu, para tratá-la.

– Mas você não a curou? De que vou tratá-la?

– Ela tem enjoos, e já entendeu que não pode ter esse filho, ou filha, então está representando bem uma nova doença. Não se preocupe. Só não fiz eu mesmo o tratamento porque não posso ficar e, você sabe, o remédio nem sempre faz efeito nos primeiros dias...

– Você conhece as ervas para isso tanto quanto eu...

– Sim, mas não posso ficar, já falei. O conde Raymond, o velho, está doente e fui chamado.

– Eu sei, eu sei... – falou Fabres, voltando a sentar-se na pedra ao lado do fogo. – O que estou tentando entender é porque não usou estas ervas em Claire.

– Quem disse que não usei? – respondeu o Mestre, friamente, e ficando de costas para Fabres.

– Usou? Mesmo sabendo que ela poderia morrer?

– Não seja estúpido. Eu o ensinei a usar o raciocínio dedutivo, basta pensar para entender. Acha que eu insistiria depois da primeira tentativa, sabendo que ela poderia não resistir?

– Vai querer que eu acredite que a amava de verdade? Você só ama a si mesmo.

– Se não amasse não teria feito tudo o que fiz por ela. Não a teria aceitado depois do que aconteceu – falou o Mestre, agora de frente para Fabres, em pé, ao lado do fogão de pedras, onde um caldeirão começava a borbulhar um líquido escuro e pastoso que lançava para o ambiente um vapor de cheiro azedo. Depois ele sentou um pouco mais distante, numa saliência de rocha, e continuou: – Eu tentei duas vezes. Na segunda vez pensei que ela morreria, então não tive alternativa senão aceitar o fato de que Claire, minha amada Claire, havia me traído e eu teria que conviver com um filho que não era meu...

– ...filha, uma filha...

– Sim, uma filha, Fabres Mathieu... a sua filha. Que eu criei até você me procurar querendo me matar...

– Como eu poderia saber que era minha filha se nem sabia que Claire estava grávida? Aceitei sua proposta, não é? Não o matei e ainda levei-a para longe e a criei enquanto pude. Além do mais, você quase matou Florence...

– Eu dei um chá para que dormisse, só isso. Mas ela era impossível! Antes de ficar sonolenta tentou subir a escarpa. Não vamos repetir outra vez toda esta história. Já estou cansado disso. Você ficou com a filha que gerou.

– Mas não está mais comigo. Nem a filha, nem a mãe. Se não as quer mais, porque não as liberta? Deixei-o livre com Claire por todo este tempo e você nunca a fez por merecer. Liberte-as! Seja ao menos um pouco daquele homem que me criou.

– Ora, elas são livres, Fabres. Podem partir quando quiserem. Se ela realmente o amasse, já teria vindo atrás de você.

– Se ela soubesse que eu estava com Florence teria vindo. Se tivesse contado a verdade, ela viria.

– Está querendo me transformar em um santo. Sou apenas um homem. Não tenho pretensão a ser mais do que isso, embora as pessoas pensem que sou mais. Já tive meu tempo de acreditar que existe mesmo um Deus e uma vida além da morte, mas nada do que vivi até hoje me fez ter certeza disso. Então prefiro acreditar na inteligência...

– ... e nos ardis – interrompeu Fabres.

– O verdadeiro poder vem da inteligência. O pensamento é meu Deus. Mas já tomei muito seu tempo. Amanhã vá a Cabrerets e apresente-se ao *château* do senhor Barasc. Estarão esperando pelo novo médico. Não se esqueça de levar *ruta*[62] e *pouliot*.[63]

Fabres olhou para ele com alguma incredulidade ao ouvir o nome do senhor da região, tão próximo de onde estavam. Se Jöe de Chambres não tinha medo do senhor Barasc ou de tantos outros com quem mantinha relações, como ele, um nada, poderia ter pensado um dia que poderia lhe fazer algum mal ou tentar alguma vingança?

---

[62] '*Ruta Graveolens*': arruda.

[63] '*Pouliot*': Poejo.

Capitol seissanta uèch

Saint-Cirq, março de 1222.

"Elas estão livres! Podem partir quando quiserem." "Livres!" "Livres!" As palavras do Mestre ecoavam nos labirintos do pensamento de Fabres. Ele sabia que não eram livres. Poderiam até ter vontade de partir, mas não eram livres. Como poderiam partir sozinhas por um território constantemente em guerra, tomado por mercenários e malfeitores de todo tipo? O Mestre sempre soube sumir e, assim, esconder a beleza de Claire, pois, sozinho, o que poderia fazer contra um bandido, quase sempre bem armado? Nada. Então se escondia. Andava por caminhos pouco conhecidos. Unia-se a caravanas de mercadores quando precisava vencer trechos mais longos e, nos períodos em que se ausentava por mais tempo, deixava a linda e jovem esposa em locais de difícil acesso, sempre com algum esconderijo estratégico bem localizado, caso Laurent, o eterno vigia, percebesse a chegada de estranhos. Que tipo de liberdade era essa?

A mulher do senhor Bernard Barasc havia morrido. Desta vez ele não tentara nenhuma de suas técnicas para "dominar a vontade de Deus", mas ela não resistira aos extratos de *ruta* e *pouliot*. Na verdade, a gravidez já estava adiantada e podia-se notar a barriga crescida, o que aumentava em muito o risco. Como o Mestre havia partido, ele não tinha como discutir. Chegou a avisar a mulher do perigo, mas ela estava desesperada. O medo de que o marido descobrisse seu desvio de conduta era justificado, pois era impossível saber qual destino ele daria a ela. Por isso preferiu arriscar. Por mais que Fabres não se preocupasse mais com conceitos morais de certo e errado para nortear sua vida, sabia que ela estava muito distante de poder ser uma *boa cristã*, diante de tudo o que estava acontecendo.

– Sou apenas uma mulher num mundo de homens – falou, entre soluços. – Meus pais morreram, estou sozinha aqui. Por isso decidi me unir aos hereges, porque meu marido os admira e odeia os padres. Pensei que poderia mudar minha vida, mas pequei e Deus me puniu com muito rigor pelo meu pecado.

– Tenho certeza de que não foi o Espírito Santo que a engravidou, senhora. Mas não estou aqui para julgar. A decisão é sua.

– Temos que aproveitar que meu marido está em Tolosa por causa da doença do conde. Partiu ao amanhecer, juntamente com mestre Jöe. Coitado! Está desesperado por não poder me tratar.

Fabres olhou para ela e chegou a ter pena. Caíra com facilidade nos ardis do Mestre. Abandonara-a no momento crucial e ela ainda tinha pena. Este não era o homem que o criou, definitivamente. Ou ele, por ser muito jovem, não tinha conseguido enxergar isso?

A primeira esposa do senhor Barasc havia morrido sem lhe dar filhos, por isso casou novamente, mas não conseguiu seu intento. Estavam casados há quase dez anos e aquela mulher não tinha mais do que vinte e seis anos. Era óbvio que a semente do homem não era boa, como diziam as pessoas mais simples, e esse boato já corria por toda a região. Agora ela ficava grávida, depois de muito tempo afastada da cama do marido. O que ele faria? Como seu orgulho reagiria, não apenas por ter sido traído, mas pela prova inconteste de que o problema em procriar era dele? Realmente, nada de bom a esperava.

O que aconteceu é que a senhora Barasc estava fraca ainda e, depois de uma cólica que a fez dobrar-se e gritar, parou de respirar. Foi a vontade de Deus! Fabres não teve outra coisa a dizer para as damas de companhia. O *château* do senhor de Barasc era rude, as pessoas que trabalhavam nele também. Todos sentiram a morte da senhora com legítimas demonstrações de dor e tristeza. Um mensageiro partiu ao encontro do senhor, para dar a notícia. Foi a vontade de Deus, mas Fabres não ficou confortável com a situação. Não pela morte da senhora, que a todo custo tentou evitar, mas pelo medo da reação do senhor Bernard Barasc, tido como violento e, às vezes, irracional. Tinha amantes e perdera a ligação com a esposa, mas, mesmo assim, era imprevisível.

Por isso, naquela madrugada fria de começo de abril, Fabres estava arrumando alguns de seus pertences para partir. Não levaria tudo, pois pensava que poderia retornar passado alguns meses, depois que o senhor já tivesse uma nova esposa. Estava próximo à entrada da gruta, já de saída, quando ouviu o som de cascos, e não eram poucos. E agora? Quase ninguém sabia onde se escondia e a entrada da gruta era disfarçada por moitas de arbustos, então imaginou que poderia ser um grupo o procurando, mas sem saber ao certo onde o encontrar. Sabia que era famoso na região, mas trabalhava sempre longe da gruta. Apresentava-se nas fazendas e vilas como médico e perguntava se alguém precisava de ajuda, em troca de comida, apenas. Alguém poderia tê-lo seguido?

Ouviu que os cavalos se distanciaram e ainda esperou quase uma hora para sair. Quando empurrou a grande moita de azevinho, o dia começava a espantar as sombras da noite. Saiu com cuidado e viu que uma fina camada de neve se espalhava pelo chão e enchia as frestas de pedra, onde se acumulava. Estava frio, muito frio. Na frente da entrada da gruta podia ver que a neve estava espalhada pelos cavalos que há pouco haviam passado. Esperou mais um pouco, com ouvidos atentos, para depois partir. Porém, logo que deu o primeiro passo, uma voz o fez paralisar:

– Posso saber para onde vai?

Fabres virou-se assustado e viu que, sentado sobre uma rocha que se elevava alta ao lado das moitas que escondiam a gruta, havia um homem coberto por uma capa e um chapéu de abas muito largas. Ao leste a claridade anunciava a chegada do dia, mas ainda a penumbra dominava, então ele não podia reconhecer quem estava ali.

– Não conhece mais minha voz, irmãozinho? Já faz muito tempo que o procuro, muito tempo, mas não acredito que não se lembre mais de mim.

– Serkan? Meu Deus!

– Deus! Ora, irmão, você evocando a Deus? Pelo que o Mestre me falou, Ele virou seu inimigo.

– O Mestre? Então foi ele que lhe ensinou como chegar aqui?

– Encontrei-o próximo de Tolosa há dois dias. Acho que ele sempre soube onde você estava, mas nunca me contou; somente agora – falou Serkan, estendendo a mão a Fabres para que este o ajudasse a descer da pedra, o que fez com alguma dificuldade.

– Por que não entrou na gruta? – perguntou Fabres.

– Que eu saiba ela é grande. Seria fácil eu me perder e você fugir. Sabia que você saía cedo todos os dias, mas não imaginava que o encontraria fugindo. Está com medo da reação do senhor Barasc?

– Não... só é hora de partir. Mas como sabe do senhor Barasc?

– Sempre fui bem informando, você sabe. Mas encontrei-o e ao Mestre um pouco antes de um mensageiro chegar informando que a sua esposa havia morrido. Mas vamos, ajude-me a caminhar. Estas pedras estão lisas com o gelo e meu pé direito não serve mais como apoio verdadeiro, depois que o padre Damien decidiu que eu era muito bonito, como você deve saber.

– Sim, eu sei. Thierry me contou quando o salvei... Por sinal...

– Não o vejo há mais de um ano. Veja só, partimos de Montségur numa jornada de busca por meu irmão, e quem encontrou o irmão foi ele. Estávamos numa taberna no porto de Bordeaux quando ele reconheceu James Hywelbane, dono de um grande navio que faz a rota Dover/Bordeaux. Thierry ficou muito em dúvida, mas o irmão o seduziu com um alto posto no navio. A fama de Thierry já ganhou o mundo e foi o irmão que implorou por ele, veja só!

– Então era verdade? Ele tem um irmão que é dono de navios?

– Sim, e outro é cavaleiro do rei da Inglaterra, como o pai. Não o vi mais. Porém, agora eu acho mais importante saber de Bernard Barasc, para o seu bem.

– Como ele reagiu?

– Disse que ia matá-lo. E o Mestre concordou.

– Concordou? O Mestre concordou?

– Ficou indignado com sua incompetência em tratar uma simples dor de barriga. Falou que merecia morrer.

– Cretino! Dor de barriga? Então não posso mesmo ficar. Tenho que chegar até o barco.

– Não se preocupe, é lá que pedi para os meus homens esperarem. Mas o Mestre só reagiu assim porque estava na frente de Bernard. Na verdade, foi ele quem o estimulou a acompanhá-lo até Tolosa, para que você tivesse mais 'tranquilidade' para tratar da esposa. Então, quando este virou as costas, me contou onde você se escondia e pediu para eu vir salvá-lo. Nosso pai não é totalmente desumano.

– O quê? – perguntou Fabres, se separando bruscamente de Serkan, que perdeu o equilíbrio e caiu. – Está louco? Que brincadeira é essa?

– Calma, meu irmão. Não sou mais forte do que você, como já fui um dia. Se não me cuidar agora, posso me machucar. A vida me deixou sequelas...

– Pare, Serkan! Por que você falou que ele é nosso pai?

– Ora, irmãozinho, por que é. Você já está bem crescido para não sofrer com isso.

– Nosso pai era um pescador que morreu junto com nossa mãe. Que eu saiba muitas pessoas morreram da mesma doença – falou Fabres, ajudando Serkan a levantar novamente.

A noite havia se dissipado e a manhã trazia uma neve fina e calma, com nuvens pesadas se espalhando pelo vale do Célé, logo abaixo, que corria para o sul e logo se unia ao Lot. Serkan usava uma bota alta de montaria e uma roupa de lã preta com franjas douradas, coberto por um largo manto também de lã, além de um chapéu de abas largas. A vestimenta era rica e um tanto espalhafatosa, mas o corpo que ela vestia não era mais o mesmo e, agora com a luz do dia, Fabres podia ver melhor. O rosto estava cheio de cicatrizes e o olho direito coberto por um tapa-olho. O chapéu pendia para o lado esquerdo, provavelmente porque não havia mais uma orelha ali. A mão esquerda ficava o tempo todo dentro do casaco, e Fabres não tinha coragem de pedir para vê-la, mesmo sendo médico. A frieza que aplicava aos doentes que tratava não se aplicava ao irmão. A perna direita de Serkan estava dura, sem flexibilidade, e ele sabia que isso deveria ser o resultado de uma máquina de tortura que esticava as articulações. Ao menos a perna esquerda parecia estar normal e Serkan podia andar, mesmo com alguma dificuldade.

– Você vai me perguntar por que nunca contei a verdade, mas acho que sobre isso não preciso responder, pois sempre foi bom em dedução – falou Serkan.

– Eu não saberia viver com isso. Tem razão. Eu não saberia viver com a ideia de que meu pai me traiu. Há quanto tempo você sabe que eu sei sobre Claire?

– Bastante tempo. Assim como sabia que Florence estava com você, que foi um trato. Sei que você o procurou para matá-lo, mas descobriu que era pai. Eu não parei de encontrá-lo e ele sempre me manteve informado. Só não me dizia onde você estava, ou não sabia.

– Ele não pode ser nosso pai! – reclamou Fabres, ainda indignado.

– Nossa mãe era uma mulher bonita, muito bonita – falou Serkan –, e o Mestre vinha sempre, porque sempre havia crianças doentes. Sempre existiu muita gente doente, e quem cura é um pouco Deus. Acho que era isso que mais o atraía. Além do mais, ele sempre levava algum dinheiro. Nós tivemos outros irmãos antes, mas não filhos de Jöe, que logo viraram pescadores e partiram. Aquela gente sempre teve muitos filhos e ela era bem mais velha que o Mestre, mas era linda...

– Isso não o desculpa.

– Viu só? Se agora está magoado, imagine se soubesse antes. Imagine se soubesse enquanto estava em Marselha? Seria o caos. Quem sabe até eu tivesse que criá-lo. Isso seria terrível!

– Quem são estes homens? – perguntou Fabres, quando desceram o último barranco que chegava ao Célé e viu um grupo de cinco cavaleiros montados.

– A guerra trouxe muitos homens de armas para a região. Muitos são ladrões, bandidos sem destino, mercenários sem nenhuma dignidade, mas muitos também são cavaleiros de verdade e inteligentes o suficiente para saberem que vale mais proteger um homem rico do que roubá-lo. É o caso destes homens, meu irmão. Bravos cavaleiros, que protegem um homem rico. Mas vamos, não creio que possamos perder muito tempo. Trouxe um cavalo especialmente para você.

– E para onde vamos?

– Vamos atrás de Claire, e Florence. Vamos roubá-las do Mestre. Acho que é justo.

Capitol seissanta nòu

Sain-Cirq, maio de 1239.

Os amigos leitores estão percebendo que viajo pelo tempo. Tenho a certeza de que o longo período que se estendeu da morte de Simon de Montfort, em 1218, até o cerco de Montségur em 1244, foi repleto de infindáveis histórias dignas de muitos romances, e eu ficaria imensamente feliz de poder contá-las. Quem sabe um dia? Porém, já temos muitos elementos disponíveis para a história que estou narrando. Então, estes saltos no tempo são necessários para que nos foquemos na nossa própria história, sem nos perdermos nos labirintos infindáveis dos dramas humanos, diários e eternos, incutidos na história cátara. Para entenderem melhor a que me refiro, caros leitores, pensem um pouco nas suas próprias vidas e vejam se, contadas a um escritor, não poderiam render lindos textos, ou mesmo romances. Tenho certeza de que sim. Mas sigamos adiante.

Sigamos para o ano de 1239. Em Montségur levávamos uma vida de apreensão e espera, enquanto aprendíamos cada vez mais, e mais, com nossos bons amigos hereges. Hereges que, por sinal, todos nós éramos, desde que começamos a protegê-los. Desde o ano de 1222 não vimos mais Claire e Florence, mesmo que muitas vezes, e até com insistência, tenhamos pedido ao Mestre para que elas voltassem, pois já faziam parte da nossa grande família, principalmente quando ele estava ausente.

– Está cada vez mais difícil nos deslocarmos em companhia de mulheres. Ainda mais mulheres que chamam a atenção pela beleza, como é o caso de Claire e Florence – ele quase sempre respondia.

– Mas onde elas estão? – perguntou da última vez Laurent, sempre saudoso de Claire, porque Florence não chegou a conviver tanto com ele.

– Estão nas cavernas do Lot, o único lugar onde sei que posso deixá-las em segurança. Tenho padres que são bons amigos, além de muitos simpatizantes da heresia que podem protegê-las na minha ausência, como é o caso de Guilbert, o estalajadeiro.

Jöe de Chambres costumava passar o final do verão em nossa companhia. Os *bons cristãos* e *boas cristãs* tinham respeito por ele, que era um profundo conhecedor das escrituras e, principalmente, dos textos de Paulo e do *Evangelho* de João, tão estudados pelos hereges. Isso rendia longas conversas e debates, que atraía a atenção de toda a vila, inclusive dos soldados que a protegiam.

O que não sabíamos, e era mesmo impossível imaginar, era que tudo isso era mentira. Claire e Florence, que levamos até a gruta de Lombrives no ano de 1222, estavam desaparecidas. Ou melhor, o Mestre sabia com quem estavam, mas não tinha a mínima ideia de onde. Estavam com Fabres e Serkan. Formaram uma nova família e escondiam-se em locais bem mais distantes, como as gargantas do rio Gardon, ao norte de Nîmes. A carta que Claire recebera do Mestre era um ardil preparado por Serkan. Nesta carta Fabres explicava suscintamente a trama de Jöe de Chambres para afastá-la de Florence, no passado, e pedia perdão, muitas vezes perdão. Se ela o perdoasse, era para ir até Lombrives, onde já morara, e esperá-lo.

Eu e Laurent a levamos, e achamos estranha a ausência do Mestre na época, mas ela alegara com segurança que já havia ficado sozinha muitas vezes naquela imensa gruta, que tinha quilômetros de cavernas para dentro da terra. Na verdade, Fabres e Serkan já estavam na região e bastou partirmos para se encontrarem. O sentimento de Claire pelo Mestre sempre fora confuso. Havia começado numa época em que era quase uma prisioneira na casa do pai. A beleza da menina deixara Jöe de Chambres alucinado, a ponto de planejar levá-la para longe sorrateiramente, simulando sua morte e deixando seu discípulo como culpado de assassinato. A única palavra que disse a Serkan, quando se despediram em Marselha, ainda no ano de 1205, foi:

– Ele é seu irmão, portanto, não o deixe morrer.

O Mestre havia proporcionado a Serkan, que já ganhava um bom dinheiro em falcatruas por ser secretário do bispo Raymond Ler, a oportunidade de seu primeiro grande golpe. Ele se aliou a Adeline e, juntos, dilapidaram a fortuna de Jerome Lafoge, pai de Claire. Era uma troca justa ficar responsável pelo irmão, por quem acabou se afeiçoando pela convivência.

A prova de amor dada por Jöe de Chambres, como o episódio de falsa morte para sequestrá-la, fez com que Claire esquecesse Fabres, por quem estava realmente apaixonada, o que é tão comum nos corações adolescentes. Ela sabia que não poderia voltar e, portanto, achou melhor esquecer o que sentia. A situação ficou muito difícil quando descobriu que estava grávida e o adiantado da gravidez revelava que o pai não poderia ser Jöe. Sofreu, e sofreu muito, como deve ser fácil aos leitores imaginarem. Todas estas dificuldades a ajudaram a esquecer a paixão por Fabres. Mas conseguiu esquecer somente até reencontrá-lo. Havia se acostumado a uma vida difícil acompanhando uma pessoa estranha, chamada Jöe de Chambres, um padre que não aceitava as decisões dos concílios de Latrão quanto ao celibato, um herege que não queria abdicar dos prazeres materiais e se preparar para o *consolamentum*, um médico que transitava entre católicos e hereges com facilidade, sem culpas, sem constrangimentos. A dualidade do marido se expressava na dualidade do que passou a sentir por ele: amor e medo. O tempo transformou os dois sentimentos em indiferença. Por isso perdoou Fabres por ter ficado tanto tempo sem a filha. Por isso pensou que ainda poderia ser feliz com uma nova família. Só não levou com ela Laurent, a quem gostava como filho, mas sabia que não seria fácil para ele mudar novamente de vida e se esconder. Laurent gostava de ser um soldado. Laurent amava Nathalie.

Eles fugiram para o norte e Serkan os acompanhou até que encontrassem um bom local para viverem. Escolheram uma região de escarpas e cavernas no vale do Gardon, onde Serkan negociou uma boa casa para ele, com uma razoável área de terra cultivável, mas suas inspirações agrícolas não demoraram a acabar. Manteve a casa e pessoas para cuidá-la, e logo partiu atrás de novas aventuras. Claire, Fabres e Florence, que a cada dia se transformava em uma mulher linda, como a mãe, viveram um longo período de felicidade. Não tiveram mais filhos porque Fabres não queria, e conhecia as ervas suficientes para evitar isso, e preferiam morar em uma gruta profunda em uma alta escarpa do Gardon, onde muitas pessoas logo começaram a procurar o médico que conseguia curar.

Florence, aos poucos, estabelecia um padrão de comportamento previsível. Desde o trauma que sofrera, seu comportamento era bastante instável, com crises de choro que se transformavam em longos períodos de silêncio. Nunca pedira explicações sobre Fabres. Eles até tentaram conversar sobre o assunto, mas ela deixou claro que não queria saber de nada, apenas viver, dia a dia. Tudo mudou em sua vida no ano de 1225, quando conheceu Dominic. Serkan havia encarregado os pais de Dominic de cuidarem de sua pequena fazenda e a aproximação deles foi inevitável. Ele era um jovem trabalhador e conversador, ela era uma linda mulher de vinte e um anos, e triste, muito triste. O amor que brotou tão rápido entre eles acalmou o desespero interior de Florence, e logo Dominic construiu uma casa no meio do caminho entre a casa dos pais e a gruta. E logo os sorrisos voltaram ao rosto da filha de Claire e Fabres.

Assim, vários anos passaram sem maiores incidentes, principalmente porque a região não era caminho de exércitos, até que um padre apareceu fazendo perguntas. Foi o ponto final da paz. O padre era um beneditino do tribunal da santa inquisição, que estava na região coletando dados sobre a fé da população e não demorou a interessar-se pelo médico famoso que, embebido pelo amor revivido e para agradar a amada, passara até a cuidar apenas da saúde dos doentes, deixando de lado sua competição com Deus. As perguntas do padre logo fizeram Fabres entender o perigo que corria. Declarou-se fiel à igreja romana e chegou a mostrar o quanto conhecia das escrituras. Porém, ele e sua pequena família não compareciam a nenhuma igreja, muito menos à missa. Então o padre começou a fazer perguntas sobre ele para muitas pessoas da região, e Fabres decidiu partir.

Erroneamente, pensou que poderia voltar para a região do Lot, imaginando que o Mestre já deveria tê-los esquecido e procurado por novos amores. Porém, por todo este tempo o mestre Jöe não sossegou. O amor por Claire era mais uma possessão do orgulho do que uma emanação da alma. Somente a sucessão de intrigas e conspirações, que sempre o mantivera ocupado, fez com que não pudesse aumentar sua área de procura a ponto de localizá-los. Mas um médico que produz curas fora do comum, se até nos nossos dias chama a atenção, imagine naqueles tempos, quando as sombras da ignorância eram muito mais cultivadas pelos que dominavam o poder. O vale do Lot era uma região onde muitos conheciam Jöe de Chambres, e a fama de Fabres logo chegou aos seus ouvidos. Por coincidência, foi o próprio Guilbert, o estalajadeiro impressionável que nunca esqueceu do monstro do rio, quem falou ao Mestre sobre um médico que voltara para a região. Como muitas pessoas se hospedavam em sua estalagem, era fácil estar atualizado das novidades.

Jöe reservou um tempo nas suas maquinações nas esferas do poder para peregrinar por uma região bem conhecida dele. Descobriu que havia um monge peregrino numa área que os nativos chamavam de Crégols, distante cerca de trinta quilômetros de Saint-Cirq, rio acima. Descobriu que este monge tinha uma esposa que chamava a atenção pela beleza, embora não fosse mais tão jovem. Descobriu que o monge era um excelente médico. Então, pela manhã de um lindo dia de primavera em Saint-Cirq, Jöe de Chambres chamou Guilbert para fazer a primeira refeição do dia com ele.

– Faz alguns dias encontrei com o monge do qual havia me falado – comentou Jöe, quase que desapercebidamente.

– O médico? Dizem que ele já viveu na região faz algum tempo. As pessoas do campo o conheciam, mas desapareceu. Alguns dizem que partiu porque não conseguiu salvar a senhora Barasc e tinha medo da reação do marido. Dizem que voltou porque Bernard Barasc morreu e achou que não teria mais perigo. O que achou dele?

– Parece ser um médico competente. Conhece muitos remédios. Fiquei surpreso com ele, confesso. Conversamos longamente e trocamos alguns conhecimentos. Achei-o interessante – respondeu o Mestre, ainda com alguma indiferença, enquanto rodava um largo anel de ouro na mesa, brincando com ele entre os dedos.

– Tenho certeza de que o senhor tem muito a ensinar a ele de medicina.

– Não creio. Ele parece experiente, embora tenha ficado um pouco impressionado também. Mas gostei do que aprendi com ele. Sabe, ele descobriu alguns remédios muito interessantes fervendo ervas das escarpas do Lot, ervas que eu não conhecia, e não se fez de rogado em me ensinar quais são e como usá-las. A maioria dos médicos que conheço não faria isso. Mesmo dentro dos mosteiros o conhecimento é guardado como um segredo.

– Então todos estão certos em dizerem que é uma boa pessoa. Fico feliz por saber disso. Onde ele mora exatamente? – perguntou Guilbert.

– Em uma caverna próximo a Crégols, não muito próximo daqui. Eu também o achei uma boa pessoa, tanto que dei a ele um presente especial. Um pequeno livro sobre ervas venenosas que consegui no mosteiro de Cluny. Uma preciosidade, mas ele merecia. Ficou tão encantado com o presente que não me deixou sair sem que eu levasse alguma coisa em troca. O amigo sabe que não dou valor isso, mas veja que lindo anel me deu de presente – falou o Mestre, entregando o anel a Guilbert.

O estalajadeiro sempre gostou da maneira como era tratado pelo mestre Jöe. Este, por sinal, era considerado por ele um herege a ser protegido contra a saga destruidora dos padres católicos. Apanhou o anel sem muito interesse e rodou-o nos dedos. De repente ele empalideceu. Guilbert era um homem grande e que gostava da boa mesa. Seu rosto era redondo e vermelho, e suas papadas avantajadas. Era fácil perceber sua palidez, bem como seu olhar atônito, tanto que Jöe perguntou:

– O que foi, Guilbert? Parece que viu o demônio?

– Santo Deus! – balbuciou. – Eu conheço este anel. Veja, foi um lindo trabalho de ourivesaria e tem o nome do meu tio gravado dentro. Veja...

– Guilmor Lambert era seu tio? Que incrível! Ele deve ter pago com este anel por algum tratamento a este médico no passado...

– O senhor não lembra? Guilmor estava muito doente, muito doente... e desapareceu de sua casa misteriosamente. Algum tempo depois seu corpo apareceu boiando no rio. Meu tio Guilmor foi uma das vítimas do monstro do rio.

Jöe de Chambres, que tivera bastante tempo sozinho na gruta de Fabres, anos antes, para vasculhar e descobrir algum objeto que pudesse lhe ser útil no futuro, apenas comentou, demonstrando estupefação:

– O monstro do rio? Não pode ser, Guilbert. Você deve estar louco.

Capitol setanta

Saint-Cirq, maio de 1239.

Talvez nem mesmo Jöe tenha pensado que o incêndio seria tão rápido. *Le Monstre du rivière* atormentava as mentes mais impressionáveis da região há muito tempo, e as histórias que se contavam já tomavam proporções de uma lenda aterradora. Mães assustavam crianças arteiras e muitas pessoas afirmavam terem visto um monge com cara de morto rondando pelas estradas durante a noite. Então, de repente, aquilo que era fantasia assumia um trágico contorno de realidade. Algumas pessoas que foram tratadas pelo médico até chegaram a tentar defendê-lo, porém, suas vozes eram brandas diante do pânico que logo se espalhou. O medo gera reações desmedidas e, se fosse pela vontade de Guilbert, Fabres seria queimado em uma fogueira no mesmo dia em que fora preso.

Jöe sabia que uma turba enfurecida, principalmente se a fúria era uma reação ao medo, não tinha controle, e chegou a temer pela vida de Claire. Imaginava que Guilbert, que conduzia um grupo de mais de quarenta homens valentes, reconheceria Claire e, mesmo não entendendo o que ela fazia com o monge, a pouparia. Porém, diante daquele quadro aterrador de homens se reunindo no começo da noite com tochas e foices, achou que errara na dose. Na sua trama para se vingar de Fabres, seu filho, o mais importante era afastar Claire dele, mas imaginava que o antigo discípulo seria preso antes e depois julgado. Não era o que parecia. Antes de entregar o anel a Guilbert, já havia tramado com o padre Rivebald, de Saint-Cirq, para que o monge fosse preso e sua esposa entregue a ele para ser levada a algum convento, onde poderia se reintegrar à verdadeira fé. É claro que a conversa com o padre foi regada de metáforas e subterfúgios, como se ambos estivessem, diante da situação, selando um pacto de ajuda mútua, tão comum na vida do Mestre.

Assim, quando os homens comandados por Guilbert já se aproximavam da gruta de Fabres, o padre Rivebald alcançou-os com ordens superiores. Trazia com ele o comandante da guarda de Bertrand de Cardaillac, o senhor de Saint-Cirq, e falava em nome do bispo de Cahors, do qual era subordinado. Sob muitos protestos, principalmente de Guilbert, Fabres foi preso e levado para a masmorra do castelo de Bertrand de Cardaillac, que se situava na rocha mais elevada da vila, onde esperaria o julgamento, que deveria ser ordenado pelo bispo de Cahors. Claire foi levada por Rivebald para a igreja de Saint-Cirq.

Com a invasão dos padres inquisidores por toda a região onde a guerra contra os cátaros não tinha conseguido seu intento inicial, que era extinguir a maldita heresia, Fabres e Claire viviam com medo. Sabiam que poderiam ser perseguidos e presos, caso houvesse alguma denúncia contra eles. De certa forma, estavam preparados para o pior, por isso, Claire procurou evitar o desespero. Quando o padre Rivebald entrou na cela onde estava reclusa, portou-se com dignidade e apenas perguntou:

– O que será feito do meu marido?

– Vamos aguardar a vinda do bispo, senhora, mas...

– Do que somos acusados?

– A princípio o acusado é ele. É acusado da morte de Guilmor Lambert, no ano de 1211, além de muitas outras. Ele é chamado de *le monstre du rivière*... mas acredito que a senhora saiba de tudo isso.

– Ele? Fabres, o monstro do rio? Estão loucos? Isso é impossível...

– Que eu saiba a senhora não estava junto a ele neste período – falou Rivebald.

– Como o senhor pode saber disso?

– Creio que não está em condições de fazer tantas perguntas, senhora. Basta que eu saiba para livrá-la de um julgamento por assassinato. Esta mesma noite será levada para Cahors, para sua segurança.

– Eu quero ficar com meu marido – falou Claire, mas sem convicção. Já podia entender que não havia esperança para Fabres, depois de tudo o que vira e ouvira na vida. Também lhe vinha à mente todas as perguntas que fez a Florence sobre o período que esta vivera com Fabres e ela nunca respondia, como se quisesse esquecer aquele tempo. O que será que aquele silêncio velava? Claire sabia que Fabres era excêntrico e embora não pudesse imaginá-lo matando alguém, muitas vezes ela se impressionara com sua frieza.

– Ficar com seu marido significa a morte, senhora. Pesa sobre ele também a acusação da morte de uma mulher em Marselha, há muito tempo. Siga meu conselho e mantenha sua vida. Vamos aguardar o julgamento do bispo e esperar que ele não a considere uma herege, o que a levaria a outro tipo de julgamento – falou Rivebald, já na porta da cela. – Antes do amanhecer a senhora será levada a Cahors.

A morte de uma mulher em Marselha? A sua morte! Como este padre poderia saber tanto? Crimes cometidos em um tempo em que Florence estava com Fabres? Ela poderia salvar Fabres da acusação por tê-la matado. Poderia chamar Florence para salvá-lo da acusação de ser o monstro do rio, alcunha que lhe causava arrepios só de pensar. Mas fazer as duas coisas não seria entregar a ela e a filha, principalmente a filha, já que nunca soube ao certo o que ocorrera naquele período? Depois de tudo o que Florence passou, seria justo causar mais um trauma em sua vida que, agora, e só agora, adquiria traços de felicidade junto a Dominic?

A dúvida tomou conta do pensamento de Claire e se transformou em silêncio quando Rivebald foi buscá-la, antes do amanhecer. O padre ajudou-a a montar numa égua mansa, depois conversou por alguns minutos com outro padre, um pouco distante, que se vestia todo de preto e tinha a cabeça coberta pelo capuz. Quatro cavaleiros da guarda do senhor Bertrand os acompanhariam a Cahors, a cerca de trinta quilômetros de distância. Claire ainda estava atônita. Em um dia a vida era feliz, em outro toda a felicidade estava destruída, e ela se sentia impotente para fazer qualquer coisa, até mesmo para entender toda a situação.

Somente quando o dia clareou totalmente nas margens escarpadas do Lot, já há muitos quilômetros de Saint-Cirq e de Fabres, é que o padre que a acompanhava um pouco à frente, cavalgando ao lado de um cavaleiro mais velho, tirou o capuz, e ela começou a realmente entender o que estava acontecendo.

Capitol setanta un

Montségur, final de dezembro de 1243.

Qual ser humano poderia sobreviver a duas noites geladas ao relento e sem roupa? Qual ser humano manteria a mínima sanidade para tomar decisões depois disso? O mesmo era feito com pessoas presas em masmorras por tempos infindáveis e em condições subumanas. Chegava um momento em que se podia confessar coisas que nunca foram feitas, condenar inocentes, jurar, prometer, ceder. Ou então este tempo longo era substituído por períodos de curta duração, mas de intensa aflição, através da tortura, consolidada como técnica para se extrair a verdade pela santa inquisição. Já se sabia que os torturados poderiam chegar facilmente à loucura. Serkan teve uma prévia destes métodos, coitado. Que tortura era aquela a que me submetiam, estendido ao relento nas noites frias do inverno do Ariège? Quem resistiria?

Felizmente a noite seguinte não teve neve e o vento diminuiu, o que parecia até ser um cobertor de lã estendido sobre meu corpo, tanto que cheguei a dormir, se aquilo foi realmente dormir. Tive sonhos estranhos. Sonhei com Anne me cobrindo com aquele cobertor de lã. Sonhei com Nathalie sorrindo e acariciando meu rosto. Por fim, e o mais estranho, sonhei com Thierry usando um uniforme militar e me dizendo que logo estaríamos juntos. Acordei com esta frase retumbando em minha mente. Se há uma vida além da morte, como diziam os cátaros, então Thierry havia morrido e me esperava? Logo eu estaria com ele no mundo dos espíritos? Era o que parecia.

Ainda estava escuro quando acordei com a sensação do frio aumentando repentinamente. Então ouvi passos e levantei a cabeça para ver que uma pessoa coberta por um manto se afastava. Será que alguém havia realmente me coberto e eu pensei que era sonho? A posição do sol no entardecer e as estrelas da noite me diziam que eu estava deitado numa encosta de gramado inclinada para sul e, pelos barulhos que ouvia, o exército não estava longe, provavelmente na encosta oposta da colina, voltada para norte e para o pog de Montségur. As pessoas que vinham me ver apareciam por trás da minha cabeça, e por ali voltavam. Aquela pessoa que vi se afastando foi para minha frente e vi quando seu vulto desapareceu nas moitas logo abaixo. Logo em seguida ouvi passos novamente, que logo pararam muito perto de mim.

– Ele ainda está vivo? – ouvi uma voz conhecida perguntar. Então alguém se abaixou ao meu lado e senti dedos quentes no meu pescoço, apertando levemente.

– Sim, ainda vive. – respondeu outra voz conhecida, bem mais conhecida.

– Ele não morre? Como pode? Era para estar congelado.

– Se querem fazê-lo arder numa fogueira, é melhor que esteja vivo.

– Do alto da montanha quem poderá saber se está morto ou vivo? Morrerá de qualquer maneira.

Eu sabia quem conversava. O homem indignado com minha teimosia em viver era Renan Briand, o cavaleiro que nunca desistiu de me desafiar. Que me perdoassem os *bons homens* e *boas mulheres*, mas imediatamente tive vontade de levantar e matá-lo. Se estava ali, era porque estava traindo a todos. O outro era Jöe de Chambres, o que não deixava de ser assustador, embora todos soubessem que ele se misturava com o inimigo para descobrir segredos.

– Onde está o gascão? – perguntou Renan Briand, mas o Mestre não respondeu, porque, logo em seguida, ouvi que mais uma pessoa se aproximava.

– Boa-noite, senhores!

– Boa noite, Gombaud! Veio sozinho? – perguntou o Mestre.

– Todos seguem a mim – respondeu. – O que combinarmos será cumprido. Já estão apostos no local determinado, apenas esperando que eu volte. Mas vamos conversar aqui? Ele já está morto?

– Mesmo que ele escute alguma coisa, que diferença fará? – falou Renan. – Se não morrer aqui, morrerá na fogueira. Para não morrer, terá que renegar a heresia e se unir ao exército de Hugues d'Arcis.

– Não gostaria de conversar aqui, de qualquer maneira – falou o homem a quem o Mestre chamou de Gombaud.

Percebi que não falaram mais e ouvi seus passos se afastando, descendo a colina. Pararam não muito longe, próximo do local onde vi o vulto sumir há poucos minutos, mas falavam baixo. Cheguei a trancar a respiração para ver se conseguia ouvi-los, mas só consegui apanhar palavras esparsas. Esparsas e assustadoras. Ouvi falarem a palavra *trébuchet* algumas vezes; ouvi falarem em escalada e em fuga. Ouvi Renan Briand falar muitas vezes em fuga, porque era o mais exaltado e o que tinha mais dificuldade em falar baixo. Mesmo naquela situação lastimável em que eu estava, lembrei-me das palavras do abade Amadeu, me pedindo sempre para falar na altura certa, porque falar alto demais era muito, mas muito inconveniente. Que saudade do bom abade!

Então eles silenciaram e ouvi quando seus passos se aproximaram mais uma vez. Alguém parou ao meu lado, enquanto alguns passos se distanciavam.

– O que foi, Renan? – ouvi o Mestre perguntar.

– É uma pena... eu queria tê-lo derrotado.

– Você teve sorte, meu caro. Sebah o mataria antes que pudesse levantar a espada.

Mesmo de olhos fechados parece que senti uma explosão. Renan não falou nada, mas destilou ódio por mim. Seu silêncio foi perturbador. O que haviam tramado? Por que Jöe de Chambres estava junto? Ele contaria os segredos a Pierre-Roger, nosso comandante? Pensavam em escalar a rocha da Torre? Sim, provavelmente. Sabíamos que era o ponto fraco da defesa, mas qual seria o envolvimento de Renan Briand? Por mais que eu estivesse condenado e por mais que a tristeza pelo que acontecera com Ruy me deixasse indiferente à morte, naquele momento senti vontade de viver. Era preciso que Pierre-Roger de Mirepoix soubesse que Renan era o traidor. De há muito existia a suspeita de que havia um ou alguns traidores no nosso meio. A suspeita se confirmava com aquele de quem eu mais desconfiava, pela sua índole, pelo seu caráter mal formado. Senti-me culpado por não ter tomado uma atitude a tempo.

Um pouco depois que eles partiram, ouvi novamente passos, vindos de baixo. Eu estava muito acordado depois do que tinha ouvido, mas não achava prudente abrir os olhos. Então senti novamente, como no sonho, que era coberto por uma manta de lã. Então era por isso que eu estava suportando o frio? Alguém estava me ajudando, por isso abri os olhos e o vi em pé ao meu lado. A lua que estava alta no céu espalhava um pouco de claridade e eu distingui seu rosto. Estava magro, com as faces e olhos cavados e parecia, naquela situação, quase um espectro. Usava um manto grosseiro e a cabeça coberta, mas a alvura de sua pele se destacava. Olhava para cima, por onde os homens haviam partido.

– Você ouviu o que eles tramaram, Fabres? – perguntei, sem querer perder tempo.

– Ouvi – ele respondeu, sem olhar para mim e sem demonstrar surpresa com as minhas palavras.

– Nosso comandante precisa saber o que eles conversaram. Você precisa avisar a defesa...

Fabres me olhou, então, e havia uma impressionante frieza em seus olhos. Ficou me olhando por um longo tempo, principalmente para aquela situação. Depois perguntou:

– Claire está mesmo na montanha?

– Sim, está. O Mestre a trouxe de volta há dois anos, eu creio...

Ele olhou para cima novamente, por mais um longo tempo. Eu estava desesperado para que ele agisse. Eu queria agir, mas o que poderia fazer de fato naquela situação, com mãos e pernas amarradas em estacas, afastadas do corpo e percebendo que qualquer tentativa de movimento causava dores intensas nos músculos e nas articulações?

– Assim que for rezada a missa, uma escolta virá buscá-lo e você desfilará na campina logo abaixo da vila. Depois vão levá-lo para uma fogueira e o padre Damien lhe dará a chance de renegar a heresia e voltar para a proteção da santa madre igreja. Se não aceitar, tudo o que você foi, Sebah, *le Roc*, suas glórias, seus sonhos e esperanças, arderá nas chamas, e todos que o amam assistirão a seu martírio, além do que, terei que deixar Ruy, seu filho, morrer.

– Parece que estou passando um mal momento, não é? E o que você espera que eu faça, Fabres?

– Seja fiel aos seus valores. É o que eu deveria ter feito, e muitas vezes não fiz.

– Pierre-Roger precisa saber da traição. Você precisa avisá-lo...

– Milhares de homens se espalharam ao redor da montanha. Hugues d'Arcis teme que tentem uma arremetida para salvá-lo durante a noite e espalhou vigias por toda a região. Um mensageiro do exército levou uma carta ao comandante de Montségur, informando de sua captura, condenação e morte na fogueira, caso não renegue a heresia. Não conseguiremos passar.

– Então, a única escolha que tenho é morrer?

– Ou se juntar aos cruzados. Prepare-se, Sebah. Prepare-se bem, vai ser um dia muito difícil.

– Como está Ruy? – perguntei, por fim, dando-me conta da impossibilidade de avisar a guarnição de Montségur.

– Pior do que você... bem pior.

– Poderá salvá-lo?

– Não sei. Se ele for parecido com o pai, terá alguma chance.

– Quem era o homem que tentou covardemente matá-lo, quando estava sem reação.

– Ele se chamava Felipe de Chambres...

– ... de Chambres?

– Sim. Ele era seu irmão, Sebah. Um dos tantos bastardos que seu pai colocou no mundo. Corre um boato que todos seus soldados são seus filhos.

– Meu irmão? Então era tio de Ruy, e tentou matá-lo?

– Vivemos uma era em que os laços familiares parecem fazer pouca diferença – falou Fabres, quase que para si mesmo, depois continuou: – Felipe queria o lugar de Ruy, que era dele e havia perdido. Seu pai deu preferência ao neto, que sabia lutar melhor. Perdeu o lugar num duelo em que Ruy o poupou. Seu pai ficou contente com a vitória de Ruy, mas o aconselhou a não ser tão clemente. Não posso dizer que ele estava errado, se não fosse você tê-lo matado...

– Então eu matei meu irmão. Ele era realmente parecido comigo. Santo Deus! Como eu poderia imaginar?

– Não se martirize por isso, Sebah. Apenas livrou do mundo mais uma aberração que seu pai colocou.

Então Fabres sentou-se no chão um pouco acima de mim e ficou quieto. Por alguns instantes fiquei pensando no que ele acabara de falar e pensando se ele me considerava também uma aberração. Um sono, ou um torpor, logo tomou conta de mim, até que senti o cobertor ser puxado novamente. Já estava claro quando ele se foi.

Capitol setanta dos

Montségur, final de dezembro de 1243.

O sol já havia subido no horizonte quando um grupo de cavaleiros veio mais uma vez por trás de mim, num galope rápido. Estavam em três e traziam quatro cavalos. Um deles ficou montado e um pouco à distância, enquanto os outros dois apearam de seus cavalos ofegantes e irritados. Não eram cavalos franceses. Eram cavalos árabes, menores, porém mais rápidos e resistentes que os cavalos usados pelo exército francês. O abade Amadeu era apaixonado pela raça e trouxera alguns deles quando voltou de Jerusalém, antes de entrar para a abadia. Foi num deles que aprendi tudo o que sabia de montaria. Os cavaleiros usavam uma túnica negra e pude ver que traziam no peito uma cruz diferente da que era usada pelos cruzados. O manto era negro e a cruz branca. Se fosse o que eu estava pensando, aqueles eram cavaleiros hospitalários, da ordem de Malta, famosos por seus trabalhos na proteção dos peregrinos à Terra Santa, assim como os templários. Usavam no peito uma cruz de quatro braços e oito pontas, e fiquei impressionado com a presença deles naquela guerra. Havia rumores de que templários e hospitalários tinham se colocado contra a cruzada em solo europeu, de motivações duvidosas, sendo que alguns crentes chegaram a dizer que poderiam vir e lutar a favor da heresia.

Os dois cavaleiros que apearam logo cortaram as cordas das minhas mãos e pés, e foi extremamente doloroso levantar, mesmo que puxado por eles. Parecia que não havia um mínimo espaço em meu corpo sem dor. Com muito esforço consegui não gritar, enquanto eles me vestiam com uma túnica grosseira e a amarravam na minha cintura com uma corda. Eu estava duro e entorpecido. Tiveram que me carregar, o que não era muito fácil, mas eles demonstraram ser muito fortes, embora tenham tido dificuldades em me colocar montado em um dos cavalos.

Imediatamente pensei em fugir. Por que me colocavam sobre um cavalo como aquele, forte, irritado, valente? Mas logo entendi. Amarram minhas mãos, unindo-as, e passaram cordas pelo freio do meu cavalo. Então tive que cavalgar sob o comando dos dois cavaleiros que me cercavam. Outra possibilidade que eu pensara era renegar a maldita heresia e subir a montanha para lutar contra os demônios que defendiam Montségur e, lá chegando, entregar-me de braços abertos aos hereges. Era um plano ainda a ser considerado, embora eu tivesse a certeza de que meu pai deveria prever este meu pensamento.

Ao cruzarmos o topo da colina onde eu estava amarrado, surgiu o exército e, lá no alto da grande rocha, a vila e o *château*. Era um dia de sol e sem nuvens, além de frio, muito frio. Meu coração apertou-se. O corpo todo ainda doía, mas eu já começava a perceber alguma sensibilidade nas mãos e nos pés, que antes estavam amortecidos. O que eu via à minha frente era um mar de pessoas reunidas se espalhando pelo campo aberto, que havia ficado ainda mais aberto com a devastação do exército nos últimos meses. Descíamos num galope bem marcado, mas lento, como se fosse parte de um grande espetáculo. Eu tinha a certeza de que, lá no alto, muitos corações sangravam. Subindo pelo campo na direção da rocha que abrigava Montségur, havia uma grande fogueira e, muito perto dela, estavam o padre Damien e meu pai, além de outro padre vestindo-se luxuosamente, que imaginei ser Pierre Amiel, bispo de Narbonne. Outros homens ricamente vestidos estavam ao redor e imaginei que um deles seria Hugues d'Arcis, o comandante do exército cruzado. Rapidamente procurei pelo Mestre e não o vi. Milhares de olhos me seguiam e um rumor começou a se ouvir enquanto eu passava. Era um esgar de alegria. Finalmente, matariam um inimigo, depois de tantos meses tentando. Finalmente matariam Sebah, *le Roc*.

No dia anterior eu não estaria tão agarrado à vida, por tudo que aconteceu entre eu e Ruy. Porém, agora eu queria viver, embora fosse evidente minha morte próxima. Os cavaleiros diminuíram ainda mais o galope quando passamos pela fogueira e comecei a ouvir gritos de insultos e provocações. Não deixava de ser engraçado ouvir milhares e milhares de guerreiros provocando um soldado desarmado e amarrado. A imagem da grande fogueira montada em meio ao turbilhão do inimigo não me deixava mais nenhuma esperança de viver. O padre Damien adiantou-se e, quando pensei que iam parar e me desmontar, os dois cavaleiros puxaram a corda do meu cavalo e voltamos a galopar, como se quisessem me expor ainda mais aos defensores da vila, lá no alto. Fizemos um grande círculo, novamente galopando o mais lento possível e, em alguns pontos, era necessário que a turba se abrisse para que pudéssemos passar. Os cavaleiros, vestidos com suas túnicas e seus cavalos ariscos, mas disciplinados, impunham respeito e não tivemos dificuldades.

Quando estávamos na parte mais distante da fogueira, os dois cavaleiros que me guiavam deram folga nas cordas e foram para frente, enquanto o cavaleiro que sempre estava mais distante emparelhou comigo e falou:

– Já consegue cavalgar por conta própria, herege?

Tentei ver quem era, mas seu capuz cobria todo o rosto. Sua voz era rouca e cavernosa, estranha. Entendi que me perguntava se o torpor pelo frio havia passado, o que permitiria eu desmontar e subir na fogueira sem tanta dificuldade, e causaria um efeito visual mais devastador. O que eu poderia responder? Adiantava retardar?

– Já... estou pronto.

– Então venha... venha muito perto de nós, muito perto...

Quando ele falou, já estávamos a cerca de cinquenta metros da fogueira. Um dos cavaleiros da minha frente soltou a corda que passava pelo freio do meu cavalo, e o outro a recolheu, rapidamente, deixando-o solto. Logo em seguida aumentaram o passo, e aumentaram de novo, e aqueles rápidos cavalos árabes dispararam pela campina morro acima numa impressionante velocidade. Eu cheguei a ficar um pouco para trás, porque minhas mãos unidas pelas cordas diminuíam meus movimentos, mas o cavaleiro que falou comigo gritou:

– Ao meu lado, herege... ao meu lado... Já o vi fazer muito mais do que isso.

Ele me chamava de herege, mas me ajudava? Estavam me ajudando a fugir, sem dúvida, e demorou um tempo para o inimigo entender o que estava realmente acontecendo e reagir. Às minhas costas comecei a ouvir gritos desesperados, enquanto que subíamos pela encosta, cada vez mais íngreme, para logo chegarmos ao primeiro muro de proteção que havíamos construído. Hugues d'Arcis havia colocado uma guarnição ali, mas eram poucos homens e que ainda não tinham entendido o que se passava. Jamais imaginariam uma situação assim, bem como não temiam que um grupo de soldados de Montségur tentasse qualquer loucura, descendo pela frente da escarpa, pois a imensa diferença numérica jamais permitiria uma loucura como essa. Então levamos nossos cavalos por onde o muro era mais baixo e o saltamos, deixando soldados cruzados atônitos e sem reação. Se eu estava atônito com o que estava acontecendo, quanto mais eles, que julgavam minha morte já decidida.

Conseguimos subir ainda cerca de oitenta metros em altitude, dos duzentos até o topo, pelos caminhos tortuosos da entrada principal da rocha. Considerando-se as sinuosidades, o caminho principal de maior aclive tinha cerca de seiscentos metros. Nenhum outro animal conseguiria subir naquela velocidade. Então comecei a ouvir os gritos vindos de cima. Em dado momento não foi mais possível cavalgar, embora tivéssemos ido muito mais longe do que eu poderia imaginar naquele caminho. Assim, apeamos e corremos. Um dos cavaleiros ficou atrás de mim e me empurrava, pois eu estava ainda dolorido, porém, naquela situação, creio que, até se eu estivesse morto, correria.

Eu estava a salvo! Eu estava vivo! Eu estava correndo para Montségur, para Júlia, Nathalie, para Anne, para o abade e todos os outros. Embora latejasse em mim a provável morte de Ruy, muito mais forte era a necessidade de avisar o comandante do perigo da traição de Renan Briand. Então eu corria como um louco e, quando nos aproximamos do portão principal, este já estava aberto com muitas pessoas nos esperando, numa efusão desmedida de alegria. No meio de tantos braços eu encontrei Júlia, que me abraçou como se o mundo me abraçasse. Num instante eu senti a proteção do amor me envolvendo, entre lágrimas e soluços. Nathalie estava no mesmo abraço enquanto que Anne Crestan ajoelhava-se ao nosso lado e rezava, com os olhos banhados de lágrimas. Nosso amor, naquele momento, era um só, e eu não queria nunca mais sair daquele abraço, mas também estava ansioso por encontrar Pierre-Roger. Então consegui me afastar um pouco e, enquanto me ajudavam a soltar a corda que prendia minhas mãos, perguntei:

– Onde estão os soldados? Onde está o comandante?

– Quase todos desceram para a rocha da Torre... ela foi atacada...

– O quê?

– Não sabemos ao certo. Parece que foram alpinistas que conseguiram subir pela escarpa durante a madrugada. Ainda não sabemos o que aconteceu, estamos esperando que voltem. Mas, como você conseguiu fugir? Falaram que você seria queimado.

– Foi um milagre! Um milagre dos cavaleiros hospitalários, minha amada, mas onde estão esses milagreiros?

Eu queria correr atrás dos soldados que desceram para a rocha da Torre, mas precisava antes agradecer aos hospitalários pela bravura, ou mesmo pela loucura. Então virei-me na direção do portão e o que vi quase me fez cair de joelhos. O cavaleiro que havia falado comigo em voz soturna e rouca agora estava alegremente conversando com Laurent, e havia tirado da cabeça o capuz e a cota de malha. Estava mais velho, mas o seu sorriso era o mesmo. Sorriso franco, aberto, menino. Ele percebeu que eu ainda tinha dificuldade para andar, agora que a loucura por fugir se acalmava, por isso apenas abri meus braços e ele veio:

– Thierry! Meu amigo Thierry! Seu louco! Eu sabia que você voltaria... eu sabia que não ia nos abandonar...

– Enganei você, não é, Sebah de Chambres? Tive que disfarçar a voz, mas enganei você. Tentei lhe avisar durante a noite, mas você não me ouvia; cheguei a pensar que tinha morrido, seu desgraçado...

Capitol setanta tres

Montségur, janeiro de 1244.

Infelizmente, não havia tempo para alegria. Apesar de tudo o que tínhamos para conversar, em poucos minutos estávamos descendo pelas difíceis trilhas que levavam à barbacã e, ainda mais abaixo, à rocha da Torre. Logo começamos a ouvir os inconfundíveis sons de luta. Gritos e metais se chocando. Quando nos aproximamos dos primeiros soldados espalhados ao redor da trilha, no pouco espaço que existia, tive uma visão desesperadora: dois dos nossos traziam Jaume carregado, com a túnica coberta de sangue e uma grande ferida aberta ao lado do pescoço. Embora estivesse evidentemente atordoado, ele ainda me olhou com alguma incredulidade e pude ver nos seus olhos a dúvida estampada se ainda estava vivo ou se aquela espada que o acertou o tinha levado para o mundo dos espíritos onde, certamente, eu já deveria me encontrar. Creio que ele registrou a presença de Thierry, mas isso deve tê-lo deixado ainda mais confuso. Não podiam parar. Os dois soldados que o carregavam e meus amigos também ficaram atônitos, mas sabiam que o ferimento de Jaume era grave. Um deles ainda me falou, enquanto se afastava:

– Que demônio é você, Sebah?

– Onde está Pierre-Roger? – perguntei, não valorizando sua surpresa.

– Bem além da barbacã... Muitos morreram... Se puder lutar, será bem-vindo.

Quase toda a guarnição estava ali, mas não havia espaço para todos. Um tanto dos nossos homens montava guarda na barbacã, enquanto que os de-

Esquema com os diferentes pontos utilizados no cerco a Montségur

mais haviam descido pelo caminho e tentavam retomar a praça forte da rocha do Torre. Porém, o caminho era estreito e o penhasco uma ameaça constante, o que tornava a defesa mais fácil. Formando uma espécie de funil que se abria para a praça forte havia uma quantidade grande de soldados inimigos. Como conseguiram agir tão rapidamente? Pierre-Roger, como sempre, estava na frente de batalha e sua espada girava no ar e descia com bravura e loucura, em arremetidas furiosas. Onde estaria Renan Briand? Consegui me aproximar um pouco mais, empurrando soldados que ainda me olhavam assustados, e cheguei até Jordain du Mass, um dos cavaleiros próximos a Pierre-Roger, que subia pelo caminho, provavelmente por ter sido substituído por algum outro cavaleiro ansioso por lutar. Precisei segurá-lo pelos ombros e sacudi-lo para que me ouvisse, pois parecia ainda estar tomado pela loucura da batalha, a única coisa que nos mantinha lutando numa situação como essa.

– Quem estava no comando da defesa? – perguntei, gritando.

– O quê? Sebah? O que você faz aqui?

– Quem comandava a defesa da rocha da Torre? – gritei novamente.

– Era Renan Briand e seus homens. Um grupo forte... – respondeu Jordain, ainda sem entender muito bem o que eu fazia ali.

– E onde está Renan? Para onde ele foi?

– Ele está morto... está morto... ele e todos os seus homens... – respondeu o cavaleiro.

– Morto? Todos morreram? Isso não é possível? Até uma criança conteria o inimigo subindo por uma escarpa! Como morreram?

– Não sabemos... não sabemos... devem ter dormido... não sabemos... estão todos mortos... os gascões os surpreenderam... são alpinistas... e há muitos cruzados agora, muitos, e chegam mais a cada minuto, subindo pelas cordas... quando Jaume chegou com seus homens para render o grupo de Renan, eles já eram muitos... já tinham tomado a praça forte, parece que nem ouve luta... – respondeu de maneira entrecortada, tentando ordenar os pensamentos.

Jordain du Mass estava exausto, com o rosto e a túnica cheios de sangue. Era fácil entender o desespero de Pierre-Roger. Perder o controle da rocha da Torre significava abrir uma porta para o inimigo e, por ela, eles conseguiriam se reunir sem que pudéssemos impedir, a uma distância muito perigosa. Haveria espaço suficiente para montarem uma *trébuchet* e, mesmo que estivéssemos longe do pog cerca de setecentos metros, a distância permitiria estragos, muitos estragos. Então também entendi a intenção da minha execução teatral. Não era apenas para levantar o ânimo do exército. Era um ardil, uma maneira de atrair a atenção dos habitantes de Montségur enquanto tomavam a rocha da Torre. Mas porque mataram Renan Briand e seus homens? Não haviam tramado uma traição? Quem havia traído quem, afinal?

Quando consegui me aproximar mais da frente de luta, fiquei desesperado. Logo depois dos nossos homens havia um paredão de túnicas brancas com a cruzes vermelhas. Não seria mais possível recuperarmos a praça forte da rocha da Torre e corríamos perigo até de perder a barbacã, logo acima, porque não havia como manter por tempo indeterminado um contingente de soldados tão grande ali, descuidando dos outros setores. Meu receio se concretizou rapidamente, pois logo ouvi os gritos de Laurent, que vinha alertar Pierre-Roger:

– Estão vindo pela frente... Estão subindo e são muitos.

– Preciso de cinquenta homens na barbacã – gritou Pierre-Roger, com sua voz de trovão. – Os outros sobem comigo. E, pelos diabos, não os deixem subir.

Havia um batalhão de mais de cem soldados espalhados pelo caminho na perspectiva de lutar, mas o espaço não permitia a ação de todos. Deixar na barbacã cinquenta homens, e todos bem treinados, seria mais do que o suficiente para garantir que o inimigo não passasse. Pierre-Roger passou ao meu lado e gritou:

– O que faz sem uma espada na mão, Sebah?

Eu ainda estava atônito, mas ele também ficou, porque deu mais dois passos e parou, virando-se para mim:

– Que diabos faz aqui?

– Vamos lutar, senhor. Depois de não corrermos mais perigo, explicaremos tudo.

– Creio que não teremos mais tempo para explicações de agora em diante. Mas fico feliz por contar com sua ajuda.

Ele terminou de falar já dando largos passos no caminho de subida. Thierry, que se mantinha ao meu lado e observava tudo, segurou o braço de Laurent quando este passou e perguntou:

– Você o guardou?

– Sim, Thierry, venha comigo.

Não entendi sobre o que falavam e não tinha tempo para entender. Às nossas costas o barulho da luta cedeu e ainda vi que nossos homens recuavam e se posicionavam em defesa da barbacã, desistindo de tentar retomar a praça forte mais abaixo. Se pudéssemos mantê-los acuados além do muro, teríamos a vantagem das flechas os incomodando constantemente. Naquela situação, era um mal menor. Eu estava ferido e fraco, minhas pernas e braços doíam muito, além de sangrar a ferida em meu peito, que ganhei quando ataquei meu irmão para defender Ruy, mas, quando me dei conta, já vestia minha cota de malha e colocava o elmo.

– Preciso de uma espada – gritei, mas sem saber ao certo para quem gritava, porque Júlia estava me ajudando com a cota, em meio ao alvoroço que já havia se generalizado.

– Eu lhe darei a minha – falou o abade Amadeu, o bom e velho abade Amadeu, que entrou pela porta da pequena casa de pedras trazendo uma espada linda nas mãos. Meus olhos se encheram de lágrimas ao vê-lo, e os dele também. Embora a urgência de tudo, ele ainda me abraçou e pude sentir em seu abraço o grande alívio por eu estar ali.

– Não pensei que ainda a tinha – falei, segurando a linda e polida espada que me entregava. Eu a havia visto na abadia quando ainda era criança e nunca mais soube dela.

– Uma espada jamais trará a paz, porém, precisamos defender nosso tesouro, Sebah. Espero que Deus me perdoe por oferecê-la mais uma vez para a luta.

Em minutos eu me juntava a Pierre-Roger e nos postávamos pela encosta da frente da montanha, onde a luta já acontecia em vários pontos. Havíamos soltado nossos pêndulos, mas a fúria do exército inimigo estava multiplicada desta vez, porque haviam me perdido, mas também sabiam que haviam tomado a rocha da Torre, então tentavam subir a montanha de maneira enlouquecida. Naquela situação, cada um de nós poderia conter muitos inimigos, pois era como se lutássemos sobre suas cabeças, tamanho o aclive do terreno. Cerca de oitenta homens se espalharam fazendo um semicírculo largo ao redor do portão de entrada, e era preciso muito equilíbrio para se manter em pé na beira do abismo. E os loucos dos cruzados tentavam subir por este abismo e iam, mais e mais, caindo sob nossas espadas. Porém, um bloco compacto de soldados cruzados havia se formado e subiam o caminho principal, protegidos por escudos, enquanto que três besteiros disparavam suas setas com muito perigo contra nossa linha de defesa, dando alguma proteção para os que avançavam. Eu estava no centro, e uma seta já havia resvalado em meu elmo com um estampido que me deixou um pouco atordoado, enquanto que o homem ao meu lado teve uma seta cravada na perna direita, fazendo-o cair e rolar pelo caminho, muitos metros para baixo. Era Guillaume de Lahille, o arrogante que não gostava muito de mim. Não havia percebido que estava ao meu lado. Tentei descer atrás dele, mas eu estava lento pelas dores, porém, Laurent tomou a dianteira e se precipitou morro abaixo para protegê-lo, tornando-se alvo mais fácil para os besteiros.

O grupo compacto de inimigos que subia percebeu que Laurent estava isolado tentando ajudar Lahille e desmontou a formação. Foi quando a primeira flecha cantou no ar e desceu como uma serpente dando um bote sobre o soldado cruzado que estava pronto para atacar Laurent e Lahille. A flecha atravessou sua cota de malha e jogou-o penhasco abaixo. Então era isso que Laurent tinha guardado para Thierry! Então o danado ainda conseguia usar um arco, apesar do ferimento que sofrera? Olhei para cima e o vi atrás do muro mais alto, atento. Uma seta de besta explodiu no muro um pouco abaixo dele e, em segundos, ele disparava outra flecha, na direção de onde tinha vindo a seta. Ouvi o barulho da morte logo abaixo, infelizmente. Com poucos tiros do seu arco, Thierry havia nos livrado dos besteiros e o grupo de cruzados, que agora não estava mais tão compacto, ficou vulnerável ao nosso ataque.

Meu corpo não me permitia maiores bravuras. Senti-me como mero espantalho fazendo número naquela defesa, mas meus amigos foram eficientes. Todos lutaram com bravura. Laurent trouxe Lahille, que ainda tinha a seta cravada um pouco acima do joelho, e o levou rapidamente para dentro do portão, enquanto descíamos em perseguição ao grupo principal de cruzados. Com a fuga dos seus principais homens, os demais desistiram do ataque. Porém, não havíamos vencido. A rocha da Torre não era mais nossa, e nossa vida, nossa tão boa vida, embora inóspita, naqueles longos anos de Montségur, estava para acabar.

Capitol setanta quatre

Montségur, final de dezembro de 1243.

No final daquele dia, eu havia contado minha história muitas vezes, e Thierry a dele. A tensão criada pelos combates, os primeiros em que tivemos baixas, ainda era grande e havia muita tristeza no ar, tanto pelas mortes, quanto pela incerteza sobre o futuro. O exército patrocinado por Branca de Castela não havia desistido. Não havia partido com a chegada do inverno e, agora, tinha sua primeira grande vitória, graças a uma traição.

Jaume não estava bem. Uma espada entrou pelo lado do seu pescoço raspando o osso e saindo nas costas, fazendo-o perder muito sangue. Quando chegou à vila, ainda durante o combate, começou a ter alucinações e tremores, e o abade Amadeu, desde aquela hora, só se afastou dele para entregar-me sua espada. Havia conseguido estancar a sangria e, com suas ervas, fazê-lo dormir, porém o sono era intranquilo e a febre o dominava. Os olhos preocupados do abade não me deixavam tranquilo. Jamile, ajoelhada ao seu lado, era por si só uma oração de amor.

Thierry ficou um longo tempo ajoelhado ao lado de Jaume, com o joelho direito no chão e o esquerdo apoiando seus braços. Thierry havia aprendido a rezar, afinal, sua veste era a de um cavaleiro hospitalário e a disciplina da ordem era reconhecida por seu rigorismo. Quando finalmente levantou, pudemos conversar. Sentamos em um ângulo protegido da muralha, de onde podíamos ver o exército inimigo, agora aparentemente estático, e eu falei:

– Vamos, seu louco, conte-me tudo! Depois vai ter que repetir para todos, mas antes quero saber como é que está vestindo essa túnica.

Pedras utilizadas como projéteis em *trébuchets*

– É uma longa história, Sebah, e não creio que tenhamos muito tempo. Mas vou contar o que importa. Sabe quem é o cavaleiro mais velho que me acompanha?

– Não tenho a mínima ideia.

– John Hywelbane. Meu irmão mais velho, por parte de pai. O terceiro cavaleiro chama-se Nicolas de Comps, um grande amigo.

– Então era tudo verdade sobre seus irmãos? E pensávamos que você tinha inventado tudo isso. Mas você falava que a mãe deles não o aceitaria...

– Ela morreu, Sebah, e meus irmãos são boas pessoas e tementes a Deus. Naveguei com James Hywelbane por vários anos e poucas vezes encontrei John. O rei Henrique III não deixava muito tempo para ele, que era um dos seus comandantes preferidos. Porém, mesmo sendo preferido, quando Henrique resolveu requisitar sua herança de terras francesas e invadiu a Bretanha, John foi ferido gravemente, e o rei apenas o substituiu, nem se preocupando em encontrar uma maneira de seu bom comandante retornar para a Inglaterra.

– Os reis costumam ser pródigos em ingratidão – comentei, enquanto Thierry, que falava de maneira muito diferente do que no passado, havia parado de falar e olhava para o exército cruzado, mas com o pensamento longe. Seu rosto agora era mais severo, embora o tempo não o tenha envelhecido tanto, porém, era fácil perceber que seu riso, antes franco, agora era bastante medido.

– Eu aprendi a ler e escrever – falou, mudando de assunto. – Agora sei latim, Sebah, além de conseguir me comunicar em algumas outras línguas. John foi levado para Le Havre por um grupo de monges que trabalhavam com feridos de batalhas, onde eu e James o encontramos. Eu estava cansado da navegação e John havia feito uma promessa que, se conseguisse viver, partiria para a Terra Santa e tentaria ingressar para alguma ordem militar, já que era essa sua experiência. Por que não ir junto? Eu havia ganhado bastante dinheiro, mas nunca me preocupei muito com isso. Quando encontrei Serkan da última vez, entreguei uma fortuna a ele e pedi que a guardasse, ficando somente com o que precisava para viver.

Apenas levantei a sobrancelha ao comentário de Thierry, e ele riu, depois continuou:

– Se ele gastar tudo, o que posso fazer? Mas não acredito que ele faça isso. Nada do que temos no mundo é nosso, Sebah. Aprendi isso tão logo comecei a ter. Acredito que, vivendo todo este tempo com os cátaros, você também já aprendeu.

– Por que você demorou tanto a voltar? – perguntei, com uma ponta de ressentimento que ficou tão evidente que ele tornou a rir.

– Por que eu precisava crescer. Eu cresci muito com vocês e com nossos amigos hereges, mas não era o suficiente. Aprendi muito com os irmãos da ordem, muito. Terminaram de curar meu corpo, que ainda tinha sequelas daquela seta, tanto que consegui voltar a usar o arco, embora eu não tenha mais a força de antes. Eles ajudaram também a curar minha alma. Acredito que estou ficando melhor, meu amigo, bem aos poucos.

– Você sempre foi muito bom em tudo que fazia, não precisa se preocupar.

– Eu dava valor a coisas sem importância. Preocupava-me em ser famoso, em ser reconhecido por tudo o que fazia. No fundo eu invejava você e a Jaume, e essa inveja só não nos fez mal porque a nossa amizade era mais forte do que ela. Hoje consigo entender melhor o que eu era, o que sou e o que posso ser.

– Fico feliz por ouvir isso. Mas ainda não me contou como chegou aqui... – falei, porque sabia que tínhamos pouco tempo para conversar. Pierre-Roger havia marcado uma reunião para logo depois das orações dos *bons cristãos*, e faltava pouco para isso.

– Lutamos muitos anos no Oriente. Eu e John crescemos em importância dentro da ordem. Reis e nobres vêm e vão para a Terra Santa, procurando riquezas e fama, e deixando um rastro de sofrimento por onde passam. Então éramos muito necessários. Mas a ordem cresceu também e, além de necessária, tornou-se cobiçada. Quando entendemos que já havia um jogo dentro dela, pedimos para partir. Nosso tempo de serviço permitia isso e Guillaume de Châteauneuf, nosso grão-mestre, permitiu. James nos apanhou em Chipre e minha ideia era chegar à Aquitânia e depois a Tolosa, onde pensava encontrar Serkan. Porém, quando passávamos por Barcelona, ficamos sabendo do cerco. Foi fácil convencer John a se unir a uma cruzada diferente. A atuação do exército francês contra a heresia em solo europeu é contestada por muitos dentro da ordem. Chegamos no sopé da montanha e encontramos o exército de Hugues d'Arcis no dia em que você foi preso.

– Mas, como conseguiram armar aquele plano de fuga sem que ninguém desconfiasse?

– Foi fácil! Muito fácil! Difícil foi encontrá-lo naquelas condições. Difícil foi encontrar Fabres naquelas condições, prisioneiro de Edmond de Chambres e do padre Damien. Felizmente não me reconheceram, porque usei o nome que minha mãe verdadeira havia me dado, Moric. Antes de ser Thierry, eu já fui Moric Nagy. Não vou descansar enquanto não tirar Fabres de lá...

– Ele salvou minha vida mais uma vez.

– Sim, eu sei. Usou minha manta para cobri-lo e pensou suas feridas. Estive com você no meio da noite e falei que ia salvá-lo, mas não acredito que tenha me escutado. Apenas queria que estivesse vivo e pedi para que Fabres providenciasse isso. É incrível o que ele consegue com aquelas poções...

– Mas como ludibriou meu pai e Hugues d'Arcis?

– Ora, somos hospitalários! Imagine se não seria muito mais espetacular o grande Sebah, *le Roc*, ser escoltado para a fogueira por cavaleiros hospitalários. Foi fácil convencê-los. O efeito sobre os hereges da montanha seria devastador. Estavam tão convictos que faríamos nosso trabalho bem feito que nem mandaram soldados seus para garantir o serviço. Eu só não sabia que tentariam tomar a rocha da Torre na mesma madrugada.

– Você sabe da traição?

– Sim, Fabres me contou o que ouviu.

– E sabe por que Renan Briand e seus homens estão mortos?

– Não. Também fiquei surpreso. Mas creio que Fabres saberá nos responder.

– Sim, mas como vamos perguntar a ele?

– Esqueceu, senhor Sebah de Chambres, que eu e Laurent somos os que mais conhecemos os caminhos secretos que cruzam esta montanha? Em poucos dias ele estará conosco, basta as coisas se acalmarem um pouco.

Tão logo terminou de falar, Nathalie, que ainda não tinha encontrado Thierry, chegou e atirou-se em seus braços. Laurent, logo atrás, chegou a ficar um pouco constrangido, mas ele, assim como eu, já conhecia nossa adorável e eterna menina, agora a linda senhora Nathalie Beltran, e não mais de Saint-Etiénne. Mesmo que estivéssemos muito tristes com a situação de Jaume, aquele momento de carinho nos fazia bem à alma. Porém, as orações haviam terminado e era por isso que Nathalie e Laurent nos procuravam. Pierre-Roger estava nos chamando.

Capitol setanta cinc

Montségur, janeiro de 1244

Havia dor naquele som. Foi como se alguma parte do nosso corpo quebrasse. Todos se olharam, mesmo os que não se viam. Todos se olharam, se pensaram, se sentiram. Foi um estampido, seguido por um debulhar de pedras, e sonhos. Foi um grito de horror, sem voz, acompanhado por um silêncio profundo, devastador. A primeira pedra da *trébuchet* nos atingiu. Quem estava atento ouviu a batida seca do contrapeso da máquina na madeira e, segundos depois, uma parede da muralha explodiu. Incrivelmente, ninguém se feriu e, ao mesmo tempo, todos se feriram.

Depois da inércia apavorada, todos começaram a correr para o local quebrado, arrebentado. Foi uma pedra pequena, cerca de vinte quilos, e já causou um grande dano. Dali para frente, à medida que a máquina era remontada mais próxima, as pedras ficariam maiores, e cairiam sobre nós, além destas pedras cada vez maiores devido à proximidade, animais mortos e pedaços de corpos, mas aquela pequena primeira pedra talvez tenha sido a mais aterradora.

Mantínhamos uma guarnição de trinta a cinquenta homens na barbacã, que faziam sortidas constantes contra o inimigo na rocha da Torre. Esta quantidade de homens era mais do que suficiente para não permitir que os invasores ganhassem terreno, porém, a partir do momento em que a *trébuchet* estava montada, era preciso revermos nossa tática de defesa e redistribuirmos melhor nossos soldados. O inimigo havia sido competente em conseguir fazer subir pela escarpa todas as partes da máquina da morte.

Sabíamos que era uma máquina pequena e leve, porém, seu primeiro disparo já mostrou que era eficiente.

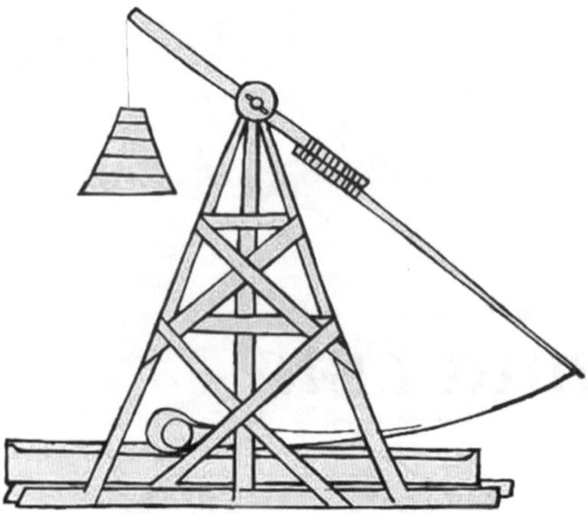

Ilustração da *trébuchet* retirada da obra *Canção da Cruzada*, de Guillaume de Tudele, em manuscrito de 1280

Depois de tantos meses sofrendo reveses e suportando a nossa ironia, o exército cruzado estava disposto a nos trucidar sem clemência. A prova disso foi encontrar a cabeça de Renan Briand num saco pendurado na parede da barbacã, um dia depois de terem tomado a rocha da Torre. Em poucos dias já estavam com a máquina em condições de atirar e, de agora em diante, todos corriam sério perigo de vida a qualquer instante, principalmente porque a máquina era leve e rápida para recarregar. Desta forma, menos de cinco minutos depois ouvimos novamente o contrapeso e todos se retesaram, mas a pedra caiu antes da muralha externa da vila. Estavam calibrando a máquina ainda e foram mais cinco disparos naquele dia, e depois parou. Somente mais um atingiu a vila causando estragos e dois *bons homens* feridos, embora não gravemente. O inimigo havia sido ágil, mas as pedras ideais para os disparos eram poucas, então precisavam ser trazidas pela escarpa, assim teríamos algum tempo para providenciar reparos e pensar numa maneira de proteger melhor a comunidade. Porém, como proteger melhor? Como se defender de pedras pesadas que vinham do alto sem sabermos onde cairiam? O local mais seguro seria dentro das muralhas do castelo de Raymond de Peirelles, onde Pierre-Roger mantinha o comando da guarda, mas o espaço era pequeno para toda a população de mais de quinhentas pessoas. O que já era uma vida dura, se tornaria quase impossível.

Naquela noite, Jaume recebeu o *consolamentum*. Meu coração sangrava a cada dia que o via enfraquecer, empalidecer e, lentamente, morrer. Bertrand Martin e Guillabert de Castres estavam presentes e Jamile, sempre abraçada a Geneveve, parecia um pedaço de dor viva, embora dos seus olhos não vertessem mais tantas lágrimas. Dos meus vertiam, assim como dos olhos de Júlia e de Anne. Depois que quase todos se foram, ajoelhei-me ao seu lado e, como havia feito no dia em que parti para levar o tesouro com Mathieu e Bonnet, rezei. Mesmo com a sensação maravilhosa que havia sentido naquele dia, os fatos se precipitaram de tal forma que não havia mais rezado. Agora, porém, meu coração abriu-se para pedir por aquela pessoa que eu amava tanto e senti novamente uma paz imensa me invadindo. Thierry ajoelhou-se ao meu lado e ficou em silêncio, também rezando. Depois de muitos minutos, nos assustamos com a voz débil de Jaume:

– Eu é que deveria estar rezando por vocês, que ficarão aqui, meus amigos.

– Estou apenas rezando para que possamos nos encontrar em breve – respondeu Thierry, com um sorriso.

– Pelo que parece, logo montaremos nossa família em outra vida – falei, também sorrindo.

– Eles montaram a máquina, não é? Jamile não quis me contar, mas eu sei o que são estas explosões de pedra.

– Teremos que levá-lo daqui. O castelo é mais seguro.

– Não... não... Levem os que ainda podem ajudar.

Não tivemos tempo de contestar Jaume, porque o abade chegou e fez com que levantássemos para que pudesse examinar o doente. De dentro de sua túnica ele tirou um medalhão de bronze e o acomodou sobre um pano que cobria a ferida ao lado do pescoço do nosso amigo, que teimava em não fechar.

– Não fale mais... qualquer esforço fará mal – pediu o abade, com a mão direita pousada na cabeça de Jaume. Ficou assim por alguns minutos, até que ele adormeceu.

– De onde vem esse medalhão? – perguntei.

– É o seu, Sebah. Ou foi seu. Fiquei com ele quando partiu, lembra?

– Mas...

– Arnaud Teuly fez um bom trabalho na forja. Esculpiu em madeira o cavaleiro montado com a espada erguida e a capa longa voando ao vento, depois moldou a madeira com argila e a queimou até poder derramar o bronze sobre ela. Ficou um lindo trabalho, um lindo trabalho.

Eu não quis tirar o medalhão de onde estava, por isso cheguei bem perto para ver o que o abade descrevia. Realmente, o ferreiro Arnaud Teuly havia feito um lindo trabalho, mas eu ainda não entendia o motivo de tê-lo feito.

– Entendo que ficou um lindo trabalho, mas a pomba da paz também era bonita, embora o ferro estivesse um pouco corroído...

– Ela ainda está aí, Sebah. Está embaixo do bronze, como sempre esteve. Só que, agora, em cada asa da pomba tem uma inscrição, que só pode ser lida se o bronze for removido.

– Ainda não entendi, meu amigo – falei, mesmo que já começasse a entender, o que fez com que o abade sorrisse.

– E porque você quer saber tudo? Na hora certa saberá. Mas, agora, vamos deixar nosso amigo descansar. Este medalhão ainda guarda a força curadora que já carregamos nele das outras vezes. Mesmo assim, não acredito que Jaume acordará amanhã...

As palavras do abade foram como uma faca entrando em meu peito. Senti minhas pernas fraquejarem e foi somente a força eterna do abraço de Júlia que me manteve em pé. Seria mais uma perda a se somar a tantas outras durante a vida, mas, no território das perdas, jamais acumularemos experiência suficiente para que não mais soframos com elas.

A noite foi de vigília. Ninguém quis sair de suas casas, como se aquele silêncio conseguisse nos fazer acreditar que não haveria mais pedras caindo sobre nós. Pierre-Roger ordenou que todos os homens em condições de lutar não se agrupassem para que os novos disparos não causassem perdas maiores. No dia seguinte faríamos mais uma carga para tentar reconquistar a rocha da Torre. Embora o silêncio sepulcral, creio que ninguém estava dormindo e, quando o dia ainda não tinha vencido a noite por completo, ouvimos mais uma vez o som do desespero.

Capitol setanta sièis

Montségur, janeiro de 1244.

Confesso que não fiquei surpreso quando vi Thierry chegando com Fabres, logo depois que a primeira pedra destruiu uma quina da muralha externa da vila. Alguns soldados inimigos, mortos na batalha quando tomaram a rocha da Torre, foram puxados para trás da barbacã e suas roupas retiradas. Isso pode ser por demais desumano em qualquer época, porém, era uma guerra, e o nosso comandante era um chefe guerreiro. Por isso queria as armas, os elmos e as cotas de malha que pudéssemos retirar do inimigo. Então Thierry usou uma túnica de cruzado e desceu durante a noite pelos caminhos secretos do maciço rochoso, que ele tão bem conhecia, e sequestrou Fabres. Eles já haviam combinado tudo antes de Thierry me salvar, então Fabres estava preparado e, tão logo chegou, foi para o lado de Jaume. Porém, antes de começar a atender nosso amigo, olhou para mim e falou, percebendo minha ansiedade:

– Não sei se ele ainda vive, Sebah. Consegui tratá-lo até que foi levado de volta para Paris para ser tratado pelos médicos do rei. No dia seguinte da sua fuga, Edmond o colocou em uma grande carroça acolchoada e o mandou embora, protegido por muitos soldados. Depois disso não soube mais nada.

Agradeci mais uma vez a ele por tudo o que já havia feito por mim e agora por Ruy, e estava saindo da casa quando Claire entrou, e nos surpreendeu. O abraço dos dois foi longo. Não fizeram nenhuma questão de controlar suas emoções. Não havia como não percebermos que naquele abraço se dissolvia e se concentrava um amor muito maior do que o da amizade pura. Ficamos estupefatos, pois Claire, oficialmente, era casada com o Mestre e, até aquele momento, não sabíamos do passado turbulento que os envolvia. Mesmo assim, não fizemos perguntas. Por que perguntar sobre um assunto que não nos dizia respeito? Os anos de convivência com a satânica heresia nos possibilitaram aprender muita coisa. Logo depois do demorado abraço, Fabres pediu para que Claire o ajudasse com seu saco de remédios e a facilidade com que ela reconhecia cada pote nos explicava muita coisa que ficara oculta no tempo. Nós já havíamos visto Fabres trabalhando muitos anos antes, quando tratou Thierry, e sabíamos de sua eficiência. O tempo apenas o deixara ainda mais magro e seus cabelos estavam brancos, mas havia em seus olhos um fulgurar diferente quando estava na frente de um doente e isso nos deu uma sobrevida de esperança em relação a Jaume.

Pierre-Roger nos reuniu no pátio interno do castelo e determinou que precisávamos nos dividir em três grupos. Um grupo manteria a guarda da vila e da frente da montanha, vigiando a movimentação do exército cruzado para o caso de uma tentativa de ataque frontal. Raymond de Peirelle seria o comandante destes. Outro grupo guarneceria a barbacã e o terceiro iria adiante mais uma vez, para enfrentar diretamente o inimigo instalado na rocha da Torre. Eu estava no terceiro grupo, assim como Thierry, seu irmão e seu amigo cruzado, Nicolas de Comps, que lutava impressionantemente bem.

Não convém descrever aos leitores nosso insucesso. Enquanto os *bons homens* e *boas mulheres*, que eram tantos na vila, rezavam por todos, amigos e inimigos, nós matávamos e morríamos. Embora eu ainda sentisse dores dos machucados de quando fui capturado, lutei enfurecidamente, mas creio que isso não acrescentou nem mais uma vírgula no texto de bravuras de Sebah, *le Roc*, felizmente. Eu e meus amigos hospitalários causamos muitas baixas nos cruzados, mas eles eram muitos e não havia como atacarmos com um pelotão maciço, porque o caminho era muito estreito. Alguns soldados nossos caíram pelas escarpas durante o ataque e, quando Pierre-Roger viu que apenas teríamos baixas sem conseguir avançar um metro sequer, ordenou a retirada. A única coisa que havíamos conseguido efetivamente era manter a máquina da morte silenciosa por mais tempo, mas bastou que recuássemos para que ela recomeçasse a emitir seu grito de morte. Caíam cinco ou seis pedras até que tivéssemos um descanso de cerca de duas a três horas. Era o tempo para que mais munição chegasse. Era o tempo que tínhamos para tentar restaurar os estragos, ao menos dos pontos estratégicos.

No final do dia, uma pedra entrou pelo telhado de Pierre Robert, um crente que morava há muitos anos na comunidade. Ele ficou muito ferido, mas sua mulher e filha morreram. Foram as duas primeiras mortes causadas diretamente pela *trébuchet*. Não havia mais como manter as pessoas nas casas e todos logo se convenceram de que a vila não oferecia mais nenhuma segurança à vida. Era preciso que fossem para o interior do castelo e tentassem viver como fosse possível. Júlia trouxe Nathalie, que trouxe as filhas, e fiquei feliz por ver meus grandes amores um pouco mais protegidos. Martina estava grávida e Gerne, seu marido e filho de Jaume, estava desesperado com a segurança da esposa e a situação do pai. Aquele jovem pedreiro e carpinteiro, que sempre fora tão alegre, estava em pânico, e tinha toda razão.

Nunca, em tempo algum, alguém abrirá mão da esperança de viver enquanto não esgotar todas as possibilidades e, embora soubéssemos que as chances de manter o monte tão famoso por ser seguro fossem pequenas, muito pequenas, ainda tínhamos a sensação de que poderíamos viver, e lutaríamos por isso. Abracei demoradamente Júlia e nossos corações batiam descompassados. Tomado pela paixão, esta tão insana companheira dos relacionamentos, ainda perguntei a ela:

– Quer partir? Assim como Thierry trouxe Fabres, podemos partir... Laurent conhece muitos caminhos...

Ela sorriu mais com os olhos do que com os lábios. Lindos olhos azuis, como os meus, e molhados de amor naquele momento. Eu mesmo senti vergonha da proposta que fiz, sem que ela falasse nada. Muitas vezes já havia pensando em levá-las para longe e voltar. Jamais pensaria em abandonar nossos tantos amigos, mas sabia que elas seriam tão teimosas quanto valentes e não arredariam pé dali, mesmo com a morte roçando os dedos em nossas almas a todo momento.

Quando cheguei na pequena casa de Jaume para buscá-lo, meu coração apertou-se. Ele estava em pé, apoiando-se na porta. Continuava pálido como a morte, mas estava em pé, o que eu imaginava que nunca mais conseguiria fazer.

– Sabe onde colocaram minha espada? – perguntou, com um sorriso.

– Você recebeu o *consolamentum*, não pode mais lutar – falei, tentando demonstrar naturalidade.

– Ah! É verdade... mas não passei pela endura, então não sou digno de ser considerando um bom cristão – falou, ainda com a voz fraca. Depois de um breve tempo de reflexão, continuou: – Gostaria de ser, mas minha alma ainda é a de um soldado, meu amigo, por isso não tenho certeza de que poderei me comportar com a dignidade de um perfeito. Será que já aconteceu algum caso de um crente receber o consolamentum por estar prestes a morrer mas não morrer?

– Não sei, confesso, mas fico feliz por você não estar em condições de segurar uma espada, causaria um problema a mais para eles. Agora vamos. Já que conseguiu ficar em pé, poderemos levá-lo mais facilmente para o castelo.

Quando abracei meu amigo para ajudá-lo, Jamile e Martina, que estava com uma grande barriga, já saíram da casa com um saco do que era mais importante para levar. Fabres e Claire também logo vieram e ficaram próximos, então perguntei a ele como conseguiu curar Jaume, tão rapidamente.

– Não acredito que tive alguma participação nisso. Ontem ele estava praticamente morto e meus extratos não teriam tanta força.

– Então foi um milagre? – perguntou Nathalie, ao meu lado.

– Milagres são fatos que ainda não conseguimos entender pela razão. O abade me falou que o medalhão que estava na ferida foi o mesmo que ajudou a curar Thierry, somente com bronze fundido sobre o ferro antigo. Creio que este medalhão tem uma força que ainda não compreendemos... creio que foi ele que não deixou Jaume morrer.

– Tão forte assim? E onde está o medalhão? – perguntei.

– Oh! Meu Deus! Eu o deixei na casa – falou Jamile, assustada. – Vou lá buscar...

Tão logo ela falou, ouvimos o baque do contrapeso da *trébuchet* e todos estremecemos quando uma pedra bateu na muralha do castelo, constituída de muitas fileiras de pedras. Muitos ainda não haviam saído de suas casas e agora sabíamos que viriam mais pedras em intervalos curtos, por isso corremos para ajudar os que ainda estavam no caminho. As pedras destruíram mais algumas paredes e tivemos feridos, mas ninguém morreu. Os soldados estavam constantemente com seus elmos e cotas de malha, o que ajudava a proteger dos estilhaços de pedras, mas, mesmo assim, tive um corte profundo ao lado do nariz e causei um grande susto quando voltei com a roupa toda ensanguentada.

Fabres fez um curativo e costurou os dois lados do corte com uma agulha fina, depois o lavou com um líquido denso e esverdeado, causando ainda mais dor.

– Seria bom termos o medalhão agora. Você poderia sentir seu poder. – falou Fabres.

– Eu vou buscar – disse Claire. – Teremos algum tempo até que comecem a atirar novamente.

Ela falou e logo saiu, não nos dando tempo para contestar. No fundo sabíamos que teríamos mesmo um tempo, mas seria mais seguro que Laurent ou Thierry fossem em seu lugar. Saímos pelo pátio tentando ajudar outros feridos, enquanto que equipes de homens corriam para tentar avaliar se acontecera avarias em pontos estratégicos de defesa. Então ouvimos o baque seco do contrapeso, bem antes do tempo, e logo uma pedra entrou pela vila derrubando telhados e quebrando vigas, fazendo grande estrago. Sem perder tempo, corri na direção da casa de Jaume, pensando em trazer rapidamente Claire e trombei com Fabres na porta estreita de saída do castelo.

– Ela já voltou? – perguntou Fabres.

– Não, creio que não...

Não consegui segurá-lo, porque achava melhor eu ir em seu lugar, mas o amor que agora ninguém mais duvidava que os unia o fizera mais rápido do que eu. Tão logo ele saiu pela porta fui atrás, e o que vi foi desesperador. Ouvimos mais uma vez o baque do contrapeso e vimos que Claire vinha correndo pelo caminho principal, subindo da casa de Jaume, o mesmo que ligava até a barbacã e a rocha da Torre, no sentido nordeste da vila. Fabres estava a apenas alguns passos de mim. Uma pedra surgiu no céu cinzento. Antes pequena. Em frações de segundos cresceu. Claire estava a cerca de vinte metros de Fabres quando a pedra a atingiu. Em cheio, esmagando-a contra a parede da trilha.

Um grito se ouviu pela vila. Um grito se ouviu pelo vale, pelos campos ao redor. Um grito tão dorido e angustiado que tivemos a sensação de que mesmo os soldados inimigos que trabalhavam na máquina da morte pararam. Um grito seguido mais uma vez de um silêncio ensurdecedor. Um silêncio que ninguém queria ouvir. Claire estava morta.

Capitol setanta sèt

Montségur, janeiro e fevereiro de 1244.

O frio era intenso e a neve se amontoava pelos cantos, e cobria os restos que sobraram das nossas casas. Blocos de pedras, amontoados de tijolos e vigas partidas se espalhavam pelo pog ao redor do castelo de Raymond de Peirelle. Aproveitamos um intervalo para enterrar nossa amiga, todos com os corações oprimidos, e Fabres, mergulhado num mutismo impressionante. Ele ficou um longo tempo abraçado ao que havia sobrado do corpo de Claire, com pedras despedaçando casas ao seu redor, mas não o fazendo sair do lugar. Tive a impressão de que ele esperava que a próxima pedra também o atingisse, mas elas cessaram e conseguimos nos aproximar dos dois.

Todos sofremos muito com a morte da nossa amiga e Thierry não saiu um momento sequer do lado de Fabres, que somente no meio da noite seguinte falou uma frase, apenas uma:

– Eu sempre a amei.

Era um tempo de muitas tristezas e, em meio a elas, somente a força do amor era suficiente para nos manter lutando. Em meio às tristezas, eu havia ficado feliz por rever Mathieu e Bonnet, que retornaram a Montségur no meio de janeiro, depois de terem deixado o primeiro tesouro em boas mãos. Desde que eu caíra prisioneiro e não pude dar a eles a devida proteção, não sabíamos se haviam conseguido. Mas voltaram, heroicos, para partilharem nosso sofrimento. Foi o próprio Laurent, que passava o dia vigiando os caminhos mais escondidos da montanha, que os encontrou nas margens do Lasset e os guiou de volta ao pog.

Os dias passavam agora numa estranha monotonia de sofrimento. Havíamos tentado inúmeras sortidas de surpresa, quase todos os dias, e tudo o que conseguíamos eram mais e mais perdas. Soldados, senhores, cavaleiros, crentes, morriam a qualquer momento, em batalhas aguerridas, atingidos diretamente por pedras ou pelo efeito delas desmanchando paredes e telhados. Os *perfeitos e perfeitas* oravam e nos alentavam com a esperança de um mundo melhor depois da morte. Muitas vezes eles pediram que negociássemos uma rendição e partíssemos, deixando no pog somente quem não aceitava o domínio de outra religião, mas os senhores da defesa sempre alegavam que não era apenas a heresia que defendiam, mas sim a liberdade que um dia existiu em suas terras. Então, os hereges nos cuidavam moralmente, e davam o *consolamentum* aos agonizantes, de simples crentes a senhores.

Os cruzados haviam feito um ataque maciço pela frente da montanha, porque tinham uma quantidade enorme de soldados e, embora achássemos estranho que tentassem o ataque por onde os havíamos rechaçado tantas vezes, tivemos que reforçar nossas defesas e, com isso, a barbacã precisou ficar com uma guarda menor. Demoramos a entender que era uma armadilha. Um grupo muito forte de cruzados aproveitou a chance e tomou a barbacã. Em poucos dias remontavam a *trébuchet* mais próxima do pog e, assim, lançavam pedras maiores, tão maiores que os muros do castelo, bem mais resistentes que os muros da vila, começavam a ruir. Como atiravam pedras maiores, precisavam de mais tempo para trazer munição, então conseguíamos reconstruir um tanto dos estragos, embora a esperança de cada um fosse, a cada pedra que voava, sendo esmagada também.

Raymond de Peirelles era o que tinha mais esperança de que o conde de Tolosa, Raymond VII, ainda viesse em nosso socorro. Havia enviado emissários, várias vezes, relatando a nossa situação e esperava que o conde destituído ainda conseguisse levantar um exército com seus antigos vassalos para nos ajudar. Eu, como a grande maioria, comungava da ideia de que o conde estava por demais ocupado com maquinações políticas, tentando reaver pelo menos parte do que havia perdido com a guerra para levantar a espada e se indispor ainda mais com o papa. Que vantagem ele teria vindo nos ajudar? Pierre-Roger de Mirepoix e Raymond de Peirelles haviam sido fiéis ao velho conde, mas também sempre foram protetores da heresia, e a heresia, mesmo contra sua vontade, foi a causadora da guerra e o esfacelamento da Occitânia. Lucas e Matheus, os discípulos do abade, haviam partido súbita e secretamente, talvez nalguma missão pedida pelos hereges.

Antes de partirem haviam confirmado que sabiam que o jovem conde estava distante, provavelmente em Roma, então nunca chegaria, por mais que resistíssemos. Além de tudo, eu pensava: como um nobre que perdera quase tudo conseguiria reunir um exército que pudesse combater dez mil soldados inimigos? Mesmo assim, a ordem era sempre resistir mais uma semana, ou mais um dia, ou mais uma hora.

Viver agora dentro do castelo era uma condição ainda mais precária, mas os hereges não poupavam suas orações e consolos, tentando fazer com que entendêssemos que a vida era sempre seguida da morte e, desta forma, se acreditávamos na existência de Deus, ela não poderia ser o fim. Pediam com carinho que limpássemos nossos sentimentos do rancor e do ódio contra o inimigo que nos flagelava, lembrando-nos constantemente das palavras de Jesus para várias situações em que ameaçávamos perder o controle da razão. Eles não temiam a dor, tampouco a morte. A dor era uma forma de depuração que os ajudaria a chegar mais rapidamente à perfeição e, quando a atingissem, não precisariam mais retornar a este mundo e sofrer mais dor. A morte era parte inerente do caminho, por isso estavam tranquilos. Só um fato os preocupava: tirar de Montségur o verdadeiro tesouro cátaro.

Em uma noite fria de fevereiro, quando eu e Thierry fomos chamados para uma reunião com Bertrand Martin e Guillabert de Castres, os dois principais *perfeitos* da comunidade que, por sinal, abrigava quase todos os *perfeitos* e *perfeitas* que sobraram depois de quase trinta anos de guerra contra eles. Também encontramos o abade Amadeu entre eles e, para nossa surpresa, Jöe de Chambres. Não o vimos chegando, embora mantivéssemos muitos homens vigiando. Todos os bons conselhos que eu recebera dos hereges para amar o próximo, mesmo que o próximo fosse nosso inimigo, se desvaneceram em instantes. Depois da morte de Claire, e tão logo Fabres conseguiu se restabelecer do choque, conversamos longamente e pude confirmar o que Laurent um dia já havia me alertado quanto ao Mestre. Fabres me contou tudo, desde Marselha até o monstro do rio, sua prisão e separação de Claire devido a isso. Contou também sobre o acordo para sequestrar Florence a fim de libertar o Mestre da presença incômoda da filha que não era dele, e pude, finalmente, entender a partida e a volta de Claire, da pior maneira possível. Fiquei estarrecido por saber que o monstro do rio era ele, mas me contou tudo com tamanha franqueza, sem esconder nenhuma iniquidade, que não me senti com a mínima condição de julgá-lo, quanto mais condená-lo. Não havia dúvida de que agira mentalmente perturbado pelas ações daquele homem que era todo dubiedade. Também me contou que Serkan era seu irmão, mas o que me deixou ainda mais horrorizado foi saber que Jöe de Chambres era pai dos dois. Então eles eram meus primos! Então era essa a ligação que um dia Serkan falou ter comigo, na carta que mandara a Thierry pedindo ajuda! Serkan, sempre fugidio, nunca quis me esclarecer sobre o assunto. Era inacreditável que meu tio, pai de Fabres, tivesse feito tudo o que fez com o filho!

Guardei todas estas informações sobre Jöe sem comentar com ninguém além de Júlia, Thierry, que estava junto quando conversei com Fabres, e o abade. Este, porém, quando me sentei à sua frente para falar, me disse:

– Eu sei de tudo, Sebah... e ainda um pouco mais. Jöe de Chambres plantou sementes más e por muito tempo colherá o mal.

– Mas o responsável por estarmos nesta situação é ele! Se não tivéssemos perdido a rocha da Torre não estaríamos passando por isso. Foi ele quem nos traiu juntamente com Renan Briand. Combinaram que Renan deporia armas quando os gascões subissem pela encosta, mas o tolo não sabia que o próprio Jöe havia dado uma contraordem para que os gascões matassem todos os soldados da guarda.[64]

– Ele não queria provas da traição, Sebah – falou calmamente o abade, me interrompendo, como se pedisse para eu não perder tempo com coisas que ele já sabia.

– Então o senhor já sabia? Mas por que ele nos traiu? Por que colocar a vida de todos em perigo, inclusive a de Claire, que acabou morrendo? O que ele pode ter ganhado com isso?

– Como vamos saber, Sebah? Como vamos saber o que ele negociou com Hugues d'Arcis, ou com Pierre Amiel, ou com a própria Branca de Castela? Talvez a própria liberdade, já que tem cometido tantos malfeitos. Como vamos saber? Algum motivo ele deve ter, mas minhas vozes não são tão indiscretas a ponto de me contarem isso.

– O senhor fala como se defendesse as razões dele, mas ele é o culpado por estarmos nesta situação.

– Sim, concordo com você, meu filho, e ele vai colher estas sementes más que está plantando por muito tempo, muito tempo. Mas não concordo que ele seja o culpado principal pelo que estamos passando.

– Como assim? Quem mais nos traiu?

[64] Muitos historiadores aventam a possibilidade de uma traição para que Montségur tenha caído, já que as altas escarpas eram facilmente defendidas e não havia pontos vulneráveis se as táticas de defesas fossem mantidas. O mergulho da memória no passado vem, da maneira como está descrito neste enredo, desvendar este triste mistério.

– Nós mesmos, Sebah... nós mesmos, há muito tempo. As minhas vozes não apenas me falaram, elas também me fizeram ver. E eu vi cristãos morrendo, devorados por leões em arenas. Eu vi perseguições e suplícios, traições... e eu me vi usando a espada para matar pessoas que apenas queriam amar a Jesus, como fazemos hoje. Estamos apenas colhendo as sementes más que um dia plantamos, meu sobrinho, assim como Jöe também um dia colherá.

Ele falava com tanta calma e simplicidade que tive que conter minha fúria contra Jöe de Chambres. Aquele era um argumento inesperado, mas que fazia muito mais efeito para a sensatez do abade ou dos *perfeitos e perfeitas*. Porém, procurei me conter, porque de nada adiantaria alardear o que Jöe fizera, diante da situação de caos já instalada. Só que agora ele estava de volta e sentado bem à minha frente na grande mesa de comando que Pierre-Roger havia cedido aos cátaros, para termos uma reunião e, no seu semblante, eu não conseguia ver nenhum medo ou arrependimento, tampouco alguma tristeza pela morte de Claire. Como ele podia agir com tamanha frieza? Estava evidente que não desconfiava de que havíamos escutado sua trama com Renan Briand e Gombaud, o gascão. Muito menos de que Fabres ouvira seu acordo posterior com o gascão para que matasse a todos assim que depusessem as armas.

Ele não sabia, mas eu sabia de tudo, e não estava mais conseguindo me controlar naquela mesa, enquanto todos conversavam, preocupados, sem me darem atenção. Quando pensei em levantar e pedir a palavra para denunciar aquele traidor infame, o abade Amadeu falou meu nome, baixinho e, quando conseguiu minha atenção, apenas balançou a cabeça negativamente. Ele pedia para eu silenciar. Meu bom abade Amadeu, que tantas vezes desobedeci e depois descobri que não deveria ter desobedecido, me pedia para silenciar. Já era tempo de aprender a obedecê-lo.

Jöe, embora ainda mais silencioso do que de costume, trocava ideias com os demais naturalmente, sempre que era chamado. Eu não conseguia tirar meus olhos dele, esperando que me olhasse. Queria ver o que seus olhos diriam diante dos meus, mas não me olhou um segundo sequer. Eu sabia que os *perfeitos* e *perfeitas* o perdoariam por qualquer erro, mas para mim, um pobre crente e ainda tão distante da bondade deles, o Mestre era um traidor que precisava ser punido pelos seus crimes, desde que resolvera voltar a Montségur. Se não voltasse, seria vazia qualquer denúncia minha, mas ele voltou. Porém, eu tinha que obedecer ao abade.

– Vamos precisar de você mais uma vez, caro Sebah. – falou Braida de Montserver, uma das perfeitas que se encontravam na reunião e agora a comandava, demonstrando a igualdade natural e respeito dos cátaros para com as mulheres.

– E como poderei ser útil, senhora? – perguntei, tirando meus olhos de Jöe, que mantinha as mãos unidas sobre a mesa e os olhos fechados.

– Precisamos que leve nosso verdadeiro tesouro, meu amigo. Já sabe o caminho, mas esperamos que tenha mais sorte desta vez.

– Se não formos mais uma vez traídos, tenho certeza de que ninguém nos interceptará – falei, olhando para o Mestre, que se manteve impassível.

– Preferimos acreditar que foi uma coincidência, meu filho. Preferimos acreditar sempre antes na bondade das pessoas. Já discutimos outras vezes sobre a possibilidade de haver um traidor entre nós, mas sempre chegamos à conclusão de que, se houver um, ou mais, estarão apenas traindo a si mesmos, e não a nós – respondeu calmamente a *perfeita* Braida, que tantas vezes já havia conversado comigo sobre Deus, nas longas noites de vigília e silêncio do Ariège.

– Então me digam apenas o que fazer – falei, tentando conter minha indignação, mas já pensando em combinar uma rota de fuga e usar outra muito diferente, sabendo que o traidor estava bem na minha frente.

– O tesouro é importante demais para o futuro da nossa crença para que nos arrisquemos a mandá-lo por uma só pessoa. Por isso gostaria que você escolhesse alguém para dividir o trabalho. Alguém da sua confiança e tão valente e responsável quanto a você, meu amigo.

– Encontrarei pessoas bem melhores do que eu, senhora. Pode ficar tranquila, mas o que deveremos fazer? – respondi, olhando para Thierry e deixando claro quem eu escolheria.

– Cada um levará uma parte do tesouro e o esconderá em um local que somente vocês ficarão sabendo no momento da partida. Uma terceira pessoa levará o medalhão que um dia foi seu, Sebah, mas que agora contém, escondido sob o bronze, as informações de onde encontrarem nossas preciosas cargas.

– Em cada asa da pomba da paz uma informação – falei, lembrando as palavras do abade. – E quem será a terceira pessoa que levará o medalhão?

– Será Jöe de Chambres, que tem passagem livre pelo exército cruzado.

Meu coração quase pulou do peito. Imediatamente tive vontade de gritar toda sua torpeza, mas Thierry, percebendo minha agitação, segurou meu braço e os olhos do abade me censuraram. Como eles poderiam estar tão calmos? Toda a missão estava desde já comprometida, tanto com o medalhão nas mãos do traidor, quanto com as informações privilegiadas que ele teria. Mas o abade continuava me olhando, agora com severidade.

– Algum problema, Sebah? – perguntou Bertrand Martin, ao perceber meu estado.

– Não, senhor. Apenas estou nervoso com a responsabilidade que me passam.

– Não se preocupe, amigo. Diante de todos os seus feitos, isso será um grão de areia – falou agora Guillabert de Castres, com um sorriso. – E, se por acaso alguma coisa sair errada, será a vontade de Deus, sobre a qual jamais poderemos ter dúvidas. Jõe partirá em seguida levando o medalhão para as pessoas que os encontrarão, cada um em seu esconderijo, no tempo certo. Estas pessoas vivem mais distante, bem mais distante, por isso ele precisará partir antes, para que vocês não esperem tempo demais.

– E quanto tempo pensam que eles vão demorar a nos encontrar? – perguntei.

– Semanas, meses, ou anos. É difícil saber, por que eles virão quando o ambiente aqui estiver mais calmo para todos. Até lá você e quem escolher serão responsáveis pelo maior bem que temos guardado. Mas queremos que fique bem claro que entenderemos se não aceitar nossa proposta, Sebah. – falou Braida.

– É uma honra imensa, senhora. Fico feliz por contar com a confiança de todos, mas...

– Mas? – perguntou Bertrand, que sempre era um pouco mais desconfiado que os demais.

– Minha família... Não estarei perto para proteger Júlia, Nathalie, suas filhas...

– Se os soldados de Pierre-Roger não conseguirem mais resistir ao cerco, pediremos uma trégua e nos entregaremos, porém, como parte da rendição, exigiremos que todos os soldados e crentes possam ter o direito de partir.

– Normalmente os vencidos não têm muitos direitos a exigir, senhora.

– Mas também é normal que ofereçam a liberdade em troca da abjuração da nossa fé. Entenderemos perfeitamente se qualquer um aceitar esta condição, pois sabemos que será apenas da boca para fora, em prol da vida, e não de coração. Então tenho certeza de que sua família estará bem mais segura ficando aqui do que tentando uma aventura ao seu lado – completou Braida, entendendo por onde andava meu pensamento.

– Thierry irá comigo, se ele aceitar meu convite – falei, e vi que meu amigo sorriu.

– Nosso grande protetor hospitalário aceita mais este desafio? – perguntou a *perfeita* a Thierry.

Meu amigo, por sua vez, ficou em silêncio, olhando para as mãos cruzadas sobre a mesa. Ele tinha crescido muito durante a vida e eu podia perceber que estava extremamente tranquilo diante da situação. Quem poderia imaginar que aquele era o mesmo Thierry de tempos atrás, bravo, valente, fiel, mas que ficaria magoado caso eu não o convidasse? Que ficaria exaltado de orgulho com o comentário de Braida?

Depois de um momento de reflexão, Thierry puxou um cordão que se escondia para dentro da túnica de hospitalário e tirou do peito uma insígnia da ordem chamada *khi recroisete*,[65] que já havia me mostrado e contado seu significado. Ela era dada em condecoração aos membros seniores pelos serviços prestados. Mais uma grande honraria que meu amigo carregava. Era uma joia preciosa em ouro branco, composta de quatro cruzes que se uniam pelas bases. Olhou para ela por mais um tempo, depois a estendeu à *perfeita* Braida de Montserver e falou:

– Um presente de gratidão pela imensa confiança que estão depositando em mim, que realmente não a mereço, diante da importância do tesouro que vou carregar.

Eu fiquei estupefato! Ficou evidente na troca de olhares que aconteceu entre Thierry e a *perfeita*, sob a conivência dos demais *perfeitos*, que meu amigo sabia o que estaria levando. Eles mesmos, os hereges, demonstraram alguma surpresa, mas, depois de alguns segundos de silêncio, Braida apanhou a joia das mãos de Thierry e, com os olhos molhados de lágrimas, agradeceu. Realmente, meu amigo havia crescido bem mais do que eu imaginava. Daquele momento em diante percebi que a confiança fora depositada inicialmente em mim, mas era eu que seguiria a ele.

– A senhora falou que pretende pedir uma trégua se não conseguirmos resistir. Posso saber o motivo? – perguntei. – Se pensam em tirar daqui os líderes, não seria melhor na calada da noite? Um pedido de trégua para isso chamaria mais a atenção do inimigo, que aumentaria a vigilância...

– Não pretendemos tirar ninguém daqui, Sebah – interrompeu-me Guillabert, que se mantinha quase o tempo todo quieto. – Não queremos fugir do nosso destino. Porém, como deve saber, depois de tanto tempo vivendo conosco, em nossas reuniões fechadas, costumamos comungar nossas experiências com quem já se foi deste mundo. Eles nos ajudam em decisões, nos aconselham, por terem uma condição melhor para interpretar os problemas estando do outro lado. Sabemos que estamos aqui para tomarmos nossas próprias decisões, e eles nunca vão além do que nosso

---

[65] Em 1965, arqueólogos que escavam os estratos da era dos cátaros, nas habitações geminadas, descobriram uma insígnia – o chamado *Khi Recroisete* – feita em metal precioso branco, usado por membros seniores da Ordem Hospitaleira de São João.

livre arbítrio permite. Estamos sentindo a falta desse contato, meu amigo. Como poderíamos conseguir conversar com nossos irmãos que já partiram, com pedras voando sobre nossas cabeças a todo momento? É para isso que pediremos uma trégua, e não para fugirmos.

Senti-me um pouco desconfortável com sua resposta, mas o sorriso no rosto dele deixava claro que entendia a minha preocupação inicial. Então apenas me coloquei à disposição para o momento em que fosse chamado e a reunião acabou. Eu esperava alguma ação do abade que me pediu silêncio em relação a Jöe, mas ele não fez nada, por isso segurei seu braço e o levei cordialmente para o canto mais distante da sala, que, embora não fosse grande, permitia que eu falasse próximo ao seu ouvido sem que outras pessoas nos ouvissem.

– Se não fizer nada, eu farei – falei ao abade, com uma dureza que chegou a me surpreender.

– Ele é a única pessoa que pode fazer o medalhão chegar às pessoas certas, Sebah. Não temos outra escolha.

– E como poderemos saber se não nos trairá novamente?

– Não podemos. Por isso temos que confiar. Além do mais, as inscrições em cada asa só podem ser decifradas por estas pessoas que receberão o medalhão. Foi uma das missões de Mathieu e Bonnet, quando levaram o primeiro tesouro. Eles levaram também a parte que completa o enigma de cada asa. Sendo assim, Jöe, se tem algum interesse neste tesouro, terá que encontrá-los.

– E os trair logo em seguida – falei.

– Não será tão fácil. Planejamos tudo de uma maneira que não existe nenhuma informação que não dependa de outra, assim como não existe nenhuma pessoa que saiba todo o segredo. Todas as partes são importantes e Jöe nunca conseguirá nada sozinho – falou o abade, com muita calma.

– Então o senhor já sabia que era ele quem levaria o medalhão?

– Estamos tramando isso há muito tempo, meu filho. Medimos todas as possibilidades, até mesmo a possibilidade de ele morrer, ou ser roubado...

– ... e se isso acontecer?

O abade apenas me olhou, como sempre fazia quando eu perguntava demais. E eu entendi que era hora de silenciar. Quase todos já haviam saído da sala quando saímos também e encontrei Thierry, que me deu um longo abraço, como se quisesse agradecer pela minha óbvia escolha, embora eu tivesse a plena certeza de que era eu quem deveria agradecer por ele estar ali.

Era tarde da noite e, como o pátio do castelo era sempre um aglomerado de gente, tentamos chegar até a porta que levava para a antiga vila, agora somente um monte de escombros. À noite, o intervalo entre as sequências de disparos da *trébuchet,* eram maiores, por isso tínhamos mais tempo para nos espalhar. Mas nunca íamos longe a ponto de não podermos correr para dentro tão logo ouvíssemos o som do contrapeso batendo na madeira.

Quando estávamos perto da porta de saída, percebemos que havia uma aglomeração de pessoas ali, principalmente mulheres. Um pouco antes havíamos ouvido algo parecido com uma rápida discussão, mas, diante de tantos soldados nervosos, discussões eram corriqueiras, por isso não demos atenção. Consegui chegar até a porta me espremendo entre as pessoas e encontrei Fabres ajoelhado na soleira, em evidente transtorno, e logo descobri o motivo. Parado a alguns metros da porta, na beira da escarpa de onde há pouco tempo havia sido uma casa, estava Jöe de Chambres, ainda com o medalhão que fora meu nas mãos.

Júlia, que tentava acalmar Fabres, olhou para mim e falou:

– Eles discutiram severamente e Fabres ameaçou matá-lo. Disse que o Mestre havia nos traído e que era o responsável pela morte de Claire. Gritou para todos ouvirem que o Mestre é seu pai e mesmo assim o traiu muitas vezes. Foi difícil trazê-lo para dentro.

Um grupo de soldados esperava um pouco abaixo e à direita, no caminho principal e com eles vi que estavam Mathieu e Bonnet, o *perfeito* e seu aprendiz. Provavelmente eles partiriam com o Jöe e o aguardavam. Então o Mestre falou algumas palavras com Mathieu e depois se virou para a porta e falou:

– Adeus, Fabres. Espero encontrá-lo recuperado dessa loucura quando eu voltar. E saiba que voltarei, por que ficou claro que ainda preciso completar os ensinamentos que um dia tivemos que interromper.

Foi tudo muito rápido. Em segundos, eu via Fabres correr como um lou co na direção de Jöe de Chambres e se atirar a ele. Em segundos eu via dois vultos se confundindo no ar e na escuridão da noite, para longe da luz das tochas. Em segundos os dois vultos sumiam no penhasco e ainda ouvimos, assustados, o som de seus corpos batendo nas pedras.

Capitol setanta uèch

Montségur, fevereiro de 1244.

Uma pedra muito grande bateu na torre de menagem,[66] fazendo estremecer todo o castelo e cada alma aflita que vivia dentro dele. Eu estava conversando com Jaume, que já conseguia andar e estava quase totalmente recuperado do seu ferimento, o que o deixava cada vez mais impaciente em não poder ajudar. Era bom vê-lo vivo, mesmo que ranzinza e impaciente, sempre apontando suas pontas de lanças e beijando seu camafeu. Estava preocupado com Gernes e Martina e queria que partissem, mas o filho temia o risco de uma mulher com uma barriga tão grande tentar descer pelas escarpas.

Aquela última pedra enorme deixou claro que haviam chegado com a *trébuchet* ainda mais perto. Pierre-Roger havia ordenado que construíssemos também uma máquina para, com ela, tentar destruir à distância a máquina inimiga. Reunimos todos os que tinham alguma noção de como construí-la, mas foi inútil. Faltava-nos material adequado para um projeto tão refinado, e o máximo que conseguimos foi perder tempo.

Eu havia passado muitas horas vasculhando a parede rochosa de onde foram tirados os corpos de Jöe e Fabres, procurando o medalhão de bronze. Pela inclinação de quase noventa graus da parede de pedra, qualquer disparo próximo poderia soterrar tudo, inclusive eu. A altura daquela parede de rocha não era assim tão grande, mas os dois caíram sobre amontoados de

[66] A torre de menagem, em arquitetura militar, é a estrutura central de um castelo medieval, definida como o seu principal ponto de poder e último reduto de defesa, podendo em alguns casos servir de recinto habitacional do castelo.

paus e pedras. Jöe teve o corpo transpassado por uma lasca de viga e Fabres abriu o crânio na quina de uma pedra. Não tive nenhum pesar em sepultar às pressas meu tio, mas doeu muito a perda de Fabres, meu primo, que, apesar de alguns sérios tropeços no seu caminho, salvara minha vida duas vezes.

As pedras agora voavam em tempos mais espaçados, mas sem intervalos maiores como no começo, ficando evidente que haviam mudado a tática, para que não tivéssemos mais tempo de reconstruir os danos, nem pudéssemos desfrutar de qualquer tipo de sossego. Laurent e Thierry estavam comigo e foi o marido de Nathalie que enfiou a mão por uma fresta coberta de neve e gritou quando tateou o medalhão redondo. O abade ficou um longo tempo olhando para a peça metálica, depois falou:

– Precisamos de alguém para levá-lo.

– Pensei que Mathieu substituiria o Mestre. – falei.

– Jöe de Chambres conseguiria uma escolta com facilidade para cruzar um território tão infestado de malfeitores, que se espalharam no Languedoc depois da guerra. Mathieu pode ser valente e fiel, mas não conseguiria isso. Seria muito arriscado. Além disso, a missão dele é outra.

– O senhor me falou que já haviam se preparado para a possibilidade dee le morrer.

– Confesso que não pensávamos que ele poderia morrer aqui. Mathieu e Bonnet passariam pelo exército cruzado com o aval de Jöe, depois se separariam. Cada um deles encontraria mais dois mensageiros, que encontrariam mais dois, até que a informação sobre a saída do medalhão, em algum momento, passasse por aqueles que saberiam o que fazer.

– E posso saber o que eles sabem? – perguntei, tentando entender melhor toda a trama.

– Mais duas pessoas sabem para onde vai o tesouro, mas cada mensageiro pensa que o mensageiro seguinte é apenas mais um. Quando o último receber a mensagem, o seguinte será o primeiro que a recebeu, formando dois círculos viciosos. No meio de cada círculo, um mensageiro sabe o que precisa, mesmo levando a informação para o seguinte. Estes dois, tão logo tivessem a informação, partiriam para onde deveria ir Jöe, para confirmar se ele havia cumprido sua missão.

– Quer dizer que, se ele não chegasse, estas duas pessoas teriam condições de encontrar eu e a Thierry?

– Mais ou menos assim, Sebah.

– E por que estas duas pessoas não poderiam vir diretamente à nossa procura e se encarregarem do tesouro?

– Porque este não é o plano inicial. Este é o segundo plano, e não se executa o segundo plano antes do primeiro. Caso o Mestre desaparecesse, eles saberiam o que fazer, mas não me pergunte como fariam, porque ouvi falar que as máquinas de tortura da inquisição fazem uma pessoa falar até mesmo o que não sabe. Então, quanto mais soubermos, mais perigos corremos, e mais perigos corre o tesouro.

– É por isso toda a preocupação, não é? Mensageiros, códigos separados inscritos num medalhão e outros segredos, com cada pessoa sabendo apenas uma parte do todo. Os inquisidores podem ir atrás das informações e se apoderarem do tesouro, não é? Então é por isso toda essa trama? Qualquer palavra que escape de algum de nós será um estopim nas mãos destes malditos...

– Malditos filhos de Deus, como todos nós, Sebah. Não os queira mal. Mas você tem razão. Sempre disse que você veste bem a roupa da ingenuidade para disfarçar sua esperteza. A inquisição, no momento, é um inimigo maior do que o exército que está lá embaixo, e temos que tomar todas as precauções. A igreja romana quer nosso tesouro e quer muito. Há comentários até de que toda esta guerra foi motivada por causa dele, embora eu não acredite que foi só isso. Mesmo assim, Roma tem razão em ter medo. Alguns de seus alicerces poderiam ruir se nosso tesouro caísse em mãos erradas...

– E quem poderá levar o medalhão agora? – perguntei, sem me ater na profundidade do que o abade acabara de dizer.

– Alguma coisa me diz que essa pessoa virá...

Mais uma pedra espetacularmente grande e destruidora me roubou dos poucos momentos de paz ao lado do bom abade. Porém, mesmo ocupado em carregar tijolos, vigas e corpos, fiquei pensando em quem seria louco o suficiente para vir ao pog de Montségur naqueles dias. Não demorei a ter a resposta.

No meio de um dia de céu imperturbavelmente azul, uma longa haste com uma bandeira branca se ergueu não muito distante do castelo, pelo caminho frontal que ziguezagueava a rocha. Pierre-Roger e Raymond de Peirelles, logo avisados, foram até a porta principal e nós, soldados e demais cavaleiros, agora sem cavalos, porque as pedras destruíram tudo, ficamos em cima da amurada que ainda restava do castelo. Vimos que um homem subia sozinho pelos caminhos sinuosos e agitava com algum exagero o pano branco na ponta da vara. Thierry, sempre ao meu lado, segurou meu braço bem antes de eu reconhecer quem era, e falou:

– Você me perguntou quem seria louco suficiente para vir até aqui, não é? Pois veja, acho que encontramos nosso louco.

Ainda demorei um pouco a reconhecer Serkan. Thierry desceu imediatamente e fui atrás dele, somente tendo a certeza de que era ele quando cheguei muito próximo, o que me fez pensar mais uma vez que minha visão sofria bastante com a idade. Thierry ainda teve tempo de pedir licença aos nossos comandantes e desceu pela plataforma de madeira da entrada. A porta principal do castelo era a cerca de três metros de altura do chão, por isso havia uma plataforma de madeira que poderia ser rapidamente desmontada em caso de um ataque frontal chegar tão perto.

– Largue essa vara – gritou Thierry. – Os cruzados podem não saber, mas você faz parte da comunidade, ninguém vai lhe ferir.

Serkan abaixou a haste e ficou perplexo por alguns segundos e, vendo que Thierry o esperava com os braços abertos, falou:

– Eu não posso o abraçar aqui, seu idiota! Seria queimado na fogueira por aqueles padres selvagens que estão lá embaixo e espalhados pelo caminho que acabei de passar, tentando ver tudo o que acontece aqui em cima. Vamos, leve-me para dentro como se eu fosse um inimigo.

Tão logo eles passaram para dentro do castelo, Serkan abraçou longamente Thierry. Muitas pessoas ali conheciam aquele rico excêntrico que fora salvo da tortura e viera se restabelecer sob os cuidados dos hereges da nossa montanha. Nem todos simpatizavam com ele, porque Serkan nunca fora um exemplo de simpatia, mas ao menos era uma pessoa conhecida e que podia trazer alguma informação relevante.

Quando ouvi falar, em Tolosa, que um hospitalário traidor havia salvado Sebah da fogueira, já sabia quem era. Quem poderia ser tão louco assim?

– E foi para isso que veio? – perguntou Thierry. – Apenas para confirmar minha loucura?

– Não, não só isso. Sabe, para sobreviver, tive que fazer algumas doações ao exército da rainha regente da França, bem como para a igreja. Com isso tenho alguns privilégios. Vocês sabem, os ricos sempre terão alguns privilégios...

– E qual privilégio usou para subir até aqui – perguntou Pierre-Roger, entrando na conversa.

– O de me oferecer para negociar a rendição de vocês. Hoje sou um comerciante respeitado em Tolosa... mas todos sabem que tenho amigos aqui.

– Mas quem disse que pensamos em nos render? – interrompeu o irritado Pierre-Roger. – Montségur ainda não foi vencido.

– Mas será, senhor, tenha certeza de que será – falou Serkan, com tanta segurança que causou alguma comoção com suas palavras.

Estávamos amontoados ao lado da parede da porta principal, com soldados e crentes ao nosso redor. Então Pierre-Roger pediu para que o acompanhássemos até a sua sala de comando, que já tinha as paredes rachadas, com buracos que ainda não havíamos conseguido consertar. Enquanto subíamos, pediu para que fossem chamados os principais *perfeitos e perfeitas* para uma reunião.

– Como pode ter tanta certeza de que Montségur vai cair? – perguntou Pierre-Roger, tão logo todos chegaram na sala.

– Por que, neste exato momento em que conversamos, sem que mais pedras caiam sobre o pog, outra *trébuchet*, mais potente do que a primeira, está sendo montada logo depois da barbacã. O arcebispo mandou chamar um padre que é engenheiro de armas, e o danado construiu rapidamente uma nova máquina, menor e mais potente. Como vocês perderam a barbacã, um caminho mais suave ficou liberado para o exército cruzado. Logo vocês verão o tamanho das pedras. Logo virão ainda mais homens pelo caminho liberado. Logo, vocês terão que se render, se quiserem viver.

Quanto Serkan terminou de falar, o silêncio tornou-se perturbador. Sabíamos que havia um caminho logo depois da barbacã, mas tínhamos esperança de que o inimigo não o conhecesse, pois o seu início era bem abrupto, nas gargantas do Lasset. Porém, para quem havia escalado as escarpas da rocha da Torre, nada mais era impossível. Então ficamos quietos, enquanto qualquer esperança escorria de nossa vontade de resistir. Serkan, percebendo os olhares oblíquos entre Raymond de Peirelles e Pierre-Roger, voltou a falar, agora bem baixo.

– O último mensageiro que mandaram atrás de conde de Tolosa foi morto pelo exército cruzado. Pierre Amiel leu a carta entre muitas gargalhadas e depois a queimou na fogueira. Além do mais, o conde está em Roma e ninguém sabe quando vai voltar.

– E quais são as condições propostas para nos rendermos? – perguntou Raymond de Peirelle, interrompendo Serkan, como se não quisesse que os demais soubessem daquela carta. Da maneira como Serkan contou, falando baixo e escolhendo as palavras, alguma coisa escrita nela não deveria ser muito honrosa e o senhor do castelo não queria que ele tocasse no assunto.

– Creio que são generosas, senhor, considerando o que já aconteceu em outros ninhos de águia que foram tomados – respondeu Serkan, agora mais animado. – Senhores, cavaleiros e soldados, bem como suas famílias, podem partir sem nada levar, embora quase mais nada tenham mesmo. Crentes e suas famílias, *perfeitos e perfeitas* que abjurarem sua fé serão poupados.

– E caso não aceitem? – perguntei.

– Serão queimados, como é de hábito – respondeu Serkan, como se minha pergunte tivesse uma resposta óbvia. E ele tinha razão.

– Amanhã, no final da tarde, daremos uma resposta – falou Pierre-Roger de Mirepoix. – Até lá é possível que não tenha mais disparos?

– Não creio, senhor. Se eu não voltar até o sol se pôr, as pedras voltarão a cair, mas posso fazer o pedido.

– Então parta, por que o sol já está bem baixo no horizonte.

– Queremos apenas um tempo em particular com Serkan, se o senhor não se importa – pediu Bertrand Martin.

– Claro que não, mas sejam rápidos.

Todos nos dirigimos para sair, mas o abade segurou meu braço e pediu para que eu e Thierry ficássemos. Quando os soldados nos deixaram, Guillabert de Castre colocou o medalhão na mesa e o empurrou na direção de Serkan, que o apanhou e examinou com cuidado e sem dizer palavras. Serkan! Quem diria! Poderia ser ele o louco a levar de Montségur parte essencial do seu maior segredo.

Tenho certeza de que Serkan fez o pedido para que não houvesse mais disparos até o outro dia no final da tarde, mas a primeira pedra gigantesca que nos atingiu, levando boa parte da parede norte do castelo, mostrou que não fora atendido. Mostrou também que ele tinha razão, porque começaram a cair duas pedras de cada vez, deixando claro que agora existiam duas máquinas da morte nos flagelando.

Era uma noite muito gelada do final de fevereiro de 1244, e um céu estrelado nos cobria. Um vento cortante não nos deixava ficar parados por muito tempo. Não havia mais, no pog, nem mesmo dentro do castelo, uma habitação perfeitamente coberta ou mesmo protegida do vento, e ficávamos felizes por não estar chovendo, o que deixaria o inferno ainda mais desesperador, se isso ainda fosse possível.

No meio da noite, Pierre-Roger reuniu todos os seus melhores combatentes e formou um pelotão invejável de excelentes soldados. Sem falar alto, até mesmo porque o silêncio era tão grande que podíamos ouvir as estrelas, fez um discurso emocionado. Lembrou de como era a vida antes da guerra, da liberdade em solo occitano e das riquezas que todos desfrutavam. Lembrou de muitas pessoas que morreram lutando ao nosso lado. Lembrou da bondade e proteção do conde de Tolosa, o velho, e de como havia respeito entre senhores e súditos, judeus, católicos ou hereges. Lembrou da liberdade, acima de tudo, e de que aquela batalha que estávamos preparando jamais seria apenas em defesa da heresia, mas sim seria a defesa de um sonho de liberdade. Seria a última batalha. Por isso precisava que todos lutássemos como se aquela fosse a última batalha.

O tempo já havia feito meu peito acalmar-se nas situações mais críticas, mas suas palavras me deixaram profundamente emocionado e, mesmo que eu não quisesse mais manchar minha história com mortes, estava pronto para lutar. Porém, antes do grupo partir para tentar retomar a barbacã e destruir as máquinas da morte, Pierre-Roger segurou a mim e a Thierry pelos braços e nos puxou para fora da linha de soldados.

– Eu prometi para Guillabert que vocês não lutariam. Sei que estão comprometidos com eles, por isso, por mais que eu saiba o quanto farão falta, não posso deixá-los lutar. Garanto-lhes que seria uma grande honra tê-los do meu lado, mas prometi que ficariam.

Confesso que, naquele momento, havia esquecido do risco de morrer em batalha e comprometer todo o plano dos hereges. Era como se Sebah, *le Roc*, fosse mesmo invencível, mas, obviamente, não era, e nosso comandante estava certo. Seria uma batalha final e muitos morreriam. Então eles desceram em silêncio e nosso coração apertou-se. Era a primeira vez que eu os via partir e ficava. Um pelotão de homens valentes e fiéis, com suas roupas puídas e almas abatidas, magros pela fome, descia ao encontro da morte, ou da liberdade, ou das duas coisas.

A morte venceu. Perdemos muitos, muitos, naquela madrugada gelada, quando aconteceu a última batalha de Montségur. No meio da tarde, e com as pedras cada vez maiores caindo e destruindo o que ainda sobrava do castelo e da vila, Raymond de Peirelles agitou uma bandeira branca na frente do grande rochedo e pudemos ouvir os gritos dos soldados inimigos. Era o primeiro dia de março de 1244. Era o fim da guerra.

Capitol setanta nòu

Montségur, março de 1244 – o encontro com o verdadeiro Mestre

Havíamos perdido Nicolas de Comps, o bravo hospitalário amigo de Thierry, e John voltara com um corte fundo na perna. Colocamos os feridos junto à parede sul do castelo e aqueles malditos hereges se multiplicaram em orações e trabalho para pensar suas feridas e acalmar suas almas. Laurent estava arrasado. Todos estavam. Raymond de Peirelles e Pierre-Roger desceram ao campo onde se espalhava o exército inimigo e negociaram a rendição. Estávamos perto da páscoa e nossos comandantes alegaram que os hereges queriam o direito de celebrar a morte do Cristo pela última vez, por isso pediram duas semanas de trégua, no final da qual todos se entregariam. Creio que houve uma longa discussão quanto a este tempo, até porque, os *perfeitos* e *perfeitas* não pediram tantos dias assim. Porém, acreditávamos que o comando de Montségur ainda tinha esperança de um milagre. Sabíamos que o conde de Tolosa não viria, mas, nos últimos anos, desde antes da morte dos inquisidores em Avignonet, acontecia uma troca frequente de correspondências entre vários senhores influentes, entre eles o próprio rei da Inglaterra, o imperador do Sacro Império Romano e o rei de Aragão, além do conde de Foix e do visconde despossuído de Carcassonne. Todos, cada um por seu motivo, tinham interesses nas amplas e ricas terras da Occitânia e haviam se unido contra Luís IX, rei da França, e o papa. Então nossos comandantes queriam tempo, na esperança de que um exército surgisse pelos vales do Ariège e pudesse nos livrar da derrota, da perda definitiva da terra e dos títulos, e do sonho de ser cristão não subordinado ao papa. Soube que queriam uma trégua ainda maior, mas, depois que um mensageiro de Montségur fora morto ao levar uma carta a Henrique III, rei da Inglaterra, como nos contou Serkan, os planos estavam revelados e o arcebispo Pierre Amiel não queria dar um dia de trégua sequer. Foi Hugues d'Arcis quem permitiu o tempo de duas semanas, não apenas porque estava sendo complacente, mas também porque queria tempo para que mais autoridades viessem presenciar sua vitória. Quem sabe o próprio rei, Luís IX, que ainda seria santo, e sua mãe, a fervorosa católica Branca de Castela, não poderiam vir?

Nos primeiros dias de trégua aconteceram muitas reuniões em Montségur. A proposta era de que todos poderiam viver, bastando romper os laços com a heresia e retornar ao seio acalentador e gentil da santa madre igreja. Senhores, cavaleiros e soldados, com suas famílias, poderiam partir levando suas armas. A princípio poderia até parecer óbvio que todos optariam pela vida, porém, a história vinha sendo contada de outra maneira sempre que uma fortaleza cátara sucumbia, e *perfeitos*, *perfeitas* e crentes, eram queimados por não aceitarem abjurar de suas crenças. Sendo assim, diante da possibilidade maior dos cátaros não optarem pela vida, Damien Dontan estava eufórico e quase que constantemente dominado pelo estado de exaltação que fizera sua fama crescer por toda a guerra contra os cátaros. Diziam que ele era um visionário, que tinha o poder de falar com os anjos, entre outras coisas. Ele mesmo coordenava grupos de soldados que precisavam ir cada vez mais longe atrás de madeira, para que fosse erguida a maior fogueira já feita, no sopé da montanha que nos abrigava.

Eu e Thierry estávamos prontos para partir a qualquer momento. Anne Crestan e uma das filhas de Nathalie, assim como Geneveve, a mãe de Jamile, não pretendiam abandonar sua crença, obviamente. Os leitores podem imaginar a desolação que sangrava em nossos corações pela morte tão próxima das pessoas que tanto amávamos. Que dias terríveis! Uma das filhas de Nathalie era uma *perfeita* e já havia recebido o *consolamentum* há muito tempo, e a mãe estava desesperada, embora procurasse evitar qualquer gesto ou palavra que revelasse isso. Mas eu sabia do seu desespero, porque também estava. Eu amava a todos. Todos nos amávamos, e iríamos nos separar. Se eu pudesse trocar minha vida pelas deles, não teria um minuto de indecisão, mas não podia. Eu e Thierry partiríamos e esperaríamos um tempo que não era possível precisar, e somente depois que fôssemos encontrados pelas pessoas certas, que saberiam as senhas certas, estaríamos livres para voltar e procurar pelos nossos. Havíamos combinado que todos os sobreviventes se reuniriam em Tolosa e esperariam até que eu e Thierry retornássemos.

Depois de muitas reuniões, estava tudo decidido. *Perfeitos* e *perfeitas* haviam distribuído seus últimos pertences simples, entre lágrimas e sorrisos tristes. Nenhum deles estava disposto a abjurar sua fé. Nenhum deles procurava uma desculpa sequer para fugir do destino terrível que os esperava, embora sempre houvesse muitas: um parente doente, levar adiante a verdadeira palavra de Jesus, não deixar o cristianismo puro ser devorado pelo monstro ensandecido da intolerância. Muitos motivos, mas nenhum deles tentava fugir da dor e da morte. Alguém consegue pensar que morrer queimado em uma fogueira possa ser rápido e indolor?

Eu e Thierry sabíamos para onde deveríamos seguir depois de nos separarmos e já havíamos recebido a senha que nos deveria ser apresentada para que mostrássemos onde tínhamos escondido nossas preciosas cargas. Não saberíamos quem viria e eu, ao menos, não sabia ao certo o que levava. O mais importante era não ser capturado até chegarmos aos nossos destinos, mas eu e Thierry sabíamos muito bem por onde ir para que isso não acontecesse. Cada um dos mensageiros e mesmo Serkan, que levaria o medalhão, se fosse capturado e trazido diante do tribunal da santa inquisição, não teria informações suficientes para que a igreja, ou qualquer outra pessoa, pudesse nos encontrar. O sul e o norte da Occitânia eram profícuos em montanhas, vales, rios e escarpas. Era rico em cavernas profundas, rios subterrâneos e salas secretas. O Ariège, os Pirineus, os vales do Dordogne, do Lot, do Gardon, todos locais onde uma pessoa poderia se esconder por muitas vidas.

As cargas estavam contidas em baús de madeira, mais alongados que altos, que seriam amarrados em nossas costas, para que pudéssemos vencer os estreitos caminhos da descida até nos embrenharmos pelas florestas do Ariège e sumirmos.

Nossa partida seria no meio da madrugada seguinte e pensávamos que não caberiam mais emoções em nossos peitos diante das despedidas, rápidas ou demoradas, que a distância e a morte nos proporcionariam. Jamais eternas, pois já havíamos aprendido muito bem com os malditos hereges que a morte é apenas uma etapa da vida, e todos um dia ainda nos reuniríamos do lado de lá. Era a última esperança na qual podíamos realmente nos sustentar.

Na noite antes da nossa partida, Guillabert de Castres reuniu todos os irmãos para uma reunião. Não tínhamos mais ambientes fechados, por isso todos assistiriam ao contato destes com as almas daqueles que já haviam partido, e estávamos curiosos. Depois de uma oração que não deixou um rosto sequer sem lágrimas, mesmo dos mais endurecidos soldados, o silêncio dominou todo o pátio interno do descomposto castelo. A primeira impressão que nos chamou a atenção foi o frio. Era mais uma noite gelada e o vento cortava em nossas peles. As roupas estavam cada vez mais rotas e sentir frio já era um hábito, mas o frio passou, repentinamente. O vento diminuiu até parar e todos nos olhamos com alguma incredulidade. *Perfeitos* e *perfeitas* formavam um círculo um tanto desordenado, todos em pé no pequeno espaço que lhes restava, até que minha mãe, Anne Crestan, começou a falar. Ela foi até o meio deste círculo e rezou, baixo, a princípio, embora o silêncio permitisse que todos a ouvissem. Agradeceu a Jesus pela oportunidade que estavam tendo de purificarem seus espíritos através do flagelo do corpo e pediu para que todos não perdessem jamais a coragem, tampouco a esperança, pois uma vida melhor esperaria aos que fossem consumidos pelas chamas, em breve. Todos estávamos emocionados. Todos queríamos nos abraçar e nunca mais sair daquele lugar e daquele momento. Então, num reflexo um tanto inexplicável, todos, quase ao mesmo tempo, se ajoelharam. Em pé, no meio do pátio, só ficou Anne, e sua voz se elevou de uma maneira inimaginável. Ela não falava alto, mas a ouvíamos com se estivesse ao nosso lado, ou mesmo dentro de nós, e não era sua voz, era outra voz, uma voz calma e límpida, que invadia nossa alma e a enchia de uma alegria incontrolável, uma voz que trazia em cada palavra um abraço, um carinho, um consolo.

– Meus irmãos e irmãs, a paz esteja com vocês. Aqui estou novamente como o pastor em meio às ovelhas de seu redil. Se nosso Pai, de seu reino de luz, jamais abandona uma de suas criaturas que ainda se encontre nas sombras, se veste mesmo cada uma das mais simples flores e alimenta todos os passarinhos, como eu poderia estar distante destes meus amados amigos, neste instante de testemunho? Não duvidem disto: desde que parti, tenho retornado em todos os graves momentos da jornada humana e tenho estado ao lado de todos aqueles que têm sido fiéis à Verdade.

"Ao mesmo tempo em que reconheço a coragem com que vocês têm defendido minha mensagem, nestas condições dolorosas de vida, também os sinto contristados pelo temor de que a Verdade possa ser definitivamente esquecida. Que seus corações não se turbem, meus irmãos e irmãs. A noite, por mais longa que pareça, será sempre a precursora da nova aurora. As sombras podem parecer muito densas e duradouras, mas jamais resistirão ao retorno da luz. Em verdade, a sombra existe apenas onde a luz ainda não se fez. E o destino final de toda criatura do universo é a luz.

"Esta não será a primeira fogueira a tentar destruir a Verdade, e, infelizmente, também não será a última. Mas a Verdade não se destrói nem se apaga. Pode ficar momentaneamente esquecida, até ressurgir vibrante para tocar os corações de tantos que ainda não a haviam conhecido, como acontece entre vocês, neste momento.

"Outrora foram vocês, filhos e filhas de meu Pai, que não me entenderam, que separaram, dividiram, flagelaram, queimaram. Comunidades, praças e arenas se encheram de dor quando vocês não reconheceram a Verdade e tentaram atacá-La, matando aqueles que a percebiam, e eles só queriam que conhecessem a meu Pai. Hoje vocês conhecem a Verdade, em oposição àqueles que teimam em não conhecê-La, e conhecem a Luz, mas não há como entrar na vida eterna sem recolher do campo da vida terrena todas as sementes más que um dia plantaram. Todo mal que fizeram aqui, aqui deverá ser resgatado.

"O mundo ainda está longe de conhecer o bem verdadeiro. Por muito tempo ainda a espada será usada como falsa desculpa para defender meu nome. Por isso, também por muito tempo o sangue lavará dos corações os erros do passado e a dor resgatará o espírito da matéria, até que o amor a substitua. O reinado do amor puro ainda não é deste mundo. Mas sei que desta vez o amor dominou suas vidas e os fez mais fortes em Deus. Sei que nesta vida foram fiéis a mim e à Verdade, por isso não os deixarei ao desamparo, como nunca deixei.

"Eis que os mando novamente como cordeiros em meio a lobo ferozes. Não temam aqueles que podem abater seus corpos, mas não suas vidas. Bem-aventurados os que são perseguidos pela incúria humana por serem fiéis à minha mensagem. A vocês digo que estarei presente, do outro lado da fronteira da morte, para recebê-los além das chamas, que jamais queimará a Verdade e o Amor, que são a essência de Deus em cada um de nós. Estarão comigo, e estarão com meu Pai. Sejam fortes na fé, que a paz jamais os abandonará."

Anne parou de falar, mas suas palavras ficaram em nós. Não eram propriamente as palavras, mas as emoções, que geraram uma espécie de catarse coletiva. Ele estava ali. O Mestre verdadeiro estava ali. Jesus estava entre nós e ninguém tinha dúvida disso. O amor tomou conta dos nossos sentidos e, mesmo diante da dor iminente, uma felicidade indizível dominou a todos. Não queríamos que aquela sensação terminasse. Não queríamos mais qualquer outro tipo de emoção que não fosse aquela de senti-Lo tão perto de nós. Queríamos, naquele momento, apenas estar com Ele, eternamente.

Depois que Ele parou de falar através de Anne, o silêncio se prolongou por muito tempo, a ponto de perdermos a noção das horas. O primeiro a levantar e se dirigir para o centro do pátio onde estavam *perfeitos* e *perfeitas* foi John Hywelbane. Ele não disse uma palavra, mas, logo depois dele, Jamile também levantou e foi em sua direção. Jaume não tardou em acompanhá-la. Eu olhei para Thierry e ele estava dissolvido em lágrimas. Depois olhei para o abade, que mantinha a sua eterna serenidade, e pedi a ele somente com o olhar a permissão para levantar e seguir até o centro do pátio. Ele continuou me olhando e não fez nenhum movimento com a cabeça, mas seus olhos me diziam a verdade com tanta segurança que cheguei a ouvir sua voz dentro da minha cabeça:

– Eu sei, meu filho, eu sei... Você gostaria de ficar e ir com todos ao encontro do Cristo. Mas temos outro compromisso e você e Thierry terão que ficar. Lamento, mas terão que ficar.

Apenas abaixei os olhos e me resignei. Sim, meus amigos leitores, naquele momento eu daria muitas vidas para manter aquela sensação indescritível de felicidade. Uma sensação que se espalhava pela grande maioria dos presentes. Somente alguns, e poucos, mais medrosos e por demais agarrados à vida física, não participavam daquele invisível banquete de bênçãos. Uma catarse coletiva deflagrada pelo amor do Cristo fez com que muitos soldados, cavaleiros, senhores e pessoas de suas famílias se levantassem naquele momento e fossem ao encontro dos *perfeitos* e *perfeitas*. Todos queriam se manter no Cristo. Todos queriam receber o *consolamentum*. A fogueira passou a representar a liberdade e não mais a morte. Passou a representar a mesma liberdade que por tanto tempo havíamos lutado.

Somente quando Julia levantou é que a primeira sensação de realidade devastou meu peito. Ela tinha a oportunidade de viver a plenitude daquele sentimento se entregando à morte pelas chamas, e eu não. O que eu poderia fazer? Pedir que se resignasse também e me esperasse aqui nesta vida, tão sórdida e sofrida? Ah! O amor imenso por ela não me permitiu fazer nada. Levantei-me também e a contive por alguns momentos. Então ela me olhou e a realidade física também a resgatou. E vi em seus olhos o mesmo dilema. Como ela poderia partir e me deixar? Tudo agora se invertia. Depois de um demorado abraço, ela falou:

– Não o deixarei aqui, meu querido. Ficarei e o esperarei o tempo que for preciso.

Somente quem estivesse envolvido naquela efusão de sentimento divino poderia entender a declaração de amor que Julia acabava de me fazer. Ela trocava a alegria da vida verdadeira pela dor, por amor a mim.

– Não posso exigir isso, não posso... É um direito seu, e o amor que sinto por você não me deixará feliz se não vê-la feliz. Por favor, não se prenda a mim.

– Eu o esperarei. É minha missão, Sebah. Por muito tempo na vida não pude ser tudo o que gostaria. Por favor, permita-me a honra de sofrer pelo nosso amor.

Tudo estava transformado à nossa volta naquele momento. A morte era vida e a vida era morte. A dor era alegria e a separação uma breve despedida, uma passagem para um mundo de felicidade. Abracei Júlia longamente, até que o abade nos separou, delicadamente, e me falou:

– É hora de partir, Sebah. Você tem que ir para sua missão antes dos outros, assim como eu.

– Como você? Também vai partir?

– Logo você entenderá, meu filho. Mas agora vamos. A madrugada já vai adiantada e, se não partirem agora, terão que esperar mais um dia, e é perigoso esperar mais.

A comoção ainda tomava conta de todos quando eu e Thierry saímos pela porta de trás do castelo, onde nossas bagagens estavam preparadas. Muitos nobres, cavaleiros, soldados, crentes juntavam-se numa cerimônia coletiva para receberem o *consolamentum*, e não pude deixar de invejá-los. Lá estavam Jaume e Jamile, sua filha e o marido. Lá estavam cavaleiros e soldados, a esposa e a filha de Raymond de Peirelles. Lá estavam Nathalie e Laurent. Lá estava minha família, se preparando para morrer em nome do Cristo, e encontrarem a paz. Como eu poderia imaginar que um dia ficaria feliz por saber que morreriam em breve, mas que renasceriam para a felicidade de estar com o Cristo? Gerne e Martina não estavam lá. Ainda envolvido pela exaltação da sensibilidade, pude entender o dilema que viviam. Ambos estavam tocados pelo amor do Cristo e preferiam a morte do corpo, mas podiam tomar a decisão pela criança que estava para nascer?

Quando faltava pouco mais de duas horas para nascer o dia, todos eles se chegaram a mim e a Thierry e a emoção da despedida nos fez chorarmos juntos. Era uma situação estranha, e ficava cada vez mais estranha à medida que a realidade física me roubava da catarse geral, pois eram eles que tinham pena de mim, de Thierry e de Júlia, que viveríamos, enquanto que os demais seriam felizes morrendo. Senti a falta do bom abade na despedida, já que os principais *perfeitos* e *perfeitas* também estavam ali. Não tinham mais nada a nos dizer quanto à nossa missão, mas vinham se despedir em respeito à nossa valentia de não enfrentar a morte na fogueira e sermos felizes. Perguntei por ele a Jaume, mas foi Nathalie quem respondeu:

– Ele já foi, Sebah.

– Como assim? Para onde?

– Ele me chamou e disse que precisava partir para ajudar nos preparativos, por isso iria antes. Tinha muito trabalho a fazer. Estava sentando próximo à porta do castelo, onde gostava de meditar, encostado no muro. Depois que me falou isso, beijou meu rosto e fechou os olhos. Ele partiu em silêncio, com um suspiro leve.

O que Nathalie me contou deixou-me muito feliz. Tudo estava muito estranho. Reuni Júlia e Nathalie num definitivo abraço, e depois partimos. Era a madrugada do dia 14 de março de 1244. Em dois dias a fogueira libertaria aquelas almas purificadas pelo amor divino.

Capitol ochenta

Montségur, 16 de março de 1244 – a fogueira.

Uma fileira de cerca de cem pessoas já havia descido pelo caminho principal da fortaleza do monte seguro. O padre Damien estava num grau de excitação tamanho que ninguém mais conseguia trocar com ele uma palavra sequer. Pelas contas dele e de Pierre Amiel, além de muitos outros padres que participavam do cerco, principalmente nos últimos dias, quando a notícia da rendição da fortaleza havia se espalhado, era de que entre oitenta a cem *perfeitos* e *perfeitas* seriam queimados na fogueira, para glória e esplendor da verdadeira fé. Via de regra, aqueles que ainda não tinham recebido o *consolamentum* eram poupados quando se rendiam, ou mesmo imploravam com veemência para não serem mortos. Muitas vezes foram parar na fogueira, mas isso dependia do momento e do interesse político de padres e senhores guerreiros, quando era preciso causar uma impressão mais forte. Em nenhuma fortaleza vencida, porém, havia um número tão grande de iniciados nos sacramentos da heresia. Então, para mostrar a clemência do papa e da santa madre igreja, o arcebispo Pierre Amiel, legado papal, foi bondoso e permitiu que todos, mesmo *perfeitos* e *perfeitas*, fossem libertados, desde que voltassem para a igreja romana. No fundo, o legado papal sabia que eles não fariam isso.

Em outras fortalezas vencidas, como a de Minerve, por exemplo, o primeiro ninho de águia a ser tomado há muitos anos, a mesma proposta fora feita, mas todos os iniciados e muitos crentes optaram pelo fogo, para espanto geral. Em Montségur não era para ter mais espanto, mas, quando os comandantes e clérigos do exército cruzado souberam que o número de iniciados mais que dobrou de um dia para o outro, não quiseram acreditar. Quando souberam então que nobres, soldados e cavaleiros, que seriam os primeiros libertos, optavam livremente pelas chamas, duvidaram ainda mais. A notícia se espalhou como plumas ao vento pelo grande exército, e todos se perguntavam: por quê? Por que se deixar morrer? Qual o mistério que envolve esta crença que leva um ser humano a tão alto grau de loucura? Bruxaria, diziam uns. Pacto com o demônio, diziam outros. Mas uma grande quantidade de pessoas, ao saberem daquilo, preferia se calar.

Mesmo a história, queridos leitores, com seus historiadores eruditos, traz dúvidas atrozes e jamais reveladas sobre o cerco e a rendição de Montségur, o que levou mentes mais criativas do que honestas criarem tantas lendas e mitos. Posso lhes dizer, sem nenhuma dúvida de errar, que o maior segredo que existia em Montségur era a verdade. Ou a presença da Verdade.[67] A mesma verdade que até hoje, nos dias atuais, tão dominados por tecnologias inovadoras, ainda não é entendida com facilidade. Quantas pessoas ainda levantam espadas, de metais ou morais, em nome de Deus?

Guy de Levis, o marechal de Simon de Montfort, que estava junto com o exército cruzado desde que fora feita a proposta de rendição, pois a região toda lhe pertencia por ordens do papa, num aceno de bondade e na esperança de que alguns combatentes convertidos à heresia mudassem de ideia, permitiu que pudessem levar suas armas e pertences pessoais. Porém, nenhum dos convertidos voltou atrás. Raymond de Peirelles e Pierre-Roger de Mirepoix e alguns de seus familiares, além de mais alguns nobres, cavaleiros e soldados foram entregues ao tribunal da inquisição para serem interrogados, mas, depois disso, estariam livres para continuar vivendo. Menos de cinquenta pessoas acompanhavam nossos comandantes, para assombro geral. Entre elas estava Júlia, que foi apresentada ao tribunal com nome de Bruna de Lahile, irmã do cavaleiro arrogante e que havia sido morta com uma das pedras atiradas pela *trébuchet*. Era preciso que não soubessem quem era ela para que não chegassem a mim, e Júlia soube muito bem como se portar, embora os tantos anos convivendo com o cristianismo cátaro a fizessem se sentir muito

[67] Deixo aqui uma reflexão aos leitores: conta a tradição que o santo graal é o cálice onde Jesus teria se servido na última ceia e onde José de Arimatéia, após a crucificação de Jesus, teria coletado seu sangue. O sangue do Cristo simboliza sua essência, portanto sua presença, sendo que Ele era "o Caminho, a Verdade e a Vida". Todos aqueles que seguem seu Caminho conhecem a Verdade para entenderem a Vida. A presença do Cristo em Montségur seria, portanto, a presença da Verdade. Aliás, foi assim, como "A Verdade", que ele se manifestou a Allan Kardec pela primeira vez, em Paris, na casa do sr. Baudin, a 25 de março de 1856. É possível que a presença do próprio Cristo na véspera da grande fogueira de Montségur tenha dado origem à lenda que diz que o verdadeiro Graal esteve de posse dos cátaros e tenha sido um dos tesouros despachados antes do sacrifício final.

mal por estar mentindo. Acaso tivesse se tornado uma boa cristã por opção própria, jamais mentiria, porém, na renúnica que fez por amor a mim, preferindo permanecer neste mundo por minha causa, estava incluída a situação de ter que mentir para me salvar. Júlia sempre fora uma mulher admirável!

Duzentas e vinte e quatro pessoas seriam queimadas, para delírio do padre Damien. Jamais ele esperava tantas. A catarse coletiva fez com que quase triplicasse o número de *bons cristãos* e *boas cristãs*. Os registros oficiais, quase todos feitos por clérigos católicos, trazem números confusos e que não são totalmente fiéis à realidade, pois ater-se em registrar fielmente a realidade significava mostrar a força impressionante daquela fé, coisa que a verdadeira religião tinha muita, mas muita dificuldade em conseguir: força e fé verdadeiras.

Então, depois de oficialmente não aceitarem a reconciliação com a igreja católica, uma fila de *bons homens* e *boas mulheres* desceu pelos caminhos sinuosos da montanha, indo ao encontro da morte, e da libertação verdadeira. Bertrand Martin puxava lentamente a fila, seguido pelos iniciados mais antigos e, por fim, os recém-convertidos. Todos usavam o mínimo de roupas que lhes era permitido, apenas para não ferir aos olhos mais pudicos, embora o frio lancinante daquela manhã cinzenta de quarta-feira, 16 de março de 1244.

Entre os primeiros da fila, logo depois dos líderes, estavam Jaume e Jamile, Nathalie e Laurent. Todos desciam cantando baixo seus hinos de louvor a Deus e nenhum mostrava qualquer tipo de medo, ou mesmo receio, diante das labaredas que crepitavam alucinadamente logo abaixo. A fogueira era enorme e haviam sido construídas arquibancadas ao redor, a alguma distância, para que o espetáculo pudesse ser assistido por uma grande quantidade de padres, bispos, nobres, que vieram tão logo a notícia se espalhou.

O padre Damien estava no caminho daquela gente, e não deixava nenhuma pessoa passar sem que seus olhos alucinados a medissem. Quando Jaume chegou perto dele, Damien o reconheceu e chamou Edmond de Chambres, fazendo com que um soldado o segurasse.

– Lembra-se dele? – perguntou Damien a Edmond.

– O idiota que um dia tentou me matar! Onde está aquele imbecil do seu amigo? – perguntou Edmond, apoiando sua muleta no peito de Jaume, como gostava agora de fazer, na ausência de uma espada.

– Está falando de Sebah? – perguntou Jaume, que procurava não deixar que nenhum ódio antigo respingasse dor em seu coração.

– Qual outro imbecil poderia ser?

– As pedras da trebuchet abriram brechas enormes nas nossas paredes e levaram muitas almas para a liberdade antes de nós.

– Está querendo dizer que ele morreu?

– Ninguém morre, senhor, apenas alcançamos a liberdade. Sebah está livre.

Edmond ficou olhando para Jaume por um bom tempo, medindo em seu olhar a sinceridade de suas palavras. Mas Jaume estava tão tranquilo e amparado pela esperança de uma vida de verdadeira liberdade logo após as chamas que respondera dubiamente a meu respeito sem deixar que o sempre esperto e desconfiado Edmond de Chambres percebesse que estava se evadindo de mentir. Um perfeito verdadeiro não podia mentir, embora Jaume, mesmo sentindo a presença do Divino Mestre entre nós, ainda não se achava um verdadeiro perfeito. Dizia que no fundo ainda era um soldado, um cavaleiro, e que um homem não se torna santo pela ação de outro homem. Mesmo assim, não mentira a meu respeito, mas fizera Edmond acreditar que eu estava morto, protegendo assim o meu segredo e o tesouro que eu levava. Então meu pai tirou a muleta do seu peito e falou, seco:

– Pode ir... idiota!

– Não... ainda não posso ir – falou Jaume, para surpresa de Damien e Edmond, enquanto a fila de condenados passava lentamente atrás dele. Na verdade, para sua própria surpresa, pois teve a impressão de que não fora ele quem falara aquilo, mas sim outra pessoa através dele.

– Como assim? – perguntou o padre.

– Tenho que lhe dar um presente antes de morrer – continuou Jaume, ainda um pouco espantado com o que dizia e fazia.

– Você está louco? Que brincadeira é essa? – perguntou mais uma vez o padre, que mantinha aquele olhar exaltado, comum aos seus momentos de delírios, quando prestava seus serviços ao Senhor.

Jaume não respondeu. Um tanto atônito, puxou de dentro de uma faixa de pano que trazia amarrada à cintura um camafeu de ouro e o estendeu ao padre, não se incomodando como fato de Edmond ver o que era.

– O que é isso? – perguntou Damien, mas já com as mãos trêmulas ao reconhecer o objeto.

– Tenho certeza de que o senhor o reconhece. Creio que deva ficar, por direito, em seu poder.

– Como você pode ter esta joia? Como pode?

– Porque foi minha mãe que me deu, no dia em que nasci e fui separado dela.

– Mas...

Era um segredo para ser muito bem guardado. Mas Júlia, esposa de Sebah e filha do senhor de Baux, recebeu da própria senhora Barrale, enquanto ainda morava em Le Baux, a missão de encontrar uma criança que tinha este camafeu.

A senhora Barrale convivia com a consciência pesada por não me ter ajudado e por ter me entregue a Vincent Dontan, que me levou para fora do castelo e me entregou a Roger Luvison. Ao me procurar, Júlia conheceu Guillaume, sobrinho de Roger, e este a levou a mim. Júlia me descobriu e se tornou minha amiga, e juntos achamos melhor que eu me mantivesse escondido, mesmo sabendo de todos os segredos que me envolviam.

– Mas, então... – balbuciou o padre Damien, perdendo seu olhar exaltado e o substituindo por uma expressão de terror, enquanto Edmond de Chambres apanhava o camafeu de sua mão e o examinava.

– Então isso quer dizer que sou filho de Anaïs Lanaux, senhor, e espero que dê bom destino a esta joia, já que a mim ela não terá mais nenhum valor – falou Jaume, ainda muito surpreso com sua própria atitude e voltando para o lado de Jamile e seus filhos, que o esperavam.

Os olhos incrédulos do padre Damien Dontan o acompanharam, e seu rosto agora possuía uma expressão enlouquecida. Então aquele homem que muitas vezes estivera tão perto dele e que tantas vezes ele perseguiu era filho de Anaïs, seu eterno e impossível amor. Então aquele homem que estava prestes a entrar nas chamas e morrer era seu filho. Era o filho que tantas vezes procurou depois, porque Anaïs também se arrependera do seu gesto e implorava a ele pela criança, mesmo que esta os denunciasse a Edmond de Chambres, o amante traído.

Jaume, já muitos passos adiante, ouviu os gritos enfurecidos de Edmond, que algumas vezes já tinha ouvido os boatos de que Anaïs, sua principal amante, tivera um filho enquanto ele estava distante, a serviço do rei.

– Fui eu que dei a ela este camafeu! – gritou Edmond.

Jaume continuou andando. Havia pensado em levar seu inseparável camafeu consigo para a fogueira por ser a única lembrança da mãe que restara em sua vida, mas fizera tudo aquilo como se fosse outra pessoa e agora não sabia se agira certo. Porém, de alguma maneira intuitiva entendia que a verdade poderia causar algum abalo naqueles corações endurecidos. Naquele momento, Jaume não podia entender que irmãos mais evoluídos o usaram como instrumento para interromper uma jornada catastrófica para aquele padre, que recebera um dom belíssimo de se comunicar facilmente com a a espiritualidade e usara esse dom apenas para seus interesses pessoais. O choque que acabara de causar foi realmente um grande abalo para aquela alma atormentada, fundamental para o primeiro passo rumo à redenção daquele que um dia foi Damien Dontan e que na atualidade se apresenta a nós como um espirito maravilhoso.

Quando Jaume ouviu Edmond gritar muito alto o nome de Anaïs, virou-se mais uma vez e pôde assistir a uma cena quase tão chocante quanto a de tantos inocentes que seriam tragados pelas chamas. Edmond de Chambres havia largado sua muleta e, num acesso de fúria enlouquecida, tirado a espada de um soldado que estava próximo e a traspassado impiedosamente naquele padre que o traíra, e escondera o segredo dessa traição por toda uma vida, mesmo se dizendo seu melhor amigo e conselheiro. Damien Dontan, com os olhos injetados de loucura, tombou para trás com a espada cruzada um pouco abaixo do peito, enquanto Edmond era arrastado dali por um grupo de soldados.

Jaume não pode deixar de sentir uma comoção. Aquele homem que tanto o ferira e por quem nutrira tanto ódio era apenas um infeliz. Vivera mergulhado em mentiras por toda uma vida e, agora, através dele, mesmo que não fosse mais numa atitude de vingança como tantas vezes quisera ter, descobria que seu melhor amigo o traíra com sua principal amante. Muitos padres acorreram ao local e de tudo fizeram para acobertar o funesto incidente. Era um dia de glória para a verdadeira religião e mesmo o assassinato de um padre, por mais grave que isso fosse, não poderia compuscar a organização daquele evento de fé. Se tivesse sido cometido por um herege, ah! que maravilhoso seria para os cronistas e trovadores. Porém, fora cometido por um dos favoritos do rei, o que levaria a Edmond escapar mais uma vez incólume, embora desesperado pelo ódio que o tomara. Que destino mesquinho e sarcástico carregava Edmond de Chambres para seus últimos atos nesta vida!

Jamile puxou Jaume pelos braços e o devolveu à fila. Os primeiros malditos hereges já se aproximavam das chamas e o público esperava ainda por um espetáculo de gritos e tentativas desesperadas de fuga, mas o que viram foi ainda mais espetacular. Todos entraram na fogueira placidamente, cantando alegres um hino a Jesus, sem medo, sem gritos, sem revolta. Enquanto que dezenas de padres católicos cantavam hinos de louvor a Deus por estarem, para sua glória, livrando do mundo aqueles seres infernais. Todas aquelas pessoas que eu tanto amava foram consumidas pelas chamas, o grande batismo regenerador de suas almas.

Do outro lado da vida, uma legião de almas abnegadas se aproximava dos hereges e os envolvia em energias poderosas, amenizando-lhes a dor das queimaduras. Por que a dor, se eles já haviam demonstrado tanta coragem, além de verdadeiro arrependimento por seus erros de outras vidas? Entre aquelas almas abnegadas, estava uma que resplandecia de amor e alegria, ajudando a cada um e a todos ao mesmo tempo para que chegassem o mais rapidamente possível até Jesus, que, como havia prometido, os aguardava com uma legião de espíritos iluminados. Esta alma era a do meu bom abade Amadeu, que partiu antes, por seus méritos, e porque tinha muito trabalho a fazer.

Capitol ochenta un

Paris, abril de 2015.

Estamos quase no fim, amigos leitores, e já há em mim uma leve tristeza por deixar, mais uma vez, de conviver com aquelas pessoas que comigo viveram, amaram e sofreram. Contar-lhes, através de Michel de Laroche, o redimido mestre Jöe de Chambres, e de Jean Pierre Clemenceau, o redimido discípulo Fabres Mathieu, minhas aventuras e desventuras daquela vida, foi como vivê-la novamente. E como muito amei e muito aprendi mergulhado profundamente dentro da heresia, sofro mais uma vez por tudo terminar. Por favor, perdoem-me.

Espero sinceramente que eu e estes dois bons amigos tenhamos conseguido contar-lhes uma boa história e, acima de tudo, resgatar no tempo a memória deste povo que foi tão severamente castigado por sonharem com a liberdade de amar a Jesus da maneira que achavam a mais correta. E era a mais correta para o seu tempo. Era esta a nossa missão. Era esta a missão deles, principalmente: resgatar a memória cátara e tentar levar ao maior número de pessoas sua história, para que possam ser compreendidos com a justiça que lhes faltou naqueles dias. Principalmente a eles, que gravemente se comprometeram, tanto com os hereges, quanto com seus próprios destinos. Na verdade, como os leitores sabem, algumas destas tais más sementes por eles espalhadas naqueles campos até hoje rendem frutos de dor à espera da colheita de redenção.

Mas, ah! Sei que devem estar se perguntando por que eu estou falando em fim e ainda temos alguns mistérios pendentes. Sei que devem estar pensando para onde eu e Thierry fomos depois de Montségur. Sei que querem saber mais detalhes do presente dos meus personagens, que acabei deixando de lado quando o sequestro de Michele Clemenceau bagunçou todo nosso planejamento inicial. Eu os compreendo, caros leitores, perfeitamente, mas queria que entendessem que tudo isso que falta nada mais é que uma complementação para sanar a curiosidade que acabei despertando. A verdadeira história está contada. Muitas vezes senti vontade de ficcionar ainda mais a realidade, mas os fatos históricos nos estrangulam e não permitem que possamos divagar aleatoriamente. Os fatos aconteceram, em dias precisos e com nomes precisos. Como fugir da verdade? Como fugir da morte e da dor, se foi assim que realmente aconteceu? Como dar aos personagens destinos mais heroicos, ou mais torpes, do que realmente foram? A história, portanto, está aí, caros leitores, resgatada no tempo e espalhada. Quantos antigos cátaros a lerão? Quantos soldados do exército cruzado, ou comandantes, ou nobres simpatizantes da heresia, ou inimigos da heresia a lerão? Quantos antigos padres, bispos, monges, que viveram naquele tempo e participaram da defesa dos hereges, ou de intrigas e batalhas a lerão? Quantos?

Sendo assim, o que importa está aí, mas não serei tão ingrato com todos vocês que chegaram até aqui comigo, não tenham dúvida disso, porque sempre fui fiel às minhas causas, mesmo quando tinha a infeliz ideia de levantar a espada para defendê-las. Então, vamos estender um pouco mais nossa história e abranger o que ainda pode gerar alguma curiosidade.

* * *

Michel de Laroche estava doente, muito doente, e médico algum chegava a um diagnóstico definitivo a seu respeito. Depois que ele acordou ardendo em febre na atual vila de Montségur, aos pés da grande rocha que nos abrigou um dia, e eu percebi que Renan Briand estava ao seu lado, seu estado de saúde se agravou rapidamente. As febres eram persistentes e havia a possibilidade de ele estar com uma infecção da próstata, porém, fizera todos os exames e nenhum deles foi definitivo para fechar um diagnóstico preciso. É bom lembrarmos que Renan, auxiliado por um irmão infeliz com alguma experiência no campo obsessivo, provavelmente mais um desafeto de Michel, trabalhava na interrupção do fluxo energético que deveria chegar aos centros de força genésico e sacro. Renan Briand guardara pelos séculos um ódio mortal de Jöe de Chambres pela sua dupla traição. Eu mesmo tentei me aproximar dele e convencê-lo a mudar de ideia. O problema era que ele também tinha por mim um rancor imenso. Para facilitar o intercâmbio mediúnico com Michel e Jean Pierre, eu me apresentava com a aparência de Sebah, e isso me ligava a Renan com as vibrações descompensadas da memória dele daquele tempo. Enquanto isso, Michel sofria sob sua influência. Dores pelo corpo, febres e um cansaço constante exauriam suas energias. Distrações, perda de memória, abstrações faziam nosso serviço de escrever um livro também cada vez mais difícil. Enquanto a situação aflitiva em que vivia Jean Pierre, com o sequestro de Michele, também retardava nosso intercâmbio.

Jean Pierre sofria a cada dia pela ausência de Michele, sequestrada provavelmente por vingança do grupo criminoso que ele ajudara o delegado Maheu a prender, principalmente seu antigo amigo, Henry. Já perdera a esperança de encontrá-la, ao menos encontrá-la viva. Porém, como acontece com todas as famílias que têm um de seus membros desaparecidos, enquanto não se sabe o que aconteceu de fato, a paz não tem a mínima chance de retornar. E não havia mais paz na família de Jean Pierre, principalmente depois que ele entrou em contato com as mazelas que causara naquela vida entre os cátaros e o que fizera com velhos e crianças. Gostaria de lhes dizer, amigos leitores, que algumas passagens tive que combinar com ele de não revelar. Algumas atrocidades do tempo em que Fabres estava cego pelo ódio, que apenas projetariam formas pensamentos desnecessárias para o trabalho. Então, diante disso, ele sabia que também plantara sementes más no campo da vida e através da dor precisava recolhê-las.

Diante da situação dos dois, autores e personagens ao mesmo tempo, assim como eu, foi preciso que eu agisse para que o trabalho não fosse comprometido. A primeira medida que tomei foi chamar Maurice Daltiene para me ajudar mais diretamente. Maurice, que estava também profundamente comprometido com a história cátara, fora pai de Catherine, a esposa de Michel, e amigo deste, sendo ele o responsável por Michel aprender sobre a espiritualidade e suas leis de interação com o plano material. Maurice perdera a vida física, em sua última jornada, em meio às chamas de um acidente de carro, quando seu veículo colidiu com um caminhão de combustível desgovernado. Lembrando disso, quando o encontrei, perguntei:

– O que podemos fazer para ajudá-los, meu caro Damien Dontan?

– Não é um nome que me traz qualquer alegria, mas reconheço que não posso romper com as obrigações que este passado carrega – respondeu com um sorriso gentil Maurice Daltiene, que entre os cátaros fora o terrível padre Damien, mas que, a partir daquele choque provocado pela revelação de Jaume, começara um lento e doloroso processo de correção. Posso lhes garantir que teve amplo sucesso em sua escalada rumo ao bem.

– Como podemos ajudá-los? – perguntei novamente.

– O caso de Jean Pierre foge do nosso alcance mais direto, mas sei que outros espíritos amigos estão tentando ajudar. Porém, com Michel podemos interferir. Podemos começar hoje à noite uma aproximação entre os envolvidos.

– Pela amizade que agora tem com Michel, creio ser mais fácil você trazê-lo, desdobrado, para uma conversa com Renan. O que acha? – perguntei.

– Ótimo! Caso consiga que Renan liberte-o da subjugação energética por algum tempo, ajudarei Michel a desdobrar-se e reconhecê-lo. Que tal hoje, à meia-noite?

Um pouco antes do horário marcado, estávamos no quarto de Michel, próximo aos Jardins de Luxemburgo, em Paris, esperando pelo momento adequado para agir. Enquanto este momento não chegava, podíamos conversar.

– Vai contar aos dois quem são os personagens da época dos cátaros que ainda estão por perto? – perguntou-me Maurice.

– Eles têm uma mediunidade bastante apurada e já reconheceram quase todos. Michel sabe que Nathalie e Jeanne Dalmain são a mesma pessoa, assim como Laurent é Jaques de Telers. Michel chegou a pensar que Thierry seria Nathan, o grande amigo de Jaques de Telers e que na atual jornada veio como Juan, mas expliquei que Nathan, ou Juan, estava para nascer na época da fogueira de Montségur. Grandes amizades nunca se dissolvem. Ele também já intuiu que Catherine é a mãe de Laurent, uma de suas amantes mais antigas, desde vidas anteriores ao tempo dos cátaros. Se tivéssemos tempo, dali sairia outro romance. Por sua vez, Jean Pierre já entendeu que Michele e Florence são a mesma pessoa, assim como Claire é Sabine, sua atual esposa.[68] Eles são espertos, sabem sobre Edmond de Chambres nesta vida, e muitos outros que foram identificando. Como eu disse, seria um novo romance contar a relação reencarnatória de todos. Muitos outros aparecem nos dois livros anteriores, e acredito até que será um jogo divertido para os leitores reconhecerem cada um. Como o abade Amadeu, como Jamile, Júlia, Anne Crestan, Jaume...

– E Serkan, Jean Pierre descobriu quem é?

– Ah, sim! Foi um dos primeiros. A personalidade dele se ajusta perfeitamente com Charles Dambrosien, o médico que tantas loucuras fez pelo

[68] Todos os nomes citados são personagens das obras *Paris, setembro de 1793* e *O magneto*, de Mauro Camargo.

magneto, o mesmo medalhão que guarda até hoje os segredos de como localizar o tesouro dos cátaros.

– Que ainda não foi descoberto para o público. Vocês o guardaram bem.

– Guardamos tão bem que talvez nunca seja descoberto por completo, embora uma parte já tenha sido encontrada, mas, depois disso, foi guardada ainda com mais rigor.

Exatamente à meia-noite, recebemos vários amigos da espiritualidade, bons amigos trabalhadores que vinham a meu convite para nos ajudar a ajudar. Logo eles envolveram Michel com energias calmantes, fazendo-o relaxar para que conseguisse se desdobrar do corpo físico, o que não estava acontecendo ultimamente devido ao jugo obsessivo de Renan Briand, que fixara pequenos aparelhos no corpo espiritual do nosso amigo, tolhendo sua liberdade de movimentar-se no outro plano da vida. É bom que os leitores entendam que estas ações obsessivas só são possíveis quando a consciência registra qualquer desequilíbrio em relação às nossas atitudes no passado, principalmente com o obsessor. Que desequilíbrio maior poderia haver que o instalado na consciência de Michel, antigo Jöe de Chambres, que não apenas traíra Renan, mas que levara ao caos toda a comunidade cátara de Montségur?

Tão logo Michel viu-se ao nosso lado, reconhecendo-nos, imediatamente perguntou:

– O que está acontecendo? Sei que não consigo sair do corpo durante o sono...

Não tivemos tempo de explicar nada, porque, logo em seguida, entrou no quarto um enfurecido Renan Briand, irritado por termos "desatado os nós" que não permitiam que Michel se desdobrasse, o que dificultava bem mais sua recuperação física. Algum tipo de alarme o avisara da nossa atuação, o que é comum nestas situações obsessivas, tanto que esperávamos sua rápida presença.

– O que querem aqui? – gritou Renan, quando me reconheceu e percebeu Maurice.

– Renan Briand! – falou Michel, que, ajudado por nossos amigos da espiritualidade, rapidamente reconhecera a antiga vítima de mais uma de suas traições no passado.

– Sim, eu sou Renan Briand, Jöe de Chambres, que hoje se veste com outro corpo, mas não conseguiu se livrar de mim. Já reencarnei outras vezes, tive outras vidas na matéria, pelo que me contaram, mas a traição de que fui vítima me faz fixar-me naquele tempo e jamais me permitirá abandoná-lo enquanto não sofra o suficiente.

Michel olhou para mim e para Maurice, e entendeu em nossos olhares a oportunidade que tinha agora de começar a mudar a situação. Ele não era mais Jöe de Chambres. Ainda tinha muito a crescer e muitas sementes ruins a recolher, mas era uma pessoa melhor, muito melhor, sem dúvida. Quase seis meses haviam passado desde que eu vi pela primeira vez a ação de Renan junto a ele, no hotel L'Oustal, em Montségur, e somente agora ele tinha a chance de conversar com sua vítima e algoz. Então Michel ajoelhou-se, e falou:

– Perdão, Renan, por favor, perdão. Não sou mais aquele Jöe de Chambres, mas sei que cometi com você um grave erro...

– Você acabou com minha vida e com a de todos os homens que confiavam em mim. Como quer que eu o perdoe? Como quer que eles o perdoem? – falou Renan, enraivecido, interrompendo a Michel.

– Nada de meu tenho a lhe oferecer em troca do perdão, a não ser a razão, pura e simples.

– Razão? Como pode achar que tem razão? Como pode achar que está certo?

– Não estou querendo dizer que não tenho culpa. Tenho a certeza de que, nestas vidas depois de Montségur, tudo o que fiz e sofri será pouco para compensar minha traição, porém, ainda assim estou crescendo, mesmo que aos poucos, e estou começando a ser feliz. Porém, veja o que acontece a você, que não consegue se libertar do ódio. Conte-me, Renan, existe alguma felicidade verdadeira na vingança, ou a cada dia que passa você está mais infeliz? Até quando agirá impulsionado pelo ódio, sem deixar que a razão mostre o melhor caminho a tomar? Até quando vai preferir ser infeliz?

Michel não sabia, mas todo aquele encontro fora meticulosamente preparado pela espiritualidade. Michel não sabia, mas, a pedido de Jean Pierre, seu caso já estava sendo tratado em um centro espírita no Brasil que ele já havia frequentado quando lá esteve e também fora tratado de um problema semelhante. Michel não sabia, mas os responsáveis por este centro já vinham conversando com Renan há algum tempo, bem como com outros irmãos que morreram naquela noite fatídica na rocha da Torre. Michel não podia ver, mas atrás dele se juntavam o meu bom abade Amadeu e Anne Crestan, que viera como sua mãe na última jornada terrena. Muita coisa ele não podia ver, nem Renan, porque ainda eram os mais ligados à matéria, mas estava tudo dando certo. Então nos aproximamos de Renan, que ainda estava um tanto estupefato com a razão alegada por Michel, totalmente verdadeira, e o envolvemos em vibrações de paz e de amor. Outros irmãos ligados a ele se juntaram a nós, até que ele relaxou e permitiu que o ajudássemos. Não havia perdoado Michel, por que o perdão é um processo nem sempre rápido, mas que acabara de começar a acontecer de fato na vida daqueles dois, que ainda sofriam com a germinação das más sementes que um dia plantaram.

Renan foi levado pelos amigos da espiritualidade para um local adequado de atendimento e onde teria a opção de ser ajudado a recuperar-se ou voltar para sua saga de ódio, caso ainda não encontrasse força para mudar. O arbítrio é livre e não podemos mudar isso, principalmente quando uma das partes ainda não resgatou todas as suas faltas, como era o caso de Michel. Este, por sua vez, foi ajudado a voltar para o corpo físico, agora com o perispírito parcialmente livre da ação dos aparelhos ali implantados por Renan, que o prendiam à matéria e que tantos danos vinham causando, além da compreensão dos médicos da vida física. Se o processo de perdão fosse adiante, logo poderíamos remover por completo estes aparelhos.

O caso de Michel estava bem encaminhado e saímos no meio da noite de seu apartamento no Quartier Latin, em Paris, satisfeitos pelos progressos do trabalho. Antes de nos despedirmos, Maurice me falou:

– Que tal viajar comigo amanhã? Acho que tem algum tempo, afinal, o livro está quase pronto, não é?

– E para onde pretende me levar?

– Para o ambiente espiritual do Brasil.

– Jean Pierre foi para lá faz alguns dias...

– Sim... é por isso que iremos também.

Capitol ochenta dos

São Paulo, abril de 2015.

Maheu, padrasto de Jean Pierre e comissário da polícia de Avignon, nunca desistira de procurar por Michele. Havia prendido a quadrilha de traficantes internacionais de armas que, possivelmente, numa atitude de vingança e liderados por Henry, antigo amigo e agora desafeto confesso de Jean Pierre, e que estava preso, sequestrara Michele, fazendo-a sumir, ou mesmo morrer. Sentia-se imensamente responsável por não ter conseguido encontrar a menina, bem como por não ter evitado o sequestro. Por isso não sossegara um momento sequer e, desde o dia do sequestro, dois anos e meio dissolveram-se na ampulheta do tempo. Se estivesse viva, Michele teria dezesseis anos.

A investigação de Maheu foi ficando dia-a-dia mais refinada. Alternativa por alternativa foi sendo eliminada. O reconhecimento da polícia para com ele e seus serviços prestados abria portas e angariava ajudas diversas. Desta forma, foi um jovem detetive de Paris, chamado *monsieur* Fabien, que ainda nem completara os vinte anos, mas já trabalhava na secção de crimes virtuais da polícia e que havia ficado fascinado com a situação, pois estudara toda a ação de captura da quadrilha que Maheu desmantelou, quem sugeriu um novo tipo de investigação. Sabendo que a quadrilha tinha ramificações e postos avançados em muitos países, começou a investigar, inicialmente por conta própria e depois com o aval e autorização de Maheu, as passagens compradas em companhias aéreas próximas à data do sequestro. Por 'inspiração' guiada por irmãos da espiritualidade preocupados com o caso, investigou nome por nome de meninas com idade próxima à de Michele. Um trabalho delicado e meticuloso, de dias e noites de dedicação quase que ininterrupta. Estava há mais de três meses fazendo isso quando descobriu que uma menina da mesma idade de Michele havia viajado no dia 15 de janeiro de 2013 para o Rio de Janeiro, acompanhada dos pais, com o nome de Marie Serelien. O pai aparecia como executivo de uma multinacional canadense, mas casado com uma francesa e tinha endereço fixo em Marselha. A princípio não havia nada suspeito, a não ser pelo fato de a menina não ter voltado do Brasil. Ela havia feito o trajeto Marselha/Paris/Rio de Janeiro. Como não havia voltado, se os pais voltaram?

Então Fabien comunicou o fato a Maheu, que vasculhou a vida dos pais de Marie Serelien e, para sua surpresa, embora não tenha encontrado nenhum vínculo deles com o contrabando de armas, descobriu que a menina havia morrido em Marselha cerca de um mês antes da emissão dos bilhetes de viagem. Há alguns anos sofria de uma doença degenerativa e fizera tratamentos em diversos lugares do mundo. Mas Marie Serelien, que tinha um *voucher* emitido por uma companhia aérea para uma viagem ao Brasil, estava morta. Então, quem era a menina que embarcara em seu lugar?

Maheu foi o primeiro a se movimentar para conseguir uma autorização e interrogar diretamente os pais de Marie, para não perder tempo, mas foi o jovem e quase inexperiente Fabien quem o alertou para o risco desta atitude. Era evidente que alguma coisa suspeita existia e o mais provável mesmo é que não tivesse nada a ver com o desaparecimento de Michele. Porém, expor aos envolvidos que a polícia já sabia da morte de Marie e que outra pessoa ocupava o lugar dela no Brasil era, talvez, fazer com que tentassem escondê-la imediatamente. Segundo Fabien, para surpresa de Maheu, o melhor seria procurar diretamente por Marie Serelien no Brasil, já que havia pistas de como localizá-la. Ele estava certo.

O coração de Jean Pierre apertou-se quando soube deste novo caminho na investigação e, em poucos dias, ele e Maheu estavam em São Paulo, último lugar onde o nome de Marie aparecia, registrada em um hotel. Na noite em que eu e Maurice os encontramos, estavam os dois muito ansiosos com o que haviam descoberto, e não era pouco.

Os agentes de Maheu na França fizeram uma vasculha ainda mais profunda, e devidamente autorizada pela justiça, na vida do pai de Marie. Descobriram, sem que este soubesse, que ele havia gastado fortunas para tratar a filha, mas não havia conseguido salvá-la, o que o colocou em depressão profunda. A depressão o levou a afundar-se ainda mais economicamente e sua situação financeira estava desesperadora quando foi procurado por um homem, oferecendo-lhe um bom dinheiro para que levasse uma menina para o Brasil, usando o nome e passaporte de sua filha, recentemente falecida. Aquele pai desesperado pela morte da filha e pela ruína financeira, não teve pudores em aceitar a oferta e executou com facilidade o que lhe era pedido, recebendo um bom dinheiro, que foi depositado em sua conta, conforme fora combinado. Foi este depósito que permitiu que a polícia chegasse no depositante: um grupo de criminosos que fazia tráfico humano ligado à prostituição. A polícia sabia que o tráfico humano não costumava trabalhar com valores individuais tão elevados, por isso, a suspeita de que alguma motivação pessoal envolvia a situação, aumentou.

Sim, amigos leitores, havia motivos suficientes para Jean Pierre e Maheu estarem preocupados, assim como imagino que também estejam. Então não vamos perder tempo. Maheu conseguiu localizar Marie Serelien em um prostíbulo de luxo na capital paulista. Para isso contratou alguns detetives particulares de bom nível, porque ainda não queria se expor como policial pedindo ajuda para a polícia local, o que envolveria uma ação conjunta entre os dois países, e que era sempre mais demorado. Tão logo souberam onde a menina se encontrava, decidiram ir ao local como turistas franceses, e eu e Maurice, mais uma vez clamando pela ajuda de espíritos superiores para adentramos naquele ambiente, fomos juntos.

É muito difícil descrever o que encontramos, por isso vou pular detalhes que somente produziriam formas pensamentos desnecessárias. O que importa é que Jean Pierre, bem mais jovem que Maheu, por ser brasileiro de nascença e falar bem o português, embora com sotaque, perguntou se entre as meninas da casa havia alguma francesa. Foi prontamente informado sobre a 'francesinha' rebelde, a que tinha o cachê mais caro da casa e que se negava a sair do seu quarto. Também foi avisado que entrar em seu quarto seria uma aventura, mas muitos clientes eram fascinados por esta situação. Fazendo-se passar por um turista ávido por aventuras inusitadas e disposto a pagar o que pedissem, descobriu que a 'francesinha' tinha apenas dezesseis anos. Isso foi lhe contado num sussurro, junto ao seu ouvido, porque, jamais poderiam contratar menores de idade para trabalhar na casa.

Jean Pierre, com o coração aos saltos, mas fingindo estar um pouco embriagado, pagou antecipado o régio cachê da 'francesinha' e logo foi levado ao luxuoso quarto, com decoração pesada e pouca luz. Teve que esperar quase meia hora para que uma jovem entrasse, seminua e com uma maquilagem espessa cobrindo o rosto. Ele estava desesperado, por isso adiantou-se e tentou segurá-la pelos braços para ver seu rosto, no que foi prontamente repelido, entre gritos, tapas e pontapés. Então ele pediu a ela calma e, falando claramente em francês, perguntou:

– *Michele, ma fille, est tu?*

A menina, que estava encolhida na cabeceira acolchoada de uma grande cama, parou imediatamente de gritar palavras desconexas em francês e ficou em silêncio. Um silêncio aterrador, enquanto que dos outros quartos risadas e gemidos faziam a situação ficar ainda mais dantesca. Um longo minuto depois, ela esticou o braço para trás da sua cabeça e acendeu uma luz um pouco mais forte, que não chegava a iluminar totalmente o quarto, mas mostrava melhor seu rosto, coberto de maquilagem para tentar esconder cicatrizes e hematomas daquela menina francesa, que nunca se subordinara por completo às ordens que recebia. Jean teve que chegar mais perto para reconhecê-la e, quando viu seus olhos, um gemido de dor misturado com alegria irrompeu do seu peito.

Michele ainda demorou alguns segundos para reconhecer o pai, que chorava desesperado na sua frente, até que falou, quase que num sussurro:

– *Papa... est tu?*

Creio que não precisamos mais dar outros detalhes quanto à emoção que envolvia aquele abraço. O que importa é saber que Jean mandou imediatamente uma mensagem para Maheu e este acionou seus contatos. Pela manhã, Jean Pierre, que não saíra mais do quarto, saía daquela casa protegido pela polícia, carregando em seu abraço a filha desaparecida há dois anos e meio.

Os leitores devem estar se perguntando o motivo de tanta dor envolvendo Michele, a Florence de tanto tempo atrás e que, lá no passado, se viu envolvida em uma situação semelhante. Acho que só devo lembrá-los de que somos muito antigos, e os erros dela já vinham se repetindo desde os tempos do antigo Egito, passando pela Grécia e Roma. Foram muitas jornadas ligadas à prostituição, infelizmente, em que ela causou danos severos na vida de muitas jovens. Além do mais, apesar da experiência que relatei anteriormente enquanto vivíamos com os cátaros, em outras vidas ela acabou por sucumbir em erros semelhantes, o que mostra o quanto é difícil e o quanto temos que lutar contra nossas imperfeições. O que há de bom para ser celebrado é que, pelo que soubemos junto com a espiritualidade, a maioria destas sementes más que plantou já estavam colhidas do seu campo.

Depois de mais de um mês após ter voltado à casa dos Clemenceau, em Althen-des-Paluds, arredores de Avigon, a família recebeu a visita de *monsieur* Fabien, o jovem detetive que encontrou o caminho para chegar à

Michele. Na verdade, ele era um *hacker* e fora convidado pela polícia para ajudar em um caso de crime virtual. Gostou do trabalho e conseguiu ficar. Do nosso lado da vida, foi impossível não rirmos felizes quando os olhares entre os dois se cruzaram pela primeira vez. Eles teriam um processo feliz de paixão e reaproximação nos próximos meses, enquanto que nós, do outro lado da vida, comemorávamos o reencontro de Dominic e Florence, para mais uma jornada de correção e crescimento.

* * *

Assim que Jean Pierre e Maheu retornaram do Brasil, Michel e Catherine chegaram a Althen-des-Paluds. Todos estavam aflitos com a situação e reencontrar Michele foi um grande alívio. Depois de muitos abraços, risos, lágrimas e choro desabrido, Michel e Jean Pierre se depararam, de repente, um na frente do outro. É claro que eles se encontravam com alguma frequência para dar continuidade ao trabalho em conjunto que realizávamos, mas Jean não estava mais ausente somente por causa de Michele, tampouco pela alegação de que o escritor era Michel. A lembrança crua do passado acabou por carrear de lá um contingente violento de emoções descompensadas, sendo o ódio a emoção mais atuante, por mais que ele tentasse controlá-la. Da nossa parte, os espíritos, sabíamos desta possibilidade, mas também sabíamos que os dois já teriam estrutura moral suficiente para sepultar definitivamente a desavença que ignorava o tempo, o que seria um grande benefício. Se alguém ainda tem dúvida sobre a validade da perda da memória de uma jornada na matéria para outra, está aí um exemplo claro, límpido, inegável, de que é melhor esquecer e recomeçar sempre para não parar nunca.

Michel trazia as emoções do encontro com Renan Briand, embora este tenha se dado no plano espiritual, mas ele, estimulado por nós, conseguia lembrar-se de quase tudo o que acontecera. Jean, por sua vez, sentia a força do destino alinhavando os fatos para fechar um ciclo de ação e reação que se alongava há séculos. Tinha a certeza de que sua colaboração com o nosso trabalho acelerara o fechamento deste ciclo, e não deixava de ter razão. Mas o que fazer com o ódio que um dia se criara e ainda não se dissolvera por completo, na relação dos dois? Este sentimento ainda tão humano, mas tão destruidor.

Então os dois se encontraram, de verdade, um na frente do outro. Já haviam se cumprimentado, como se estivessem alegres pelo encontro, mas era um verniz cobrindo uma madeira partida em muitas partes. Agora, cada um dos familiares foi para o seu lado, cada um com seu motivo, e Jean e Michel ficaram sozinhos na grande sala da casa de campo, parados, a dois metros um do outro.

– Soube que você e Sebah terminaram o livro – falou, Jean Pierre, e Michel mais uma vez teve a certeza de que ele resgatara do passado o ódio, e o mantinha. Já havia percebido isso desde que passara mal no alto de Montségur e acordou em um hospital em Foix. Depois, com o desenrolar do drama, com os detalhes e exposição de todas as maquinações, sabia que o sentimento se consolidara, como se, de certa forma, tudo estivesse acontecendo novamente.

– Perdão – falou Michel, abruptamente.

– O quê?

– Perdão, Fabres Mathieu. Eu lhe peço perdão por todo o mal que lhe fiz, quando eu não era o que sou hoje...

– Isso já passou...

Não – interrompeu Michel. – Não passou, está aí em você e é justo que esteja, por que eu errei muito. Mas eu já lhe fiz tanto mal, que não é justo deixar que esse sentimento o prenda, depois de tudo que sei que já passou nesta vida. Acabou de resgatar um tanto dos seus erros como médico naquele passado, sequestrando crianças para serem suas cobaias, e sabe disso. Sabe também, tanto quanto eu, que o ódio é uma âncora e o perdão, a liberdade. Então, não sei como, mas encontre uma maneira de me perdoar, por que poucas pessoas que eu conheço merecem tanto essa liberdade. Se não conseguir me perdoar pelo sentimento, busque na razão um motivo, mas me perdoe.

O inusitado da sinceridade de Michel pegou Jean de surpresa. O rio caudaloso e límpido de emoções em que todos estavam mergulhados, por vários motivos, era favorável para lavar de uma vez toda a lama de tristezas que o tempo tinha juntado pelos cantos de suas vidas. Eu e Maurice ajudávamos, mas ficamos felizes por perceber velhos amigos juntos naquele momento, como o bom abade Amadeu de Clors e Anne Crestan. É claro que não com a aparência dos tempos dos cátaros, mas os mesmos, em amor e carinho por nós.

Tanta energia reunida em corrente, acabou por se infiltrar nos tecidos sutis e profundos dos centros de memória de Jean. O perdão explodiu em seu peito e rapidamente dissolveu os miasmas do ódio que ainda persistiam em seu corpo espiritual. Uma réstia de luz derruba toda a escuridão. A sombra jamais vencerá a luz. Lógica e emoção se misturaram e venceram. O abraço que deram, agora como amigos verdadeiros, arrancou lágrimas de todos, nos dois planos da vida. Convém destacar que a mais emocionada era Monique, que havia acompanhado desde o começo o que Michel escrevia para o livro, em comum acordo com ele, ajudando na correção e fazendo algumas pesquisas paralelas sobre a era dos cátaros. Ela sabia bem o que estava acontecendo, porque, mais do que ninguém, conhecia Jean Pierre. Então rezara fervorosamente por muitos dias, e ainda armara aquela evasão de todos da sala para que os dois pudessem se reencontrar de verdade. Monique, a mesma Adeline, que tramara com o Mestre e Serkan contra Fabres e Claire, sua sobrinha, e o pai desta, Jerome Lafoge. Monique, ou Adeline, completava mais um de seus resgates, e estava banhada em lágrimas.

Assim, com tudo o que estava acontecendo na vida dos nossos amigos, o livro que escrevíamos não apenas resgatava a memória cátara, e tentava transformar a *ombra* da ignorância em *lutz* do conhecimento, para que a história daquele povo fosse um pouquinho só mais justa. Também resgatava do tempo o ódio e, pela força imensurável do perdão, o transformava em amor.

Capitol ochenta tres

ESPARTIT[69]

Falta tão pouco, ou quase nada. De minha parte, na verdade, nada mais falta, mas, como havia prometido aos leitores, vou ainda revelar o que foi feito de mim naquela distante jornada. Sobre o que aconteceu com Thierry, vou me desculpar delicadamente e deixar para contar, talvez, em outra oportunidade, já que sua jornada, desde que nos separamos nas gargantas do Lasset, próximas a Montségur, foi muito mais intrincada e cheia de surpresas e aflições.

É bom lembrar aos leitores que a história não traz registros sobre Sebah, *le Roc*, que no seu tempo virou quase uma lenda, mais pelas suas loucuras e força do que pela bravura, porque foi necessário sepultar meu nome diante do segredo que eu carregava. A principal fonte de informações às quais os historiadores recorrem são os relatos da inquisição. Por muito tempo esses relatos compuseram a história oficial sobre a cruzada contra os cátaros e não é difícil de entender que os textos eram totalmente tendenciosos, pesando sempre para uma tentativa leve, ou desmedidamente mentirosa, de encobrir as monstruosidades cometidas em nome de Deus. Somente a libertação da consciência através dos lentos processos evolutivos permitiu uma interpretação um pouco mais justa da parte dos historiadores, e isto levou a uma nova onda de interesses sobre aquele povo tão injustiçado pela história, mas não pelos desígnios da evolução, como vimos. Desta forma, Sebah de Chambres, embora seus feitos, foi suprimido dos depoimentos, principalmente dos que passaram pelos inquisidores de Montségur. Morri

[69] 'Despedida', em occitano.

na última insana batalha. Quem falaria a verdade, sabendo que eu levava comigo um segredo tão importante? Manter-me oculto era uma forma de obter ao menos uma vitória contra a truculência da fé oficial. Sendo assim, os registros que os historiadores nos trazem hoje em dia referem-se somente à possibilidade de que duas ou quatro pessoas fugiram de Montségur às vésperas da grande fogueira, levando de lá possivelmente um tesouro, mas que ninguém sabe qual era.

Eu deveria guardar o tesouro, assim como Thierry, não muito distante de Montségur, pois, quanto mais nos deslocássemos, mais riscos teríamos de sermos encontrados, por ladrões ou padres. Por isso meu destino era Lombrives, uma caverna gigantesca, que se espalhava pelo interior da terra por muitos quilômetros e onde Jöe de Chambres já havia morado com Claire. Era ali que eu deveria esconder minha carga, que depois seria levada por outros homens de confiança para algum lugar que eu jamais saberia, assim que Serkan cumprisse sua parte. Desta forma, o medalhão não continha o destino final do tesouro cátaro. Tudo era fracionado para que pudesse ser melhor protegido da sagacidade dos tribunais da inquisição, tão ativos nas terras da Occitânia.

Encontrei meu local, perfeitamente descrito pelo bom abade Amadeu, e lá escolhi uma sala perdida num labirinto de caminhos, aos quais memorizei com muito cuidado antes de nela depositar minha carga tão preciosa. Eu tinha água e alguns bens com os quais poderia comprar alimentos nas redondezas, sem me identificar. Mesmo assim, logo se ficou sabendo que um monge eremita alojara-se em alguma caverna da região. Na verdade, uma caverna relativamente distante daquela onde escondi minha parte do tesouro cátaro. Assim o tempo passou. Assim os dias passaram, e os meses, e os anos. Sim, os anos, com a saudade de Júlia presente em cada segundo de todo este tempo.

O dinheiro acabou e eu me transformei em um monge mendicante, e o tempo continuou passando, até que perdi a noção sobre ele. Até que perdi a esperança de que um dia alguém viria me resgatar. Doía ainda mais em mim ter permitido que Júlia me esperasse. O que teria sido feito dela? Que dores e tristezas deveria ter enfrentado em minha ausência, tão prolongada?

Aos poucos, um cansaço foi tomando conta do meu corpo, quase tão grande quanto o cansaço que tomara minha alma. Eu sentia dores lancinantes para caminhar, nos joelhos, no quadril, nos braços, e a mente já encontrava dificuldade para ordenar os pensamentos. Memórias mais antigas se confundiam com as recentes. Não poderia ter passado tanto tempo assim, mas o corpo estava cobrando as contas de uma vida de privações e esforços desmedidos. Um menino vinha a cada dois ou três dias e deixava na porta da minha gruta um pão e, às vezes, algum pedaço de carne ou queijo. Benditas almas que se apiedavam do eremita doente! Corriam boatos diversos sobre minha origem, mas, felizmente, nunca eu ouvira qualquer ligação com a cruzada e os cátaros, diretamente. O que eu sabia era que alguns *perfeitos, perfeitas* e crentes estavam usando a Gruta de Lombrives para viver, depois de serem perseguidos em outras comunidades. Como a gruta era imensa, acabara por tornar-se um abrigo seguro e era inevitável que isso viesse a acontecer. Mesmo assim eu não me preocupava com o tesouro, que estava muito bem escondido, onde ninguém conseguiria encontrar, sem antes passar por mim. A única preocupação que eu tinha era ninguém nunca me procurar, e o tesouro ficar para sempre escondido. Porém, se eu comentasse com algum *perfeito* ou *perfeita* sobre isso, certamente me diriam: é a vontade de Deus, meu filho.

Então o tempo continuou passando, e passando. Era uma manhã muito fria e cinzenta de janeiro, pelo menos eu acreditava que era janeiro, quando percebi que o fogo havia morrido na fogueira. Tentei levantar e não consegui. A dor tomou conta das minhas pernas e não encontrei força nos braços para me arrastar até ela, como já havia feito outras vezes. O frio aumentou rapidamente dentro da gruta e uma saudade pungente dos meus amigos latejava em meu peito. Eu tinha sede e talvez um tanto de fome, e minha visão, que estava cada vez mais embaçada, naquele dia piorara por completo. Então ouvi que alguém conversava além da porta da gruta. Tentei pedir ajuda, mas não consegui emitir nenhum som. Creio que a loucura tomou conta da minha mente, pois ouvi, claramente, que alguém chamou meu nome:

– Sebah... Sebah de Chambres?

A loucura era ainda maior pelo fato de aquela voz ser a de Julia. Não era possível! A dor e a doença estavam me fazendo ter alucinações. Então, uma dessas alucinações se transformou num vulto disforme, que entrou pela porta da gruta. Depois outro vulto, e outro.

– Santo Deus! – ouvi outra voz falar. Uma voz que eu conhecia, mas não conseguia mais relacionar a quem pertencia. Que tipo de alucinação era aquela?

Os vultos se agacharam ao meu lado e senti mãos carinhosas afagarem meu rosto, e senti beijos, e ouvi soluços. E logo percebi que colocavam uma vasilha com água nos meus lábios, que estavam tão ressecados que chegaram a doer, mas o líquido precioso encheu minha boca, me fazendo afogar, mas também reagir. Alguém havia sentado na cabeceira da minha cama de toras e palha, e agora me colocava no colo e me embalava, entre orações e pranto.

– Sebah... Sebah, por favor...

– Ele ainda está vivo, senhora.

– Eu sei que ele está vivo, Matheus, mas talvez tenhamos chegado muito tarde.

– Nunca é muito tarde para Deus, senhora! Tenha fé!

Era Júlia. Eram Júlia e Matheus, um dos discípulos gêmeos do abade Amadeu, que estavam ali. Havia outro vulto que ainda não havia falado, provavelmente Lucas, o outro gêmeo. Eu ouvia o coração de Júlia bater descompassado e sentia seu peito soluçar. Santo Deus! Eu estava gostando daquilo. Depois de tanto tempo de espera e solidão, de saudade e silêncio, eu estava gostando daquilo e, por mais insano que possa parecer, estava retardando minha reação. "Vamos, Sebah, seja digno e reaja", ouvi uma voz que não era a deles retumbar dentro da minha cabeça. Então, com um esforço sobre-humano, respirei fundo e falei:

– Eu estou aqui... Eu estou aqui...

– Ah! Sebah, meu querido, não parta agora. Eu também estou aqui, por favor.

– Não vou partir, minha querida... não sem antes ver seus olhos novamente – falei, olhando para Júlia, e percebendo que os vultos começavam a se transformar em pessoas. Minha visão estava muito fraca, mas era possível reconhecê-la, e a Matheus, muito próximos a mim. Tão logo consegui enxergá-los, uma torrente de lágrimas rompeu dos meus olhos, e novamente seus rostos lindos se turvaram.

– Tenha calma – falou Matheus, percebendo que meu esforço se transformara em mais sofrimento.

– O que fazem aqui? – perguntei – Onde está Serkan, ou seja lá quem ele deveria trazer?

– Já faz algum tempo que Serkan sumiu, Sebah – falou Matheus. – Recentemente soubemos, através de um dos mensageiros, que a posse daquele medalhão o enlouqueceu. A capacidade do objeto de aliviar a dor e curar doenças deu a ele uma fama inesperada e, aparentemente, o levou a romper os compromissos que firmou com nossos líderes. Eu e Lucas éramos os mensageiros designados a procurar você e a Thierry, caso Serkan não cumprisse sua parte e por isso partimos mais cedo de Montségur. Acompanhamo-lo por um longo tempo, esperando que executasse seu serviço e procurasse as pessoas certas em Cremona, na Lombardia, mas ele perdeu-se por muitos outros caminhos, até que desapareceu.

– Na verdade, ele nunca foi de confiança – falei. – Mas vocês demoraram a me procurar... Nem sei mais há quanto tempo estou esperando.

– Quase dez anos, Sebah. Tivemos muitos imprevistos, muitos... nos perdoe. Para compensar nossa falta, trouxemos um presente.

– Sim, o maior presente que eu poderia receber – falei, olhando para os olhos meigos e molhados daquela senhora que me segurava junto ao seu peito. Eu deveria estar um trapo. Há muito tempo não cortava mais os cabelos e a barba, que se tornaram cãs emaranhadas. – Obrigado pelo presente, Matheus, é o mais lindo que eu poderia receber. Mas por que Lucas não se aproxima? – perguntei, olhando para seu vulto um pouco distante, encostado na parede de rocha do outro lado da gruta.

– Lucas? Ah! Não Sebah, não é Lucas. Meu irmão está com Thierry, tentando ajudá-lo a cumprir sua missão. Não reconhece quem está ali? Faz parte do presente...

– Meus olhos não me ajudam mais, meu amigo. Mesmo vocês eu enxergo com alguma dificuldade. Quem é?

Então aquele vultou ergueu-se e se aproximou, a passos lentos. Ajoelhou-se ao lado da cama e inclinou-se até seus lábios beijarem meu rosto, e depois falou:

– Sou eu, meu pai. Sou eu, Ruy, seu filho... seu filho... Estou aqui para agradecer a Deus e ao senhor por terem salvado minha vida, já que a minha mãe tenho agradecido todos os dias.

A comoção pela qual fui tomado quase terminou de me matar. Num esforço, ainda consegui ver seus olhos azuis e seu rosto quadrado, como o meu, perdido numa barba espessa. Ainda consegui olhar para o que sobrou do seu braço, que um dia eu decepara, e confirmei que realmente era ele que estava ali. Como eu poderia imaginar isso? Como eu poderia imaginar que Ruy ainda estava vivo e, agora, ajoelhado ao meu lado, me chamava de pai? Senti meu peito sufocar e eles sumiram da frente dos meus olhos. Ainda ouvi Júlia me chamando, e Matheus, e Ruy, mas logo perdi os sentidos.

Não vou me alongar mais, querido leitores. Já estamos há muito tempo juntos e é hora de nos despedirmos também. Por isso, vamos terminar. Antes gostaria de fazer um pedido singelo. Antes da última despedida, este espírito sempre meio tosco gostaria de lhes pedir que nunca se afastem de Deus, por nenhum motivo. Cada um ao seu modo, cada um em seu caminho, nunca se afastem de Deus, pois somente Ele é capaz de nos fazer fortes o suficiente para sempre sermos fiéis ao valores do bem e do amor. Somente Ele os levará no caminho seguro do perdão e da redenção, ainda tão necessário ao drama humano. Ele, essa Energia Criativa e Ordenadora que ainda não conseguimos compreender totalmente, mas que é Todo amor por nós. Nunca o abandonem. Mas vamos, por fim, nos despedir.

Eu fiquei muitas horas desacordado, mas Matheus, um *perfeito*, dos poucos remanescentes e que havia aprendido muito de medicina, sabia que eu me recuperaria. Apenas havia sofrido um choque ao rever meu filho que já julgava morto e, como estava muito fraco, desmaiei. Eu, Sebah, *le Roc*, o tosco, desmaiando de emoção. Ainda bem que poucos souberam disso!

Quando acordei, Matheus já havia reunido um grupo de homens de confiança, os mensageiros, que apenas esperavam que eu lhes passasse o local onde escondera minha carga para partirem. E assim o fizeram. Eu havia cumprido meu último compromisso assumido junto àqueles malditos e maravilhosos hereges. Eu, que um dia fora um centurião romano e perseguira impiedosamente tantas pessoas que somente queriam amar a Cristo, agora, no final da vida, cumprida minha missão, recebia d'Ele a recompensa maravilhosa de viver meus últimos dias junto à minha amada esposa, Júlia, e nosso filho, Ruy, redimido pelo amor das suas torpezas do passado. Minha atitude, salvando-o, mesmo que com isso fosse capturado, abalou seu coração. Em seu meio jamais encontrara tamanho desprendimento. Depois, quando fora abandonado numa cela fria da catedral de Tolosa, quando todos achavam que não mais viveria, uma mulher apareceu e o levou para uma casa de boas pessoas, onde foi tratado com carinho até se recuperar. Essa mulher era sua mãe.

Naqueles dias de luz, enquanto orávamos nos finais de tarde, muitas vezes recebemos a visita de Nathalie, de Jaume, de Laurent, e do bom abade Amadeu. Contavam da alegria por serem recebidos pelo Cristo, mas também das tantas lutas que os esperavam no cenário da matéria, pois algumas más sementes do passado ainda precisavam ser colhidas.

Pela bondade divina, eu, Júlia e Ruy, pudemos ter ainda um tempo de vida na matéria juntos, e felizes, vivendo do mínimo materialmente, mas do máximo emocionalmente. Um sonho que acalentamos por quase toda a vida, mas nunca havíamos conseguido realizar, e agora conseguíamos, pelo menos por um tempo, como se adiantássemos felicidades do céu. Vocês podem me perguntar, queridos leitores, quanto tempo? E eu lhes respondo: a eternidade, que aguarda a todos aqueles que realmente se amam.

Que a paz de Jesus esteja sempre no coração de todos.

Sebah de Chambres

Florianópolis, 03 de maio de 2015, às 13h45.

Conheça outras obras de Mauro Camargo

O Magneto

Uma descoberta inesperada no porão de uma residência rural do interior da França é o ponto de partida para um romance eletrizante.

Benoît Mure, Hahnemann e Fourier, espíritos que Kardec chamou de "precursores do espiritismo", são os personagens desta obra, surpreendente pela precisão histórica, pela qualidade do texto e pela trama instigante que não nos permite largar o livro antes do final.

Em *O Magneto*, você terá oportunidade de conhecer um dos mais insólitos empreendimentos, que uniu para a sua realização o Brasil e a França, envolvendo o socialismo, a homeopatia e o magnetismo animal.

Paris
setembro de 1793

MAURO CAMARGO

Michel de Laroche, escritor francês de *best-sellers*, mergulha nas cenas de seu romance narrado em meio ao Terror da Revolução Francesa. Produtos de sua mente, os personagens viveram os meses terríveis durante os quais Robespierre estava no poder e mandava milhares de pessoas para a guilhotina.

A ficção ganha estranhos ares de realidade quando os personagens passam a interferir em sua vida. Michel parece ultrapassar a fronteira da loucura. Ou seriam fantasmas retornando do passado para narrar suas versões da história?

Mauro Camargo foge do lugar-comum e resgata fatos da Revolução Francesa que narram os antecedentes do surgimento do espiritismo.

Alor

MAURO CAMARGO

Vista ao longe, a ilha do Padre não apresentava os mesmos atrativos daquela região tão privilegiada pela natureza. As dificuldades naturais de atracação tornavam-na pouco interessante até para os espíritos mais aventureiros. Mas, para aqueles que penetravam seus segredos, era a prova definitiva da suprema solidariedade que deve reger todos os seres do universo.

Eu queria ser Bezerra de Menezes

MAURO CAMARGO

Todos temos ao nosso redor as ferramentas e os professores de que necessitamos no caminho de nosso progresso. Alguns aproveitam melhor essas oportunidades e se distanciam rapidamente, outros estacionam à margem do caminho por largo tempo, à espera de que um grande evento os sacuda da inércia.

Esta obra é uma belíssima biografia romanceada da vida de Bezerra de Menezes, um dos mais importantes vultos do espiritismo no Brasil.

Perdão

MAURO CAMARGO

Uma quadrilha formada por funcionários públicos graduados e pessoas da alta sociedade parece não ter limites em sua ganancia nem obstáculos que impeçam as suas ações, deixando atrás de si uma trilha de dor e destruição.

Até onde a Providência Divina os deixará agir?

"Se alguém acha que é possível buscar a felicidade sem perdoar e ser perdoado, é porque ainda alimenta em si a incandescente fogueira do egoísmo."

Esta edição foi impressa em outubro de 2015 pela Assahi Gráfica e Editora Ltda., de São Bernardo do Campo, SP, para o Instituto Lachâtre, sendo tiradas três mil cópias, todas em formato fechado 155 x 225 mm e com mancha de 105x175mm. Os papéis utilizados foram o Off-set 90g/m^2 para o miolo e o Cartão Supremo 300g/m^2 para a capa. O texto principal foi composto em Berkeley 11/13,2. A revisão do texto foi feita por Sandra Edith Knoll e a programação visual da capa de Gabriel Marques.